全球思想史丛书
大夏世界史文丛

历史与公共记忆

历史学者访谈录

《历史教学问题》编辑部◎编

History
and
The Public
Memory

Interviews with The Historians

人民出版社

序 言
PREFACE

　　本文集展示的是当代国内外一批历史学家对自身成长与研究历史的珍贵记忆。

　　记忆，正是每一位历史学家致力于挖掘与诠释的对象。无论是我们赖以生存的地球的漫长记忆，还是指涉人类社会复杂而混沌的多彩记忆，抑或蕴含着每一位行动个体的独特记忆，都曾以某种面貌出现在史学研究者的头脑中，流淌于他们的字里行间，透露着这些文化使者所处时代的特有精神，更代表了克里奥的后人们"究天人之际，通古今之变，成一家之言"的雄心壮志。

　　这些"记忆"并不是兰克所言的"如实直书"的产物。在所有的"过去"中，只有一小部分"遗留物"才得以保存下来。正是历史学家的努力，这一小部分的"遗留物"中的一些内容被视作值得保存的"记忆"，并得到了整理，附加上某种意义。由此，这些工作成为构筑某一历史世界的基石。随后，在不同时代、不同群体、不同阵营、不同社会、不同国度里，各种历史世界的记忆图像相互竞争，出现了从个体记忆向集体记忆、从集体记忆向社会记忆、从社会记忆向文化记忆的多样转型。

　　针对这些转型及其附带出现的各种问题所进行的关注与追问，已成为当代历史研究中所谓"记忆转向"的具体表现。历史学家开始关注各类"记忆"出现、延续、被接纳或被排斥的主客观条件，尝试诠释各种"历史之战"的前因后果。其中，一些研究特别指向了作为"记忆加工者"的历史书写者本身，尤其是职业性的历史书写者，即历史学家。

　　有关历史学家的研究，在当代史学界正面临着一场范式转型。长久以来，这一方面的成果大多表现为一般性的人物传记或特殊性的史著导读，缺乏把历史书写作为一种历史知识生产机制的重要行为来加以深入分析的思考框架。不过，在记忆理论和知识社会学的共同启示下，研究者越来越倾向于把历史学家及其书写历史的实践行为置于一种具体的社会环境下，逐层剖析他（她）在确立问题意识、寻找历史材料、搭建论证框架、运用叙事手段时的多层意识——如政治意识、经济意识、文化意识等。在这一方面，当代欧洲的一些历史学家已为我们展示了19—20世纪职业历史书写者在民族国家建构中的自我认知、具体实践及其文化影响。

正因如此，当代的史学研究者如若能留下一份有关自身的文本，那么对于未来的历史学家研究而言，这份文本便是了解我们这一时代的历史知识生产机制的一手文献。本书提供的访谈形式正属此类。它集中展现了20世纪下半叶在国内外史学界做出过重大贡献的部分历史学家的自我回顾，涵盖了各个研究方向，涉及他们的各自出身、学习、著述、影响等内容。读者们可以从一问一答中发现每一位"历史人"的成长轨迹，进入他们的精神世界，反思其作品与时代的关联性，最终理解他们为保存人类记忆所做出的各具特性的努力。

如此有意识且长时间、大规模地保留当代历史学家记忆的工作，是同《历史教学问题》前主编王斯德教授的努力分不开的。早在1997年，他便在该杂志上设立"史家访谈"这一栏目，运用自身人脉关系，主动与国内外史学家联系约稿，持之以恒地推进。到2016年王斯德教授离任之时，20年间，《历史教学问题》共采访了103位历史学家。限于篇幅，本书选择了其中的一部分先行出版。现在，王斯德教授已作古，书中部分被采访者，甚至有个别采访者也已去世，因此，本文集的出版也是对他们的一种缅怀。

本文集得以出版，首先要感谢复旦大学历史系李宏图教授，由他最先提议出版此文集，之后参与了选编工作，并通读了所有稿件；其次要感谢人民出版社的编辑贺畅女士，因为"史家访谈"栏目时间跨度达20年，前后文难免存在格式不统一，甚至表述方式问题，她为达到现在出版要求，做了大量细致的编辑工作；最后，要感谢文集中的各位史家和访谈者，为中国历史研究和历史教育的发展不吝贡献你们的睿智，也要感谢广大读者长期以来对《历史教学问题》的关注和支持，正是由于你们的支持，本杂志自1957年创刊以来才能一直坚持下来。

《历史教学问题》编辑部

2021.10

目 录
CONTENTS

张岂之教授访谈录

(🎙) 张岂之　　(🎙) 庄辉明

> **庄辉明：** 先生此次来上海华东师大历史系讲学，是我难得的聆教良机。想请先生结合您自己的治学经历，谈谈史学研究的心得。

张岂之： 我也是一名教师，讲课已有四十多年了。说一说自己的心得体会，自然是没有问题的。你们的杂志我看了，我注意到从 1997 年开始，新增了一个"史家访谈"栏目，很好。很多先生目前都已年迈，得抓紧时间进行访谈。

> **庄辉明：** 谢谢先生的鼓励。前不久拜读了先生主编的《中国近代史学学术史》，很受教益。就请先生从这本书谈起，好吗？

张岂之： 大约是从八十年代中期开始，我就设想要组织一个班子，研究并写出一部中国近代学术史。最初设想把文、史、哲三个学科的发展史都包括在内，但是一旦动手撰写，就发现了问题，三个学科的材料多极了，光靠我们几个人弄不过来，而且时间也会拖得太长。于是就决定缩短战线，先搞一部近代史学学术史，然后再视情况逐渐扩展到其他方面。这样，就有了您所看到的《中国近代史学学术史》。

> **庄辉明：** 目前，有关学术史的研究颇受人们的关注。但恐怕并不是所有的人都很清楚学术史研究到底是怎么回事。先生长期从事思想文化史研究，可否就此谈点看法。

张岂之： 按照我的理解，学术史不同于思想史，也不同于史学史。在思想史的研究中，自然包含一定的学术史的内容；反过来，在学术史中也含有一定的思想史素材。但这二者不能等同起来。为什么呢？因为思想史更加偏重于理论思维（或者说逻辑思维）的演变与发展的研究，而学术史则必须研究"学术"。"学术"的载体主要是学术著作，著作是学术成果的表现形式。当然还有其他形式。这就要求学术史必须研究并评论有代表性的学术成果，以阐明其学术意义和历史意义。就以《中国近代史学学术史》为例，要写这样一部书需要花费精力去搜集并分析近代各个方面的史学著作，同时也包括史学论文，并力求对它们作出尽可能公正和客观的评价。很明显，如果离开了对于史学成果的具体分析，史学学术史是写不出来的。

庄辉明： 先生的意思是不是说史学学术史更接近于史学史？

张岂之： 若与思想史相比，史学学术史与史学史的关系也许要更近一些，但是史学学术史也不同于史学史。史学史固然也以对史学成果（包括著作和论文）的具体分析为基础，但它主要研究史观、史书体例、史学功能等方面，这些都属于史学本身的演变发展历史。相比之下，史学学术史的研究范围要大得多。史学学术史除了必须对史学成果进行分析评估（这一点与史学史类似），它还包含其他重要方面，这就是渗透于各种史学成果之中的理论基础。其中不仅有史观，还有史学哲学（或称历史哲学）、史学方法等丰富内容。

庄辉明： 我注意到先生不仅提史观，而且又提历史哲学，可是在一些论著中似乎认为历史哲学与史观、史学思想的提法并没有什么区别，您的意见是……？

张岂之： 关于"历史哲学"一词，在国内并未普遍采用。但在国外，从十九世纪起，尽管在学术界也有异议，"历史哲学"却颇引起学者们的重视。我认为这个词是可以用的，因为它比"史观"范围更广，包含的内容更多，更加具有抽象理论思维的深厚内容。"历史哲学"也不能等同于"史学思想"，尽管二者有相同的内容，但是并不完全等同，因为"历史哲学"偏重于史学中哲学理论的探讨，研究史学和自然以及社会的关系等，带有宇宙观性质，是史学成果中最深层次的、理论性很强的抽象思维。因此，在史学学术史的研究中，提炼出"历史哲学"，尽管在操作上相当困难，但却是一件颇有意义的学术工作。用"沙里淘金"来作比喻，也许是比较恰当的。

庄辉明： 先生是哲学系科班出身，所谈的意见理论性极强，能不能举点例子，具体说明一下史学学术史与史学史的区别？

张岂之： 这样说吧，史学学术史研究的方面不限于史学本身，而且包含各种史学成果的学术价值和社会效益的估量。所谓学术价值，就是学术成果在学术发展史上的地位和作用，分析估量它解决了哪些过去遗留的问题，又提出了哪些新的问题，对学术的发展做出了哪些贡献；所谓社会效益，则指该学术成果对于当代社会以及后来社会产生了怎样的影响。具体就以《中国近代史学学术史》为例，这本书所包含的对考古学成果的研究，恐怕是史学史研究无法包含的。此外，对先秦、秦汉等各个断代史的研究，从更加微观的视角加以估量和评价，史学史可以不做，而学术史则是必须研究的。还有一点，即使那些在史学史研究中提不到的、不那么有名气的人和著作，在进行学术史研究时也应该尽可能地加以搜集和估量。从中国近代史学发展来看，并不是只有梁启超、章太炎、王国维和陈寅恪，他们的贡献不可抹杀，但当时各种不同的史学研究学派都做出过各自的贡献。我主编的这本书已经注意到了这些问题，并且努力想做得好一些。当然做得还不够。

庄辉明： 先生长期从事中国思想文化史的研究，但正如您刚才所说，思想史并不能等同于学术史，那么是什么原因使您想到要研究学术史的呢？

张岂之： 我之所以有进行学术史研究的想法，主要有这样一些原因。首先是感到学术史与思想史不能完全画等号，学术史的包容面要大于思想史。这一点前面已经说过了。要尽可能客观、公正和全面地反映某一学科在一定时期内的演变发展，就有必要进行学术史的研究，把有关的学术成果逐一地加以分析、归纳，进行比较切合实际的判断和估量。不可否认，对一个学科的学术发展史认真进行研究，是有益于该学科今后发展的。处在世纪之交的历史学，当然也需要做这个工作。其次，是深感新中国建立以后，很少有人提学术史。流行的看法，人文社会科学的学术总是和政治联系在一起的。在这样的前提下，人文社会科学的学术史就没办法搞了。确实，史学学术史不可能不受时代的影响，一般地说，它和政治以及政治史有着不同程度的联系。但是情况是复杂的，必须要具体情况具体分析。在学术史上有多种情况，比如，有些史学成果与一定的政治有紧密的联系，有些成果与政治的联系较少，有些则甚至与政治并无直接联系。对于史学家来说，情况也是复杂多样的，不可一概而论。有一些大家（不一定叫大师），对政治的看法未必准确，甚至保持有"保守"的方面（暂且借用此词），但并不影响他在学术上的成就。因此，学术与政治并不是同步的。如果坚持只有政治上先进，学术上才能先进的看法，就没有必要研究学术史了。就说王国维吧，真正从政治思想上看，王国维是绝不能算先进的，但这并不影响他在史学、文学、哲学、考古学、古文字学等众多领域取得卓越的成就。再次，中国是有着悠久历史传统的国家，历来重视学术史的研究。比如《荀子》中有一篇《非十二子》，实际上就是学术史；《庄子》的《天下》篇，也是学术史；明、清之际思想家黄宗羲等的《宋元学案》《明儒学案》，既是思想史，也可以说是学术史。到了近现代，更有不少著名学者撰写了学术史著作，如梁启超的《清代学术概论》、钱穆的《中国近三百年学术史》等，就都是很有代表性的著作。

庄辉明：在钱穆之前，梁启超也写过同名《中国近三百年学术史》。两书所论虽不尽同，但先后有两本同名学术史著作出现这一事实本身，已足以证明他们对学术史的关注。

张岂之：是的。事实证明，我国有编著学术史的优良传统。这个传统是不错的。可惜的是传统被中断了。我们现在有责任恢复这个传统，并且还要在继承的基础上加以发展。这就是我在八十年代初的一些想法和感触。

庄辉明：值得高兴的是先生已把设想付诸实践，并且已有了第一部学术成果。可以预期，随着先生这部书的问世，必将有更多的学术史著作出现。

张岂之： 我在那本书的"后记"里说过，新中国成立以来，用学术史作为书名的似不多见。近年来人文社会科学界的专家们开始对于这样的课题感兴趣，并已进行了研究。尽管人们对于什么是学术史的理解各有不同，但有一点可以肯定，即从学术的角度来研究学术遗产，作为发展今天学术的借鉴，无疑已成为大家的共识。在我看来，特别是文、史、哲这样的基础学科，我国古代和近代有丰富的学术成果，对它们从学术价值上进行分析和总结，这在今天不是做得太多，而是做得太少了。我衷心希望这方面的著作能够日益增多。

庄辉明： 学术史成为大家感兴趣的热点，比起很长一段时期里极少有人提起，自然是值得高兴的事情。不过，在热烈中保持一份冷静，恐怕也是必要的吧？

张岂之： 确实应该这样。在研究的选题上，我觉得宁可选择难题。学术史就是这样的难题。这方面的课题，也许要经过相当长时间的研究，才能多少有所得。没有长时间的投入，就不会见效果。这是因为：研究学术史一定要把有关的著作好好地看一看，而且连论文也得看；大家的论著固然要下功夫，那些称不上大家的论著也不能不看。这样的研究工作，恐怕很难搞速成，一定要非常严谨，这是最基本的。在认真地阅读相关的学术论著之后，要对其学术意义和学术价值作出恰当的估量和评价，从广度和深度来说，也不是很容易得出应有的结论的。对于这样的所谓难题，需要有毅力和恒心，大约还要排除一些急躁不安的心理状态。总之，学术史的研究，既要深化，也要细致，不能浮躁。

庄辉明： 您的这个意见，想必会给大家不少启发。刚才先生提及王国维，也提到了梁启超、钱穆，他们都是国学大师。在近代学术史研究中，他们都是无法绕过的。能否对他们作出恰如其分的评价，恐怕是必须面对的一个重要问题。您是怎么看待这些国学大师的？

张岂之：毫无疑问，对于国学大师们的学术成果，应该予以充分的肯定。必须认真地注意研究他们的著作。很长一段时期内，国内对他们的成果研究不够，思想上有偏差。应该看到，他们的不少见解和看法都比较深刻。例如王国维，就在《古史新证》里提出了人所共知的二重证据法，这是他在方法论领域的最大贡献，从旧史学研究方法的继承与发展角度为新史学指明了一条具体的方法途径。他甚至还提出了一个命题："古来新学问起，大都由于新发现"，把新史料的发现视为新学问之发现。王国维所指"新发现"，就是二十世纪第一个十年和第二个十年的考古发现。要知道，我国考古学当时还只是刚刚形成，然而王国维即以其敏锐的目光和清醒的头脑，表现出对出土资料的异常关注。按照王国维提出的二重证据法，既要注意文献资料，更要注意地下出土的资料；既以地下出土的资料如甲骨文、金文等证传世文献，又以文献证甲骨文、金文等新史料。王国维所写《殷卜辞中所见先公先王考》《续考》，就是他利用二重证据法研究古书古史的典范。他对甲骨文的看法明显地比别人高出一筹。别人仅仅把甲骨文看成古文字，而他认为不仅仅是古文字，而且要作为古代史料来用。不能不看到，王国维的眼光就是与众不同，他很有远见，真正是学术上的大师。直到今天，二重证据法在古史研究中仍然没有过时。

庄辉明：近年来，王国维先生似乎颇受关注。各种各样的文集、选集出了不少，而且还有两种《王国维全集》正在编撰之中。1997 年适逢王国维先生诞辰一百二十周年暨逝世七十周年，还在清华大学召开了国际性的学术研讨会。

张岂之：是的。1997 年 9 月在清华召开的研讨会，来自各地的学者提交了不少论文。说到编撰《王国维全集》，我知道你们华东师大史学所已经搞了十多年，很有基础。至于同时有两种全集在编撰中，这也没有关系嘛。以王国维这样的大师，有两个本子的全集也不为多。《莎士比亚全集》不也有朱生豪和梁实秋两种译本吗？关键是要把点校、编撰质量搞好。

庄辉明：您看在对待国学大师的问题上，还应注意什么？

张岂之：我接着刚才的话题往下说。充分肯定大师们的学术成就，是一个方面。另一方面，我们对任何人包括学术大师，也不可迷信。崇敬和迷信不是一回事。就拿甲骨文的研究来说，郭沫若先生也把甲骨文作为史料来用，又用唯物史观提出了有关中国古代社会的见解。郭认为王国维是他的老师，对古代社会的研究也受到王国维《殷周制度论》的影响。但是郭沫若对甲骨文字本身的研究，以及把甲骨文作为史料的研究，恐怕要超过王国维。材料多了，观点新了，视野宽了嘛。当然，看到并承认这一点，并不会影响到王国维的学术地位。

庄辉明：先生所谈，很有启发，请接着往下说。

张岂之：学术总是随着历史的发展而发展的。八十年代末、九十年代初我国出版的《甲骨文合集》，收集更完整，解释更完备。更值得注意的是，这部合集的出版，并不仅仅是胡厚宣先生一人之力，而且还有一批学识渊博的中年学者。甲骨文无论是作为文字还是作为史料的研究，都不是本世纪初可以相提并论的。再如对于汉简的研究、青铜器的研究等，恐怕也不是王国维的那个时候可以同日而语的。

1949 年以后，一些学科里，储备了一批人才。现在这批人在国家安定以后都作出了重大成就。比如古文字学方面，有北京大学中文系的裘锡圭；青铜器研究方面，有中国社科院历史所的李学勤，包括南开大学历史系的朱凤瀚，都是很有成就的。当然，作出重大成就的远不止这几位，我只是举个例子而已。

总而言之，一方面要充分肯定学术大师的成就，另一方面也要看到学术的发展，特别是近二十年里的发展。

庄辉明：您提出了一些很有意思的见解。我很想听听先生更进一步的看法。

张岂之：与如何看待大师相关，还有一点，学术是有其时代特征的。一个学科或者一门学问，当它刚建立的时候，有远见的人脱颖而出，代表了一个时代。但当学术积累到了一定阶段以后，群体的作用更大。在我看来，二十一世纪学术的发展，恐怕主要体现在优越的群体上。以前搞学问的人很少，一直到我在北大哲学系读书的时候，全班只有八个人。现在不同了。我认为，既要认真总结不足，也要对未来的发展满怀信心。

庄辉明：先生在谈话开始的时候曾提到，近代有各种不同的史学研究学派，他们都曾做出过各自的贡献。可否就此再谈一谈？

张岂之：自从梁启超提出"新史学"口号以后，中国出现了不同的新史学流派。我在那本书里把新史学流派分成三种：一是民族文化主体论史学流派，以王国维、陈寅恪、陈垣、汤用彤、柳诒徵等人为代表；二是文化西化论史学流派，以胡适、傅斯年等人为代表；三是马克思主义文化观史学流派，以李大钊、郭沫若、侯外庐等人为代表。三个流派的各自主张和观点，我已在书中作了分析，有兴趣者可以去看看。我这里只说一点，当时的各种流派对于中国史学的发展，都有自己的贡献。不能只讲马克思主义文化观学派的贡献，也不能认为中国近代史学只是王国维、陈寅恪、陈垣有贡献。应该说，各种不同的历史研究学派都有贡献，而且在不少方面有着相通之处。

庄辉明：先生所说三种流派中，似乎以西化论的代表胡适、傅斯年的评价最为棘手，请您谈谈对他们的看法。

张岂之：傅斯年认为，中国史学虽然自古就有广泛搜集史料、精心鉴别史料的传统，但是从总体上看，以往人们看待史料的眼光比较狭隘，因而依据有限的史料去判断史事的真伪也不够准确。史学是靠史料来立论的，傅斯年说过，"史料的发现，足以促进史学的进步。而史学之进步，最赖史料之增加"。他看到出土资料，认为这是建立新史学的好时机。他提出，古往今来，人们生活的一切遗存，不论是物质的还是观念的，都是史料。古文字、古器物、古建筑、民风民俗、经济生活、民族关系、正史野史、档案笔记、小说戏曲等都是珍贵的史料。傅斯年讲的这些道理，对于中国新史学的发展有一定的影响。例如，安阳殷墟的考古发掘、清内阁大库档案整理、民族学语言学的实地考察，这些都是很有意义的扩大史料的工作，都和傅斯年的提倡有一定的关系。除此，傅斯年关于史料研究方法的记述，受比较语言学和美国实验主义的影响，有他自己的独到见解，值得我们借鉴。

庄辉明： 那么，对以马克思主义指导学术研究，先生又有什么见解？

张岂之：我想先说钱锺书先生的观点。七十年代末，外国有些人问钱锺书先生对于新中国成立后，用马克思主义指导古典文学研究作何评论？钱先生在《古典文献研究在现代中国》一文中回答得很客观。他认为有两条：一是对实证主义即考据的造反。钱先生说，一段时间里考据与文学研究几乎成为同一个东西的倾向遭到了冲击；二是研究者开始认真研究理论，这对中国文学研究是有贡献的。我认为钱先生的这个说法是有道理的。他说的是古典文学，但是对文史哲来说，都是适用的。应该说，用马克思主义指导史学研究是主流，还要坚持下去。至于一度走了弯路，那是另外一个问题。

当然，对以马克思主义为指导，也不能有片面性。不是套用西欧模式，也不是套用片言只语。还是要从中国社会的实际出发。比如最近有人提出了中国究竟是否出现过资本主义生产方式的萌芽，我看也可以再讨论，如果确实没有出现过，就不必再提明、清之际在江南一带出现过资本主义萌芽。总之要尊重事实。

庄辉明： 先生已经谈了很多精辟的见解。我很想知道，您在进一步深入进行学术史研究方面，有什么设想？

张岂之：目前我承担着国家教委《中国历史》教材六卷本的任务，最近两三年的主要精力只能放在这方面了。不过，学术史研究也已有了计划。我准备接着再着手《中国现代史学学术史》的撰写。研究队伍已经组织了一些人。拟议中的这本书，打算从本世纪二三十年代写到新中国成立，还打算搞一些微观的研究，初步拟了十几个题目。从时限和内容上看，与近代学术史那一本可能有些交叉。我希望在上一本的基础上能够做得更好些。

……

张岂之，1927 年生，江苏南通人。中国思想文化史专家。清华大学文学院教授、西北大学中国思想文化研究所所长，博士生导师。1946 年至 1950 年就读于北京大学哲学系，1950 年秋至 1952 年年底为清华大学哲学系研究生。院系调整时，应时任西北大学校长的侯外庐先生之邀，赴西北大学任教，研究方向逐渐由哲学转向思想史。曾参加过侯外庐先生主编的《中国思想通史》第四卷的部分撰写工作。此后长期从事中国思想文化史的研究和教学。著有《儒学·理学·实学·新学》《中国近代伦理思想的变迁》《中华人文精神》等专著，主编了《中国儒学思想史》《中国近代史学学术史》等。担任第八届全国政协委员，中国教育国际交流协会副会长，《华夏文化》杂志主编。曾任西北大学校长等职。

庄辉明，系华东师范大学历史系教授。

研究中国学，心系中国学
——法国学者巴斯蒂夫人来访记

朱政惠

　　案前，是一张刚刚冲洗出来的巴斯蒂夫人的照片，这是前两天拍摄的。夫人身披紫青色长大衣，微笑着，颈脖上系着漂亮的五彩丝巾，透露出学者特有的风度和魅力。巴斯蒂夫人五十开外，个子不算高，但很精神，脚着黑色长靴，头微仰。似乎告诉人们，她学术生涯的每一步，都那么踏实、那么坚定。这位当代法国著名中国学家——玛里安·巴斯蒂夫人（Bastid Bruguiere，Marianne）——曾是 1990 年密特朗总统骑士荣誉勋章殊荣的获得者。

　　说起巴斯蒂夫人，研究中国近代史的人，都知道她在这块领域所做的贡献。最近，她应华东师范大学历史系和陈崇武教授的邀请访问上海。校长张瑞琨教授等亲自会见了她。巴斯蒂夫人还给历史系、国际文化交流学院师生做了精彩演讲。华东师范大学人文学院和海外中国学研究中心的领导和学者，也有幸和她做了学术交流。陈卫平教授、忻平博士和我都参加了活动。

　　已是深冬十二月的天气，室外寒风凛冽，接待厅里，却是春意浓浓。巴斯蒂夫人已脱去了大衣，露出黑色细毛衣和得体的酱红色西服套装。她和我们侃侃而谈。从古代的礼，讲到近代教育变革，一直谈到当今中国的改革开放，滔滔不绝，一口流利普通话，令人难忘。夫人对于中国的历史和现实太了解了！据说，张校长会见巴斯蒂夫人后，也感慨地说："这位夫人太熟知中国了，地道的中国通，不多见！"我们提出请她担任华东师范大学海外中国学研究中心名誉教授的邀请，夫人愉快地答应了。

　　这位从事中国问题研究已有三十多年历史的法国学者，诞生于 1940 年，是法国书香门第之后。父亲和母亲都是法兰西科学院的著名院士，是法国唯一的双院士家庭。巴斯蒂夫人从小耳濡目染，受到良好的家庭教育和熏陶。

　　关于中国学研究的缘起，夫人对我们说，主要是受父母亲的影响。她说，少年时代曾和家人一起接触过中国学者。东方文化的博奥，使她萌生了对于这个东方大国的向往。她开始在日记上学写中国汉字，在各种本子上学画中国的地图。进大学后，更抓紧了对中国文化的学习和研究。夫人说，在当时法国，学习汉语绝非一件易事。因为整个巴黎城内，可以请教的华侨就不多，更不要说向法国人求教了。这种情况一直持续到七十年代初才有改观。1964 年中法建交，她终于有机会飞赴中国，从此和这个东方大国结下不解之缘。来到中国后，她边在北京大学外语学院从事法语教学，边跟著名历史学家邵循正教授学习中国历史。关于赴华深造一事，夫人说，她本人做了艰巨的努力。诚然，中国驻法大使馆的工作人员，也曾热情地助过一臂之力。相当一段时期的中国生活，使她熟知这里的历史，爱上这里的文化。"中国是我第二故乡"，这是她常与人说起的一句心里话。

三十多年过去，弹指一挥间。现在，巴斯蒂夫人已是著述等身的中国学权威了。这些年里，她曾是法国高等师范学校副校长、欧洲汉学协会会长，现正担任法国全国科学委员会委员、国立科学研究院高级研究员，在法国当代中国研究和文献中心（简称中国中心）工作。法国有两个重要的汉学机构，一个是高级汉学研究所，一个就是当代中国研究和文献中心。当代中国研究和文献中心的前身是远东资料中心，1959 年建立，是法国高级实验学院的第六部，宗旨是研究远东政治、经济、社会等各方面问题，着重探讨十九世纪、二十世纪的中国。高级实验学院的第六部独立为社会科学高级学校后，中国中心便成为它下面的一个单位，培养中国学研究的硕士和博士。中国中心在法国和欧洲，享有很高声誉，占重要学术地位。其所拥有的关于中国近、现代史的资料，也闻名远近。

巴斯蒂夫人主要从事中国近代史研究，对近代职业教育尤有很深造诣。她的中国研究的主要课题和成果有：中国十九世纪到二十世纪的教育和科学史、近现代法中技术合作、清代末期社会、政治与思想史。目前的主要研究领域是：清末民初的国家思想和政治制度、中国现代和当代科学技术政策和文化史，尤其是关于文化变迁与社会政治演变的相互关系等。著有《20 世纪初期中国的教育改革概况》《清代末期（1873 年至 1911 年）中国社会的变迁》《法国的外交和中国的辛亥革命》《向西方思想开放：法国革命对辛亥革命有何影响？》《辛亥革命前卢梭对中国政治思想的影响》《清末官场中的皇权观念》等。她还从事过近代中法技术合作史的研究，目前正在进行清末"礼"的问题研究。她还曾和她的同事谢诺（Jean Chesneaux）合作撰写过两卷本的中国近代史。并经常为《中国季刊》（英文版）、《历史评论》（法文版）、《远东—远西学报》（法文版）等著名杂志撰文。

巴斯蒂夫人的关于中国近代史研究的出色成果，得到国际学术界的关注和公认。她曾被俄罗斯科学院授予名誉博士称号，并多次被邀请到欧洲、亚洲等国家和地区的大学、研究院讲学。美国的著名中国学家费正清博士，邀请她参加《剑桥中国晚清史》的撰写。该书最后一章即第十章——《社会潮流的变化》，由巴斯蒂夫人撰写。在这篇有世界影响的学术论文中，巴斯蒂夫人谈了自己对中国清末社会变局的看法。她认为清末是一个混乱不堪的社会，主要表现在：士绅割断了自古以来同君主制的联系；军阀、工商资产阶级等新的特权阶级产生；农村共同体松散，无以为生的流民越来越多。"这是一个脱了节的社会制度"，巴斯蒂夫人这样认为。她说，辛亥革命使这样的结构腰斩。她认为，辛亥革命作为一次城市起义，是鸦片战争后中国社会空前变化的产物，那些背弃古老农业帝国、转向西方寻找建立政治组织和发展经济、新技术的城市化精英人士，在变革中，起了不可忽视的作用。然而，夫人强调，不要忘记中国的农村。她说，使中华民国诞生的清朝的灭亡，"是全国农村中深刻的运动逐渐取得成功的结果"。她说，要弄清清末社会演进的内在动力，"归根结底"，"还必须着眼于仍然包括中国全部人口近百分之九十五的农村世界"。她强调，"一个逐渐丧失了灵魂和精神而留存下来的社会外壳，是包不住这个新生命的"，这都是鞭辟入里的见解。

法国高级实验学院第六部，曾是法国年鉴学派学者长期工作的地方。六七十年代以来也是法国史学的新的发展时期。夫人依据史料，运用对社会结构、社会阶级和社会全面分析的方法，揭示二十世纪初年中国这一变革的深层原因，是令人信服的。实际上，西方资本主义入侵后，古老的中华帝国，从经济到思想到政治到文化的全面演变，经济基础的变化是其中实质性的变化，代表中国新兴民族资产阶级的利益者，由此试图走上历史舞台。当然在法国，参加国际学术界类似《剑桥中国晚清史》这种课题撰写的，还有毕仰高（Bianco，Lucien）教授、谢诺教授等，他们写过关于中国的工人、农民、资产阶级等有关阶级的分析文章。他们都是巴斯蒂夫人的同事，在中国中心工作。国际学术界看重法国学者关于晚清社会阶级和社会问题的分析，也确实是有意思的，说明了法国中国学的学者在国际史坛的重要学术地位。

巴斯蒂夫人的历史研究，十分注重史料的搜集。为了研究中国近代史，她本人就搜集了多种有关中国的历史资料。前些年，法国应联合国教科文组织要求，将在法国各地、各部门档案中有关亚洲各国的历史资料，编了一套目录，巴斯蒂夫人得到了其中的中国部分，她很珍惜。这当中的很多资料，中国是不可能有的。例如孙中山从美国回来，在法国巴黎住了三天，会见了很多人，这方面材料，法国就有珍藏。巴斯蒂夫人对史料搜集是不遗余力的。众所周知，普罗斯佩·日意格是中法关系史上有影响的人物之一，巴斯蒂夫人很注意对他情况的探讨研究。她发现，日意格尚有个名叫戴塞洛的外孙女健在，住在法国西部恩德萨布雷地区，保持有很多当年日意格从中国带回的物品，如清朝政府赠送的黄马褂、高级木器以及个人的日记、信件、照片等。戴塞洛是日意格唯一活着的后代，巴斯蒂夫人打算把它们全部整理出来，抢救这些珍贵遗物。在充分运用日意格珍贵史料的基础上，巴斯蒂夫人已写出一些重要学术论文。《清末留欧学生——福州船政局对近代技术的输入》便是其中的一篇。这是迄今为止，关于中国赴法留学生情况研究的首篇学术论文，为中法关系史的一个侧面提供了宝贵借鉴。日本、中国的一些有影响刊物都曾介绍过这篇文章。

也许是受法国年鉴学派影响的缘故，巴斯蒂夫人很注意以计量史学方法把握史料，开展对于中国问题的研究。《剑桥中国晚清史》对巴斯蒂夫人的《社会潮流的变化》引用史料的情况，作过颇具体的说明。作者对这方面资料的缺乏，提了不少抱怨的意见。作者写道："对西方社会的历史学非常重要的计量资料很少，并且分散而又极其零碎"，"特别是十九世纪的二十五年的资料更是如此"，"大陆以外的学者迄今还难以得到土地文书档案和地方政府的档案"。1949 年以后，中华人民共和国的学者注意克服这些弊端，但总的说，成绩还不大。为此，作者不得不在史料选择上费一番周折。作者说，像陈真、孙毓棠、汪敬虞收集的中国近代工业的资料，李文治关于中国农业的资料，彭泽益关于中国手工业的资料，以及中国人民银行上海分行关于上海钱庄的资料等，都适当集中了一些零星资料，可以成为研究的起点。诚然，作者指出，地方志、私人日记、报刊，以及二十世纪初的写实和讽刺文学和《绣像小说》等，都提供了社会史研究的材料佐证，如此等等。可以看出，巴斯蒂夫人在对中国史的研究方面，在史料的把握上，是十分慎重的。

关于海外中国学，学者们大抵都清楚，法国一度是世界汉学的中心，二次大战以后，这个中心才转移到美国。但不管如何，这个国家汉学研究的重要学术地位是不可忽视的。为此，趁巴斯蒂夫人访问之际，华东师范大学历史系邀请这位著名中国学家介绍当代法国和欧洲的汉学。巴斯蒂夫人给历史系师生做了精彩演讲。她的介绍相当梗概，但对于中国学者来说，获得了不少重要信息。如关于欧洲汉学协会的规模，巴斯蒂夫人说，已有650人之多。但经费还是有困难的。夫人不无遗憾地说，有的机构，因经费紧缺，十年没有买过中国的书，东欧的一些国家尤其显得困难一些。关于总的发展态势，夫人认为，比较而言，英国、荷兰、德国、法国，尚还不错，意大利和北欧各国最近有活跃的新发展。夫人介绍说，在法国，巴黎大学、巴黎第七大学、东方语言学院、里昂大学等单位的中国学机构，都是排得上号的，是有影响的汉学机构。关于当前法国和欧洲汉学发展特点，夫人认为，确有一些值得注意的新热点。如，相当多学者热心当代中国文学的研究，原因可能是这些年去欧洲的中国文学家相对多一些、频繁一些。又如，孔子、孟子研究的降温，汉学家们较多地注意于古代董仲舒等其他有影响的思想家、哲学家的研究，注意中国的佛教、道教、民间宗教的研究。夫人认为，法国最有影响的汉学研究是敦煌学。此外，夫人介绍说，许多法国学者正热心于当代中国的研究，如当代中国卫生事业的研究，当代中国城市和城市化研究，当代中国少数民族问题研究，以及广东、香港关系问题研究等。巴斯蒂夫人介绍说，在所有这些研究的过程中，学者们的方法是跨学科的，历史学、经济学、人类学的研究方法往往交叉在一起，还注意把对中国的考察，置于整个东亚研究的大背景之中。

关于促进法国中国学的问题，八十年代初，巴斯蒂夫人有过一些中肯意见。她认为，就继承东方学研究传统、注意历史延续性、对不同文化特点有敏锐感受力，以及高水平语言能力而言，"现在的研究不比以前差"，然而，在严格意义上的文化方面，"则逊于研究古代中国的著作"。她认为，法国的中国学研究，在对中国的博洽和对中国社会的体验方面，还显得不够。比起英国和美国，法国从事现代中国研究的华裔学者仍相当少，大多数土生土长的法国学者，所接受的都是一些基本训练，语言参差不齐，应用的也主要是英文方面的史料，即使是中法建交，这样的局面也没有很大的改观。

夫人是从如何更好开展中国学的角度提出问题的，现在看来，她所期望的，已得到改进。最近夫人还专门就这个问题，和我谈起，"改变相当大"，"有很好的年青一代学者。他们语言训练强，业务水平高，已经有好成绩，有希望。特别是因为欧洲之间学者的来往越来越密切，他们跟中国学者的关系又越丰富"。"专门研究中国的期刊，法国现在有四种"，夫人说，"我自己十五年来在巴黎第七大学和社会科学高级学校培养了二十多位博士生"，当然，"这些新的力量还是有限"，因此法国学者还应该特别努力。

也许，相对于美国的中国学家，法国的中国学家对中国问题的研究，要更多一分自觉，更多一分爱心。在和巴斯蒂夫人的接触过程中，我们深深感受到夫人对中国的那份真诚的情感。陈崇武教授介绍说，夫人还未到，就从巴黎发函告诉他，希望帮助会见上海的一些老朋友，如张仲礼、唐振常、汤志钧、金重远、李华兴教授等。也因为如此，她的中国朋友特别多。据知，这次到上海前，在北京、在四川，夫人都受到非常热情的接待。法国驻中国大使还特地盛宴款待了她，并会见了张芝联、端木正等著名学者。在北京和上海期间，她一再和张芝联教授等谈起："中国确实变了，变好了，比过去繁荣多了。我的小孩也渐渐长大了，我想今后每年都能来一次中国，为推进中法学术交流做些新的贡献。"当然，她也不无遗憾地说，这次到中国虽走了不少地方，接触很多学者，但去图书馆的时间还是太少。不过在离开上海的那天，她还是抓紧时间参观了华东师范大学图书馆，认为这里的藏书、设施和资料很不错，还查到一些对她课题研究有重要价值的资料，说到这里，夫人高兴得颇有些眉飞色舞。

夫人闲下来的时候，十分想念自己的家。这天晚上，我们和巴斯蒂夫人共进晚餐。她兴致勃勃地谈起了自己的家庭，谈到了自己的女儿。她说，她特别喜欢两个孩子，想念她们。到上海后，还特地挤时间去商店，为她们买了衣服。她说："这次回国，抵达巴黎，正好是圣诞午夜，我如果不买些东西回去，孩子们会说，妈妈，你到中国一个月，把我们都忘记了。"说罢，夫人点了一支烟，双眉紧蹙，思索着什么。她是认真的。这也不由得引起我们一阵思考：孩子的话，也许出于淘气，也许真是一种事实——夫人把自己毕生的精力都投诸事业之中，亲情家事全抛却脑后——巴斯蒂夫人把自己的一切，无私地奉献给中国学研究的可贵事业！

载着夫人的车辆远去，她就要飞回自己的祖国了。看着车子渐渐消失于车流中，不知怎么的，我的心里，既高兴，又颇有些惆怅……

高兴的是，我又有机会认识一位著名的海外中国学家，这是我学术研究中的可贵收获；惆怅的是，像巴斯蒂夫人这样做出成就的中国学家，世界各地都有一些，可惜我们对他们的了解、研究，还是太少，这个工作一定得有人做啊！中国的学术要走向世界，一定要弄明白人家怎么研究我们，研究什么，研究到什么程度，有些什么可以借鉴的，尤其是在改革开放年代。

玛里安·巴斯蒂夫人，法国著名汉学家，主要从事中国近现代史研究，曾任巴黎高师副校长，欧洲汉学会会长等职务；现为法兰西学院院士，欧洲科学院院士，巴黎文献学院学术委员会委员，法国国家科学研究院近现代世界史部名誉研究员等。其代表作有《清末社会变革（1873—1911）》《中国教育改革面面观：从张謇的著作出发》《教育在中国：传统和革命》《中国的政治改革》等，并用法文、英文、中文、日文发表学术论文百余篇。

本文作者时系华东师范大学教授，历史学博士。

植根于博　专务乎精
——来新夏教授访谈录

(🎙️) 来新夏　　(🎙️) 柳家英

柳家英： 来先生，听说您在台湾讲学时，辅仁大学校长称您为有成就的校友，您也经常在文章中满怀深情提起辅仁往事，您是不是认为辅仁四年对您一生的学术影响至关重要？

来新夏： 是这样的。我入大学的年代正是日本帝国主义疯狂侵华并发动"太平洋战争"的时候，北平的大学不是改变性质成为敌伪大学，如伪北大，就是与英美有关而被封闭，如燕京大学。只有辅仁大学因为是德国教会主办的大学，而德国是轴心国，与日本是盟友，自当给点面子，所以成为一所形式上独立的教会大学。无论是老师，还是学生，都向往入辅仁，许多知名学者纷纷应聘执教于辅仁，尤其是校长陈垣教授颇能礼贤下士，所以当时文史方面可以说是名师毕集，那个时期的辅仁大学称得上是鼎盛时期。在学四年，我选读了许多由名师讲授的课程。虽然我因努力不够，没有达到高徒的水准，但是这四年的修业却使我一生受用不尽，有几位名师如陈援庵先生、张亮尘先生、余季豫先生、启元白先生，他们在人格和学问上对我的教诲之恩终生难忘。

柳家英： 您的同代人有不少人都是正逢事业如日中天的时候而遭劫难，许多人就此一蹶不振，生发出"志士凄凉闲处老，名花零落雨中看"的哀叹，而您却在 80 年代迎来了您的第二个学术青春，支撑您挨过那段风雨如晦的日子的信念是什么呢？

来新夏： 我从 60 年代以后，十多年中投闲置散，但生活仍有保障，很容易随着时光流逝而混日子，但我仍然以一种韧性坚持读和写，即使在"牛棚"也尽量读点书，写点札记。70年代初，我下放到农村插队落户，别的东西大部分都处理掉了，但书箱残稿还是随身带着。白天压地、打场，掐高粱、掰棒子；晚上盘坐土炕，伏案灯下，读书和整理书稿。四易寒暑的耕读生活不仅没有不堪其苦，反而感到别有滋味。我80年代出版的几本书基本上都完成和恢复于这几年中。我回想这种韧性主要是靠一种强烈信念作为精神支柱，我始终相信党和国家会"终不我弃"的。后来，这种信念终于实现，我二十余年的微小成果也终于能贡献于社会和国家，我真是由衷地感到高兴。

柳家英：记得您在您的随笔集《路与书》中，谈到读书和行路的问题，您对读书和做人的思考是怎样的呢？

来新夏：我读的书，不仅是用文字写的书，还读大千世界芸芸众生的无字书；我走的路，不仅指地理概念的路，也包含拖着沉重脚步，跌跌撞撞走过的人生道路。生命中的每一次起落，我都以平常心面对曾经拥有的和已然逝去的，成功的时候我不欣喜若狂，失意的时候我也不怨天尤人。富贵如浮云，我们能够留给后人的，大概也只有这一星半点的文字了。

柳家英：您过谦了，其实您撰写和主编的学术专著和随笔如今已逾三十部，应该说著作等身了，在您长达半个多世纪的学术生涯中，您觉得您的成功经验该怎样概括呢？

来新夏：我想用"植根于博，专务乎精"来概括。我认为学术应该博涉多通，不能拘于一端，这样才能思路开阔，相辅相成，取得更大的学术成果。学术领域中有一种非常引人注意的现象，往往有独特成就的人并非出身于本专业，这大概是因为本专业对本专业的思维每每局于意料之中，而于他专业则所见所思时或可出于意料之外。所以，我在具备了一定的历史学基础之后，又深入到目录学、文献学、方志学、图书馆学等各个领域，并先后写出了本领域本学科的始基之作，我想，这对有志于献身学术的人来说，不啻为一种或可供参考的所谓"经验"。

在治学上，我认为应有勤奋和坚韧的精神。立足于勤是求学的基点，要勤写、勤听、勤读、勤思。四勤的根本在勤读，勤读方能博涉，使知识源源输入，逐步走向专精。在读的过程中要善于发现问题，即所谓"质疑"。有疑就要不断寻根究底，即所谓"勤思"。疑而后思，思而后得，四勤最后要落实到"勤写"上。"勤写"要积少成多，由片段成整篇，由多篇成专著。这不仅是积累，而且还是一种磨砺。与勤相连的还必须有一种坚韧性。人生在世，不可能永远是康衢坦途，治学也是如此，所以必须有一种韧性，"驽马十驾，功在不舍"，只有这样，才能在回首前尘往事的时候，无怨无悔亦无愧。

柳家英：您在治学上还曾提出一种"为人"之学，愿闻其详。

来新夏：在丰厚的资料和提要的基础上做学问能有所发明，独抒新见，写出论著来固属可贵；但我觉得在学术界更应提倡一种"为人"之学。从多年的教学与实践中，我发现人们为了论史证史，需从浩繁的史籍中去搜集资料时，大都是穷年累月，孜孜不倦，各自为政地检读爬梳，最后完成一种或几种个人论著，但却没有给后人留下方便，如果有一些人肯分门别类检查资料底数，编写一些工具书，那不就可让另一些人不走或少走重复路吗？这就是由少数人为多数人摆好"梯子"，或者说甘当"铺路石子"。这种工作，过去陈垣教师曾感叹说："兹事甚细，智者不为，不为终不能得其用"，我深佩斯言，而且也确曾躬行实践。我曾以20年时间，检读了近300年来人物年谱800多种，1000余卷。一面检读，一面根据目录学的要求，每读一谱，辄写一篇书录，记谱名、编者、卷数、版本、著录情况、谱主事略、编纂缘起、藏者和史料等，少则二三百字，多则千字，文字力求简要。经过多年积累，数易其稿，终于完成一部56万字的《近三百年人物年谱知见录》（1983年上海人民出版社出版）。这样，不仅我自己掌握了近300年大多数重要人物的基本情况和很多重要史料，而且为他人增添了剖析史料、论证史事、发现问题、扩大研究领域的时间，起到了"天增岁月人增寿"的作用。我也愿人们能"毋以善小而不为"，希望有更多的人充分利用自己的积累和学识多做"为人"之学，甘当"铺路石子"。

柳家英： 这两年经常见到您的随笔结集出版，几份有重要影响的刊物上也常发表您的一些颇能引起争议的文章。目前，已有人把您列入随笔作家的行列，而您曾经钟情的纯学术文章似乎渐渐少了。您用"衰年变法"来概括您晚年由写学术专著向写学术随笔的转变，您对您的这种转变是怎样理解的？

来新夏： "衰年变法"一般指书画界人士经过多年蕴积，晚年书画作风大变，以求另辟蹊径，更上层楼。而我在晚年由纯学术转向写随笔的现象，也应是一种"衰年变法"。据说国外有些科学家五十岁以后，当在专门领域中有所成就时，往往向普及科学知识的道路转变，我虽称不上学有所成，但知识回归的行动确给我很大的启示，更坚定我去从事学者随笔的写作。我写随笔的最终目的不过是：观书所悟，贡其点滴，冀有益于后来；阅世所见，析其心态，求免春蚕蜡炬之厄；知人之论，不媚世随俗，但求解古人故旧之沉郁。本着这样的想法，十多年间，我在许多旧友新知的推动和鼓励下，写了六七百篇随笔，初见"衰年变法"的成效。90年代开始，我整理编次我的随笔集，先后结集出版了《冷眼热心》《路与书》《依然集》《枫林唱晚》《邃谷谈往》《一苇争流》等六种，"衰年变法"让我有一种自我超越的感觉，让我时时回归到依然故我的纯真境界。

柳家英： 当今学术界，学文者不治史，治史者不学文，人为割裂，通才难得，而您却做到了兼善文史，淹贯古今。读您的文章，前期和后期虽然形式与风格多有不同，但实质上都没有脱离开中国传统文化，那么您对中国传统文化是怎样看待的？

来新夏： 近几十年来，中国学术界对传统文化的选择标准是"取其精华，去其糟粕"，还有一种就是人所悉知的"古为今用"。不管怎么说，我们在选择传统文化的时候，应注意以下几点：一、不能把传统文化视作圣人贤哲的遗留，只能保存、维护而不容去取舍选择，更不要以逝去的枷锁来束缚后来的发展，成为现代化民族文化建设的包袱。二、传统文化是历史的累积，历史悠久的民族在文化积累过程中自然会有沉渣，因此传统文化势必会泥沙俱下，良莠并存，即使其精华部分也不能说毫无瑕疵，只是随时代和社会的需求不断发生转化和发展。三、传统文化不是凝固的死亡遗体，它既有过去源头，又有现实特色，更是未来起点，其中必有可备选择的，不可轻率地把孩子和洗澡水一齐泼掉。四、传统文化是多层次全方位的，有物质的、制度的、风习的、思想的、上层的、民间的，等等。即使儒家思想也非单一而是杂陈的，儒学大师荀况在其《法行》篇中就曾记述过一位学者的质询说："夫子之门，何其杂也？"五、传统文化中有不少与现代社会间有矛盾冲突的内容，如平等与等级、开放与封闭、改革与保守、横向吸收与垂直承受，等等。要明辨矛盾，择善而从，并且善于认识和反思传统。有了这些认识，那么我们在传统文化的纷繁内容面前就不致感到困惑而束手。有了这样的认识，我们才既能就历史条件作量的描述与记录，以显示特定时代的璀璨，也可用发展观点作质的评价和选择，以适合现代化民族文化建设的需要。

柳家英：您每天要审读大量书稿，为各种报刊撰写各类文章，还要经常参加一些学术活动，您能够年逾古稀而身体犹健的秘诀何在？

来新夏：无怨无悔而已。有的人一生只怨不悔或多怨少悔，回想几十年风风雨雨，不如意事常八九，很少顺心，更无辉煌，于是就怨：怨天道不公，怨人情淡薄，怨怀才不遇等，终至怨愤而殒；有的人一生只悔不怨或多悔少怨，在几十年的人生道路上，无疑会遇到无数事和人，哪能滴水不漏，事事让人满意，总有说错话、做错事的闪失，于是或恪守孔孟之道：悔自己多事，悔自己不谨言慎行，悔自己说话脱口而出等，终至悔嗟而丧。其实，人活到七八十岁，本身已是幸福。怨与悔无补于事，无益于人，而无怨无悔，可养天年，可和人事，何乐而不为？

柳家英：非常感谢您给我这个机会，使我得以聆听先生金玉之言。衷心希望您身体健康，也希望您为我们写出更多更好的作品。

来新夏，教授，浙江萧山人，1923年出生于浙江省杭州市。1946年毕业于北平辅仁大学历史学系。1949年选送入华北大学第二部学习，师从范文澜教授攻读研究生。1951年年初，应聘至南开大学历史系任教，先后担任校务委员会委员、校图书馆馆长、校出版社社长兼总编、图书馆学情报学系主任等职务。现任教育部古籍整理研究工作委员会所属地方文献研究室主任、天津教委所属《津图学刊》主编、《天津通志》顾问等。社会职务有：中国近现代史史料学会名誉会长、中国地方志协会学术委员等，主要从事古典目录学、北洋军阀史、方志学、图书事业史等方面的研究，著有《近三百年人物年谱知见录》《北洋军阀史》《林则徐年谱新编》《中国古代图书事业史》等专著二十余种，论文近百篇，学术随笔六部，总字数近千万。

答《历史教学问题》记者问

🎙 陈乐民　　🎙 记者一心

记者一心： 先生是位学兼中西的著名学者，拜读先生的一系列论著，深感先生对中西历史比较有独到的研究，特别是提出了"西方何以为西方、东方（主要是中国）何以为东方"这个令人深思的问题，请先生诠释一下为何要提出这一命题？

陈乐民： 问题的缘起要从 1992 年哥伦布航海美洲——"地理大发现"——五百周年说起。那时，国内外都谈到一个"全球化"的问题。在中国，还提出了传统文化与现代化、中西文明的比较等相关联的问题。

关于中西文明的比较，最常见的问题是：中国从何时起开始落后于西方。过去，一种最通常的说法是 19 世纪中叶中英鸦片战争，清王朝被打败了，发现封闭的天国之外还有比自己强大得多的民族。但是，这只能表明在那个时候突然发现自己的庞大而孱弱，却说明不了中国是从什么时代开始落后的。这后一点还有个"前提"，那就是确认中国在某个历史时期以前曾经比西方富强，只是后来落后了。由于先存有这个"前提"，研究问题就很难做到"打破砂锅纹（问）到底"。例如，一种说法以 18 世纪为"分界线"，因为在那个世纪欧洲发生了工业革命和启蒙运动，中国则没有。于是便说中国是在 18 世纪开始落后的。然而，为什么在欧洲发生的事情，没有在中国出现呢？于是又向前推去找原因，如说欧洲之有工业革命和启蒙运动是因为中世纪落下帷幕的时期，连续发生了文艺复兴、宗教革命，一直把欧洲带进近代史期，而中国还沉睡在中古时期里。这样说看来是接近到问题的核心了。法国年鉴派史学家布罗代尔说，欧洲社会在 13 世纪开始向近代启动，而中国则恰在这个世代开始停滞和后退了。那么能不能再问一个"为什么"呢？这样的比较研究确实是一步比一步深入了，但总使人觉得没有把砂锅底打破。

当时有两件事引导我进一步思考。一件是中国传统文化与现代化的关系的讨论。再一件是《顾准文集》的发表，引起了社会各界（主要是学术界）的极大关注和热烈讨论。这两件学术界的大事引导我对问题做深一步想。即跳出"中国何时开始落后于西方"的思维方式，而是从文明发展史的大视界去观察中西两大文明、两种社会的"真相"（to be）是怎样的，于是就逐渐把问题的提法归结为"西方何以为西方？中国何以为中国？"并把它作为我晚年要研究的总课题。弄清楚欧洲文明和社会是怎样发展的，中国文明（特别是中西文明大规模接触以前的传统文化）是怎样发展的，就水到渠成地引出中国的现代化问题和中国与全球化的关系问题（同样也就回答了中国传统为什么没有开出现代化的问题）。

其实这并非是新问题。"五四"时期陈独秀、李大钊等都曾把东西方社会做了很尖锐的直截了当的比较；他们已经把考虑问题的思路指给人们了。这样的"比较"是"大"比较，是从历史文化的大视角去做比较，或者从"文化形态""文化性质"上做根本性的比较。梁漱溟、顾准，落脚点不同，但都是做大视角、深层次的比较。顾准涉及问题之深，是超过陈独秀、李大钊时期的思想家们的。

现在我们讲的"现代化"，是在欧洲近代文明影响下提出的问题。"现代化"对于中国，是"嫁接"过来的，中国本土没有长出"现代化"的基因。既然是"嫁接"，此土此民的传统对于"嫁接"过来的新东西，便有诸多不适应之处，感觉到不是自身的"自然的发展进程"（natural process）。需要经过一个长时期的"磨合"，"现代化"才能变为本土的自然进程。中国走上"改革、开放"的道路，要实现"四个现代化"，做的就是这个工作。这里有两层相悖而又相成的问题。第一，"嫁接"是不可避免的，而且也是必要的。第二，"嫁接"不仅是困难的，而且本土必因不能适应而产生出各种各样的可以预料的以及难以预料的问题。现在我们面前的种种难题、矛盾，说到底是由于这两个原因。相反，西方（欧美）就不存在这样的"嫁接"问题，因为它的历史发展本身会自然衍出"现代化"，是"自然的进程"。我之所以提出"中国何以为中国，西方何以为西方"的问题，即源于此。

陈乐民：这不是一个能够一言以蔽之地来回答的问题，所以我把它当作我晚年的不断思索的"作业"。我以为可以从历史背景和"思想底格"两个方面来探讨中西文化的不同特质。

中国历史的轨迹与西方的历史轨迹，是完全不同的。中国与欧洲在十九世纪中叶相遇以前，各行其道。所谓"历史的轨迹"特指相遇以前的历史。

旧中国的历史，是朝代更替的历史，文明的发展史，基本上是"自我循环"。可以拿秦始皇统一六国、废封建立郡县作为一条"分界线"。在这以前的历史，用孔子的几句话来概括，就是"殷因于夏礼，所损益可知也！周因于殷礼，所损益可知也。其或继周者，虽百世可知也"。这是孔子对子张的提问"十世可知也？"的解答。孔子是说秦以前的社会秩序、政治体制是代代相因，每一代对前一代只不过有所损益。后来孟子看出了要发生大变化，梁惠王问他："天下恶乎定？"孟子回答说："定于一。"又问："孰能一之？"回答是："不嗜杀人者能一之。""孰能与之？""天下莫不与也……"

秦始皇确实是"定于一"了，但并不是按孟子的"施仁政"的办法实现的。秦始皇显然不是"不嗜杀人者"。对于秦始皇以后的历史，明末清初的王夫之有几句话加以概括。他说："郡县之制，垂二千年而弗能改矣，合古今上下皆安之，势之所趋，岂非理而能然哉！"又说"郡县之法，已在秦先。秦所灭者六国耳，非尽灭三代之所封也。则分之为郡，分之为县……"诚然秦以后的中国并不是一贯统一的，历朝历代都有分裂的局面；但是从政治体制、社会形态、基本的生产关系上看，确实是"二千年而弗改矣"，没有突破性的、实质性的变化。

欧洲的历史却不同，它是阶段分明、"螺旋形"式向前发展的。希腊文明、古罗马、中世纪、近代史期（地理大发现、文艺复兴、宗教革命、工业革命、启蒙运动、实验科学、技术发明等）一路下来，从一个阶段过渡到下个阶段，每个阶段都把社会向前推进一步。这里有一个对中世纪的看法问题。真正的所谓"黑暗时期"大体上是从公元五百年到一千年这一段。到10世纪左右，西欧社会就开始悄悄地向新世纪挪动了。近代欧洲很重要的

"细胞"——市民社会、民族国家，是在中世纪后期孕育了胚胎的。

所以，中国历史和欧洲历史，在中西相遇以前分属两种不同的"自然进程"，都是按照自己的轨迹运行的。但是到19世纪中叶中西相遇，中国的"自然进程"被打破了；所谓"欧风美雨"打破了旧中国原来的社会"平衡"，中国从此开始艰难地探寻出路。欧洲则仍按照自己的轨迹率先进入新的技术革命时期。

中国文明和西方文化，是两种不同性质的文化。上面讲中西历史各有自己的"路向"。这个"路向"问题也是"历史精神"问题。好比是人的性格，中国的历史和西方的历史也有各自的性格。"五四"时期，有西方性格主"动"、中国主"静"之说。黑格尔说中国几千年的历史是"静止"的，而欧洲的历史总是在那里"动"。施宾格勒把西方文化比作"浮士德式"的文化，有一种不停向前冲击和向远处伸张的态势，是外向的；而东方文化一般没有这种态势，它的倾向是向内的。

中西两种文化在各自的"路向"的行进中对自然界和对人类都有各自的"思想底格"。人们一望便知，某一概念是属于东方的或西方的。例如，中国有先秦诸子、汉儒宋儒、儒道释三合一，等等。但内容无论多么庞杂，多么学派林立，其使用的概念（或范畴）一看便知是中国的。同样，西方从希腊迄今，内容无论多么繁复，学派林立，各有主义，但使用的概念（或范畴）也一看便知是西方的。

"思想底格"四个字出自张东荪先生。他说："中国与西洋，思想上学说上的不同必有些是出于思想的底格有不同。思想的底格所以如此而又必是出于民族的心性。中国人所用的范畴便是代表中国人作思想时的布局。就是中国人思想根底下所伏存的格局。这种格局不是一两个思想家自由创造的。乃是代表全民族，即是由全民族在其悠久的历史上把其经验积累而成的。思想家对于概念可以创造新的，而其所使用的范畴则必是那一个文化中所久有的，所共同的。"（张东荪：《知识与文化》,《民国丛书》第二编43，上海书店，第125页）

这个"思想底格"是一个思考问题的出发点问题。牟宗三先生曾说康德关于纯粹哲学的"构架"的理论，可以作为沟通中西哲学的桥梁。同时，康德的"构建"说也可以启发人们找出中西"思想底格"的不同处在哪里。按照康德的"理性"构架，哲学含有自然哲学和道德哲学两大类。前者解决"是什么"（to be）的问题，后者解决"应当是什么"（ought to be）的问题。欧洲人着重于"是什么"，希腊哲学最根本的是研究"存在"，研究"自然"、研究"人"，都是研究"存在"，总是在提出新的问题。简而言之，西方的"思想底格"是"理性主义"，从希腊起就讲"理性"，基督教文明把上帝看作"理性"的化身，人文主义使"理性"重新属于"人"。近代科学技术的哲学文化基础毫无疑问是以"理性"为指导的自然哲学。中国人则着重于"应当是什么"，一个人首先要受到道德的和政治的制约，人有"义务"服从政治和道德的规范，人随时都要提出"应当"如何的问题。或者是愿望某事是怎样的。例如说要使空气达到一级标准。这就属于愿望，而不是 to be。而 to be，就要研究空气的实相、真相是怎样的。中国的 ought to be 占了很大的比重。《中庸》里提到"尊德性"和"道问学"，可以说是"道德哲学"和"自然哲学"的中国概念。宋儒曾由此分为两派，陆九渊是"尊德性"派，朱熹是"道问学"派；其实都是"尊德性"派。朱熹作了辩论的"总结"说"道问学"的目的最终是要实行"尊德性"。这就是说，中国的传统文化的落脚点是"应当"或"必须"服务于一定的政治和道德的要求。换言之，中国的传统文化其实质是"史官文化"和"伦理文化"。

因此，西方是"理"重于"情"，注意力侧重在对自然的探索上，重"理"必重"知"，即求真知的精神。中国是"情"重于"理"，注意力放在上下左右人际关系的"平衡"上，重"情"必重"德"，在重视道德的约束和情操修养。梁启超把"儒家"思想概括为"德治主义"和"礼治主义"；我认为还应加上"仁治主义"；"仁"是在人心深处统领"德"与"礼"的。这里的"德""礼""仁"，在思维的样式上都是属于"应当"、怎么样（ought to be）的范围的。"应当"如何与寻求"真理"不属于同一类思维形态。前者总要受当时的政治和伦理的制约，为此而牺牲真理的事自然难以避免；因为求真理时常要同当时的政治和伦理准则发生冲突。在中国传统的世情、社（会）情和文教的"浸泡"中的知识分子从来就没有独立的人格；杜甫说："读书破万卷，下笔如有神"，落实下来的人生目的则是"致君尧舜上，再使风俗淳"。莎士比亚的"是耶？非耶？此乃问题之所在"。味道是完全不同的。

记者一心： 乘此机会，我想再请教一下先生，为什么研究国际问题或者世界文明史、思想史之类，最好要懂一些中国的学问呢？

陈乐民： 我想，对于这个问题，不能实用主义地来看，例如，熟读左传迁史当然不会帮助你分析科索沃问题。这个问题是个文化素养问题、文化积淀问题。对于一个中国学者来说，国际问题、外国文明史、外国思想史一类的学科，都是本土以外的学问，都是属于"外国问题"的。国际问题中常有中国的参加；在作为国际问题来研究时，中国属于"国际"的一分子。如专门研究中国的对外关系，则应属于对"中国"本身的研究。总之，研究这些问题的中国学者不能对自己的历史文化毫无所知，而是知道得越多、越深越好。应把自己的历史文化当作做任何学问，特别是哲学、人文和社会科学的土壤。

再做深一步想，中国和西洋的文明各有自己的特质；但是，在深层是可以打通的，就是说在素养、修养、学养上是可以有通感的。钱锺书先生所谓"东海西海，心理攸同；南学北学，道术未裂"，这当然只有参透中西两种文化才有希望获至。对于这样的境界，我是"虽不能至，而心向往之"的。然而现实地说，把自己的历史文化了解得深些，必有利于在参比中了解别人的历史文化；当然反过来也一样，对于别人了解得多了，也有利于在参比中了解自己。无论如何，都要使自己尽可能地了解得深些、透些。

在我看来，对我们自己认识得比较熟透，对外国的东西的认识也会比较深入。我国近当代不少学人都是学兼中西的。

记者一心： 谢谢先生在百忙中拨冗接见，作了融会中西的谈话，虽提纲挈领，但要言不烦，鞭辟入里，很受启发。在新世纪、新千年到来之际，谨代表编辑部和广大读者，恭祝先生健康愉快，佳作迭出。

陈乐民，中国社会科学院欧洲研究所研究员，原所长。中国欧洲学会顾问，中国社科院欧洲联盟研究中心顾问，英国研究会名誉会长，国务院发展研究中心世界发展所学术委员。1930年生，1953年毕业于北京大学西方语言文学系。早年从事民间外交与国际和平工作，历访欧、亚、非、拉美三十余国。自 1980 年起从事学术研究，专攻国际政治、欧洲史、中西文化史，先后在中国国际问题研究所和中国社会科学院欧洲研究所工作。1991 年被授予国家级"有突出贡献专家"称号。主要著作：《战后西欧国际关系，1945—1984》《欧洲观念的历史哲学》《戴高乐》《撒切尔夫人》《东欧剧变和欧洲重建》《战后英国外交史》(主编并主要撰稿)、《西方外交思想史》(主编并主要撰稿)、《文心文事》《学海岸边》《书巢漫笔》《神的存在与性质的对话》《欧洲文明扩张史》《临窗碎墨》《十六世纪葡萄牙通华系年》以及《现代西方国际关系学简介》《欧洲与和平》《黑格尔的国家理念和国际政治》《伏尔泰的历史哲学》等论文。

我与区域社会史研究
——访叶显恩研究员

(🎙)叶显恩　　(🎙)邓京力

一、梁方仲先生引导我进入区域社会史研究领域

邓京力： 首先我们很想了解一下有关您个人的治学道路方面的情况。您是怎样步入经济史的研究领域的？

叶显恩： 1962 年，我于武汉大学历史系毕业后，便到中山大学投入著名的经济史学家梁方仲门下，当他的入门弟子。梁先生先学经济学，后转治经济史，不仅有深厚的家学渊源，而且曾先后到日本、美国、英国等国家进修，与同行交流，可谓是学融哲经文史，识贯中外古今。他的学识博大精深，思考问题善于从大处着眼，但治学却从小题着手，因而所论精到而且深入。他强调学风的扎实与研究方法的训练。得此良师，我实在太幸运了。我研究生的毕业论文，是梁先生和他的好友严中平先生（时任中国社科院经济研究所副所长）商定的，题为《徽州的佃仆制度》。在梁、严先生看来，1958 年后陆续发现的大批徽州契约文书，还没有人作较全面、系统的研究、利用，徽州传世的文献甚丰富，又是著名的徽商的故乡，对之作研究既可能有所突破，而且作进一步的拓展研究又有广阔的前景。

1965 年，我随同梁师在北京搜集资料。经梁师的引荐，谒见了吴晗、向达、严中平、李文治、彭益泽等老前辈，并得到他们的教诲。严老就佃仆制问题给我谈了许多，并指定时当盛年的魏金玉先生具体指导。北大的许大龄先生不仅给我解答疑难，还曾将我需要的参考书送到我在京的寓所。当时在中华书局标点二十四史的唐长孺老师也就佃仆制问题给我作指导。有幸得如此众多的名师指点，有幸亲睹他们的治学风采，不仅当时激动不已，今日

念及依然有如沐春风之感。

梁先生对我的论文写作计划作了具体的指导，让我在研读前人著作的基础上，确立自己的突破点：要了解有关资料的分布情况，并到徽州去做实地调查，搜集散置民间的文书契约和档案文献，注意访问长于地方掌故的老先生。这一教导成为我以后研究学术的规范。

于是，我便到了芜湖、合肥，搜集安徽师大、安徽大学及当地图书馆、博物馆的馆藏资料。还到徽州的屯溪市、歙县、祁门、绩溪、休宁、黟县等地做实地调查和搜集资料。在那里，我除了到世家大族的村庄访问老农外，还访问了两位晚清的举人，即胡樵璧和程梦余先生。这次调查使我增加了许多感性的知识，并有可能对史料作出切实的解释。"文革"以后，我把经过业师精心审阅、批改写出的毕业论文，压缩后以《明清徽州佃仆制试探》为题在《中山大学学报》1979 年第 2 期上发表了。由于这篇文章采用了实证的研究方法，史料充实，所以颇得同行们的好评，并获得广东省社会科学优秀成果奖。

新中国成立后很长的时期，我们基本上是与外界隔绝的，像法国年鉴学派的情况可以说一无所知。1977 年，美国耶鲁大学郑培凯先生来广州，1978 年美国加利福尼亚洛杉矶大学黄宗智教授访问中山大学，向我介绍了这一学派的情况和美国学者从事区域性专题研究的情况，这样也就更加坚定了我的信念——拓展关于徽州社会史的研究。1979 年春，我制订了扩大研究徽州社会史的计划，再次到安徽搜集资料并做社会调查，从而对徽州社会史有了更深层次的了解，许多疑难点也得到了合理的解释。

1980 年 12 月，中美史学界首次在北京举行学术交流会，我有幸作为中国史学代表团的成员出席这次会议。我提交的文章是《关于徽州佃仆制的调查报告》，就是把在祁门的查湾和休宁的茗州调查所得，参征以文献资料而写成的。这篇文章得到了与会者的赞赏。《中国社会科学》1981 年第 1 期刊登了此文（英文版也同期刊出）。我决心继续扩展和深化这个问题的研究，并翻阅了中国社会科学院历史所未经整理的徽州文书档案。随着我对徽州地区历史资料掌握的增多，明清时期徽州农村社会的许多问题逐渐在我脑海中明晰起来，比如缙绅地主的强大、商业资本的发达、宗族土地所有制的发展和宗族势力的强固、封建文化的发达、佃仆制的顽固残存，等等。这些问题互相关联、互相作用。对以上这些问题要作出合理解释，必须将它们置于徽州历史的总体中进行考察，并作区域体系的分析。我头脑中的这些问题在我的《明清徽州农村社会与佃仆制》一书中进行了探讨，诸如徽州的历史地理、资源、土地、人口的变动、徽州人的由来及其素质等问题都曾涉及。此书于 1983 年由安徽人民出版社出版。

《明清徽州农村社会与佃仆制》一书出版后，从国内外的书刊上见到有近 10 篇书评从不同方面对它加以了肯定。明清史学界老前辈傅衣凌先生与杨国桢教授在联名写的书评中，对它给予了很高的评价，称此书"后来居上，超越前者，为我国社会经济史坛新添了一朵奇葩"。明史研究老前辈王毓铃先生在 1985 年全国明史研讨会的开幕词中称此书是"中国地区史研究之榜样"。复旦大学的伍丹戈先生阅后曾来函表示特别嘉奖，称赞此书犹如"空谷足音"。美国区域性"市场结构"理论的开拓者斯坦福大学的施坚雅（William Skinner）教授在美国见到我时说："您的新著，我读过了。我原也想选中国的一个地方作研究，看了您的书，我不作了。"我知道他正在进行宁波、绍兴地区的研究。他特意邀我去参观他的办公室，并在挂有"宁绍研究计划"的汉字木牌前合影留念。此后，我应邀访问了美国、日本、瑞典等国家的大学和学术团体，与同行学者进行了交流，开阔了学术视野，增加了对国外汉学研究的了解。访问使我眼界豁然开朗，深感学术领域的广漠和多姿多彩，也使我认识到学问之道不能闭目塞听、闭门造车，排斥新的研究方法和吸收新的见解。人类科学技术的进步和人文学科的成就，本是在互相交流、互相启迪中取得的。作为一个学者，既要在自己的领域中勤奋耕耘，又要洞悉学术的整体。没有学贯中西的学识，没有高瞻远瞩的视野和情怀，没有自甘寂寞的艰苦劳作，是不可能写出真正恒久的、自成一家的著作的。所以，与世界各国学者之交流，体悟和理解中西文化的渊源，成为我提高自己学术水平的重要方面。

1984 年，我从中山大学转往广东省社会科学院组建经济史研究室。在那里，我与广州的同事，包括中山大学、暨南大学的同行，以广东省社会经济史研究会的名义，不定期地举行一系列的学术报告会。邀请中国大陆、中国台湾和国外的学者来作学术报告。如黄宗智、滨岛敦俊、滨下武志、片山刚、魏菲德、郑培凯、科大卫、萧凤霞等。他们中间有历史学家、社会学家、人类学家，彼此之间互相交流、互相切磋。我和我的同事们像一块吸水的海绵，从海内外学者身上吸取了许多有用的学术元素，经过自己的不断消化，作出有自己特点的学术成果来。

二、改革开放新形势下的区域社会史研究

邓京力： 您是一直从事经济史研究的学者，在您看来 80 年代以来中国史学界兴起的社会史研究热潮，对您的研究心路有什么影响？

叶显恩： 在徽州研究之后，我的区域社会史研究重点转移到珠江三角洲地区。之所以选择这里，固然有地缘的便利，更重要的还在于珠江三角洲所具有的独特的历史特点。它本是古代历史的边陲地区，明中叶以降一跃而成为经济发达的地区、中西文化的交汇地，又是走向海外的通道。在近代，由于资本主义浪潮的冲击，传统社会与资本主义世界体系互相冲突、适应的关系极为复杂。所以，探讨珠江三角洲经济的发展及其与当地的生态环境、人口增长、宗族组织、民间社团、文化风尚、价值观念等几个问题的相互关系，即研究经济发展与社会结构的变迁就是我们这个研究课题的主旨。对珠江三角洲进行区域体系的研究，有助于揭示这个中西文化冲突、交汇的地区，从守成到开拓、从传统到现代的底蕴。我们希望通过这一研究，揭示传统在当代转换的趋势，在历史与现实的研究中找出衔接点。

从 80 年代以后我虽然仍然进行区域性的研究，但从研究的指导思想看，已与做徽州研究时大不相同，是从新的角度进行的探讨。珠江三角洲地区直到明中叶才形成官僚士绅集团，所以留下的地方文献远比徽州要少，特别是反映清中叶以前的文书契约、账簿、族谱等不多，而海外学者、商人、传教士写下的反映近代商业社会情态的著作却相当丰富。基于这一情况，通过实地调查，考察文物遗址，搜集散佚于民间的文书档案、碑文及口述资料就显得十分重要和必不可少。

这些年来，我花费了大量的时间从事农村社会调查，同时搜集市、县所藏的资料。当我还在中山大学任教时，就鼓励学生以珠江三角洲历史的某一个专题为毕业论文题目，还曾带领学生到佛山等地作社会调查，搜集了

广州市、佛山市档案馆、图书馆所藏相关资料，发掘出大量民间土地契约和一些藏于民间的未刊手稿。80年代后，我每年几乎都有一段时间在珠江三角洲做社会调查，有的调查是与海外学者一起进行的，如当时是美国匹兹堡大学、现在在哈佛大学的华琛，美国哈佛大学的孔飞力，当时在香港中文大学、现在在纽约大学的李弘祺，美国华侨历史学会的麦礼谦，美国杜克大学的穆素洁等。从1989年起，我和广州的同事们与海外学者进行定点的社会调查，如与日本大阪大学滨岛敦俊、片山刚选定顺德龙江、大良，番禺万顷沙，台山赤溪、四九等地作调查；我与英国牛津大学的科大卫、美国耶鲁大学的萧凤霞共同主持的以番禺沙湾、三水芦苞、南海沙头为点所进行的民间信仰、民间宗教活动和民俗的调查；香港中文大学陈其南主持的"华南社会文化形态"研究计划，是一个庞大的计划，陈其南当年是香港大学人类学系的系主任，在这个项目中我也被聘为顾问，参加了部分活动。在这些调查中，中国学者主力是陈春声、刘志伟、陈忠烈、戴和、罗一星等年轻学者。在海外学者的带动下，中外学者合作调查，而且是不同学科的学者共同调查，合作很密切，对学术的交流十分有利，这是一种综合的学术训练，我从不同学科的学者身上学到很多东西。海外学者喜好搞文化的、民间的东西。我个人认为学术的东西应该是多样的，不要老是一个模式，都研究一个东西，还是要百花齐放。他们比较注重个案的研究，如一个寺庙，一个家族、宗族，一个村子，或者一个契约的解说，等等。也有的人跟我说，你要跟年轻人说说，不要跟着他们把历史学搞成社会学、人类学的附庸了，要保持历史学的独立性啊！这一点我是很清楚的。我们要吸收社会学、人类学的研究方法，但是要保持历史学的独立性，或叫历史学本位。我们还是要以文献为主，把社会调查的结果结合起来；而人类学者与社会学者则是以社会调查为主，结合文献作分析。对这一点，广州年轻学者是心中有数的，并且已在他们的文章中作出了回应。

个案研究是非常必要的。具有典型性的个案研究，只要掌握充分的资料，作深入细致的分析，并引出合乎逻辑的富有新意的结论，就未必比发崇论高议的鸿篇巨制逊色。从大处着眼、小处着手的"小题大做"的研究方法，往往更显得充实，更能体现近代科学的实证精神。诚然，需要研究的个案多如牛毛，选题中个案的典型性及其内蕴，也是应该加以考虑而作出取舍的。陈寅恪先生的《柳如是别传》，虽是小题，但正如吴宓所指出：研究柳如是的身世与著作，"盖借此以察出当时政治（夷夏）、道德（气节）之真实情况，盖有深意焉，绝非清闲、风流之行事"。其学术价值之巨大，是学人所公认的。我曾想搞一个家族史，能够反映一个家族多年来的演变，起码能倒溯二三百年。不期曾看到一些资料，尽管零星，但据此似却可建构一个从南宋至民国年间的地主家庭错综复杂的兴衰陵替史。当我把这一想法向有志于此道的同行谈及时，有位学者一听，竟顿然眉飞色舞，表示愿意卷起铺盖同我一起去作实地调查。近日有位年轻的学者，闻之也喜形于色，愿意一试。对于我们历史学的从业人员来说，有了实地调查材料，还要看有没有文献资料可以互相参证。有的人类学家不需要看文献材料，他们经过调查，就可以写文章了。当然，他们也可以批评我们，说不要那么相信文献材料。因为文献所记下的东西大都是一些特例的东西，一般日常发生的事情，属于通例的事情，在文献材料中是不会记载的，而这些恰恰是重要的。他们认为，他们观察的是通例，你那些文字记载的是特例。所以，我觉得我们不要轻易地批评人家，它们作为一门学科，一定有它们本身的长处，有它的理论基础。这正像他们看我们一样，也可以批评我们很多。所以，我觉得各门学科之间应该互相补充，而不是互相轻视。应该是在一起共事，在一起讨论问题，各取所长。

在广泛搜集有关珠江三角洲文献资料和社会调查的同时，我还选择了一些问题作专题研究，而后不断扩大研究面，并且再就一些问题进行交叉的研究。十几年来，我先后就北方士民的南迁与珠江三角洲的开发，广州市场的转型与珠江三角洲的商品性农业、手工业的兴起，沙田的开发，宗教组织与商业化，水上运输与地方墟市网络，华侨、侨汇与珠江三角洲经济的演进等专题，在《中国社会科学》《中国史研究》《中国经济史研究》和中国港台及国外学刊上发表了30余篇论文。从这些论文中选出20余篇编为《珠江三角洲社会经济研究》一书，由台北稻禾出版社出版。我主编的《明清广东社会经济研究》于1987年由广东人民出版社出版。还与王赓武、许学强合著了《珠江三角洲历史、地理、经济状况及南洋华侨发展史》，1993年在香港印行。这些论著都是从不同的层面上对珠江三角洲社会经济史作出阐释，以便进一步地作"区域体系"的综合研究。如果说，1983年出版的《明清徽州农村社会与佃仆制》一书是我对于区域体系研究的一个尝试的话，为了推进区域社会经济的研究，我很想通过对珠江三角洲的研究，在"区域体系"的研究方法上也有所推进。中华书局约我写的专著《珠江三角洲的商业化与社会变迁》一书，早已写出了初稿，由于认识的深化，现在还在重新改写之中。

三、区域社会史研究要向更高层次发展

邓京力：回顾您整个的治学道路，可以说您的学术研究始终都是与区域研究联系在一起的。结合您的研究体验，您认为进行区域社会史研究的意义表现在哪里呢？

叶显恩：承认历史发展的多样性，承认各个民族、各个地区有不同的发展道路和发展特点，是区域性研究兴起，并成为国际性学术潮流的原因，也是历史哲学从线性思维、因果决定论向多元化、或然性转变的产物。原先既然认为历史是严格按照既定的轨迹（规律）发展的，那么作地区性的研究就自当不受重视了。

今天，基于自然科学的飞速发展而引起的哲学思想和思维方式的变化以及学术趋向多元化，基于当前我国各地区实施现代化的需要，区域性的研究必然显出格外的重要性。中国幅员辽阔，由于环境的作用与历史上开发的先后，各地区的社会、人文条件千差万别，其历史的发展表现出明显的差异性和地域的不平衡性。没有区域性的研究，就很难作全国总体史的研究。当然，我不是把区域性的研究视为总体史研究的铺垫，也不是把总体史看作区域性研究的叠加，而是认为区域性的研究和总体史的研究，既是互相参照、互相促进的，又是可以互相并存的。两者各有其功能，彼此是不能互相替代的。

学术研究的价值评判有着明显的主观性和时代感，受研究者的价值取向的严重影响。区域性的社会经济史研究是从80年代以后勃然兴起的。我国素以方志学的发达著称，地方志中记载了大量关于山川、形势、风俗、方

物、职官、人物等内容，理应是推动地方史或区域史研究的良好基础。但直到改革开放前，地方史或区域史往往处于附庸的地位。区域史不同于地方史之处在于它研究的地域范围是根据题旨的要求来确定的，未必与行政区划相叠合。其研究的范围可以小到有经济、人文内在联系的某一山区或平原，也可以大到按经济联系或有地缘关系的跨国地域。法国年鉴学派率先作出举世瞩目的区域性研究成果，使区域性的社会经济史研究成为国际性的学术潮流。我国区域社会经济史的研究，随着改革开放的深入也日渐发展起来。这不仅需要坚持经济和社会结构的变迁是历史发展决定性因素的马克思主义观点，同时在研究方法上也要恪守历史的实证主义的精神，要通过切实的材料来证实历史。

但自80年代末、90年代以来，文化热兴起了，人们很关注地方的风俗、宗教活动等，国外也是一样的。从某种意义来说，中国学术发展的脉络是与国际学术发展的脉搏联系在一起的，因为不管你自觉不自觉，都会受到影响。在七八十年代时，美国的经济史研究突然转向社会经济史，比如硕士论文的选题大量转向社会经济史，而这种增加是以减少政治、外交的选题为代价的。到80年代末、90年代，随着苏联体系的崩溃，他们觉得经济决定论受到了挑战，甚至西方马克思主义者也发生了动摇，有些第三代的马克思主义史学家也转向了文化史。我的一些朋友也开始转向了，有的转向搞法制史，研究中国的"民主与法制"的演变。这是一种潮流，觉得文化方面的因素影响大。到底是不是这样，我们也要审视。区域社会经济史的研究在中国依然兴盛，区域间的比较研究也因而得到比较顺利的发展。我认为，中国区域社会经济史的研究正朝着更高的层次在继续发展。

当然，区域史的研究，也不能局促于一个狭小的天地，而必须放眼于总体的历史。中国史的研究要与世界史沟通。一是从业人员要相互沟通，把中国史的研究从中国人的专美，变成世界学者的公器。尽管我们对中国史的研究有自己的优势，但处理不当也会变成劣势。由于受自身历史的羁绊，可能会有"不识庐山真面目，只缘身在此山中"的问题。中外学者在共同研究中已经日益感受到彼此之间可以收到互补之效。二是要把中国历史置于世界历史的格局中来考察，才能看清其充当的角色和所起的作用。从事区域史研究的学者也要清楚地看到自己所研究的区域在整个中国史中是一个什么位置，才能促进区域社会史研究的深入发展。

邓京力：从以上您所谈的您个人从事区域社会史或区域社会经济史的研究历程中，我们可以深刻地领略到我国社会经济史研究的大致趋势，对我们具体实际地了解当代中国史学发展趋势很有帮助。祝您今后在这方面的研究中不断取得丰硕成果。谢谢您！

叶显恩，生于1937年7月，海南省临高县人。中山大学研究生毕业。现任广东省社会科学院历史所明清经济史研究室主任、研究员、广东中国经济史学会会长。曾被聘为美国Luce访问学者、洛杉矶加州大学（UCLA）客座副教授、美国东西方中心高级研究员、日本学振会高级研究员、大阪大学客座教授、瑞典隆德大学客座教授、香港新亚研究所客座教授等。先后主持国家重点项目："明清广东社会经济史研究""近代华南农村研究"。专著有：《明清徽州农村社会与佃仆制》《珠江三角洲社会经济研究》，主编兼撰稿的著作有《清代区域社会经济研究》《清代通史：第五卷》《明清广东社会经济研究》《广东航运史：古代编》等。在《中国社会科学》《历史研究》等国内学刊和国外书刊发表论文70余篇。

邓京力，时系首都师范大学历史系讲师。

开拓·创新·比较
——朱寰教授访谈录

🎙️ 朱寰　　🎙️ 王云龙

王云龙：朱寰先生，我同其他许多中青年史学工作者一样，是学习了您主编的教材，才抱定从事史学研究的专业志向。可以说，从您的第一部《世界中古史》教材出版至今，您主编的各种教材培育了几代学子。我们作为历史专业的后学，首先想了解您是如何在新中国成立初期世界中古史学科初创阶段，在这一学术处女地开拓、耕耘，完成了第一部《世界中古史》教材的？

朱寰：高校教材是本学科学术水平的载体，是学科建设的基础，也是培养专业人才的依据。新中国成立前，旧中国的历史学，主要是指中国史，至多不过扩及周边国家和地区的历史，世界史作为一门独立学科尚未形成，根本谈不到我国自己的世界史教材。

新中国成立初期，百废待兴，世界史学科建设提上了日程。新中国成立至今，全国性世界史教材编写有两次。

新中国成立初期，我国刚刚取得全国革命的胜利，建设事业从头开始，在这方面经验不足，因此国家总的方针是"向苏联学习"。因而在新中国成立后的最初 10 年间，世界史学科的创建自然走学习苏联的道路。首先，就是翻译苏联的教材和参考资料。因为，我国在这个学科领域没有系统研究，加之帝国主义实行全面封锁，主客观两方面条件使得我们在世界历史的教学方面只能从翻译苏联教材和教学参考资料做起。当时的物质生活条件和学科建设状况与现在无法同日而语。

在新中国成立 10 周年之际，党中央和国务院总结高校教育改革和课程建设的经验，认为需要加强高校文科教材建设，以提高教学质量。于是决定集中国内世界历史学界优势力量，编撰一部适合我国高校教学需要的《世界通史》教材和教学参考资料。中央宣传部和国家教育部委托周一良、吴于廑两位史学泰斗任《世界通史》的主编，按上古、中古、近代、现代断限分卷，组成分卷编写班子，分兵把口，通力协作。我任世界中古史分卷的主编，经过国内多位专家学者共同努力，历经两个寒暑，终于完成《世界通史·中古部分》。

王云龙： 您主编的周、吴本《世界通史·中古部分》是我国世界中古史的开山之作，体现了您和其他老一辈学者在这一领域的开拓之功。90年代中期，您又主编了吴、齐本《世界史·古代史编·下卷》（世界中古史部分），更多地体现出学术的创新。请您谈一谈这两部被誉为新中国世界史学科的"双子星座"的《世界通史》中古史卷的各自特点，这对于今天的史学工作者具有重要启迪作用。

朱寰： 周、吴本《世界通史·中古部分》在社会分期上受当时历史条件的局限，采用了苏联教材的"三分法"，但在内容体例方面与苏联教材相比，有所突破和创新。第一，突破了欧洲中心论的框子，在体例上给予亚洲、非洲、拉丁美洲各国家各民族历史以应有的地位；第二，在论点上基本克服大国沙文主义倾向，尽量做到平等、公正地说明大小、贫富、强弱不同国家的历史贡献；第三，在内容上注意到世界各国、各地区之间分散闭塞状态的逐步克服，增添了国家间、地区间交往和交流的历史，初步打通了中国史与世界史衔接的通道，对于中国与世界各国的经济文化交流史，着浓墨重彩，给予充分的阐释。

80年代末，国家教委委托吴于廑、齐世荣两位先生主持编撰一部具有中国特色的、反映中国当代最高学术水平的《世界史》。全书分古代、近代、现代三编，每编分上、下两卷。古代史编下卷（世界中古史部分）由我和北京大学马克垚教授共同主持。《世界史·古代史编·下卷》集中了全国世界中古史专家学者的智慧，无论是体例，还是内容，都体现了90年代初期的我国世界中古史学科的最新成果和理论研究的水平。注重探索人类封建文明发展的规律性；正确阐述了封建时代人类文明随着交往和交流的扩大，逐渐形成了不同的文明区域：东亚儒学文明区、南亚东南亚佛教文明区、西亚北非阿拉伯—伊斯兰文明区、东欧希腊东正教文明区和西欧罗马天主教文明区等。处于两个或多个文明区边缘地带的，往往是不同文明冲撞和交融地区。东南亚是东亚和南亚文明交汇地区；北非是欧洲基督教文明与西亚伊斯兰教文明的交汇地区；小亚和高加索又是亚洲文明和欧洲文明的交汇地等。这些跨不同文明区的边缘地带，经过长期的文化交流与冲撞、融合，往往派生出独具特色的新文明，如中亚文明、东南亚文明、高加索文明、北非文明等。这是中古时期人类文明有别于上古和近代的特质。它是人类历史承上启下、继往开来的重要环节。吴、齐本《世界史》中古史卷创新之处，在于体现了宏观史学的理论和观点，把吴于廑先生提出的从分散到整体的世界史宏观理论同世界中古时期的历史实际有机地结合起来，形成国际世界中古史学界独具特色的中国学派。

王云龙：朱先生，您不但以构筑学科体系著称，而且也以史学理论探索见长。我们青年史学工作者，很想了解您的理论建树，这对于我们提高自身理论修养具有指导意义。

朱寰：我从教学和科研工作实践中，得出一条基本结论，那就是，马克思主义理论是科学真理，只有以唯物史观观察问题，以唯物辩证法研究问题，才能使历史研究做到科学、准确、客观、公正。在坚持马克思主义基本理论的同时，要充分吸收西方现代史学各流派中科学、合理的部分，他山之石，可以攻玉。

王云龙：新时期以来，您在世界中古史学界较早地倡导进行比较研究。在比较研究领域，您率先垂范，近十几年出版、发表了一系列论著。请您谈一谈这方面情况。

朱寰：改革开放以来，各学科全面对外开放。世界中古史学科的内涵就是世界性的。由于长期受苏联学科体系影响，世界中古史也有一个如何突破相对封闭的学科既有格局，向社会开放、向世界开放的问题。突破口选在何处？我认为，应从比较研究出发，对既有的学术资料进行整合，对国外的新史料、新理论加以综合运作，构筑起有中国特色、达到国际学术研究前沿的比较研究体系。80 年代初，比较史学研究方法在我国刚兴起。1983 年春，我邀集国内几十位史学专家汇集长春，讨论历史学比较研究的理论和方法问题。我在这次会上，做了一个长篇发言，谈及了历史比较研究的定义、内涵、特征和意义，以及运用这一方法的局限性和应注意的问题。这些见解得到与会同志的认同。

在长期教学和科研工作中，我感到，比较研究方法是世界历史研究的基本手段。同一时段的各异的历史过程与斑驳陆离的历史现象，孤立地、割裂地看简直无从下手，尤其是世界中古史这一长时段，历史发展线索千头万绪，时而山重水复，时而峰回路转，简直是一个扑朔迷离变幻的万花筒。科学研究的宗旨，就要掌握基本规律和特殊的质的规定性。在世界中古史领域，科学恰当地应用比较的方法，就能达到这样的目的。

在比较研究领域，近些年我做了一些工作。我与三位专家共同承担国家"六五"重点课题——《亚欧封建经济形态比较研究》（东北师范大学出版社 1996 年版）于 1998 年获全国普通高校第二届人文社会科学研究成果一等奖。这既是对我们四位作者历时数载工作成果的褒奖，也是对比较研究方法的肯定。我还在《历史研究》（1994 年第 1 期）上发表《世界历史与比较研究之我见》一文，谈了我对历史比较研究的目的、类型、方法和条件的看法，这也是我的历史比较研究的理论框架。

为了把比较研究工作向更高层次推进，近几年，我做了三项主要工作。一是在东北师大创立世界文明史比较研究中心；二是创办《文明比较研究》杂志（2000 年 1 月正式发刊）；三是主持"九五"国家重点项目——《亚欧诸国由中世纪向近代过渡比较研究》（商务印书馆近期出版），这一项目集中了国内世界史、中国史相关专业领域老、中、青三代专家，对于亚欧主要国家由封建社会向近代社会转型展开全方位、多视角的整合性研究，对亚欧诸国的社会转型给予历史唯物主义的判析。

王云龙：您 50 年的教学实践，桃李满天下，芳菲著史苑。在培养研究生，特别是博士生方面，能否谈一谈您的施教方法和育才方式？

朱寰：教学工作是教师的职责，培育出人才是对教师最好的奖励。自1978年国家实行研究生培养制度以来，我带过的研究生已有56人：其中硕士生35人，博士生21人。这些学生毕业后，大都成为高校和科研单位的学术骨干，其中有的还成为博士生导师。

我培养研究生，无论硕士生，还是博士生，都坚持"高目标，精培养，严要求"的准则。新生一入学，我就跟他们讲，要树立高目标，成大业，在学好本专业的基础上，向老一辈史学大师们学习，博古通今，学贯中西，要"取法乎上"。针对每个学生的特长和专业兴趣，为他们精心设计专业方向，选择外语语种。由于我们世界中古史是又古又洋的学科，作为专业外语需要学习一些外国的死语言和古代语言，如中古拉丁语、中古希腊文和古斯拉夫语等，其中有些在其母国都很少有人懂。有的在校学习，有的送外语院校学习，或与有关国家联合培养。

培养研究生是一项教学育人、造就新一代史学人才的系统工程，我对学生按照"三严"要求进行培养，即政治理论上严格要求，不能出差错，这方面差之毫厘，就会失之千里；在治学方面，追求真理要实事求是，不可随波逐流，人云亦云，要有独到见解和科学创见；在史学教育方面，要严肃认真，敬业执着，不能沽名钓誉、哗众取宠。我常跟他们讲：就人的资质而言，绝顶聪明的天才是极少数，生性愚钝、冥顽不灵的蠢材也为数不多，绝大多数都是中才。若勤奋努力，中才可以升为天才，这叫作"勤奋出天才"；若怠惰懒散，中才必堕为蠢材，这叫作"怠惰变蠢材"。人的才干不是一蹴而就，它是一个水滴石穿、集腋成裘的艰苦奋斗过程，需要从一点一滴做起。

王云龙：朱先生，您不但在世界中古史教材体系开创方面做出巨大贡献，而且在世界中古史领域许多重大课题研究方面也是卓有建树的。能否谈一谈这方面的研究？

朱寰：通史体系的建立需要依托本时段重大历史课题的个案研究。世界中古史是世界由分散走向整体的过渡阶段，上古时期有局部的整体，如希腊化世界、罗马世界。中古从何时开始走出封建分散状态向整体化世界转变，其标志性开端为何？这是重大的理论课题，也是构建宏观史学的理论前提。

哥伦布远航开辟新航路，给全世界人类由分散、孤立，走向密切联系，形成一个整体世界准备了条件。从50年代开始至今，我对这一问题进行长期研究，发表了10余篇论文，涉及哥伦布生平和其远航的社会历史条件、历史意义及其评价等诸多方面问题。

东欧是世界中古史的重要组成部分，也是研究比较薄弱的领域，特别是古罗斯国家起源问题，苏联某些历史学家只强调古罗斯是东斯拉夫人国家。这与历史实际差距较大，为了厘清这一历史事实，我从60年代开始，通过深入研究古罗斯和拜占庭文献资料、东欧的考古资料和语言学资料，吸收国际学术界最新研究成果，撰写《论古代罗斯国家的起源》一文，提出古罗斯国家起源于诺曼人的一支瓦里亚格人征服的观点，得到国内外史学界的认同，突破了苏联学者的旧说。

王云龙：朱先生，您对于世界中古史诸多空白领域的填补倾注了很多的心血。正是由于您这种高屋建瓴的远见，才使得在东北师大初步形成了一支学科部类配置相对齐整的中青年世界中古史研究队伍。

朱寰：我在80年代初提出过世界中古学科十六字发展方针：避强赴弱，去热就冷；发展比较，填补空白。着重填补空白，加强薄弱环节，开展比较研究。为此，或引进国外智力，建立新的学科，或派学生出国留学，培养空白学科的人才。经过这十几年的努力，我们在拜占庭学、斯拉夫学、阿拉伯—伊斯兰世界等过去空白或薄弱学科领域取得一批达到国际先进水平、国内领先的学术成果，也造就一支中青年科研队伍。这支队伍是世界中古史学科薪火相传的骨干力量。

王云龙：您认为目前世界中古史学科还有哪些需要加强的薄弱环节和值得改进的问题？

朱寰：新中国成立50年来，特别是改革开放以来，我国世界中古史学科经历从无到有、从薄弱到壮大的发展过程，经过几代学者的共同努力，取得了许多无愧于时代的学术成就，为现代化事业和两个文明建设做出了应有的贡献。

从社会发展需要和学科发展的潜力来看，目前值得改进的问题是如何在市场经济条件下，进一步加强学科建设、梯队建设、资料建设等世界中古史学科基本建设。世界中古史作为一门基础理论学科，很难直接创造出经济效益，需要国家和有关方面给予财政扶持，才能做到科研深化、队伍不散，否则，仅靠提倡史学工作者发扬奉献精神、安贫乐道，是很难聚合住队伍人心的。

学科建设需要加强薄弱环节，要有重点地开展殖民化前的非洲史和哥伦布航海前美洲史研究，填补北欧——斯堪的纳维亚中古史空白，在此基础上，开展整合性的，涵盖亚、欧、非、美的世界中古史学科体系建设。

王云龙：朱寰先生，您作为老一辈史学家，对跨入 21 世纪的青年史学工作者有哪些期望？

朱寰：我祝愿青年同志们永葆学术青春，为繁荣我国史学百花园做出自己的贡献。我愿用下面两句诗与年轻同志共勉：多情唯有是春草，年年新绿满芳洲。

朱寰，1926 年 1 月生于辽宁省瓦房店市。1951 年毕业于东北师范大学，任教至今，现任东北师范大学教授，博士生导师，世界中古史研究所所长；曾任国务院学位委员会历史学科组成员，现任国家社会科学基金会世界历史学科评审委员，中国世界上古史中古史研究会名誉理事长等职。主编新中国第一部世界中古史教材——《世界通史·中古分册》和若干高校文科通用教材《世界中古史》，《世界史·古代史编·下卷》（与马克垚合作主编，高等教育出版社 1994 年版）；主编《亚欧封建经济形态比较研究》（东北师范大学出版社 1996 年版，1998 年获全国普通高等学校第二届人文社会科学研究成果一等奖）和《简明俄国史》（上海外国语大学出版社 1987 年版）等十余部著作。译著有苏联著名史学家科斯敏斯基的《中世纪史》、斯卡兹金的《中世纪史》（第二卷）、谢缅诺夫的《世界中世纪史》和历史文献资料、历史地图等。发表论文百余篇。

儒学与中日东亚文化
——王家骅教授访谈录

(🎙️) 王家骅　　　(🎙️) 钱茂伟　章益国

钱茂伟　章益国： 您能先谈一下您的治学经历吗？

王家骅： 可以。我是从研究明治维新史开始的。明治维新是日本近代化的开始。我试图从经济、文化、思想等各个角度搞清楚中日走上不同道路的原因。在日本明治维新研究中，我注意到了日本儒学在其中的作用。遂写有《日中儒学的比较》（1988 年）。该书主要探讨了前近代中日两国儒学的异同以及日本儒学的特质。该书对日本儒学特质的概括与"早期儒学"概念的提出，颇得中日学界的首肯。在该书的写作中，我注意到，在漫长的历史中，源自中国的儒学思想曾对日本文化的各个领域（政治、法律、道德、宗教、文学、史学等）以及现代化进程都有重大而且深远的影响，于是，我写成了《儒家思想与日本文化》（1990 年）。遗憾的是，由于篇幅有限，该书对于儒家与日本现代化的关系，未能充分展开论评。近年来，有关儒学思想与现代化的关系，或称儒学思想的现代意义问题，渐渐成为国际学术界的热门课题。惹得我也跃跃欲试，于是"正面出击"，又写成了《儒家思想与日本现代化》（1995 年）。后来，我到日本，对这个问题又作了进一步的研究，写成了《日本的近代化与儒学》（1998 年）。

钱茂伟　章益国： 您为何要从事日本儒学和中日儒学比较研究？

王家骅： 我研究这个问题，主要有两方面的考虑。首先从中国学界的角度讲，我认为评价中国儒学，要站在世界史的高度，至少站在东亚史的高度。其次从日本学界的角度看，近年来日本存在有意无意地过低评价中国思想对日本影响的倾向，强调日本文化的特殊性。古代日本有"和魂汉才"之说，江户时代的日本有"国学派"，寻求未受中国影响的日本原有思想。"二战"时津田左右吉就曾反对日中同文同种说，战后日本成为经济大国后寻求文化大国地位，许多思想家支持津田，将中国及朝鲜对日本的影响矮小化。作为一个中国学者，有责任梳理儒家思想对日本的影响，还历史本来面目。我以为儒学到日本，发生一定变异是有可能的，但与中国总还是同一种属的。就像蒙古马到其他地方，变成矮脚马，但终究还是马而非驴。我想以实证材料证明儒学对日本的政治、法律、道德、宗教、文学、史学及当代日本社会的影响。否认这些影响，是非历史主义的。

钱茂伟　章益国：我们读您的著作，发现您的很多结论不同于别人，您认为其中的原因是什么？

王家骅：我认为关键一点是我特别注意方法论的思考，或者说是视野的思考。我曾在我的《儒家思想与日本的现代化》一书中有所论述。现在有关儒家思想与东亚现代化关系的讨论，虽已成国际规模，在一些问题上也有深入进展，但大体上说，截然不同的观点处于胶着状态。我认为，要突破这种局面，推动儒家思想与东亚现代化问题的研究，除深化理论研究外，必须在方法论上有所创新。我在书中，提出了三点，那就是提倡多层次研究，提倡哲学与历史相结合的思想史研究，进行个案考察。此前的讨论囿于韦伯的理论框架，主要是研究精神与经济现代化的关系，而现代化是由划分为不同层次的诸社会要素结构而成的社会系统的动态过程，因而应展开多层次的研究，从经济、政治、社会组织、教育等层面，综合考察儒家思想与现代化的关系。还有，此前的讨论多从学理从价值坐标系统进行考察，这是哲学的方法。作为历史工作者，我们也该从功能坐标系统进行考察。不单单根据概念、范畴、推理而进行逻辑评价，而要把儒家思想看成一个不断发展的流程，将其放于具体的历史情景中，进行个案考察。

钱茂伟　章益国：王先生是国内比较早提"汉字文化圈""儒学文化圈"的学者，最近有学者不同意您的"儒学文化圈"说，您认为他的话有道理吗？

王家骅：我还是坚持认为，东亚有一个儒家文化圈。这不仅在理论上站得住脚，而且在事实上也是存在的。朝鲜、日本、越南在很长一个时期内，存在着一个既尊儒又崇佛的时代。朝鲜、日本、越南，儒学的传入比佛教要早。15—17世纪东亚三国普遍进入一个以儒学（程朱理学）为官方哲学的阶段。而在官方意识形态的影响下，世俗化的儒家伦理也渗透到民间，存留在"百姓日用而不知"的层面。这种影响，在今天的三国，仍能看到。

钱茂伟　章益国：如何看待儒家文化对日本现代化的影响？

王家骅：战后日本，作为体系化的儒家"大传统"已不复存在，但作为民间生活的儒家"小传统"还存在。

钱茂伟　章益国：您提到日本文化的特殊性问题。我们是否可以这样说，现在谈这种特殊性的，与其说是与西方比较，不如说是与东亚其他国家（主要是中国）比较。在这种情况下考察儒学文化在现代化中的作用，是否反而会得出东亚其他国家（特别是中国）的儒学不适合现代化的结论？

王家骅：考察日本儒学文化在现代化中的作用，可能导致两种相反的结论。一方面有人会认为日本的成功证明了儒学能进行现代转化，儒家思想能促进经济发展。另一方面也有人会认为日本的成功是因为日本儒学与日本文化的独特性，恰恰证明不具备这种特性的中国儒学不能适应现代化的要求。如森岛通夫的《日本为什么成功》就持此论。

中国学者的中日思想比较研究，大多是为了追索近代中国落后于日本的思想原因，然而，基于这一问题意识的研究，也会产生正、负二重性的效应。正面效应是这样的研究具有对中国传统思想文化的自我批判与自我反省。其负面效应则易导致片面强调中国传统思想与文化一无是处和日本思想与文化的优越性。

钱茂伟　章益国：探讨东亚现代化成功的学者，大体可分"制度论"与"文化论"两派，您认为自己属于"文化论"派吗？

王家骅：我不认为自己属于"文化论"派。"制度论"与"文化论"两派的解释，都具有一定说服力，但也各有解决不了的课题。"文化论"派受到批评，是因为它未能说明为何近代资本主义首先产生在新教的西欧，而没有产生在儒学的东亚。"制度论"所受的责难，是它无法解释为何采借西方模式的国家和地区不独东亚，但西亚、非洲、拉美等地未能出现类似东亚的经济奇迹？它们各自所面临的难题实质上是涉及不同时代不同性质的两个问题。"文化论"派面临的难题，是关于资本主义兴起的问题。这是韦伯关心且作了较有说明力之解释的问题，即使承认韦伯理论的合理性，也不会否认"文化论"派认为在战后东亚各国经济奇迹中，儒家伦理可能发挥积极的功能。"制度论"派所面临的难题，则是20世纪70—80年代资本主义的传播和发展的问题。这是韦伯理论不可能论及的课题。即使不赞成韦伯理论的合理性，也不会否认"制度论"派认为的东亚各国的经济成功与它们采纳西方制度有正面关联。我们大可不必一定用同一种韦伯式的理论与逻辑去讨论上述时代不同、性质不同的两个课题。这使我们可以从理论上整合"制度论"与"文化论"两派的解释。

钱茂伟　章益国：您如何看待中国目前的中日思想交流史研究？

王家骅：中国的中日思想交流史研究，始于本世纪初，兴于近二十年。近二十年的中国的中日思想交流史研究，可以用一句话来概括，"数量在增加，人数在减少"。近二十年，中国的中日思想交流史研究，成绩是有的，主要表现为：研究机构和研究者的数量增多，学会活动日趋活跃，国际学术交流日渐频繁，研究成果显著增加。每年的成果统计，呈上升走势。从内容上说，表现为研究的深化，新领域的开拓，方法的更新。一些论著发前人或外国人所未发，逐渐形成中国的中日思想史研究的独特风格。但问题也暴露不少，如队伍老化，后继乏人，缺乏总体协调与分工。目前从事中日思想交流史研究与教学的主力是中年学者。这批学者，由于众所周知的原因，多是很晚才开始从事中日研究的。他们是在十分艰难的情况下重开中日思想交流史研究的，能取得今天的成绩已很不容易了，再想百尺竿头更进一步就不太容易了。而青年一代，由于受市场经济的冲击，坐冷板凳的人越来越少了。

出国的人，又多没回来。中国的日本学研究，从世界范围来说，还处于较低水平。中国学者出于历史所赋予的忧患意识和使命感，往往欲以不同的形式，使自己的研究贡献于中国当前的现代化建设。这种良好的愿望是无可厚非的，但显得有点急于求成。在研究方法上，表现为重视宏观研究，忽视微观研究；重视理论陈述，忽视实证考察，尤其是忽视资料的搜集与整理。结果是，从事论著的学者多，专理资料搜集与整理的学者少。所作出的结论，不是空泛，就是极不正确。

王家骅，1941 年生。1968 年毕业于南开大学历史系。现为南开大学历史研究所日本研究室教授、日本研究中心副主任；中国日本史学会思想文化史专业委员会会长、中华日本哲学会常务理事。曾作为客座研究员，五次去过日本。出版专著《日中儒学的比较》《儒家思想与日本文化》《儒家思想与日本现代化》《日本的近代化与儒学》和译著《日本文化比较论》。另有论文近 50 篇。

历史经验的主体性建构

——叶文心教授访谈录

(🎙)叶文心   (🎙)王雪瑛

王雪瑛：在人文社会科学的众多学科中，你为什么选择历史学作为自己的专业方向？对你来说，历史学的魅力究竟在哪里？

叶文心：这个问题很难答复，开始的时候，我对文史哲的兴趣其实是很平均的。至于后来为什么选择史学，不是文学，也不是哲学，可能是因为史学跟现实或经验关联得比较紧一些，当然也不能说文学或哲学与现实的关联不紧密，也许是一种不同的创作方式，不同的表达方式。也许是所接触的题材，在侧重上有所不同，如此而已。

王雪瑛：是不是有某一部著作或某一个历史学家对你影响特别大，后来你就选择史学作为自己的研究方向？

叶文心：我想，早年的时候我对人物传记有兴趣，也就是说史学对我早期的吸引力在于一种历史过程的叙述，在历史过程的叙述里包含对人物形象的刻画等多方面的内容。

王雪瑛：能说说具体的作品吗？

叶文心：中国的东西，比如说《史记》，《史记》里的人物列传。

王雪瑛：几岁开始看《史记》？

叶文心: 十几岁吧。

王雪瑛: 是全部看完，还是挑着看？

叶文心: 刚开始的时候，当然是挑着看，挑有趣的看，因为反正不是学校里的功课。

王雪瑛: 是读中学的时候？

叶文心: 中学放暑假的时候，在家没事干就看《史记》，首先是看人物列传。看完后，就看《资治通鉴》，尤其是看汉代的部分，而且把它当故事看。譬如说《资治通鉴》里头，有一部分写到汉武帝的晚年，他处理不好家庭里头的问题，造成皇后和太子都死了，最后，七十岁的汉武帝，盖了个"归来望思之台"，后悔莫及。一代雄才大略的帝王，遇到人生、生死问题的时候，还是发现权力并不能涵盖过一些哲学和人与天之间的问题。在这些地方，《资治通鉴》刻画得非常深刻。像这一类中国史学著作，很早的时候就吸引我的注意力。西洋方面，我在大学的时候，也是暑期里没事干，我就自己看《罗马帝国衰亡史》。我看的《罗马帝国衰亡史》是英文本，先是觉得它的文字非常漂亮，非常匀称、工整，它的文字对我的吸引力很大。以后当然也觉得它在叙事方面有它的独到之处。早期我对史学的兴趣，可能跟《史记》和《罗马帝国衰亡史》有相当的关系。

王雪瑛: 那你大学时候读什么系？

叶文心: 历史系。《罗马帝国衰亡史》本身倒是没有多少人物传记，可是西洋古典里历史学家普鲁塔克（Plutarchs）和塔西佗（Tacitus）（一个是希腊，一个是罗马）的著述里头有人物传记，那里头的人物传记也挺有趣的，具有很强的故事性。它们的叙事方式和叙事中的人物，都很吸引人。

王雪瑛: 这样看来，我想你可能对真实的人物、真实的事件更感兴趣，这是文学跟史学的区别，因为文学是虚构的。

叶文心： 文学是虚构的，史学也有相当的建构成分。文学也不完全是虚构的，所以，文学和史学的虚构、真实，有的时候也并不是绝对的。

王雪瑛： 那么，史学的建构和文学的虚构之间有什么差别呢？

叶文心： 这个题目太大，文学方面就不谈了，史学方面的建构、史学是历史的真实等，这一套想法从科学实证的角度来看历史，可以追溯到19世纪下半叶，职业史学家兴起之后，像德国的兰克，就是实证学派的史学家。认为史学跟真实有关系，这个想法本身有一定的历史背景。在这之前文史不分，但历史是什么，史学的任务是什么，这本身并不是一成不变的东西。今天我们从事史学工作，大家或多或少都认识到一点，就是所谓历史的真实性，也许是追求的对象，可是在多半的实践之中不见得达得到的，在史学工作者和史学读者之间共同建立一种认识，多半的史学作品的建构性也是相当强的。多半的史学工作是对历史经验的诠释，而并不是对历史真实的重新捕捉。打个比方说，你拿一个照相机到街上去，捕捉真实的影像，可以说这上头的人物、街景，发生什么事情都是真实的，这是没有错的，可是这里头的建构性至少可以从两个角度出现：一个是你取的角度，照相机定在什么角度，你就只能看到什么东西；其次是照相机所拍摄的影像没有叙述，也没有诠释，没有把背景衬托在里头，没有贯注进动机或者目的，这一连串的影像，以及所发生的现象本身并不能够展现出任何的主题。所以，通常的史学作品是带有相当的诠释性成分的，这个诠释性的成分即使在史学家认为只不过是客观地把事实记录下来，实际上在这个架构下运作已经包含了对材料的取舍，以及对材料的理解。

王雪瑛： 你从事史学工作已经很长时间了，有时候你会觉得特别累，还是觉得做史学研究具有特别的魅力，或者两种感觉都有？

叶文心： 我倒不觉得从事史学工作很累人，我觉得这是一个很有趣的工作。在我们的印象里，至少在中国的史学史传统里面，大家都觉得史学这门学问浩如烟海，必须要满腹经纶，掌握几百套工具书，传统的法子是以一物不知为耻，一旦成为大师的话，怎么可以有一字不识、一物不知呢！所以把治学的重点放在知道多少上面。"知道多少"这个问题，在90年代的今天成了一个有趣的现象：曾经遇到过不少从事电脑工作的人，尤其是搞软件的人，他们相信有朝一日，不是说有朝一日，现在就可以做到，把《二十五史》《大不列颠百科全书》，天下可以想到的任何材料都装进去，装进去以后，你需要任何一个题材，譬如"命"，电脑马上就可以弄出来告诉你，当然这机器就绝对不可能有一物不知或者一字不识。

到这个地步，人还干什么呢？可是反过来说，史学是不是就应该拱手让给电脑？从这个例子你就可以看得出来，一个最明显的结论是，史学工作除了掌握资料之外，还包括思维的过程，而思维的过程和诠释的工作又有很密切的关系。越是在资讯工具发达的时代，思维的工作、诠释的工作的比重或价值就越能够凸显。历史，我的理解是群体对过去的记忆或者经验的总和，个人没有记忆，没有过去就没有现在，也就没有所谓的自我。自我的形成与塑造往往是对自我的过去的理解，以及现在的一些取向密切相关的，群体也是这样。

所以史学工作说起来是一种以自我为基础，一种对群体的共同的经验的总结。说起来是这样的，可是史学工作，譬如说中国历史，传统的是帝王将相，是《二十四史》或者各式各样的"家传"与"行状"，这些东西里面都有明显的主题，所谓Subject。到20世纪以后，可就是改写成"国史"，譬如中国通史、中国文化史等，它们都以"中国"为建构的主题，可是"中国"究竟为何物，从历史经验上来看，这是不是最能够丰富和充实今天的中国人对中国过去的理解，或者是对中国的一种认同方式，还是大有可议的。即使是写中国历史，在这个范畴之内，什么样的东西最适合作为史学叙述的主体，是党，是政治体系，或者某一个社会阶层，某个特别的族群。一部照相机从不同的位置或角度就可以拍摄到不同的影像，史学叙述也是一样。20世纪中国史学诠释工作的第一个挑战，就是怎么选择叙述主体。

王雪瑛： 个人的经验都是有限的，对你个人来讲，去建构群体的经验是不是独具魅力？史学工作本身以建构群体经验为目标，这是对你个人的经验的最大丰富，你同意吗？

叶文心：可以这么说。当代很少有离群索居的个人，每个人自我的经验往往是在较大的群体里面体现的，能够进一步理解到这个群体为什么是以这个面貌出现。越是能够对这个问题多加掌握，就越能进一步反思自我或个人与这个群体之间是什么样的一种关系。

王雪瑛：能不能谈几个你特别感兴趣的问题，或者说你发现这些问题时，你觉得很欣喜？也许是在中学、大学，那个时候你还没有成为职业或专业的历史学家，只不过是对史学感兴趣的学生，但那个时候你也会发现问题，这种发现可能也会给你带来很大的欣喜。那么，以后你成了专业的学者，历史学家，你发现一个问题是不是仍然感到一种欣喜，你能举几个这样的例子吗？

叶文心：这样的例子有是有，但不是很容易归纳的。

王雪瑛：我是说你提出某一个问题，你觉得这个问题特别有意思。

叶文心：这里有两个层次：一个层次是你提出的问题的重要性，以及对你的意义。譬如说，从女性的角度出发，史学叙述里面，在前台的多半是男性，女性是很少的，很少将女性作为叙述主体的，如果要写一部中国妇女史，你首先要认定这个问题是不是重要，很明显，这是一个重要的问题，人家还没有做出什么像样的成品来，既然人家做的你不满意，那么我自己来试试，看看是不是可以比人家做的好一些。另外一个层次是，在我自己的经验里，更有趣的问题是，很多问题往往已有一些约定俗成的看法，可是你一开始有点疑惑，觉得这人果真有如此这般的丰功伟绩吗？如果有，他在某个时候对待某件事情怎么会有这样的处理或这样的表现呢？这是不是在逻辑上或者整个风格上有点不协调呢？换句话说，在思维的过程中发现诠释内涵上的不协调性，这种不协调性往往就可以作为穷追不舍的对象，到底是材料不够充实，还是从事史学的人把我们给误导了呢？许多事情往往是穷追不舍之后，你就会有所发现；一旦有所发现，就像拨云见雾一般。许多地方含含混混，你忽然在这个地方打开一个视角，引进一片阳光。这阳光一旦进到某一个领域，你就会发现整个领域的轮廓与你原来的想象或约定俗成的看法大大地不同。这样，你就可以从一个新的视角重新建构整个人物生平的脉络，或者整个历史事件的因果关系，甚至整个诠释过程都可以重新建构。有时候这是有点冒险的，因为这是根据你的灵感，或者这个问题对你来说是一个问题，对人家未必是一个问题，所以才叫"发现"。我的经验里头，我从事史学研究工作的最大收获，或者感到最愉快的时候，就是正要觉得山穷水尽，可是忽然转了一个圈子，发现很多事情的脉络原来是这样的，零零碎碎的各种东西统统各自归位，形成新的架构，这是最有趣的事情。你要做这个事情，有时候你的胆子要大，要愿意冒这个险。

我在写我的博士论文的时候，就冒过险。我的博士论文写的是 20 世纪 30 年代中国大学的校园文化，那时美国很少有人做 20 世纪的中国，大家都在做清，顶多做到鸦片战争、太平天国。做 1900 年或 1911 年以后的社会史或文化史的人几乎没有，这方面的研究几乎没有人做，所以我在挑选这个题目的时候，本身就是一个冒险，首先要做一些披荆斩棘的基础工作；其次我挑选的题目是有关大学的，关于大学，英文著作里头有不少外国人写的以基督教大学为重点的一些叙述。

我做这篇论文，在英文领域里首先就得跟以教会大学为主的大学教育的叙述模式做一个界限划分。

王雪瑛： 你一开始选择这样的主题作为你的博士论文，很个性化。

叶文心： 至少我在美国所接触到的同学、同事和同行，无论他们从事哪一方面的史学工作，都是相当个性化的。你读他们的文章，特别是书，一篇短文也许还看不出来，看书的话，就可以完完全全地看见他们的个性跃然纸上，中国有句古话叫"文如其人"，说的就是这个道理。史学一定是这样的，文学可能因为虚构的成分过多反而不容易看清。

王雪瑛：你说读一个人的书就能看出一个人的个性，是不是从课题的选择，到叙述和论证的过程都包括在内，看出一个人的独特视角。

叶文心：都包括在内。我看人家的史学文章往往会觉得是在看人家的自画像，不能说是自画像有意地变成史学诠释工作，可是你看史学作品一定可以看出或多或少的作者的形象。任何一部史学作品都有两个层次：一是作者直截了当地告诉你的东西，二是作者在从事诠释的过程或建构的过程中所展现的自我。至少在我看来，这是很清楚的。

王雪瑛：你总是选择一个挑战性的视角，开始自己的研究，不过在查阅大量的资料的过程中，是不是也很枯燥？

叶文心：其实不然，历史是丰富的，并不枯燥，是从事历史研究工作的人把它弄得枯燥了。

王雪瑛：这对于个人的感受能力和智慧提出了一个很大的挑战，你要用一种个性化的语言去叙述那段历史是很困难的。从我个人的浅见陋识来看，一个女性去从事历史研究或去做历史学家真的很难。

叶文心：问题是我们往往以为近代的史学，或者是20世纪以来的史学必须是一个完完整整、无缺无漏地解释中国近代整个发展进化的过程，如果史学以此为任务的话，那就很难把历史叙述主体人性化。老实说，这种思维本身是很有问题的，不但有问题，其实在这种思维里头无疑有黑格尔哲学的影子，而黑格尔哲学与西方的神学传统又有着密切的关系。换句话说，如果以想象的几乎带有神性的巨大的主体作为史学叙述的中心思想的话，不只是女性，微小的个人都很难把自己的思路贯注到这个巨大的建构里头。这样做出来的学问或文章看起来材料堆积得很多，可是在思路的开发或发挥上却显得枯燥不堪，也就是因为思维的过程本身受到限制，一旦你戴上了这样的大帽子或大框框，那你就不可能有多少思考的空间或余地了。如果史学不能够跟我们的经验结合在一起，那么史学也就变成了另外一种俗世化的神学，变成一种指导思想，而不是一种对话，史学自然也就没法变得有趣了。

王雪瑛： 文学创作可以跟自己的经验结合得比较紧，但是史学研究相对而言就不可能结合得那么紧。回到你刚才说过的，你发现问题有两种方式：一种是这个问题从来没有人做过，另一种是已经有定见了，你觉得自己的看法与这种定见不同，你可以找出材料证明你的看法也是有根据的。但相对而言，这是一种理性思维的过程。而文学创作跟个人的生命体验靠得更近一些，你研究的大学校园很难说跟你个人的生命体验有什么直接的关联。

叶文心： 不，我们多半都做过大学生，同时我想我们这一代人看我们的父母，或者看我们的祖父母，可以想象一下我妈我爸或我祖父母年轻时候是什么样子，我们每个人都想象过类似这样的问题，都问过这样的问题。如果中国人去研究希腊、罗马史，那就无法想象我爸我妈当年是什么样子了。

王雪瑛： 请你介绍一下你的第二部著作。

叶文心： 好的。刚才我已说过，我的第二部著作的入手点是五四运动在浙江，以往的研究往往是以通都大邑（北京、上海）或以中央的视野来笼罩全国，我选择浙江，意图是从地方往上看，看地方上的经验与中央的经验是一致的吗？在浙江的范围内，杭州是省会，以杭州的角度来看浙江，与譬如从金华（宋明以来文化水平非常高的"齐鲁之乡"）来看杭州，二者的经验是一样的吗？开始时我就这么问。我想了解五四时期在学校里念过书而且参加过五四运动的人的生活经历究竟是什么样子的。这本书的特色仍然是以边缘来看核心，另外在"看"的过程中发现在地缘与地缘之间、地域与地域之间文化上的落差，而文化上的落差，20世纪的每一个人都有比我们的祖宗或者我们的上一代人丰富得多的一种经验，就是旅行。我们每一个旅行跑的路都比19世纪的祖宗多，他们的出门有的时候是为了逃难，他们跑到一定的时候就不跑了，他们的目的终究是要回到家乡。

我的第二部书所挑选的一个主要人物，整个分析的发展主要是掌握了一个脉络，就是当一个人从某种样子的家乡跑到另外一个不同的地方去求学，在求学的过程中以及在得到一种新的视野或者新的看法之后，回到他原来闭塞的家乡，在同样的一个人身上会产生什么样的文化效果。我是以这样的一种角度来观察五四运动的反抗性，或者说对传统的一种破坏力。

王雪瑛：我觉得这样的视角非常独特，已跳开常规的视角和方式，有些与众不同。

叶文心：我的第二本书所写的这位先生，金华是他老家，杭州是他念书的地方，在那里他参加了五四运动。参加五四运动后所造成的一个效果是，他回到金华有家归不得，因为从他老家的角度看，他已完全离经叛道，已经不是受教育的人所应该具有的一个形象。后来，在浙江待不下去了以后，他跑到了上海。这本书在地缘上主要围绕金华、杭州和上海三个地方展开，固然是拿一个人的传记来贯穿，可是实际上所分析的是这三个地方在20世纪20年代所代表的三个不同取向的文化。一个十几、二十出头的年轻人很有可能因为求学、工作的关系到这三个地方去，我当初取这个角度固然是因为我一贯的偏好是从边缘来观察核心，可是另外一个原因是像这样的经历其实对20世纪的许多人来说都是一种普遍的经验，是大家共同的经验。五四运动前后，他是从中部的一个城乡进入省会，然后进入上海，当然他后来还到过东京。

王雪瑛：刚才您简单介绍了您的著作，现在想请您谈另外一个问题：第二次世界大战以后，美国的中国研究发生了很多变化，在您看来，美国的中国研究有哪些特点，趋势如何？

叶文心：这个问题很大，而且也不大好一言以蔽之。当然，美国的中国研究的变化的确很大，我只能说近年的变化。美国所谓广义的汉学研究，范围非常广，各个学科都包含在内，从史学来看，古代史，宋明史，隋唐史，搞每一个段落，都各有特色，各有重点，我只能说一说美国的中国近代史研究方面的情况，不能涵盖搞文学的、搞哲学的或者搞其他领域的。做20世纪以后的中国研究是最近20多年发展出来的。在70年代我在做研究生的时候，美国多半的中国研究著作都是关于 18 世纪，尤其是关于 19 世纪的，主要研究中国与西方，帝国主义到底是好的还是坏的，等等。至于 20 世纪的中国，特别是 20 世纪中国的人文与社会，研究得非常少。最近 20 年来，这种情况有了很大的改变。总的说起来，变化不小。不过对我个人来说，最有价值的变化是从研究的入手点以及方法上来考虑，打破了狭义的学科分界的看法，为了追求对某一个问题或某一种现象比较系统、比较全面的认识，大家可以跨学科、跨领域地从不同的视角进行研究，这是比较有益的，比较具有创新意义的一种发展。

譬如说关于都市文化的研究，从前的文化史研究多半是从文字材料入手，做分析和叙述的工作；现在的研究生所做的一些论文往往能够结合两三方面学科的专长，包括美术史方面的把握，也就是说他们在使用材料的时候不只是文字材料，而且大量使用照片、广告画、地图等具有视觉效果的图片资料；另一方面对都市结构的变化，他们不仅考究市民的日常生活，甚至通过建筑蓝图来考察都市城区发展总体的空间变化。

王雪瑛：你刚才讲了研究方式、方法上的变化，那么研究的兴趣或者研究的热点上有哪些变化？

叶文心：二三十年前近代史研究的热点是所谓中国近代的阶段与革命，即革命的三阶段：辛亥革命、国民革命和社会主义革命，整个框架都笼罩在这种认识的平面上，并借此去寻找封建、资产阶级和工人运动三个层次的演化脉络及其成因，这个革命的三个阶段论又笼罩在中国的大一统的时段里面，譬如说民国史基本上是从 1911 年到 1949 年，是从统一到分崩、由分崩而再统一的历史过程；清最主要的意义是一个大的帝国，1949 年一方面是社会主义革命，一方面是重新统一的过程，这是第二个层次；第三个层次是从统一到分崩、由分崩而再统一，跟中国与西方有什么样的关系，帝国主义、殖民主义对大一统的经验、分崩的经验，以及重新再大一统的经验之间有什么样的关联。总的说来，几乎所有的近代史的著作都可以包容在这个范围里面。最近十几年来的近代史研究的热点，一个特征就是对社会主义革命，对革命的三个阶段论有了新的看法，认为革命的三个阶段并不是一个必然的过程；而且这是中国近代史上的一个重要的现象，不是唯一的现象；所以，把重点从革命转向近代国家形成和国家的认同，以及政治文化的形成，这是第一点；这个问题一旦形成之后，从文化史和政治史的角度来看，是不是必然是一个由统一到分崩、由分崩而再统一的过程，也就是说，从1900年到1950年是不是只能看作一个过渡时期，还是说这个时段里虽然在政治上不是大一统，可是从社会演变、经济结构和文化结构是不是存在着长远的发展脉络，能够跨1949年，而且前后可以连贯，这是第二点；第三，在这个架构里头，重新考虑1949年把20世纪截然划分为两个阶段，是不是也可以重新考虑中国与外国的关系，即鸦片战争以来的中西关系。以前大家都去研究工农兵，不是研究革命根据地，就是研究城市里的工人运动或者罢工，认为20世纪中国演变的动力来自农村和内地。现在研究的重点转向都市，加州大学在这方面起了一点带动风气的作用，上海研究成为显学，这是因为加州大学与上海社会科学院有着密切合作，在这个计划的推动之下，都市研究逐渐形成一种热潮。在上海研究成为显学的过程中，其他的城市也受到了广泛的关注。透过都市文化的研究，不仅强调了近代化，而且强调了现代性。研究方向不同，热点自然也就不同了。

王雪瑛：前面你说过，史学写作是相当个性化的，一部史学著作就是史学家的自画像，你能不能随便举一个具体的例子。

叶文心：譬如说，像你刚才说我说话逻辑性比较强，感性不够强，在你听来我的话逻辑性很强，也就是说你对一个人的叙述的方式和组织思想的过程，最后总会有一个全面的印象。通常，你们搞文学这一行的，研究文学作品，分析作品的结构、人物的塑造、情节的发展、故事主题的掌握，或者时间与空间的建构等，是从作品的内涵方面来分析作家掌握题材的方式，甚至按照题材方式的取舍本身来对作品加以分类。我们搞史学的，不太讲究文章的美学效果，通常有些基本的行文方式，不是分析的重点，可是在文章的分析架构里头，譬如，你谈任何问题，都有入手点，都有你为什么认为这个问题是问题的问题，这是起点。然后，切入到一个问题后，你必须有一个分析的着手点。由此进入分析的过程，最后达成一个结论。

前几天，我在上海图书馆翻一本旧的《燕京学报》，看到陈寅恪先生的一篇论文，题目叫作"梁译大乘起信论伪智恺序中之真史料"。光看这个题目，你会立刻得到一种印象，这个史学家跟别人不太一样。单这个题目，就包含真与假、译作与原作等多层的意思。从这个题目可以看出陈先生的史学在思想的复杂度，陈先生的思维方式与众不同，他的复杂性，他观察问题的多元多样的层次，远在一般人之上；他思考的途径和思考的方式是非常复杂的。这方面的例子不胜枚举。我想再举另外一个例子，我们柏克莱大学的一位同事，也是我的老师，曾写过一本关于13世纪罗马城的著作。这部著作有七八章，说的是中古时代作为教皇驻在地的罗马城，他从各个角度建构13世纪的罗马城，有当时住在城里的人感受上的罗马城，有城外人想象之中的意念里面的罗马城。就是说，罗马城实际上有两个：经验之中的罗马城和意念之中的罗马城。当然，意念与经验有某种程度的吻合，可是这两个罗马城不完全一样。说完意念和经验的罗马城后，下一章几乎像照相机的镜头聚焦到城里的一个个社区，然后再聚焦到一个社区里的一个教堂，原原本本地将罗马城的社会生活和社会阶层还原出来。看完他的全书之后，你对罗马城所得到的印象是一个多角度得来的印象。如果只想了解罗马城的轮廓，看第一章就可以了。可是，如果你要进入罗马城的社会面、文化面、政治面、物质面、精神面、历史层面，这本书一章一章地渲染，将会把你带进一个异常复杂的世界。当你看到倒数第二章的时候，你会觉得这个世界复杂到不可想象的地步，而且绝对没有任何两个不同的点可以用意念的方式来做一个总的归纳，任何两个时空中的人与人之间的关系是错综复杂的，什么东西都是相互关联的，什么东西都是错综复杂的，可是什么东西都可以说出某种道理，而这种道理又都不完全符合逻辑。其中的复杂程度不是可以用三言两语所能概括的。看完这本书，你就会知道一个人需要有什么样的心思才写得出来，写得出这种书的人，看问题绝不会是单向度的。所谓文如其人。

王雪瑛： 下面的问题不一定涉及具体的学术，关于人生与学术研究的关系。譬如说，你觉得，一个人越成熟是不是意味着他更加认识自我，一个学者越成熟的话，表现在什么地方呢？

叶文心：我想，史学如果能贯注进人生的历练，或者哲学上的体会，或者社会的经验的话，可以表现得比较深刻。表现的地方在于：分析问题，眼光不仅敏锐，而且深刻；评判人物的标准就不会很单一，对人物的复杂性可以体现得更加充分。读成熟的史学作品，就像跟有经验有见地的人谈话一般。

王雪瑛：我总觉得，一个人对其专业越了解、越精通，是不是应该表现在两个方面：一是可以对专业内的问题滔滔不绝、问一答十，因为他积累得十分深厚；二是简洁和凝练，用一两句话就能让你明白我的专业或我研究的领域中的核心问题是什么。你想清楚的问题，你就可以用比较简明的语言来表述；如果没有想清楚，你说了许多话却无法切中要害。你同意吗？

叶文心：我同意，后者比前者更难，因为你必须拿定主意，对你所关注的问题看得非常清楚之后才可能做出准确、简明的判断。

王雪瑛：所以，我就想到你刚才提到的陈寅恪先生的那个标题，这个标题把核心问题——真与假，原著与译著，非常明确地定义出来了，既非常明晰又非常自信。如果他没有把握的话，是不敢用这个标题的。你从事史学研究这么长时间了，你是不是也有一个不断成熟或发展的过程？

叶文心：发展总是有的。

王雪瑛：能不能说一下从你刚开始做博士论文的时候到现在，前后有什么区别。当然会有一些一以贯之的东西，因为你还是你，肯定有你不变的东西，一个作家的处女作中就包含他以后发展的一些潜质，你一开始研究的时候就有意识地避开或绕开现有的做得很成熟的框架，你总想跳出这个框架，我觉得你的这种意识特别强，现在可能更是这样了，这可能是你不变的地方，我不清楚现在有什么变化？

叶文心：从事史学工作不仅仅是对历史的看法，同时更是逐渐掌握如何创作史学作品，其中有好几个阶段。就我自己来说，做博士生的时候，首先学的是如何读书，如何以具有思辨性的眼光来读书，如何以不懒惰的方式读书；做博士论文的时候，学习的是如何做研究，如何收集和阅读材料，如何定义什么是相关的材料，如何让原始材料体现新的意义；等我写出博士论文之后，学习的是如何写书，如何写专著，精彩的研究本身并不保证这是一本值得读或引人入胜的书；写了一本书以后，接着就会想一个问题，你对整个史学领域所牵涉到的问题是不是有一个全盘的独特的看法。

王雪瑛： 书也会写了，而且写了几本以后，是不是要考虑你的研究、你的著作对中国近代史当中的重大问题有什么触及，对整个学科建设有什么意义。

叶文心： 开始做研究后不久，你就会发现有许多课题值得去做，这就必须在已形成的框架内区分轻重缓急，或者说哪个更值得去做，毕竟人生苦短！这些问题想清楚之后，还有最后一个问题，就是这个课题为什么由我来做，而不是由别人来做，我做出来跟别人做出来会有什么不同。

王雪瑛： 你是研究近代中国历史的，接触的材料多半是中文的，但写作却是用英文，换了一种语言，是不是也换了一种思维方式。其中有什么矛盾，或者说有什么帮助？这是一个层面；另一个层面，事实上，中与西一直是一对矛盾，这两种文明传统到现在为止仍处在冲突之中，在你那里，是不是也存在着这样一种矛盾和冲突？

叶文心： 我并不觉得这当中有什么矛盾和冲突。不但没有矛盾和冲突，而且你两种语言都通以后，你会发现两者之间其实是一种互助的关系。你懂英文以后，你对中文的体会跟以前就会有所不同；你懂中文以后，对英文的感受跟不懂中文的人就不大一样。你掌握一种以上的语言以后，你对两种语言所代表的语言表述能力和含蓄的层面，就会有更深的体验。因为，把这两种语言做一个比较的话，多半的语言学家都知道，形容词之间的对译是比较困难的，一般地讲，走路、吃饭、睡觉、杀人、打架等，任何语言中都是比较简单的。可是你要拿形容词来进行对译，情况就不同了。你要把描述感觉、内心世界、信仰，或者比较微妙的自我发展的东西，这些方面的语词来作对译是非常困难的。把两种语言做了比较之后，你就会发现，有些地方中文词汇丰富，英文词汇非常简约；有些地方英语不但词汇非常丰富，表达的方式多种多样，中文在这方面相比之下却非常简单，三言两语就完了，中文对这个领域里头的个人话题就表现出一贯的沉默。只是这种不同而已，我并不觉得两者之间有什么冲突。

叶文心，早年就读于台湾大学，获学士学位；70年代后期留美，师从魏斐德教授，1984年获柏克莱加州大学博士学位，现任柏克莱加州大学中国研究中心主任、历史系教授，长期致力于现代中国社会与文化史研究，其中对民国时期的政治与文化的研究尤为精湛，已成为美国中国研究学界的重要代表人物。主要著作有《异化的校园：民国的文化与政治，1919—1937》（哈佛大学出版社，1990）和《地方通道：文化、空间与中国共产主义的起源，1919—1927》（柏克莱加州大学出版社，1996）等，并主持编纂多部上海史研究的论文集。

求实 · 严谨 · 创新
——著名历史地理学家邹逸麟教授访谈录

(🎙)邹逸麟   (🎙)冯贤亮

冯贤亮: 近年来看先生一直很忙，今天有机会想请您谈谈您是怎样走上历史地理研究这条路的。

邹逸麟: 我从事历史地理研究，完全是出于一个偶然的机会。我是1956年毕业于山东大学历史系，被分配至北京中国科学院历史研究所任实习研究员。当时谭其骧教授（为行文简洁见，下文直书其名）正在北京中科院历史所主持《中国历史地图集》编绘工作。早在1954年秋，在第一届全国人民代表大会上，毛泽东同志对吴晗谈起读《资治通鉴》不能没有一本详细的历史地图放在手边，以便随时查阅历史地名的方位。1949年前虽出版过一些历史地图，但都只画出一些大政区，失之过简，绝大部分历史地名在地图上找不到，满足不了读《资治通鉴》之类详细史书的需要。当时吴晗想起清末民初杨守敬编过一套《历代舆地图》，内容相当详细，正史《地理志》的州县一般都有，再说是用朱墨套印古今对照，很符合毛泽东同志提出配合读史的需要。但是《历代舆地图》以今天的使用要求来衡量，存在不少缺点：一是这本地图集是用"连史纸"印的线装本，共有34册，使用十分不便；二是不像今天地图按政区分幅，而是将一朝版图分割成几十块，以北京为中心，按自东而西、自北而南的次序排列，检阅起来颇为麻烦；三是杨守敬地图上的"今"是清同治年间胡林翼刊行的《大清一统舆图》，与50年代的"今"，山川框架、政区地名已有很大的不同，不能为读者提供古今对照的效果。因此，他向毛泽东同志建议，用现时的地图为底图，采用现代制图、印刷、装帧技术，重编改绘杨守敬的《历代舆地图》，以适应时代的需要。这个建议在得到毛泽东同志赞同后，吴晗就与范文澜、尹达商议决定请著名历史地理学家、复旦大学历史系谭其骧教授来京主持编绘工作。就在当年11月成立了由吴晗、范文澜领导，尹达、侯外庐、翦伯赞等著名史学家组成的重编改绘杨守敬《历代舆地图》委员会。会上一致同意请谭其骧主持此事。于是自1955年年初，通过高教部向复旦大学借调谭其骧至京在历史研究所开展工作。谭其骧来京工作不久，就感到工作不像起初想象中顺利，从杨守敬图中将古地名搬到今天地图上需要花费大量考证工作，速度很慢，到1956年年底仅完成了秦汉图初稿和一部分清图底稿，而复旦方面通过高教部再三催促谭其骧返回复旦执教。在无可奈何之下，谭其骧和历史所商议决定还是先回学校，将历史地图工作带到上海继续完成，临行谭其骧向历史所副所长尹达提出由历史所派两名年轻人跟他去上海，协助他编历史图。事有凑巧，当时我与所内同年毕业于复旦历史系的王文楚得知中科院上海分院有成立历史研究所的规划，复旦历史系教授周予同将出任所长，就向所里打了调上海的报告。尹达就提出让我们两人随谭其骧回上海参加编图工作。这样一个偶然事件决定了我终身的学术命运。

冯贤亮：您能否谈谈如果一个年轻人有志于从事历史地理研究，需要具备哪些基本条件？

邹逸麟：近二十年来，我们所招收的研究生来自不同的专业，有学历史的，这是占大多数，还有学考古的，有学地理的，有学人类学的等等不一。来自不同的专业就根据自身的不足，补充不同的知识。首先，得具有中国历史的基本知识，就是中国历史发展的基本情况和脉络，这一点历史专业出身的同学就占了便宜。历史地理是研究历史时期的地理环境，包括自然环境和人文环境两个方面，是人类活动的舞台，研究舞台就不能不了解人物活动和剧情，这一点是不言而喻的。其次，既然研究的对象是地理，就需要具备基本的自然和人文地理知识。再次，研究历史地理最基本的资料为历史文献，所以对历史文献资料需要有一定程度的熟悉。最后，初步具备野外调查的能力，因为从事历史地理研究野外调查有时是必不可少的。以上所说的都是基本的能力，全面掌握还需要随着研究工作的深入，这种能力就会不断地提高。

冯贤亮：我想请问一下，近几十年来历史地理学在我国有哪些明显的发展？有哪些标志性成果？

邹逸麟：新中国成立以来，历史地理学的发展大致可分为几个阶段：第一阶段大致是从 20 世纪 50 年代到 80 年代，标志性成果是谭其骧主编的《中国历史地图集》和《中国自然地理·历史自然地理》。《中国历史地图集》是新中国成立以来历史地理学科最大的一个项目，参加的科研机构、高校有十几个单位，前后参加过编稿、制图的有一百余人。从 1955 年谭其骧在北京编图开始到 1974 年出版内部本，前后花了近二十年时间。1981 年开始进行修订，以后陆续公开出版，到 1989 年出齐，前后又花了将近十年时间。总之，这部图集从开始设计，到全部出齐，前后达三十年之久。该图集共分八册，共 304 幅，全部采用古今对照。内容包括：已公布的原始社会遗址和其他时期的重大遗址，各民族政权的疆域或活动范围、政区和一些部落的分布，秦以前可考地名、秦以后全部可考县以上政区（含县）和县以上重要地名的位置和范围，可考的长城、关津、堡寨、谷道、陵墓、庭帐等，还有主要的河流、湖泊、山岭及海岸线、岛屿等，共收地名三万多个，是迄今为止我国最详细的历史地图集。这部图集是研究中国历史地理的基础，也是研究和学习中国历史地理的必备工具书，对以后历史地理学的发展起了不可替代的作用。《中国自然地理·历史自然地理》是 20 世纪 80 年代由中国科学院地理所组织的一套《中国自然地理》丛书中的一本，缘起是因为 60 年代以来我国自然灾害频发，大家认为今天自然环境的恶化是有其历史发展根源的，早在 30 年代地理学界老前辈竺可桢先生就开始注意历史气候的变化，70 年代初又在考古学报上发表了论五千年来中国气候变化的论文，引起了中外学界的重视，于是地理学界就组织我国历史地理工作者协力来编写我国第一部历史自然地理的专著。该书内容包括了历史气候、植被、河流、湖泊、海岸、沙漠等自然地理要素在历史时期变化的过程及其规律，为我国历史自然地理的研究，开创了新局面。第二阶段，大致上从 80 年代中期到 90 年代中期，由于上述两本历史地理基本著作的出版，为我国历史地理学发展提供了基础，同时也引起广大学者对研究历史地理的兴趣。这 10 年里历史地理研究在全国掀起了一个高潮，大量历史地理专著出版，侯仁之先生在其数十年研究北京城市历史地理基础上与他的学生们共同编绘出版了《北京历史地图集》，史念海先生也在多年的研究基础上出版了《西安城市历史地图集》，历史城市地理的研究成了一门热门课题，出版了不少专著和论文。由史念海先生领导的历史农业地理研究，在这一时期出现了空前的繁荣，断代的如宋、辽、金、元，地区的如湖南、两广、苏皖浙赣都有专著出版。人口地理方面有葛剑雄主编的六卷本《中国移民史》，虽以史为名，实际上大量涉及历史人口地理问题。文化地理方面有张伟然所著两湖历史文化地理的专著，至于专题论文更是美不胜收。此外还有地区综合的历史地理研究，如《黄淮海平原历史地理》，是区域历史地理研究的尝试。总之，这一时期历史地理研究进入了空前繁荣的时期。自90年代中期至今，又进入了一个新的阶段，其特征是历史人文地理学与自然和人文综合历史地理研究成为这一时期的主流。1982年谭其骧发表了《历史人文地理研究发凡与举例》一文，强调了当前研究历史人文地理的重要性，在他的倡导下，历史人文地理的研究出现了百花竞艳的局面。人文地理当然以人为本，人类活动是影响人文地理变化的主要因素，因此葛剑雄、吴松弟、曹树基合作的多卷本《中国人口史》（已出版了宋金、明、清、民国四册）将会引起历史地理学界极大的关注。同时综合自然和人文的不同角度研究历史时期人地关系的变化，也成为这一时期的特色，这是与当前我国以至世界环境恶化对人类社会影响所引发出来的课题。所以对历史环境问题的反思，对灾害与社会、环境与社会关系问题的探讨，是本阶段研究成果中比较集中的方面。最近我们出版了《中国历史人文地理》一书，是中科院地理所组织的《中国人文地理》丛书中的一本，可以作为今天研究中国历史人文地理的基础。总而言之，近二三十年来，历史地理学科发展还是比较兴旺的，但是与其他相关学科相比，还很不理想，譬如，历史地理还有不少缺门，更重要的是整个学科理论体系还没有建立起来，这有待于同行的共同努力。

冯贤亮： 您能不能简单地和我们谈谈历史地理学科的现实意义？

邹逸麟： 这个问题不是几句话能讲清楚的。你既然要我简单地说我也只能在此作简单的说明。所谓现实意义，我想就是指某个学术问题的探讨对今天我国两个文明建设有何参考价值。我想这在历史人文地理而言，可以从其他学科比较不注意的疆域、政区谈起。因为历史时期疆域和政区的变化是历史地理学的最基本内容，是一切历史地理要素活动的平台。今天中国是一个多民族共同缔造的统一国家，这一点似乎已无异议。但是几千年来这一过程究竟是怎样的？中华民族中各兄弟民族活动的地域在历史长河中，如何经过统一、分裂、交融，最后形成地域广大的、政治统一的多民族国家。弄清这一历史事实，探索其中变迁的规律，对我国是多民族共同缔造的统一国家将有深刻的认识，对今天广大人民渴望统一的情结会有深刻的理解。研究中国历史上政区沿革也有同样的意义。众所周知，政区是中央政府将国土分地区、分层次进行管理的一种制度。我国自秦始皇实行郡县制以来，数千年来历代统治者基本上都是遵循这个体制。就是中央政府将国土分块、分层次由各级地方政府来管理，由此必然出现中央与地方政府在权力分配上的矛盾。我国历史上各个朝代、各个时期政区的分地域、分层次的情况大不相同，地域有大有小、层次有多有少。这种变化的内在原因是什么？历史上这种变化对中国的政治、经济、文化发展的影响如何？这些问题的探讨对如何处理好今天中央和地方的关系具有重要的借鉴作用。至于在历史自然地理领域里更是俯拾皆是。随便举例，比如对历史时期气候变迁的研究，就有十分重要的现实意义。当前世界气候趋暖已成为共识。但是气候变暖后，对人类社会将产生什么影响，目前尚难预料。研究历史时期气候变化的趋势和规律，探求历史上气候暖期对人类所处自然环境的影响，是我们当前考虑对策的重要参考。对我国历史时期黄河、长江一类大江、大河变迁的研究，对当前治理大江、大河具有十分重要的意义。这类例子太多，不可胜举。总之，研究历史时期自然和人文环境的变化，对今天保护环境、治理环境，怎样使人类社会与自然环境协调发展有着重要的作用。

冯贤亮：知道您从事历史地理研究工作几十年了，可否请您谈谈治学经验？

邹逸麟：经验谈不上，回顾四十余年的科研工作的经历，想谈谈几点治学的体会。一、历史地理是一门实证性学科，所以从事历史地理研究首先要打好基础。但打基础不仅仅是读书，还得参加本学科的基础研究工作。我认为参加大型集体科研项目，是发展学科、培养接班人的重要途径。一个学科的发展，一个科学工作者的成长，离不开大型基础研究的带动。我们回顾一下 20 世纪以来历史学的发展，很能说明这个观点。20 世纪初殷墟甲骨文的发现、发掘、整理和研究，开创了一门新的学科，带动了整个古史和古文字的研究，当年参与这项工作的年轻人，后来都成了殷商、甲骨文的专家；敦煌窟藏、吐鲁番文书的发现、整理和研究，大大丰富了魏晋南北朝隋唐史、中外交通史的研究，使晚清以来的西北史地之学完全进入了一个新的天地，而如今敦煌学已成为世界性的显学，我国许多敦煌学、魏晋南北朝史专家都是从整理和研究敦煌卷子、吐鲁番文书起家的。《中国历史地图集》是新中国成立以来社会科学领域里重大成果之一，也是中国历史地理学发展史上里程碑式的著作。现代历史地理学在中国虽然发轫于 20 世纪 30 年代，但在新中国成立前只有一些零星的研究，远不成规模。《中国历史地图集》集中了全国历史地理学界的主要力量，共同配合，通力协作，解决了许多长期没有解决或者未被注意的问题。例如什么算是中国历史上疆域的范围？是以历史上中原王朝疆域为范围呢？还是以今天中国疆域为范围？过去因为没有编制过大型历史地图，大家在论著中可以含糊地写，到了要画地图了，这个问题非明确不可。通过这部图集的编制，大家基本上取得了共识。又如历史上前后出现过数千个县，这些古县的今地方位，那些著名的重要的前人已经考证，而偏远地区和历史上没有发生过重大事件的县址，过去没有什么人注意，但画历史图则不论重要不重要，都得一视同仁，就需一一考证今地。又如历史上边疆民族建立的政权的范围究竟怎样，清代以来不少学者写过论著，但都限于文字，都不具体，现在要编制地图了，每一点和线都要落实在今天地图上，那就非做细致的研究不可。《中国历史地图集》虽然是一部以疆域政区为主的普通历史地图集，但主要山脉河流的框架还是必须要画的，我国历史上不少同一山名不同时期所指范围不同，都需一一考证落实，尤其是我国东部平原上的以黄河为主的河流在历史时期有过很大的变迁，历代人工运河也很发达，但究竟是怎么变的，以往的研究成果远远不能满足绘图的需要，那就得重起炉灶，一条一条河流来考证。总之，通过《中国历史地图集》的编制，历史上中国地理基本面貌得到了复原，为今后中国历史地理学的发展，打下了扎实的基础。如果没有这项任务的带动，恐怕不会有这么多的历史地理工作者，集中这么多的力量，在同一时间内，解决这么多的具体问题。我个人就是通过参加《中国历史地图集》的编绘工作逐渐熟悉历史地理学的。开始我对历史地理是一窍不通，到上海参加编稿工作之初就是从《大清一统志》整理出清代政区表开始的，通过这件工作，我对《大清一统志》这部书比较熟悉了。以后又参加了两晋、十六国、唐、宋政区表的编制，对这些时期的正史地理志的优缺点有了具体的了解。历代东部平原河流的变迁，是编制历史图中比较棘手的问题，谭其骧对《汉书·地理志》时代的河流作了细致的考证，以后则有《水经注》可依，这样从秦到南北朝的河流变迁大致可以画出来了。但唐以后的河流变迁，前人没有系统完整的成果可以利用，需要从头开始，谭其骧将这个任务交给了我。于是我从《元和郡县志》开始，将历代总志、正史地理志、河渠志以及河渠水利专著的材料一一罗列、排比，渐渐能理出个头绪来了，并绘制出草图。与此同时，我将收集到的材料，先后写成了《隋唐汴河考》《唐宋汴河的淤塞原因及其过程》《宋代惠民河考》《宋代黄河下游横陇、北流诸道考》《山东运河历史地理问题初探》《历史时期华北大平原湖沼变迁述略》等论文。同时因为我在相当长时间内摸索过东部平原水系变迁的资料，对黄河下游河道变迁比较熟悉，所以 1975 年中科院地理所请谭其骧主编一本中国历史自然地理的专著时，就命我承担其中黄河一节的撰写。但撰写学术著作和编图不同，编图只要表示然，无须反映其所以然。而写书不能光写黄河下游河道变迁的史实，还要分析不同时期黄河流域的自然和社会背景，黄河泥沙、洪水发展、变化的规律，黄河下游决口、改道特点和规律，黄河不断地决口改道对下游平原的影响等，我原来一些知识远远不够了，于是就大量阅读有关黄河的历史文献、前人的研究成果，还做了实地调查，最后写成五万字的稿子。《中国自然地理·历史自然地理》一书出版以后，反映很好，引用的频率很高，几乎以后凡讲到黄河历史变迁的论文或著作都引此为据。以后又应香港中华书局之约，在研究的基础上写了一本比较通俗的《千古黄河》。除了编绘唐宋以后东部平原水系变迁外，我还承担了大量古地名方位的考证。编绘历史地图就是要将历史上古地名落实到今天地图，必须要学会做古地名考证工作，这对一个没有经过专门训练的大学历史系毕业生有较大的难度，于是我就先读前人考证文字，知道考证文章是怎么做的，然后从《汉书·地理志》《水经注》以下历代有关的地理志、总志和方志等著作中将有关某一古地名的方位记载和后人的考证全部摘录下来，对其中说法有矛盾的，经过排比、对勘、分析，然后决定采取其中一说，或另创新说。最后还得将你认为错误说法之所以错误的原因找出来，那你的结论才可能保证不误。这是一种十分烦琐而又十分有趣的工作，对训练一个人的逻辑思维有很大的帮助。这类工作做得多了，就可熟练地进行古地名的考证。沿革地理是研究中国历史地理学的基础，这是因为一切历史地理文献记载都是以古地名为坐标的，如果缺乏沿革地理的基本知识，就很难准确利用这些资料。我搞历史地理学的一些基本功都是在编《中国历史地图集》工作中训练出来的。目前国内六十岁以上在历史地理学方面比较有成就的学者，大部分参加过《中国历史地图集》的编制工作，由此可见，一个大型科研项目确实是可以培养一批人的。二、开始从事研究应该小题大做，墨迹战术。我体会年轻学者开始做研究，不要挑通论性的大题目，而是从平时读书时发现的小问题着手。因为做大题目由于基础不够，往往流于空泛。而从小问题做起，可以往深处着手，同时可由此题像墨迹一样化开去，逐步扩大，一步一个脚印，日渐形成一个方面。我做专题研究，就是从小题目开始的。我在编绘隋唐东部水系图时，发现以往对隋唐汴河的考证还存在问题。于是就写了隋唐汴河的考证文章。宋代首都开封附近的漕运四渠是《中国历史地图集》必须要画的，其中汴河即隋唐汴河，金水河上游今天还存在，就是五丈河（广济河）、惠民河，前人没有做过切实的考证，于是我写了《试论定陶的兴衰与古代水运交通的变迁》《宋代惠民河考》。其他如《北宋黄河下游横陇北流诸道考》《金明昌五年河决算不上一次大改道》《元代河患与贾鲁治河》《山东运河历史地理问题初探》《历史时期华北大平原湖沼变迁述略》等一系列论文都是在编制《中国历史地图集》过程中，发现了问题，以后又通过长期的资料收集写成的。由于我对黄河下游平原的水系变化进行了许多个案研究，对整个黄河下游在历史时期的变迁，有了整体的认识。于是又写了《黄河下游河道变迁及其影响》一文，也有较大的影响。以后又在《中国自然地理·历史自然地理》一书中对黄河下游的变迁作了全面深入的研究，使我认识到数千年来，我国的环境有过很大的变化，其中以黄淮海平原变化最大。这一平原在唐代以前自然环境比较优越，是我国经济、文化最发达的地区，然而自宋代以下，自然环境日趋恶化，经济逐渐衰落，明清以后更是我国灾害频发、生产低下、人民贫困的地区。目前黄淮海平原仍是我国粮、棉生产基地，由于自然环境恶劣，农业产量低而不稳，人民生活提高缓慢，我国政府将黄淮海平原的治理和改造列为国家级科研攻关项目。我们认为黄淮海平原今天存在的一些问题，绝大部分是历史时期形成的，换言之，这是几千年来自然环境本身的变化和人类活动对自然环境施加影响所产生的结果。因而对黄淮海平原地区作历史地理的研究，不仅有很重要的学术意义，同时也有利于加深对现状的认识。于是我就和同事们一起撰写了《黄淮海平原历史地理》一书，出版后获得同行的好评，并于1995年荣获国家教委首届人文社会科学优秀成果一等奖。以上即就我个人例子说明，如立志终身从事研究工作，平时在读书过程中发现小问题应抓住不放，先从一个点上深入下去，逐步深入，逐步化开，一个一个地搞下去，日久必会产生系统的看法，最后形成系统的成果，就成为这个问题的专家。如此锲而不舍地长期坚持，研究的问题积累多了，就成了这一方面的专家。因此切忌在年轻时不肯下死功夫，热衷于凑时髦问题的热闹，东戳一枪，西打一炮，搞得面很广，但都不深，几十年过去了，了解的东西倒不少，但没一个问题是专的，对自己对学科发展都没有益处。三、多读书，勤思考，力求有所创新，力求有所发明。我上面讲过，我们搞学术研究，目的是为科学大厦添砖加瓦。因此每做一个课题，总希望最后成果能为这座大厦增加些什么，不论大小。但是怎么知道你将来做出来的成果是一砖一瓦呢？我看首先要能发现问题、提出问题。怎么能够发现问题呢？我看主要是勤读书、多读书，目光敏锐的思考固然十分重要，但胸中无书，思考就没有素材。我在研究历史上运河变迁的过程中，对运河在社会经济中的作用发生了兴趣。我读了不少以往学者对运河历史作用的论述，基本上一致认为运河在沟通我国东西、南北地区的经济文化交流中起过积极的作用。但我在阅读历史资料过程中发现历史事实并非如此。第一，历代中央政府不惜花费大量财力、劳力，开凿运河。如从战国时代的鸿沟到明清时代的南北大运河，主要目的是为中央政府机构提供物资。由于我国处于东亚季风区的降水特点，漕运和农业灌溉用水，始终存在很大矛盾。但最后都是以牺牲沿河农民的利益为代价，以保证漕运的畅通。特别是明清时期山东运河因水源不够，将泰山山脉的地表、地下水泉全部纳入运河，"涓滴归公"，遂使沿线农民因无水灌溉而逃亡。第二，我国历史上人工运河因自然条件不好，一年内有半年需要停航疏浚和维护，而另外半年主要用来漕运，所以民间商人利用运河时间很短，运河上的商业活动主要依靠漕卒挟带私货来进行。因此对历史上运河的经济作用不能评价过高。我就以此观点写成《从地理环境考察我国运河的历史作用》一文，发表在1982年第3期的《中国史研究》上，获得较高评价，1986年获上海市哲学社会科学论文奖。从80年代开始我一直为历史系本科生和历史地理研究生开设中国历史地理概论和中国历史经济地理课程，在备课过程中阅读了大量今人著作和历史文献，对明初洪武年间在北部边境蒙古高原南缘设置了很多卫所，但在永乐元年一年内全部迁入长城以内的原因长期不得其解。传统的说法是由于外围据点远离内地，无人居住，一旦蒙古入侵，难以固守，故而退居长城为守，东北西拉木伦河、老哈河流域则是给了为永乐争位出过力的兀良哈三卫。一次偶然的机会，我读到了达力扎布《有关明代兀良哈三卫的几个问题》一文，用大量史实证明，传统说法是没有根据的，是后代明统治者无力收复土地，嫁祸于祖先。这给了我很大的启发。同时我从大量史实里发现明永乐时国力十分强大，北边不存在蒙古威胁问题。于是我查阅《明实录》《明经世文编》等大量资料，认为卫所内迁的真正原因是15世纪初开始，我国北部气候转寒，农耕无法维持卫所军士及其家属的生存，而内地运粮前往，又耗费过大，得不偿失，于是统一内迁至长城以内。我以此观点写了《明清时期北部农牧过渡带的推移和气候寒暖变化》一文，发表在1995年第一期的《复旦学报》上。这篇论文不仅对明初卫所内迁问题创立了新说，同时又为气候变迁史上明清小冰期出现提供了实证，因此受到历史地理学界的重视。1996年获上海市人文社会科学优秀论文一等奖。我举以上两个例子，并非自我吹嘘，目的是以具体事实说明，只要勤读、多思，一定能够有所发明的。我认为搞学术研究，目的是为学科添砖加瓦，因此要求所做每件工作能为学科建设起推动作用。我们不可能每一研究都是空前绝后的。前修未密，后出转精，是学术发展的正常现象。但希望后人超过我们，不能绕过我们。如果我们做的成果，后来者看不看一个样，那我们的工作就没有意义了。

冯贤亮： 最后想请您谈谈目前在进行什么研究，今后有什么打算？

邹逸麟： 我现在手头上还承担了许多大型科研项目，有《中国国家大地图集・历史地图卷》《历代正史地理志汇释》《中国历史地名大辞典》《中华大典・历史地理分典》等，个人的研究课题有中科院地理所主持的《中国人文地理丛书》中《中国历史人文地理》最近刚由科学出版社出版，接着主持历史时期环境与社会变迁的大型课题，准备出一套丛书，特有兴趣的课题是我个人进行的《历代正史河渠志笺释》。我今年已经六十多岁了，希望再工作十年，将以上的工作做完。

邹逸麟，1935 年生于上海，祖籍浙江宁波。1956 年毕业于山东大学历史系。现任复旦大学历史地理研究所教授、博士生导师、历史学博士后流动站负责人。兼任国务院学位委员会历史学科评议组成员、中国史学会理事、中国地理学会历史地理专业委员会主任、《历史地理》主编、上海社联委员、上海史志学会会长、上海地名学会副会长、全国政协委员。著有《千古黄河》、《中国历史地理概述》、《黄淮海平原历史地理》（主编）、《中国历史人文地理》（主编）、《中国历史大辞典・历史地理分册》（副主编），合著有《中国历史地图集》、《中国自然地理・历史自然地理》等。发表论文 80 余篇。

"学者亦必志于觳"
——访刘家和教授

(🎙)刘家和　　(🎙)江湄　罗新慧

> **江湄　罗新慧**：您的学术精神对我们晚辈学者来说有一种鼓舞和昭示的作用，我们很想了解您的治学经历，尤其是，在您学习的过程中，是否曾受到一些前辈的特别的影响，对形成您自己的学术道路起了重要的作用？

刘家和：我小时候先上私塾读了几年旧书，然后才上小学，上了不到三年，抗战爆发，接着就逃难，上学校读书断断续续，但我跟从老先生读旧书一直没有中断。当时的老先生讲古文，对于一些关键性的字，常会讲它是怎么来的，写出它的篆体，说出它的古音，逐渐引起了我的好奇心。到了十四五岁的时候，稍微读了一点书，就问先生这些是怎么学来的，先生说首先要读《说文解字》，以后讲字，有时就会打开《说文》指着书给我讲。这是我接触《说文》的开始。先生不仅善于讲书解字，而且善于教学生读书写文。先是教学生按照一定的音调朗诵、背诵古文，等到你对一篇新文章也能够自己朗诵出一点味道的时候，他就开始要你作文了。教的方法也很有趣，每次他都从一部书里选一段短文（开始才一二百字，以后逐渐加长一些），先朗读一篇，解说大意，再朗诵一遍。接着就开始让我们依样画葫芦，凡是已经背得的，可以照原文默写出来；记不得的，就自己"狗尾续貂"，用自己的可怜的文言文补上。为了自己的"续貂"不至于太难堪，我们再朗读古文时，就一边朗读，一边揣摩人家的文章是怎么写的。就这样，读书和作文结合得比较紧密，作古文的水平上升得也比较快而且自然。我也就对读古书有了深厚的兴趣。上了高中，抗战也胜利了。这时我对中国国学有了浓厚的兴趣。当时，在我的头脑里，没有什么文史哲的区别，凡是中国的历史与文化，对这方面的书，我都很爱读。当时床头案边常放着《国语》《春秋三传》（世界书局所编三卷本宋元人注"四书五经"里的一本）、《老子》《庄子》《韩非子》等书，不时浏览。快上大学了，原来和我在一起读古文的一位学长正在无锡国专读书，他劝我也上国专。我到无锡国专去看，觉得是治国学的好地方；不过上了高中以后思想有些变化，又觉得那里太传统了一点。国专的另一位学长告诉我，荣家在无锡兴办江南大学，请了钱穆先生，劝我去跟钱先生学，有需要时也可以到国专去向老一辈先生请教。接着我就到江南大学去学历史。在那里，跟从钱先生学了中国通史及秦汉史，尤其值得一说的是，根据他的指导，我读了他的《先秦诸子系年》和《中国近三百年学术史》以及梁任公的《中国近三百年学术史》。读了《系年》，我知道了要治先秦史及诸子，不能不作考证，而作考证就不能不知清人的研究成果，而梁先生的《学术史》则恰好告诉了我接近清代学术的门径。就这样，以后我在治中国古史时始终不敢忘记考证之学，一直不能忘情于清代的学术研究成果。又从唐君毅先生那学了哲学概论和伦理学，这引起了我对西方哲学和哲学史的浓厚兴趣；尤其唐先生很喜爱讲黑格尔，使我从最初的难以理解到后来的欲罢不能，见到黑格尔的书，只要有时间，看不懂也肯硬着头皮看下去，多年来一直如此。唐先生还有一句话使我难忘：要学哲学，不能用常识来思考，要用逻辑来思考。当时正好是牟宗三先生讲逻辑学，我听了也非常有兴趣，从此养成了长期在研究中遇到逻辑问题的时候总必须找逻辑书查清才罢手的习惯。又跟从冯振先生学了文字学，冯先生上课实际是讲《说文解字》，我自幼养成的喜爱文字训诂之学的兴趣得到了很大的满足；冯先生的课并没有把《说文》讲完，但是他让我知道了清儒（尤其是段玉裁，王念孙、王引之父子）在文字训诂研究上的丰富成果。因而几十年来，我和《说文》《尔雅》等书结了不解之缘，如非在特殊情况下，读古书遇到问题，不查阅这些书籍，心里就总过不去；而在看古书的时候，如果手边没有段、王的书作参考，那也总是放心不下。在我几十年学术生涯中，遇到过好多位好的老师，例如我学外文就遇到过几位非常好又非常令人难忘的老师。可惜今天不是来让我专门谈老师，所以很多恩师这里都未提及。以上所谈的几位老师都是在我茅塞要开未开之际，适逢其会地给了我一生受用的影响；他们只教了我一至二年，可是我从他们那里得到的却是对于这些学科的终生学习的浓烈愿望。我觉得这是最宝贵的。因此，特别地说到了上述的几位老师。同时要说明的是，我提到这几位老师，并非说我能继承他们的学术、够做他们的入室弟子，而仅仅是因为他们在治学道路上给予了我终生的影响。

在江南大学读了两年，因史地系停办，我转到南京大学历史系，后来又转到北京辅仁大学历史系读到毕业。大学毕业，适逢院系调整，我被留在北京师范大学历史系工作。按照我的主观愿望，当然是想研究中国史。但因为工作需要，只能从事世界史专业，而且是世界古代、中世纪史专业，我心里知道这很难，但只好硬着头皮去做。研究世界古代史，是从希腊开始的。为什么从希腊开始呢？因为希腊的思想文化非常丰富，还可以和中国的思想如诸子比较。那时是在读侯外庐先生的著作中受到启发，我也认为，研究思想史，应先从社会经济史入手，于是开始把注意力集中在斯巴达的黑劳士问题上。随后有两年到东北师大跟从苏联专家进修世界古代史的机会，那等于上了一次研究生班，写了一篇《论黑劳士制度》（后来发表的只是论文主体部分）通过答辩毕业。它可算是我这一阶段的研究成果，而这个问题也和中国古史分期问题有关（发表时把有关比较的部分全删去了）。我明白，要研究希腊史就要懂多种语言文字，尤其是希腊文和拉丁文，在这一阶段我曾试图自学希腊文，但因没有老师解惑也没有充足的时间，做了不到一学期就知难而退了。从东北进修回来，我发现，印度与中国的关系很密切，也有十分悠久的文明传统，国内有大量汉译佛经可以作为研究资料。我首先从研究佛经目录开始，也还是从社会经济史入手，写了《印度早期佛教的种姓制度观》《古代印度的土地关系》。当时，我尽可能地找一些英文书来读，还想学梵文，但是这时社会条件已不允许了，运动一个接着一个。等"文革"后期闲下来，我就开始自学梵文，但重走学习希腊文的老路，难以继续下去。这就到了"文革"结束。

对中国史，我是一直不能忘情，所以也就从来没有放下。其实，我研究世界史的方法，在一定程度上也是从研究中国史的方法中移植过来的。治中国史，必从史料入手，要懂目录学和文字训诂之学。研究世界史的方法又何尝不是如此？我们做世界古代史教学工作，少不了要看一些英文和俄文世界史教科书（50年代尤其是俄文书），可是当我看到乔治·格罗特的《希腊史》就发现西方史家治史也是讲目录之学和文字训诂之学，要弄懂原始材料，要搞清学术发展脉络的。对于我来说，中国史和世界史并不是两张皮，互相扯着，而是相通的。当时，我经常去逛旧书店，主要是扩大中国史目录方面的知识。对文字训诂之学，我也一直没有放下，刚一工作，虽说是要研究世界史，但我首先买了《四书五经》《十三经注疏》《尔雅》，等等。"文革"后，白寿彝先生要我到史学所工作，就又正式研究中国史，主要是先秦史。当我做世界史的研究工作时，无论从方法上还是内容上，我都在为作比较研究做准备，选取希腊和印度古代史，就是想构成比较的点。这使我近年来能做一些比较研究方面的工作。

江湄　罗新慧：您一直对中国古史情有独钟，这其中是不是存在一种情感因素呢？

刘家和：这是毫无疑问的。我幼年的时候正是我们民族灾难深重的时代。我生活在沦陷区，的确感到中国的历史文化就如同自己的生命一样。记得上英文课时，曾学都德的《最后一课》，当时我们读起来简直有切肤之感。大片国土已经沦陷，如果再忘掉自己的历史文化，那就要彻底亡国。这是中国人无论如何不能容忍的。为什么我能一直读古书，就是因为感到这是自己的历史和文化，不能割舍。在上大学选择专业的时候，虽然我对哲学也一直深有兴趣，也喜欢文字学，也喜欢古典文学，但还是选择了历史学，这是因为它涵盖面广、有助于我们思考自己民族和文化的未来，这也是司马迁"述往事，思来者"的意思。

江湄　罗新慧：记得您在讲治学方法的时候，曾强调"两极间的张力"：一极是哲学，一极是文字训诂之学。为什么您在研究历史学的时候，会强调这样两极呢？

刘家和：研究历史，不直接强调历史，而谈哲学与文字训诂之学的张力，这看起来的确有一点奇怪。不过，如果稍一深思，那就可以发现其间是有路可寻且可循的。我们要研究历史，这里当然是说古代史，就不能不读古代史书，因为我们无法直接面对已往的古史；而要读古代史书，就不能不与古代历史典籍的作者相对话。我们不能简单地以为，古代历史学家已经用最

81

直接的语言把全部历史过程叙述得一清二楚了。一般说来，除了某事发生于某时某地之类的最简单的叙述之外，凡是事情的前因后果都是由历史学家通过自己的理解来表述的；甚至某些最简单的记载，如《春秋》僖公二十八年所记"天王狩于河阳"，也不全是字面上的直接的意思。因此，我们必须仔细提出问题来："他为什么这么说呢？他说的到底是什么意思呢？""有没有藏在话语背后的内容或弦外之音呢？"做不到这一点，你怎么能够与古代史家对话？怎么能够真正理解所读的古代史书呢？所以，我们只要研读古书，就不能不首先重视文字训诂之学。因为这是对话的第一道关口，就好像不会外文不能与外国人对话一样。可是，只过这一关还不够，因为，当我们克服了语言文字的障碍以后，我们还必须在思维能力上具有把握和分析所读古书的水平。如果不具备这样的能力，那么就会像一个幼儿和说同一语言的大人对话一样，看起来相互间并无语言障碍，可是幼儿就是无法理解大人所说的话，从而无法对话。要克服这一种障碍，当然需要有各种专门的必要的知识，不过必要的知识也只是帮助我们理解古人。如果不仅要理解古人，而且能分析古人的思想，从世界观的高度作总体的把握，从而形成对话，即我们对于古人所论能在应有的深度与高度上有所回应（尽管古人已经不能再起而倾听我们，可是当我们自己要真正从事撰述而不是转抄古人的话，我们所写的就必须是我们对于古书论述的回应），那么我们最需要的还是哲学。在这里还要说明一点，我们对于形成文字训诂之学与哲学之间的张力的要求，只能是循序渐进的，而且总是有限度的（限于主客观的各种条件）。说实话，我们治史学的人，一般不能成为文字训诂之学的专家，也不能成为哲学专家，我们要有这种自知之明。但是，我们需要有形成这种张力的自觉。没有这种自觉，我们就会总是徘徊在某种理解古书和分析历史的较低的水平上。有了这种自觉，我们就可以用睁开了的文字训诂之学的眼睛去促进哲学的学习自觉性，又用睁开了的哲学的眼睛去促进文字训诂之学的学习。这样，张力就不仅是一种使我们感到两头吃力的离心力，而可以成为一种使我们收其两头相互促进之功的向心力。所以"宏观"和"微观"是两个相反的东西，互相构成张力，张力就像拔河一样，既是要离开的又是相吸引的，内部是相通的，实际上是相反相成的。

江湄　罗新慧：那么，您是怎样领悟到这一点的呢？

刘家和：说来这也有一个过程。我们小的时候，读书要背，而背书在很大程度上是为了学作文。对于青少年来说，背书不难，但有时又很难。字懂、句懂、段落大意懂，背起来就很容易；字不懂、句不懂、段落大意不懂，背起来就很难。但背《论语》的"学而时习之"，这有何难？可是要背《中庸》，那就难了。当时童谚说："中庸中庸，手心打得通红。"我当时背《中庸》也很头痛，就是因为对于其中所说自己似懂非懂。为了背快、背熟、背牢，我就尽力一字一句地弄懂书的意思，结果成绩很不错，逐渐成为背书能手。

江湄　罗新慧：曾记得您说过，为什么能把书背下来呢？其实不是"背"下来，而是真正弄懂了，因此，即使自己要表述同样的意思，那也会说得和书上说的一样。

刘家和：是这样。可是会背书才是第一步，从背书到自己写文字，还有一大段艰难的历程。真要会作文章，就得一边背书一边揣摩其中的谋篇、结体，就得边背边体会前人文章为何这样立题、这样入手、这样引申、这样演绎发挥、这样达到高潮而后结束，有时还结有余韵，启发人继续思考。文章背多了，揣摩多了，实际上就是学会了人家提出并思考问题的方法、解决问题的途径，这样自己才逐渐学会作文。在背书揣摩之中，我逐渐体会到，越是对字词句把握得好，就越是能够更快更好地理解通篇道理；对通篇道理把握得越好，也就越是能对字词句的细微含义体会得更为深切。这样读书、背书、学作文多年，逐渐体会到这是一种微观与宏观把握的相辅相成；后来又学了文字学和哲学，于是在学习"反刍"中渐渐体会到，原来这就是文字训诂之学与哲学之间的张力。在这里必须说明，我无意主张学历史的人个个背古书，而只是说，背古书是一种有效的"钻进去"的方法，而且，只"钻进去"不够，还要能"走出来"。从学前人文章到自己写有创见的文章，这就是"走出来"。不能"走出来"，就是死读书，最多成为一部"活字典"。要能从读人家的文章到自己写有创发性的文章，就必须能从人家的文章里看出问题并能提出对问题的解决思路。朱熹对他的学生说，诸君读书为什么不能够深入下去，不能够长进，关键是未能看出"缝罅"来。"读书，须是看着他那缝罅处，方寻得道理透彻。若不见得缝罅，无由入得。看见缝罅时，脉络自开。"（《朱子语类》卷十《学》四）你只有把文字看透了以后，才能看出他的精神来，再进一步，才能看出其中的"缝罅"来。黑格尔讲，凡是具体的事物，其本身都是矛盾的。当然，要善于从人家文章看出"缝罅"，那么哲学的训练就是非常重要的了。如果没有看到所读书中的矛盾，那就是读书没有到位。

> **江湄　罗新慧：**您在一篇文章中曾提到，您在读《史记·秦始皇本纪》时，对司马迁大量收载刻石纪功文字产生疑问，因为司马迁并不喜欢记载诏令表章，在《高祖本纪》里就一篇诏令也没有。后来您才明白，他是用这样的方式表述他对秦始皇历史功业的正面看法。他又引用侯生、尉缭等人的话，表明他对秦始皇之为人的一种反面看法。以如此之人作出如此业绩，正是太史公对秦始皇这样一个充满矛盾的人的如实的（揭示矛盾的）表述。这样的读法是在和司马迁展开对话吧？

刘家和：是这样。我总觉得自己很笨，别人很快就懂了，可我就是觉得不懂。不懂就要问，古人早已不在，只能问他们的书。怎样问？就是反复质疑、推敲，得出恰当答案而后已。我很希望在你们这个年龄段的人里能出史学大家。怎样才能成为大家？我没有资格来告诉你们，不过《孟子·告子上》的这样一段话对我们大家都可能有用："羿之教人射，必志于彀（把弓挽满之义），学者亦必志于彀。大匠诲人必以规矩，学者亦必以规矩。"箭无论是否能射准，弓都要拉满，弓都拉不满，还瞎比画什么。要在青年学者中出大家，就要让他把基本功打扎实了；不重视这一点而拼命要他出成果，恐怕就是孟子所说的"揠苗助长"了。孟子告诉了我们治学的方法：一开始就要有一种高标准："志于彀。"同样，孔子主张"先难后获"。这看起来好像也是很笨的方法，不过这种笨的方法其实是最有效率的方法。有一种相当流行的幻想，以为马虎地读书可以提高速度，其结果是没有真懂，似懂非懂就永远真快不了。另一种方法是，开始不求快，但求真明白，以后自然地越走越快，而且是有效率地真快。比如看《资治通鉴》，一开始就以一天若干卷的速度快看，结果许多文字都未看明白，人物事件关系也未看清，这样越到后来就越看不快，且看不懂。相反，如果开始就不求快，下扎实功夫，前面基础实在，到后来就越走越快，而且这是真快，高效率地快。现在我们看王夫之的《读通鉴论》，能够感觉到，他一边看《通鉴》，一边思如泉涌，读和写的速度都不会低；可是这一定是在坚实基础上的快，而非马虎的快所能达到的。如果马虎地读，那么大概就只能从《通鉴》里找些材料编些什么，就谈不上研究了。这样的两种读法就是两种进路，也是两种效率。又如我们看《刘申叔先生遗书》，会惊讶这位 36 岁就去世了的学者竟然读了那么多的书，而且读得很深，他的时间是从哪里来的？答案只能是，他靠高效率延长了他的相对时间；有的人活到 72 岁还没有他 36 岁读过的书多，不是因为绝对时间比他短，而是相对时间远远没有他长。我们讲治学方法，想作出高水平的成就，不能靠延长绝对时间，只能靠提高速度来延长相对时间，而速度又只能靠提高实效来提高。

江湄　罗新慧：您的治学方法作为一种进入历史文化的路径，似乎是更强调内在的理解，这对于作为晚辈学者的我们来说，是特别有启发也特别必要的。我们经常感到对自己历史文化的深入体贴和理解是很不够的。80 年代以来出版的"海外中国学丛书"在学界较有影响，一些外国学者观察中国历史文化的视角的确比较有穿透力，能够提炼出关于中国历史与思想的相当关键的问题，但其中一些却是简单地从某一种理论视角出发，从外部进行一种宏观的分析和批判，尽管新颖独特，但总有不到位之感，因而也缺乏真正的说服力。毋庸讳言，这种"外国人看中国历史"的思路对一些年轻学人是有影响的，这包括我们自己在内。但是，我们又的确感到，这样的思路有其严重的缺陷。近年来，可以看到一些近代"非主流"史家的作品，如钱穆、蒙文通等，感觉到他们对中国历史文化的理解和体会是很深切的，因而对他们的文化精神以及史学思想也更加同情和赞许。对自己的历史文化如果缺乏内在深入的理解和把握，那么，我们与自己历史文化之间的内在的精神联系也会被割断，比如，我们常常轻率地讲"取其精华，去其糟粕"，那是把自己的历史完全当成身外之物，然后按照某种标准加以去取，这样的话，所谓"民族意识"也就成了无源之水、无本之木。不知这一想法是否正确？愿您有所指教。

刘家和： 你们说得很准确，我的确更强调对于历史的内在理解，但不是否定对历史的客观的分析。当然，这里首先要说明一下对于历史的内在理解的含义。所谓的对于历史的内在理解，第一层意思是，在阅读历史著作时，要透过著作理解作者的思想和精神；第二层意思是，在此基础上，进一步理解历史的时代精神。如果缺乏这两种理解，那么我们对于历史的认识就只能是支离破碎的或皮相的。现代的人能够对于已成过去的历史有内在的理解吗？是能够的。因为历史是现实生活的渊源，和我们的文化生命有着内在的联系，本国的历史文化尤其如此，所以我们必须也能够把它作为一种活体来理解或体验。那么，为什么又必须有对于历史的客观分析？因为从另一方面说，历史又是我们研究的对象，是外在于我们的客观存在。作为历史学的研究者，当然应该也必须对自己的研究对象加以认真的分析或解剖。对于历史的内在理解与客观分析二者之间实际也存在一种张力，它们的方法和任务各不相同，但是又能互相促进。

江湄　罗新慧： 但怎样把这样的意愿落实到工作里呢？

刘家和： 我想，这就是既做好对于历史的内在的理解，又做好对于历史的客观的分析，并且使二者互相促进，形成张力。具体地说，如果没有对一部重要的史书或其他文献有一个通体的了解与理解，只是凭借索引之类的工具搜集材料（这样就没有看到材料之间的内在联系，从而往往是片面的断章取义），就用某种理论或方法加以分析、整合，写成作品，那么就好像把前代历史著作看成已死的猪、狗、牛、羊，任意从它们的身体上割取这些或那些肉，然后用某种方法加以烩炒，做成一盘菜肴。换一个人来还可以照这种方法割取另外一些肉做出完全不同的另外一盘杂烩。这样就很难说是严肃的史学著作了。在这样的情况下，就十分需要强调对于历史的内在理解，从而形成对于历史的通识；没有通识，是谈不上史学的撰述的。可是，重视对于历史的内在理解，也不能是凭某种直觉而发生的领悟或体验。要达到对于历史的内在理解，首先必须弄清有关材料的文字训诂，确切把握文献的含义；在此基础上进一步作逻辑的分析，弄清文献所述内容的内在理路。这些都是必不可少的客观的分析，没有这种分析，所谓的内在理解就没有了可靠的基础。因此，需要的是二者的相辅相成与相得益彰。

> **江湄　罗新慧：**您做中外比较研究，对西方的史学理论、史学方法论都非常熟悉，那么，在具体的历史论证方法上，您受益最大的是什么？

　　刘家和：谈不上熟悉，略有常识而已。我觉得，自己获益于西方学术最大的是逻辑的分析和论证方法。我们中国人习惯怎样论证问题呢？中国人习惯历史的论证：你说一个道理，要拿出证据来，关键是举出事实例子来，所谓无征不信。先秦诸子不都是拿证据说话吗？通过故事讲道理，当然这里面有逻辑，但主要是拿故事做论证，以为"载之空言，不如见之行事之深切著明"。但希腊人留下的传统不是这样的，希腊哲学家认为历史的证据是不能证明永恒的真理的，因为它昨天是这样的，今天可以不是这样的，所以必须做逻辑的论证。然而中国传统以为，真理不能从静态中把握而只能在动态中把握，所以最好的论证就是历史的论证。这不是两种思路吗？应该说这两种思路各有所长，具体情况今天不可能细说。不过，对于我们中国人来说，我觉得必须学习西方学术传统里的逻辑的自觉性。只有学人之所长，才能补己之所短；从而才有可能把经过取长补短的中国文化贡献于全人类。

　　谢谢你们花了这么多的时间来访问我，而我所谈的都是一管之见，为是为非，就要请你们以及大家来批评指正了。

> **江湄　罗新慧：**您在谈话中所强调的，我们感到，皆是您在治学中深有体会之处，值得我们认真汲取。非常感谢您！

　　刘家和，1928年12月生，江苏省六合县人。1952年毕业于辅仁大学历史系，留北京师范大学任教至今。现为北京师范大学史学所教授、博士生导师，从事中外古代文明比较研究、中国先秦史研究以及中国思想史研究。主要著作有《古代的中国与世界》等。

终身从事中国的世界史研究
——访齐世荣教授

(🎙️)齐世荣　　　(🎙️)邹兆辰　江湄

邹兆辰　江湄： 听您讲课，或听您平时谈话，我们感觉到您的知识结构是中外兼备的。那么，在 1949 年初期，在您刚刚开始从事教学和研究工作之时，您为什么会选择当时基础比较薄弱的世界史呢？那时，您要是研究中国史不是更容易出成果吗？尤其是世界现当代史，就当时的条件来说，从事这方面的教学和研究有很多难处，您又为什么选择了这一学科呢？您觉得您从事世界史教学和研究的主要优势是什么？

齐世荣： 当时我是怎么样走上世界史教学研究之路呢？主要有两个因素：一个是工作的分配，一个是自己的兴趣。我是 1949 年分配到育英中学（现在是 25 中）做政治教员，当时的校长听我的课时，发现我讲政治课经常联系历史，他就要求我兼教历史，分配我教高三的世界史。1954 年来北京师范学院，仍然分配我教世界现代史，当时老教师们不愿意教这门课，因为政治性太强，容易犯错误。而我来师范学院时才 28 岁，对世界史和中国史都有兴趣，老教师的顾虑我并没有，没想那么多，就走上了这条路。说到学术兴趣，就要说到我在大学时代受到的影响。我在燕京大学念了两年（1945—1947），又到清华大学念了两年（1947—1949）。当时，我的一些老师，他们都是学贯中西的。燕京有两位老师，一位是齐思和先生，他开两门课，一门是《战国史》，一门是《西洋现代史》。一中一西，一古一今，都引起我的兴趣。另外一位老师翁独健先生，他是元史专家，还另外开了一门课叫《远东史》，我听过他的《远东史》。后来转学清华，有几位先生给我的影响很大，最大的一位是雷海宗先生，雷海宗先生也是学贯中西，他当时在清华教好多课，在中国史方面，他教《秦汉史》《商周史》，外国史方面，教《西洋近古史》《西洋文化史》，等等。我听他的课，印象最深的是《西洋近古史》和《西洋文化史》。再比如，邵循正先生，当时我听的他的课是《中国近代史》，但他对西方的学术非常熟悉，他又专长于中国近代史中的外交史部分；周一良先生，当时我听的他的课是《日本史》，但他本来研究魏晋南北朝史，十分有成就，也是中西兼通的。受他们的影响，我在上大学时，就对中国史、外国史都有兴趣，树立了一种使我受益终身的思想，就是研究历史，眼界要开阔。特别是清华的学风，现在有人总结是中西会通，我觉得是很对的。在这种学术背景、大环境的影响下，我在年轻时候就觉得，研究历史，虽然最后要给自己定一个范围，但是，不能除了这个范围，对其他的不知道，或知道得很少。当时有一件事出乎我意料，也给我留下深刻印象。做毕业论文时，我选择了一个和戊戌变法有关系的具体问题，就去问系主任雷海宗先生，谁是我的指导老师，我以为一定指定邵循正先生，不料，雷海宗先生指定我跟刘崇鋐先生去做。刘先生当时教的是《英国史》《美国史》《西洋近代史》，他在清华一直都没有教过中国史。后来我才听雷先生说，刘先生对戊戌变法有专门研究。如果不是做这篇论文，我永远也不知道这么回事。我说这个例子，就是说明清华的学风，这些教授虽然有自己的专门研究，但学问的基础是广博的，都是中西会通的。至于当时最有名望的陈寅恪先生，那就更不用说了。我受到这样的影响，所以当时分配我教世界现代史，我就很自然地接受了，并没有考虑教什么更容易些。新中国成立后，我从事世界史的教学和研究，如果说，有什么优势的话，就是我受到这些著名学者的教导，视野比较开阔。我现在已经进入老年了，虽说专业是世界现代史，但每天都用几个小时看中国史方面的书，我在这方面，有浓厚的兴趣。研究历史，是需要中外比较的，在有些事情上中、外的道理是贯通的，如果中国史、外国史都看的话，你就会看出，同中有异，异中有同，这样才不至于把自己的眼光局限在一段里。对上下左右都不知道，这样就谈不上有深入的研究。

邹兆辰　江湄：在研究世界史的过程中，具备马克思主义的基本理论素养是非常重要的，您当时是如何学习和掌握这个基本理论的？掌握这个基本理论在您的世界史教学和研究中起到了什么作用？

齐世荣：我一开始教书就是 1949 年了，当时的大环境是非常强调学习马克思列宁主义毛泽东思想的，所以在年轻的时候，我在这方面下了很大功夫。经过这么多年的学习，直到现在，我仍然对马克思主义有很大兴趣。因为我认为，经过反复的比较，马克思主义的基本原理最能够从大的方面、基本道理方面把历史讲透。比如，经济基础决定上层建筑，上层建筑对经济基础有反作用，归根结底是经济因素起作用等，这些最基本的原理，我认为迄今为止没有理论能够超过，也不能代替。我教学生，强调有五本书一定要反复读，有《〈政治经济学批判〉序言》《共产党宣言》《反杜林论》《路德维希·费尔巴哈与德国古典哲学的终结》，我认为历史唯物论的最根本的道理，在这四种书里都讲得很透彻了。另外一本是《路易·波拿巴的雾月十八日》，这是马克思自己写的一部当代史，研究当代史的人可从这本书里学到如何写当代史。至于马克思研究历史得出的一些具体结论，那就不是到哪个国家都适用了。对马克思主义下过一番功夫的，即使是西方资产阶级学者，他们也认为马克思对历史学贡献很大，比如巴勒克拉夫，在《当代史学发展趋势》中，他曾就此讲了五点。再有就是伊格尔斯，他是美国现在著名的研究史学史、史学理论的学者，我与他相当熟悉，他对马克思主义的研究是很深入的，他也承认马克思主义对历史学的贡献和影响。现在西方的新理论层出不穷，风行一时，有些青年人容易追求这些，可是其中很多东西，如果你看的东西多了，从一开始出现时你就会发现它的局限性很明显。比如，有一阵一些学者特别相信计量史学，实际上多想想就知道，像意识形态、文化这些方面，你怎么能够计量呢？研究古代经济史也常常没法计量，因为资料太少。恩格斯在马克思墓前的讲话，说马克思有两个伟大发现，其中之一就是发现了人类历史的发展规律。我认为有了这个基本理论，尤其在研究世界现代史、当代史时，大方向就能把握住。现在有的人就被当代的一些现象迷惑了，甚至把资本主义国家过分美化，但是如果我们掌握了马克思主义基本原理，就不会这样了。下面，我在讲"绥靖政策"时可以再说明这一点。

邹兆辰　江湄：在 60 年代初期，您与其他几位先生一起翻译了斯宾格勒的《西方的没落》，这是我国比较早的一部关于西方现代史学思想的译著，在 80 年代产生了很大的影响。当年您是怎么想到翻译这部书的呢？现在您怎样评价这部书的史学思想？

齐世荣：在 60 年代，上级要求学术界批判在西方有影响的著作，让自己挑，由上面认可。我在上大学时候，跟雷先生读过《西方的没落》，但也只读过一部分。这部书讲的"文化形态史观"曾经有较大的影响，斯宾格勒表面上说，世界上文化有很多种，都有生有死，不分优劣，这很迷惑人。斯宾格勒的书特别晦涩，很难读，他爱杜撰概念，又很博学。所以我们很难做到全部翻译，只是翻译了一半。这书的第一卷第一章是"数"，还有音乐、建筑，没能力翻译，我们就挑了第二卷，和历史、政治有关的，然后把第一卷的序言翻译了。有人说斯宾格勒是反对西方中心论的，这不对，他表面上反对西方中心论，骨子里是西方中心论。斯宾格勒认为八种文化里七种都已经死亡了，只有西方文化还有生命力，这不是西方中心论吗？在西方文化里，他又挑出德意志民族，说德意志民族有一种宿命，实际上是说德意志民族是最优秀的。英国史学家汤因比受斯宾格勒影响很大，多卷本《历史研究》在历史哲学体系上与斯宾格勒是一样的。巴勒克拉夫对"文化形态史观"的看法是很重要的，他说："正因为他（汤因比）最早发动了对欧洲中心论的猛烈批判（尽管他的全部历史观充满了他所攻击的那种欧洲中心论的异端邪说），因而具有解放的作用，这才是他名满天下的原因。"这也可以用在斯宾格勒身上。斯宾格勒的观点是极端的唯心论，他说自己的方法是直觉的，每一种文化都有一种灵魂，彼此互不理解，那问题是你怎么都能理解呢？斯宾格勒在中国对"战国策派"影响最大，雷海宗先生就太迷信斯宾格勒这套体系，让我感到不可理解。

邹兆辰　江湄：记得在粉碎"四人帮"不久，您写过一篇文章《谈历史科学为无产阶级服务》，讲史学和政治的关系，那篇文章对于澄清当时人们思想中的混乱起了很大作用，今天，您是怎样看待史学与政治的关系呢？

齐世荣：1979 年，武汉大学开了一次世界史学术讨论会，我在这个会上做了发言，就是谈这篇文章的意思。史学与政治不可能没有关系，任何一个历史学家总是一个历史阶段的一定政治环境下的人，他自觉不自觉地受政治影响。马克思主义史学家当然要为人类走向社会主义、共产主义这个最大的政治服务，这不是一句空话，我们在历史发展的不同阶段都要有使命感。西方学者讲为史学而史学，其实并不是的。对于中国现在的马克思主义史学家，最大的政治就是为建设有中国特色的社会主义服务，我们要为这个最大的政治，根据史学本身的特点去服务，而不是把每一篇文章去和每一项现行的临时的政策去对号。我觉得，邓小平的话说得最透彻："党对文艺工作的领导，不是发号施令，不是要求文学艺术从属于临时的具体的直接的政治任务，而是根据文学艺术的特征和发展规律，帮助文艺工作者获得条件来不断繁荣文学艺术事业，提高文学艺术水平。"（《在中国文学艺术工作者第四次代表大会上的祝辞》）我是受到他的启发才写这篇文章的。那么，在今天，就我研究的世界现当代史，和政治是什么关系呢？怎么才算是从最总的方面为建设有中国特色的社会主义服务呢？我认为有这么几点：第一，要阐明历史发展规律，阐明历史是从低级到高级发展，人类是向社会主义、共产主义这个方向发展，给青年人树立一个正确的人生目标。现在的年轻人有不少只顾眼前的利益，不讲人类的前途、国家的前途，这是一个世界性的问题，在西方尤其厉害。年轻人如果只想如何找一个好工作、多挣钱，没有什么大的理想，只是贪图眼前的物质利益，如果都是这样的话，人类就很难进步了。所以讲世界现当代史，还是要讲历史是发展进步的，讲历史的前途所在。第二，世界现当代史最能有力地从历史的角度说明社会主义初级阶段这个重要的理论，它是怎么来的？十月革命以后苏联建立了社会主义制度和社会主义国家，这之间有成就有失败；中国在新中国成立以后也有成就有失败，怎么样最后总结出经验、总结出理论来？邓小平研究、总结了国际共产主义运动的经验，研究了中国的经验，最后得出：社会主义初级阶段这个历史阶段不能超越。世界现当代史能够最好地讲清这个道理。我认为，在邓小平理论里，讲社会主义初级阶段是相当重要的一点，过去没有解决好这个问题。列宁也认为实现共产主义不需要很长时间，在《论国家》里，他曾对青年人说，我们这代人看不见共产主义了，你们可以看得见，这估计得太快了。苏联后来越估计越快。我们也有脑子发热的时候。1958 年，我带学生参观河北省一个据说是实现了共产主义的县，当时岁数大一点的，脑子里都有疑问，但不敢讲。第三，根据历史唯物主义基本原理，现当代史应该深刻说明 20 世纪各种大问题、复杂问题。比如总结两次世界大战的历史经验，来看 21 世纪如何实现世界和平；研究苏联这第一个社会主义国家为什么解体；研究资本主义国家在"二战"后为什么会迅速发展；研究经济全球化和第三世界的关系，等等。再比如文化问题，过去人们研究的文化都是精英文化，而现在有一个大问题，就是通俗文化、大众文化，这是研究当代史的一个大课题，西方已经有很多人在研究这个问题了，中国还没有多少人研究。我想研究这样的问题都是从大的方面为政治服务。绝不能把学术研究和政治画等号，那样非犯错误不可，今天这样说，明天又那样说，使后人不信。有一些教训是很深刻的，如苏联史学家早年说 14 国武装干涉的主角是英国，这是对的。"二战"以后，他们要反对美国了，就说 14 国武装干涉的主角是美国，这就不对了。再比如，1959 年以前，你就不能讲沙俄侵华的事，因为中苏友好，范老倒是说过沙俄侵华也可以研究，但事实上就是你写出来，也没人给你发表。珍宝岛事件之后，才开始大讲沙俄侵华史。

邹兆辰　江湄：您对 30 年代英、法等国的绥靖政策很关注，投入很大精力进行这方面的研究。我们看到《历史研究》2000 年第 1 期上有您的新作《论英国对意大利的外交政策》，您认为这个问题有什么样的重要性？

齐世荣：英法的绥靖政策是导致二次世界大战的一个重要原因，研究二次大战，这是必须研究的问题。但是，多数西方资产阶级学者老要给这件事翻案，就是不承认英法对法西斯国家的纵容是二次世界大战爆发的重要原因。这也说明政治意识形态对历史学家的影响太厉害了。即使铁案如山，他们还是要挖空心思，做各种巧妙的解释，说在当时只能这样做，没有别的办法，并不是他们想牺牲谁，而是在那个环境下，这是唯一可行的政策。他们不肯承认自己的政治家在当年干过很丑恶的事，总要把它粉饰成一个积极正面的政策，而不是纵容法西斯国家。我的研究就是跟他们针锋相对，还历史真相。他们的研究很细致，不断地从各方面找材料，辩解也越来越精巧。我对他们的东西一般都掌握，对这个问题研究得也比较深入。今年我又写了《论英国对意大利的外交政策》，以往国际上研究对意大利绥靖政策的文章比较少了，国内还没有见到深入的研究。

邹兆辰　江湄：您已经是德高望重的学者了，现在年事已高，但您还是不断有新的研究成果问世，是什么样的动力使您这样孜孜不倦呢？

齐世荣：其实我现在已经写得很少了。我觉得一个学者如果不继续研究了，学术的生命也就停止了。很多人也劝我别写了，到处玩玩，多活几年。可我觉得，这没什么意思。从事研究一辈子，如果说到了晚年，忽然厌烦了，这是极端错误的。以后即使我写不动了，或写得很少，但还是要继续看书的，还可以说一说。在这方面，一些老师给我树立了很好的榜样。周一良先生晚年得了帕金森症，他不能写了，但口述文章。白寿彝先生也是我老师一辈的人，他开始编20卷的《中国通史》时，是70岁。这个毅力是了不起的。结果他90岁完成了这个工作。季羡林先生也是我老师一辈的人，他的《糖史》也是在80岁以后写的。应当学他们的精神，当然成就有高低。我60岁以前写东西比较快，现在相当慢了，但还可以写。对一个学者来说，你看了书之后，研究了之后，确实有心得，你就想把它写下来。我可没有想再出什么名。我也没有奢望说，自己的东西几十年、几百年之后，还有人看，只是确实有心得，就把它写出来，总是一点贡献。

邹兆辰　江湄：您今后在研究上有什么具体的设想吗？

齐世荣：很难说。我的兴趣比较多，对史学理论也有兴趣。我写过一篇《合之则两美，离之则两伤》，登在《史学理论研究》2001年第2期上。最近我还想写一篇《历史规律与人的能动性》。当然，绥靖政策问题我还要继续研究。现在正在与一些同志合写《二十世纪的历史巨变》。

邹兆辰　江湄：你觉得当前我国世界史研究的水平如何？中国学者有没有建立自己的世界史学科体系？与发达国家相比，我们在研究上的差距主要是什么？

齐世荣：从1978年到现在，世界史的研究有极大的进步，这个进步不仅是量上的，质的方面也有很大的进步。最突出的表现是，中国学者对一些问题有了自己的看法。新中国成立前，我们主要是跟着欧美跑，"文革"前，主要是跟着苏联跑，而现在能提出自己的看法了。跟世界上发达国家相比，我们对世界史的研究还有较大的差距，因为我们研究外国，起步较晚。我写过一篇《我国世界史学科的历史回顾和展望》的文章，谈到这些问题。一门学科从建立到成熟，没有几百年不行。所以，我认为中国学者还没有建立起中国的世界史学科体系，建立体系很难，西方学者也没有几个真正建立体系的，他们有一个大弱点，就是对东方研究太少。苏联的十卷本《世界史》，后来又续了很多卷，他们要建立一个体系，但基本上是西欧中心论。剑桥那套书，从古代、中世纪到近代，更是西方中心论的体系。真正用马克思主义为指导的、大体上能够说服人的这么一个体系，我认为全世界都没有，中国也没有。这得经过多少代人的积累。比如，建立一个世界史体系，你要研究伊斯兰世界历史这一大块，但中国这方面的专家太少了。拿欧洲来讲，到现在我们还没有一个西班牙史专家，在北欧历史方面，也没一个专家。建立世界史体系，对主要的文明、主要的国家都得有研究，这不是一个人、一代人能做到的，保守地说，也得过五十年以后。

说到差距，我认为一方面是我们研究的题目比较老，比较窄，眼光刚刚摆脱政治史的局限。比如日本、德国"二战"时期的电影对战争起了什么作用？西方研究大众文化、通俗文化，已经出过百科全书了，对这个东西你还非研究不可，你看看现在电视对人的影响比什么书都厉害。还有食品文化的影响，美国靠麦当劳、肯德基这些东西就把文化推广过来了，服装文化也是一样，它们比西方小说的影响要厉害多了。另一方面是研究方法比较单一，例如前面讲到的计量史学方法，我们仍然停留在介绍阶段上，至今无人按照这种方法写出有分量的专著或论文来。它的有效性如何？局限性又如何？要拿出具体成果，才能看得清楚。再一个差距就是资料方面的问题，这倒容易弥补，以后有钱了就多买吧。

中国人研究世界史，大有可为。随着我国的国际地位的不断提高，世界史研究的重要性将越来越看得清楚，也必将越来越受到重视。今天的中青年一代，是我国世界史学科的希望所在。我祝愿他们勇攀科学的高峰，为我国世界史学科在世界史坛上占有一席重要地位而奋发努力。

齐世荣，1926年10月生于江苏省连云港市。首都师范大学原校长，现任首都师范大学历史系教授，研究方向为世界现代史、现代国际关系史。主要著作有六卷本《世界史》（吴于廑共同主编）、《绥靖政策研究》（主编）及论文《论中国抗日战争在第二次世界大战中的地位和作用》等数十篇。

开展社会调查，记录中国农村的历史巨变
——访历史学家魏宏运教授

🎙️ 魏宏运　　🎙️ 本刊记者

本刊记者：先生在历史教学和科研中一贯强调社会调查，并取得卓越成绩，请你谈谈为什么这样做？

魏宏运：是的，我们的知识，一是来自书本来自课堂，一是来自社会生活和社会实践。社会生活和实践是知识的源泉。研究现代史如不走出书斋到社会上去调查是难以了解并正视世界的复杂现实的。

本刊记者：你何时开始从事社会调查的？

魏宏运：关于社会调查，我国许多学者在 20 世纪二三十年代已进行得很出色，积累了丰富的资料，是我们认识那个时期历史的最珍贵遗产。我是后知后觉者，从 1958 年才开始认识的。当时中央提出教育与生产劳动相结合的方针，我系师生走出学校大部分去了开滦五大矿，即唐山、赵各庄、林西、马家沟、唐家庄，以及唐山机车车辆厂、山海关桥梁厂、秦皇岛矿务局和井陉煤矿。还有一部分去了白洋淀和解放军驻津某部队，其中 56 级学生则到天津郊区调查 1900 年发生的义和团运动。当时我在历史系负责教育和科研工作，曾到上述各地和教师学生一起商讨如何根据访谈记录、口碑资料编写史书诸问题。为此也曾翻阅过司马迁的《史记》，体味到司马迁在《史记》中运用那么多口碑资料，有的记载是一个人说的，也有众人说的，有的是询问中获得的。我曾向本校经济研究所的老先生请教过，因为在我阅读他们所积累的丰富资料时认定他们在社会调查中必定积累了值得学习的经验。

本刊记者：你当时最突出的体会是什么？

魏宏运：一是深化了对历史的认识，二是在和工农群众接触中丰富了自己的思想和语言。我本来自农村但脱离农村实际已好多年了。此时有目的地深入工厂和农村学到了书本上难以学到的许多东西。我曾下过开滦和井陉两个矿井，体会白洋淀风光，其情其景经常浮现在自己的记忆中。更因为是集体行动彼此交流漫谈收获就很大。比如在开滦的访谈曾遇到过参加过俄国十月革命的工人。在天津郊区调查义和团的事迹时，访谈了1114人，其中有123人是团民。义和团大师兄沈德生，时年已80岁，二师兄李长庆77岁，三师兄张金山83岁，"天下第一团"扛大旗的李振德81岁，红灯照四师姐赵青72岁，对此都作了记录，至为珍贵。其珍贵之处，在于补充了文字记载的不足，匡正了已有记载的谬误。那以后，我和李义佐、赵树经在70年代还到廊坊调查过义和团的事迹。所获资料于1990年由天津古籍出版社出版，书名为《天津义和团调查》，陈振江和我署名写了一个简短的序言。

本刊记者：现在回头看当时你们的社会调查是否取得了很大的成绩？

魏宏运：现在看来，当时的社会调查还存在缺陷，有片面性，但还是取得了很大的成绩。例如，我们在开滦，注意到开滦的英文档案，由杨生茂、周基塑、陈文林等老教师翻译成中文。在义和团调查中，注重了实物征集，搜集到义和团的旗帜、招贴、标语口号、大刀长矛等。调查工作是和天津历史博物馆合作进行的，博物馆馆长柳心热情高，有魄力，在调查费用上给予充分资助。所征集的文物均藏于博物馆。正因为社会实践相当成功，曾在北京举办的高校教育与生产劳动相结合的展览会上展出过。一次我系教师集体到北京大学访问，我还应翦伯赞、周一良邀请，作过我们是怎样开展教育与生产劳动相结合的报告。

本刊记者：这以后，你还到社会上去调查？

魏宏运："文革"后期我获得了自由，曾和历史系同学汪茂和到天津大直沽、张贵庄、塘沽等地调查八国联军侵华时沙俄的侵略行径。于塘沽访问对象之一是一位参加过红灯照的老年妇女。经历过那个时代的老人历数沙俄军的暴行。根据历史文献对照访谈实录就形成了沙俄是八国联军侵华元凶的概念。就这一问题我在天津第一文化宫作过报告。后来我和王黎共同写了一篇文章发表在《南开大学学报》1980 年第 4 期上。

本刊记者： 你主编的抗战时期晋察冀和冀鲁豫两个边区财经史资料是怎样完成的？

魏宏运： 这两部大型资料的出版是以财政部为主的，至于我为什么成为主编那是极其凑巧的事。1979 年我到闽西参加学术讨论会路上夜宿永安，和财政部科研所副所长星光相识。谈话很投机，他说财政部正组织编辑抗战时期各根据地财经资料，问我有无兴趣。我欣然同意，从此就开始了太行山的调查。

这两部书从一开始工作声势即很大。晋察冀边区财经史编委会主任是许毅晋，冀鲁豫边区财经史编委会主任是戎子和，财政部给各有关单位发了公函要求给予协助。我们组织了编委会，吸收有关省市财政厅和档案馆负责人参加，得到了各级组织的积极支持。编委会的多数成员都是当年财经战线上的工作人员本身，是我们资料的丰富来源。我们除了到档案馆查阅资料，还走访了许多在根据地工作过的老同志。有的同志把他们珍藏多年的书籍资料拿出来供我们使用，在根据地的走访中得到了很多新鲜的启示，如涉县文管处保存的许多刊物，赤岸刘邓纪念馆陈列的诸多文物，实在令人感叹和激动。

开始收集资料时，也很茫然，对有些问题不知如何下手。资料看多了，脑子也就清晰起来。向曾经在太行山战斗过的同志多多求教，是认识太行山历史实际的最好方法。如关于晋察冀根据地的商业贸易问题，起初脑子是空白的，去五台山的路上我与地区财政局长韩长贵聊天，他说他当年是搞商业贸易的，我高兴极了。是他提供了当时的商业路线和商号名称，我们才得以顺藤摸瓜获得了这方面的知识和资料。晋察冀边区军工资料也无法找到，我们访问了军工部长刘再生等同志，由他们口述，陈美健等人记录，这就成了第一手资料。

在调查研究中财政部科研所曾在五台山、大同、天津、石家庄、太原等地举行过多次学术讨论会，探讨根据地的建立和财经工作的巨细问题，这对该书的编辑是不可或缺的。晋冀鲁豫根据地资料征集委员会在曲阜召开学术讨论会时星光、冯田夫、王黎和我都去参加了，我在会上讲了晋察冀根据地财经资料的编辑诸多问题。

本刊记者：你们在整个工作中是否存在争论问题？

魏宏运： 当然有。每次讨论会都请当年创建根据地和从事根据地财经工作的一些同志参加，这使我们弄清了许多问题的来龙去脉，特别是一些政策制定的客观背景。这些会议中规模最大的是由戎子和于1984年6月在太原召集主持的，晋冀鲁豫根据地各大区一些当年负责人应邀参加。他们分别就边区的财政、金融、工商贸易、军队后勤、生产和救灾等方面的情况作了系统的介绍，提供了亲身经历的宝贵史料。会上争论的主要问题是如何看待太行山在与敌人斗争时粮食输出多了而吃了亏的问题。会议后由星光、冯田夫负责编辑出版了《晋冀鲁豫边区财政经济史座谈会资料集》，是颇有价值的。

在晋察冀财经史资料编辑体例问题上，开始时经过了多次讨论，争论也热烈。财政部参加的是星光、冯田夫和唐韬默，南开大学是左志远、张洪祥和我。最后取得了一致认识，认真的讨论是有益的。

本刊记者：你主编出版了《二十世纪三四十年代冀东农村社会调查与研究》，为什么选择冀东为对象？

魏宏运： 冀东在中国近代社会发展中有其特殊性：沿海地区近代化的进程开始得较早，日本肢解华北首先从冀东开始；抗战时期八路军在这里开展游击战，打击了日伪的统治。抗战胜利后，国共两方又争夺这一战略要地。应该说，冀东的社会变动较大，比较系统地记录下这一地区的社会情况和历史事件、乡土文化和人民生活是很有意义的。我和我的博士生因之深入到这一地区，调查其自然环境、乡村政权、传统农业及手工业、集市贸易、家族家庭等问题。还到唐山档案馆查阅《冀东日报》和其他档案资料，收获颇丰。我曾写了调查的梗概，发表在 1995 年 2 月 13 日《光明日报》上。抗战时期曾在冀东战斗过的一位老同志对此曾提出质疑和批评。他认为应着重调查日军的三光政策，我回答说，调查的侧重面不同，历史的内容是丰富多彩的。我们是从社会历史发展的角度去收集资料的，其中也有日军的残酷统治和野蛮屠杀，只是标题上没有出现而已。

本刊记者：您在为日本三谷孝主编出版的《中国农村变革与家族·村落·国家》这部书所写的序中，谈到了你们曾和日本学者合作调查华北农村情况，能否作一简单介绍？

魏宏运：和日本学者合作，我们去过顺义沙井村、良乡吴店、栾城寺北柴村、静海冯家村、平原后夏寨村。这些村庄，抗日战争时期，日本满铁出于侵略的目的曾调查过。我们着眼于抗日战争以后的年代。调查是全方位的，包括村落的自然环境，村政权的变迁，农业的发展，乡镇企业的状况，村民与商品市场，村民的政治意识，村的教育、风俗习惯等，如实记录了农民所经历社会变迁的种种现象，从中可以看到人们是怎样远离他们的过去。历史是有连续性的，一个时代会影响下一个时代，今日农村现代化是在以往时代上起步的。时代的变迁，广大农民的感受是很深的。

本刊记者：外国学者对中国农村是否很感兴趣？

魏宏运：是的，据我所知，美国、日本、法国和澳大利亚的一些学者，都在研究中国华北农村，有的是一个人单独进行，有的是三四个人合作。从我到国外讲学和参加国际会议中也体会到这一点。

1994 年 9 月，我应丹麦哥本哈根大学亚洲研究所主任李来福（Leif Littrup）教授邀请去讲学，他给我指定一个题目，让我讲我是如何在农村收集现代史资料的。同年 10 月，我应德国特里尔大学汉学系卜松山（Karl-Heinzpohl）教授邀请，在该校讲了我在华北农村进行调查与研究的心得。1993 年，应澳大利亚古德曼（Davidgoodman）教授邀请，参加中国研究协会年会，同年到洛杉矶参加美国亚洲研协会第 45 届年会，和在斯坦福大学（Stanford University）所作的学术报告，到日本一桥大学、庆应大学等校所作的学术报告，都是讲的华北农村的过去和现在，我感到各国的汉学家都很关注中国农村的变化。

农村是一广阔的天地，探索下去是没有止境的。中国农村曾经贫穷和落后，而现在确实发生了巨变，有的是突变，有的是缓慢地、一步一步地前进，我认为史学工作者应不失时机地记录下广大农村的惊世巨变。

魏宏运，南开大学历史学教授（博士生导师），男，1925 年 2 月出生，陕西长安人。毕业于南开大学。曾任国务院学位委员会历史学科评议组第二、三届成员，南开大学学位评定委员会学术评议组委员，南开大学历史系主任。现为全国哲学社会科学规划小组成员，中国现代史学会名誉会长，天津市历史学会名誉理事长，香港学术评审局学科评议专家，澳大利亚中国省市研究中心兼职研究员，《历史教学》杂志社编委会副主任。长期致力于中国近现代史的教学和研究工作，写作和主编的学术著作、教材、工具书和资料书主要有《孙中山年谱》《中国现代史稿》（上、下）、《中国近代历史的进程》《华北抗日根据地史》《二十世纪三四十年代冀东农村调查与研究》《中国通史简明教程》（上、下）、《抗日战争与中国社会》《中国现代史大事记》《华北抗日根据地纪事》《晋察冀抗日根据地财政经济史》《中国现代史资料选编》（5 册）、《抗日战争时期晋察冀边区财政经济史资料选编》（4 册）、《抗日战争时期晋冀鲁豫边区财政经济史资料选编》（2 册）、《中华民国纪事本末》（7 册）等十几种，在国内外发表学术论文百余篇。曾主讲中国现代史研究方法论、抗日战争史专题研究等十几门课程，至今已培养硕士 7 名、博士 30 名，主持召开了两届抗日根据地国际学术讨论会，曾作为福布莱特（Fulbright）教授在美国蒙他拿大学任教一年，多次在美、日、澳、德、英、法、丹麦等国的 30 多所大学讲学。

史料的开掘与方法的尝试
——戚国淦先生访谈录

(🎙)戚国淦　　(🎙)邓京力　罗晓静

一、人生三部曲

邓京力　罗晓静：先生，您好！我们知道当年您受命主持了我校历史系的创建工作，但对于您那一代人生活工作的环境和氛围我们了解得不深，所以想请您首先简单介绍一下您在 1949 年以后的主要经历。

戚国淦：这么说吧，1949 年后，我的经历大体可以分为三个阶段。第一个阶段是"文革"前，我就是一个普通教师加系领导。这一段时间没做多少工作，主要是做中古史，我对中古史研究还是有点贡献的。当时根本没有这门课，我上学时也只念过欧洲的扩张，就这一门课把这一时代包括进去了，我有幸学了点这方面的东西。当时，我们每个人抱一本苏联书来学、来教，偶尔偷偷加一点英文资料，这当然很难说有说服力。后来，1960 年吧，国家下大力气组织编教材，就是周、吴本，我有幸参加编写，现在关于世界通史教材的编写有好多竞争者，但毕竟我们的教材出版最早，使用时间长些。这一段时期我并不是专家学者，我只是作为系干部来组织工作，现在人们还承认我这点功劳。几天前，我过 85 岁生日，会上人们还对我这点功劳予以了很高的评价，其实，我也没做什么。我还得到过另一份荣誉，我是一个"北京市劳动模范"，当时没觉怎样，后来觉得一个书生能获此殊荣，也还是挺自豪的。所以这一段就是努力工作吧，我自己也没觉得有什么成果。

第二阶段就是"文革"十年了，也就是我 48—58 岁吧，可惜耽误掉了。"文革"挨了一阵批，后来也是干些零活。尼克松访华，让我写园林简介，就是给外国人讲，你看新中国成立刚二十多年，我们的园林却有二百多年了，做这一工作这当然比挨批判好。这一时期唯一干的一点事就是稍微看了一点书，在此过程中发现了英国历史学家埃尔顿，"文革"后就把收集的资料一整理，修补一下，成一篇文章，我把它寄给中国英国史研究会，人们很重视，还让我宣读，也得到了喝彩。

第三阶段，就是我60—80岁时，这可以说是我的第二青春。当时我已经60多岁了，就有个想法——搞个英国史研究室。在学校的支持下，我们就赤手空拳地干起来。老同志都退休了，学校还没有让我退休的意思，我就接着干，成立了英国史研究室，带出了一批研究生，研究了一点东西，写了几篇小文。世界史的教学只有这教材还不够，80年代世界史所组织编《外国历史大事集》《外国历史名人传》，中古部分请我主编，我就联合了张椿年、马克垚等人，这些也还平常，因为历史条件限制，仍很差，但作为教学参考是够的。这些书我并没写，就是审审稿子，我有一个得意的地方，不是我编书了，而是像唐太宗那样"天下英雄尽入我彀中"，我把那些今天看来鼎鼎有名的史学家聚在一起，这本书几乎集齐了今天中世纪史研究的名家，这让我很得意。这两部书可以让偏远地区的教师参考一下。总之，就是努力工作，我始终抱着"人以国士待吾，吾以国士报之"的态度做人做事。

二、开拓都铎史研究

邓京力　罗晓静：大家都说，到戚先生那儿去，就是研究英国都铎。可以说，是您创立了我国对都铎研究的体系，填补了这一领域的空白，并取得了丰硕的成果。您当初是怎么走上这条治学道路的？为什么会选择这一研究方向？它有什么意义？

戚国淦：我是1952年调到北京教师进修学院的，我是那儿历史组的组长。1953年，接受了一个任务，筹建北京师范学院，我们教研组筹建历史系。我原来是搞中国史的，尤其喜欢明清史。可系里专业确定时，就剩下两个方向——中世纪和世界现代史没人选。我的专业被占了，我又是个头，必须承担重任，齐世荣先生当时是副主任，我就说我们俩上吧。所以说我这个专业的确定是十分偶然的，也主要是出于历史系的需要。虽然是半路起家，可我还是有点根底的。我 18 岁考上北京大学，念西语系的时候就开始念点儿莎士比亚的书，对那时候人民的生活、社会风情总涉猎一点儿，所以对于莎士比亚时期就有偏爱的。

至于选择都铎史，就是当时资料贫乏极了，搞宏观，你掌握不了啊，外国通史，当时条件下，谁也不敢做吧，所以我就选一段。就在这时，我发现了一个叫埃尔顿的人，那时刚拨乱反正，我对埃尔顿的认识也不多，但他与别人不同，属于修正史学派。这一派很厉害，都铎史研究繁荣就靠他们，而埃尔顿是旗手。他高举修正主义大旗，影响了整个都铎史研究。这样，我一点点摸，发现他真不容易，他突破性地提出了"都铎政府革命说"。于是，我就选择都铎这个方向。

我教中世纪这么多年，在我印象中最精彩的就是中世纪晚期，因为它跟近代接轨，而且现在被"近代"给吞并了，英国史上这两个时代的交叉就是都铎王朝。都铎王朝这一段比较短，100 年多一点（1485—1603），内容也丰富，你讲资本主义萌芽，讲原始积累都得讲都铎史，讲君主专制也得讲都铎史。

邓京力　罗晓静：任何研究都有个方法问题。我们也注意到先生进行都铎研究的方法和组织是很有特点的，就是集中搞一个课题，然后每个人分工，专攻一个具体方向，几个人合起来，攻克这一个题目。您在实践当中是怎么具体操作的？

戚国淦：1978 年，在我 60 多岁时，我们成立了一个英国史研究室，给我配的人员，一个是北大社会学系的，还有一个工农兵学员，是学英语的，这样的配置，我没法工作啊，我就想个办法，我有研究生啊，就带领他们一起来工作。在带学生的过程中，让学生给我当助手，然后我们就像滚雪球一样，越滚越大。也就是把培养研究生的过程跟我自己的研究、跟学科的发展结合起来，制订一个长远点的计划，有一个合理的布局。当时我设想，我这是一个小的园地，很小，但是我如果把树栽成一圈，得挖很多很多的树坑，然后一棵苗、一棵苗地往里搁，早晚也能长起来，像一个花园似的。所以我就要求我的学生来了以后，按照我的规划，小范围、小领域各自去占，也就像我说的挖了那么多树坑，你进哪个坑都行。你比如说，政治里面的：政治制度、政府改革，这有我的大弟子郭方研究员；还有议会这样的老题目是刘新成搞的；枢秘院制度我把它送给赵秀荣；宗教教会方面，刘城在搞；经济题目就多了，有农业、商业、手工业等，陈曦文和王乃耀专攻这个；外交最难，一直耽误了多年，我快退休时，才由夏继果完成了；现在领域又有拓展了，像江立华研究的人口问题。这样呢，大家渐渐知道了，说要到戚先生那儿去，就是研究英国都铎。来的人呢，当然得接受我们这一套的计划，在这个轨道上运行，当然他们也都还心甘情愿，觉得都铎很有研究价值。

你要研究世界史这个学问，目前我看我这个办法可能是行之有效的。我现在回想自己走的这条路，虽然也是摸着石头过河，但是走得还比较准。

邓京力　罗晓静：我们想，在当时的世界史研究中一定会遇到史料短缺这一问题，而大家都知道先生一贯重视史料，主张大力开掘和研究史料的。您是如何解决这方面的困难的呢？

戚国淦：我可以坦白地说，自从我教世界史以来，在我眼中史料始终是第一位的，这一点我受中国史研究的影响很大。要我说，我们搞世界史的要真能成"乾嘉学派"，那可就不得了了，他们的学问多大呀，我们哪有资格。你教世界史就知道，材料缺乏极了，没材料怎么写东西，搞研究，说什么话都得有个根据吧，只有有点材料，别人看了才有点意思。于是我就想办法到处搞材料，当年没有外汇呀，那怎么办呢？我说咱们复印去。1978年我招了第一批三个研究生，挺顶用，我就让他们把别的图书馆的东西都复印来。我很感谢当时的一个校领导，他很慷慨地批给我1万元研究经费。那会儿，一万元可顶事了，我们还是很节约的，水平不够的还不许印，结果才花了5000元就印了五六百本书。哎呀，我们一下子就变成了全国收藏都铎史图书最阔的单位了。我的学生要是出去开会，都带点钱去给我复印一批书回来。以后渐渐地我们小有名气了，也有点外汇了，就买来了不少原版书。还有一条增加复印资料的路，我的学生谁要是写论文需要新书而能印到的话，不要你从研究生费用里出，我们研究室给你出钱，但有一条，你用完了毕业时可不许带走。这样，每个学生都给我们增加几本。到现在我们还享有这么一个声望：收藏都铎史书最多的地方是首师大历史系的英国史研究室。

邓京力　罗晓静： 先生对目前都铎史的研究水平怎么评价？

戚国淦： 都铎史值得一搞，它在古代中世纪是最重要的一段，要搞是会出成果的。至于我们的发展程度，也不好说水平多么高，但我找到了一把尺度。我有一本四十年代末出版的俄文版的《十六世纪英国简史》，这本书后面有一个详细的参考书目。我拿它来跟我们掌握的资料比，他上面列举的东西，我们都已经有了，甚至还超出了很多。当然，我们比他们晚，自然应该这样，没什么可说的，但说明我们的水平与四十年代苏联的研究水平相比并不差。只要我们再努力，一定会不断往上赶。这么看，我就有点自信了。我很得意我的学生，他们将来都是不可限量的，当然他们现在都在大量吞噬材料。

我这个都铎园地只是立起来了，还需要进一步研究，未来的发展趋势我现在也很难说，但是我认为他们现有的专业，需要探讨的东西还很多，希望他们能工作到我这个年纪。当然，可能也想这一领域还需要进一步扩充点，但我们的这个基地是不会丢的。

三、中英历史的比较研究

邓京力　罗晓静： 记得看过您的一篇论文《16世纪中英政治制度比较》，真可以说是材料丰富，论证有力，而且使用了比较研究的方法，这在当时应该说是一种新的研究途径。而且，我们觉得搞中西比较研究很难，要求掌握的中西方材料范围也非常之广。您当时为什么要写这样一篇文章，您的主要想法是什么？做这样一种比较有什么意义？

戚国淦： 我就喜欢明清史，上学时，邓之诚、洪业、齐思和等先生都给我上过中国史的课，所以我这方面基础还是可以的。后来搞了世界史，可中国史不能扔啊，我得过把瘾，就写了《16世纪中英政治制度比较》，我不能对不起我的老师。这篇文章用的材料是不少，光英文书就有40多种。我对16世纪位于世界东西两端的这两大帝国从政权、经济、阶级基础到政府的运作与职能进行了全面的比较，发现在英国的都铎时代和中国明朝的"嘉隆万"时期均出现了资本主义萌芽，但都铎朝的商品经济和资本主义手工业发展都高于明朝，在以乡绅为主体的新兴阶级的支持下，都铎诸王建立了"新君主制"，刷新政治，改组机构，奉行有利于资本主义发展的政策，使英国国势蒸蒸日上。而明朝廷则依赖代表没落地主阶级的臣僚官吏，沿袭旧制，外禁海运，内征课税；嘉靖后，更是国运中衰，江河日下。我想将时代相同、情势相仿，而发展道路迥异的中国明朝与英国都铎朝进行对比研究，就可以揭示 16 世纪以来，世界局势渐趋西强东弱的历史原因。写完以后，我就把它提交给当年在南京召开的英国史国际学术讨论会，引起了与会者的高度重视，后来就发表在《历史研究》上（1987 年第 9 期）。我说用比较这种方法，得谨慎，首先得有可比性，其次得有资料，对双方的知识得有相当的了解才行。

四、引介英国修正史学家——埃尔顿

邓京力　罗晓静：我们注意到，先生在谈都铎研究时，不断地提到一个人，那就是埃尔顿。正是他的修正史学思想和方法启发了先生对都铎史的思考和研究，也才有了今天的成果。您能不能讲一下当时这一学派的情况？

戚国淦：修正史学是 20 世纪 70 年代在英国悄然兴起的，该派对 16、17 世纪的英国史进行了全新的解释与修正，将 20 世纪 40 年代即已出现的"都铎王朝研究热潮"推向了一个新高峰。其实 19 世纪晚期以来，在都铎史研究领域内可以说是名家代出，著述如林，从弗鲁德、波拉德到费舍、皮科梭恩，就这个王朝的一些重要人物和重大事件写出了巨幅的著作。到 20 世纪 40 年代，人们认为都铎史的研究已到了"山重水复疑无路"的地步。就在这时，埃尔顿异军突起，独树一帜，他从那些"留下了克伦威尔的痕迹"的档案材料入手，对 16 世纪 30 年代的历史重新研究，对这一时期的人物和事件作出了新的估价，提出了与弗鲁德、波拉德等人大相径庭的看法。这样看来，埃尔顿修正史学主要有两个特点：一是不为成说所困，敢于背离传统观点，对历史事件和人物进行重新评价。埃尔顿曾说："今天当人们必须审慎考虑任何对于传统标准的背离的时候，就不可能再对那一传统死抱不放了。"比如，埃尔顿就不同意从弗鲁德、波拉德等都铎史大师以来对于亨利八世的传统看法，他们认为"只有亨利本人使得英国处于其所规划的进程之中"。埃尔顿以大量材料说明亨利耽于游乐而怠于国事，亨利本人以一个"浅薄无知、反复无常、自以为是、权力无边的肆意妄为者"的面目出现。这第二点就是他不满足于现有材料，对前人未曾涉及的档案文献进行发掘，从而取得新的论据。埃尔顿的观点中有两点特别值得注意：一是他的"都铎政府革命说"。他认为把都铎王朝仅仅视为中世纪的延续的看法是极其错误的，并且指出，在 16 世纪 30 年代所充斥的变化如此密集而又发人深省，以至只有用一次"革命"才能刻画出所发生的一切。二是他对克伦威尔的评价，认为"克伦威尔是这场深刻的革命活动的幕后人"。埃尔顿对克伦威尔的研究是有其坚实可靠的材料基础的，他对克伦威尔业绩的估计也是比较符合实际的。

五、翻译外国史学名著

邓京力　罗晓静：改革开放之初，先生将英国修正史学派介绍进来，对我国世界史学界是有深远影响的。不仅如此，您还翻译了几部极具代表性的外国史学名著，像《法兰克人史》《查理大帝传》，分别是中世纪时期基督教史学和世俗史学的代表作，这两部书正好填补了我国中世纪史学研究的某些空白点，而且对以后西方史学史的教学与研究也具有重大意义，我们对这一点很感兴趣。

戚国淦：这两部书都是在当时中世纪史资料相当缺乏的情况下翻译过来的，就是希望能对这方面研究增加点史料，也好言之有物，应该说这两部书还是有点用处的。《法兰克人史》的作者都尔主教格雷戈里，他出入宫廷，参与秘笈，故能掌握第一手的翔实材料，写出那个时代唯一的一部史书。他对法兰克国家政府官制、王位继承及宗教争端等都有描述。你看这本书就会发现，格雷戈里着重写的是政治和宗教事务，社会经济很少谈，我翻译时就细心搜检，提炼出了不少经济方面的材料，如马尔克土地制度的破坏、大土地占有制度的成长、封建社会两个阶级的形成、被统治者反抗统治者的斗争迭起等，这样法兰克国家早期封建化的图景就比较全面了。同样，《查理大帝传》的作者是查理大帝的文学侍从，因而对他多有溢美之词。以前我国有些史家对查理谴责过多，其实你要将这个人放到他那个时代背景中去考察，就会发现他的政策多代表了新兴封建地主阶级的利益，促进了法兰克封建制的确立，对他推动历史发展的功德，我们还是应充分肯定的。

邓京力　罗晓静： 由此看来对于世界史研究，翻译西方原著也是我们掌握第一手资料的重要方式之一，外语和翻译对于世界史研究应该是一个必不可少的条件和基本功。先生善译，译著颇丰，而且水平相当高，被行家称誉为"传神"之精品，而且您还被评为当代著名翻译家之一，请您谈谈这方面的经验。

戚国淦： 我喜欢翻译，因为搞世界史，得有材料啊，可当时材料贫乏极了，我就得搞点翻译。只有有点材料，别人看了，才会觉得是那么回事，所以我觉得世界史只能先翻译点东西过来，自己能用，别人也能用。但翻译太费时间，后来工作太忙，翻不动了。所以我真正翻译的也只有几本书。像《西方的没落》的翻译，我仍然觉得不满意。后来别人就找我写译序，我就成了一个专写序言的人。我把我认为有价值的东西介绍给读者，读者收获大点，我也可以言之有物。还有个想法，我这文章可能站住脚的时间长些，这些名著都几百年了，人家没倒，我怎么能倒，只要我的序写得好。

我搞翻译还是有点底子的，我的中学老师其实有可以当大学教授的能力，他很讲究句子分析。所以我译时，先把句子拆开，按中国文字组织起来，这在译《西方的没落》时很见效。《西方的没落》很难懂，句子特别长，我就解剖它，分成好多小段，谁跟谁的关系弄清，这样它们的队形就按我的队形来了。另外，我还讲究点文采，注意它本身的文气。我说翻译除了"信、达、雅"之外，还要加上一个"神"字。《西方的没落》中有一句很难，我把它搞清楚后，写出来，我说这就是"传神"。

老实说，考我的研究生，英文这关很难过，我要的是能阅读，要熟练，要快。所以我的考题主要考英译汉，那一大打子的英文，要求你又快又好，没有一个人能完成，就是我自己也不及格。你要是能把我这个东西翻译出来一多半，阅读能力就很不错了。要是考一小段，你们俩都翻出来了，谁英文水平高只能从译文的好坏来看了。考阅读能力，要求的是长劲，就像我们很难看见跑长跑的有并驾齐驱的现象。考上之后，我仍然要求他们大量地阅读，不断地连续念，不妨囫囵吞枣，吞着吞着你也就渐渐能消化了。我这些研究生人人都发表过翻译的成果，这使他们多了一种本领，另外要是搞过翻译的人再念英文呢，就不会丢三落四了，因为你有习惯了，得抓住完整意思。而且从长远看，世界史材料那么多，谁也不可能有那么多语种，你能翻译点给同行，同行再从别的语种翻译点给你，咱们不是眼界就更广了吗？

六、国学与诗性

邓京力 罗晓静： 我在很多地方看到过您题写的对联，看得出功底相当深厚。这样看来，您不仅在史学方面成就斐然，而且在旧体诗词方面也造诣很深，可以说先生精通多方面学问，这可能是今天很多学者所欠缺的。

戚国淦： 我喜欢写诗，学校校庆、学生毕业都找我写，后来我改写对联，诗的两句就是对联，还被人承认。这些日子不行了，前些日子生意兴隆。我不太愿意我的学生就拘束在他现有的那点课程中间，应该涉猎得广博一点，知识面宽一点。我现在能写点诗，背不少诗，这都是小时候自由阅读的结果。实际上在中学时我的兴趣就是念中国古典文学，我考北大，就是冲中文系去的，因为那次国文考试考得不好没被录取。小时候我不太会写白话文，我们老师提倡写古文，我的文言文不错。虽然中文系不要我，我转报了西语系，但是我向往中国古典文学的心一点也没死。我就随便乱看书，也不怎么念西洋文学，挑有兴趣的，就念了莎士比亚。我不是专跟着老师一门一门搞作业、写笔记，而是到处浏览，我在本科就看人家研究生念什么课，就借研究生的书翻一翻、看一看，自己眼界也高一点。选课嘛，别的系有好的课，我也选点儿。我觉得我念的课比较多、比较杂，而且自己的兴趣还能够保持一部分，这都对我后来有点用处。我认为在校的学生千万要把自己的知识面扩大一点，我觉得我这辈子得到的好处就是我从小起中文和英文的根底都比较深。

最后，我还要终生感谢我的老师。如邓之诚先生，我对邓先生很崇拜，先生把我当家人似的，他的藏书太多，经常让我去他那看书，让我受益匪浅。再如洪业先生，他教史学方法，先生出的题目都很难，而且对学生非常严格。有一次我的作业，先生给了我一个高分，我很得意，觉得我以后搞历史研究也不用害怕了。史学方法很重要，没有正确方法很难做。而齐思和先生，可以说是"学贯中西，史起中外"。我认为他老人家的中国史比世界史成就大，在当时还没有马列主义指导的情况下，他就很准确地抓住了两个重要时代——战国和鸦片战争时期，并认为这是两个中国史上关键的过渡阶段，这与后来的判断是相符合的。如果说我今天还有点成就，那就是这些先生给的。

邓京力 罗晓静：非常感谢先生接受我们的采访，祝先生身体健康，生活幸福！

戚国淦，祖籍贵州修文县，1918年生于热河承德。原北京师范学院（首都师范大学）历史系系主任、教授、博士生导师，研究方向为世界中世纪史、英国都铎王朝史。曾任世界中世纪史学研究会理事长、英国史研究会副会长、北京史学会学术顾问、中国社会科学院世界历史研究所兼职研究员、《中国大百科全书》副主编等。主要著作有自译及合译的《法兰克人史》（1981年）、《查理大帝传》（1979年）、《西方的没落》（1963年），主编《外国历史名人传·古代部分·下册》（1981）、《外国历史大事集·古代部分·第二分册》（1986），发表论文《16世纪中英政治制度比较》（1987）、《介绍英国历史学家乔·鲁·埃尔顿》（1980）等。

给中国青年历史学者的几点忠告
——访美国著名历史学家格奥尔格·伊格尔斯

[美] 格奥尔格·伊格尔斯 (Georg G.Iggers)

东月　张修海　译

东月： 您能否给我们讲述一下您的史学事业？您是在何时、因何种原因做出当一位历史学家的决定的？在您做此选择时，对作为职业的历史学是怎样看的？当时您认为历史的意义是什么？而在半个世纪后的今天，您是否已经改变了初衷？您仍然认为您当初的选择是正确的吗？对于历史的意义您是否又有了些新的看法？

格奥尔格·伊格尔斯（Georg G.Iggers）： 我非常乐于回答您以"给中国青年历史学者的忠告"为题通过采访的形式向我提出的诸多问题。能有机会提出这样的忠告，我感到这是一种过高的奖赏，然而我并不以为自己有何非凡之处。因此，我更愿意讲讲我个人的一些经历。希望这些不同寻常的经历，能为希望成为历史学家的人另辟蹊径。

我的事业是很不寻常的，因为我并没接受过常规意义上的历史学家应受的教育，而只是逐步演化成了历史学家。我对历史之所以抱有持久的兴趣，是因为我总把它看作是理解我们的过去，形成自我意识感的一种方式；而当我将历史作为一个研究领域时，我并没有将其视作大学历史系或科研机构下设的一门学科，而是与哲学或文学一脉相承的一门文科，一本能够更好地了解人类经历的指南。我个人转向历史领域与我青少年时代的经历有着很大的关系。我于 1926 年 12 月出生于德国。在从 1933 年 1 月纳粹掌权直至 1938 年 10 月我随父母移居美国这段时期里，我经历了作为犹太人所经历的歧视。

幸运的是，就在 1938 年 11 月 9 日至 10 日间的那场标志着大屠杀① 开端的反犹太人暴乱② 发生的前几周我就离开了德国。我去了美国南部弗吉尼亚州的里士满，并在那里目睹了美国黑人所受的歧视，而这种歧视使我想起了我在纳粹德国的经历。自那时起我便立志于反击一切形式的种族歧视。1950 年我读完了大学的主要课程，与同样从纳粹阴影下的欧洲逃离出来的妻子一同到了南方的阿肯色州与路易斯安那州的两所黑人学校任教，并开始积极投身于民权运动之中。从这个角度讲，我在规模不大的文科院校里的事业与那些在以从事研究为主的大学里开始其教师生涯的同僚们的事业是大不相同的。

我在德国的经历促使我反对任何形式的民族主义。1940 年我 13 岁那年，我参加了致力于在战后创建民主国家国际联盟的"现在联盟运动（Union Now Movement）"。1942 年我 15 岁那年进入大学学习，所学专业不是历史而是语言。受统一世界思想的驱使，我开始致力于创造一门比世界语更易掌握的国际通用语。在里士满攻读本科期间我只选了一门历史课程，主修的则是罗曼语系诸语及文学，当然也听了些哲学课程。1944 年我在芝加哥大学就读研究生，研究德语及文学，从关注语言及语言学转向关注比较文学及思想史。获硕士学位后，我在纽约市新社会研究院待了一年，专门研究哲学和社会学，同时也在联邦神学院听了一些有关当代宗教思想的课程。次年回到芝加哥大学后，我没有选择历史系攻读博士学位，而是决定到专门研究文化史的跨文化委员会读博，专门进行对 19 世纪欧洲文化的广泛比较研究。对于那个时期乃至于后来的我而言，学术不可以与社会及政治责任分离开来。我写的博士论文研究的是圣西门的政治哲学，一个早期的法国空想社会主义思想家，其对于现代资本主义文明的批判以及其历史哲学。当时的专业历史学者滥用历史以鼓吹其民族主义信条，我对此深感震惊。因此，在博士毕业后，我的第一个较主要的工作便是评判 19 世纪及 20 世纪中前叶的德国的历史专业。这一时期的历史学家们一方面声称

---

① 大屠杀（the Horocaust）指"二战"期间纳粹对犹太人的大屠杀。——译者注

② 反犹太人暴乱（Anti-Jews Pogrom）是一场有计划有组织地反对犹太人公民，抢劫其财产的暴乱，参见埃尔德曼著《德意志史・第四卷・上册》第 461—462 页，商务印书馆 1986 年版。——译者注

自己是客观的学者，但在学术上却是高度的空想，他们尽管不是直接地为纳粹上台负有责任，但是通过其所持的反对民主价值观的民族主义立场为纳粹掌权铺平道路。我所关注的是一个人怎样能够做到既客观同时又能够对构建一个民主的、具有社会公正的社会负有责任。至于你提到的那个问题——我是在何时决定做一名历史学家的，我只能说我从未在某一时刻做出了这一选择，而是慢慢地向它靠近。历史对我而言绝非一个特别狭隘的专业化研究领域，而是包容了人类全部的经历。从这个角度讲，我的历史观还未曾改变过。如果说有所改变，莫不如说是变得更为全面了。在我的学生时代及后来的许多年里，文明史主要是指西方世界的文明史。我很早就不再受限于国别史。我的史学作品，甚至那部德国史学作品，都是比较性研究。然而这些比较都没能超出欧洲及北美。我目前的工作旨在超越西方，形成全球观。因此我现在对于我认为非常重要的中国史学思想及编纂的传统很感兴趣。至于历史的意义问题，我认为我所说的历史，其意义不具有单一性。将意义赋予历史的不仅仅是历史学家，还包括广泛的人民群众，因此历史拥有的不是单一的而是多重的意义，而具体的意义则取决于在其中寻求意义的个人及群体。实际上我曾认为历史有一个方向，是逐步通向更自由更公正社会的一个进程。我现在仍然相信我们应当为这样一个社会而奋斗。但我们是否正向这个社会前进，我还没有把握。事实上，20世纪及21世纪初的种种恐怖事件所指向的并不是这个方向。这并不是说我们要放弃努力，而是说我们应当认识到我们的希望未必一定能实现。

东月：您是如何视历史为职业的？其主要特点有哪些？其实质是什么？历史学家的主要职责又是什么？

格奥尔格·伊格尔斯（Georg G.Iggers）：写历史是由来已久的事了。西方写史的伟大传统可追溯到希罗多德和修昔底德，而中国则是司马迁及更早。但历史成为职业则是较近的事。在中国，编史职业化在某种意义上是随着唐代史馆的设立而形成的，但这种编史主要写的是更早朝代的历史，而非广义上的历史，并且具有浓厚的官僚气氛，以至于官僚是在为其他官僚编纂历史，而不是为更为广泛的公众写历史。我们今天所见到的职业化编史是过去二百年的结晶，可追溯到历史作为一门学术性学科在德国大学成立之时。它是在 19 世纪及 20 世纪初期之间从全世界（当然也包括中国在内）筛选出来并历经修改而成的一种模式。职业化是指历史学家依附于某所大学或研究机构，并接受研究方法的培训，其作品可以由其他职业历史学家进行审阅及批评。职业化的历史包含着一种对各民族的精神毫无偏见地进行研究与编纂的作风。编史应基于原始材料，而原始材料又须经过严格的方法论的分析。历史学家应做到"客观"（这是兰克①的用语，许多人称其为"历史科学之父"），从他要接受道德的审判这个角度讲，则应做到"公正"，并按"如实直书（wie es eigentlich gewesen）"重构过去。然而问题在于职业历史学家在具体操作时虽宣称是客观的，却倾向于用某种具体的观点来编纂。19 世纪职业历史学的兴起与民族主义的兴起息息相关，同时还反映着党派人士的政治观点。另一个问题是，历史在成为一门学科后逐渐与其他相关研究领域如社会学、经济学、人类学及哲学拉开距离，而专注于政治。因此，历史研究产生了一定的片面性。历史职业化的巨大优势在于历史学家以特别审慎的态度来调查历史问题，即在一个更为坚实的事实基础上进行历史描述。然而这种研究方法只要是被不断进一步职业化的学者用来为其他职业化学者编史而非为了更为广泛的公众群体，那么它就蕴含着危险。从某种程度上讲，这些年来随着历史学家在研究方法上不断地向跨学科方向发展，这种狭隘观已经基本被克服掉。再者，从 19 世纪到 20 世纪，有些历史学家能够克服职业化的局限，编纂了一些经过仔细调查同时又可以面向广大群众的历史。以我的观点，历史学家的主要责任仍然是做一名审慎的研究者，清楚地知道他或她总会以一种反映其政治、社会价值及哲学观的观点进行编史，同时还要诚实，了解自己的不足，不歪曲事实。

东月：您的史学研究经验丰富，可否讲一下您在此领域内的一些主要经验？您是否也得到过一些经验教训？这些经验教训又是什么？

① 兰克（Leopoldvon Ranke），1795—1886，德国历史学家，1825—1871 年任伯林大学教授，1841 年起任普鲁士王家史官，为兰克学派的创始人。——译者注

格奥尔格·伊格尔斯（Georg G.Iggers）：我首先必须申明，我不是一个循规蹈矩的历史学家。正如我前面提到的，我接受的是不同的教育，我属于文化理性型历史学家，是以这种观念来接近编史的。我的作品只是偶尔涉及文献研究。我与历史研究的关系类似于文学批评家对于文学的关系。我是编史的批评家，而只有在我是研究历史思想史的学者这层意义上，我才是历史学家。

东月： 您能否简要描述一下西方史学理论最近的主要发展趋势及新的特点？您认为青年历史学者应当如何理解西方史学理论中发生的这些新变化？您对他们有哪些忠告？

格奥尔格·伊格尔斯（Georg G.Iggers）：我认为在过去的半个世纪里，西方世界的历史研究及编史领域发生了两次极为显著的重新定向。20世纪中期，一个颇为陈旧的以19世纪及20世纪职业化编史为特点的工作模式被各种有社会科学倾向的工作模式所取代。较陈旧的那种模式将历史科学与自然科学区分为截然不同的两个领域，强调事件与个人的唯一性，并倾向于我们前面所见到的那种用专注于政治史的方式进行编纂，忽视了社会因素的解释。在进入20世纪之时便已开始的直至二战后二十年内才达到顶峰的一种模式是，许多历史学家寻求将历史转化为一门用于检验社会结构及变化进程的分析型社会科学。陈旧的那种模式，尤其是在德国，经常用于捍卫保守的政治机构，是来自上层的历史。而社会科学模式，尤其是在美国，倾向于形成以社会向现代资本主义及全球化稳步发展为趋势的现代化理论。对资本主义社会及欧洲主宰地位的摧毁性因素的批判以及对保护环境、扩展国内妇女与受歧视少数民族乃至于资本主义西方世界与日本以外的前殖民地地区人民的权利等问题的关注，导致了新的历史研究方法的产生。通过用以社会科学倾向为特点的对欧洲及北美的侧重来取代以往的历史发展及进程的乐观主义观念。新的方向反对宏观历史研究方法，崇尚微观的历史研究方法，更注重普通人民的生活及经历，是来自下层的历史。像社会学、经济学这样的分析、经验型社会科学为文化人类学所取代，定量方法让位于历史的定性方法。在社会科学取向方面，用文化因素来解释历史变化变得比强调社会及物质力量因素更为重要。自20世纪90年代以来，全球化意识（不仅包括西方资本主义的扩张，而且也包括西方生活模式在全世界的蔓延，同时还包括在这些区域内西方文化所遭遇的抵制）产生了新的方法，而这些方法使用社会分析但同时又认识到与全球化相互作用的强大的文化力量。对于中国的年轻历史学者来说，正如对于其他任何地方的历史学家一样，关键是要牢记20世纪及现在的21世纪中蕴含着相当数量的历史研究方法。所有这些方法都为历史学的理解做出了一定的贡献，然而却没有哪一种方法能够一锤定音。他们应当明白，历史研究代表着一个正在不断演进着的对话，并随着政治、社会、物质及文化环境的变化而不断地进行自我修正。

东月：对我们中国青年历史学者您最想说些什么？您对这些中国新一代的史学家有什么主要的建议？

格奥尔格·伊格尔斯（Georg G.Iggers）：为中国乃至其他地区的年轻历史学者提供细致的建议我愧不敢当，使我觉得自己俨然是一位高高在上的历史学家。更年轻的历史学者较我这样的老朽通常有着更为独到、更具批判性的观点。应当强调的是，我们越来越倾向于生活在一个世界里，即便是世界上文化各不相同的地域内的各种传统会给这些地区造成一定的特殊性。然而现在的中国已成为当今世界的一个至关重要的组成部分。中国的青年历史学者应当了解这种智力需要，并对世界其他区域的历史有所研究。这里我不仅指西方，还指日本、韩国及印度。这些区域正在发生着一些重要的对现代历史思想的再思索。然而不仅仅是中国的学生应当了解西方世界的理性思潮，而且西方的学生也一定要更加了解包括中国在内的其他区域的历史思想。必须涌现出更多的译作。西方著作的汉译作品的数量已具相当规模，然而遗憾的是，中国著作的西译版却寥寥无几。且青年学者与有经验的学者之间必须要有更多的双向交流，即走出中国及进入中国。

东月：您觉得为促进中西历史学家间的交流我们应当做些什么？

格奥尔格·伊格尔斯（Georg G.Iggers）：我没有什么新的想法，然而我坚信应当有更多的双向交流。会议很重要，但学生及学术团体之间的交流更为重要些。应当提供更多的经济支持以保障这些交流活动的顺畅进行。

格奥尔格·伊格尔斯，1926年生，著名历史学家，主要研究史学史和史学理论等，美国布法罗纽约州立大学教授，出版《德国的历史观：从赫尔德至今的历史思想传统》《欧洲史学的新方向》《二十世纪的历史学：从科学的客观性到后现代的挑战》等。

本刊特约记者东月受《历史教学问题》主编王斯德教授的委托于2004年3月17日对美国布法罗纽约州立大学名誉教授格奥尔格·伊格尔斯进行了访谈。访谈录经伊格尔斯教授亲自修订。

把握中国史内在逻辑　重建中国史研究模式
——访日本学者谷川道雄教授

李磊： 谷川先生，您是日本中国史研究领域的领军人物，自 20 世纪 70 年代，您提出并运用"共同体"理论阐释中国史以来，可以说，近三十年来日本有关中国史，特别是六朝隋唐史研究的每一步进展都与您密切相关。您的理论也早已为欧美学界所熟知，这两年中国大陆也将您的两部大作《中国中世社会与共同体》和《隋唐帝国形成史论》翻译出版。前者经马彪先生翻译，2002 年在中华书局出版，后者由李济沧先生翻译，2004 年由上海古籍出版社出版。围绕这两部书的讨论也方兴未艾。我们感兴趣的是，像您这样杰出的学者，最初是怎样踏上中国史研究道路的。

　　谷川道雄： 说起与中国的关系，还要追溯到我的外祖父，他指导的学生宫崎滔天，曾支持过中国孙中山革命。我们家住在日本熊本县芦北郡水俣町，现在叫作水俣市，家里人都对中国文化抱有很深的感情。至于我自己，1945 年 4 月升入京都大学后，就是在文学部史学科东洋史学专业学习的，中间曾有所间断，1945 年 7 月被征召入伍，所幸 8 月战争就结束了，所以我很快返回学校，继续专业学习。其实，最初我对东洋史学并没有特别的兴趣，一度想转专业。直到后来听说大名鼎鼎的中国史研究专家宇都宫清吉先生在学生时代也曾想转专业，后来却成为秦汉六朝史权威，宇都宫先生的事迹触动了我，使我终于安下心来。那时，我做梦都没有想到，以后我居然会成为宇都宫先生的助手，在他身边亲聆雅教 17 年。

　　激起我对历史研究发生兴趣的，是石母田正的《中世世界的形成》和藤间生大的《日本古代国家》。这两本书与当时流行的注重理论的历史著作不同，它们以实证的方法研究历史，让人耳目一新，在广大的史学科学生中受

120

到极大的追捧，其中便有我一个。真正为我打下史学根基的，是我所在的京都大学。京都大学是日本中国史研究最活跃的中心之一，是著名的京都学派的大本营。学派创始人内藤湖南虽早已过世，其学说至今仍有巨大的影响。当时一大批著名的史学家，如冈崎文夫、那波利贞、宫崎市定、宫川尚志、宇都宫清吉，都出自京都大学，在内藤湖南学说的影响下展开研究。大家辈出的京都大学给我提供了最好的东洋史教育。在学生时代，我也的确对祖师内藤湖南的中国史论抱有浓厚的兴趣，然而，我心中仍然时常感到困扰。战后的日本面临着清除军国主义阴影，重新摸索国家建设方向的重大问题。对日本人来说，这是一个前所未有的历史课题。我当时虽然才二十岁，却也同样面临着这一课题。对我而言，立志做什么样的学问是与对国家和个人命运的思考探索密不可分的。我常常叩问自己，究竟应该以什么样的态度去学习中国史？

此时的日本史学界正在清算军国主义影响。反对军国主义，反省侵华战争，重新认识中国历史，成为史学界的共识。大家都认为只有让史学科回到正常的发展轨道，科学地观察历史，才能正确地把握未来。当时日本的思想领域是思想自由化。在各类思想中，马克思主义特别盛行，曾被列为禁书的马克思主义文献在一夜之间充满了大街小巷，我就是马克思主义文献的贪婪读者。我至今还清晰地记得当时在夜晚悄悄阅读这些著作的情形。我最感兴趣的是在日本翻译出版的马克思手稿《前资本主义生产诸形态》一书。马克思在这部手稿中将前资本主义时期的个人与共同体的结合关系，划分为几种类型，并给予了逻辑分析。我曾尝试着将这一理论引入中国史。这本书对我的影响是终生性的，从那时起，直至十几年后我对共同体论的提倡，都受到这部文献的潜在影响。

1946 年，马克思主义以及自由主义的历史学家重建了历史学研究会，以唯物史观作为理论指导，以发展的眼光看待中国历史，并把中国历史看作世界史的一环，力图克服亚洲停滞论。亚洲停滞论曾被军国主义者利用，成为侵华的借口。历史学研究会的影响迅速扩大到整个日本，我也参加了这个后来被称作东京学派的历史学研究会。历史学研究会主张把唯物史观所揭示的发展阶段看作是世界史的基本规律，同时从世界史的共同立场来理解中国、日本和欧洲这些本来互不相同的历史，这种理解历史的思路让我看到自已的专业研究对解决日本现实问题有着重要意义。正确理解中国史的发展，有助于找到日本建设的新方向。1949 年中华人民共和国成立，我激动万分，我认为这是中国历史发展的必然之路，我觉得我从中看到了中国充满希望和光明的未来。新中国就是战后日本应该学习的榜样！

在大学时代，我立志于唐代史研究。我大学毕业论文的选题是府兵制度。我希望通过对制度研究，弄清制度背后的社会结构。社会才是我一生研究最关注的东西。1948 年 9 月，我大学毕业，已经决定把学问作为自己终生志向了。

李磊：大学毕业以后，您是怎样进入专业研究领域的呢？

谷川道雄：1948 年大学毕业后，我选择到京都府高中任教员，因为我觉得学校的生活会更有利于做研究。然而事实是，教学的繁重使我无暇延续自己的研究，所以我决定改变这种生活。1951 年，我的本科毕业论文得以发表，这年 11 月，又接到名古屋大学文学部东洋史研究室的聘书，被聘为宇都宫清吉先生的助手。这个研究室虽然成立于战后，却在日本史学界有着重要的地位，也就是从这时起，我进入了史学专业研究机构。我在名古屋大学一直任职到 1978 年，从助手、讲师、副教授一直到教授。我成长为一名研究者，离不开宇都宫先生对我的亲切指导和激励。宇都宫先生是研究先秦、秦汉、六朝史的大家，他的学问充满着人文主义精神，他的史德对整个东洋史研究室的影响极大。对我来说，在先生身边的 17 年，所受到的熏陶可以说巨大无比。如果没有先生的教导，我的学问可能比现在更为浅陋，更加缺乏人情的味道。

李磊：谷川先生，您有句名言——"中国历史是我的情人"，那么，又是什么使您对您的研究对象产生如此浓烈的感情呢？您的情感因素是否对您的研究产生了重要影响？

谷川道雄：在研读中国史的时候，我常常被历史记载感动得痛哭流涕。唐末庞勋之乱中，父母鼓励子女、妻儿勉励丈夫舍生取义，让我看到了普通民众的精神伟力；苏绰的六条诏书又让我看到士大夫的高尚人格。这么可敬可爱的人民，这么鲜活的历史，让我怎能不爱呢？我喜欢关注人物的悲剧性，不知多少次，我为历史人物的悲剧人生掉过眼泪。我喜欢站在历史人物的立场，去看历史是如何展开的。隋唐五代史戏剧性的转变过程，在我看来，完全可以写成精彩的剧本！我是个脾气很硬的人，从求学时代起，我就明白自己的性格——不是自己感兴趣的东西不研究。在做学问时，我一定会投入很多的感情在里面，因为我研究的对象，必须是与我的内心息息相通的，如果研究者自己不被历史所感动，一定写不出好的论文。

也正是我的情感让我感受到民众那种生气勃勃的形象，而这正是当时马克思主义的中国史研究所忽视的。那些观点仅仅把民众看作是社会结构中阶级统治的对象，而从不关心民众作为人的活生生形象。这种形象无论如何是难以将其硬塞入奴隶或农奴这些冰冷的范畴之中的。事实上，民众才是阶级斗争的主体，研究阐明中国民众主体性的历史真相，才是中国史研究的责任和义务。如果说我对自己的研究工作有何自负的话，那便是密切注意民众在政治发展过程中占据着什么样的位置，发挥着什么样的作用。

所以，我毕业以后最想弄清的是民众对唐朝权力的抵抗斗争。从内藤湖南的学说出发，唐宋变革的重要内容是民众地位的变化，那么唐朝三百年的政治史就是一个民众地位上升的过程。而这一看法也是符合马克思主义阶级斗争学说的，这一过程也可看作是阶级斗争的展开所导致的结果。出于这样的考虑，我考察了武周革命、安史之乱、藩镇割据、庞勋之乱诸事件背后民众的动态，发现安史之乱是民众地位变化的一个契机。此前，民众处于统治层内部政争的背后，此后便跃到了历史的前台。在藩镇时期，民众意志仅仅表现为士兵对军饷的要求，但在庞勋之乱中则显示出藩镇时代向反乱时代发展的趋势。最后，黄巢起义置唐朝于死地，民众推翻了贵族政权。

李磊： 在您一生的研究中，您所遇到的最大困难是什么？您又是怎样走出困境的？

谷川道雄： 我一生中最困难的时期是 50 年代后半期，那时日本已经结束了被占领状态。我自己仍然信奉马克思主义，但是就像我刚才所说的，流行的马克思主义中国史研究模式遇到了很大的困难，出于对历史学研究会派研究方法的怀疑，我脱离了这个学会。我自号"狷斋"，以表明独行于时风之外的立场。然而，究竟该如何以马克思主义研究中国史，我一点头绪也没有。我回顾了一下自己尚不成熟的隋唐史研究工作，我发现自己的研究有两个特点：一是强烈关注民众的动向；二是以民众与国家权力的相互对立关系为中心把握唐代史。今天看来，这一研究方向并没有错。但问题是，如果把民众与国家权力切割开来，看作完全对立的关系，就会局限于单纯机械论。历史难道就是民众受压迫，然后反抗压迫，重新建立新的统治秩序这么简单？只讲民众的革命性，难道就是历史研究？与权力相对抗的生机勃勃的唐代民众，究竟反映了怎样一种时代变革？我觉得在自己的研究思路中，唐代史的历史特征依然模糊不清，对民众的理解也缺乏现实感。随着思路的枯竭，我有一年多未动笔，随之生活也陷入了拮据。到 1958 年，我都准备就此搁笔了。

经过漫长而痛苦的反省，我觉得以前的错误在于从先验的理论观点出发，预设某些问题，结果是离真实的历史越来越远。历史内部确有它内在的规律，这就像水从高处往下流一样，脱离史料的理论是难以发现这些规律的。但是，浩瀚杂乱的史料本身也是沉默不语的，史料的作者总是要隐埋一些东西，这就需要我们去考订史料。从那时起，我逐步形成了自己的治学原则，那就是不迷信流行的学说理论，一定要深入史料的内部理解历史，发现历史的内在规律。正是这个原则让我走出了困境。

我清楚了下一步研究的目标，那就是将目光转向北朝时期。要回答唐代究竟是怎样的时代的问题，必须从它的形成过程中去寻找答案。在对问题的反复思量中，北魏末年的内乱引起了我的注意。隋唐帝国的形成过程其实就是一个政治上的统一过程，它具体体现在北周吞并北齐—周隋革命—隋统一南北的历史进程中，而直接成为这一政治统一进程起点的是北魏末期的内乱。内乱既是北魏式统一政治出现破绽，产生分裂的结果，同时也是历史归结于隋唐这样一个大一统时代的出发点。我隐约感到，在那个混沌不堪的时代中，潜藏着隋唐统一所具有的意义。

沿着这一思路，我开始细读《资治通鉴》和《魏书》。那时，并没有中华书局的点校本，我所能看到的是上京印刷很差的线装本，虽然条件差，我还是扎扎实实地读书、做笔记，实践自己从史料中发现历史的治学原则。最初的着眼点是考察参与内乱者的社会成分与参与动机。经过细密的考察，我有两点发现：一是参与者"城民"，绝非普通名词，而是制度上的特定术语；二是城民起义不限于六镇，而遍布北魏全境。我据此写成《北魏末期的内乱和城民》一文，1958 年发表在《史林》上。这篇论文被京都学派第二代领头人宫崎市定先生读到了，给予了很好的评价，而这位先生一向是吝于表扬人的。这件事给我很大的鼓励，我决定进一步在这个方向上推进自己的研究。

李磊：学界把您这次学术转型看作是您对战后日本中国史研究模式的第一次超越，即从热衷于探讨世界史的普遍规律转向中国史的特殊规律，是对京都学派的回归。京都学派的根本思想是把以中国为中心的东亚世界看成是一个独立自存的世界，而不以西方历史为标准，衡量中国史，这也正是您的基本想法。您能介绍走出困境以后您的研究情况吗？

谷川道雄：照我原来的想法，只准备从六镇之乱考察起，所以最初的几篇文章都是围绕着北魏的灭亡、东西魏分裂和北齐、北周的政治史加以研究的，但后来宫崎市定先生对我说："研究北魏，就必须读《晋书·载记》。"于是，我将研究视野扩展到了十六国。从 1958 年到 1970 年的 12 年里，我集中研究了从十六国到隋朝建立的历史，共发表论文 20 多篇，后来由东京筑摩书店结集出版。我之所以取名为《隋唐帝国形成史论》，是为了表明该书的研究目的是弄清隋唐帝国的形成前提与过程。

李磊：这部书为您带来了巨大的学术声誉，1973 年，您获得京都大学文学博士学位，用以申请学位的论文就是这部著作。我们知道，您的另一部专著《中国中世社会与共同体》大致也是在这一时期完成的，所提出的"共同体理论"引起学界的巨大反响。您能给我们介绍您的共同体理论吗？

谷川道雄：共同体概念的提出，也是出于对民众历史处境的思考。在50 年代末期痛苦岁月的煎熬中，我想到民众并非个人的生存，而是在自己所归属的社会之中发挥其主体性的。按照马克思的说法，个人与全体的历史结合形式，如果称之为共同体的话，那么当我们捕捉民众的历史存在方式的时候，不也应当导入共同体的概念吗？当然，从我产生这一想法到后来将其具体地实施于中国史的实际，又经过了相当长的时间。

在研究隋唐帝国形成史的过程中，我仔细研读了六朝正史，注意到豪族作为大土地所有者，不仅仅拥有各种奴客，在其周边还存在着大量自立的小农家庭。他们中的大多数，如果不是豪族的宗族，就是豪族的乡党。他们虽然经营着自立的生计，但由于当时的自然和社会条件的限制，也就是饥荒和战乱，常常处于不稳定的状态，不得不依存于豪族。与之相应，豪族也将其大土地所有及其他方面获得的私财，用于救济周边的自立小农，并率领自己的奴客，或指挥乡党武装作战，抵御外敌。豪族还在平时指导农事，调解民众间的纠纷。在这样一些地域活动中，最使乡党深深系念于心的，是凶年时的赈恤。有迹象表明，从大土地所有得到的收入中，有一部分被贮藏起来作为凶年赈恤之用。也就是说，豪族的家庭经济，不仅仅是为自家谋利益，还包括接济乡人。这种不惜私财的行为，被称作"轻财重义"，受到世人的称赞。这里与其说是经济关系，不如说是精神关系，形成了人与人之间相互结合的更加强有力的纽带，我把这样的社会群体称为"豪族共同体"。

李磊：您这样的看法，是不是对当时的情形过于美化了呢？

谷川道雄：产生这样的疑问是很正常的。实际上，日本学界中就曾经有这样批判过我，认为我的观点轻视阶级关系，将社会结合的契机诉诸豪族的道义，是一种唯心主义的立场。但是这些批判，并不是根据当时的史料，而仅仅是基于意识形态（ideology）。豪族领导下的地方社会中，有身份、贫富的差别，这是不容否定的事实。但是，如果根据这些差别就径直当作阶级矛盾和阶级对立，则是有违当时的历史实情的，只要设身处地地考虑一下当时的社会性质，就会很清楚。换一个角度考虑，如果豪族的无私精神和乡人对这种无私精神的感谢心情在地方社会是主流，那么地方社会各家族的安定生活就能得到保障，反过来也能使豪族自身的地位更加稳定，这样的考虑也许更接近于实际。事实上，当时的史料，特别是正史中的列传，屡屡列举这类轻财重义的事例。不用说这些事例是作为美谈记载下来的，但是这一时代的人们既然将之作为美谈，不正是表达了人们对这种行为的真实期待吗？

李磊： 众所周知，京都学派从内藤湖南开始，到 20 世纪 20 年代出生的您，都认为六朝时代有异于秦汉时代，也有异于宋代以后的时代，是中国的中世。那么，您是如何以共同体理论来解释中国中世的。

谷川道雄： 的确，我在建构"豪族共同体"学说之际，从内藤湖南以下的先师们的学问中受到莫大的启发，而对"豪族共同体"学说具有直接贡献的是我在京都大学的同窗川胜义雄。如果没有与友人川胜氏经常性的讨论，交换意见，就无法充实豪族共同体学说。他接受了"豪族共同体论"，并据以进一步发展了他自己的研究。不妨说"豪族共同体论"是川胜和我合作研究的成果。

川胜义雄说，人与人之间的人格性结合，产生出相应的社会集团，同时还支撑着国家权力。豪族指导下的地域共同体，如果其内部的团结得到强化，就拥有很强的对外作战能力。六朝时代，各政权的军队中，可以说，有很多是来源于以豪族共同体的凝聚力为基础的军团。东晋的北府军团，西魏以后的府兵军团，即其显例。

豪族和地方社会在伦理道德方面的关系，也在官吏选举法中起作用。九品官人法即重视地方社会对候选人物的乡论，这里的乡论，意味着地域社会对豪族阶级的日常的评价。可见，与当时政治世界直接相关的是豪族之与宗族、乡党之间的关系，而不在于那些大土地经营。在这一点上，中国的情况与那种土地所有和政治权力直接结合的西欧、日本中世的领主制相比，可谓大相径庭。六朝贵族是在大土地所有和保护乡党之间的有机结合的基础上，成长为统治阶级而自立于世的。"豪族共同体论"即从这样一种视角，描绘出中国独特的中世社会的面貌。所以说，中国的中世是非封建的中世。

我在这里使用"非封建的中世"一语，有以下两个含义：一是中国历史是发展的历史，它与其他民族的历史一样，也有被称为中世的时代。二是强调对中国历史发展进程的把握应该按照中国史本身内在的逻辑，所以中国的中世是不同于其他民族的中世，是非封建的中世。

往更深一层说，从人际结合关系观察历史不仅仅是阐释中国历史的视角，它也是解释一切人类历史的视角，从人际结合关系考察世界历史，以人的生存形态的差异划分不同时期，将会建立新的世界史体系。在这个世界史体系下，中国历史就不会再是特殊和例外的，而是与其他文明世界一样，以大致相同的步调向前发展的。因此，共同体理论的意义就绝不限于解释中国中世的特殊性，而是寻找作为人类史之一的中国史与其他民族历史的共鸣互通性，上升到世界史的普遍意义。

李磊： 这就是学界所说的您对战后日本中国史研究模式的第二次超越吧，由关注中国史的特殊性到世界史的普遍性。您认为未来的中国史研究的方向是什么，您自己将来有什么新的研究计划吗？

谷川道雄： 我认为，今天中国史这一学科最重要的课题仍然是，用中国史内在的理论来说明中国史的整个发展过程。可是，这是一个说起来容易做起来难的工作。就日本史学界而言，自 20 世纪 70 年代以来，中国史的研究局限在个别的问题上，并没有从整体上把握中国史。我推测，不仅是日本史学界，即使对中国史学界来说，恐怕也有突破这一局限的必要。如果这一推测对的话，这一工作恐怕可以说是中日两国史学界需要共同合作的事业。

我自己在史坛上近六十年之耕耘，不过刚刚站在了隋唐历史的大门口。我要鼓足余勇，在有生之年深入隋唐历史的堂奥，争取能为新世纪献上自己的"隋唐帝国论"。

李磊： 谷川先生，您将自己毕生的心血都放在了中国史的研究上，又曾无私地帮助过数十个在日本无依无靠的中国留学生，并对日本右翼势力伪造教科书、歪曲、美化侵华战争而大声呼吁抗议，我在此对您致以深深的敬意。感谢您接受我的采访，期待着您的新著早日问世！

谷川道雄，1925 年生于日本熊本县水俣市，1948 年毕业于日本京都大学文学部东洋史专业，任教于京都府高中。1951—1978 年历任名古屋大学助教、讲师、副教授、教授。1973 年获京都大学文学博士学位。1978 年任京都大学教授，1989 年出任龙谷大学教授，1994 年至今担任京都大学名誉教授、日本河合文化教育研究所主任研究员。曾任日本东洋史研究会副会长、日本唐代史研究会会长、日本中国社会文化学会会长。先后受聘为台湾大学客座教授、北京大学客座教授、武汉大学兼职教授、北京师范大学客座教授。他是日本京都学派历史学领域当今最重要的代表人物，主要研究领域为魏晋南北朝隋唐史，其"豪族共同体论"和"非封建的中世论"在国际汉学界具有广泛影响。代表性学术成果为《隋唐帝国形成史论》（1971 年）、《中国中世社会与共同体》（1976 年）。

李磊，时系华东师范大学历史学系中国古代史专业博士生。

辽宋金史研究与史学发展现状
——王曾瑜先生访谈录

(🎙)王曾瑜　　　(🎙)刁培俊

刁培俊：王先生，您好。您是我们青年学者敬仰的前辈，在辽宋金史等领域，您做出了不少开创性的研究，影响并启迪了许多青年学者，推动了学术的发展。上海《历史教学问题》编辑部邀我对您进行一次访问，希望能就您的学术研究工作的展开过程、研究心得，以及您对目前学术界的一些看法等，谈一谈经验和体会。下面，您能否就您的学术经历谈起。

王曾瑜：我的学术经历，在《我和辽宋金史研究》一文中已经谈到，最初发表在《学林春秋》三编，后收入《凝意斋集》，最近也在中国宋史研究会的网站（www.songdai.Com）上发表，在此不需重复。应当重复的，只有一句话，我们这一代治史者可说是先天不足，后天失调，这是无可争辩的客观事实，与前辈优秀学者相比，只能是才疏学浅。这是民族悲剧所造成的，在大学时代，我作为五年制学生，只读了两年书。在工作之后，又整整损失了九年时间，并且正是在青壮年时期，是最浪费不得的宝贵光阴。应当申明，我个人的专长虽然是辽宋金史，事实上，只是对这一断代史的少数领域有深入研究，对多数领域是无知或知之甚少的。

我们的另一个弱项，是外语能力。在我们这一代，除了如陈得芝、姜伯勤先生等很少数人之外，外语都是不行的。外语是否过关，只有一条简单的标准，就是能否用外语进行专业对话。能用外语撰写论著，固然是更高的标准，只怕是苛求了。希望青年学者以我们缺少外语能力为诫，认真掌握一种至数种外语，多多益善。作为一个现代学者，不应该没有外语能力。

如果说我们有什么强项的话，是受了马克思主义的训练，应算一条。已故的前辈史学家，如胡如雷、漆侠先生等，都对马克思主义下过很深的研读功夫。比我年长十岁的汉唐史专家张泽咸先生，也对马克思主义的原著相当精熟。我自问对马克思主义的研读功夫下得不深，但尚能懂得其ABC，能够用于治史。过去将马克思主义强调为唯一真理，似乎非马克思主义都不是科学，这当然是很片面的。例如顾颉刚先生倡导的"古史辨"，虽然与马克思主义不沾边，也是对研究中华古史很有用的、重要的科学思维和研究方法。但马克思主义也确有值得珍视的科学理论和研究方法，值得治史者学习和运用。应当承认，我个人学习马克思主义，受益匪浅。近乎不厌其烦地强调学习马克思主义的问题，总希望至少引起一些中、青年学者的注意，不要聪明人做傻事。

刁培俊： 您在辽宋金史等领域进行了长时间的研究，著作丰富，见解超远。作为后学，我们都很想学习一些您的研究经验和体会。您在一次演讲中，将您的论著分为四等。是否先就这个问题谈一谈？

王曾瑜： 我曾说过，如自己将自己的史学专著分等，《鄂国金佗稡编、续编校注》可以算是一等，《尽忠报国——岳飞新传》《荒淫无道宋高宗》和《岳飞和南宋前期政治与军事研究》算是二等，《金朝军制》和《宋朝阶级结构》算是三等，而《宋朝兵制初探》和《辽宋西夏金社会生活史》就算是四等了。

刁培俊： 您的专著《宋朝兵制初探》，利用了现代军事理论和方法，较为全面地展现了两宋军制史，也涉及一些军事史的问题，在宋史界影响深远。这以后，您对辽金的军制也作了研究，发表了《金朝军制》和若干论文。请您谈谈对辽宋金军制史的研究状况。

王曾瑜： 我写《宋朝兵制初探》，是受了恩格斯军事著作的影响。马克思和恩格斯无疑是当时世界上有数的大学者，恩格斯的研究领域比马克思还更广。在我之前，古代兵制已有研究成果，但是这本书可说是在断代军制史研究中，完成了由传统到现代的转轨。这本书如果说有可供借鉴之处，主要还是史识上的创新精神。这本书是在闭门造车的情况下完成的，所以"初探"两字，不可不加。后来军界对军制有了十二条更全面的规范性界定，以我的旧作相对照，确实存在一些缺陷。但往后撰写军制史，也不必完全拘泥于十二条，这在我为陈峰先生《北宋武将群体与相关问题研究》所写的序中已作说明。其他学者对宋朝军制史研究已提供不少重要的新成果，我个人也写了一些补充旧作的论文，旧作无疑没有再版价值。目前，陈峰先生筹划集体重写新的宋朝军制史，约60万字，我尽管精力不多，还是愿意参加其中的部分写作。这事应由陈峰先生作为负责人，我们商议不设主编，大家平等合作。如果这一计划得以实现，就完全可以取代我的旧作了。

金朝史料比宋朝少得多，网罗工作比较省时省力，《金史》是我在二十四史中翻阅频率最高者。《金朝军制》灵活地汲取了军界的十二条军制规范，并且较为广泛地搜罗了辽宋元的记载，进行对比研究，故质量上自然胜于《宋朝兵制初探》。如今再版，还需作一些修订和补充。前辈刘子健先生曾强调学问就全在于"学"和"问"两字。有一次，别人问我金军的军衣是什么颜色，才使我联想到金朝建国之初，崇尚五行中水德，故军衣和军旗都是黑色，连伪齐军也随之使用黑色。这是我原来写作时不曾考虑到的，再版时正可补充。没有别人发问，只怕就不易作这样联想和补充。辽代史料太少，我曾写过一篇军制文章，觉得治辽史犹如治先秦史，有时没有实证，只能是猜谜式的研究。如果将来有时间和精力，也许准备写一篇辽朝军制的长文，但估计不到10万字。

我曾经强调过，治辽金史不可不知五代史、宋史和元史，仅在十分单薄的辽金史料中打转，会成为井底之蛙。反之，我兼治辽金史，包括军制史的经验，正在于自己是从五代辽宋金元史的大局和史料着眼和着手的。

刁培俊： 自20世纪70年代开始，您对宋代社会经济史作了深入研究，在赋役、户等、货币等不少问题上，发掘出许多前人未曾注意的历史问题；在王安石变法问题上，您提出自己的独到见解；《宋朝阶级结构》则全面地展现了两宋的阶级结构，那接下来就请谈谈您在社会经济史领域的研究和体会。

王曾瑜： 马克思主义的阶级论是对人类文明时代的社会经济史最根本、最科学的提炼和概括。中国近代以来，对古代社会经济史的重新研究，是由陶希圣先生开创的，他举办了《食货》杂志，不论他后来的政治经历如何，他的开创研究无疑是受了马克思主义的影响，这是客观事实，不应抹杀。也就是说，正是在马克思主义的影响下，对古代社会经济史，中国近代学者才开始了重新研究。与中国古代传统的士农工商、帝官民、良贱等社会人群分类相比，阶级论最能揭示人群关系的实质，这就是阶级之间存在着剥削和压迫的关系。阶级论打破了传统观念，在"民"和"良"的一层中揭示最基本的阶级分野，例如至少在唐宋时代，民和良的一层中就主要有地主和农民，他们的社会经济地位是有根本差别的，不能混为一谈。至于官与民之中的地主，倒是同一阶级。这是前辈学者早已做出的科学论证。这种阶级分析，自然比笼统地用"民"用"良"要科学得多，高明得多。我吸取前辈学者的研究成果，依据宋代史实，在阶级划分中进一步作了更细的阶层划分。

最近将几年前所写的《宋代社会结构》登上宋史网站，并且补充了一段附记："按照过去一般的惯例，是在阶级（Class）大分类之下再区分阶层（Stratum）的小分类。但近年来，不少人就只谈阶层，讳言阶级，企图以阶层论取代马克思主义的阶级论。阶级或阶层本是外来词的翻译，人们似不必作无谓的字眼上的争论。但马克思主义阶级论最根本的实质问题，是强调阶级之间的经济剥削和政治压迫，这是人类文明史的科学提炼和总结。国家是统治阶级镇压被统治阶级的工具，其实是阶级论的派生。如果是蓄意掩盖和抹杀阶级之间的经济剥削和政治压迫，就只能是违背人类文明社会的根本事实，违背马克思主义的伪科学和歪理邪说。"关于社会结构和阶级结构的关系，我在这篇文章中作了一点力所能及的探索，是否恰当，只能请大家评议和指正了。

赋役史料是中国古代社会经济史料中最丰富的部分。我研究宋代赋役史，离不开马克思主义阶级论和国家论的指导，主要还是分析、揭露宋代统治阶级是如何通过赋役压榨以农民为主体的被统治阶级的。我痛感官府为刀俎、农民为鱼肉的血淋淋的史实。古代伟大思想家孔子从仁的精神出发，感叹"苛政猛于虎"。自古以来，横征暴敛和司法腐败是苛政的主要表现，是官府对农民的两大祸害，创巨而痛深。

我对宋代赋役只写过一些长文，未作全面、系统的研究，如身丁钱、夫役等，其他学者写了文章，自己就无法再写。也有自己忽视的领域，例如土贡，其实是古代皇帝竭天下以自奉的制度化，对民间为害甚烈，流毒甚远。张泽咸先生重视这个问题，所以他在《唐五代赋役史草》中对土贡和进奉作了专门论述。我只是在《宋朝阶级结构》中皇室一章稍作介绍，这是完全不够的，但愿见到其他学者有深度的力作。

最近接触一些明代史料，深感明代的赋役史料远比宋代丰赡，但目前的研究状况似不能令人满意。前辈学者、著名的秦汉史和明史专家王毓铨先生已经辞世，当他身体尚健康时，就对我表示，他对明史研究现状甚为不满。中国的两税始于唐，终于明。唐代的史料最少，研究得十分热闹。元代的两税大致在南方，史料也少。宋代史料稍多，我写过较系统的论文。明代的两税实施了200多年，一条鞭只实施了60年，且不说专著，连《中国历史大辞典·明史卷》竟无两税的词条。依我估计，用今存的史料为明代两税写一部70万—80万字的长篇专著，是绰绰有余的，也理应有人撰写。依有的明人说，明朝的赋役可分赋、贡、役三部分。就贡而论，史料也同样比宋代丰赡得多。洪焕椿先生为《中国历史大辞典·明史卷》写了三办，即额办、坐办、杂办的词条。明代的赋役其实与宋代相似，各地有其不同的特色和名目，我在明代地方志中就见到另有岁办、正办、坐办、派办等名目。明代的贡当然可以写专著。再如明代的课税，大致是杂税的总称，也同样可以写专著。明朝的役是宋朝职役的延续，也完全应当写长篇专著。我总认为，中国古代社会经济史的明清部分，还是大有拓展余地的。赋役史当然应是古代社会经济史的重要组成部分。

王安石变法研究当然是宋史的一大课题，其好处是可以带动不少方面的研究。对这次变法的评价，无须追求统一，但应作更细致的研究，才能展开深入的争论。

刁培俊： 这些年来，社会史、生活史的研究不仅起步，已走向深广，可谓是史学界一棵葳蕤而璀璨的花树。请您谈一下参加写《辽宋西夏金社会生活史》的工作经验和您相关研究的体会。

王曾瑜： 我个人没有学力单独写《辽宋西夏金社会生活史》，所以邀请朱瑞熙、张邦炜、刘复生和蔡崇榜先生合作。这本书朱瑞熙先生出力尤多。

集体写作的经验，是大家平等合作，共同审稿，对别人提意见，补充史料，避免矛盾和重复。各章节虽是个人执笔，其实已是你中有我，我中有你。社会生活史的内容本来就比较烦琐，不易周全，这本书具有初探性质，但涉及的问题较为宽泛。目前准备再版，也作了些补充和修改，但篇幅没有大量增加。这本书之后，社会生活史的书出了不少，如宋德金先生的《中国风俗通史·辽代卷》等，质量高于我们的作品。

我早已著文批判空头主编，但如今空头主编风和拼抢名位风很盛。其实，许多书完全可以一人完成，没有本事，才需要拉人垫背。故主编的名位不是证明他们的学术水平高，而恰好是证明他们的学术水平低。特别是官员和传媒的外行，应当明白其中的道理，切勿上当。

刁培俊： 在政治史方面，我发现，您对北宋晚期和南宋前期的历史，关注尤多，著述也明显的多。在围绕当时政治和军事史研究中，您对岳飞、宋高宗等历史人物的研究，对当时文化专制、政争、台谏政治和人治，尤其是北宋末到南宋初的社会腐败问题等，研究也极为深入，请您谈谈为什么对这一时期的历史人物如此关注？通过研究，又有哪些体会？

王曾瑜： 王毓铨先生不论对秦汉史和明史，都是致力于经济方面的研究。记得他曾说，不论搞经济史或其他什么史，政治史总是研究历史的主干和基础，研究其他史不能没有政治史的基础知识。王先生的精辟议论是值得治史者们认真领会的。宋代的史料呈枣核形，两头小，中间大。这段中间的历史史料丰富。邓广铭先生曾说：宋金战争的史料之多，远非以往的历次大战争可比。我在《荒淫无道宋高宗》的自序中说："中华民族是伟大而古老的，迭经磨难而又有强韧生命力的民族。在其漫长的民族发展史上，芳香与秽臭共生，光荣与耻辱并存，正义与邪恶互争，进步和倒退兼备。优秀的历史传统可以成为民族进步的动力，腐恶的历史传统则可以成为民族进步的阻力，甚至反动力。"这一段历史在表达上述精神方面具有典型性。单从史料的搜集和考证功夫着眼，《金朝军制》和《宋朝阶级结构》并不低于围绕这段历史的三部著作，它们体现了强烈批判中国腐恶的历史传统的精神。一个真正的爱国者，不能不批判中国腐恶的历史传统。个人认为，中国的历史传统，主要可区分为政治和文化两个层面。从史实出发，中国古代不能认为没有留下好的政治传统，但可惜只居非主流的地位，而主流政治传统恰好是坏的。

从正面看，对照如今的各种丑恶现象，像岳飞那样一个为山河一统的崇高事业而献身，仅就不爱钱、不贪色、不是官迷三条，就足以成为震烁千古的伟人。从反面看，有的学者对我说，过去对宋高宗其实没有太坏的印象，看了宋高宗传记的揭露，才知道他是坏透了。三部书是有一定的感染力。有几位先生，包括一位蒙古族的先生，正是看了我的书，然后和我成为朋友。当然，对于那些一心一意捞实惠，只嫌趋炎附势不够的人，也不可能有任何感染力。

我重视对中国古代台谏政治的研究。在专制的古代，不可能有马克思提倡的直接选举，但好的台谏政治多少体现了以舆论监督权力，多少体现了企图对最高权力有所监督和制约，这是古代专制政体下的民主因素，值得今人珍视。我研究秦桧独相期间的执政群，提出时势造小丑、小丑造时势的历史哲学命题，作为对中国流传已久的时势造英雄、英雄造时势之说的必要补充；并且指出，中华历史上时势造英雄、英雄造时势的情况，远不如时势造小丑、小丑造时势的情况多，后一种情况对民族兴衰的影响，也远比前一种情况多而大。这是符合史实的概括。

刁培俊： 反映岳飞事迹的主要史料《鄂国金佗稡编、续编》，您所做的校注，扎实而精细，质量相当高，也充分显现出您在古籍整理方面的深厚功力。那么，请您谈谈史籍的校注、考证与史学研究的关系。

王曾瑜： 在古籍数字化之前，个人做《鄂国金佗稡编、续编校注》，无疑是件浩大的工作，所以前辈王毓铨先生称之为一项永久性的工程，因为别人此后没有必要另做，当然，在我整理的史料基础上，完全可以提出不同的见解。看这本书的校样是自己学术生涯中最累最苦的一年，当时还在四十多岁的壮年时期，现在肯定无此能力。这本书错字率可能是在万分之一以下，尚期望能出第三版，以作进一步的修订和补充。

史学研究的特点，无非是其实证性，只有实证，才能客观，在客观的基础上，才能公正。史实本身是客观的存在，但形诸笔墨之后，篡改和掩饰就势不可免。欲实证就离不开考证。考证是史学家必须具备的基本功，其要领无非是去伪求真，由表（现象）入里（本质），自此及彼，分清主次。考证固然需要逻辑推理，但至少在某些场合下还是离不开马克思主义哲学的指导。所谓一分史料说一分话，几分史料说几分话，不能说完全正确。运用马克思主义哲学的指导，有时一分史料可以说几分话，有时几分史料只能说一分话。几分话或一分话不是随意乱说，而是更接近于客观和公正。譬如有人说了一大堆美妙动听、冠冕堂皇的言辞，可算是几分史料，却不能说明其为人；偶尔暴露出几句心声，算是一分史料，却足以说明其为人。传世的史料大多是反映大约仅占人口百分之几的统治阶级的生活，反映广大被统治阶级的史料很少，但这少量的史料却是反映了更重要、更广泛的史实。欲由表入里，分清主次，就更需要马克思主义哲学的指导和运用。

顺便说一句，研究历史与研究现实经济、社会学等的情况有异。史料大约过了数十年，上百年，就不能再生。从目前的情况看，任何时代的传世史料，都是残缺不全的，但史学家只能依据残缺不全的史料研究历史。研究现实经济、社会学就完全不同，可以先设定题目，然后去主动调查，挖掘资料。一方面，随着人类知识总量的猛增，史学的视野势必会不断开阔，新领域和新课题肯定会层出不穷；但在另一方面，一个课题的研究愈是深入，愈是细致，就往往会感到传世史料的欠缺，或多或少地影响着研究的深入和细致。这是史学的局限性，不知将来能否避免。

古籍中有错字、脱字等，在史学研究中，要准确使用史料，必须校勘错字，补充脱字，并非只有整理古籍，才用得着校勘手段。我原先并未专门学过校勘，但有了一定的国学基础，参照前人对一些史书的校勘记，还是可以学会的。一般说来，他校，即参照他书、本书的不同版本或本书的相类文字进行校勘，是最为稳妥可靠的。《鄂国金佗稡编、续编》一书总的说来，没有太大的校勘难度。这里不妨举《名公书判清明集》中的两个例子。这本书第72页标题"纲运所阅"，是无法理解的，我参照《文献通考》卷25，改为"纲运折阅"，就读得通。这本书第136页最末一行，原为"诸作匿减免等第及科罪者"，我参照《庆元条法事类》卷47同类文字，方得以将"作"改为"诈"，"罪"改为"配"，也就读得通。由此可见，他校的功底，正来源于对其他史料的阅读。这两处他校，也是来源于对宋代纲运和科配的知识。

刁培俊： 近些年来，您写了一些学术性的杂文和历史小说，请您谈谈这些方面的体会和计划。

王曾瑜： 关于创作历史小说，我在《靖康奇耻》等序言和《凝意斋集》中《关于历史小说创作的己见》一文中已经谈了一些想法，在此不必重复。我最初无意于创作历史小说，只打算自己提供素材，由文学家们创作。但后来发现，他们的创作思想与自己有距离，因为他们往往喜欢尽量发挥自己的"创作自由"，不愿意受各朝各代的不同名物制度、社会风俗等拘束，脱离史实，随意编造一些当时不可能发生的故事情节。目前对历史小说和电视剧的创作有两种意见，一些文学家和史学家的分歧，其实无非在是否要尊重史实。一些"戏说"的历史剧也许最适合一些文学家的口味，但正如人们的雅谑，要气死史学家。记得在学生时代，一位文学家曾写道，小说家们是用另一种手段写历史，自然应当写实。我当然还是倾向于王春瑜先生的说法，要"尊重历史"。岳飞的传奇故事，在中国是家喻户晓的。但我的作品无疑是站在时代的高度和新的角度，通过其纪实故事的描述，揭露和剖析了专制政体的兽性。

目前的史学研究在相当程度上成为象牙之塔，只是在小小的史学圈内评论是非优劣。能够接近民众，普及准确的历史知识者，大致有传记、历史小说、通俗读物、影视片等。自己写历史小说，是有普及历史知识的意愿，总想用自己的史学长处走另一条路，但不抱奢望，明知自己的文学才能不如某些文学家。我共写了七部，从靖康之耻到岳飞死难，目前已经完稿。从已发表的两部看，评价也各有不同。如已故的杂文家牧惠先生，就明确表示不喜欢。但也有喜欢的，一位北大中文系校友蒋文安先生，一位人民日报社的青年编辑刘红先生，主动写了肯定的书评。特别是有几位不知姓名的读者，显然是费了一番寻觅周折，才得以用电话向我询问创作和出版情况，表示他们喜欢这种风格的历史小说，就给了我鼓舞。有人喜欢，我就满足了，至少不是枉费心血。今后如有时间和可能，也许会继续写一部或两三部续篇，写到宋高宗死。但估计难度更大，因为光是谁当小说主人公，就是一个大问题。

我在"文革"时，曾以极端苦闷的心情，大致通读了鲁迅先生的杂文，深为敬服其杂文的精妙和深刻。不料自己近年来也拿起杂文的武器。中华民族要追求不断进步，就必须苛待自身的缺点，杂文应有用武之地。如我所写的《腐败就是今天的国耻、党耻》一文，竟有不少报刊转载，正说明产生了一定的社会影响。这篇文章其实是述而不作，只是讲了自己20多年前重新学习马克思主义的心得。著名的巴黎公社原则是马克思主义的精髓，强调对新社会的一切公仆必须实行直接选举制，对干部必须实行工人工资，即只有普通工人的生活待遇。巴黎公社原则是兴邦治国的法宝，反腐的法宝，也可说是根治目前积弊的唯一良方。人们至少应当年年讲，月月讲，不仅是宣传，还应逐步地、稳妥地付诸实践。人民群众肯定是会坚决拥护巴黎公社原则的。

刁培俊：目前，学科整合、古典文献电子化等发展趋势，已经日趋明显，对史学的进一步发展影响很大。史学如何在继承前辈研究的基础上发展，您有何看法？也希望请您谈谈您对青年学者有什么希望？

王曾瑜：八十多年前，以顾颉刚先生倡导的"古史辨"讨论为标志，中国的传统古史学进行了一次脱胎换骨式的革命，依我之见，这是中国近代史学史上唯一的一次革命，从史识到研究方法的革命。如今古典文献电子化等高科技手段的使用和推广，确是在进行一场研究手段上的革命。这场革命方兴未艾，难以判断到何种地步方为终极，是否会进一步影响到史识上的新革命，我也不敢预言。例如对古籍的校勘，肯定是不难设计用于校勘的电子软件。目前对古籍的检索，须设定词汇，这可能还是处在低级阶段，因为部分史料是不可能用设定的词汇检索的。将来有可能设计出更高级的软件，可以不设定词汇，而模仿史学家的思维检索史料。

中国古史太长，史料太丰富，欲深入研究，非从断代史着手不可，这已是大多数人的共识。至于那些没有断代史根基的浮光掠影式的研讨，企图阐述什么中国历史的发展道路，只能表明学识的浅陋而已。但是断代史研究也确有明显的拘限，容易成为井底之蛙。我在辽宋金史研究中感觉到此种拘限，所以曾经提出，要适当扩大研究范围。例如秦汉隋唐史就可以作贯通研究，辽宋金元史也可作贯通研究，但明史，特别是清史的史料太浩繁，似以个别研究为宜。但稍为接触一下电子化的古典文献，就不难发现，自己过去的看法是过于保守了。我想，将来的学者完全有条件对中华古史作深入的贯通式的研究，甚至会出现熔古今中外于一炉的史学巨匠。一个人终生写数十部、上百部质量颇高的史学著作，以千万字计，是完全可能的。我曾在《历史研究》1997 年第 4 期《宋史研究的回顾和展望》中说："浩如烟海、任何人无法遍阅的古籍，就有可能压缩在多少张光盘之中，而随心所欲地检索。任何学者家的狭小书房中不难包容全部古籍，而所谓博览群书在某种程度上便成为空话。在占有史料方面，新老学者将一律平等。"这段话也须要修正，因为在占有史料方面，使用电子古文献的新学者，甚至可能优胜于博览群书的老学者，况且电子化的范围，也并不仅限于古文献，也包括文物之类。史学研究一代胜于一代，这绝不是空想。

但是，随之也出现一个问题，前辈优秀学者的重要治史经验是否值得继承。我与一些同行，包括台湾史语所的黄宽重先生进行讨论。大家的结论是完全一致的，前辈优秀学者的重要治史经验，必须继承或借鉴。例如前辈学者特别强调治史有个打基础的问题，二十四史倒不一定通读，但前四史和《资治通鉴》必须通读，这是最重要的基本训练。如果还有进一步的高标准要求，就应当通读先秦的典籍。再比如，即使有贯通中华古史研究的雄心，也须从深入细致地研究某个断代史入手，切忌好高骛远。目前有的研究生虽然接触电子化的古文献，却难以对其中文字进行断句和标点，有错字和脱字无力校勘，又如何进行深入研究？我想，一些先生和我强调"打基础"的问题，是应当引起青年学者的重视。史学研究一代胜于一代，当然绝不是空想，但电子化的古文献等现代研究手段，是不可能照顾学术懒汉，只能照顾勤学者，使他们在学问上超越前辈，大有作为。

王曾瑜，男，1939 年出生于上海，1957—1962 年就读于北京大学历史系，此后一直在中国社会科学院工作。现任本所研究员、博士生导师、中国宋史研究会会长等。主要从事辽宋金史研究，另写杂文和历史小说。著有《鄂国金佗稡编、续编校注》《尽忠报国——岳飞新传》《荒淫无道宋高宗》《宋朝兵制初探》《金朝军制》《宋朝阶级结构》《岳飞和南宋前期政治与军事研究》《辽宋西夏金社会生活史》（合撰）等专著，历史系列纪实小说《靖康奇耻》《河洛悲歌》等七部，论文和译文 170 余篇，论文选集《凝意斋集》，还参加了中国大百科全书、中国历史辞典（均为辽宋夏金时期）等编写工作，与人合作校点《名公书判清明集》，发表文字计 600 万字以上。

刁培俊，时系南开大学历史学博士生。

了解当代西方史学趋势，坚持走自己的路
——陈启能先生访谈录

(🎙) 陈启能　　　(🎙) 邹兆辰

邹兆辰： 从 80 年代以来，您就一直关注西方史学发展的新态势，或者说是一种新思潮，您的很多论著都是谈这方面的情况的。作为一个当代史学工作者，除了研究自己本身的课题外，也应该关注国外史学的变化趋势，吸取一些有益的借鉴。您能否先概括地和我们谈一谈这种变化的趋势？

陈启能： 应该说西方史学在"二战"以后，有非常大的变化，尤其是在最近的二三十年。20 世纪 70 年代以后，西方史学有很多新的变化，对于这些变化我们也是刚刚开始研究。西方史学的变化可以从史学思想、理论和史学实践两个方面来看。我们主要谈前一个方面。西方史学的变化，不仅仅是西方史学的变化，实际上是整个人文科学的变化，其中主要是哲学的变化。

对于西方哲学的变化可以主要用英国哲学家沃尔什的提法，就是说是从思辨的到分析的转变。思辨哲学的主要代表是 19 世纪德国古典哲学的代表黑格尔。他构造了一个很大的体系，思辨地研究客观世界的总的结构和发展规律。20 世纪以后的哲学家，主要研究人的认识能力以及人怎样去认识问题。沃尔什的《历史哲学导论》发表以后，得到了大家认同。过去的哲学研究，可以说是通过"形而上"的方法，把主体和客体分开，来抽象地揭示本质和规律。20 世纪哲学思潮比较大的变化，可以说从尼采开始，重要的代表人物有海德格尔、伽达默尔、德里达等人。

这种转变和我们史学关系最重大的问题是"语言学的转向"。广义的语言学的转向，一般认为是从 20 世纪 60 年代开始的，其代表人物是英国学者维特根斯坦，但是奠基人是 20 世纪初期的索绪尔。索绪尔认为语言包括口头的和书写的语言两种。他把口语中的声音和笔语中的书面记号称为"能

指"，而语言使用者头脑中对某个声言记号或书面记号所表示的东西称为"所指"。他认为这两者之间的关系是很复杂的，并不是完全对应的。按照过去的认知的理论，则把两者看成是完全对应的关系。既然不是对应，那就要靠解释或者叫诠释。伽达默尔就是现代最有名的诠释家。那么解释的对象就叫作"文本"，对这种文本的解释就变成"话语"。通过对话语的分析来解读文本，这种语言学的转向在当代的历史、文学著作中很流行。

邹兆辰：您所说的这种转变趋势是否与后现代主义的思潮有关系呢？

陈启能：是的。谈到这种语言学的转向，就要联系到后现代主义的问题。后现代主义已经成为当代西方社会中很重要的一种思想潮流。这个问题很复杂。在西方学者中把它概括为一种文化思潮或一种文化运动。这种思潮的出现，一般认为在战后的60年代。它首先出现在建筑、音乐等艺术领域中，到70年代才影响到历史学领域，当然主要还是在历史学理论方面。后现代主义的出现不是偶然的。从唯物史观的角度看，是由于西方发达国家，已经进入了后工业社会，或叫后现代社会、知识社会。当然，这不是说所有国家都进入了完善的后工业社会。这种思潮的出现有一个特点，就是对资本主义社会的批判，而且这种批判是很深刻的。法国学者福柯的思想就很有代表性。他们认为西方资本主义社会所制定的条条框框都是束缚人的，他们对近代社会所形成的各种规范、习惯、条例等都是持批判态度的。后现代主义后来也有很多流派，如有人认为有批判的后现代主义和建设的后现代主义，积极的后现代主义和消极的后现代主义。这个思潮出现以后对历史学的影响，主要是他们认为历史的客体是不存在的，起码是可以不管它的。当代人谁也不能再回到客体之中，只能是对它进行研究、认识、解释。历史研究的主要问题是怎样进行认识和解释的问题。把后现代主义的历史观带到历史研究中来的人物，应该说是美国历史学家海登·怀特。他在1973年发表了《元史学：十九世纪欧洲的历史想象》一书。他认为历史研究就是用语言对文本进行分析。他作了很多的分析，反映他对历史话语的重视。他的意思是说，历史研究光靠历史事实、历史知识是不够的，还要从其他方面去解释它。历史在本质上是一种语言的阐释，撰述历史时离不开想象，这样历史叙述和历史文本都带有虚构成分。因此，历史学的本质是与文学一样的，因为它们的话语形式，构成话语的技巧和手段大致一样。这种观点事实上也就否定了历史学的科学性，或者说那只是个次要的东西。他的书出版以后，引起很大争论，当然其中也有合理部分。对于一般历史研究过程来讲，应该包括哪些部分？首先要确定一个历史主体，然后我们要对这个主体进行历史认识。但是在历史认识结束以后，还要有一个第三阶段，就是要把认识的结果表述出来。在此以前，人们所考虑的更多的是人怎样去认识这个客体。而现在更多的是考虑怎样把认识的东西表述出来，这就是叙述的问题。可以说，西方史学思潮的转换，更多的是转换到这个方面来。在叙述的基础上还有表象，它包括客观事物的表象，也包括对客观事物叙述的表象。"表象"也成为西方历史理论中常用的一个概念。再一个要研究的概念是"记忆"，要研究哪些东西在人们的记忆中留下来，为什么会引起记忆，等等。

西方历史思想的转换还有另一个重要表现：过去的历史研究，着重研究历史的普遍性、持续性和规律性。比如，研究中世纪的历史，就要注意它是怎样从古代发展来的，同时也要注意它是如何向近代发展的。这就是关于历史发展的普遍性、持续性的历史思维。受到后现代主义思潮的影响，人们逐渐把注意力转到历史的断裂性、独特性、偶然性、另类性等方面来。认为这些是更需要研究的东西。比如研究中世纪，就更需要研究它与其他时代不同的东西，偶然的、突发的东西。过去总是认为偶然性是科学的敌人，现在人们觉得偶然性不是科学的敌人，只有认识偶然性，才能更好地认识事物。

不过在这里要顺便提一句，总的说来，近年以来后现代主义对西方史学的影响已有较大的减弱。这个问题较为复杂，以后有机会再谈。

邹兆辰：西方"新史学"的出现，是否也应看成这种变化的一部分呢？

陈启能：确实，20世纪史学的一个主要变化，是西方"新史学"的出现。新史学逐渐取代了传统史学的主导地位，成为西方史学的主流。这种新史学的主要代表就是法国的年鉴学派。它的第一代代表人物是马克·布洛克和吕西安·费弗尔。他们从1929年开始创立这个学派。第二代的代表人物是布罗代尔，他的影响主要在二战以后。学术界公认布罗代尔时期是年鉴派的顶峰时期。他的理论中最重要的是长时段的理论和三种历史时间的理论。他的"长时段"概念主要是研究一百年、几百年的问题，主要研究很少变化的地理与自然环境；"中时段"研究几十年间社会结构、经济结构的变化，可以说是研究"局势"；而"短时段"就相当于一般历史研究的时间概念，几年、十几年，主要对象是研究事件和人物。他所提出的这种研究模式与传统史学的研究模式很不相同。另外，他还推行总体史观。他的两本著作：《15 至 18 世纪的物质文明、经济和资本主义》《地中海和腓力二世时期的地中海世界》可以说是他的总体史观的最完美的著作。自 1968 年布罗代尔退出《年鉴》杂志主编职务以后，年鉴派发生了巨大变化。因为布罗代尔的著作基本上是结构主义的，他过分重视长时段，这样就导致了他的著作中没有历史人物，因为他认为人物只是短时段的产物。同时，他的书中也没有历史事件，大都是有关历史的数字、图表，导致他的著作比较枯燥。同时他也忽视了历史学本身长久以来的特性，比如历史学与文学曾经有过很相似的特点，等等。

邹兆辰： 西方人文科学思潮的这种变化，对历史学产生了什么影响呢？

陈启能： 70 年代以后，历史学研究逐渐发生了一些新的变化。同时，历史研究也受到后现代主义思潮的影响，如注意研究历史的断裂性问题、另类的历史问题等。这些变化可以从很多方面来讲，值得我们注意的是在 70 年代以前，历史研究比较注意大的问题、结构性的问题、长时段的问题。而在此后，历史学家们慢慢比较注意小的问题，时间上短，空间上也小，这就是微观历史学。它也不是就事论事，而是试图通过对小的事情的分析，尽可能地反映比较大的问题，就是小中见大。在微观历史学中，现在有些著作享有盛名，如意大利历史学家金兹伯格的著作《乳酪与蛆虫》，这是一本分析 16 世纪一位磨坊主的世界观和心态的著作。这本书在西方很有影响，国内已有学者准备把它翻译介绍过来。

邹兆辰： 刚才您给我们介绍了西方史学思潮变化的趋势，您是否可以谈一谈 80 年代以来，西方史学对中国史学的影响。我们看到您在《西方史学的陈启能：我觉得看这个问题是否可以换一个角度。因为我们一般谈中国史学发展受到哪些西方史学的影响，比较注意分清哪些是好的，哪些是不好的。我想能否换一个角度，不要太注意西方史学对中国的影响，而是要考虑中国史学应该怎样发展。这种发展，当然要注意今天这个时代，注意今天史学已经发展的程度、水平，考虑在这个语境下我们应该怎么走。西方史学对中国史学的影响是一个方面，或者说是一个重要的方面，但绝不是唯一的方面，不是首先要考虑的方面。我们要把思路改变一下。就是把西方史学的发展看作是我们可以借鉴的东西，但是我们更要把精力放在探索我们自己的道路上来。过去是由于中国长期以来处于落后状态，所以会出现"西学东渐"，像梁启超等人也呼吁向西方学习，改变中国的落后状态，这也包括思想观念方面。历史上确实有这样一个背景，我们近代的觉醒确实是受到了西方的影响，特别是马克思主义的影响，这是客观事实。再一个原因是新中国成立以后，我们有一个比较长的对外隔绝时期，对国外的情况不了解。所以，改革开放以后，对外的大门一打开，西方各种思潮纷至沓来，也包括历史学。我们过去不了解，需要花很大的力气去了解它，这是很自然的。这样就会形成一个思维定式，老是去考虑西方到底有哪些东西影响了我们，我们应该接受哪些东西。但是我们中国史学也有很悠久的历史，有很多好的传统，有很多好的作家和作品。同时，我们今天国家的地位和过去也不一样了，我们经济的繁荣，带来了比较高的国际地位。我们有许多优秀的历史学家。更重要的是，我们国家本身有着悠久的文明的历史，有悠久的史学传统。所以我们中国史学的发展，必须走中国史学自己的道路，有中国特色的史学的道路。主要是根据中国的情况，来决定中国史学的发展道路，充分吸收西方史学中的好东西，真正地为我所用。我们爱谈西方史学如何如何，其实西方史学是一个比较抽象的东西，具体地说，英国史学、德国史学、法国史学、美国史学，都有不同。它们之间也有相互影响，但是它们并不是具体研究受到哪一国的影响，不去太多地注意这个东西。所以，充分地研究国外史学的发展，这是发展我国史学的必要的条件，但发展我国本身的史学这是更重要的。当然西方影响也是可以研究的，但是西方的影响，只是一部分。

邹兆辰：是的，您说的这点很重要。近些年西方学者对中国的看法也发生了变化，是不是这样？

陈启能：西方学者对中国的认真的研究可以说是从 60 年代以后开始的，他们对中国了解不多。他们对中国的研究一直是按照他们对中国的固有的看法来进行的，但是现在在一些研究中国的专家、西方汉学家中已逐渐在发生变化，特别是在一些有头脑的学者中。如柯文他写了《在中国发现历史》，他提出不能用西方人的眼光来看中国，而要从中国人的眼光来看中国，所以他提出中国中心的观点。再如弗兰克写了《白银资本》，他认为应该换一个观点来看中国，中国是否在西方出现资本主义以后就落后了。他的观点本身可以讨论，但这说明当人们的视角改变以后，就会有一个不同的看法。最近美国学者彭慕兰在他的《大分流》一书中提出这样一种观点：过去人们总是习惯看哪些东西西方有中国没有，如自然科学西方有中国没有，西方有代议制中国没有，西方有近代意义的工业革命中国没有，等等。有人不赞同，说这些东西我们也有。比如从《论语》中找出根据，如说西方有人权，中国也有。但这样地看问题是不能解决问题的。如果我们换一个角度来看，看哪些东西中国有西方没有，并进一步研究下去。比如选官制度，中国早就有，西方是受了中国的影响，那就应该研究中国为什么会有这种制度。再比如，中国人很注重人际关系，西方缺乏这些。如果换一个角度来看，就会发现一些问题，发现过去对一些问题的看法是片面的。这本书的作者作了一些研究，一项项来进行比较。如 18 世纪的粮食产量，中国是多少，英国是多少。煤的产量，金的产量，货币如何，市场如何，来进行比较。通过比较，发现在 18 世纪中国并不是各个方面都不如英国，某些方面还超过了英国。所以说，不能说中国一直是落后，一直到 18 世纪后半叶才开始分流。所以如此，第一个原因是客观的，如英国的煤矿离它的工业基地很近，煤的运输成本非常低；而中国的煤产区距离江南工业基地较远。第二是美洲的殖民化，为西方提供了许多自然资源，中国没有这个条件。因此，开始出现分流，英国开始上升，中国开始下降。

他们的研究结论我们可以讨论，但他们的研究思路值得借鉴。近代的教育，是在西方文化的基础上建立起来的，我们在接受教育的过程中，对这些观念也有意无意地接受了下来。所以，往往也用他们的观念来看问题。这个观念中的核心东西是什么呢？就是西方中心主义，是用西方的观念来解释许多东西。我们在看他们的东西的时候，也是不自觉地运用他们的思维方法。所以，我们要掌握他们的东西，这样起码可以同他们对话，对他们比较了解。但要重视我们自己的东西，自己的传统；要看到有些我们有的东西他们没有，这样我们的眼光就可以远大一些。现在西方一些有头脑的学者，他们的认识已经在向东方转，向中国转，觉得中国有许多东西没有很好地阐发、解读出来。现在国外一些有名的学者在与中国学者联系，要求进行合作。他们认为不研究中国，他们的史学理论是不完整的。我们也应该这样看，引进国外的史学，是为了发展我们自己的史学。

邹兆辰：您刚才讲的西方史学的变化趋势，从对历史的认知逐渐转到了对历史的解释，如您所提到的伽达默尔的诠释学的方法，对历史学的研究究竟产生了怎样的影响呢？我国学者除了搞哲学的，从历史学家来说，似乎还对他们缺乏具体的研究和解释。海登·怀特的"元史学"的理论，对历史学提供了什么有效的方法呢？现在有没有运用这种方法写成的历史著作呢？

陈启能：我们过去有一种思维方式，只要一谈到某一种方法一定要分析其一、二、三、四；对一个事物，也总是要看其优点有几方面，缺点有几个方面；对一个思潮也要讲它的几个方面。现在的学术思潮，恰恰是强调它的不确定性、流动性，特别是哲学思潮，已经跳出了这个框框。过去那种方法对讲课或考试可能有用处。20世纪人类思想的发展是一个比较复杂的问题，在马克思的前后，各个领域的思想家都是比较清楚的，而现在不是很清楚。20世纪的大家，包括尼采、狄尔泰、海德格尔、伽达默尔等，他们是具有连续性的。北京大学的张世英教授写了一本书叫《进入澄明之境》，分析了西方哲学的变化实质。他认为西方哲学，从柏拉图到黑格尔，可以归为传统的形而上学，或用德里达的说法，叫作"在场形而上学"，这种旧形而上学就是要从感性中直接出现的东西按照纵深方向上升到理解中的东西，这种旧形而上学表现出它的鲜明的抽象性和纯理论性，而这也就是它的局限性所在。现代西方哲学不满足于传统西方哲学的"在场形而上学"，主张把在场的具体东西与不在场然而同样是具体的东西结合起来。这种思潮用现实性取代旧形而上学的抽象性，用实践性取代纯理论性。在这个系统中，伽达默尔只是一个环节。伽达默尔是海德格尔的学生，他们的解释学并不是一种解释的方法，而是给人一种观念。他们的思想出现比较早，不了解他们就不能了解当代人文思潮的变化。这种思潮对当代学术，包括历史学的影响主要是方法上的、观念上的。这种观念不都是对的，但它所以会产生肯定有它对的方面，比以前发展的方面。现在有些东西，如后现代主义是讲得过头了，但这种思潮的发展，是有它的道理的。我们中国史学的发展，也要把它当作参照系。我们中国史学有时也用西方的理性概念来分析中国的史学。但我觉得中国史学里面有许多宝藏，我们虽然没有那些科学主义的东西，但我们的人文主义精神比较发达，这里是否也贯穿理性主义的东西，我们应该很好地考察。比如，我们中国一直是文史不分家的，文学与史学一直是关系密切的，当然也有区别。他们的东西，值得我们来参考，我们的东西也值得他们来参考。当然做到这一点很不容易，需要各方面有深厚的功底。

邹兆辰：对于中国史学的发展，如何吸收、借鉴西方的东西，您曾提出了一些设想，是否可以讲讲您的这些想法？

陈启能：我的意思是说，搞中国史学的人很多，他们对于西方的情况不了解，他们可以去了解西方的史学，但不要简单地搬过来去套中国的史学，我们可以参考西方的史学搞出中国自己的东西来。这样做不容易，但是应该走这条路。比如说中国史学的人文传统，西方学者也注意到了，看到了它的价值。我们缺少一些理性主义的东西，但可以从我们的长处中总结出更多的东西来。我们有如此深厚的文化传统，大量的文化典籍，这些是西方没有的。我们自然要了解西方前沿的东西，不管是海德格尔以前还是以后的，我们都要去研究它们。这个工作是很长时间的工作，不是一天可以做完的。

陈启能：西方史学家也不了解我们，除了那些华裔的史学家以外，还有就是西方的汉学家。长期以来，他们不了解中国文化包括中国史学的价值，但现在有些有识之士认为不了解中国他们的知识是不完善的。比如，伊格尔斯曾经跟我谈到过这个问题。他说他要写一本书，叫作18世纪以来的"全球历史学"或"全球史学史"，而这里就必须包括中国史学，而且应该是其中重要的部分。他们不了解中国史学，需要中国学者来参与，他请了王晴佳来写这部分。我提出，要写这部分不能拿西方的概念来研究中国，中国必须作为里面一个独立的部分。中国史学也受西方史学很大的影响，但是它并没有把自己本身的独立特点丢掉。再比如德国有一位比较重要的历史理论家叫吕森，他正在和我们合作编一套书。另外我们还要编一套书，请著名的历史学家伊格尔斯、沃勒斯坦等人担任顾问。就是说，我们一方面要了解他们，一方面也要参加到他们里面去，互相交流、探讨。他们也觉得很必要。因为现在经济全球化了，国家之间关系更密切了，但在经济全球化的同时，我们主张文化要多元化，在这种情况下，我们中国的史学更需要以我们自己的面貌参加进去。我主张搞中国史的人与搞外国史的人应该合作，搞史学理论与搞具体历史研究的人也应该合作，中国学者与外国学者也应该合作。我们搞中国史学研究，他们搞外国的史学研究，但是其中也是有共性的东西的。比如，西方史学从传统史学走上新史学就有一定共性，只是他们走在了前面。德国也有新史学，但产生比较晚，主要是在社会史方面。比较强的是法国。英国的马克思主义史学比较发达。从70年代以后，西方的新史学已经不是"新史学"了，已经是"新新史学"了，即已经跳过了布罗代尔的阶段，不是他那样的结构主义特点，而是更多强调断裂、突发性质的问题，更多地带有非理性的色彩。这些我们可以借鉴，但不一定要走他们的路，不一定要从传统史学到新史学再到"新新史学"，而且我们要尽量避免他们曾经有过的偏差。这就是我们的眼光要面向全世界，但我们要立足中国。这方面可以说任重道远，但我们必须清楚我们应该怎么走。

最后还要强调一点，即走自己的道路和面向全球、与国外交流合作是一点也不矛盾的。实际上，在今天的世界上，任何国家在任何方面要想关起门来独自发展可以说是不可能的，至少是事倍功半的。从历史学的发展来说，同样如此。一方面，今天世界上出现的许多重大问题都是全球性的、国际性的、地域性的，都是互相关联的。譬如就文化（历史学也属于文化范畴）来说，一个重大问题是如何在经济全球化的趋势下保持文化的多样性，如何在承认和发展文化差异性的同时推进人类的共同发展与和睦相处。这不是单独一个国家的问题。因而，我们在考虑我们的文化（历史学）发展的时候就必须放在这个全球性背景下，或语境中。另一方面，目前跨文化研究作为一种研究主题和研究方法已普遍为世界学界注目。因而我们在推动我国史学发展时，也应该既要注重跨文化的背景，又要努力采用跨文化的方法。这样就不会使我们的研究关起门来，脱离开世界史学的发展潮流。总之，要学会在今天新的发展趋势下走自己的道路，弘扬我们的优秀传统，创造出真正有中国特色的新的史学来。

陈启能，1934 年生。中国社会科学院世界历史研究所研究员，中国社会科学院世界文明比较研究中心副主任。曾任中国史学会史学理论分会会长，《史学理论研究》主编。主要论著有：《史学理论与历史研究》（团结出版社 1993），《苏联史学理论》（合著，经济管理出版社 1996），《当代西方史学理论》（主编之一，中国社会科学出版社 1996；五南图书出版股份有限公司 2002；上海社会科学院出版社 2003），《马克思主义史学新探》（合著，社会科学文献出版社 1999），《史学理论大辞典》（主编之一，安徽教育出版社 2000），《西方史学的东方回响》（合著，社会科学文献出版社 2001），《西方历史学名著提要》（江西人民出版社 2001，2003），《西方近代社会思潮史》（主编之一，山东教育出版社 2001），《中国和加拿大的社区发展》（主编之一，民族出版社 2002），《加拿大的人文社会科学》（主编之一，民族出版社 2003）等。

邹兆辰，首都师范大学历史学教授，北京师范大学史学理论与史学史研究中心兼职研究人员。

理性地对待过去　坚定地面向未来
——瞿林东先生谈 20 世纪中国史学

(🎙)瞿林东　　　(🎙)马艳辉　曹守亮

马艳辉　曹守亮：瞿先生，首先感谢您给我们这个机会，向您请教有关 20 世纪中国史学的问题。我们都注意到，您的《中国史学史纲》一书，近日已由北京出版社在内地第三次印刷，同时上海人民出版社出版了您的《中国简明史学史》，而年初北京师范大学出版社还出版了您的《中国史学的理论遗产》一书。在这三部书中，反映了您研究中国史学史的两个特点：一是力求古今贯通，二是注重理论遗产。您能不能谈一下，您是怎样在坚持对中国古代史学研究的同时，还对 20 世纪中国史学进行研究的？

瞿林东：我很高兴同你们一起讨论 20 世纪中国史学的有关问题。我首先要说明的是，我最初研究的是中国古代史学史。你们也都知道，我的第一本史学史著作是《唐代史学论稿》，出版于 1989 年。当初，我是想以研究唐代史学为起点，以它作为一个研究领域的基础。这样，向上伸展可以研究魏晋南北朝史学，向下延伸可以研究宋元史学，总之，是把研究重点放在古代史学史上面。20 世纪 80 年代中期，由于理论问题被史学界所关注，而理论问题多涉及 20 世纪中国史学，涉及马克思主义史学的许多问题，所以我逐渐对 20 世纪中国史学发展有所关注。严格说来，我对 20 世纪中国史学研究得是很不够的。最早和白寿彝先生合作写了《马克思主义史学在中国的产生和发展》一文，发表在《史学史研究》1983 年第 1 期上面，是为了纪念马克思逝世一百周年而撰写的。后来，由于大家对理论问题都比较感兴趣，这也激励了我对 20 世纪中国史学发展更加关注，因而也陆续发表了一些研究心得。

一、关于 20 世纪中国史学发展走向的认识

马艳辉　曹守亮：我们也注意到您发表了很多关于 20 世纪中国史学的研究成果，比如您收在《中国史学史纲》一书中，作为附录的两篇文章《中国史学：20 世纪的遗产与 21 世纪的前景（论纲）》及《百年史学断想》，还有 1999 年发表在《安徽大学学报》上的《新中国史学五十年的理论建设》、2000 年发表在《历史教学》上的《20 世纪中国历史学》（上、下），2002 年发表在《南开大学学报》上的《唯物史观与中国史学发展》，等等。我们还注意到陈其泰先生等撰写的《二十世纪历史考证学》一书，就是您主编的"二十世纪中国史学研究系列"中的一种。这部书已经引起了史学界的积极反响，这个研究系列也开始受到史学界的关注。尤其是您作为编纂工作委员会主任，负责编纂的"二十世纪中国史学名著"丛书，在史学界有广泛的影响和好评。请问从整个中国史学发展的角度，您是怎样看待 20 世纪的中国史学的整体面貌的？

瞿林东：这里有一个基本的出发点，是要着眼于史学与历史的关系。这就是说，20 世纪的史学与 20 世纪的历史究竟是什么关系。我写过一篇小文叫《20 世纪中国史学发展的历史条件》，谈到了这个问题。我始终认为，离开了 20 世纪中国历史发展的实际，无法来判断 20 世纪中国史学。这是一个常识问题，我们在讨论问题时不应忘记这个普通的常识。当然，史学也有它自身发展的脉络，可是这个脉络归根到底还是受到历史条件的影响。那么 20 世纪中国历史有什么特点呢？这是一个经历了许多重大转折的百年历史。我们从具体事件上讲，从辛亥革命、五四运动、中国共产党的成立，其后是全民族的抗日战争、第三次国内革命战争。这时期的史学，大多直接、间接受到这些重大事件的影响，带有深刻的时代烙印。新中国成立后，迎来了一段朝气蓬勃的历史局面，但是后来出现了曲折，有反"右"运动、大跃进、"文革"，中国历史走了很大的弯路，史学也走了很大的弯路。直到改革开放，中国历史走上了正确的轨道。在这一时期，由于改革开放推动了中外文化的交流，中外史学的交流也活跃起来，史学出现了新的面貌。同时，由于改变了以阶级斗争为纲的路线，确立了以经济建设为中心的国策，所以历

史学在这样一个大环境中重新找到自己的位置，克服了过去在以阶级斗争为纲的局面下的史学的某些缺陷。总之，不能离开 20 世纪中国历史的具体状况，去谈 20 世纪中国史学的面貌。也就是说，我们要把 20 世纪中国史学放到 20 世纪中国历史的环境中去考察，去认识它的整体面貌及其细部。我想，这是我们认识 20 世纪中国历史学的基本原则：史学和社会的密切关系。这也应该是 20 世纪中国历史学的一个基本问题。因此，我是不赞成脱离历史环境去讨论史学问题的。

马艳辉　曹守亮：瞿先生，根据您的研究和认识，您认为应该如何评价 20 世纪中国史学？

瞿林东：在 20 世纪中国史学的发展过程中，不论成就也好，弯路也好，以至于缺点、错误也好，都要放在一定的历史条件中去考察。根据这样一个原则，我们是否可以认为，20 世纪中国史学的主要成就，是近代以来进化论的观点引进中国史学界，被用来指导研究历史；接着是马克思主义传入中国，唯物史观也被用来指导研究历史。这两种新的历史观在思想界、史学界产生了很大影响，使人们对历史的认识有了一种新的观念。在这两种历史观当中，唯物史观是科学的历史观，用唯物史观研究历史使 20 世纪中国史学走向了科学的道路。这是我对 20 世纪中国史学的一个基本的认识。

当然，在这一时期，有一些学者并没有运用唯物史观来研究历史，但也取得了很大的成绩。这是因为从中国的史学传统来说，乾嘉时期历史考证学的延续和西方的历史实证研究相结合，产生了新历史考证学，取得了很大成绩。还有用进化论研究历史的学者，我们称之为新史学学派，同样取得了很大的成绩。我曾对 20 世纪中国史学有过简洁的概括：20 世纪中国史学最显著的进步是历史观的进步，最主要的成就是中国通史编纂的成就，最重要的经验是史学和社会的结合，最严重的教训是史学不能失去自己的独立品格。我现在仍然认为这四句话的概括是可以成立的。

马艳辉　曹守亮：刚才您所讲的在注重全局、从整体把握 20 世纪中国史学的基础上，您认为应该如何梳理 20 世纪中国史学的脉络、概括其趋势？

瞿林东： 我们今天来回顾中国史学在 20 世纪这一百年中的历程，怎么对其进行深入的研究？首先，是不是再考察一下我们前面所讲的史学和社会的关系这个前提，在把握全局的前提下，考察 20 世纪中国史学发展的基本趋势。这个基本趋势，我想从它和社会密切关系当中去探讨，也就是说社会怎么样影响到史学的变化、变革、进步。这是可以深入研究的。其次，是要从中国史学自身发展的客观规律，来检讨它在 20 世纪当中的趋势。历史学自身发展的趋势和规律，我们可以参考白寿彝先生对史学史研究概括的四个要点：历史理论、历史文献学、历史编纂学和历史文学。这应该反映出史学自身的要求。在 20 世纪中，随着社会的变化，在前一个重要因素的影响下，史学有些什么重要变化。这是我们考察趋势的又一个方面。再次，还要同 20 世纪中国史学不断地跟外国史学发生联系，这比之于 19 世纪的联系要多得多。因此这种趋势还要从中外史学的交流当中去考察。对外来的东西与我们自己的优秀遗产，我们应持什么态度？在这一过程中我们有什么经验、有些什么教训，它也反映出史学发展的趋势。最后，还要认识 20 世纪中国史学的主要思潮相互之间的关系，它们之间地位的变化。从这些重要因素的综合中来揭示 20 世纪中国史学发展的脉络和趋势。在我看来，目前对于这个问题可能还没有一个广泛的共识。一个原因是研究得不够，另一个更重要的原因是许多同行对这方面的研究重视不够，或者说兴趣不大，这就影响到我们对 20 世纪中国史学发展趋势的深刻认识。我们现在应当重视这个问题。只有认清了史学发展的趋势，我们才能给自己定位，才能够明确努力的目标，才能谈到今后发展的道路。大家都知道，巴勒克拉夫写过《当前史学主要趋势》，重视趋势，这是一个很要紧的问题。我们现在恰恰对此研究得很少，我认为在这方面是要加强的。

马艳辉 曹守亮： 瞿先生，从 1924 年李大钊出版《史学要论》至今，中国马克思主义史学已有八十多年的历史了。您怎样看待中国马克思主义史学在 20 世纪中国史学发展过程中的地位和作用？

瞿林东： 我们说中国马克思主义史学有八十多年的历史，一个界标就是李大钊 1924 年出版的《史学要论》。马克思主义史学在 20 世纪对中国史学究竟产生了什么影响？我想这实际上是在问：中国马克思主义史学在20世纪中国史学中究竟有什么价值，或者说，唯物史观对中国20世纪史学产生了什么作用？

关于这个问题，过去我也发表过文章，讲到唯物史观作为科学的历史观，给中国学者提供了正确认识历史的理论武器，这就形成了中国马克思主义史学。马克思主义史学一个很重要的特点就是讲人类社会怎样从野蛮进入文明，而在文明时期，它经历了怎样的发展过程；这个过程有什么样的阶段性，每个阶段有什么特点，有什么规律性。这就是我们通常所说的历史发展中不同的社会形态从低级走向高级的过程，这种历史观使我们对中国历史有了全新的认识。从史学上看，对历史的认识，古代史家也提出过一些真知灼见，也探讨过国家是怎样形成的，但是有些问题他们是无法解释的。比如说人们在一个社会中是处于不同的生产关系与社会地位，这种不同的生产关系从根本上导致了人们的差别。这是过去人们不能够揭示的，更无法去解释一种新的生产关系如何代替旧的生产关系。中国马克思主义史学给20世纪中国史学注入了新的活力，帮助人们认识了历史到底是怎么开始的，怎么发展的。这个发展过程有些什么阶段，每个阶段有些什么特点，其间有何规律可循。这样，我们对社会历史就有了一个合理的认识，或者说有了一个科学的认识。更详细的说明，你们可以参考我在《唯物史观和中国史学发展》这篇文章中所讲到的几个要点。

二、关于20世纪中国史学几个重要问题的认识

马艳辉 曹守亮：瞿先生，我们发现这样两种研究现象。一是把20世纪中国史学以1949年新中国的成立为界分为两个部分，有的学者侧重于20世纪前半期的研究，有的学者则侧重于20世纪后半期的研究。二是有的学者注重对于20世纪的非马克思主义史学的研究，有的学者则对中国马克思主义史学研究更感兴趣。这使20世纪中国史学研究在取得了一些重要成绩的同时，也给人一种彼此割裂的甚至是对立的印象。您是怎样看待这种现象的？

瞿林东：对 20 世纪中国史学的研究，当然有不同的视角，每个研究者也有不同的兴趣。他可以自主地选择他有兴趣的研究阶段、研究领域，这都是可以理解的，也是正常的。我要说明的是：不论研究者的兴趣何在，都要有全局意识。20 世纪中国史学是个整体。在这样一个整体当中，人们可以有所选择地进行研究。正是因为它是一个整体，所以在研究中就应该从全局出发，或者如同我们通常讲的那样，要"左盼右顾""瞻前顾后"。这样才能有一个全局意识，把自己的研究领域放在全局当中进行考察，因为事物总是相互联系的。

关于 20 世纪中国史学以 1949 年划分为两个阶段进行研究的问题，是不是可以这样看：1949 年新中国成立，这是 20 世纪中国历史上的重大事件，中国人民站起来了，这是很重要的。从意识形态来看，马克思主义在新中国大地上广泛传播，成为国家的指导思想。在这种情况下，自然科学、社会科学都以辩证唯物论和历史唯物论为指导，中国史学的面貌也发生了极大的变化，和 1949 年以前的史学有很大的不同。从这个意义上讲，把 20 世纪中国史学分成两段来研究是可以的。但是我们也应该注意到，1949 年前后的史学并不是截然分开的。如老一辈的马克思主义史学家郭沫若、范文澜、侯外庐、翦伯赞、吕振羽等，主要都是从三四十年代开展自己的研究的，新中国成立以后他们仍在继续研究。另外，还有一批史学家比如像顾颉刚、陈垣、陈寅恪等，这一批史学家在新中国成立以后也仍然继续从事研究。他们都取得丰硕的成果。这就要求我们既看到 1949 年前后历史环境不同，史学有很大的不同，同时我们也必须看到 1949 年前后的史学存在着密切的联系。

马艳辉　曹守亮：您认为造成上述研究中出现某种割裂的现象是怎样产生的？

瞿林东：谈到这种现象产生的原因，我想这是一个关于全局和局部的关系问题。研究某一个局部、方面，从学术研究来讲，是一种兴趣，一种视角，一种选择。那么，在全局意识这样一个理念的指导下，要考虑到相互之间的关系，这样的研究就会健康地发展。如果说不是从全局出发，那么只看到某一方面研究的价值和意义，而忽视或否定另一方面研究的价值和意义，就会走向偏颇，就不可能对 20 世纪中国史学有正确的看法。当这种情况出现的时候，我们考察它的原因，从学理上讲，能否全面地看问题是一个基本原因。再一个原因就是研究者的价值取向和方法论。从历史经验来看，史学界过去出现过片面性的问题。今天，应该尽可能地避免片面性，努力做到全面地看问题。比如说，过去认为只有马克思主义史学是合理的，其他史学都是不值得一提的，这种看法显然是不全面的。那么今天不能因为中国马克思主义史学走过弯路，存在一些缺点，就认为马克思主义史学是不合理的，这也是一种片面性。刘知幾讲"才""学""识"，能不能从全局的角度看问题，这就是史识问题。学术研究贵在专精，研究者应有一个研究得比较深入的领域，但是如果脱离了整体，这种深入也就受到了限制。脱离了整体，就很难做到对局部有恰当的定位，这个道理是很明白的。

马艳辉　曹守亮：现在，史学界对中国马克思主义史学的评价出现了不同的看法，您是怎样看待中国马克思主义史学在发展过程中存在的教训？

瞿林东：我记得，唐代史家杜佑曾提出不能"将后事以酌前旨"的论点，即不能用后来的事情去指责前人。我在《中国史学史纲》中讲到过这个问题。公元 9 世纪的人都认识到这个道理，我们今天应该超过古人。在看待历史时，我们要有一点理性精神。如果没有理性精神，看待 20 世纪中国史学，总是会带有这样那样的偏见。这种偏见在五六十年代有过，否定一切非马克思主义史学的成就；那么今天否定马克思主义史学的成就，是不是也是一种偏见呢？当然也是。我们不应该走历史的回头路，应该真正从历史教训中得到启发，从而张扬理性精神。应当看到，中国马克思主义史学给我们留下的成果是丰厚的。老一辈马克思主义史学家关于中国通史的研究和撰述、关于中国社会史的研究和撰述、关于中国思想史的研究和撰述以及其他专史的研究和撰述，都给我们留下了宝贵的财富。他们在治史的理论和方法论方面，也给我们留下了丰厚的遗产。对于这些，我们研究得很不够。我过去写过论郭沫若的史学理论遗产、侯外庐的史学理论遗产的历史价值等文章，但是我写得还很肤浅。对于另外的老一辈史学家，我们同样也应该进行研究。这是一方面。另一方面，中国马克思主义史学虽然有光辉的成就，但教训还是很严重的。这主要是教条主义、简单化、片面性所造成的。过去有人讲"穿靴戴帽"，不是把理论作为指导思想，而是把它作为研究的结论，用各种各样的事实来证明这个结论。这样，历史就被僵化了，甚至被曲解了，历史成了理论的注脚，历史学的发展必然受到了限制。同时，再加上史学与政治的混淆，也使人们对许多问题的研究成为禁区，或者有一些认识不能够得到充分的发表。这些都给历史学带来了严重的损害。今天对这些问题，有相当一部分史学工作者有了比较深刻的认识，认识到过去的简单化、片面性、教条主义对学术研究所带来的危害。经过二十多年的拨乱反正，有了很大的改观。一些坚持运用唯物史观研究历史的同行，正在逐步地走向更加健康、更加成熟的学术道路。这里，说来说去，就是一个实事求是的精神，一个理性的精神，对谁来讲这都是应该遵循的。

正如刚才我讲的，因为在 20 世纪中国历史走了一些弯路，马克思主义史学在这样一个历史环境中也走了一些弯路，这也是不难理解的。我们一方面要看到 20 世纪中国史学面貌由于新的历史观，特别是唯物史观的引入，在性质上和成就上与过去相比有很大的不同；再一方面要看到它走过一些弯路，从不太成熟的阶段逐渐走向比较成熟的阶段。我们这样来看问题，就会看得全面一些。的确，在马克思主义史学发展的过程中有过严重的教训。比如说当政治上出现了偏差的时候，尤其是"左"的思潮出现的时候，这种思潮也影响到历史学，其直接的表现就是政治和学术的混淆，如阶级斗争理论在历史研究中的夸大，这是无可讳言的。但是这个教训还有另外一个原因，就是人们接受一个新的事物的时候，是要有一个由浅入深的过程。当中国最早的一批马克思主义史学家接受马克思主义的时候，对马克思主义史学的认识、理解需要一个发展过程，不是一朝一夕就能够达到完全合理的程度的。我想这是任何一个人在接受任何一个新事物时，都会有这样一个发展过程的。

马艳辉　曹守亮：有人把中国马克思主义史学的某些失误或教训归结为它与现实社会结合过于紧密，您如何看待这种说法？

瞿林东：关于中国马克思主义史学，我刚才已经讲到了它走过一些弯路，有曲折、有教训，对于这些问题，我们应该作理性的认识。所谓理性的认识，就是要认识到马克思主义史学在中国的产生和发展是和中国的革命、中国的建设事业紧密相连的，也就是说是和中国的历史实际、中国的历史前途紧密相连的，就像中国古代的史学、近代的史学是同中国古代的历史实际、近代的历史实际相联系一样。马克思主义史学与社会实践的结合并不是它本身固有的特点，历史学从它产生的时候起就是和社会结合在一起的。大家都读过《史记》，《史记》从传说中的黄帝一直写到汉武帝，《史记》130篇是脱离社会的吗？它是和社会密切联系在一起的。近代以来史学家研究边疆史地、研究外国史地，都是和当时中国处于民族危机的形势联系在一起的，和救亡图强的现实联系在一起的。梁启超不是马克思主义史学家，梁启超大声疾呼："悠悠万事，惟此为大。"他认为：在当时，只有史学才能唤起民众，使中华民族振兴起来。这说明他也认为史学是和社会联系在一起的。马克思主义史学与中国革命有着必然的联系，这并不奇怪。任何时候的史学都具有它的社会属性和实践的目的，只是马克思主义史学或者马克思主义史学家把这个观点更明确地写在自己的旗帜之上罢了。

有些朋友对此表示怀疑，甚至予以指责，我认为这主要是对于历史学的学科属性不太了解的缘故。当然，也不排除有的朋友是不愿意承认这一点。不论何种原因，从科学的、求实的态度来说，都应当理性地看待这个问题，看待历史学的属性的问题，即一是求真，二是致用。正像人们过去不能够理性地看待马克思主义史学以外的史学，说它们都是落后的，甚至是反动的，今天人们已经认识到这个看法是不对的，应该理性地看待它们一样。现在有许多同行事实上已经这样做了。历史的经验告诉我们，不是用理性的态度对待马克思主义史学，同样是片面的，是不对的。其实，不只是对待马克思主义史学如此，研究任何问题都应该有实事求是的态度，都应该有理性的精神。

三、关于 20 世纪中国史学批评

马艳辉　曹守亮：瞿先生，您刚才着重谈了如何理性地、科学地评价中国马克思主义史学的问题。我们觉得事实上这已经涉及史学批评问题了。现在有一些史学界的朋友，认为时下的史学界太过于沉闷。您能否就 20 世纪中国史学对史学批评与史学发展的关系，谈谈您的看法？

瞿林东：史学史是一门反省的学科，是历史学自我反省的学科，史学批评也是一种反省。不论是研究史学批评的，还是被别人论述到的，都是在这个总的反省范围之内。在这个问题上，我们要有一种自觉的认识，即史学批评是史学发展的内在动力之一。史学的发展当然主要是社会发展的驱动，客观历史发展的驱动，但是史学自身也不是被动的。它自身的活力之一就是批评，就是反省。同时我们还要注意到，史学批评是促进理论发展的重要途径。没有史学批评，历史学的理论发展就会受到很大的影响。从历史上看，这个问题是很清楚的。司马迁对《春秋》的评论，班彪、班固父子对《史记》的评论，范晔对《史记》《汉书》的评论等，这都是在提高人们的认识。直到刘知幾写出《史通》，全面评论他以前的史书和史家，人们对史学的认识就大大提高了。我们知道，在史学批评史上，《史通》的地位是非常重要的。我想，古今道理是一样的。

现在历史学界的朋友对于史学批评大多不满意，各方面都不满意。那么不满意的地方在哪里呢？一个是没有太多的商榷，没有太多的切磋。这种情况如果说是"沉闷"的话，确实如此。我们知道，过去有两句话是"百家争鸣，百花齐放"。为什么要"百家争鸣"呢？没有商榷，没有争鸣，怎么能够发展呢？大家都平平静静的，你讲你的，我讲我的，学术怎能发展，理论怎能提高？有人说当今中国无书评，这当然说得绝对了一点，好的书评还是有的，只是为数不多。再一个是人们对理论的兴趣比较淡薄，这是当前史学研究、历史研究当中的重大问题。不关注史学界的重大问题，势必形成理论上淡薄的现象，这种情况对于史学发展是不利的。如果我们真正认识到批评是史学发展的内在活力之一，是理论发展的活力之一的话，今天我们就应该开展正常的史学批评。

马艳辉　曹守亮：您说"应该展开正常的史学批评"，那么怎样才是正常的史学批评呢？

瞿林东：关于史学批评，我常常想起白寿彝先生的一些文章，一些论说。白寿彝先生讲，要关心当代人的著作，要开读书会，多写评论。评论的出发点是与人为善。评论不是吹捧，评论也不是挑眼。评论是切磋学术，目的是为了发展学术，发展史学。白先生讲得很好：写评论，要站在作者的立场上，用商量的口吻来表达看法，比如说："你这个问题，要是换这样一种说法，是不是更好呢？"这样提出问题的话，既指出了别人的不足之处，也表明了你的观点，读者又容易接受，作者也可以理解。要真正开展批评，就要有一种和谐的气氛，今天我们讲和谐社会。这个和谐社会，我看也包含一种学术上的和谐气氛。同行之间展开史学批评，是为了求得真知，求得史学的发展。至于人们经常说到的学术中的不正之风，如果我们大力开展了在和谐氛围中的评论和批评，不正之风也就会逐渐消退。这要许多人的努力才能做到。我过去写过一些评论，总的来说，不是很尖锐的，但是也还提到了老一辈学者的论著中存在的不足，甚至错误，我和他们之间的学术友谊是很深的。这是为什么呢？因为我是善意的。我不赞成那种盛气凌人的、教训人式的批评，当然我也不赞成没有原则的吹捧。我想这还是白寿彝先生所说的，既不是吹捧，也不是挑眼。要营造这样一个好的氛围，要有许多人带着平常心的心态来参与评论工作，这个气氛一旦形成就会对历史学产生极大的影响。这一点我是深信不疑的。

四、关于建设 21 世纪具有中国作风和中国气派的历史学

马艳辉　曹守亮：现在，中国史研究领域的学者多从如何借鉴外国史学的理论、方法和范式来思考、反省自己的研究，而外国史的研究者则在一定程度上强调了如何从中国史学，尤其是从中国古代史学中汲取有益的营养来进一步形成中国史学的特色和风格。您认为应该如何评价 20 世纪的中外史学交流？

瞿林东：一些中国史学工作者对外国史学的理论、方法、模式有浓厚兴趣，并且积极地借鉴，这是很必要的。当今时代是一个信息时代，整个世界比以往任何时代的交往都更加密切。研究外国史的学者提出来，要继承中

国史学的优秀遗产，这也是非常正确的。我曾经讲过，中国史学的优秀遗产在 20 世纪长期得不到重视，白寿彝先生在 20 世纪 60 年代发表的《谈史学遗产》一文以及后来发表的系列文章，可谓凤毛麟角。大约到了 20 世纪 90 年代中期，才渐渐听到人们说要继承中国史学优秀遗产。白寿彝先生在 60 年代提出重视中国史学遗产，说明他的远见。最近在纪念中国人民抗日战争和世界反法西斯战争胜利六十周年时，有这样的文章，说到抗日战争期间中国共产党对于民族文化遗产的重视。这一点，我们在《毛泽东选集》中早已读到过。可见，这不是一个新问题，只是过去人们没有意识到这个问题的重要。今天提出这个问题，从历史上看不是一个新问题，但我们从史学发展来看，人们真正认识到这个问题的重要是 20 世纪 90 年代才开始的，这是认识上的进步。

我们应该怎样把握中外史学交流的原则呢？这个原则是什么呢？中国的史学工作者首先应当对本民族的优秀遗产有一定的修养，在这个基础上，要有开阔的胸襟和器识，能够接受各种外来的新的东西，而不是固守已有的东西。这就要求我们一方面在发展学术中面向世界，一方面在面向世界的过程中发展自我，而不要失去自我。所谓不失去自我，最根本的就是本民族的历史文化的修养和气质。研究中国史的学者借鉴外国史学的积极成果，研究外国史的学者继承中国史学的优秀遗产，这都非常重要，但前提是要把握好原则。这是一个基本的立足点。

马艳辉 曹守亮：在当今经济全球化趋势的影响下，您认为我们应该如何建设 21 世纪具有中国作风和中国气派的历史学？

瞿林东：从实际情况来看，21 世纪史学已经经历过了几年的时间了。从 20 世纪 80 年代开始，中国历史学便处于活跃的时期。主要表现为思想的活跃、研究领域的活跃、研究方法的多种多样，以及中外史学交流的活跃。对这样一个局面，要予以充分肯定。当然，在活跃的局面之下，也有值得关注的问题。21 世纪中国史学更加呈现出一种多元发展的趋势。在这种趋势下，如何更好地发挥马克思主义史学的作用？这个作用是一种引导的作用，积极的作用。在这种多元发展的现象中如何体现出马克思主义史学的主流地位？这是 21 世纪中国史学面临的首要问题。

从学术前景上说，许多史学工作者认为唯物史观是科学的历史观，既然是科学的历史观，它就应该作为研究历史的理论指导。这并不意味着又回到教条主义、简单化、片面性那里去，而是如何更加理性地看待唯物史观及其运用。我说这个问题是有历史依据的。我们可以想一想，老一辈马克思主义史家的研究成果到底给了我们什么样的收获？我想这个收获就在于帮助人们正确地、全面地、辩证地认识我们这个民族所走过的道路。科学的历史观、民族观、国家观，以至于正确的人生观，都可以从这里反映出来，产生巨大的教育作用。这是马克思主义史学给予我们的。如果对自己民族的历史十分茫然，或者有种种误读，那是不可想象的。马克思主义史学也告诉我们如何正确认识外国的历史和现实。

还有，我们不应该排斥其他的历史学家的贡献，但是我们要看到马克思主义史学给予我们的东西确实是最基本的，这就是唯物史观的魅力。那么马克思主义史学如何才能够发挥更大的作用，发挥引导的作用或者说是主流的作用呢？这就要在总结经验教训的基础上，开拓新的研究领域，拿出新的成果。这个新的成果怎么获得？以往所走过的弯路，是把理论作为研究的出发点，不是把它作为指导。研究的出发点应该是材料。现在我们认识到，创造性的历史研究是要把唯物史观的基本原理同研究对象紧密地结合起来，做出新的理论概括。这样就可能有新的创造，也一定会有新的创造。在这个结合过程中，我们不仅要认识到马克思主义史学是科学历史观指导下的史学，还要认识到中国古代史学的优秀遗产可以用来丰富中国马克思主义史学。我们也要认识到，马克思主义史学不是封闭的，中国马克思主义史学应该有一种信念，吸收外国史学的积极成果，使自己变得更加丰富、厚重。中国有句古话，"他山之石，可以攻玉"。马克思主义史学也是这样，尽管它是一种科学的历史观指导下的史学，但是它也有必要吸收其他史学的积极成果。这一点在认识上跟过去有很大的不同，甚至于有根本的不同。

如果我们不这样做，不以中国马克思主义史学为基础，继承中国史学的优秀遗产，不吸收外国史学的积极成果，就可能出现别的情况，可能会推崇外国史学的某一个思潮或某一种流派，也许在这方面可以和外国同行对话，但最终会走到哪里去呢？最终能不能形成具有中国特色、中国气派的历史学呢？那就很难说了。20 世纪 80 年代，白寿彝先生在陕西师范大学有一个演讲，题目是《关于建设有中国民族特点的马克思主义史学的几个问题》，他从六个方面阐述了他的看法：第一，关于历史资料的重新估价问题；第二，史学遗产的重要性；第三，取鉴于外国历史的问题；第四，历史教育的重大意义；第五，历史理论和历史现实的问题；第六，史学队伍的智力结构问题。这反映出老一辈学者的心愿。我们可以吸取、借鉴外国学者的积极成果，但是不要失去自我。学了人家的东西之后，有了提高后，并不丢弃自己的本色，只是变得更加富有内涵。换言之，丰富了自己而不是失去了自己。我们吸收古代优秀遗产也是这样，吸收以后，不是把自己变成复古的人了，只是把自己变得更有经验了，更有智慧了。

在新的世纪里，我认为只有青年人，才有可能在比较广泛的领域里与外国学者进行对话、沟通，进行切磋。21 世纪是中国现在和未来几代史学工作者展现才华的年代，史学这个舞台主要靠中青年同行扮演主要角色。我在 1996 年写的《中国史学：20 世纪的遗产和 21 世纪的前景》里面讲到了 21 世纪的学者应该具备什么样的条件。我当时是这样想的，这样写的：他们应成为新型的史学家，应有较高的马克思主义理论修养和中国学问的根底，应对外国历史和外国史学有相当的理解，应在专精的基础上努力向通识发展，应具有较高的古代汉语的修养和现代汉语的表述水平及外国语水平，应善于同外国同行合作而又具有中国作风和中国气派。我认为，对于这样的憧憬，第一，要明确我们的方向；第二，应该有充分的信心。方向明确了、端正了，信心建立起来了，那么获得更大的成绩，是毫无疑问的。我希望青年朋友对这些问题进行思考。在当前这样一个很好的历史环境中，年青一代史学工作者一定是大有作为的。

马艳辉　曹守亮：谢谢您接受我们的访问，这给了我们很多启发。

瞿林东：我讲的这些，不一定都对，供你们和史学界朋友们参考吧。讲得不对的地方，也希望大家批评。

瞿林东，男，汉族，1937 年 12 月生，安徽肥东人。1964 年毕业于北京师范大学历史系本科，1967 年以中国史学史专业研究生毕业于该系。现为北京师范大学史学研究所教授、博士生导师，主要研究方向为史学理论及史学史，著有《唐代史学论稿》《中国史学散论》《中国古代史学批评纵横》《史学的沉思》《杜佑评传》《史学与史学评论》《史学志》《中国史学史纲》《中国史学的理论遗产》《中国简明史学史》，以及《史学导论》（合著）等书，主编《历史·现实·人生》系列（七种），发表《中国史学的遗产、传统和当前发展趋势》《略论中国古代历史理论的特点》等论文、评论 200 余篇。

马艳辉、曹守亮，时系北京师范大学史学所博士生。

"多做些垦荒者的工作"
——访张广智教授

(🎙) 张广智　　　(🎙) 邹兆辰

邹兆辰： 张先生，我知道您是在我国的西方史学史研究、史学理论研究以及世界古代史、世界文化史研究领域中十分活跃的学者。您不仅著述很多，而且培养的年轻学者也很多。您的著述在帮助青年一代了解西方文化，特别是史学文化方面起到了重要作用。现在很多大学的历史系学生都读过您的著作，学习您的西方史学史教材，许多西方史学家的生平、著述和学术思想都是通过您生动的文笔，描述给中国广大的读者的。我本人就是一个受益者。记得当年拿起《克丽奥之路》，让人感到爱不释手。书里那些年代久远、沉睡多年的历史学家，都成了栩栩如生的人物，写得那样生动、深刻，不论是不是学历史的人，都能从中受益。当初，您选择了学习西方史学史的道路，是经过耿淡如先生的引导。您能先给我们介绍一下耿先生的治学情况以及他对您的影响吗？

张广智： 好的。耿淡如先生（1898—1975）早年留学美国，是我国从事世界史研究的第一代学者，在复旦大学历史系与周谷城先生共事多年，并在史学界齐名。耿淡如是20世纪五六十年代中国学界的世界中世纪史的权威，在这一领域他培养了不少学生，曾担任过贵系系主任的陈曦文教授就出自他的名下。先生又是新中国成立后致力于中国的西方史学史学科建设的耕耘者与奠基者，60年代初，他在复旦大学历史系开设外国史学史，以其独特的风格吸引着莘莘学子。他那浓浓的乡音使我一下就听出，我与先生竟是同乡，同是江苏海门人，这也许是缘分吧。1964年我考取了他的研究生，有幸成了他的"关门弟子"，但却是"文革"前西方史学史专业研究方向的第一位也是最后一位的研究生。关于中国的西方史学史的学科建设，耿师在 60 年代开展的史学史问题的大讨论中，撰文提出了一系列的构想，特别要提到的一点是，他作为列入当时全国科学规划的外国史学史项目主持人，在 1966 年前做了许多奠基性的工作，特别是原始资料的翻译与编纂，现今学界流行的古奇的史学史名著《十九世纪历史学与历史学家》，此时已在翻译中，我还为此书做过校对。耿师还主编高教部的文科教材《外国史学史》，后因"文革"而被迫中止。说起翻译，先师因通晓多种外国语（英、德、法、俄、西和拉丁文等），为后人留下了丰富的译作，从 30 年代出版的《近代世界史》迄至他逝世后于 80 年代问世的上述古奇之书。先师的敬业精神更令人感怀，他在接近花甲之年刻苦自学俄文。1965 年，他已沉疴在身，硬是以病弱之躯，从上海西区天平路住处换乘几辆公交车赶往东北角的校区，为历史系本科生最后一次开设外国史学史的课程。在那动荡的年代里，他在病榻中坚持翻译西班牙文的《格瓦拉日记》，还坚持自学日语……现在回想这些往事，仍让我激动不已，它不断鞭策着我要不畏艰难，不断进取。先生淡泊名利，追求真理，勤奋治学，笃学矢志，至死不渝，直至晚年，在病魔时刻折磨的日子里，他仍在奋争求索，献身学术，这种治学精神与人格力量一直伴随着我，也一直鼓舞着我，这是我一辈子也取之不尽的精神遗产。耿师生前经常对我说，要谦虚治学，更要谦虚做人：对于"治学"，需要刻苦而不是懈怠，需要认真而不是轻薄；对于"做人"，需要真诚而不是虚伪，需要宽厚而不是偏狭。耿师在这方面为我们树立了永远的榜样。他的"谦虚治学，谦虚做人"成了我毕生铭记的格言。总之，耿淡如先生是领我走进西方史学史这一学科领域大门的引路人。

邹兆辰："谦虚治学，谦虚做人"，您的学问与人品也算深得耿淡如先生这一"师训"的真谛了。从您以上的谈话可知，您在大学毕业就已经开始涉足西方史学史的教学与研究工作了。

张广智：您过奖我了，凡耿师的弟子，都是恪遵这一"师训"的，在这方面，师姐陈曦文更是我的表率。至于说到从事西方史学史的教研工作，那的确是从考上耿师研究生时开始的。从教学工作而言，1965 年耿先生为本科生讲授外国史学史，系里要我做他的助教，主要做以下几件事：一是随堂听课，负责答疑之类的事。当时已接近"文革"来临前夕，学生难以专心致志地学习，故只有少数学生向我提些问题，此事工作量不大；二是校对先生上课所印发的教学资料，此项工作看似容易，其实不然，先生手稿送学校教材印刷部门，打印出来后，错误甚多，需要仔细核对，我也算是个很细心的人了，但正式印出后先生还是不断地纠谬，从此我也就更加细心了，可见此事工作量较大；三是课后的教辅工作，如为先生倒水泡茶之类，实际上是与先生"聊天"。现在回忆起来，这些实在是一次次难得的"精神享受"。每次随堂听课，我总是有备而来，做过相关章节的"预习"，因而才能够在课后与先生交谈得起来，这种单独面谈的沟通方式，确实使我获益匪浅，比在课堂上学到的东西要多得多了。至于研究工作，当时还说不上。那年月，我埋头阅读绍特威尔、汤普森、古奇等几本史学史英文名著（当时它们都还没有中译本），又在先生指导下阅读西方史家的原著，如兰克的代表作《教皇史》的英译本等。也正是在1965年，我开始发表"文史小品"。记得当时写过一篇《兰克与〈教皇史〉》小文，在一家风靡上海的晚报副刊上登出，虽则是篇"文史小品"也烙有那个时代的印记，这大概也可算作是我从事学术工作开始的年份了。这以后的"文革"十多年，完全荒废了学业，我的西方史学史研究真正起步，还是要等到改革开放以后。

邹兆辰：在60年代上半叶毕业的大学毕业生，都有过相似的学术经历，即刚起步就被中止，然后又重新起步，我也有类似的体验。我读过您在2002年卷的《史学理论与史学史学刊》上发表的《关于20世纪中西史学交流史的若干问题》，您在那里写道："在80年代初也刚刚步入不惑之年的我辈，虽说那是从事学术事业的'黄金时代'，但众所周知，在那场破坏文化的大'革命'中，我们的青春岁月和所学专业都已付之流水，待到大地重光，等闲白了少年头的我们，还得从头学习。因此，我们在前行中，不免感到枯涩，不时遇到困惑，个中甘苦，难以分说。"这段话引起了我的共鸣，至今仍留有深刻的印象。

张广智：这确实不只是我个人的"内心独白"，而的的确确是我们这一代人学术境遇的共同感受。

邹兆辰： 您从 80 年代开始发表了一系列的关于西方史学的论著，能给我们作些介绍吗？

张广智： 好，说不上一系列，但为了提高西方史学史一课的教学质量，科研工作，也是要跟上的，所以我还得要从教学说起。恕我孤陋寡闻，在当时国内 80 年代初只有北京大学历史系张芝联先生、四川大学历史系谭英华先生、华东师范大学历史系郭圣铭先生等少数几位前辈，开设西方史学史课程，我步他们的后尘，也在 1982 年，为 78 级、79 级学生讲授该课，算是国内最早开设这一课程者之一。我一边上课，一边进行研究，说起我对西方史学的研究，是从个案开始的，即一个一个史家，一个一个学派，搜集资料，作专题探讨，最先的当然是希罗多德，以后凡重大的西方史家，都作为重点个案，一一研讨，这就成为 80 年代刊发的许多篇章的主题。

邹兆辰： 在那时众多的已发表的论文中，有没有您觉得很满意的？

张广智： 很满意的论文，说不上。您知道中国的西方史学史研究很薄弱，根本不能与中国史学史研究相提并论。从 20 世纪 80 年代的中国学界来看，这方面的研究大多还局限于介绍层面，我也是这样，做一些基础性的工作，就像造房子，在打地基，如此而已。如果硬要提出哪一篇来说说，我觉得个人在 80 年代的文章中，发表在《历史研究》1982 年第 5 期上的《略论伏尔泰的史学家地位》可作为例子。倒不是这篇论文有什么不可攀越的高质量，而是我着实怀念 80 年代初的学术环境。

邹兆辰： 能说得具体一些吗？

张广智： 可以。《略论伏尔泰的史学家地位》是针对当时国内学界对伏尔泰作为历史学家业绩的忽视而发，用翔实的资料论述伏尔泰的史学思想及其在西方史学史上的地位，全文约有 2 万字，文章寄给与我从未有过学术因缘的《历史研究》编辑部一试，当时胆子也是够大的。不久，就收到了与我素昧平生的李玉奎先生的长信，用稿纸竖写，足足有 6 页。李先生充分肯定了我的论文的学术价值，但更多的是提出了论文修改的意见，具体而又中肯，尖锐而又到位，令人叹服。我按照李先生的意见，作了认真的修改后，寄回编辑部。论文很快地发表了，这无疑对我日后从事西方史学史的研究是一个莫大的鼓舞，我至今仍深深感谢李玉奎先生的慧眼识"文"，不由令人感叹现今的所谓权威刊物"架子十足，又太过势利，要么只盯住几位名家"以抬高刊物的身价，要么就是刊登一些能为编辑先生们带来实际利益的"关系户"的平庸之作。每忆及这段往事，就羡慕那时谦和的《历史研究》，赞扬那位称职且谦和的李先生，想念那时较为清纯的学术环境。

邹兆辰：的确，学术刊物、学术编辑对作者的学术成长和发展有着不可忽视的紧密联系。现在，这方面的问题真是不少，不过，对此我们也很无奈。我们还是继续访谈吧，我刚才开头提到您写的《克丽奥之路：历史长河中的西方史学》是20世纪80年代末的作品，当时学术界已有一些西方史学史作品面世，您的这本书有何特色？

张广智：这里先说一件小事。华东师范大学历史系博士章益国在给我的信中记载了这件小事："十多年前，我在家乡读高中时，常常到我们学校门口的一家小书店蹭书看——书贵，当时也没什么零花钱，我清楚地记得有一次翻看了您的《克丽奥之路》，那奇丽的书名让我过目不忘。"湘籍女孩、后来成为我学生的易兰，也在她的博士论文"后记"中回忆道："我在大学念书时读到了《克丽奥之路》，是那本书领我走进了瑰丽奇异的西方史学领域……"这当然是学生辈对老师作品的溢美之词，虽则不乏真情，但《克丽奥之路》在年轻学子中竟有这样大的影响，这是我始料不及的。说到这本书的特色，正像那时《文汇报》介绍它时所说："作者着意把严肃的学术内容（西方史学的发展历程）写得明白晓畅与生动可读，颇具房龙《宽容》一书的风格。"现在大家都反映，这本书好读，有趣味，写得生动，这实在使我感到十分欣慰，但于我而言，写作过程中却充满了艰辛。我感到，要把艰深的内容写得大家都爱看，看得下去，所谓"深入浅出"，确实不易。英国历史学家屈维廉说过这样的话："容易读的东西向来是难于写的……明白晓畅的风格一定是艰苦劳动的结果，而在安章宅句上的平易流畅，经常是用满头大汗换来的。"对于屈氏之言，我是深有同感的。

邹兆辰：1990 年您与张广勇先生合著的《史学，文化中的文化：文化视野中的西方史学》，视角独特，立意新颖，从文化视角探究了西方史学的发展进程，这本书后来在学界影响更大，引用率也很高，请您说说它与传统的西方史学史有什么不同？

张广智：很感谢您对《史学，文化中的文化：文化视野中的西方史学》一书的评价。我们力图打破传统的史学史编纂模式，不按纵向的时间顺序来铺陈，而是在西方史学发展的长河中，撷取若干断面，若干专题，点面结合，纵横交错，多层次多方面地揭示西方史学的发展进程；更重要的是，我们把史学作为"文化中的文化"，从一个全新的视野来考察西方史学，亦即注重从整个文化背景上来考察各个具体的文化领域（例如西方史学）。本书初版作为周谷城先生主编的《世界文化丛书》之一种推出，自然更要打破陈规，相异于学院式的纯西方史学史。此书曾多次重印，2003 年又出了插图修订版，增添了不少新内容，如对现当代西方史学发展新领域与新趋势的特别关注，新版推出后，又获得了新一代文史读者的欢迎。1992 年台湾淑馨出版社出版了它的繁体字版，在海峡那边，也受到了读者的喜爱。为了写作本书，为了把艰涩深奥的内容、杂沓纷繁的思想，磨炼得平易可感，让克丽奥女神不再一脸严肃，不再装腔作势，变得亲和近人，坦白地说，我与胞弟张广勇为之是颇费心力的。从总体上来说，《史学，文化中的文化：文化视野中的西方史学》一书从"叙事方式"来看，也是接近《克丽奥之路》的。

邹兆辰：从学术角度而言，《史学，文化中的文化：文化视野中的西方史学》有哪些创新点呢？

张广智：创新点，不敢自诩。但对西方史学的许多问题，例如史学的范型、史学思想、史家的文化视野乃至较为具体的全球史观、五次转折等方面，可以说在国内学界还是较早或较为详细论述过的。例如当今国内学界很热衷的"全球史观"，我们在 80 年代末就作过很认真的学术研讨了，尤其是西方史学史上的"五次转折说",一经问世,许多论者竞相引用,迄今不衰。

邹兆辰:我个人觉得,关于西方史学发展进程中经历五次转折的论见,十分重要,对此,您能否说得更详细一点。

张广智:可以。在我看来,宏观地说,在西方史学漫长的发展进程中,经历了以下五次重大的历史性转折:第一次转折发生在公元前5世纪时的古希腊时代,这标志着西方史学的创立,其时希罗多德史学与修昔底德史学造就了古希腊史学的繁荣局面,后来罗马人又继承了古希腊人的史学遗产,西方古典史学的传统延续了将近一千年之久;第二次转折发生在公元5世纪前后,西方史学从古典史学的人本主义转向基督教的神学史观,后者以圣奥古斯丁为代表,其时史学沦为神学的附庸,古典史学的传统中断,这一阶段也持续了一千年左右;第三次转折是从西欧的文艺复兴运动开始的,其时历史学面临"重新定向",史学思想又一次把人置于历史发展的中心地位,人文主义史学的诞生,也揭开了近代西方资产阶级史学发展的序幕;第四次转折发生在19世纪与20世纪之交,在19世纪,西方史学达于极盛,被称为"历史学的世纪",兰克及其学派应运而生,历史学开始专业化与职业化,但从19世纪末开始,新史学对西方占主流地位的兰克史学发起了挑战,自此史学发生了重大的变化;第五次转折发生于20世纪50年代,这一时期正如当代英国史学家杰弗里·巴勒克拉夫在《处于变动世界中的历史学》一书中所揭示的主题:"重新定向。"您对这一时期西方史学的发展情况很熟悉,我就不在这里饶舌了。

邹兆辰:您刚才说到了新版的《史学:文化中的文化》,它增添了不少新内容,能说说这方面的情况吗?

张广智:与旧作相比,新版增加了晚近30年来西方史学的新变化,如后现代主义史学、新文化史、微观史学等内容,这里着重谈一下影视史学的问题。

邹兆辰：您近年来多次撰文论述过影视史学，何谓影视史学，为什么要这样看重影视史学呢？

张广智：提出"影视史学"这一概念是晚近以来的事。1988 年，美国后现代主义历史学家海登·怀特发表《书写史学与影视史学》一文，首创了一个新名词"影视史学"（Historiophoty），意思是通过视觉影像和影片的话语传达历史以及我们对历史的见解。海登·怀特一语惊人，在欧美史学界引起了广泛的回响。在汉语学界，台湾学者周樑楷比较早有了积极的回应。我也于 1996 年在《学习与探索》上发表《影视史学：历史学的新领域》，向大陆学界介绍它。以后又写了一本小书《影视史学》在台湾出版。关于影视史学，我大体赞同这样的意见，影视史学不仅仅是电影、电视等新媒体与历史相交汇的产物，这个名词所勾画的影像视觉（简称"影视"），还应包括各种视觉影像，凡是静态平面的照相和图画，立体造型的雕塑、建筑、图像等，凡是所有影像视觉的媒体和图像，只要能呈现出某种历史论述，都是影视史学所要研究的对象。我们之所以要这样关注它，是因为从影视史学出现的那时刻起，它确确实实构成了对传统史学的一种挑战，通过视觉影像来传达与再现历史，不仅比传统史学通过书写形式表现历史更具感染力，而且还拥有更广泛的受众阶层，产生比书写史学更加深刻的影响力。我曾经以历史题材影片《鸦片战争》为例，比较过两者的优势，这里就不再细说了。海外学者在 20 世纪 90 年代就预言："影视史学的时代来临了！"此语虽不无夸大，但细究起来，确也有可信之处。

邹兆辰：现在全国大学历史系，大多都在用您的《西方史学史》，一届又一届的历史学专业的学生，都从这本教材中得益，您能对此说些什么吗？

张广智：您刚才说的情况，从《西方史学史》一书的出版情况来看，的确得到验证。它从 2000 年初版，继而在 2004 年推出插图本新版，大约在七年间，两版就重印了 9 次，累计印数近 5 万册，一本专业性很强且专供历史系学生选用的教材，能作出这样的成绩，也确实是令人感到欣慰的了。我这里要着重说的是，编纂一本适合高等学校历史系学生使用的教材是包括耿淡如先生在内的老一代学者的共同心愿，我前面说到，耿师在 1961 年受高教部之命主编《外国史学史》，就汇聚了吴于廑、齐思和、张芝联、郭圣铭等一大批史学前辈，后因"文革"而中断。新时期之初，教育部又委托张芝联、谭英华两位先生主编教育部教材《西方史学史》，我作为编写组成员也有幸忝列其中，此书因编写组成员中的一些前辈逐一谢世而未果，甚为遗憾。我这本《西方史学史》教材是经当时国家教委专家组评审，而被正式列入"高等教育面向 21 世纪课程教材"的选题计划，后又获准成为"普通高等教育'十五'国家级规划教材"。我自然十分珍惜这样的机会，决心花大力气编好它。我深知，从某种意义上说，这也是为了完成先师的未竟事业，完成前辈们的共同心愿，因此谋篇命笔，时时都有一种使命感与责任感，从而不敢有丝毫的懈怠。目前的这本教材虽然广泛地摄取了国内外学界的先进成果，但我仍迫切需要得到包括阁下在内的国内学界同人的帮助。一部成熟的教材，需要不断地修改，这在国外是惯例，我们所熟知的美国历史学家斯塔夫里阿诺斯的《全球通史》，就作过多次修订，终于成为一部在美国学生中广泛流行的教材（当然也是著作）。我也要这样。这几天我刚获知，这本《西方史学史》已被列入"普通高等教育'十一五'国家级规划教材"，我一定不让学界，尤其是使用这本教材的莘莘学子们失望，推出一个更新的本子，以满足大家的需要。

邹兆辰：据我的粗粗观察，您从新世纪开始，在对西方史学的研究上有一个很明显的转向，即从对西方史学自身发展进程的研究到探讨西方史学在中国的回响，也就是对中外（西）史学相互交流与相互影响的关注。

张广智：你们的眼睛也真够尖的了，这里之所以说复数"你们"，那是两年前在温州召开的史学理论会议上，我遇到你们"当代中国史学研究"课题组的邓京力博士，她也说过类似意思的话。说来有趣，不知不觉间我也成了你们课题组追踪与研究的对象了。

邹兆辰：确是这样。我们关注中国新时期以来，中国史学的方方面面，包括中国历史学家的研究情况，以便从中探索新时期中国史学的发展趋势和方向。您近年来发表的一系列关于中外（西）史学交流的论文，例如：《心理史学在东西方的双向互动与回响》（《学术月刊》2002 年第 12 期）、《苏联史学输入中国及其现代回响》（《社会科学》沪版，2003 年第 12 期）、《西方文化形态史观的中国回应》（《复旦学报》2004 年第 1 期）、《傅斯年、陈寅恪与兰克史学》（《安徽史学》2004 年第 2 期）、《苏版〈世界通史〉的中国回应》（《淮北煤炭师范学院学报》2004 年第 5 期）等，令学界注目，邓京力博士的观察也从这些论文中得到了印证，您能否就这方面的话题，谈一下您的看法。

张广智：有一点先要说明，中外（西）史学的相互交流与相互影响，特别是对西方史学在中国的传播及其回响，我倒是一直比较关心的，如 20 世纪 90 年代发表的《现代美国史学在中国》（《美国研究》1993 年第 4 期）、《西方古典史学的传统及其在中国的回响》（《史学理论研究》1994 年第 2 期）以及在 1996 年第 1、2 两期连载的长篇论文《二十世纪前期西方史学输入中国的行程》《二十世纪后期西方史学输入中国的行程》等文都可说明，但比较自觉地并从理论上认识到中外（西）史学相互交流与相互影响的重要性，则是近几年的事，反过来理论认识的深化又转而促进了我在这方面的史学实践，于是就有了您所说的"系列文章"的面世。有两篇为瞿林东教授主编的《史学理论与史学史学刊》撰写的专题论文《关于 20 世纪中西史学交流史的若干问题》（2002 年卷）、《关于开拓史学史研究的几个问题——以西方史学史为中心》（2006 年卷），就中外（西）史学交流史的问题，比较系统地谈了自己的看法。最近又应瞿教授之约，主编由他任总主编的"二十世纪中国史学研究系列丛书"（共八种）之一的《二十世纪的中外史学交流》一书，对此又作了一些思考。

邹兆辰：您能不能概括地谈一下关于重视中外（西）史学交流史对开拓史学史研究的一些看法？

张广智：我这里只说两点：第一，中外（西）史学交流史具有很丰富的内容，值得我们去认真发掘。回顾历史，中外（西）史学交流史可以追溯古代佛教之东传的时代，近代西方传教士来华也为史学上的某种交流开了新途。19世纪以降，中外（西）史学直接碰撞，至20世纪，中外（西）史学交流揭开了新的一页，不论是从俄苏传来的马克思主义史学，还是在欧风美雨浸润下西方史学的大量入华，都对中国史学的发展进程产生了重大的影响，也为传统的史学史研究增添了新的内容。第二，中外（西）史学交流史为史学史研究提供了一个新视角。前面说的是从史学史本身所蕴含的内容讲的，而这里是从研究者（历史学家）的视角而言。每个游园者似乎都有过这样的体验，从正门进入一座园林，感受到曲径幽廊中包藏着的风韵万千，如果从侧门而入，越过月洞门，眼前显现的是又一个新的空间，由于视角的转换，于是就呈现出了不同的景观，在学术研究中也是这样。倘如此，我们可否分出一些精力去关注不同国家或地区之间史学文化的相互交汇与相互影响，无异游园时不走正门改走侧门时的那种情景，随着历史学家研究视角的转换，它将为未来的中国的史学史研究开启一扇新窗户，并有望成为史学史研究中的一个新的增长点。

邹兆辰： 下面我们换个话题。我注意到您从2006年第1期开始在《历史教学问题》上，开设《马克思主义史学史讲座》，我已连续看了您写的几篇，深感这项工作的重要，这些文章经人大报刊复印资料《历史学》的全文转载，在学界影响不小，您是如何筹划与设想这个专栏的呢？

张广智： 说起在《历史教学问题》上开办专栏，我已不是第一次了。记得早在1997年我就为该刊开设了"当代国外史学讲座"，当时的人大报刊复印资料《历史学》按期转登，也产生了很好的影响。这次应《历史教学问题》主编王斯德先生之约，又一次给我这样好的机会，我自然是十分感谢也分外努力，每篇的写作都极其投入。大家知道，我的史学史研究是侧重于西方史学史的，然而西方史学史研究的深化怎能疏离马克思主义史学史，令人遗憾的是，迄今为止我国史学界仍未有一部马克思主义史学史的作品问世，每每念此，作为一位史学史工作者，不免感到汗颜。我个人觉得，自马克思在19世纪40年代奠立马克思主义史学至今，这凝重的160年的历史，值得我们去认真总结与思考，我粗略地总结与思考的最初体现便是在2005年第5期《复旦学报》百年校庆特刊上发表的那篇论文：《关于马克思主义史学遗产传承中的几个问题》，这篇文章后来又被《新华文摘》作为"封面文章"加以转载，产生了一定的影响。在我看来，倘若不深入了解马克思主义史学发展史，就谈不上继承马克思主义史学遗产，更谈不上守护与坚持马克思主义史学在历史学中的主流地位。从学科角度而言，在现行的西方史学史一课中马克思主义史学仅仅是作为各个时段的西方史学的陪衬而被冷落，事实上马克思主义史学与西方史学的发展相关联，倘若割舍或者削弱了这两者之间的联系，西方史学史研究的深入也成了一句空言，反之亦然。倘有条件，我以为史学史课程在高等学校历史系的设置不只是中国史学史与西方史学史的"平分秋色"，而应当是"三足鼎立"，马克思主义史学史作为有待铸造的"一足"，在史学史的教学体系（或研究体系）中自应有它独立的地位。我在《历史教学问题》上开设的"马克思主义史学史讲座"，旨在为这方面做一些最基础性的普及工作。

邹兆辰： 您具体设想有哪几讲呢？

张广智： 共六讲。各讲篇目的次序大体按时间顺序：第一篇，马克思主义史学的诞生（19世纪40年代前后）；第二篇，马克思主义史学的最初实践与传播（19世纪下半期至20世纪初）；第三篇，苏联马克思主义史学的沉浮（俄国十月革命至20世纪90年代初）；第四篇，马克思主义史学与西方史学（19世纪至20世纪）；第五篇，西方马克思主义史学的勃兴（"二战"后至今）；第六篇，马克思主义史学遗产的继承及其中国回响（20世纪至今）。需要说明的一点是，我撰写第一至第五各篇，第六篇是约请华东师范大学历史学教授、对中国马克思主义史学素有研究的朱政惠教授撰稿。

邹兆辰： 在我们刚才的谈话中，您偶尔涉及您的著作的海外影响，能不能在这里集中说一下。

张广智： 其实，我的作品主要的服务对象当然是国内学界，尤其是年青一代的学子，所谓"海外影响"也得益于改革开放年代里出版社的开放意识，如前面提到的周谷城先生主编的"世界文化丛书"被台湾一家出版社整体引进,于是我与张广勇合著的《史学,文化中的文化:文化视野中的西方史学》作为"世界文化丛书"之一,自然也沾了光,出了繁体字版。像这种"搭车"跟进的还有我主编的《寻梦天涯》,这是一本叙述世界十大探险家故事的通俗读物,它的大陆版也被台湾引进,列为"世界百大名人传记"丛书出版。属于历史文化类小书在台湾刊行的还有我写的《影视史学》,我与陈新合写的《年鉴学派》、与周兵合写的《心理史学》等,虽则它们都是些普及文化的小册子,但我们写得很认真,在海峡那边也产生了很好的影响,产生这种影响的还有就是我在前面也已提及的《西方史学史》。在这里,我要特别说到的是1995年由台湾淑馨出版社出版的《西方史学散论》一书。您知道,出版社一般不太肯出版历史学从业人员的个人论文集的,因为赔钱太多,我有点不识时务,向国内一家出版社寄出我精选的80年代以来十多年间学术成果的论文集《西方史学散论》,意在与已出的瞿林东先生的《中国史学散论》配套,结果却吃了闭门羹。后来抱着一种不服输的且试试看的心情,给台湾淑馨出版社寄去了同名书稿,不到一月,从海峡对岸迅速传来了慨然应允出版的令人高兴的消息,这让我多少有点感到意外,又让我感动,意外的是在如此短的时间内作出的抉择,感动的是这家出版社追求高质量学术著作出版的诚意。我们从事学术研究,其苦心经营的学术成果,如果一直是四处碰壁,束之高阁,那还有什么意义呢?我在前面感谢了《历史研究》的李玉奎先生、《历史教学问题》的王斯德先生,在此我再对海峡对岸的淑馨出版社的陆又雄先生、尤淑芬女士表示我的由衷的谢意,虽然到现在为止,我们还从未见过一次面。总之,对那些热心学术事业,不谋私利,恪守职志,甘为他人作嫁衣的编辑与出版界人士,我们都要向他们致以最崇高的敬意,倘若离开了他们的支持,学术事业的繁荣也是寸步难行的。

邹兆辰: 对此,我深有同感。在中国的西方史学史研究中,您总是不断地前行,对于今后您有什么新的打算吗?

张广智: 有,而且还是个"大工程"。事实上,这几年一直在小范围内悄悄地进行着,现在已浮出水面了,那就是我主编的七卷本《西方史学通史》已被国家新闻出版总署列为"十一五"国家重点图书出版规划。要编纂一套多卷本的西方史学史，是一直萦绕在我心头的一种情结。这种心思在2000年《西方史学史》出版后就已萌生了，但当时并没有实际的构想，正式的动议酝酿于"非典"时期，在那些特殊的日子里，我在家里待着，哪儿也去不了，但说来也怪，那时逼仄的生存环境反而有利于思想空间的无限开拓，编纂一套多卷本的《西方史学史》的构想便在那个非常时期油然而生了。按我个人的初步设想，未来的《西方史学通史》将以材料丰赡、前沿理念、博采众长、图文并茂为其特色，"在求实中创新，欲成一家之言"，这是我与编写者们的共同愿望与学术追求。目前，我正带着一群清一色的博士、学有专长尤对西方史学颇具学术功力的年轻人一起干，我对他们说，船已扬帆出海，没有退路，不达彼岸，决不罢休。

邹兆辰：你们的《西方史学通史》开中国的多卷本西方史学史著作之先河，对中国的西方史学史研究，将会产生重大的影响，祝你们的航船胜利到达彼岸。

张广智：谢谢。

邹兆辰：最后，你能否对您培养的许多弟子作点评价。

张广智：可以。我这里主要说说我所带的博士研究生，粗粗算来，包括现在还在学校攻读的，不到30人。依照他们的专业研究方向，有学世界古代中世纪史的，有学世界文化史的，有学西方史学史的，其中以西方史学史研究方向为最多，活跃在当今史学理论界的，也多数是从这个专业方向出来的。要说评价，我的总体说法是各有千秋，因为他们的研究方向不同，即便在同一领域的，如西方史学史也有各自的侧重点，例如有的研究西方古典史学，有的关注20世纪西方史学，有的则把目光集中到近代，故他们也是各有成就。当然，由于各人的原有基础与进校后的努力程度不同，其水平也是有高低之分的。总之，他们是各有专长，外语也好，思维敏捷，缺的不是"国际视野"，而是对学术与学问的深刻理解与尊重。我希望他们能继承与弘扬"谦虚治学，谦虚做人"的"祖训"，继续努力，谦虚谨慎，敏思进取，永不满足,并在已有的博士学业的基础上,开拓视野,拓宽领域,为中国的新史学大厦的建设,添砖加瓦,多做贡献。

邹兆辰： 由于大家都比较忙,我们这次访谈从 2004 年秋温州的史学理论研讨会开始,至 2005 年秋上海华东师范大学的史学理论研讨会续谈,至 2006 年夏扬州的史学理论研讨会结束,期间断断续续,现在终算完成了。

张广智： 我也是如释重负,不过我还是要感谢您,如果没有这次访谈,我就不会随着您的提问,思考我的学术研究的心路历程,盘点陈货而顾影自怜,回顾往事而乱发议论,奢谈未来而显摆张扬,评判门生而训诲兼存。

邹兆辰： 您的谈话,对我们增进中国的西方史学史研究,很有意义,您在百忙中,支持和完成了这次访谈,要感谢的是我,您能否为这次难得的访谈取一个题目?

张广智： 好。先师耿淡如先生在 1961 年发表的《什么是史学史》一文的最后,有这么一段话:"我们应不畏艰难,不辞劳苦,在西方史学史这块园地中多做些垦荒者的工作。譬如垦荒,斩除芦荡,干涸沼泽,而后播种谷物,于是一片金色的草原将会呈现于我们的眼前!"我以上所说,都旨在为中国的西方史学史研究做一些基础性的工作。因而我们这篇访谈就借用耿师文章中的"多做些垦荒者的工作"一句话作为题目,您看如何?

邹兆辰： 好,这是个很确切的题名,就用它。再次感谢您的谈话。

张广智,1939 年生,江苏海门人。1964 年毕业于复旦大学历史系。同年考取耿淡如先生的研究生,并以中国大陆高校西方史学史专业方向的首名研究生毕业。现任复旦大学历史系教授,博士研究生导师,史学理论与史学史研究室主任。曾任中国史学会史学理论分会副会长、中国世界古代史研究会副会长、上海世界史学会理事,兼任北京师范大学史学理论与史学史研究中心学术委员会委员等。学术旨趣集中在西方史学史与史学理论,兼及世界古代史和世界文化史等，已发表上述方向的学术论文一百余篇，著作多种，主要有：《克丽奥之路：历史长河中的西方史学》《西方史学散论》《影视史学》等，两人合著（均为第一作者）主要有：《史学，文化中的文化：文化视野中的西方史学》《现代西方史学》《年鉴学派》《心理史学》等。其中学术著作的海外版有6种。主编《世界文化史》（古代卷）、《寻梦天涯》等，主著《西方史学史》，本书被教育部历史学科指导委员会定为"推荐教材"，并获全国普通高等学校优秀教材一等奖。

邹兆辰，首都师范大学历史学院教授，北京师范大学史学理论与史学史研究中心兼职研究人员。

为继承与阐扬恩师的史学遗产而尽心竭力
——访王敦书教授

(🎙)王敦书　　(🎙)邹兆辰

邹兆辰：王先生，您是从事世界古代中世纪史教学与研究的著名学者，但是您也十分关心史学理论领域的问题，记得 2000 年在哈尔滨开史学理论讨论会时见过您，这次您又来到美丽的杭州，再次参加全国史学理论讨论会。我想借此机会向您请教一些问题，以便使年轻的史学工作者了解您的学术经历和您对一些问题的看法。

王敦书：好啊！我们在一起随便谈谈。

邹兆辰：我有一个问题想问您。您可以说是在新中国成立以后成长起来的一代史学家，您的老师辈的史学家比如雷海宗、吴于廑等先生在 1949 年前有国外留学的经历，您的学生辈的学者很多都有改革开放后出国留学的经历，您是 1949 年后在国内读的书，但是您早在 20 世纪 60 年代就开始翻译西方史学名著，是什么条件让您在世界史领域中可以如此大显身手呢？

王敦书：我谈不上"大显身手"，不过我确实是在 60 年代初在雷海宗师的亲自指点和吴于廑先生的鼓励下，先后选译了李维的《罗马史》和希罗多德的《历史》，在 1962 年和 1965 年由商务印书馆出版了单行本。我所以能做这个事情主要是由于有较好的英语和世界史专业知识的基础。这里我要回顾一下父亲对我的影响。按照原籍我应该是福州人，但我是 1934 年出生在河南开封，先父王世富当时是河南大学政治学系教授。在我刚刚懂事的时候，父亲就曾对我说：我们家族称西清王氏，又称王贻书堂。这个家号表明没有产业留给后人，只是以书为传家宝。他还告诉我，我这一辈排行"敦"

字，而"书"字就是希望我能好好读书。我读小学和中学先是在上海，1946年后迁往天津，直到1951年高中毕业。在这一阶段，父亲对我的教育非常重视，他对我寄希望最殷，要求也非常严。从我咿呀学语开始，父亲就十五年如一日，手把手地教我认字读书，学古文，背《四书》，念英文，并且还灌输各种知识。让我印象最深的是我在13岁读初中时，父亲用一年多的时间每天教我逐字逐句地朗读并口译美国著名史家海斯和穆恩的《近代史》全书。这部书一共908页，自始至终全部读完，这就给我打下了坚实的英语和世界史的基础。在父亲的教育下，我确立了人生的座右铭，就是热爱中国，做一个服务人群、有益于社会的人。具体目标和道路，就是以祖父和父亲为榜样，入清华大学政治学系，然后赴美留学，回国后当大学教授或从事外交工作。在1949年新中国成立以后，父亲觉得以王家的家庭出身和所受的西方教育，我已经不适于学政治学和从事外交工作，因此就确定我改学历史学，决定考清华大学历史系，以世界史，特别是世界近现代史与外交史为主攻方向。就在这个期间，我进一步阅读了几本英文的历史书，例如，古奇的《近代欧洲史》、费伊的《世界大战之起源》，甚至还涉猎了古奇主编的《关于大战起源的英国文献》等书。

邹兆辰：青少年时期就能够有这样的经历那真是您得天独厚的条件，一般的人是不能相比的。这就是说，您的家庭教育在您一生的成长过程中起了重要的作用，也可以说为您以后搞世界史打下了很好的基础。

王敦书：我想是这样的。我永远忘不了父亲对我的早期教育。但这只是一个方面，我的成长是与恩师们，特别是雷海宗先生的教导分不开的。

邹兆辰：那么后来您又怎样与雷海宗先生结下了不解之缘的呢？

王敦书：我师从雷海宗先生也是同我父亲有关系的。我父亲早就与雷海宗师相识，他们都是清华学堂时的同学，后来，雷先生在清华大学历史系任教。我是在1951年10月以第一志愿考入清华大学历史系的。先后随丁则良师学宋元史，邵循正师学明清史，周一良、孙毓棠二师学中国历史义选，侯仁之师学中国历史地理，冯友兰师学历史唯物论。因为我的英语在全国大学入学统考中得了95分，可以免修英语，所以这时候我又开始学习俄语。在我读一年级的时候，由于世界史教师不足和参加土改，所以就没有开世界史课程。上学期，雷先生去参加土改没有在学校，下学期他只给二年级同学开世界中古史课，我曾经去旁听过几次，但没有正式选课向他请教。一年级末的时候，听说高校进行院系调整，雷先生将调往南开，这样我就不能师从雷先生学习了，真是感到非常的惋惜。说来也巧，1952年10月初我由天津买火车票返回清华时，突然有人从后边拍我肩膀，我回头一看竟是雷先生。他说来南开办一些手续，现在回清华，于是我们就一路回京。在火车上有两个多小时，这是一次难得的向雷先生学习的机会。他耐心细致又高屋建瓴地给我讲如何读书治学，特别是如数家珍地具体告诉我学世界史应该读哪些书，从学古代史到近现代史乃至国别史，应该读哪些名家的著作，他都一一开列出来。例如，世界古代史应读罗斯托夫采夫所著的《古代世界史》二卷本；世界中古史应读汤普逊所著《中古史》二卷本；世界近现代史可读海斯的《近代欧洲政治文化史》二卷本和埃伯特的《欧洲的扩张》，等等。我想，如果说父亲为我打下了学习世界近代史和外交史的基础，雷师则在这宝贵的三个小时内把我领进了整个世界史从古至今的殿堂，他画龙点睛地给了我打开这神圣殿堂大门的钥匙。1952年10月，清华大学历史系并入北京大学。在这里我先后师从张政烺、余逊、邵循正、荣天琳等先生学习中国史，师从胡钟达、齐思和、杨人楩、张芝联、王力等师学习世界史，跟周一良师学习了三个学期的亚洲史。此外，还有夏鼐先生的考古学通论，林耀华先生的原始社会史和人类学通论，以及林庚先生的中国文学史。在这些名师的指导下，我系统地学习了中外史学的基本知识、基本理论和基本技能，为我以后从事史学工作打下了广阔、深厚、扎实的基础。1955年11月，我被分配到武昌建筑工程学校，任政治教师教革命史。但是我内心深处还是想继续钻研世界近现代史和国际关系史。没有多久机会就来了。1956年7月，南开大学历史系郑天挺先生之子、我的北大老同学郑克晟来信告诉我，南开大学雷海宗先生将招收世界上古中古史专业副博士研究生，希望我报考。得到这个消息我感到真是喜从天降，建筑工程学校的领导也同意我去报考。1956年8月初我返回天津，马上就去拜谒郑、雷二师。这时距那次火车上相遇雷先生已经四年了。雷先生非常亲切地接待了我，把有关的苏联教材中译本和他自己编写的世界上古史讲义借给我阅读，还让我在开学后去旁听他按新体系讲授的世界上古史课程。这年的 11 月，我在天津参加了研究生的入学考试。世界上古中古史专业共考英语、哲学、世界上古史、世界中古史四门课程。考试结束后，我就告别了雷师回武昌了。

邹兆辰：这次您就有机会跟雷先生学习世界史了吧？

王敦书：是的，可以说我与雷先生有这个缘分吧！ 12 月初，我意外地收到了雷先生发来的亲笔长信。首先，他告诉我我以特优成绩被南开大学录取；随后，他语重心长地嘱咐我今后在他的指导下刻苦读书，在哲学、社会科学、古今中外历史和外语各方面打下雄厚基础，数年之后方能登堂入室，以便更上一层楼。雷先生的来信让我终生难忘。我深切地体会到雷师对我关怀之深、期望之切、要求之严和做学问的不容易；并且由此把我的志趣定位到世界上古中古史领域。

邹兆辰：这样就和雷先生的专业一致了。

王敦书：是的，我的专业和雷先生一致了，同时在政治上的命运也一致了。1957 年 2 月，我到南开大学历史系报到，正式成为雷师的世界上古中古史专业四年制副博士研究生。但是，就在这年春天，全国开展了整党整风运动，不久又转入反右派斗争，雷先生在运动中受到批判，8 月就被定为"右派分子"，而且是史学界最大的"右派"。这样，我再次失去了跟雷先生学习的机会。不仅如此，1958 年 2 月在处理"右派"时，我被补划为"右派"，取消了研究生的资格。到 3 月末，就随南开大学下放干部队伍先后在天津郊区和南开大学农场劳动。1960 年 10 月，我被摘掉了"右派"的帽子；1961 年 3 月下旬，我由农场调回历史系，到资料室担任资料员。

邹兆辰：这次您回资料室工作，可以有机会接触雷先生了吧？

王敦书：确实是这样。遭到了一场灾难后回到资料室工作，可以说是我新的学术生活的开始。但是，一开始，我仍然不敢去看望雷先生，因为他尚戴着"右派"的帽子，以我的身份去见他，怕引起非议。可是很快就有机会了。1961年4月，在北京召开了全国文科教材工作会议，决定吴于廑先生负责主编《外国史学名著选》全书。南开大学历史系承担了希罗多德《历史》和李维《罗马史》的选译任务，系领导把这个任务交给了我，并说翻译过程中可以向雷先生请教。这样，在相隔了四年之后，我再次登先生之门，重新得到了先生的指导。由于有雷先生的精心指点和仔细校改，我只用了六个星期的时间就完成了李维《罗马史》的选译工作，并且赶在7月1日以前寄往北京，作为对中国共产党诞生四十周年的献礼。这次选译李维《罗马史》可以说旗开得胜。下半年吴于廑先生主动来信，肯定了我们翻译工作的成绩，并且约见了我，进一步安排希罗多德《历史》的选译事宜。在这个过程中，我与雷海宗先生接触的机会多了。他在1962年先后开设了外国史学名著选读和外国史学史两门课，我随他做一些资料翻译和教学辅助的工作，以后又负责陪他到医院去看病。同时，还进行《历史》的选译工作，初稿完成之后，就送给雷先生校改。但由于他的健康状况一天不如一天，而且又忙于教课，顾不上看我的选译稿。这年年底，他就病逝了。但承蒙吴于廑先生厚爱，肯定了我的翻译成果。继1962年商务印书馆出版了李维《罗马史》选译的单行本后，1965年又出版了希罗多德《历史》选译的单行本。这两本书是我的处女作。能够出版这两本书，真得感谢吴于廑先生的胸襟和气魄，因为我当时只是一个年轻的"摘帽右派"，一个资料员，在那样一个环境下，能够让我公开署名发表著作，不知要冒多大的政治风险啊！

邹兆辰：在雷先生去世以后，您又有一些学术成果问世，比如您的文集中有一些关于日本史的研究，那是在什么情况下搞的？

王敦书：先是在1963年年初，我的名著选译工作告一段落，雷先生去世后课程辅导的工作也中断了。这样我就有一段的"赋闲"时间。这时，承杨生茂先生垂青，在他的指导之下翻译关于美国内战的历史文献，这样我就开始涉足美国史。这些译稿后来经过杨先生和查良铮先生的校改，后收入杨生茂编的《美国南北战争资料选辑》一书，1978年由上海人民出版社出版。后来，我的学术方向发生变化，这与吴廷璆先生有关。那是1963年的7月，我们资料室的人员和工作有所调整。我有幸得到吴先生的赏识，让我以资料员的身份担任他的助手。从此，我的学术方向转向日本史研究。在吴先生的领导下，我与俞辛焞同志共同组建了南开大学日本史研究室。不过当时由于四清、五反、半工半读等运动接连不断，日本史的科研并没有很好地展开。从1966年6月一直到1972年9月以前，我先在农村、农场参加劳动，后在南开化工厂包装车间当了两年工人，直到后来调我回历史系为工农兵学员教英语。1973年，日本史研究室恢复工作。我曾随吴廷璆先生一起配合"评法批儒"运动，搜集探讨日本历史上的儒法思想的资料与斗争。后来，由于国际上发生石油危机，就去考察日本30年代的经济危机和战争。考察一段经济问题以后，我想要发挥自己精通英语和过去爱好国际关系史的长处，回过头来研究日本的外交史。从1974年以来，我在南开大学日本史研究室主办的内部刊物《日本历史问题》上发表了一些不署名的文章和资料选编，如《日本大化改新时期的儒法斗争》《三十年代日本的经济危机和战争》《1941年的日美谈判》等。最后，还承担了吴廷璆主编《日本史》第十三章关于太平洋战争的大部分撰写任务。1972年后，我还在黎国彬先生领导下，参加联合国资料翻译工作；并和冯承柏等同志合作，编译了《尼加拉瓜史》，由天津人民出版社在1976年出版。

邹兆辰：您搞了这么长时间的日本史研究，是不是还要学日语呢？

王敦书：研究日本史，自然需要会日语，并使用日文的材料。说实在的，我没有正规地接受过日语的训练。小时侯，日军占领上海的最后二年，要求小学生学日语。但校领导出于爱国心，表面上设日语课，实际上继续教英语，只有在教育局派督学来检查时，才拿出日语教科书装样子。所以，我一直不会日语。1963年，吴廷璆先生选我做他的助手，我曾推辞说自己不会日语。吴先生说，不要紧，你可以学嘛。你精通英语、俄语，有语言才能。下半年，我就跟班听李约瑟先生给历史系本科生上的公共日语课。可惜不到三个月，就由于下乡中断了。以后，只能靠自学和在实际工作中提高。

有不懂的地方，就向吴先生和俞辛焞、米庆余等同志请教。我和俞辛焞合作的《美国对日政策与太平洋战争的爆发》一文，使用了大量的日文和英文的材料，在《历史研究》发表后，受到了世界现代史和国际关系史著名学者齐世荣先生的重视和好评。不过，我的日语始终没学好，现在早都忘了。

邹兆辰： 在 50 年代您就决心和雷先生学世界上古中古史专业，您是不是还是希望能搞这个专业呢？

王敦书： 那需要有机会。1978 年 9 月，南开大学历史系已经恢复招本科生，世界古代史教研室感到人手缺乏，于可同志代表教研室希望我"归队"，这样我在断断续续搞了十五年的日本史研究之后，又回到了 22 年前我报考南开研究生时所确定的专业方向——世界上古中古史这个本行上来。

邹兆辰： 世界上古中古史专业是雷先生为您确定的专业方向，现在您终于可以回到这个专业上来，看来真是不容易。不过总的看来，自雷先生去世后这十几年，您还是没有离开世界史这个领域。更重要的是，改革开放的大环境又给您带来了新的机遇吧！

王敦书： 是的。改革开放以后，是我彻底摆脱逆境，苦尽甘来，教学和科研事业得到发展的时期。1979 年 7 月，我的"右派"头衔终于改正，职称由资料员改为讲师，工资恢复到 1956 年在武昌建筑工程学校时的待遇 69 元。这是我要衷心感谢邓小平同志的地方，可以说没有邓小平的理论和路线，就没有我后半生的发达和辉煌。

邹兆辰： 对。1979 年时您刚刚 45 岁，还是中年教师，您有这样好的条件，还可以为世界上古中古史的专业做很多事情。

王敦书： 1979 年 5 月，我代表南开大学历史系的同人出席了在重庆召开的世界中世纪史研究会成立大会；8 月，中国世界古代史研究会在长春成立，这次是于可同志去参加的，他提交了与我合作写的论文《试论"亚细亚生产方式"》。同年9月，我有生第一次名正言顺地登上大学的讲台，讲授世界古代史课程。1980年10月，我参加了中国世界古代史研究会在曲阜举行的关于古代城邦和希腊罗马史的学术讨论会，提交了和于可合作的《关于城邦研究的几个问题》一文。1982年11月，我经南开大学推荐，被国家教委派往希腊研修一年，专攻希腊史。1983年5月，中国世界古代史研究会在郑州召开第二届代表大会，我在雅典向大会寄去《斯巴达早期土地制度考》一文，文章后来在《历史研究》发表了。这次会上，林志纯先生和吴于廑先生提名我担任研究会的秘书长。自此，我开始负责中国世界古代史研究会的工作，1991年以后，又开始负责中国世界古代中世纪史研究会的工作。同时，我在南开历史系也承担着职务。1981年5月，受到魏宏运先生的信任，我开始担任南开历史系副主任之职。工作一直干到1991年10月，最后两年是主持全系的工作。

邹兆辰： 我看到吴于廑、齐世荣先生主编的六卷本《世界史》其中也有您主编的部分？

王敦书： 自从我"归队"以后，就在世界上古中古史这个专业领域从事教学和科研工作。1983年和1987年，先后晋升为副教授、教授。1990年，经国务院学位委员会通过为世界上古中古史专业的博士生导师。这个时期，国家教委委托吴于廑和齐世荣先生主编高校世界史教材，我承二位先生的青睐，和刘家和先生一起担任了《古代史编》上卷的主编。这部书1994年由高等教育出版社出版，成为全国高校普遍使用的教材。另外，我还要说一下：1999年，为了庆祝林志纯先生90华诞，我主编了《中西古典文明研究》一书，由吉林人民出版社出版。林志纯先生笔名日知，是建设和发展中国世界古代史学科的元老和泰斗。最初，我曾在亚细亚生产方式和从城邦到帝国的问题上与林先生进行过商榷。我私下觉得，与这样的大学者展开讨论，是"捻虎须"，心里很是不安。没想到，1982年在北师大审评刘家和先生主编的《世界上古史》教科书时，林先生竟主动地到我的住屋来看我，对我说：敦书，我了解你，我们都是福州人。你们王家在福州很有名。你是状元的后人，要努力，好好干。这番话，使我感到无比亲切。二十多年来，他对我的成长关怀备至，爱护有加。2003 年 5 月，林先生以 93 岁的高龄亲笔为我的《贻书堂史集》题词："日知其所亡，月无忘其所能"；"苟日新，日日新，又日新"，这是鼓励我活到老，学到老，不断创新，不断前进。他的这种知遇之恩、提携之情和同乡之泽，我是终生难忘的。我虽然没有上过他的课，但是把他当作恩师来对待的。

邹兆辰： 这本《中西古典文明研究》我没有看到过，是别的学者写的庆祝林先生寿辰的文集吗？

王敦书： 这是一部庆祝林先生九十华诞的论文集，由我与刘文鹏先生合作编成，共收 39 篇文章。前两篇是我和涂厚善先生分别写的关于林先生的纪念文章，以后分上、下编。上编为中文的关于世界古代史的学术论文，作者主要是林先生的学生，共 17 篇。下编是英文的论文，作者大多为外国知名学者，共 15 篇，选自 1993 年 9 月在南开大学召开的中国第一届世界古代史国际学术会议。其中我写的《垦荒播种创学业，学贯中西通古今》一文，后以《林志纯和中国世界古代史学科的建设与发展》为题，发表于《世界历史》2000 年第 2 期。

邹兆辰： 从您的《贻书堂史集》来看，您所关注的学术问题范围是很广的。其中有关于世界上古中古史方面的问题，有日本史研究的问题，有像亚细亚生产方式问题、城邦研究问题等历史理论方面的问题。但是，在最近几年您在继承和阐扬雷海宗先生的学术遗产方面做了很多工作，在书中也可以反映出来。我们是否可以集中谈一下这个话题？

王敦书： 好。那我们就从《西洋文化史纲要》谈起吧！雷海宗先生是中外驰名的历史学家，他一生在高校从事历史教学和研究工作，特别是精通世界史。他博闻强记、自成体系、贯通古今中外，凡是听过他课的学生都留下十分深刻的印象。但是雷先生没有出版过大部头的世界史专著，也没有发表很多外国史方面的学术论文。他的博士论文《杜尔阁的政治思想》是在美国用英文写的，没有发表。在 50 年代初，曾经按照唯物史观编写了一部《世界上古史讲义》，但是在付印以前因他被划为"右派"而中止。他发表的学术论文有两篇比较重要，就是《上古中晚期欧亚大草原的游牧世界与土著世界》《世界史分期与上古中古史中的一些问题》。其余的文章大多带有学术批判和通俗普及的性质。真正能够代表他的学术观点的应该是他在三四十年代的作品。但世界史方面的学术论文也不是很多，一些时论性的文章可以反映雷海宗当时对世界历史发展的一些看法和思想，但毕竟不是正规的学术成果。所以，人们往往为这位世界史名家没能留下系统的世界史著作传给后人而感到遗憾。雷海宗和很多名教授一样，把课堂讲学作为自己的主要职业和终身使命。他对世界史方面的精深的造诣和精辟的见解，都是在课堂上传授给学生的。但他讲课不写讲稿，往往准备一个详细的提纲发给学生，让学生做提纲挈领的了解和深入研究的指导。这里面倾注着他的心血，也体现了他的研究心得和成果。但当年听雷先生课的学生，现在都已是老年人了，有的已经去世，到哪里去找当年的笔记？幸好武汉大学图书馆保存着1931年雷师在武大历史系讲授《欧洲通史》（二）一课的详细的铅印提纲；另外上海师范大学历史系老教授季平子先生那里也珍藏着雷先生在30年代前后讲授西洋史课程的部分手抄提纲。这两份提纲能够反映雷先生当年在西洋史方面的观点和成就。所以，我就以武汉大学的《欧洲通史》（二）提纲为本，参照季平子先生的提纲，又增加了季先生提纲中的关于西洋美术史的两章，整理出一部提纲，定名为《西洋文化史纲要》，2001年已由上海古籍出版社出版。这部书博大精深、高瞻远瞩、内容丰富，是雷海宗在世界史方面留下的宝贵遗产。

邹兆辰：这个提纲原名是《欧洲通史》（二），您在整理以后以《西洋文化史纲要》来命名，这是出于什么考虑呢？

王敦书：我觉得用《西洋文化史纲要》这个名称更能反映雷海宗先生的历史观和他的史学体系。原来保存的《欧洲通史》（二）提纲，是雷海宗1931年在武汉大学历史系讲授这门课的提纲。武汉大学历史系当时可能设欧洲通史课程，《欧洲通史》（一）的主要内容应该是古代希腊和罗马史。雷先生在武汉大学历史系只教了一年课，可能只教了《欧洲通史》（二），如果沿袭这个名称，就会显得很不完整。其实在我看来，按照雷先生的历史观，可能他都不一定赞成使用《欧洲通史》这个名称。他主张历史是多元的，是一个个处于不同时间和地区的高等文化独自产生和发展的历史，迄今可以确知的有埃及、巴比伦、印度、中国、希腊罗马、回教和欧西七个高等文化。他认为人类史在时间上和空间上都不是一息相通的，它实际上是好几个文化区域各自独立的发展演变的历史，因此世界通史根本无法写出来，若要勉强写成，要么是"一部结构精密不合事实的小说"，或者是"前后不相连贯的数本民族专史的勉强合成的一本所谓的世界通史"。从这里可以看出他认为，欧西文化和希腊罗马文化是两个不同的个体。雷海宗认为，"西洋"有"泛义""广义""狭义"三种不同的意义，狭义的西洋，就专指欧西（19世纪后包括美洲），这也正是《西洋文化史纲要》所覆盖的空间范围，并且提纲中用"西洋文化第一期""西洋文化第二期"作为编名。从这个提纲的特点来看，也主要是对西方的宗教、哲学、文学等作了详细的讨论，都是属于文化史的范畴的。因此，我觉得用《西洋文化史纲要》来命名，可能比用《欧洲通史》（二）更醒目，更贴切。

邹兆辰：雷先生的论著很多都是20世纪三四十年代发表的，现在已经不容易找到，还有50年代编写的《世界上古史讲义》，根本就没有出版。所以，学术界很难看到雷先生的学术论述。中华书局2002年出版的《伯伦史学集》解决了这个问题，这部书是您整理的吧？是不是包括了雷先生的全部学术文章呢？

王敦书：这部书由我编辑整理，是《南开史学家论丛》第一辑中的一卷。全书共分五编，主要编选雷先生在中国史方面的著作，即使包括一些世界史方面的文章，也与中国史有关或涵盖中国史的内容。搜集编辑雷先生作品的工作，我在80年代就开始进行，受到了许多师友的关心和支持。这在《伯伦史学集》的前言和后记中都有说明。应该指出，《伯伦史学集》第二编只包括雷先生编著的《中国通史选读》的纲要部分，绝大部分史料都不在内。现在，该书已经黄振萍同志整理由北京大学出版社出版。这是一件大好事。此外，我还想将雷先生的英文博士论文、世界上古史讲义、1956—1957

年世界上古史讲授提纲与参考资料，以及其他的一些世界史文章整理出来出版，供学界参考。

邹兆辰： 我在看您写的介绍雷先生的学术思想的文章中谈到雷先生是比较早地注意到运用跨学科方法来研究历史的，您能不能谈谈这方面的情况？

王敦书： 是这样的。雷先生博古通今、学贯中西，特别擅长人文社会科学的整体把握和跨学科研究方法的交叉运用。他认为，历史学家只有在广博的知识的基础上才能对人类和各个国家民族的历史与文化有总的了解，才能对某些专门领域进行精深的研究。他的很多著述体现了他的这个主张。他读书的范围非常广博，不仅贯通古今中外的历史，而且在哲学、宗教、文学、艺术、地理、军事、政治、气象、生物和科技等领域都有渊博的知识和精辟的见解。他讲中国通史包括殷周史、秦汉史，也讲世界通史包括上古、中古、近代、现代各部分和西洋文化史，也讲外国史学史、史学名著、史学方法，还讲过物质文明史。举一个例子，他在《西洋文化史纲要》第48章中，讲自18世纪到20世纪西方社会科学研究方法时，他从演绎方法讲到浪漫主义的历史方法、天演论的生物学方法直到心理学方法、统计学方法，对整个演变做了非常清晰的阐述。还对19世纪的心理学、社会学、人类学、经济学、法理学、政治学和历史学等各个学科的各学派的代表人物、作品进行了详细的说明。这可以表明他对人文社会科学的总体把握和深刻了解。他不仅从理论上介绍各种方法，还把各学科的研究成果与研究方法应用于研究历史。我们看《殷周年代考》《中国文化与中国的兵》正是这种跨学科方法运用的体现和结晶。同时，他还反过来将历史研究的成果和方法应用于其他学科领域的研究，写出了《雅乐与新声：一段音乐革命史》《古今华北的气候与农业》这样高水平的论文。应该说，他这种总体把握人文社会科学和交叉运用跨学科的方法是比较超前的，很值得我们今天的学者学习。

邹兆辰： 这样看来雷先生不是主张烦琐考证的学者？

王敦书： 雷先生是治学非常严谨的学者，他重视掌握史料和史实的准确性，对德国的兰克学派和清代乾嘉学派的考据训诂也是非常推崇的。但是，他强调真正的史学不是烦琐的考证和事实的堆砌，而是要从事实之外寻求道理，要有哲学眼光，对历史作深刻透彻的了解。他认为，有价值的史学著作应为科学、哲学和艺术的统一。所以，写历史要做审查、鉴别与整理材料的科学分析工作，并以一贯的概念与理论来贯穿说明史实的哲学综合工作，还要以艺术的手段做叙述历史的文学表现工作。在这三者中，分析是必要的历史基础，就像建筑房屋首先要选择地点，准备建筑材料；综合是史学的主体，就是修建房屋本身；艺术就是建筑后的装饰。

邹兆辰：雷先生主张用哲学的眼光来对历史作深刻透彻的了解，那就意味着他有历史认识论的思想。

王敦书：是啊！他认为，历史学研究的对象普遍称为"过去"，而过去又分为绝对的和相对的两种。把过去的事实看为某时某地曾发生的独特事实，这个过去就是绝对的和固定不变的。但是，史学中的"过去"是相对的，历史学应研究清楚一件事实的前因后果，在当时的地位，对今日的意义，使它成为活的历史事实。他觉得，历史的了解虽然要凭借传统的事实记载，但了解程序的本身是一种人心内在的活动，一种时代精神的表现，一种宇宙人生观用于过去事实的思想反映。所以，同一的过去没有两个时代对它的看法完全相同。他曾经以孔子为例来说明这个问题。他说，孔子之为孔子，已经过去，万古不变，但这个绝对的孔子，人们永远不能知道。不仅史料漏载的孔子言行已不可知，即使有文献可征，他当时的心情、背景和目的，大部分也是永远不能知道的。历史上和今日所"知"的孔子，是不同时代的后世对这"不可知"的孔子的主观认识。在《伯伦史学集》中，收了两篇他谈历史认识论的文章，他提出了主观相对主义的认识论，就是"绝对的真实永难求得，即或求得也无意义。有意义的过去，真正的历史知识，是因时而异的对于过去活动的认识。这个认识当然是主观的"。

邹兆辰：听到这里我觉得有点像李大钊在《史学要论》中讲对孔子的认识。他说，实在的孔子死了，不能复生了，可是那历史的孔子，自从实在的孔子死去的那一天，便已活现于吾人的想象中。他说，汉唐时代的孔子，与宋明时代人们的想象不同，现代人想象的孔子与宋明时代又不同了。李大钊也讲这就是"历史事实"。

王敦书：是有些相同的地方。但是，李大钊是马克思主义者，雷先生的历史认识论则受到意大利历史哲学家克罗奇的影响。早在 1930 年，雷先生就将克罗奇所著《历史学的理论与实际》一书的第 1 章《历史与记事》译出，以《克罗奇的史学论——历史与记事》为题，刊载于中央大学文学院历史系主办的《史学》第一期。此外，雷海宗的历史认识论还具有"天人合一"的思想和一定的宗教色彩。这里我们就不详细探讨了。

邹兆辰：大家知道雷海宗的史学思想是受了斯宾格勒的文化形态史观的影响，您是怎样看待这种影响的？

王敦书：我认为，就历史观和整个历史体系而言，雷海宗确实深受德国历史哲学家斯宾格勒的文化形态史观的影响。他认为有特殊哲学意义的历史，在时间上以最近的五千年为限，认为历史是多元的，是一个个处于不同时间和地域的高等文化独自产生和自由发展的历史。现在可以知道的高等文化有七个，就是埃及、巴比伦、印度、中国、希腊罗马、回教和欧西。这些时间和空间都不相同的历史单位，虽然各有特点，但是发展的节奏、时限和周期大致相同，都经历过封建时代、贵族国家时代、帝国主义时代、大一统时代和政治破裂与文化灭绝的末世这五个阶段，最后趋于毁灭。我觉得他的文化形态史观的意义在于，他把欧西文化与埃及、中国等其他六个文化相并列，它们并没有高与下、中心与非中心之分，这就有力地破除了西欧中心论的观点。他也曾多次批驳欧洲学者对阿拉伯历史与文化的歪曲与诬蔑，这也是有积极意义的。

邹兆辰：不过这种文化形态史观还是不太好理解的，一个文化形态是怎样走向政治破裂与文化灭绝的呢？比如，拿中国历史来说怎样说明这一点呢？

王敦书：在对待中国的历史问题上，雷海宗毕竟比斯宾格勒更了解中国历史。他认为中国文化的发展有独特之点。其他文化，除欧西因历史起步晚尚未结束外，其余都是按照上面五个阶段的进展，经过形成、发展、兴盛、衰败这一个周期而灭亡。但是，中国是例外。他认为中国文化四千年来经历了两个周期。以公元 383 年的淝水之战为分界线为第一周期。这是纯粹的华夏民族创造中国传统文化的古典中国时期。它经历了殷商西周封建时代、春秋贵族国家时代、战国帝国主义时代、秦汉帝国大一统时代（指公元前 221 至公元 88 年）和帝国衰亡与古典文化没落时代（公元 89 年至 383 年）。中国文化与其他文化不同之处在于它没有就此灭亡，在淝水之战胜利后它又返老还童一直到 20 世纪，又经历了第二周期。在这第二周期里，无论民族血统还是思想文化，都有很大变化。胡人不断与汉人混合为一，印度佛教与中国原有文化发生化学作用，形成一个"胡汉混合、梵华同化"的综合中国时期。第二周期的中国文化在政治和社会上并没有更多的新进展，大致墨守秦汉已定的规模，但在思想文艺上却代代都有新的活动；同时，南方的开发与发展也是第二周期文化的一项伟大的事业与成就。他强调，中国文化之所以能有第二周期，这是与吸收融合胡人的血统和印度的文化分不开的，同时也和民族优秀分子大力发展南方分不开的。

邹兆辰：雷海宗的这个历史观和对中国历史体系的看法，是在三四十年代就形成了吧？您是如何评价他的史学思想呢？

王敦书：这一点我曾经在文章中谈到过，我在《学贯中西、桃李天下——雷海宗先生的生平、学术成就和治学特点》一文中全面介绍了雷海宗先生的学术思想。我认为雷先生在 1949 年前的历史观和历史体系，从根本上看是与马克思主义的唯物史观不相同的。但是，他的贯通古今中外的渊博学识，打破欧洲中心论和传统王朝体系的努力，独树一帜的囊括世界的历史体系，以及强调中国历史和文化的特色，重视胡人血统、印度佛教和南方开发对中国文化的贡献的看法，在当时学术界是颇为难得和有显著影响的，对我们今天研究中国和世界历史也甚具教益和启发意义。

邹兆辰：中华书局 2005 年出版了《雷海宗与二十世纪中国史学》一书，这是纪念雷海宗先生诞生一百周年的一部文集，许多当代著名史学家都写了纪念文章，从这本书里可以看到雷海宗先生对中国史学的影响。您为编辑这部文集花费了许多的心血吧？

王敦书：从这部文集中确实可以看到雷海宗先生对 20 世纪中国史学的影响。在文集中有些学者是当年直接受到雷先生教导的学生，如年逾 90 的天津社科院历史研究所的研究员卞僧慧先生的回忆，著名留美学者何炳棣先生的文章，以及季平子、齐世荣、刘桂生等受业于雷先生的学者的文章，也有像 90 多岁高龄但没有直接受业于雷先生的何兹全先生这样德高望重的学者的文章，再有就是活跃于当今史学园地的一大批著名学者的文章。从他们的文章中可以看出当今学者对雷先生贯通古今的渊博学识、精深独特的教学技艺、独树一帜的史学思想、教书育人的道德风范等方面，都是有着高度的认同的。这部文集对于研究雷海宗与 20 世纪中国史学的关系是有重要价值的。像《伯伦史学集》一样，筹备纪念雷先生文章的工作始于 1982 年。那时我应《中国历史年鉴》之约，为该年鉴"现代已故史学家"专栏写了雷海宗一文。此后，我陆续写了好几篇这方面的文章，也邀请雷师早年的学生参加这项工作。例如，蒋孟引、赵亚芬、朱延辉、章克生、丁则民等先生的文章都写于 80 年代。他们早已故去，现在遗作得到发表，泉下有知，当会感到欣慰。

邹兆辰：我看到这部文集中何兆武先生的文章中写到雷先生曾给学生题词写道："前不见古人，历史可以复活古人；后不见来者，历史可以预示来者。"何先生说：这两句格言正足以表现雷海宗先生的"历史学家的浪漫"的风格，您是怎样看呢？

王敦书：这两句格言，我以前未曾见过，雷师生前也没有跟我谈过。看到何先生的文章，我深为震撼。"前不见古人，后不见来者"，本是唐代诗人陈子昂的诗句。他独自一人，登上幽州台，极目远眺，念天地悠悠，世事渺茫，前不见古人，后不见来者，沧然而涕下。林庚先生在《中国文学简史》（第 207—208 页）中写道：诗歌要更有力地走向高峰去，就需要向历史寻求助力与根源。代表这一个要求而大声疾呼的就是陈子昂。那有名的《登幽州台歌》正是面向着无限时空的呼唤，预示着一个浪漫主义的高潮行将到来。可是，陈子昂只是发出了呼唤和感叹，没有正面答复问题，而雷先生做出了解答。他论到"唐诗中之哲学"时说："大唐文化结晶品的唐诗中充满了时间无限，空间无限，人类渺小轻微的观念。但这并不是悲观。人虽然微小，却是宇宙所必不可无的；若无人，宇宙就不成其为宇宙。人与无限的宇宙不可离，甚至化而为一；这可说是诗人的明心见性与顿悟成佛。"（《伯伦史学集》，第 460 页）具体说来，就历史而言，作为历史学家的雷海宗气势磅礴地宣布："前不见古人，历史可以复活古人；后不见来者，历史可以预示来者。"就宇宙而言，雷先生在《人生的境界——释大我》一文的最后一句预告："或进步不已的今日人类，或高于人类的新的灵物，对于宇宙必有大于我们的了解，终有一天有物能彻底明了宇宙，与宇宙化一，小我真正成了大我，大我就是小我。"这是何等的浪漫！多么的乐观！（《伯伦史学集》，第 294 页）

> **邹兆辰：** 感谢您对雷先生的格言作了深刻的解读。您对继承和阐扬雷先生的学术思想做了大量的工作，史学界的同人们对您的这种精神和工作成果也都十分赞赏，这也是对当代中国史学的一个贡献。应该向您致敬！

王敦书，1934 年生，福建福州人。南开大学历史学院教授，兼中国世界古代中世纪史研究会理事长。1951 年入清华大学历史系，1955 年北京大学历史系毕业。1957 年为南开大学历史系世界上古中古史专业四年制副博士研究生，师从雷海宗教授。后留系任职至今。主要研究世界史、古希腊罗马史、日本史，兼及中西史学与文化。多次赴希、荷、德、英、美、西、丹、加、瑞士、澳等国讲学和出席学术会议。著有《贻书堂史集》，担任《世界史》（吴于廑、齐世荣主编）、《古代史编》上卷主编，编辑整理雷海宗的学术遗产《西洋文化史纲要》《伯伦史学集》，主编《雷海宗与二十世纪中国史学——雷海宗先生百年诞辰纪念文集》。

邹兆辰，首都师范大学历史学院教授。

在清末民初历史与社会问题中艰辛探索
——访胡绳武教授

（🎙）胡绳武　　　　（🎙）邹兆辰

邹兆辰： 胡先生，您是史学界中的老一辈学者了，您从事中国近代史的教学与研究有半个多世纪的历史了，特别是在长期的辛亥革命的研究中，做出了丰硕的成果。您长时期在清末民初这段历史与社会的研究中，潜心钻研，深入探索，在一系列问题上都提出了自己的看法。受《历史教学问题》之托，想请您谈一谈个人的学术历程和治史的体会，一定会对年青一代有所启示。

我想提的第一个问题是：您是在 1948 年在复旦大学毕业的，那应该在 1944 年就考入了复旦。那时的复旦大学应该还在四川，您能回忆一下那时候的大学生活吗？当时有哪些先生教过您？

胡绳武： 我是 1944 年四川绵阳国立第六中学高中毕业后到重庆北碚考入复旦大学史地系的。当时毕业班的同学都有一个"大学梦"。这除了希望进一步深造外，还由于能考入大学，敌占区学生可以享受公费（贷金）待遇，避免找不到工作，生活发生问题。当时最有办法的（成绩好又能筹出旅费），是去昆明考西南联大；其次是去成都考川大，或者到重庆考中大；最没办法的是步行去离绵阳 120 里路的三台考东北大学。我当时是属于最没办法的一群。正去向难定之际，学校当局宣布联系到一批去重庆的运粮船，毕业班的同学要去重庆考学的可免费坐船前往。这时，在复旦的六中校友来信介绍复旦的情况，说复旦大学已于 1942 年改成国立大学，地处嘉陵江边的夏坝，环境优美，欢迎六中毕业的校友来考复旦。根据这一情况，我又考虑到有一位同乡在重庆菜园坝的一所税务局工作，我到重庆后临时可借住他处。这样我就决定了报考复旦大学的史地系。报考史地系完全是我自己的兴趣。记得当时语文考试要写两篇作文，文言文和白话文的作文各一篇。文言文的作文题目是"战地无勇非孝也",白话文的题目就记不起来了。发榜时，我们这一班共录取了12人，另外还录取了8名备取生。当正取生不报到时，备取生可按次序补上。

当时史地系的系主任方豪先生，是位著名的中西交通史专家，到1945年春，系主任就换成周谷城先生了。周谷城先生教世界通史，中国通史则由邓广铭先生讲授。教西洋近代史的是潘碦基先生。顾颉刚先生是兼任教授，我读了他的中国沿革地理和春秋战国史两门课。顾先生的社会活动较多，他有时不来上课，就请时在北碚国立编译馆工作的史念海先生代课。方豪先生教的是中西交通史，是选修课，我没有选方先生的课。地理方面的老师是夏开儒先生，他开设的是中国地理总论和地质学。当时还有文学院各系共同必修课、大一语文、大一英语和全校必修的政治课三民主义。三民主义的授课老师是赵泉天先生，他上大课，人数很多。

那时的老师讲课，各有特点。邓广铭先生讲的中国通史，声音洪亮，讲话较慢，条理清楚。我记得他的中国通史课没有讲完，大约讲到两汉魏晋就结束了。潘碦基先生上课不带讲稿，讲话慢而有力，一节课下来讲稿就是一篇短文章。顾先生的口才不是很好，但他的板书非常漂亮，弥补了口才的缺陷。周谷城先生上课先写20分钟板书，然后照着板书讲课。夏开儒先生讲课有点口吃，还常用些英文单词。

在这些老师中对学生要求最严的是邓广铭先生。我记得我读大二时，他开了一门中国历史研究法的选修课，选课的有十几个人。他头一节就宣布选课的三个要求，能做到的才能选。第一，读《四部全书》史部目录提要，而且要交读书笔记；第二，《二十四史》当中选读一部；第三，读完后交一篇论文。下课后，有一半同学退选。当时我也很犹豫，但我没退选，因为我当时已与邓先生交往较多，就坚持把这门课学下来。课程结束时我交了读书笔记和读了《三国志》之后写的一篇《论赤壁之战》的文章。抗战胜利后到1946年春复旦大学复员回上海时，邓先生还特别请我和另一山东籍比我高一班的同学王和光（李天佑）到家中吃饭。后来，复旦复员到上海时，我还看见邓先生的书籍是运到了上海的，可是他去了北大，没回复旦。后来我调到北京工作后，也常去看邓先生。

邹兆辰：抗战时期复旦大学的学习生活还是给您留下了很深的印象吧？

胡绳武：是的。当时的一段生活确实是令人难忘的。复旦坐落在秀丽的北碚镇隔江对岸名为夏坝的小盆地上。嘉陵江像条碧绿玉带流经其间。经北碚坐船渡江后，登上由乳白色石条铺成的数十级台阶，上岸后迎面一座名为"登辉堂"的二层楼，就是当时复旦标志性的建筑。在堂前沿江的大道上，生长着 136 棵法国梧桐树，象征着在文学院读满 136 个学分，才能毕业。从登辉堂沿江上行，不到二里路，是东阳镇，再前行数里便是北温泉和缙云山风景区。从登辉堂前沿江下行，约一里许，是黄桷树小镇。在小镇与复旦男生宿舍区之间的江边有众多的茶馆，成为复旦同学课余活动的主要场所。四川的茶馆很有特色，面积大，多是露天的。座位不是座椅而是躺椅。每杯茶由于茶叶品种不同而价钱不同。最便宜的是称之为"玻璃"的白开水。来坐茶馆的多是关系较好的同学，少则二三人，多则七八人。极少有一个人去坐茶馆的。有时也有较大的群体在茶馆开会。在茶馆可以打桥牌、看书、讨论问题，也可以写文章，有的同学甚至毕业论文都是在茶馆里写成的。有不少同学除睡觉、吃饭、上课、上图书馆和晚间自修（茶馆晚间不能看书）外，基本上是在茶馆度过的。

当时处于国共合作抗战的后期，马、恩、列、斯、毛的著作，在学校中都能看到。特别是周恩来同志所领导的南方局在重庆出版的《新华日报》和《群众》杂志，在促进同学的思想进步方面，起了很大的作用。当时，在同学中阅读 19 世纪的俄罗斯文学、法国文学名著和在重庆出版的一些进步作家、社会科学家的著作，已形成风气，受其影响，多数同学思想活跃，要求进步。同时，为了提高写作水平和分析问题能力，在学生中出现了办壁报的风气。当时除各系学生会代表本系所出的壁报（如史地系所出的壁报为"史地学报"）外，还出现了根据各自的爱好自由组织的各种类型的壁报，如"文学窗""政治家""时事论坛报""谷风""小公报"等。从当时有"三十个壁报团体联合会"（简称"壁团联"）的社团组织来看，可见壁报之多。在众多的壁报中，我记得还有一个名叫"旦复旦"的漫画壁报。它经常挑选出当时校园内有特点的人和事，用漫画的形象、壁报的形式贴出，很受人们的欢迎。

壁报上的文章，都是用稿纸抄清，写好标题、画好刊头、编好，然后贴出的。当时的壁报是集中贴在两排几十间连在一起带走廊的教室外面的墙上的。所贴出的壁报五颜六色，声势颇大，甚为壮观。

当时在复旦校园中，除了盛行壁报外，还有各种名义的晚会。最有名的是新闻系同学举办的每周六举行的新闻晚会。届时根据当时重大的新闻事件，由主持人事先约定评论人进行评议。参加会议的人都可以自由发言，有时也邀请校内外的专家在会上做专题报告。史地系也有自己的名为"十日谈"的晚会，会前选定中外历史上的重大事件或人物，约定发言人在会上做专题发言。有时也邀请系内的老师或校外的专家在会上做报告。给我留下最深印象的一次晚会，是1945年8月底毛主席赴重庆与蒋介石进行和平谈判期间，在国共两党签订"双十协定"前后，由政治系同学发起的"和平奋斗救中国"晚会。会上许多教授发言，强烈要求蒋介石实行民主，与共产党合作共建新中国。

抗日战争胜利后，复旦复员回上海是在1946年春启动的。学校规定愿意随学校走的，可以随学校一起坐船走。愿意自己走的，学校可发复员费自己走。当时学校实际上已经停课，要随学校走，可能还要等一两个月。这时家在徐州的老大哥王和光约我一起走西北公路，经西安、徐州去上海。5月20日左右，我们俩从重庆出发，走了将近一个月才到徐州。这时，蒋介石已发动全面内战，向解放区大举进攻，鲁南战事激烈，我不可能回老家看看。在徐州住了几天，碰到新闻系的同学张希文，我们两人就一起去上海到复旦大学复校办公室报到。我们是七月一日到上海的。报到后住进新设立的德庄南楼学生宿舍。当时这座具有几十个房间的三层楼仅有先我们住进来的外文系同学宋凤蔚一人。其后不断有重庆来的同学住进，直到八月下旬大批随学校复员的师生才到。九月初正式开学上课。

邹兆辰： 复旦迁回上海后，学习环境与教师队伍有新的变化吧？

胡绳武： 应该说有了很大的变化。首先，在大环境方面，由于蒋介石撕毁了"双十协定"与"政协决议"，于六月底以三十万大军向中原解放区发动猖狂进攻，内战已全面爆发，同学们痛恨蒋介石，关心国家前途命运已难以安心学习。在小环境方面，复旦上海的校园与夏坝的校园相比，也有较大的变化。上海的学生宿舍的建筑质量虽优于夏坝，但房间小，且分若干小区，特别是没有了夏坝那样的茶馆，可以供同学课外活动的场所。教室的建筑质量虽远优于夏坝，但较为分散。各种壁报，虽然大多数还能编出，但已无集中贴出的地方。同学们愤恨蒋介石发动内战，一时难以公开反对，但到了1946年12月中，由于美军强暴北大女同学事件的发生，这股怒火终于以反对美军暴行的游行爆发出来了。紧接着复旦进步的同学为了从三青团骨干分子所控制的学生自治会夺取领导权开展竞选活动，并取得了胜利。到1947年5月份，在全国范围内又开展了反内战、反饥饿，要求增加公费（贷金）、抢救教育危机运动。5月20日，南京、上海、杭州和其他各地学生代表在南京向国民党反动政府请愿，遭到反动派的残酷镇压，接着反动派又在上海对各高校进行大逮捕。轰轰烈烈的学生运动虽然被镇压下去，但国民党反动派却在全国丧失了人心。

回到上海后，史地系的教师也有新的变化。周谷城先生由于同情支持学生运动，系主任当不成了，就去写他的世界通史。系主任由新从英国讲学回国的朱澈先生接替。她是位未婚的老太太，讲授英国史。时在开明书店任襄理的周予同先生被邀来系任专任教授，讲授中国通史。从北平来沪搜集甲骨，因战事回不了北平的胡厚宣先生被邀来系任教，讲授商周史和史料学两门课。顾颉刚仍兼任教授，同时任大中国图书局的总经理。谭其骧先生则从浙大来系里兼课。到了1948年，陈守实先生也来系任教了。在青年教师方面，则有本系1946年毕业留校任助教的林同奇、闵煜铭二位先生。曾在夏坝任教的方豪、潘硌基、夏开儒三位先生，方、夏二位先生未再来复旦任教，潘先生是上海解放后，又从老家湖南来系任教的。

邹兆辰： 您是在复旦大学毕业的，并且在80年代以前，一直在复旦大学工作，您的近代史研究的生涯也是从复旦大学开始的吧？

胡绳武： 我在1948年从复旦大学史地系毕业后，由于一个偶然机会我被留系当助教，为大学先修班讲授中国通史。1949年上海解放以后，被学校调至政治课教学委员会担任商学院政治课教员。1950年秋，回系任教学秘书，协助系主任周予同先生处理有关教学事务。1951 年秋，随史地系师生到皖北参加土改。1952 年初返校，我和谭其骧先生一起被华东教育部借调到华东区抽调机关干部进入高等学校补习班编写中国通史教材，后来又被留下任该班中国通史课的教员。1952 年秋回到复旦历史系任讲师、系教学秘书，负责新开设的中国近代史的教学工作。

邹兆辰： 那么您是最早的中国近代史课的教师了？

胡绳武： 关于这一点我还要说一说。院系调整后，各系普遍开展了学习苏联制订教学计划的活动。那时的教学计划被看作教学方面的宪法，中国近代史被确定为历史专业的专业基础课，讲授一年，每周 6 课时。这样一门分量很重的专业基础课谁来开呢？当时的复旦历史系有原史地系的教授周谷城、周予同、陈守实、朱激、谭其骧、胡厚宣、潘硌基、耿淡如八位教授，又有从其他学校并入的蔡尚思、王造时、田汝康、毛起、陈仁炳、靳文翰、马长寿、章巽等八位教授，阵容是非常强大的。但是这些教授各有专长，没人愿意开新设的中国近代史课。中国史学界向来重视中国古代史，专家名流集中于先秦，秦汉以后就多为断代史研究。至于鸦片战争以后的中国近代史，研究的人很少，实际上当时中国近代史还不被承认为是一门学科。究竟谁来上这门课，系里一再讨论，没人愿意教这门课，结果决定让我这个在教师中年纪最轻、中国史方面唯一的一名助教来担任，并决定提升我为讲师以示鼓励。当时，我实在不敢承担，因为这每周六课时的中国近代史，马上就要开课，我就以没有时间备课来推辞。最后，经过讨论，公推系里在理论方面最有修养的陈守实先生和我共同负责这门课，陈先生讲课我辅导，半年之后由我接替。

1953 年春季开学以后，我就独立地承担起中国近代史的教学任务。刚开始上课非常被动，那时会议多，以致有时晚上开会至午夜，而我第二天课的讲稿还没写好。1953 年秋天，新闻系又向历史系提出开设一门每周三课时为期一年的中国近代史课。我就邀请当时在学校先任团委书记、后任教务处教学科科长的金冲及同志来系里兼任教师，负责为新闻系讲授中国近代史。戴学稷同志也曾来过一段时间，我们三个人成立了中国近代史教研组。

我 1960 年任副教授、副系主任后，开始招收中国近代史研究生，并且增开了中国近代政治思想史和辛亥革命史这两门专门化课程。

邹兆辰： 听宁可先生说过，60 年代初他被借调到教育部参加黎澍任主编的史学概论教材的编写工作，当时您也被借调过来参加编写。

胡绳武： 是的。1962 年我也被借调到北京，参加史学概论的编写工作。主编就是黎澍同志，参加编写的还有北京师院的宁可和吉林大学的李时岳两人。我们住在教材办公室所在地高级党校服务科的南楼。一方面学习黎澍主编的《马克思主义经典作家论历史科学》，一方面拟订教材大纲。主编决定分三部分编写：第一部分讲历史研究之成为科学；第二部分讲历史学的研究方法与叙述方法；第三部分讲史学与史料学。当时我是负责编写第一部分，宁可写第二部分，李时岳写第三部分。还要求我们根据分工的内容，先写成一些论文，然后再考虑如何成书。分工确定下来以后，我们就开始工作。到 1964 年年初，我写成"论历史科学的任务"和"唯物主义历史观的形成"两个专题。宁可和李时岳也都完成一定的专题。但在当时条件下，完成这部史学概论教材还是有困难的，事实上当时还不具备编写一部马克思主义的史学概论的条件。这时主编又另有任务，无力顾及史学概论的编写工作，他就与教材办公室商定结束这个编写组的工作。1964 年 8 月，根据全国农村开展社会主义教育运动，要求大批干部参加的形势，我就回到复旦大学。这是我第一次借调到北京。

邹兆辰： 我们回过来继续谈您的治学经历。您从北京回来以后，是不是就继续进行中国近代史的教学和研究工作呢？

胡绳武： 北京的教材编写中断以后，正是全国开展社教运动的时候，我回到学校后就和全系师生去奉贤、宝山两县参加社教运动。1966 年春返校后，"文革"开始，一切正常工作就中断了。1970 年以后，开始逐步恢复教学工作，我负责为新进校的工农兵学员讲授中国近代史。1971 年年初，周总理要求上海编写一套中国近代史丛书，学校指定我负责组织中国近代史教研室的人员进行编写。当时确定编写《鸦片战争》《太平天国》等十本。规定出书时署名"中国近代史丛书编写组"，不署个人姓名，也不设主编。由于时间紧人力不够，还借调了华东师大历史系的陈旭麓、李道齐二位来复旦参加编写。我当时负责编写《鸦片战争》和《甲午中日战争》两本。这套书从1972年开始，由上海人民出版社陆续出版，并且不断再版，有的书出版发行到数十万册。

邹兆辰：这套书当时的确影响很大，那时是中学历史教师的主要参考书。后来您又第二次来北京工作，那是在什么时候？

胡绳武：我第二次来北京是在回复旦十年以后的1974年7月中旬。这时候，毛主席指示恢复《历史研究》的出版，我被国务院科教组借调到北京新成立的《历史研究》编辑部工作。当时被借调来参加这个工作的有20多人，来自全国13个省区市。但这个编辑部工作时间不长。1975年9月初，学部各研究所恢复工作，科教组把《历史研究》交回学部编辑。这样，从各地调来参加这项工作的人员，有的回原单位，有的继续留《历史研究》编辑部工作。我经过金冲及同志推荐到国家文物局工作，先后任文物出版社副总编辑、古文献研究室负责人。在这里工作了5年。1980年12月，戴逸同志邀请我到中国人民大学清史研究所工作，从此我就来到了人民大学。第二年，学校职称评委会通过了我的教授职称，一直到1991年离休。

邹兆辰：我注意到您的学术研究领域一直是在清朝末年到民国初年这一个时期。而且您的学术研究一直是与金冲及先生一起合作进行的。1957年起，你们两位就开始合作进行学术研究，当时是要写一本《论清末立宪运动》，这书在1959年出版了。您能回忆一下当初为什么要选择这个问题进行研究？

胡绳武：还是在1956年的时候，我打算要写一篇关于清末立宪运动的文章。我所以起意要写这篇文章，是感到在研究辛亥革命时期的革命派的同时，也应该研究它的对立面立宪派。另一个原因是由于当时我在复旦大学图书馆发现了共计十二册的《梁任公先生年谱长编初稿》，是个油印本，上面有许多材料都没有被人使用过，我就约金冲及同志合作写这篇文章。经过讨论以后，我们两个人在许多方面的观点都是一致的，就决定由他负责写第一部分，关于"立宪运动的阶级基础和背景"；我写第二、三部分，"立宪运动的发展过程"和"有关立宪运动的若干问题"。文章写出以后，由于字数太多，不宜在刊物上发表，后来就由上海人民出版社在1959年出版了。

邹兆辰：这是你们第一次合作联名发表研究成果吧？

胡绳武：其实在这本书出版以前，两个人已经有合作的成果发表了。那是在1957年关于"天朝田亩制度"的课堂讨论会上，我们两个人分别发表了一些意见。会后不久，金冲及就写成一篇《关于天朝田亩制度的实质问题》的稿子对我说："您在会上的发言我很赞同，我现在把讨论会上的内容综合成一篇稿子，您看我们联名发表如何？"我说，文章是您写的，还是以您一个人的名义发表好了。他说，许多意见是您讲的，还是联名发表吧！这篇文章后来发表在《学术月刊》1957年第10期上。这是我们长期合作的开端。后来，我写《论清末立宪运动》的时候，邀请他和我合作撰写，实际上也是对他邀我合作撰写太平天国这篇文章的好意的回应。

邹兆辰：你们合作写了不少文章，都是像清末立宪运动那样分工撰写的吗？

—

胡绳武：只有这篇文章是我们两个人分头执笔写成的。在这以后，我们两人联名发表的二十多篇文章，已经很少再分头执笔，绝大多数都是由一个人执笔完成的。当然在文章发表以前，是经过彼此认可的。

邹兆辰：这说明您二位在合作研究上配合相当默契。

胡绳武：是的，我们的合作研究确实是很协调的。我们两个人之所以能够如此，除了彼此对中国近代史的基本认识和研究方法十分接近，还由于彼此在学术问题上经常一起交换意见。这样，即使碰到某些问题一时有不同看法，经过交换意见，也比较容易取得一致。可以说，我们两个人见面交流学术，几十年来已经形成一种习惯。这种习惯，直到今天还保持着。现在我们两个人平时见面的机会比较少了，但是只要有机会见面，如有时间，我们总会彼此交换一些对当前近代史研究状况的一些看法的。我觉得现在这样做的人很少了。

邹兆辰： 您二位这种合作精神确实令人赞叹，您二位不仅写了许多文章，还有那四卷本的《辛亥革命史稿》，没有一种精诚合作的精神是不可能长期保持这种关系的。金冲及先生比您要年轻一些吧？

胡绳武： 是，他是 1930 年生的，比我要小 7 岁。他在 1947 年不足 17 岁时考入南京金陵大学历史系和复旦大学史地系。1947 年他入复旦史地系的时候，我已经是大学四年级了。当时系里学生比较少，全系加起来也不过几十人，他又是新生中年纪最轻的一个，穿一件西服不打领带，像个中学生，很引人注目。我们很快就认识了，但是交往并不多。1948 年春，他因参加学运被校方开除。上海解放以后，他返校复学任学生会主席。我们两个人相见后，非常快慰。他 1951 年毕业留校，先任团委书记，后任教务处学生科科长。由于工作关系，我们两人常有接触。他来教研组为新闻系讲中国近代史以后，我们经常在一起讨论教学和学术问题。

邹兆辰： 您是在科研工作一开始，就把研究重点放在辛亥革命这时期吗？您的这种选择是出于什么考虑呢？

胡绳武： 我是一开始就把研究的重点放在清末和民初，也就是辛亥革命前后的政治、社会和思想方面的。我想，近代中国人民在争取民族独立、国家富强、人民幸福的过程中，在辛亥革命前后，出现了前所未有的新的情况：一方面，甲午战后民族危机空前严重，19 世纪和 20 世纪相交之际，人们已经痛切地感受到自己国家面临着被瓜分灭亡的危险，所谓国无时不可亡；另一方面，当时也出现了新的社会力量，就是以康有为、梁启超为首的改良派和以孙中山为首的革命派，他们是中国社会上所从来没有出现过的一种新的社会力量，他们的活动给人们带来了希望。在这段时间内，客观环境和人们的思想都处在激烈的变动中，各种社会矛盾都表现得异常尖锐、复杂，一切变化也都来得格外的迅猛。所以，我觉得具体地来考察这段历史，对于研究历史来说，无疑是特别有意义的事情。再从 20 世纪 50 年代初中国近代史研究的情况来看，当时对这段历史的研究是比较薄弱的，值得花力气进行研究。所以，我最初发表的三篇论文《论中国资产阶级民主革命派的形成》（《复旦学报》1955 年第 2 期）、《孙中山初期政治思想的发展及其特点》（《复旦学报》1957 年第 1 期）、《孙中山从旧三民主义到新三民主义的转变》（《复旦学报》1958 年第 1 期），都是根据这种认识来确定选题的。

邹兆辰： 当时金冲及同志在学术研究上的方向也正好与您一致吗？

胡绳武： 金冲及同志参加中国近代史的教学以后，也很重视科研工作。工作不久，他就发表了《论 1895 年至 1900 年美国和沙俄在中国东北的矛盾》（《复旦学报》1955 年第 2 期）、《对中国近代史分期问题的意见》（《历史研究》1955 年第 2 期）、《云南护国运动的真正发动者是谁——兼论护国运动的社会背景与性质》（《复旦学报》1956 年第 6 期）三篇文章。我们第一次合作，就是发表天朝田亩制度的那篇文章。在我们合作完成《论清末立宪运动》之前，上海人民出版社的吴慈生同志已经约我把在 1955 年发表的那篇《论中国资产阶级革命派的形成》的论文，扩写成一部三十万字的专著，并且签订了出版合同。这时候，我和金冲及同志已经开始合作撰写《论清末立宪运动》，彼此合作非常愉快，所以我就约他和我共同完成这部书。我们商量，个人先围绕课题先撰写一些专题论文，然后再写成专著，这样可以保证专著的质量。这样，由我执笔写了《同盟会成立前留日学生中革命思想的发展》，发表在 1959 年 11 月的《光明日报》上，《辛亥革命时期章炳麟的政治思想》，发表在 1961 年第 4 期的《历史研究》上；金冲及也在《历史研究》1960 年第 5 期上发表了《论孙中山革命思想的形成和兴中会的成立》，这些文章都是为写这本专著做准备的。后来，我们又进一步商定这部专著由他负责写 1903 年以前的部分，由我负责写 1903 年到同盟会成立前的部分。这部

书稿写到 1962 年 4、5 月，大体上就完成了。这部书稿所以能这么顺利地完成，我想一方面是由于我们对这一课题已经有相当的研究和资料的积累；再一方面与复旦大学图书馆对我们的支持也有关系。当时，梁其英馆长对我们特别关照，大约从 1957 年开始她就在图书馆的楼下，专门给我们开辟了一间小阅览室，我们把平时需要经常看的书报杂志提到这个小阅览室，我们去那不受时间限制，包括晚上可以随时去阅读。这一点非常重要。因为我在 1960 年被提升为副教授，同时也被任命为系的副主任，工作特别忙。而金冲及比我更忙，因为他除了教学外，行政上还担任教学科研部副主任，实际上他主要的工作是担任党委书记兼副校长杨西光同志的秘书，要随叫随到，极少有时间去坐图书馆。要是没有这个可以自己掌握的小阅览室，我们是很难充分利用复旦图书馆那里保存的丰富的资料的。

邹兆辰： 您二位合作的这部著作当时出版了吗？

胡绳武： 没有啊！1962 年 4—5 月，我们的书稿大体上完成了，就在我们准备最后完成的关键时刻，教育部文科教材编写办公室来信借调我去北京参加黎澍主编的史学概论教材，当时我心里是不想去的。去北京，一来打断了我们合作写书的计划；另一方面我也觉得这部教材很难编。可是领导已经决定了，我只好前去。临走之前，把已经写成的稿子和有关的资料都交给金冲及同志，请他完成统稿的任务。这部稿子后来他整理了出来，并且交给了上海人民出版社，但是书稿在"文革"之前并没有正式出版。

邹兆辰： 你们是什么时候确定写一部四卷本的辛亥革命史稿，并且怎样在 20 世纪 80 年代到 90 年代，正好赶在纪念辛亥革命 80 周年的时候由上海人民出版社出齐这部书的呢？

胡绳武： 想写一部多卷本的辛亥革命史，是我们 1961 年 10 月在武汉参加辛亥革命 50 周年学术讨论会，受到会上提倡写大书的影响，在坐船回上海的旅途中经过研究确定的，并且准备以当时正在写作中的"中国资产阶级革命派的形成"作为第一卷，并对以后各卷作了初步设想。后来由于金冲及同志于 1965 年年初被正式调到北京文化部工作，两人再合作的可能性不大，此事也就未再提及。

事情是在变化中的，可能有某种因缘的作用。当 1975 年 9 月初，国务院科教组将《历史研究》交回学部编辑后，我一时去向难定时，金冲及同志从各方面为我着想，建议我到文物出版社去和他一起做副主编，我们两人就有了再次合作研究的可能。不过，当时我们二人都没有考虑再次合作研究的问题，因为当时的形势谁也不知道如何发展。到了 1979 年当我们发现 1962 年交给上海人民出版社那部"中国资产阶级革命派的形成"的稿件并未丢失，后来经过金冲及同志修订再交上海人民出版社于 1980 年正式出版后，我们才开始考虑续写以后三卷，争取于 1991 年辛亥革命八十周年纪念日之前四卷全部出齐。并议定，第二、三卷，主要由金冲及同志负责，我写少数节、目，第四卷完全由我执笔。之所以如此分工，主要是因为第四卷需要使用报纸的资料，工作量较大的关系。此后，经过近十年的努力，我们终于完成这部书的撰写，并在辛亥革命八十周年时，四卷完全出齐。

邹兆辰： 您和金冲及先生合作的《辛亥革命史稿》1—4 卷被同行专家评论为"代表了我国现今对辛亥革命史研究最高水平的一部佳作"。我想，这部书之所以被称为"佳作"，不仅仅是以鲜明的马克思主义历史观点来分析那一个时代、一个社会中所产生的各种历史现象、历史事件和各种政治力量、政治派别、历史人物，还因为这部书在占有史料方面见长，在鉴别史料和处理史料方面有较高超的技巧。可以说说这方面的情况吗？

胡绳武： 我们这部书确实很重视有关资料的搜集。为此，我们几乎翻阅了当时革命派和立宪派的各种刊物，对一些重要的刊物还做过专题研究。要写民初这段历史必须使用当时各个政治派系的报纸。为此，我在北图报库阅读各种报纸达数年之久，摘抄有关报纸资料上百万字。1993 年，中山大学孙中山研究所教授段云章同志在为本书所写的书评中说："作者在本书中摘引的史料，极少是转引的，绝大多数是第一手史料，其史料来源之浩繁实属罕见。"又说："初步统计，图书报刊资料约达 540 种，其中很有分量的报纸杂志 140 种"，是符合实际的。由于我们掌握了丰富的有关史料，所以这部书对当时客观形势，各种历史现象、历史事件和各种政治力量、历史人物的论述，能够建立在可靠的史料基础之上。

邹兆辰： 你们合作的这部《史稿》在论述辛亥革命这样一个重大课题上与其他著作相比主要特点是什么呢？

胡绳武： 你这个问题问得很好，这也是我们在写作过程中一直思考的问题。辛亥革命这样一个发生在中国近代社会的紧要阶段的重大历史事件，它的发生、发展、胜利到失败的过程是非常的复杂的，其中很多情况让人感到眼花缭乱。要把这一复杂的历史过程交代清楚，必须抓住最基本的线索。我们把这个革命的基本内容界定为：由中国民族资产阶级领导，当然是通过最先觉悟的中国资产阶级、小资产阶级的知识分子领导，旨在推翻实际上已成为帝国主义在中国的代理人的清朝政府、建立资产阶级共和国的一场革命。所以，我们的书将论述中国民族资产阶级的发生、发展及其特征，资产阶级民主革命力量的组织和成长，民主革命的纲领、战略、策略的形成和运用，以及这一过程中出现的人物功过、事件成败的评估作为重点。

当然，历史是各种社会力量的合力的结果。在突出革命主体力量的同时，对于参与这个历史活动的各种社会力量也必须有所交代、有所说明。所以，我们在摆明革命的大背景下，也在各章节中论述了与革命有关的国际国内重大事件、各相关阶级阶层的意向和状况，各种形式的斗争的实际内容和对革命的影响等，就是说把有关的事件、人物都放在民主革命的潮流中来考察，着眼点在于各种力量的联结点和结合的情况。

在处理好这两方面的关系的同时，我们也注意把这一时期的政治、经济、国际关系、思想文化等方面的情况结合起来。

邹兆辰： 我注意到在您对辛亥革命问题的研究中，很注意对其中的重要人物如孙中山、章炳麟、严复、梁启超、杨毓麟、蔡元培等的思想的分析。

胡绳武： 是这样的。因为人的活动是靠思想指导的，思想又是历史环境决定的，思想产生后，又可以成为从各方面影响社会历史的力量。所以，我们在写作的过程中，注意结合历史条件对各种人物、各种刊物的基本思想、特点和变化的情况进行分析，这样就能够把人的思想行为和社会历史环境的现实紧密结合起来。

邹兆辰：有评论者认为这部 150 万字的著作是一篇"前后融贯的生动文章"，您怎样看这种评价？

胡绳武：我非常赞赏这种说法，我们自己主观上确实努力这样写的。因为我们这部书虽然写了很长时间，涉及内容很多、很复杂，但是我们的书自始至终都抓住近代中国社会的主要矛盾，特别是突出了帝国主义和中华民族的矛盾这对主要矛盾来写的。这一主导思想从开始一直贯穿到底。所以，虽然全书达到 150 万字，涉及很多、很复杂的历史问题，但它确实像一篇首尾连贯的"大文章"。关于这方面的评论，你可以参阅段云章同志在《近代史研究》1993 年第 4 期上的评论文章。

邹兆辰：从您的《清末民初历史与社会》一书来看，您是把帝国主义与中华民族的矛盾作为中国近代史的主要线索的。从书中的《列强侵略与中国近代政局论纲》一文来看，您是以帝国主义和中华民族的矛盾这个主要矛盾来揭示中国近代历史的发展过程的。这也是近代史学界的一派观点吧？您对其他学者的观点，比如以现代化作为中国近代史的基本线索的观点是怎样看的呢？

胡绳武：关于中国近代史线索问题的讨论，是由胡绳同志在他的《中国近代史分期问题》（载 1954 年《历史研究》创刊号）一文中提出要"从中国近代历史的复杂的事实中找到一条线索，循此线索即可按照发展顺序把各方面的历史现象根据其本身的逻辑而串联起来"这个看法进行讨论的。当时，近代史学界讨论得很热烈，发表的论文有数十篇。在讨论的过程中，着重讨论的是中国近代史的线索是什么，而对"线索"指的是什么，要具备哪些内涵才能算作线索则未进行必要的讨论。就所提出的线索，如三次高潮、四个阶段、民族解放运动等，都是把线索和进步的潮流联系在一起的。其实，线索是什么，线索是否就是进步潮流，并未进行讨论。我没有参加这场讨论。我在1990年发表的那篇《列强侵略与中国近代政局论纲》一文中，提出主张应以帝国主义与中华民族这一各种矛盾中最主要的矛盾作为线索，并以此对中国近代政治史上的各种重大现象作了论证。文章发表后，由于讨论热潮已过，没有引起讨论。

我可以举一个例子来说明我的观点：在辛亥革命前后，立宪派和革命派的分歧是非常突出的。立宪派为什么在辛亥革命之前坚决反对革命，在辛亥革命之后又支持袁世凯，继续与革命派为敌？这里面原因是多方面的。但这与他们对于存在着严重民族危机形势下的国情认识有所不同有关，这无疑是一个重要的原因。在辛亥革命前，他们之所以坚决反对革命，主要是因为他们认为如果发生革命，一定会破坏社会秩序，其最后结局必将遭到列强的干涉，导致中国的灭亡。在辛亥革命之后，他们之所以支持袁世凯，是因为他们认为在严重民族危机的形势下，新建立起来的共和国，要想存在于世界民族之林，只有通过像袁世凯这样的强有力的人物，建设一个强有力的中央政府，在"共和"的形式下，运用开明专制的手段，才能把中国真正引上"宪政"的轨道。这样，他们就把国权和民权对立起来，大力宣传国权主义，反对革命党人所主张的民权主义。

我觉得，按照这个线索来分析：鸦片战争中主战派和主和派的尖锐对立；1860年《北京条约》签定以后，以肃顺为主的强硬派和以奕䜣为代表的主和派的矛盾以至"北京政变"的发生；对洋务运动性质与作用的分析；甲午中日战争的地位与作用；义和团运动以及"东南互保"、《辛丑条约》等问题，都是受到帝国主义和中华民族的矛盾的影响、制约和规定的。只有抓住这一主要矛盾，才能对这一系列的历史现象作出合乎实际的说明。

我不赞成以现代化作为中国近代史线索的观点，因为以此作为线索，不能对中国近代史上各种错综复杂的现象给予有力的说明。

邹兆辰：您除了进行辛亥革命的研究外，也很重视史学理论和方法的研究。1984年四川教育出版社出版的《唯物主义历史观的形成》一书，是否与您这段时间编写史学概论教材的经历有关系呢？

胡绳武：是的。这本书是在"文革"前参加由教育部文科教材编选办公室聘请黎澍同志任主编的史学概论编写组时写的，具体时间是 1963 年 4 月到 1964 年春。这篇文章就是为我分工的历史研究之成为科学的任务而写的，因为历史研究要成为科学必须在唯物史观指导下才有可能。但是整个教材没有完成，这个文章也没有发表。直到粉碎"四人帮"以后的 1981 年，史学理论研究会的筹备组编辑的《史学理论研究动态》第 2 期，才发表这篇文章。1984 年，四川教育出版社正式出版，这才使这本小册子得以问世。

邹兆辰：这篇文章您也写了整整一年的时间，对马克思恩格斯的唯物主义历史观的形成作了系统的论述。我粗略地读了一遍这本书，觉得它虽然写于"文革"之前，但对于唯物史观产生的基本脉络阐述得还是很简明、很清楚。书中没有把唯物史观当作简单化的教条，而是侧重于分析唯物史观究竟是怎样形成的。

胡绳武：这篇文章确实整整写了一年，当时是写得很苦、很累的。因为我不是搞哲学的，要把唯物史观的形成过程搞清楚，就需要阅读大量的马克思、恩格斯的著作，也要弄清楚黑格尔的哲学思想、费尔巴哈的哲学思想，要了解当时的工人运动的情况，要把马克思主义的历史观从它的历史发展的角度搞清楚，从这里才能把它的基本原理梳理出来。如果是今天来写，当然可以写得更好一些，从当时的认识水平来说，我确实是花了很大的力气来写的。我写了这篇文章，对于我后来的辛亥革命的研究当然是有很大益处的，它使我掌握了分析社会历史问题的基本理论和基本方法，这种指导作用是潜移默化的，不是教条主义的套用。你可以看我在《清末民初历史与社会》一书的许多文章，都是体现了运用唯物主义历史观来分析社会现象、历史事件、历史人物的。我觉得这些理论和方法直到今天来说，依然是行之有效的。

邹兆辰：下面我想和您探讨一下史学方法问题。您从 1955 年就开始从事辛亥革命问题的历史研究，在当时史学工作者，特别是新中国成立以来成长起来的新一代史学工作者肯定是以马克思主义的方法，即以唯物史观为指导来研究历史的。60年代，您又参与过马克思主义历史科学概论的编写工作，专门研究过唯物主义历史观的形成，所以称您为马克思主义的史学家应该是没有问题的。我想提的问题是您是如何看待马克思主义的史学方法的？在您自己的研究过程中，又是如何运用这种方法的呢？

胡绳武： 这个问题很大。我只能粗浅地谈一些自己的体会。

20世纪90年代初，《史学理论研究》编辑部曾经举行一次《世纪之交的中国史学》专题座谈会，主题就是"回顾过去，展望未来"。我当时曾经就史学方法论的问题谈了一点自己的意见。我始终有这样一种看法：改革开放以来，不少史学工作者认为不应该把唯物史观和史学理论与史学方法论等同起来，不应该认为历史唯物论以外别无其他属于马克思主义的史学理论和方法论。根据这样的认识，有关史学理论和史学方法论问题的讨论空前的活跃，涉及这方面的论文非常多，涉及面也非常之广。其中，涉及外国史学所运用的一系列新的研究方法介绍得最多。但是，在这场关于史学方法论的讨论中，对于和唯物史观直接相关的史学方法却没有得到认真的讨论。有的研究者谈到马克思主义的阶级分析方法绝不是历史研究的唯一方法，马克思主义的史学方法论是由多种方法组成的方法论系统，阶级分析方法只是其中的一种。但是没有人指出马克思主义的史学方法除阶级分析外还有哪些方法，也没有说清楚马克思主义的史学方法论系统，究竟是怎样的一种系统。对于阶级分析方法，也只是指出过去在"左"的路线影响下，使用阶级分析方法的公式化、概念化、绝对化、教条主义以及危害，但没有能结合过去的经验教训和史实来深入研讨应该怎样运用这种方法。至于除了阶级分析方法之外，还有哪些是马克思主义的史学方法也没有认真地进行过讨论。

邹兆辰： 您说的这一点我深有体会，因为我多年来一直在教史学概论课，讲到马克思主义的史学方法问题时，总觉得很不具体，除了阶级分析方法还有哪些呢？许多教材都讲得不具体。

胡绳武： 我觉得为了掌握、运用和发展马克思主义的史学方法，首先应该重新研究马克思和恩格斯的著作，弄清楚他们在分析社会历史问题的过程中究竟运用过哪些方法，把它们归纳出来。其次，在引进当代外国史学使用的各种方法的过程中，加强对它们的分析与批判，肯定它们在具体历史研究中确实有成效的一面，同时批判其明显的唯心论的东西。再就是应该认真研究近现代中外史学家的成功之作，总结它们的行之有效的方法。这里所说的成功之作，既包括马克思主义史学家的著作，也有非马克思主义史学家的著作。我觉得有些非马克思主义的史学家，能够从事实出发，运用正确的研究方法来科学地说明历史现象，探求历史规律，也可以写出体现唯物史观的令人信服的史学专著。像法国史学家兼批评家丹纳所著的《艺术哲学》就是这样的著作。这部书从种族、时代和环境三个原则出发，这里面就包括政治、法律、道德、宗教、风俗人情、思想感情等一切属于上层建筑的东西，用非常丰富的材料，对西欧各国历史上各个时期的文学、各种艺术形式和流派的形成和发展规律，都作了非常精彩、令人信服的分析和说明。这里涉及绘画、雕塑、建筑、音乐等艺术形式。如果我们分析、总结像这种著作的研究方法，对于我们丰富和发展马克思主义的史学方法，肯定会有帮助。另外，任何一种研究方法都不可能离开传统的史学方法孤立地加以运用。中国有着世界上最丰富的史学遗产和优良的史学传统，我们应该重视对传统史学方法的研究，努力把新史学方法和传统史学方法结合起来。最后，我感觉无论史学理论还是史学方法的论述，都应该结合具体史实进行，只有在具体的历史研究实践中作出令人信服的成果，这样才有说服力，才能够被人们接受和利用。

邹兆辰：从 1957 年您和金先生一起发表《论清末的立宪运动》算起，您在清末民初这一历史范围中已经辛勤耕耘了半个世纪，同时您的研究领域早已扩展到整个近代史领域。如今您已经年过八旬，在对历史研究付出了一生的精力和智慧以后，您对它感受最深的是什么？

胡绳武：我这一生的主要精力确实都用在了对辛亥革命前后的中国历史与社会问题的研究上了。这五十年来，围绕辛亥革命的问题包括各种事件、团体、人物等进行了一系列的研究，我的研究成果主要体现在《辛亥革命史稿》这部书里，还有一些文章汇集在《清末民初历史与社会》一书中。段云章先生评论说，这是"一部博大精深的辛亥革命史"，他说这部书"其引用史料之浩繁，其体现辛亥革命历史的内容和发展过程之真切程度，以及论证问题之力度和深度"，表明它是"辛勤劳动、呕心沥血之力作，确是反映了当今研究辛亥革命的新水平"。他的话虽有些过誉，但他真是下了大功夫来阅读这部书的一个学者。现在，我已经八十多岁了。回顾这半个世纪来的研究工作，我觉得我所坚持的研究方法，即以唯物史观为指导，严格遵照事实为历史研究的出发点，在分析任何历史与社会问题时，都把问题放到一定的历史范围之内来考察，是我一贯坚持的原则，也是我的研究之所以取得一点成绩的重要原因。现在，中国近代史的研究水平已经有了很大的发展，我这一点体会仅供年轻同志参考。

邹兆辰：谢谢胡先生的谈话。我们回顾的事情多，涉及时间长，您对过去的学习与工作情况做了非常认真的回顾与思考，我们一共进行了四次谈话才完成了这次访谈工作。谢谢您对《历史教学问题》的支持！祝您身体健康！

胡绳武：我也要感谢主编王斯德先生，给我这样一个机会来回忆我的治学经历；也要感谢你花这么多时间来帮我进行回忆，完成了这次访谈。

胡绳武，1923年生，山东枣庄市人。中国人民大学清史研究所教授。1948年毕业于上海复旦大学史地系，后留系任助教。1960年任复旦大学历史系副教授、系副主任。1962年7月至1964年7月，被教育部借调到北京参加编写史学概论教材，1974年7月被国务院科教组借调北京《历史研究》编辑部工作。1975年9月调入国家文物局，先后任文物出版社副总编辑、古文献研究室负责人。1980年12月入中国人民大学清史研究所工作，1981年任教授。1993年享受国务院特殊津贴待遇。1995年由中国老教授协会授予先进工作者称号。著有《鸦片战争》《甲午中日战争》《唯物主义历史观的形成》《清末民初历史与社会》；与金冲及合著有《论清末立宪运动》《辛亥革命史稿》1—4卷、《从辛亥革命到五四运动》等；与戴鞍钢合撰《中国二十世纪全史》第一卷《辛亥风雷》；主编《戊戌维新运动史论集》《清史研究集》

（4—7集）、《中华文明史》（清后期卷），参与主编《沙俄侵华史》，发表学术论文数十篇。

邹兆辰，首都师范大学历史学院教授。

对中国古代文明的多学科多领域探索
——访李学勤教授

(🎙)李学勤　　(🎙)邹兆辰

邹兆辰：李先生，您好！您是我国史学领域中的著名学者，您的学术成就包括历史学、考古学、古文字学、文献学等诸多方面。大家对您的学术成就有一些了解，但年青一代的学人，对于您为什么能够在那么广泛的学术领域里取得重要成就还是十分感兴趣。我受《历史教学问题》主编的委托，想就您的成长经历、治学道路、学术见解等进行一些探讨。今天很高兴来到清华大学荷清苑，这需要耽误您的一些时间了。

李学勤：王斯德先生跟我谈过，我很愿意和年轻的朋友们交换意见，不过我确实时间很紧，您看到了我这里的状况，您看有什么问题咱们可以谈一谈。

邹兆辰：我所要问的是，现在青年们对您如何成为当代著名的学者的历程很有兴趣，希望您谈谈您个人的学习或治学的话题，有哪些经验，让青年们有所借鉴。

李学勤：也常常有人问我这个问题。我跟他们说，我这个人走的道路不足为训。这不是我客气，因为我这个人的道路非常简单、但又非常特殊，很少有人像我这样。我不是学文史的，虽然考入清华哲学系，不是学哲学史的，虽然后来我跟侯外庐先生搞了多年的思想史。我来清华是想学数理逻辑，那时数理逻辑与哲学是分不开的，你知道罗素和怀特海是搞数理逻辑的。把数理逻辑系统地介绍到中国来的是金岳霖先生。一个很偶然的场合，我读到了金岳霖先生的《逻辑》。当我从头到尾把书看完了之后，就向往数理逻辑。1951年我决定报考清华大学，理由就是学习数理逻辑，所以说我来清华并不是学习文史，而是学习哲学。跟现在满满一教室学生面对一个老师的情况不同，那时候我们就几个学生，经常到金先生家里去，到他家听他讲授，学问也就是这么做出来的。跟从金先生学习，不光是学他的知识，也是在他跟前学习做人。

我在清华待的时间很短，1952年院系调整，清华就没有文科和理科了。那时候，我在研究甲骨文方面，做了一些工作，就去了中国科学院考古研究所。

邹兆辰： 您怎么会很早就对甲骨文产生兴趣呢？

李学勤： 我在小孩的时候，就非常喜欢看不懂的东西，一看是不认识的，恰恰是我最喜欢的，特别是符号性的东西。我的数学学得还可以，但是我不想去学数学。数理逻辑就是这样，人们看不懂，几乎没有什么字，都是符号。甲骨文也是这样，所以我就喜欢这个。1950年，我17岁，就开始对甲骨文感兴趣。那一串串未知文字的确切含义，那一层层隐藏在卜辞里面的先人的思维，深深吸引着我。我经常骑自行车到位于文津街的北京图书馆去看这方面的书。

邹兆辰： 那么您学习甲骨文就是通过自学吗？没有什么老师指导吗？

李学勤： 就是自学。那时候，在北京图书馆看书很方便，通过借阅甲骨一类书刊，我认识了馆中负责金石部的曾毅公先生。在曾先生的帮助下，我不但能看已经编目的书，还有机会看到不少馆中特别收藏的书籍、拓本，眼界就逐渐开阔起来。

当时，我曾仔细读了《安阳发掘报告》《中国考古学报》，也看了董作宾先生的《甲骨文断代研究例》和在《历史语言研究所集刊》上发表的《殷虚文字甲、乙编》的序。我还看了陈梦家先生的文章，他的《甲骨断代学》正在《燕京学报》等刊物上陆续发表。我发现他关于甲骨断代，就是现在我们所说的甲骨分期的看法与董先生有些不同。后来，我又看到日本贝塚茂树、伊藤道治两先生的《甲骨文断代研究的再检讨》，他们的意见与陈梦家先生比较接近。总之，当时我已经对甲骨文研究产生了很浓厚的兴趣了。当然也要掌握一些相关的知识，如文字学、音韵学等，这些也是我自己学的。

邹兆辰： 1952年您应该是大二的学生，您怎么能够到考古所工作，谈谈具体情况好吗？

李学勤： 1952年的时候，陈梦家先生从清华中文系调到中国科学院考古所。当时上海的郭若愚先生对《殷虚文字甲、乙编》进行缀合，将书稿送呈中国科学院院长郭沫若先生。郭先生把书稿转交给考古所，当时的所长是郑振铎先生。郑先生征求陈先生意见，陈先生认为书稿还可以进一步补充。当时，北京图书馆的曾毅公先生在甲骨缀合方面已经知名，所以就邀曾先生来搞，我也一起参加这项工作，所以1952年我就来到了中国科学院考古所。这项工作1954年完成了，成果就是与郭若愚、曾毅公先生合作的《殷虚文字缀合》，1955年由科学出版社出版，郑振铎为该书写了序，是由陈梦家先生代笔的。

邹兆辰： 这里我还想请您解释一下，什么叫"殷虚文字缀合"呢？做这件事的意义是什么呢？

李学勤： 甲骨被发现的时候，大多数是分裂破碎的，所以早就有学者指出，为求窥见卜辞的完整记载，甲骨缀合是最急切最基本的工作。把原属于同一版块的甲骨碎片连接复原，这称为缀合。另外，把本相关联的不同版甲骨排比连属，就称为排谱。

邹兆辰： 您搞甲骨文没有受到家庭的影响吗？

李学勤： 没有，我父亲是在医院工作的，就是我自己喜欢。不过一个偶然的情况有可能使我成为另外的一个人，我给你讲讲：

我是1945年入中学，1948年初中毕业。当时北平有两个高等工业学校，都很有名：一个是北平市立高等工业学校，一个是北平国立高等工业学校。市立的在东四北边，国立的在白塔寺后面。市立高工就是现在的北方工业大学，在石景山；国立高工就是现在的北京工业大学。国立高工当时是全国著名的学校，学校毕业相当于大学的专科，一共要上五六年，把大学的课程上完，而且学校还管饭，当时是很不容易考的。1948年国民党要垮了，生活比较困难，我们家的情况还算好的，还有饭吃。我初中在汇文中学读的，1948年夏天我去考国立高工，我考得很好，是电机系的第一名。但是我遇到一个奇怪的事，这件事便改变了我的命运。那时国立高工要求录取学生到北平市防痨协会去体检，要照一个小片子。体检后给我一个通知，上写"两肺尖部浸润性肺结核二期"。这个在当时是不得了的事，因为那时没有什么特效药，不是上得了学上不了学的问题，而是保得住保不住生命的问题。得了这种病是活不了的，很危险的，我真是受到了一个重大的打击，当时也没想是怎么回事，遭受了一场惊恐。后来我又到其他医院检查，根本没有事。等后来再到防痨协会去问，他们说是片子搞错了。但是我受到这样一个惊恐，我也没有再去这个学校，学校倒是也找过我，因为我是榜首。如果我去了，我非常可能留苏，当时很多高工的学生都留苏了，回来以后可能当一个厂长。你看，一个很偶然的事情，就可能改变一个人的生活道路。

邹兆辰： 看来您的成长经历确实很独特，您不是像大多数人那样通过学校培养掌握专业知识和技能然后参加工作的。这个经历对当代青年有什么启示呢？

李学勤： 如果说我的经历对当代青年有什么帮助的话，我可以说一点，就是那时候的学习没有什么功利的目的。前几年《科学时报》记者访问我，问我对当前教育有什么看法。我说，当前教育中最主要的问题就是功利化，而科学最不能容忍的就是功利化，功利化不可能有真正的发明创造。我那时候是一个小孩，一个穷学生，可是我没有想过学什么东西可以赚钱。那时的生活条件比现在差远了。那时我买书只能买旧书，不敢买新书。我老到旧书店、旧书摊去，书店的人都认识我，到今天我和中国书店也还有很好的联系。因为我小时候就和旧书打交道。我不但买书而且卖书，经常是买了卖，卖了买，有时候不吃饭也要买书。当时喜欢科学，想当个科学家，可是脑子里没有功利的想法，完全是凭兴趣。如果说从功利的角度出发，我为什么要搞这个？这是最不能挣钱的行当了。如果有功利的目的，就不会在科学上做出成绩。不知你同意不同意我的这种看法？

现在，小孩从幼儿园开始就培养功利化思想。从小就要考虑找一个好幼儿园，才能上好小学，上好小学才能上好中学、上好大学，一直到研究生毕业，然后出国，然后挣钱。你想他哪有精力去考虑科学创造的问题？

邹兆辰："文革"前，您在历史研究所有很长一段时间是和侯外庐先生一起搞思想史，关于这方面的情况您可以回忆一下吗？

李学勤：侯外庐先生是我国五位马克思主义史学大家之一。我怎么到他身边工作的呢？这个也是我从考古所到历史所工作的原因。我认识侯外庐是通过外交部一位先生，他对我很赏识。他与侯外庐先生有联系，他把我介绍给侯先生。历史所是 1954 年建立的，而考古所 1950 年就建立了，中国科学院 1950 年建立的时候就有考古研究所，也有了近代史所。1953 年决定成立历史研究所，当时分一所、二所，侯先生被任命为二所副所长，那时他是西北大学的校长。他到二所做筹备工作，我还在考古所，那时我的岗位还没有定下来，他说你到历史所来吧。侯先生要我跟着他，做他的助手。侯先生是史学大家，他虽然主要是作思想史研究，但实际上他什么问题都研究，他写的东西多，古今都有。我就一直跟着侯先生，一直到"文革"。在"文革"当中，我被借调到国家文物局，搞新发现文物的整理工作。一直到 1978 年，我回到现在的历史所。不久，老一代的室主任们要退下来了，我有两个选择，一是在思想史研究室，一个是到先秦史研究室，接替胡厚宣先生做主任。经过侯先生同意，我就到了先秦史研究室。

邹兆辰：在"文革"时期您就参加了马王堆等项目的工作了？

李学勤：是的，那是很快乐的事，那时学术工作都停顿了，只有这样的项目可以做。我也去过干校，但是时间很短。我是 1970 年去的干校，1971

年郭老要修改《中国史稿》，就把我调回来了。但《中国史稿》也搞不了了。发现马王堆帛书以后，文物局就想把我调去，但这边搞运动一直不放。我是1975年年初正式过去的，实际我从1974年就已经写这方面的文章了，一直到1978年才回来。

邹兆辰：那么说"文革"对您的耽误不是很大？

李学勤：不，耽误很大！前几年我在全国政协提出一个提案，建议搞口述历史，特别让一些老学者说说自己想做而没有来得及做的事情。有出版社很感兴趣，一会儿他们就要来找我谈这件事。本来我计划做很多研究，但失去了这样长的时间，很是可惜。

邹兆辰：五十多年来您一直在研究甲骨文，在研究甲骨文的分期上有自己的成果。但是从20世纪60年代，您好像把研究的重点转移到金文以及青铜器研究方面，您的这种转变也是由于个人的兴趣吗？

李学勤：50年代，我在这个领域里艰辛地摸索，从甲骨文着手，又研究整理战国文字。到60年代时，我深感自己积累不足，就转到金文以及青铜器的学习研究上来。

邹兆辰：您在青铜器研究方面成果丰硕。1980年出了《中国青铜器的奥秘》一书，1990年出了《新出青铜研究》，1996年出了《中国青铜器概说》。您还总结了青铜器研究的历史以及方法等问题。您曾谈到古代的青铜器是中国古代文化的重要因素，可以进一步说明一下吗？

李学勤：好，这个问题值得探讨一下。中国古代的青铜器，就和中国古代的玉器一样，是中国古代最重要的文化因素，在全世界也是非常突出的。中国青铜器的研究可以上溯到汉代。在汉武帝的时候就已经有了收藏青铜器的记载。后来，汉宣帝时有个叫张敞的，他曾考释过青铜器的铭文。北宋的时候，开始有了青铜器的专门著录。这就是流传至今的吕大临《考古图》和

《宣和博古图录》，主要是青铜器。因此，可以说中国金石学的青铜器研究传统在北宋的时候就已经形成并成熟了。现代青铜器研究的标志，是郭沫若1931年出版的《两周金文辞大系》。这本书在许多方面都开创了新局面，对于中国青铜器的研究起了划时期的作用，这一点没有什么夸张的。它的特点是对金文作系统的整理，同时对青铜器的器形也作了开创性的研究。接着全面研究青铜器的是容庚先生，他的《商周彝器通考》是全面系统研究青铜器的著作。长时期以来，中国青铜器研究偏重金文，在20世纪的30年代，国际上对中国青铜器的研究出现了用类型学的方法进行系统整理，着重研究青铜器的形制、纹饰等方面。40年代末50年代初，陈梦家先生把这两种方法结合起来，形成青铜器研究的新局面。

邹兆辰：您也是主张用考古学的类型学的方法来开拓青铜器研究的新局面的吧？

李学勤：我认为青铜器研究应该有一个新的进展，标志就是以考古学为基础，这是我们必须做到的。因为到陈梦家先生止，也就是20世纪50年代，那时考古发掘的青铜器材料还很有限，做不到以考古材料作为青铜器研究的基础。现在，又经过50多年的考古发掘，材料虽然在某些方面还不如传世的，但是完全可以以考古材料为基础，把青铜器研究的体系进一步建立起来。可以把传世品作为研究的补充，但是研究的基础应该是考古学。

既然以考古学为基础研究青铜器，就不能只以研究金文作为研究的主体，要从多层面、多角度去研究，至少应从形制、纹饰、铭文、功能、工艺五个方面进行。

邹兆辰：从20世纪70年代，您就曾主持或参加过马王堆汉墓帛书、银雀山汉简、定县汉简、云梦秦简、张家山汉简等的整理，在上述简帛以及长沙楚帛书、包山楚简、郭店楚简、上海博物馆藏楚简的研究中您都做出了巨大的贡献。您可以回顾一下参加这些简帛整理工作的情况吗？

李学勤：1972年，在山东临沂银雀山一号墓，属于汉武帝早年，出土了大量竹简兵书，最主要的是《孙子兵法》和《孙膑兵法》。1973年，在湖南长沙马王堆三号墓出土了大量的帛书和竹木简，帛书最多，有《周易》《老子》等书籍，是汉朝初年的。帛书内容涉及古代哲学、历史、医学和科学技术许多方面。另外还有几册图籍，大部分是失传的书籍。这些佚籍的发现，好像打开了一座地下图书馆，可谓石破天惊。我当时参加了帛书的拼合和研究工作。

1975年，在湖北云梦睡虎地十一号墓一个小墓里面，出土了大量的秦代的竹简，这是第一次看到用墨笔书写的秦人手迹。当时我直接到现场去，看到原来满满一棺材都是竹简，主要是秦代的法律。1977年，在安徽阜阳双古堆一号墓也出土了竹简，有《周易》《诗经》，等等。1983年，湖北江陵张家山二四七号墓出土了大量的竹简，主要是汉初吕后时代的法律。1993年，湖北荆门郭店一号墓出土了大量的战国时代的楚简，是儒家和道家的著作，道家有《老子》，儒家有《子思子》，还有其他书籍。大致同时，还有一个墓的楚简被盗掘，流传到了香港，1994年由上海博物馆收购回来，内容和郭店简差不多，也主要是儒家、道家的书籍。还有很多小的发现我在这里就不介绍了。

简帛书籍使我们目见古代著作的本来面目，其中不少佚书是连司马迁、刘向、刘歆也没有看到的。一系列的发现，促使学者长期以来对古书的看法产生改变，不少久被怀疑否定的"伪书"得以昭雪，还有不少典籍，其时代由此明确，重为学者放心使用。大家逐渐认识到，历史上若干方面，特别是学术史、思想史，已经有了重写的机会。

邹兆辰：在简帛研究的过程中，又出现了战国文字的研究。战国文字的研究是中国文字发展史上的一个空白，您是这一研究的一位奠基者，能说明一下这项研究的意义吗？

李学勤：简帛书籍的发现确实使古文字学的研究进入一个新阶段。在古文字的研究中，以往主要是根据许慎的《说文解字》向上推溯，使甲骨文、金文等能够识读。不过在研讨中国古文字的演变中，战国时期的材料十分零散，一直是研究的难点。战国的文字分为秦、三晋、燕、齐、楚等系，形成

"文字异形"的局面。秦兼并六国后，在文字上"罢其不与秦文合者"，后世的文字，真草隶篆，都出于秦文字，六国文字于是废绝，所以过去学者在论述文字源流时往往空缺了这一段。现在发现的许多战国时期简帛资料中，不少书籍能与传世古书直接对照，如郭店简《老子》和《缁衣》，上博简《缁衣》《孔子闲居》等，使我们直接释读出许多僻字、难字，使识读战国文字的水平提高了一大步。不仅如此，我们还可以运用简帛研究中的知识来解决甲骨文、金文中过去无法辨识的文字。

在六国文字的研究中，楚文字的研究成果最多，这是由于楚文字出土材料非常丰富，特别是楚帛书、楚简，不但字多，而且有上下文可寻，有些更能与传世文献对照，很受学者的重视。秦文字材料发现也越来越多，尤其是西安相家巷秦封泥、龙山里耶秦简的出土，数量之大出人意料。

邹兆辰： 我看到您有一篇文章叫《初读里耶秦简》，说 2002 年 6 月在湖南龙山里耶古城址一号井出土了大量简牍，总数有 36000 支左右。

李学勤： 是的，这项考古发现的消息震动了当时的学术界。我在那年 7 月下旬应湖南省文物考古研究所之邀，到长沙观察了已经清理出的一部分简牍。这些简牍是非常珍贵的，根据初步探讨，可以对秦代历日获得比较完整的了解，对了解秦代行政文书格式等一系列问题也有重要价值。

邹兆辰： 您曾经说过：已发现的简帛书籍，对于古代学术思想的研究影响尤为重大，可以说中国的学术史已经需要加以重写。您能具体地解释一下吗？

李学勤： 可以说简帛书籍的发现，对于先秦儒家、道家、兵家等思想的研究都有着很大的影响。

先秦的儒家典籍，经过秦代的焚书以及历代的散亡，保存下来的材料有限，尤其是从孔子以至孟子之间，儒学思想的流变基本上不能详究。新发现的郭店楚简和上博简正好填补了这个缺陷，它们中的许多内容，如《性自命出》《成之闻之》《五行》等所反映的正是孔孟之间的儒家。上博简的《诗论》对于探讨孔子与《诗经》的关系，《鲁邦大旱》篇中孔子对于襧祀的言论，对于深入了解孔子思想也是十分重要的。此外，马王堆帛书《周易》经传的问世，阜阳双古堆竹简《诗经》的出现，定州简《论语》和所谓《儒家者言》等的发表，都给儒学史的研究带来了新的课题。

道家的研究也得到很大的突破。比如郭店简《太一生水》可能与关尹一派的思想有关；张家山简和双古堆简中有《庄子》的一些篇章，对于探讨《庄子》一书的时代也有重要帮助；定州简《文子》证实了《文子》一书的存在。特别是马王堆帛书《黄帝书》的发现，不仅解开了古书常见的"黄老"之谜，更重要的是表明先秦的黄老之学，其主流和庄子、列子一系的隐逸思想是完全不同的。与黄老思想相关的古书《鹖冠子》一书的真实性也得到学者们的普遍认可。这样，先秦至汉初道家的材料已经大为丰富，所以用新的观点重写道家的历史，条件已经成熟了。

邹兆辰：1995 年，您受命担任"夏商周断代工程"的首席科学家和专家组组长，这是属于年代学研究的一个重大项目吧。它是不是您关于先秦历史文化研究的又一个新领域呢？

李学勤：什么是"夏商周断代工程"呢？简单地说，"夏商周断代工程"是以自然科学与人文社会科学相结合的方法来研究中国历史上夏商西周这三个历史时期的年代学的项目。年代学研究古代的年代，也就是给予古代历史一个时间的量度。夏商周断代工程就是研究夏商西周的年代学。

"夏商周断代工程"是一个按照系统工程原则来建立的大型项目。在当时我们的可行性论证报告里面，就规定了建立 9 个课题、36 个专题，直接参加的专家学者达到 200 人。最后，我们的课题仍然是 9 个，而专题则根据工程进行的情况，适当地增加，变成 44 个。经过 5 年的集体努力，最后达到了预定目标，制定了"夏商周年表"。2000 年 9 月，这个项目顺利通过了由科技部组织的专家验收。同年 11 月 9 日，"夏商周断代工程"项目办公室举行了新闻发布会，正式公布了阶段性成果，《夏商周断代工程 1996—2000 年阶段成果报告》（简本）也正式出版发行。2001 年春天，被评为"九五"期间科技攻关计划的重大成果。

邹兆辰： 现在这个"工程"的结果，阶段成果报告简本公布六年了，今天您是否再回顾一下这项"工程"的意义呢？

李学勤： 人们常说，世界上有四大文明古国，包括古代埃及、古代美索不达米亚、古代印度，还有中国。在这四个古代文明里面，只有我们中国，几千年来的文明绵延不绝，在人类历史上可以说是光辉的奇迹。可是中国的文明，究竟有多么长远的历史，不是没有怀疑的，我们需要把它弄清楚。仅仅说古书上是这么写的，这不行。实际上，我们国家的确切的历史年代只能上推到公元前841年。因为司马迁的《史记·十二诸侯年表》的第一年是西周晚期的共和元年，即公元前841年。当然，其他几个古代文明最早的确切年代大致也在这个时间，因为人类历史的发展就是这样，越古的就越模糊。往前还有没有呢？不是说没有，而是没有公认的说法。外国的情形也是一样，也是有很多的分歧，很多的模糊，但是通过学者反复研究，是有比较公认的说法的。中国古代就没有这样一个公认的年表，这是一个很大的欠缺。我们到底有没有五千年的文明史？文明发展的水平究竟怎么样？这不是凭着我们的爱国热情所能解释的，而是需要科学的论证，我们要很审慎地进行科学研究。

邹兆辰： 对"夏商周断代工程"问题海外有些争议，不知您对这些争议是如何看的？

李学勤： "夏商周断代工程"是一个大型工程，其后期工作现在也没有完，明天我们就要开一天会。我们这个工程进行过程中，开的会最多，有时把不参加我们工程的学者都请来，因为我们要听各种不同的意见。项目是多学科的，大家有不同意见很正常，国外学者有不同意见，国内学者也有不同意见。只要是有关这个问题的学术性的意见，我们都欢迎，我在美国亚洲研究会的讨论会上就曾经这样表示过。

邹兆辰： 20世纪90年代，您写了《走出疑古时代》一书，我想您是不是说，探讨中国古代文明，必须要首先破除近代以来出现的疑古思潮？

李学勤： 中国传统文化中有一个很基本的特点，就是人们一直认为一切事物都是越古越好，所以三代以上就是人类历史上的黄金时代。古代的经籍，就成了整个学问的核心。中国人到了 19 世纪，有的甚至 20 世纪初还是专读经书。19 世纪末，由于西学的兴起，时势的发展，清政府不得不下令废科举，成立学堂，用新的学科取代读经。这个时期，康有为的著作《新学伪经考》和《孔子改制考》，对传统的中国人的"古代观"是一种否定，是疑古思潮的开始。

从晚清以来的疑古思潮是进步的，从思想来说是冲决网罗，有很大进步意义，因为它把当时古史上的偶像全都踢翻了，起了思想解放的作用，当然很好。可是它也有副作用。疑古派对古代的否定常常过头，特别是对古书搞了很多"冤假错案"，在今天不能不平心而论。

冯友兰先生在给《古史辨》第六册写序的时候，曾讲到一个"三阶段"说，即"信古—疑古—释古"。我们要讲理论，也要讲方法。我们把文献研究和考古研究结合起来，将能对整个中国古代文明作出重新估价。

邹兆辰： 您在《辉煌的中华早期文明》的演讲中，首先提到的是中华早期文明的"长度"，这个"长度"是否是从纵向的角度看它发展的历史可以追溯到什么时候？

李学勤： 是这个意思。我们现在谈到中华五千年文明，如果看一些外国学者的书，不少主张中国文明起源从商代开始，大约就是公元前 1600 年。甚至于有人说要从产生甲骨文的商代后期，从盘庚迁殷开始，盘庚迁殷大约在公元前 1300 年，也就是说我们的文明是从公元前 1300 年开始的。现在我们看起来这种说法不太公正，因为不但古书里面的记载比这悠长得多，而且考古学等客观的考察也表明商代已有很发达的青铜文化，它的文明已有相当大的发展了。

以文字为例，我们现在知道甲骨文里面有多少不同的字呢？四千到五千之间。没有很准确的数字，因为学者对字的释读与其分合的关系没有一致看法，可是总是在四千到五千之间。通过这个量级就可以知道当时的文字已有了很大发展，而这四千多个字还不是当时文字的全部。甲骨文是商王朝用于占卜的，内容不可能包括当时生活和文化现象的各个方面，因此不可能把所有的字都包括在内。今天我们任何学科的一本书也不可能把所有的字都包括在内，除了字典，所以当时的字一定要在五千个以上。从这一点，大家就可以体会到商代绝对不是一种很原始的文明，文明的起源要比这个早得多。如果再加上夏代也不过就是再往前推四百年多一些，还不是我们文明的起源，还要再往上推。

邹兆辰：那么您所讲的中国早期文明的广度，就是从横向来看文明的分布和传播的状况了？

李学勤：现代对中国古代文明的研究是从商代后期入手的，当时的重要遗物，如青铜器的出土地点，反映了商文化的影响范围。最北的商代青铜器是在内蒙古的克什克腾旗，往东可以到山东的海阳，往西可以到达陕甘，往南到达广西。在湖北湖南出土了大量商代青铜器。1973年，我因工作住在上海复旦大学，我走到了人民广场，忽然看到一张招贴，是上海博物馆的，有一个青铜器的照片，是豕形的卣。我没见过这样的青铜器。后来到上海博物馆，才知道那件青铜器是从广西拣选来的。不久之后，在兴安出土了商代青铜器，继而在武鸣也有发现。商文化影响所及之地还不止如此。

邹兆辰：您讲过商代文化的影响十分广大。过去有学者讲春秋时期楚国的领域不过长江，有学者认为《楚辞》里的地名都在江北。但是，地下的考古发现证明湖南、四川、江西等地都有商周的遗存。

李学勤：确实如此。湖南省境内不断发现商周遗物，尤以商代晚期的青铜器为多，制作还特别典重精美。有人说这是从中原输入的，甚至是近代才带过去的。对这个说法湖南省博物馆的高至喜先生有一系列论文，他早在1981年就发表了《"商文化不过长江"辨》，观点相当明确。

1986年，四川广汉三星堆两座器物坑是震动学术界的重大发现。广汉三星堆位于成都平原，属于古代的蜀国。传统看法认为蜀地封闭，长期不与外界交通，但是从考古实践可以知道那里和中原是保持着联系的，能够看到中原文化的明显影响，尽管这些影响可能是间接的。从种种迹象看，三星堆的青铜器可能是受荆楚地区的影响，而荆楚地区又在中原商文化的影响下。商文化的影响通过三峡进入四川，还可能由陕西的汉中城固、洋县一带影响到四川。

江西新干大洋洲大墓器物的出土也曾引起学术界震动。从这些器物中很容易看到中原商文化的影响，与相邻的湖南的关系反而没有那么强烈和明显。估计商文化的影响是从河南、湖北直接进入江西赣水流域的。

有学者把黄河、长江说成是中国的"两河"，其实中国文明的分布何止这两河呢？我们不能自己限制自己的眼界，这样我们才能认识早期文明分布的和传播的宽广和多样性。

邹兆辰： 除了从器物流传的角度来说明早期中国文明以外，您还从学术思想的传播的角度探讨了早期文明的影响范围，比如您谈过儒家思想的影响已经不是过去所说的西不到秦、南不到楚了？

李学勤： 是的。过去常说，儒家的思想西不到秦，南不到楚。孔子周游列国，可能还不如我们今天开着汽车在高速公路上转一两天所到的范围。孔子往西没有到秦国，去晋国实际上也只是到了边上，往南只到了今天的河南信阳，也没有到楚国的腹地，所以儒家的影响似乎就是在中原这些国家的范围。但现在来看不是这样，至少在孔子之后，他的弟子，二传、三传，儒家思想的影响已经非常广泛。我们刚才谈到的出土大量战国儒家竹简的地方，是楚国首都的郊区。当时楚都在郢，也就是现在的江陵纪南城遗址，周围可以看到大量楚国的墓葬群，有的墓很大，到现在还保存着很大的山包。出土这个简的郭店一号墓只是一个不起眼的小墓，虽然经考证墓主可能是楚太子的一个老师，时代是公元前 300 年或者更早一点。这个人带走了这么多书籍，其中有《老子》。《老子》在楚出现是容易理解的，老子是陈人，陈被楚所灭，他也可讲是楚人。可是没想到儒家竟有这么大的影响，郭店简里面有子思一派的一些著作，而且是非常深的、具有很高哲理性的作品，居然在楚国太子的一个老师的墓里出现，所以当时儒家学术影响已经远到了楚。楚国不属华夏，乃是所谓荆蛮的国家，是被排斥在中原文化之外的，可是它居然有这么高的儒家文化。最有意思的是，上海博物馆的简也是在这一带出土的，其中据称有一篇《武王践祚》，其传世本收录在汉朝人整理的《大戴礼记》中，这一篇也在楚国人的墓葬里面出现了。

> **邹兆辰：**看来这个郭店简和上博简就像是地下出土的图书馆，内藏非常丰富啊。您从这里阐明了中国古代文明的高度。

李学勤：问题在于我们不仅发现了这些书籍，而且通过发现的这些书籍，我们要看从战国时代一直到汉初，当时的学术发展究竟是达到了怎样的水平。当然，这些书里面也有一些日常用书，比如《日书》等，是用来择吉、算卦使用的，没有多高的学术价值，可是占相当大比例的是高级学术，不是一般作品。比方说郭店简，其中有些是子思的著作，如《五行》篇，子思和孟子讲五行是战国晚期的荀子提到的。荀子和子思、孟子学派的观点不一样，荀子对此进行了很尖锐的批评。《五行》篇久已佚失了，现在在马王堆帛书里发现了，在郭店竹简里也发现了，可见当时非常通行。这篇著作非常难读，它讲的是人的性和德之间的关系，这是很深奥的问题，不是一般民众所能够理解的。在郭店简与上博简里面还有一种《性自命出》或者叫《性情论》，讲的完全是抽象的范畴。过去我们看《论语》说"夫子之言性与天道，不可得而闻"，好像孔子是不讲性和天道的，其实不是这样。《性情论》作为孔门学者的作品，过去我们根本不知道，它讨论的完全是天道、性命、情性等，甚至宋明理学所讨论的一些哲学概念，这里面都讨论到了，这些也绝对不是当时一般民众所能够理解的。《老子》也是一样，不但有《老子》本身，而且还有解说《老子》的一些篇章，例如上博简的《恒先》，同样非常富有哲理性。不管是儒家还是道家，给我们展示的是一个哲学的世界，让我们看到当时哲学思想是高度发达的。

通过这些例子，我们可以看到中国古代文明的高度。它上升到系统的哲学理论，这是一个非常重要的特点。

> **邹兆辰：**我对几位搞先秦史的学者访谈时，他们对于社会经济形态问题都有自己的看法，不知您对这个问题是怎么看的？

李学勤：我对这个问题的研究不多，但对于这个问题的历史比较关注。社会经济形态问题的论争来源于大革命之后30年代的中国社会性质论战和社会史论战，在国际上就是关于亚细亚生产方式的论争。侯外庐先生40年代参与过讨论，他的贡献是《中国古代社会史论》。1960年前后，我对这个问题下过功夫，当时做的笔记有这么厚，但是"文革"时都散失了。如果这些笔记还在的话，我可以写很多东西。还有一个原因使我没能把这些东西保存下来，因为那时写字用圆珠笔，没有想到写的字后来全化了，漫漶难于辨认。因为今天我的工作主要是在考古方面、古文字学方面，所以对这个问题就研究得少了。

邹兆辰：有学者认为，今天从事先秦史研究的学者几乎没有几个人认为中国存在奴隶社会，您是怎么看呢？

李学勤：这是事实，至少许多学者认为不存在希腊、罗马那样的奴隶社会。

邹兆辰：现在是不是没有必要把这个问题一定要讨论出一个统一的结论？

李学勤：我看没有这个必要，但是这不等于说我们研究历史可以不要理论。2005年，我在中国社科院出版的《李学勤文集·自序》中就谈到过这个问题，我说想真正揭示历史文化的真相，除了"实"的研究，还必须有"虚"的指引，这便是理论。回顾20世纪，先秦一段历史研究之所以变革发展，最重要有两方面的影响，一个是现代考古学的建立，一个是马克思主义理论的传播，才使研究具有现代的特色。

邹兆辰：最后我想请您谈谈，这么多年来您一直担任着这么多的行政工作，但是还取得了这么多的学术成果，二十多本学术著作，五百篇文章，您是怎样做的呢？有什么秘诀吗？

李学勤：我可说是逼出来的。我在考古所的时候还行，一到历史所我就做一些行政工作，从小组长一直到所长，这个时候做这件事，马上又会做另一件事，这是逼出来的。没办法，只有抓紧时间。像今天下午你来以前，我就已经改完了一篇稿子。

邹兆辰：那您的工作效率很高啊！

李学勤：你看我这里的情况，多少个电话打断我们的谈话，今天还是好的。一会儿有出版社的要来，晚上还要与学者们吃饭，明天要开一天会，晚上还有人来访问，后天要给学生讲课，大后天就要去郑州了。

邹兆辰：看来您越是没有时间，越是珍惜时间，越是有较高的工作效率。反之，很有时间的人，不知道时间的宝贵，可能成果反而更少。

李学勤：这话我就不客气地同意了。

邹兆辰：那我们就谈到这里吧！不再耽误您的时间了。谢谢您对刊物的支持！

李学勤：也替我谢谢王斯德先生！

李学勤，1933年生于北京，1951年就读于清华大学哲学系。1952—1953年在中国科学院考古研究所工作。1954年到中国科学院历史研究所工作，历任研究实习员、助理研究员、研究员、副所长、所长。现任清华大学国际汉学研究所所长、历史系、思想文化研究所教授，中国社会科学院古代文明研究中心主任，国务院学位委员会历史学科评议组组长，"夏商周断代工程"首席科学家、专家组组长，中国先秦史学会理事长，楚文化研究会理事长，中国钱币学会副理事长，国家文物鉴定委员会委员等。兼任西北大学、华东师范大学等国内多所高校教授，曾任英、美、日、韩等多所大学客座教授。美国东方学会荣誉会员、国际欧亚科学院院士。主要著作有：《殷墟文字缀合》（合著，1955）、《殷代地理简论》（1959）、《中国青铜器的奥秘》（1980）、《东周与秦代文明》（1984）、《古文字学初阶》（1985）、《新出青铜器研究》（1990）、《比较考古学随笔》（1991）、《周易经传溯源》（1992）、《简帛佚籍与学术史》（1994）、《走出疑古时代》（1995）、《古文献丛论》（1996）、《中国青铜器概说》（1996）、《四海寻珍》（1998）、《夏商周年代学札记》（1999）、《重写学术史》（2001）、《中国古代文明十讲》（2003）、《中国古代文明研究》（2005）、《李学勤文集》（2005）等二十余部，学术论文约500篇。

邹兆辰，首都师范大学历史学院教授。

贯通二十世纪中国的史学研究
——访金冲及研究员

🎙 金冲及　　🎙 邹兆辰

邹兆辰： 金先生，您是当代中国著名历史学家，曾经担任中国史学会的会长。您在中国近代史，特别是辛亥革命的历史研究中，发表过很多具有影响的论著，包括与胡绳武先生一起完成的论著。您到中央文献研究室工作以后，又主编了《毛泽东传》《周恩来传》《刘少奇传》《朱德传》《陈云传》等老一辈革命家的传记；在年过七旬以后，您又利用公余时间撰写了《转折年代——中国的 1947 年》及《二十世纪中国的崛起》等著作，您的研究领域从旧民主主义革命到新民主主义革命又到社会主义革命和改革开放，可以说纵贯整个 20 世纪的中国。年青一代学者对您在担任非常繁忙的行政工作的情况下，仍能完成如此多的学术研究感到十分敬佩，也希望从您的治学经历中得到一些启示。我受《历史教学问题》主编之托，希望您谈一下自己的学习与治学的经历，谈谈个人治学的体会。

金冲及： 在上海开会时见到王斯德先生，他和我谈到过《历史教学问题》准备找我访谈的事。不过这几个月一直很忙，没有能抽出时间来谈。我看到了刊物上发表的其他学者的访谈文章，我觉得这种形式很好，文字也比较生动活泼。今天下午我们可以谈谈，从哪里谈起呢？

邹兆辰： 您是 1947 年进入复旦大学的。据说当时您在学生中非常活跃，还曾被国民党特种刑事法庭通缉；1949 年后担任过学生会主席、团委书记，是吧！请您回忆一下进入复旦大学前后的情况，特别是当时为什么要选学历史呢？

金冲及：我的大学时代跨过了两个时代。1947年到1949年，在复旦大学史地系（后来改为历史系）读书，1949年后又念了两年。我之所以考历史系，毕业后又从事史学工作，主要是因为喜欢历史。读小学的时候，商务印书馆出版了一百本的历史小丛书，那套小丛书比1949年后出版的历史小丛书还要简单，还要通俗，每一本好像也就是二十来页，就讲一件历史事件。有些书名我至今还记得：如《惠灵顿大败拿破仑》《墨索里尼进军罗马》。那套书虽然很简单，但读起来非常有吸引力。看来对这种小丛书的作用不能小看，从这时起它使我对历史比任何学科都更有兴趣。因为它写的是古往今来的最重要的历史事件、最动人的历史场面，写的是历史上最有智慧、最有才能的那些历史人物。别的学科写的东西，往往只是某一方面的知识，没有历史对我有那么大的吸引力。抗战胜利前，我买过李剑农的《最近三十年中国政治史》（后来改名《中国近百年政治史》）。这是一本名著，很厚，但我看了。我还看了陶菊隐的《吴佩孚将军传》，还有湖南罗元鲲写的《中国现代史》（两本），这些都是在抗战胜利前在中学时期读的，使我对中国近现代史的兴趣更大了。后来，也读了些历史研究方法方面的书，如梁启超的《中国历史研究法》和《中国历史研究法补编》，给我的印象非常深。我觉得书中很多话，直到今天，对于指导我的研究工作还非常有用。就是说，我之所以选择历史，主要是由于我喜欢。那个时候考大学的办法，是一个一个大学地考。1947年我考了三个大学的历史系，一个是北京大学，一个是复旦大学，一个是南京金陵大学，另外还考了东吴大学的化工系。为什么要考一个化工系呢？因为大学毕业以后要找工作，要解决吃饭问题，那时读历史找工作是很难的。当时化工系很有名。因为当时的民族资本企业中化工业比较发达，制药、橡胶等行业都与化工有关，比较需要人。考了四个学校，结果录取了，北京大学落榜了。前几年，北京大学历史系聘我任兼职教授带博士生时，说了我许多好话；我开玩笑说人生中不能只讲过五关斩六将，也有走麦城的时候，当年我报考北京大学，没有被录取，今天聘我任兼职教授，可以说圆了我的北大梦。话说回来，当时三个学校要选择一个。虽然说学化工好找工作，但我就是喜欢历史。当时也年轻，想得简单，觉得工作的事以后再说吧！大学招生的发榜有先后，金陵大学先发榜，我就到南京去入学了。两周以后，复旦大学发榜了，我也被录取，因为我家在上海，所以就回了复旦，一直在那读了四年。我在金陵大学只读了两个星期，但也给我留下很深的印象。当时，学校有个新生入学教育周，其中有一个活动很好，是带新生去参观学校图书馆，一层一层地走了半天。我的中学是在复旦附中读的，那个学校图书馆不错，老师对我也很好，能够让我到书库里面去看书。但到了大学图书馆一看，那就大不一样了，原来可以从这里得到这么多的知识，给我的印象非常深。

邹兆辰： 您在复旦大学历史系读书时曾经受业于周谷城、周予同、谭其骧、胡厚宣、陈守实、蒋天枢等名师，他们给您留下了什么印象？

金冲及： 十多年前，我给谭其骧先生写过一篇文章，祝贺他的 80 岁生日。这本来是一篇私人通信，但后来《文汇报》给发表了。我在信中说，老师对我的影响，年纪越大感受越强烈。当年老师在课堂上讲的什么，我几乎都忘了，但老师无形中在自己面前树立了一个标准，那就是什么叫做学问，什么样的东西才能够拿出去发表，这种影响对自己来说是影响一生的。复旦大学那些教师，对我的影响，更重要的就在于这种无形的影响。其实，中学时有的老师对我也曾有很大影响。那时候非常重视古文，国文老师施熙尧先生给了我很大教益。我在高中毕业前就没有写过白话文的文章。记得考复旦大学时作文题目是："富贵不能淫、贫贱不能移、威武不能屈"，周谷城先生监考。那时他四十多岁，穿一套白西装，在台上走来走去。那时的古文教学给我打下较好的基础。比如说《论语》《孟子》，我至今还能背。《论语》好背，那我就背《孟子》吧！孟子见梁惠王。王曰："叟！不远千里而来，亦将有以利吾国乎？"孟子对曰："王何必曰利？亦有仁义而已矣。……"读这些古文，对于我后来学习历史以至写文章，可能都有帮助。谭其骧先生有一次布置学年论文，他让学生读《通鉴纪事本末》中有关李密、王世充、窦建德这三段，然后用这三段材料，写一篇夹叙夹议的文章，我觉得这种做法对于年级不高的学生是非常好的训练。让你读原始材料，然后又对它进行归纳、分析、论述，写出文章。

邹兆辰： 这确实是一种很好的教学方法。不是让学生死记硬背一些具体的知识，而是着重培养学生的能力，现在的教学也应该这样。

金冲及：我那时不仅有很好的老师，同时我们的知识也不完全是从老师那里学来的。当时的生活书店影响大极了，还有新知书店和读书生活出版社。现在是生活·读书·新知三联书店。当时生活书店出了《青年自学丛书》，有胡绳的《辩证法唯物论入门》《怎样搞通思想方法》、华岗的《社会发展史纲》等。新知书店出版《新知丛书》，如薛暮桥的《经济学》，许涤新的《现代中国经济教程》，翦伯赞的《历史哲学教程》等。以后，又进一步读生活书店出版的《大学丛书》，如李达的《新社会学大纲》，沈志远的《新经济学大纲》，新知书店出版的范老的《中国通史简编》。当时他的《中国近代史》用的名字是武波。艾思奇的《大众哲学》，对当时青年思想的影响大极了。华岗有两卷本的《中华民族解放运动史》。还有文学著作，如《钢铁是怎样炼成的》《青年近卫军》，鲁迅的著作，邹韬奋的著作，这些我几乎都读了。可以说这段时间内，我从这三个书店里读的书比老师指定读的还要多。当时，同学们有读书会的组织，都是一些进步的同学参加，读过罗森塔尔的《唯物辩证法》等。读书会一章一章地学、一章一章地讨论，还有王子野翻译的《西方哲学史简编》，我们也讨论过。这些书，对我们这代人的影响可以说超过了课堂上老师指定的书。许多马克思主义的基本东西，由于是在年轻时认真读的，在头脑里根深蒂固。在青年学生中，这是很普遍的现象，所以我也不能光讲复旦大学老师对我的影响。大学里的另一个情况就是参加学生运动。我在高中时就参加了反饥饿、反内战的游行、罢课，是交通大学的同学到复旦附中来发动的。当时我们的老校长叫李登辉（与台湾那个李登辉同名），他是耶鲁大学毕业的，是老复旦大学的教务长、校长，后来复旦大学改为国立时他才不做。当时同学代表去访问他。他说："国家到了现在这个地步，你们学生不出来讲话，谁来讲话！""交大不来人，你们也应该出来讲话。"我们今天主要是谈学术研究，所以学生运动的事我就不多讲了。不过，我这个人不是极端分子，我的性格是比较温和的，当时确实是由于对国家前途命运的担忧和一腔正义感促使我们投入运动的。当时复旦大学的训导处有一个生活管理组，对学生控制很严，每天对住读的学生要点名。我们在宿舍里开会，他们就在外面偷听。1948年暑假，学校招生，我们印了一些专业介绍的材料向新生散发。我刚发完准备往宿舍走，一个训导员从后面过来，一下把手插到我的裤兜里。我问你干吗？他说，看看你发的是什么东西。

金冲及：1952年院系调整，本来也想回来搞业务的。但工作有需要，自己想想这些年为建设新中国而奋斗，现在条件好了，就各奔前程，良心上也过不去。所以，我从1951年做校团委书记，到2004年从中央文献研究室常务副主任的位置上退下来，一直在工作岗位上，在办公室坐了53年。不过，1952年学校党委鼓励行政人员兼课。那年我就开始参加写中国近代史的教学大纲，1953年开始给新闻系讲中国近代史的课程（后来教历史系的这门课）。当时，复旦大学历史系的教学力量是相当整齐的，中国古代史有胡厚宣、谭其骧、陈守实三位先生分讲三段，世界史有周谷城、耿淡如、王造时三位先生分讲古代、中世纪和近代，历史文选有周予同，民族史有马长寿，思想史有蔡尚思，亚洲史有田汝康等先生，实力很强。但传统的观点，不把中国近代史看作学问，老先生极少专治中国近代史的，所以这个教研室最初只有胡绳武同志和我两个人。

担任中国近代史的教师以后，压力也很大。整个历史学科发展得很快，大家像赛跑一样往前跑，人家是全力以赴，而我是一条腿在蹦，只有靠加倍努力才行。但时间少也有两点好处：一是特别珍惜时间，舍不得浪费一点；二是会逼你努力改进学习和研究的方法，提高效率。我想事情主要在自己，看自己有没有真正的追求，肯不肯下决心。

金冲及：去文物出版社的经过就复杂了。"文化大革命"时期，有一个国民党特务，知道我们是地下党的，我们也知道他是特务。1949年后我们要抓他，他跑了，后来从海外遣返大陆，抓住后判无期徒刑，在青海劳动改造。"文化大革命"时，他不是逼急了乱咬，而是主动地编了一个材料，说我是国民党学运小组的成员，还编了具体的经过，讲得活灵活现。这样我就倒霉了，当时没有材料还要审查你，何况有了这样具体的材料。对我审查了四年，三年没让同家里人见面，问题一直没有做结论，组织生活也没有恢复。当时马王堆等被发现了，周总理决定要恢复几个杂志，包括《文物》。国务院图博口负责人王冶秋同志不等我的结论下来，就下调令。这样1972年我就来到文物出版社，工作了十年。本来，我没有做过文物工作，也没有做过出版工作。"文化大革命"后，可以到自己比较熟悉的岗位上去工作，为什么在那里待了那么长时间？因为我觉得，在我最困难的时候人家把我调来；情况好了，我就走了，从道义上说也说不过去啊！

虽然我没有搞过文物和出版工作，但我还是全身心地投入了这个工作。因为当时全国只有这一家文物出版社。我当时也有自己的追求，总想能把全国最好的文物精品和研究成果系统地出版出来，这就形成了一个动力。不管平时工作多么琐碎，也不管人际关系上有多少复杂情况来折磨你，我都能够干下去。结果，还是有很大好处。有的人觉得环境不顺心，就不去投入，结果工作没做好，时间也都浪费了。我觉得如果你能够全身心地投入，工作就会有成绩，也没有白浪费时间。开始我不懂文物，连基本的文物名称都搞不清楚。我去了以后，利用晚上时间，一门一门地读，三个月时间学考古基本知识，一个月时间学青铜器，一个月时间研究陶瓷，一个月时间研究书画，系统地做笔记。人们说要虚心当小学生，我是用幼儿园的办法来学习的。学青铜器时，看到三条腿的青铜器有鼎有鬲，我先看说明，开始还不明白，后来先看照片，自己猜，再看说明，搞明白了：鼎的腿是实心的，鬲的腿是空心的，可以用来煮粥。我还到博物馆里去看，自己判断，再看说明，用幼儿园里小孩看图识字的办法来学习。以后，也跟着到考古发掘的现场去看看，学了不少东西。考古、文物离不开历史，我本来是搞近代史的，对古代典籍读得不多。第二年，就利用一年的业余时间系统地读完了《资治通鉴》和《续资治通鉴》，再以后就读二十四史，读了有十四部，虽然读得比较快而粗。这样，让我把古代史和考古都补了一下。交朋友也不局限在近代史的圈子里了，对世界史的书也读得不算少。读这些书对你的研究、写文章有什么直接的作用我说不上来，但是你观察问题的视野扩大了。研究问题，能够把它放在特定的历史过程中来观察，放在一定的历史环境中来观察。这些东西跟你需要了，临时去查不一样。这以后我虽然没有再搞文物工作和出版工作，但是我没有感觉那十年时间是浪费了。

邹兆辰：那么您为什么又会来中央文献研究室工作呢？

金冲及：调我来中央文献研究室主要是写周恩来传，这样我就离开了文物出版社。我是1983年调去的，不久就担任研究室副主任，2004年从常务副主任的岗位上离休。不过现在每周我还要到这里来工作几天。

邹兆辰：让我们回到复旦大学时期，专门谈谈您的中国近代史研究。在1965年您调到北京以前，在复旦大学工作期间，您已经在中国近代史研究上取得了不少成绩，可以谈谈这方面的情况吗？

金冲及：讲一下我的学术研究工作。1955年，我在《历史研究》上发表了关于中国近代史分期问题的文章。2005年，我又在《历史研究》上发了一篇三万多字的文章，讲抗战前夜中共中央战略决策的形成。从1955年的第一篇到2005年的最近一篇，整整五十年。《历史研究》编辑部的同志说我是《历史研究》整整五十年的作者。这大概是不多的。

邹兆辰：您说1955年时，发表了关于中国近代史分期问题的文章，您的文章是不是对胡绳同志在1954年《历史研究》创刊号发表的关于近代史分期问题文章的回应？您的观点与胡绳同志的不同之处在哪里？

金冲及：1955年写那篇文章，当时我并没有什么特殊的想法。《历史研究》1954年第一期发表了胡绳同志关于中国近代史分期的那篇文章，主张中国近代史应该以阶级斗争为中心，根据阶级斗争的发展，把中国近代史分成三个大的高潮。胡绳同志是我尊敬的前辈。当时我已经教了一年半的中国近代史了，必然要涉及分期问题。1955 年的春节，我在办公室里值班，我想应该以社会经济的发展和阶级斗争情况结合起来，作为近代史分期的标准。这样是不是两个标准呢？不是，因为中国这个半封建半殖民地社会也有自己形成和发展的过程，也有阶段性。在第一阶段，中国丧失了独立地位，但资本主义还没有发展起来，出现了太平天国那样旧式农民革命；太平天国失败以后，中国的半殖民地化加深了，国内的资本主义也产生了。甲午战争失败以后，出现了代表中国新兴资产阶级利益的戊戌变法运动和下层民众的义和团运动。再往下，随着资本主义的发展壮大、新式知识分子的兴起，辛亥革命出现了；再往后随着第一次世界大战的进行，中国民族资本又有了发展，工人阶级力量壮大，出现了五四运动。阶级斗争和社会经济的发展两者是一致的。我只是写出我自己的观点，当时也没有想到《历史研究》会发表，我并没有像写论文那样去写，就像写一封读者来信一样，题目就叫作"对中国近代历史分期的意见"。后来听人说《历史研究》准备发表了，我真是感到非常意外。因为当时我很年轻，有什么观点就想说。《历史研究》当时主要发一些大家像郭老、陈寅恪等人的文章，和他们比我只不过是个小孩子。但是，这说明《历史研究》是扶植年轻人的。当时学术刊物出版情况与现在不同，那时的史学刊物，一个是《历史研究》，一个是天津的《历史教学》，再一个是河南的《新史学月刊》，后面两种分量比较小。此外，刊登历史文章的刊物只有《文史哲》《新建设》，再就是《光明日报》《文汇报》了。这篇文章发表后，受到了史学界同行的注意。

1956 年，我又写了《云南护国运动的真正发动者是谁?》一文。当时，有人认为是蔡锷发动的，有人说是唐继尧发动的，有的说是梁启超发动的，也有讲孙中山的中华革命党发动的。我的观点是，云南护国运动的真正发动者是受过辛亥革命熏陶的云南新军一批中下层军官。本来，我总觉得中国近代史的问题像范文澜那样的大师都已经解决了，自己哪敢再写文章? 后来想想，总的来说我们自然与大师们没法比，但在个别问题上看到的材料还是可以比大师们更多、更全，自然也可以提出自己的看法。这确实是我当时的想法。前些年，我听李根源先生的儿子李希泌先生说，当年李根源看了这篇文章，很称赞。我听了感到很欣慰。因为李根源做过云南讲武堂的总办，是朱老总的老师，护国运动时是总参议。他能够肯定这篇文章，当然使我高兴。

当时，写文章也不贪多，一般一年写一篇，力求能比过去进一步，比写得多而总在原地踏步要好。

还回到历史分期问题的文章。1956年，中国人民大学发给我通知，要我去北京参加一个学术讨论会。一到会上就发给我戴逸同志关于近代史分期问题的文章，其中有一节的题目是"与金冲及同志商榷"。当时的学术空气确实很好，像胡绳同志这样的大权威，我们也可以写文章不同意他的意见。戴逸同志在会上发表文章，不同意我的观点，我也可以答辩，他接着又进行反驳。我和戴逸同志开玩笑说，我的名字被排成四号字，在你文章的小标题里出现，还是第一次！此后五十年来，我和戴逸同志一直是非常好的朋友。我的答辩，后来在《历史研究》的综合报道中提到了。我认为，划分历史阶段，不能不注意一些界标性的事件，如1840年鸦片战争、1949年中华人民共和国成立，这就是界标。但是，确定界标与以什么标准来划分历史阶段不是一回事。

邹兆辰：您对中国近代史的研究很大部分集中在辛亥革命问题上，对于这种选择您是如何考虑的呢？

金冲及：1961年在武汉召开辛亥革命五十周年学术讨论会，这是我第一次参加全国性的学术讨论会。当时并没有现在这样多的全国性学术讨论会。会上黎澍同志主张对于辛亥革命要写大书，我记得他还做了一个手势。这样就促使了我与胡绳武同志合作写《辛亥革命史稿》。如果问我为什么要研究辛亥革命，我是有一番思考的。通常我要写论文或书稿时，脑子里一般总先有好几个题目，经过翻来覆去的筛选，最后决定写哪一个题目，不是碰上什么写什么。筛选时，首先考虑的是哪个问题相对而言更重要，或者是被更多的人所关心。以自己同样的水平，花同样的力气，题目重要不重要，效果自然不同。第二个考虑应该是以前别人没有解决的，或者解决得不够的问题。有些文章我不看，比如像专门写陈天华、秋瑾、邹容的文章，因为关于他们的资料就是那些，你还能讲出多少新东西？第三个考虑是根据主客观条件，你能不能解决。如果问题很重要，但是人家都说过了；或者问题重要，前人没有说清楚，但你下了力气也说不清楚，还是没法做。脑子里有几个题目，究竟写哪一个，总要衡量衡量再下决心。为什么在60年代初下决心要研究辛亥革命这个题目，第一是它的重要性，它是20世纪以来中国的第一次历史剧变；第二是范老的《中国近代史》，当时还没有写关于辛亥革命这一部分，是研究工作中的薄弱环节；第三是当时复旦大学图书资料的条件好，由于有新闻系，所以学校还保留了一大批清末民初的报刊。因为有这些条件，所以我们决定做这个题目。

> **邹兆辰：**据胡绳武先生回忆，您与他从1957年开始就共同写中国近代史方面的文章，最早是一篇关于太平天国天朝田亩制度的文章；1959年又合作撰写了《论清末立宪运动》，随后就共同研究辛亥革命。你们合作的重要成果就是从1980年到1991年陆续出版的《辛亥革命史稿》这部四卷本的著作。关于您二位的长期合作受到史学界同人的称赞。您可以回忆一下您二位合作的情况吗？

金冲及：我和胡绳武同志分工写《辛亥革命史稿》的第一卷时，以1903年为界，我写前一部分，他写后一部分。中间，他被调到北京去跟黎澍同志写史学概论，就由我把书最后弄完。1963年交给上海人民出版社，出版社决定出版。如果当时决心出，书也就出了。但是，1963年的政治形势已经很紧了。我们听到夏衍同志准备拍《秋瑾》的电影，江青知道后说：怎么？现在还要宣传国民党？我们的书从头写兴中会、同盟会的革命历史，不是自己往枪口上去冲吗？这样就把书稿先放一放再说。这一压，就是近20年，到1981年才出版。"文革"之后，我们商量把书稿再重新修改一下，因为毕竟相隔了这么长的时间了。当时，我在文物出版社工作，白天上班是不能做的，只有晚上回来搞。两居室的家里只有一张三屉桌，小儿子在中间练习写大字，我就只能在桌子头上写，把书再写了一遍。第二卷也是在文物出版社工作时利用业余时间写的。写第三卷时我已经到中央文献研究室工作了。这里工作比文物出版社要繁重得多，要求也高。所以，第三卷一共写了七年，都是星期天、节假日搞的，而且星期天也首先要服从这边工作的需要。第四卷是胡绳武同志写的。他在北京图书馆花了几年时间读民国初年的报纸。我来文献研究室后的第一个任务是写《周恩来传》，我得首先服从工作的需要。第二卷写了两年，第三卷为什么写了七年呢？我的想法是，写作的进度要服从工作的情况。写作目标、要求不变，但完成的时间可以往后推。但是后来也有一个期限，1991年是辛亥革命80周年，我下了狠心，要在这个时间前完成。这个狠心下了，就咬紧牙关，走不到爬也得爬到。所以没有拖期。1991年时我是60岁，当时我定的研究计划是到60岁。60岁以后，万一生病了还是怎么了谁也说不准。弄不好，老话讲就是"赍志以殁"。当时，我决心60岁以前完成两件事情：一件是4卷本的《辛亥革命史稿》，与胡绳武同志合作；另一件是《周恩来传》（新中国成立前）。我觉得完成了这两件事，这一辈子就算没有白活。如果60岁以后，身体还可以，还可以做一点工作，那就是"外快"。没想到，我运气好，60岁以后到76岁的今天，完成的工作比60岁以前还要多一些。这就是"外快"了。

再说一说与胡绳武同志合作的问题。我们俩合作的第一本书是1959年出版的《论清末的立宪运动》。那时是两个人合作，各写一半。以后的合作大体上是先交换意见，进行讨论，然后一个人执笔来写。写出以后，另一个人看过，或者作修改补充后再发表。1981年我到日本去，遇到韩国研究中国近代史的泰斗闵斗基，他问我：两个人合作搞研究的也有，但像你们合作几十年的真不多，是什么原因让你们能长期合作？我说，第一，我们俩在复旦读书的时候就是同学，他是四年级，我是一年级。以后，我们又一起在中国近代史教研室工作，经常在一起交换意见，交流看法。在长时期的交流中形成了一致的观点。没有这个条件能保持长期一致是不可能的。第二，我们都感到两个人在一起的力量比一个人要大。四卷本的《辛亥革命史稿》如果由一个人搞谈何容易。我们一起合作时，没有什么个人计较。通常容易发生计较的，一个是署名，一个是稿酬。我们的办法是，谁执笔的或主要执笔的，就把谁的名字写在前边。你看《辛亥革命史稿》这部书，第一、二、三卷，署名金冲及、胡绳武著，第四卷署名胡绳武、金冲及著，写文章的署名也是这样。至于稿费，任何情况下都是两个人对分，谁多谁少都不在乎，有这两条就可以长期合作了。

邹兆辰：您是1983年正式调到中央文献研究室工作的吧？从自己所熟悉的中国近代史研究领域转到党史研究这个新领域，您当时是怎样想的？

金冲及：到中央文献研究室来时，也有人劝我不要来，说当代人没法写当代史，只有让后代人去写。我也承认当代人写当代史有它的时代局限性，但是后代人就没有他们的时代局限性吗？事实上，后代人的局限性更大，因为他们的研究主要只能根据前人留下的一些文字资料，往往大量的、人们习以为常的东西并没有通过文字留下来。后人研究往往会根据他们那时的情况来设想前代的情况，随意性就增加了。所以应该说是各有各的时代局限性。拿破仑传可能有上千种，要我看只看两种：一种是最早的，因为写作的人与他时代最近，观察得可能最真切；一种是最新的研究成果，中间的就不看了。但是，最新的是可变的，过多少年以后，又不是最新的了；最早的却不会变。所以，当代人写当代史有它的不可替代性。当然，我之所以会到中央文献研究室来工作，更重要的是服从工作需要，而且研究历史的方法其实都是相通的。

邹兆辰：您曾经谈到在编写周恩来等领袖人物的传记时，曾经访谈了许多与传主有过直接接触的各方面人士，您可以谈谈这样做的体会吗？

金冲及：这是事实。我估计起码访问过上百人，仅乔冠华同志就谈了八个半天。当然看档案也可以看到许多具体情况，但它是在什么背景下出现的，有时光看档案是看不出来的。要写出毛、周、刘、朱的高明的地方，就需要说清楚他们是在什么情况下做出这些判断或决策的，当时面对的是怎样棘手的问题，对这些问题又有各种各样的议论、看法。要说明他们看得准，就要有事实来证明他们是对的。这样才能把他们的传真正"立"起来。有一位学者说，现在我们的党史中常常是"文山会海"，都是写文件和会议，什么"他强调""他指出"，等等。我向胡乔木同志讲到过。他说：这确是一个要害问题，我们写党史不能只写共产党是怎么说的，更重要的是要说他们是怎么做的。要有背景，有比较，才能把事情说清楚。找人谈就有很多好处。因为档案里反映的往往只是结果，实际上在会议前也有很多的交换意见，当事人的叙述还是非常重要的。有时候当事人所谈的事情我全知道，甚至比他说的还详细。但是，当事人一讲，他的兴奋点在哪里？这件事情与那件事情之间的联系在哪里？甚至他讲话时的感情和语言，听了后也可以使我对事情有新的理解。总之，谈与不谈是不一样的。我们的基本工作是看档案，但是如何使我们所看的档案能够在你眼前活起来。比如我们看电影，电影的胶片一张一张都是死的，但是在放映机里经过电力发动，一放起来就变成活的了。我们看档案，也要使那些历史场面在你眼前活起来。怎样才能活起来，这里需要一定的理解力甚至想象力。这种想象力不是虚构，而是一种联想。如果你看了半天档案，历史事物在你面前还是死的，那就失败了，如果你觉得面前呈现的是活生生的历史场面，那才是真正看懂了。

邹兆辰：您在中央文献研究室主持编写过毛泽东、周恩来、刘少奇、朱德、陈云等老一辈革命家的传记，研究这些党史人物与研究孙中山等近代历史人物应该是有些不同吧？您觉得党史研究与中国近现代史研究这两者之间有何共同性？有何特殊性？

金冲及：说到党史与近现代史研究的关系，我个人是研究近代史出身的（过去讲的中国近代史是指从鸦片战争到五四运动的历史），对于研究中共党史当然有好处。中国人在百年以来的近代历史中面对的是什么问题？一代一代的仁人志士对这些问题是如何想的？他们为什么不能解决？原因在哪里？中国共产党人是在前人奋斗的基础上发展过来的，老一代的共产党人如林伯渠、董必武、吴玉章、朱德等都参加过中国同盟会，毛泽东、周恩来等也受到辛亥革命的影响，他们既受到那个时代的教育，又看出它的问题，又继续往前走。所以，如果前面的事情都不知道，怎么能研究中共党史？这是从纵的方面来说。从横的方面说，我觉得研究中国共产党的历史，要花很大的力量来研究中国国民党的历史，不能对国民党的历史无所了解。我举过梁启超《中国历史研究法》中的一个例子：李鸿章的哥哥李瀚章编了一部《曾文正公年谱》，梁启超说，这部书里只有讲曾国藩如何，没有讲对方太平天国如何活动，不讲对手的情况，等于门缝里面看打架，只看到一个人忽进忽退，怎样打看不明白。我写《周恩来传》时，正是中国女排获得"五连冠"的时候。我说：如果你要拍摄郎平的纪录片，如果镜头始终只对着郎平一个人，你能把郎平真正表现出来吗？一定要有全景式的描写，要看二传手如何把球传过来，又有对方的路易斯是如何把球扣过来，郎平又是如何一跃把球救起来等，如果这些背景都没有，只盯着拍郎平一个人，人们会觉得她忽而跳起来，忽而在地上打个滚，好像在发神经病。有的人编写党史的书，就是没有这些东西，他不了解中国近代的历史，不能把历史事件放在中国特定的社会结构之中，对于民众心理的状况也不了解，而这些情况都是动态的，甚至于要从世界的大背景来观察问题。

邹兆辰： 您是在年过七十以后，利用工余时间写了《转折年代——中国的 1947 年》一书。您说多少年来您一直存在一个"1947 年情结"，您可以具体地说明一下吗？

金冲及： 关于这个问题我在书中的前言和后记中都谈过。1947 年，中国大地上发生了一个历史性的转折：二十年来在中国占统治地位的国民党从优势转变为劣势，由强者变成弱者；反过来中国共产党却从劣势转变为优势，由弱者变成强者。这一年的巨大变化直接影响并支配着此后中国的走向。我用"转折年代"作为书名正是从这个意义上说的。至于说到我个人的"1947 年情结"，不仅是由于这一年我从一个高中生到进入大学的历史系读书的大学生，更重要的是在这一年里我从一个关心国事而在政治上处于中间状态的青年学生变成一个几乎全身心投入当时爱国民主运动的积极分子。

我在"中国的 1947 年"里生活了整整一年，经历了它的全过程，亲身感受过当时那种时代氛围和大众心理嬗变。这些在文字记载的历史资料中未必能全部详细地记录下来，后人了解这段历史难免会加入自己的想象。所以，从这个意义来说，我也可以说是一个历史的见证人。而我自己是一名史学工作者，"中国的 1947 年"又恰恰在我的研究范围之内。所以，每当我读到这个时期的历史资料时常常禁不住把它同自己当年的亲身见闻相对照、相比较。尽管我今天掌握的资料远比那个时候要多，认识也在深化，但基本的理解同我当年的切身感受是一致的。这样，内心中会产生一种冲动，想把自己经过的这个不寻常的历史转折年代作为客观研究的对象写出来。这就是我的"1947 年情结"吧！

邹兆辰： 您现在已经是 76 岁的高龄了，但您对中国 20 世纪的历史研究仍然雄心不减。听说您现在正在编纂一部 80 万字的 20 世纪的中国通史，您可以介绍一下这方面的情况吗？

金冲及：我写过一本《20 世纪中国的崛起》，现在又在写《20 世纪中国史纲》。20 世纪怎么写？在 20 世纪的一百年中，我在其中生活超过了 70 年。另外，我这一辈子所研究的就是 20 世纪，最初是 20 世纪初期的辛亥革命，这是我的老本行，以后到文献研究室以后，研究的是中共党史和中华民国史。改革开放以来，我也参与过一些重要文件的起草，亲身经历了改革开放的过程。这是我写这部书的有利条件。这本书是在我过了 75 岁生日的第二天开始写的。照理说我也可以不干了，说实在的，现在我写这本书并没有什么功利的目的。要是从名来说，我多写一本书少写一本书对自己都差不多；从利来说，我的生活很简单，现在的工资也用不完，要那么多钱干嘛？主要的是趁现在自己还能够干得动，能够再干点事情。老实说，年岁不饶人，现在已经有力不从心的感觉。做研究工作也这样，明知应该那样做的事，不完全做得到了。

邹兆辰：长期以来您一直担负着繁重的行政工作，还有很多社会活动，但是您的科研成果一直接连不断地推出。据说您业余时间很少看电视，很多成果都是工余时间搞的，具体情况是怎样的？

金冲及：鲁迅有一句话给我的印象很深。他说：我就是把别人喝咖啡的时间，用来工作了。我的时间哪里来？首先是戒掉了两个东西：一个是不串门。除了外地来人以外，我一般不串门。在北京的老朋友，一年见一次也就行了。别人也了解我不是对人冷淡的人，确实我没有时间。如果总是跑来跑去，我还能干什么呢？第二是不看电影、不看电视，这是指几年前。那时，我有条件去多看几个电影，但是我一年也就是看一两个。现在情况有变化，就是晚上通常干不动了，所以看看光盘。其实，我也爱看电影、看电视，但不把它们舍弃掉，我的时间哪里来？

邹兆辰：看您现在还是那样精神矍铄、思维敏捷，不像这个岁数的老人。

金冲及：我的身体情况是比较好的，我在这个单位工作了二十几年，半天病假都没有请过。有人问我你身体那么好，是怎么锻炼的？其实，我不但不锻炼，连散步也几乎没有。身体好，跟遗传基因不能不说有一定关系。其次，就是医生老讲的要心理平衡，我在这个单位以及以前的单位，几十年来从来没有发过火，别人有不对的地方，我讲你不对在哪里，也不必发火。平时也没有什么烦恼、后悔，其他的事情也不计较。再不愉快的事，已经发生了，只有面对这个现实考虑下一步该怎么办，生气和懊恼又有什么用？再有一点就是我的生活十分有规律，通常按时起居休息，按时上班、下班，差不了多少分钟。这对身体也有好处。

邹兆辰：您的健康确实令史学界同人和广大读者深为欣慰，我们期待着您的大作早日问世。今天您在百忙之中用整个半天的时间来和我谈话，十分感动。谢谢您对《历史教学问题》杂志的支持！

金冲及，1930年生，上海市人。1951年毕业于复旦大学历史系，留校任教。1965年调文化部任研究人员，1972年起任文物出版社副总编辑、总编辑，1983年调中央文献研究室任副主任、常务副主任、研究员。孙中山研究会会长，1998—2004年任中国史学会会长。北京大学、复旦大学兼职教授、博士生导师。与胡绳武合著《辛亥革命史稿》（四卷）、《从辛亥革命到五四运动》等。专著有《辛亥革命的前前后后》《孙中山和辛亥革命》《二十世纪中国的崛起》《转折年代——中国的1947年》《五十年变迁》等。主编《毛泽东传》《周恩来传》《刘少奇传》《朱德传》《邓小平传略》《陈云传》《李富春传》，参与胡绳主编的《中国共产党的七十年》一书编写，撰写有关学术论文百余篇。

邹兆辰，首都师范大学历史学院教授。

纵横"三学"求真知
——访来新夏教授

（🎙️）来新夏　　（🎙️）夏柯　刁培俊

> **夏柯　刁培俊：**来先生，您好！您是我们尊敬的学界前辈，学界称誉您为"纵横三学"著名学者，大概也就是说，您在历史学、文献目录学、地方志研究方面都取得了重大成果，在国内外学术界影响深远。您能谈谈您的学术经历和研究概况吗？

　　来新夏：好的，先谈谈我的本业历史学吧。我是 20 世纪 40 年代的大学生，1942—1946 年间就读于辅仁大学，受过传统史学的科班训练。当时正是抗战时期，燕京关闭，北大成为伪大。辅仁作为德国教会学校，受日寇干扰较少，故而当时留在北京而不愿任伪职的学者纷纷加盟辅仁，一时名师云集，文史方面就有陈垣、余嘉锡、朱师辙、启功等名家。当时辅仁的学生较少，师生关系也很融洽，所以每个学生都能得到教师的悉心指点。在这一环境熏陶下，我打下了扎实的学术基础。大学期间，我的主要研究方向是唐以前的中国历史，毕业论文做的就是有关汉唐年号变化与政治关系的题目。1949 年参加革命以后，我到华北大学接受南下工作培训，后来，被留在历史研究室当研究生，师从范文澜先生，开始转向近代史研究。一年以后，我奉调到南开大学工作，讲授中国新民主主义革命史、鸦片战争史、中国近代史和北洋军阀史等课程。虽然学术方向有所转移，但我并未放弃古代史。我一贯主张学术不但要古今贯通，还要中西贯通，反对学问越走越窄，这个我们下面再谈。北洋军阀史是我研究近代史的核心点，这要追溯到跟随范老学习的那个时候。当时研究室（1949 年后改制为中国科学院中国近代史研究所）接受了 100 多麻袋北洋档案，在整理这批档的案过程中，我开始接触北洋军阀史。那时的工作条件很差，每天在仓库里弄，尘土飞扬，每人只发一件灰布制服，一个口罩。整理工作分两步，第一步非常辛苦，要先把土抖落干净了。因为那些档案都很多年没有动，非常脏。我们早上去，晚上回来的时候，戴的眼镜镜片都是黑的，口罩遮住的地方是白的，可是口罩上两个鼻孔的位置也是黑的，全身都是土。弄干净后，把档案按文件类型分堆，再做大致的政治、文化、经济的分类，这就弄了近半年，这是第一步。第二步整理的时候就很细了，要把每份文件看一遍，然后做卡片，写明这份写的是什么时间、什么事情，写出概要性的东西，进行专题的内容分类。在研究这些档案的同时，我又看了一些有关的书籍，对北洋军阀史产生了兴趣，我认为这是治学中的"从根做起"。1957年时，湖北人民出版社向我约写北洋史书稿。当时没有人写相关专著，我也是抱着试试的态度，写成了12万字的《北洋军阀史略》。没想到，出版后反响强烈，日本还出了两次译本。我当时自认为这是以马列观点写就的第一部北洋军阀史。1957年以后至70年代末，因受形势影响，研究处于徘徊阶段，没有什么进展。进入80年代，湖北人民出版社又向我约稿，希望增补《北洋军阀史略》。1983年面世的《北洋军阀史稿》就是在原书基础上重新扩充、修改完成的。《北洋军阀史稿》出版后，我仍觉得当时没有一部完备的北洋军阀通史是一个缺憾，认为这是自己的职责所在，遂又经过十余年努力，在几位同人的协助下，写就100万字的《北洋军阀史》一书。这本书获得了教育部科研成果奖。当时我自信心很强，认为50年内很难出现其他北洋通史，因为这是一部填补学术空白的著述。我在"文革"时受冲击，其中一条"罪状"就是因为研究北洋史，被人指为是专门研究坏人的历史，与反动派气息相通。可我觉得，历史是丰富和多样的，如果大家都去研究英雄烈士了，那历史的另一面谁来研究呢？这样的历史不就成了片面的，而不是完整和全面的历史了吗？

以上是我在历史学方面的研究情况。我的另一研究领域是目录学。我们读大学时，允许跨系选课，我就选了中文系的目录学课程，师从余嘉锡先生学了几年。目录学难度较大，比较枯燥，要教好学好都不容易。作为老师，如果涉猎不广，积累不多，没有旁征博引的功夫，要讲得新鲜生动、引人入胜是不可能的。在极左时期，目录学属于"三基"，受到了批判，得不到应有的重视。直到80年代时，我才在南开大学历史系开设目录学的课程，后来因为身体原因，讲了两年多就没继续了。我学目录学，是从《书目答问》

入手的,读通了这本书,就掌握了2000多种古籍的大致情况,心中就有了做学术的纲领,无论你做哪个领域,都可以大致明了该领域内的基本书籍,再接触其他的书,就可以很容易地增补进这个体系中去。我现在正在总结自己在目录学方面的成果,明年中华书局将出版我的《书目答问汇补》一书。我在攻读目录学时,曾经做过《书目答问》索引,一种是从人名到书名,先列出作者、字号,属于哪一家,再列出著作;另一种是从书名到人名,先列出作品,属于四部中哪部,再写出作者。通过制作这两种索引,就等于将《书目答问》拆散了又重组,学问就应该用这个做法。你们可以看看我早年手批手校的《书目答问》,那时我就用了这个办法。

除了以上两个方面外,地方志也是我的一个主要研究领域。在这方面,我的起步较早,因为我的祖父是民国《萧山县志》的独立纂修者,所以,我有一定家学渊源,也很想继承祖父研究地方文献的传统。四五十年代之交时,我阅读了大量旧志。我国的方志有2000余年的历史,但志书的分布却不均衡,有的地方修得多,有的地方少,有的甚至没有,所以,解放初期,中央很重视纂修地方新志的工作,号召各地编修自己的"地情书"。由于政治运动不断的原因,新方志的修撰工作屡兴屡废,直到80年代初,才掀起全国性的修志高潮。当时由梁寒冰先生负责主持全国的修志工作,我担任第一助手,由此进入到地方志研究领域。我在这个领域除写了《方志学概论》《中国地方志》《中国地方志通览》《志域探步》《中日地方史志比较研究》等书外,还做了四点工作。第一,是做了新志编修的启动工作,负责起草了全国新志编修规划和第一次启动报告。第二,是参与了若干新志的评审工作,给几百个县市区的地方志写序,做了一些评论和纠谬的工作。第三,是培养了数以千计的新志纂修人才。1982年时,我担任了华中、华北、中南、西北四个地区新志编修人员的培训工作。现在我的学生和弟子遍布全国各地。第四,是倡导和参与了旧志的整理研究工作。我国是个志书大国,解放前编修的旧志就将近万种,不但存量大,而且种类繁多,包括各级行政区划志、江河山川志、行业志种种。这些志书包含有政治、经济、文化、社会等多方面的地方情况,是一个蕴藏量和信息量极为丰富的资料库,所以有必要进行相关的整理研究工作,以为现在社会所用。当时,我参与了旧志的目录编修、资料分类、内容研究和整体评价工作。

上述三个部分构成了我的学术体系，也就是别人讲的我的"三学"，所以我入选《南开史学家论丛》的集子就取了《三学集》的名称。到晚年后，我又想，干了一辈子学术，一辈子得到民众供养，如果只写了几篇供专业人士观看的文章，意义有限，所以，我就想把我的知识和才学还给民众。因此，从 80 年代以后，我开始了学术随笔的写作。史学工作者所做的学术随笔，与作家随笔不同。我的随笔是以学术为根柢的，目的是给人更多的历史资料与信息，就算是针砭时弊，也是以历史为基础的。近三十年来，我一直坚持写随笔，已经出版了十余种随笔集。最近的一本，是中华书局出的《皓首学术随笔丛书·来新夏卷》。所以，我觉得在我的"三学"之外，还有一学，就是学术随笔。以上就是我的学术研究概况。

夏柯　刁培俊：来先生，作为一位出色的教育家，您在图书馆学的建设方面体现了史学家的通识，您能补充谈谈这方面的情况吗？

来新夏：好的。我是历史系的教授，按照学校的安排，1983 年，我离开历史系担任了南开图书馆馆长。1979 年我曾创办了南开大学分校的图书馆学专业，1983 年又组建了校本部的图书馆系。在办学过程中，我提出了编写教材和引进人才的"两材（才）方针"。首先是改变传统的图书馆学课程设置。原先的图书馆学专业课程有重见叠出的弊病，如中国书史、中国目录学史和中国图书馆史这三门课程在谈到图书的源流、分类、编目时都要涉及刘向、刘歆父子，所以，当时有学图书馆学要"七见向歆父子"的说法。于是，我就构想实施三史合一的课程，即以图书为中心，而将涉及与图书有关的各种事业，包括制作、搜求、典藏、分类和再编纂等包容进来，不仅最大限度地容纳了原来三种课程的内容，而且重新进行了编排和整合。为了将这一构想付诸实践，我就拟定提纲，组织人员，并亲自承担章节编写和删订通稿，先后完成了《中国古代图书事业史》和《中国近代图书事业史》的编写，应用于课堂，不仅使课程设置更趋科学合理，而且减轻了学生的学习负担。为了建立图书馆学的基本框架，我还组织编写了一套有七种专业课程的《图书馆学情报学系列教程》，涉及图书馆学、文献检索、情报工作、国外图书事业等方面，使南开的图书馆学专业成为一个比较完整的学科。另外，我还增添了"中国书法"一课。有些人不理解，我的想法是一个图书研究者每天和书、文字打交道，也要做一些书写工作，所以，掌握书法的基础知识是很有必要的。从这门课开设后的情况来看，效果还是很好的。

夏柯　刁培俊：来先生，能谈谈您治学的心得体会吗？

来新夏：好的，我想大致谈四点体会。首先，做学问一定要有一个基本，老话说就是"专攻一经"。无论你是搞哪一领域，先把这一领域内的重要书籍念透一部。我研究目录学，首先读的就是《书目答问》，一字一句地念，还将各家批注和相关资料汇总起来研究。我研究近代史，首先读的是《三朝筹办夷务始末》，因为近代史最重要的就是对外关系。在读书过程中，一定要做笔记，要会做笔记，不要怕麻烦，怕慢。读书快，但记得不牢，体会不深，快就等于慢；反之，细细研读，做了笔记，慢就等于快，这就是读书的快慢辩证法。年轻人不要自恃年轻聪明，记性好，一定要记得人总有老的时候，得来太易，失去也会太快。现在大家都用电脑，有好处也有坏处。我曾有一个"偏见"：没有"废话"的论文多是伪造，那都是靠电脑下载拼凑的"学术百衲本"，没有自己的思想，没有价值。电脑下载是为秘书们伺候长官准备的"急就篇"，做学问不是攒书，不要搞这种"奶妈学术"，要注重根底，不要做无根之木。

其次是要注重积累。现在学术界不重积累，这是受了社会风气浮躁的误导。特别是量化的评价标准，害死人。这是新八股的余毒，方便了评审，危害了学术。什么是好文章？能说清楚没有人说清楚的问题的就是好文章，10万字的是，500字的也是。现在设立许多数量的杠杠，这是不合理的。要积累就要抄书，做笔记，要做到四勤：脑勤、眼勤、手勤、耳勤。不要光看，而要调动多种途径。学英语有所谓"快乐英语"，不但要看懂，还要嘴巴喊着，耳朵听着，调动各种感官，才能有效果，做学问也一样。一定要善于写杂记，这是做学问的一个重要步骤。在看书积累资料的过程中，一定要抓住那些一纵即逝的思想闪光，要马上记下来，否则过后即忘，就是狗熊掰棒子，一无所得。我所说的"积"，就是广泛地搜集，"累"就是不停地增多。每天都要抄一点，记一点，这样"日积月累"，学问才能不断进步。你们一定要重视我国的成语，"聚沙成塔""集腋成裘"，这都是方法的总结，智慧的结晶，要深刻体会其中的精髓。抄书什么时候最难？打开书，抄第一条的时候最难。一定要沉住气，才能坚持下去。抄书不是盲目地抄，不是做印刷机、复印机，而是一个研究的过程。首先是点读，其次是分析，然后是记录思维的火花。所记的东西不一定很完善，但一定要把思想记下来。在此基础上，将同类的资料和看法归结成小堆，整理以后，写出三四百字的小杂记。小杂记写多了，再进行分类集合，就可以写出小文章。小文章积累多了，再加以整理，就可集合成一部小书。在小书的基础上，再搜集，补充资料，就能写出部大书来。我的文章和专著大多都是这样写成的。所以说，读书研究一定要掌握"分合法"，先把读的书分开，再把它们合并，先分，后合，先有灰石沙土，才有高楼大厦。学文科的人一定要勤于积累。文科是很养老的，年轻时多积累，年老时就足够所用。二三十岁时一定要想到有一天会老，脑力体力不会永远旺盛，记忆也不会永远的过目不忘。你们不要被古人所欺骗，我非常反对"一目十行"的说法，这不是效率高，而是浮皮潦草。读书应当"十目一行"，一定要把书吃透。从"一目十行"到"十目一行"的转变很痛苦，但这是真有所得，而不是夸夸其谈。

　　第三点是一定要尊重传统，尊重前人的成果。所谓创新是在前人基础上的创新，绝不是不尊重前人成果，自搞一套。要相信一点，历史是在很公正地筛选。那些经过历史考验保存下来的文献，必定有它的道理和价值。学术固然有愉悦自身的功用，但这样的"为己之学"只是学术的一部分，"为人之学"才是学术的根本立足点。我一直觉得，读书要做善举，我编著《清人目录提要》《清人笔记随录》《近三百年人物年谱知见录》等书，就是为了这个目的。我最近成书的《书目答问汇补》，汇总了各家批注和相关资料，方便了他人，免去了后来者奔波于图书馆的劳累，延长了他们的学术生命。现在的文史研究之所以进展不快，跟很多学人不屑于为人服务有关。大家都想着尽快搞出自己的一套，默默为人奉献的就少了。"为人之学"必须要有耐心，不是一年两年可以成就的。我写《清人笔记随录》，积累了几十年，到晚年才出版。我现在担任的国家大清史项目"清经世文选编"总共200多万字，没有多年阅读积累，也不可能承担得起。此外，我现在一两年出一本随笔集，工作量也不逊于你们年轻人。总之，任何时候，心中都必须存有一念，即"为别人所用"。"天增岁月人增寿"，只有"为人之学"方能达到这一目的。

最后讲一点，做学问不要赶风。你只要做好你这块领域就行了，不要什么热潮都去赶。现在流行"国学热"，我在《中国文化》上发文，说赞同国学，但不赞同"国学热"。现在问你国学是什么？你能透彻讲明白吗？问题的关键在于如何对待国学。国学应当提倡，但不是拿国学作工具，谋一己私利。现在的"国学热"不是真正学习和普及国学，而是炒作，是商业行为。我在《中华读书报》上发文说，于丹的心得是于丹的，不是你的心得，你应当回到经典去求你的心得。学术有"显学"，也有"晦学"，不要光顾"显学"，也要注意"晦学"，不要什么都赶时髦，而要坚持做好选定的方向。如果你是做清史的，清史有很多领域都值得研究，比如清承明制问题、清代国史问题、清代的吏治问题。为什么有了养廉银，却养不了廉？陋规又加陋规，层层相因，这对现在治理腐败很有启发意义。另外诸如漕运、河工、铜政、盐务等问题对当前都有借鉴意义，有重大的研究价值。只要选中其中一个领域深入研究，踏踏实实地干，都会有成果。等研究有所得时，依然要保持一个"冷"的态度。作为学者，要经常保持一个"冷"字，求学时，要坐得起冷板凳，干事业时，要经得起冷遇，观察事物，则要保持冷眼。这里的"冷"指的就是沉着、平静、淡然。我写过一篇文章，叫《坐"冷板凳"与吃"冷猪肉"》，讲的就是这个问题。一个学者，只有持有这样的态度，学问上才能有建树，才能为社会做贡献，为百姓所铭记，才能到文庙里吃"冷猪肉"。做学问不是求荣华富贵，要发财，要当官，就不要走这条道路。当然我讲这点，并不是完全反对当下的学术炒作热潮。炒作也有一定作用，能引起社会关注，扩大学术的影响力，问题是对大众应当予以引导，而不是误导。现在的"国学热"就是误导甚于引导。

夏柯　刁培俊：来先生，能谈谈您对国外史学的看法吗？您认为在借鉴他们的研究经验时，应当注意哪些问题呢？

来新夏：对国外史学，我了解不多，但有一点感触很深，就是国外学者能从基础做起、从关键点切入的治学风格。国外真正史学家的作品都是求真求实的。我看过他们的一些著述，也很佩服他们的治学精神。我和一些美国、日本的史学家交流，他们都很羡慕中国的文献储藏量，既有档案，又有载籍，还有地方上的金石碑刻，他们认为中国是"无处没有史料"。不过同时，他们也比较委婉地批评了中国人不太珍惜历史文化遗产的态度。他们还认为中国的一些学者的急于求成，不是自己去源头挑水吃，而是从人家水桶里舀水吃，常常使用二手资料，而不重视去掌握第一手资料。有些外国学者来中国一两年，就泡在档案馆，从源头做起，从最基础的史料发现新的研究课题。他们的史料功夫很扎实，也很注意历史的细节，擅长抓住研究的切入点，比如唐德刚的《晚清七十年》就抓住了中国历史上这一瓶颈期、转型期做文章，所以能有创见，也很有学术价值。另外，我觉得国外学者"和而不同"的学术风格也很值得我们学习。他们不搞"一言堂"，而是各抒己见，经常提出自己的不同观点，在此基础上，再求同存异，寻求合作。他们的"和"是从不同中求得的，就像乐队演奏，黑管是黑管，大贝司是大贝司，绝不会混淆，但是合起来呢，又能奏出优美的旋律。所以说先得有不同，才能有"和"，这是问题的重点所在。另外，在社会史和历史人类学方面，也要多加借鉴。中国传统史学也有实地调查的传统，但主体上仍然是文献编撰学。历史学应当吸收社会学注重调查研究的方法，应当加强田野工作。我的一个老学长李世瑜是研究秘密社会的，他通过调研美国一个小镇，发现了天主教的160余个教堂，这是以前闻所未闻的。美国哥伦比亚大学有个专门的口述历史研究馆，收集了大量的口述资料，虽然不一定都完全真实，有避讳和避重就轻现象，但毕竟是第一手的材料，有其独到的史料价值。重视实地调查还有助于从现实中找寻问题。华盛顿大学的郝瑞教授为研究中国近代人口的迁徙、流量、生息等问题，就选择浙江萧山作为研究的切入点，在掌握大量文献资料的基础上，带着助手，并邀我这个萧山人参加，亲自到萧山实地考察，并就地扩大资料量，从分析当地姓氏宗族入手，寻求人口迁移变动的真实原因。这种深入实际、解剖麻雀的小题大做的研究方法，所得到的成果，就比较接近真实，值得我们吸取借鉴。比如我们研究清代的"堕民"问题，光从文献中爬梳还不够，必须实地去考察。浙江慈城有很多"堕民"后代存在，通过对他们的走访调查，就可能得到史书上未记载的资料，获得更为全面的认识。总之，对国外的研究成果必须要关注，不能自我封闭起来，而是要择善而从。我是主张融合的，光抱着乾嘉家法不放，并不是治学的最佳途径。当然在此过程中，也不要一味接受，而是要懂得寸有所长、尺有所短的道理，善于取长补短。

夏柯　刁培俊： 来先生，南开历史学的精神是"惟真惟新，求通致用"，在致用方面，除了专业研究外，您主要是通过杂文的途径把学术返还给民众，服务于社会。您能谈谈历史知识传播的问题吗？

来新夏： 我之所以写杂文，也是从"为人之学"的角度考虑的。传统历史研究的一个基本问题就是从文献到文献。这点从专业本身来讲没错，但是从更大的社会角度来看，就不免有空对空的嫌疑了。很多历史学家的研究过程就是个自我愉悦的过程，是一个人在"独乐乐"，看了许多书，发现了一些问题，写了几篇文章，就是给学术圈子里的千百十号人看看，大家一块高兴高兴，乐和乐和，而没有去想如何让自己的研究成果，让无数倍于圈中人的更多人去了解、去接受。历史学家对这块阵地的拱手相让，正好给那些投机热炒者提供了空间。所以，我是赞成学者去讲历史的，也是赞成用影视、广播、网络等多种传媒手段传播普及历史知识的，但是必须有一个底线，就是要本着对历史负责、对他人负责的态度，提供给大众尽可能接近历史真实的信息，而不是打着专业的幌子，拿历史作工具，故意迎合大众的不正常心理，以达到牟取私利的目的，这是我坚决反对的！这样做比原来的自我封闭和稗官野史戏说的流毒更广、贻害更深！

总之，历史学家不但要求真，也要求新；不但要务实，也要致用；不但要自适，也要为人；不但要研究历史经验，也要紧扣时代脉搏；不但要坚守学术阵地，也要开辟新途径，耕耘新天地。如果还是囿于一隅，抱残守缺，光在爬梳文献中打圈圈，那历史学就不仅仅是面临困境，怕是要走向绝境了！

夏柯　刁培俊： 来先生，您在专业史家和杂文家间的角色递换如此自然，一个重要原因就是得益于您出色的文笔，您能透露下历史写作的秘诀吗？

来新夏： 好的。你们可能还不知道，我在历史系开过一门写作课。我觉得写作是个技巧活，除了有一定的基础知识外，还必须有一定的程序，程序过了，就是八股，没有程序，就成不了文。所以，我开写作课时就讲了各种文体，讲如何取材，如何论述，如何写景写人，使学生了解写作的基本规范。任何一个学历史的人，心中必得存有一念，即兼融文史，同时掌握文献和文字。古人云："言之不文，行之不远。"文字是把知识传给第三者和更多受众的重要工具，所以必须予以重视。那么，如何写好文章呢？我觉得首先要有积累，要多读、多背、多记名人名篇，丰富自己的语言和词汇。其次是要从小处着手，要学会写小文章。我在辅仁读书时，陈垣先生教我们写文章，就定了个规矩，超过500字的不收。我当时还要了个小聪明，写小字，一行当两行。陈先生发现后就把我喊去，教导我说只有会写小文章的人，才能写大文章，才能真正放得开。这话我一直牢记于心。另外，写文章切忌一挥而就，要保持冷处理的态度。思考主题时要冷静，写完后不要急着发表，先放放，让思想有回旋的余地。发现了问题，要不怕麻烦地修改。要让三种人给你提意见，一种是比你强的人，一种是和你同水平的人，另外一种是不如你的人。这样不但得到教益，也了解了各种层次的人对本文的接受程度。提完意见后要继续修改，字斟句酌地改，特别要注意虚字，这是最不好用的。最后一点，写文章一定要善于触景生情。文献也是景，看书就是进入到场景中去，但更重要的景是在我们的日常生活中，所以一定要多接触群众，多观察世态。世态是最激发思想的，多听多看，就有了内容，就会思考。比如，有一次我在大街上走，看到许多家长背着提琴盒，背着画板，领着孩子去上培训班，大热天，汗流浃背，我就写了篇文章，题目叫《饶了孩子吧》。我看到一些教授热衷于念博士，就写了篇《我好想考博哟》。我写《且去填词》，给宋仁宗翻案，认为宋仁宗让柳永填词，不是狭隘，而是知人善用，要没有他的谕旨，就成就不了柳词的光辉。我之所以有这个观点，就来源于生活中的一件小事。有次我听到楼下的小贩吵架，有人就说："吵什么吵？该干吗干吗去！"这句话就给了我启发，令我思考，现实生活中不就经常有不安本分、一肩多挑、越俎代庖的事吗？有些学者为了行政工作，把学术给耽误了，学者嘛就且去研究嘛，有些文学家担任了社会兼职，何必呢？文学家且去写小说嘛，如果人人做好本职，工人把工做好，农民把地种好，当官的把官当好，经商的把生意做好，学者把学问研究好，这样我们的社会就能和谐得多。

总之，写好文章的秘诀就在于九个字："背得多，看得多，写得多"，要勤于写，笔头快是练出来的，不是什么人都是生来倚马可待的。

夏柯　刁培俊：来先生，我们在学习过程中常面临博和专的矛盾，能谈谈您对此的看法吗？

来新夏：我的意见是不要怕杂。杂不但有助于开启思路，还可增加见闻。做学问太纯容易闭塞思路，所以攻其一点、不及其余的做法并不可取。有些人认为战线不要拉得太长，我觉得一个学者的知识储备量必须得大。金字塔屹立千年不倒，就在于底部宽大。我有个看法，一人一事不宜作博士论文的题目，这样会束缚自己的学术道路，也不利于将来教学研究。我任南开校务委员时，曾提出学生住宿应当文理相杂，也是出于这个目的。我念大学时读的《中国史大纲》，跟现在按朝代论述的中国史教材不同，它是按政治、经济、文化等专题分章节，按时代论述，这就有利于突破朝代的框框，形成通贯的认识。像我写的《书文化的传承》，就是出于这样的考虑。总之，不要怕杂，杂而后才能显正。当然也要注意杂而不乱，我提的杂是博杂，而不是驳杂。

夏柯　刁培俊：来先生，能谈谈您对学术界和青年学子的期许吗？

来新夏：作为一个学者，尤其是青年学者，要特别注意避免浮躁之气，要读好书，做好人，做个实实在在的人，不想走捷径的人，这样才可以有所成就。成就不是靠走捷径求来的，而是靠坐冷板凳，靠积累所得。在这里，我想对你们提八个字："博观约取，好学深思。"这是读书的方法，也是治学的方法。"博观"和"好学"是一个范畴，这是做学问的第一步。只有读书多了，涉猎广了，你的视野才能打开，才懂得比较。比如学明清史的人，就应当懂点汉唐的历史，以此作背景，才可以比较，才能明白明清的历史地位。历代的典章制度对前代都有追承和借鉴，所以必须往上追寻，比如明代内阁制对清代的影响，六部理事与南北朝六曹理事的关系，摊丁入亩与一条鞭法的关系。除了古今比较，也可以作中外比较，比如清代与朝鲜李朝在各方面的关系和比较，都可以启发思维。有了博观和好学的基础，还要懂得深思与约取。学而不思则罔，不懂得思考，就认识不到事物背后的实质。约取就是提炼，一块废铁可以炼成钢，关键就在于掌握了化腐朽为神奇的方法。我们研究历史，就应当抓住史料中蕴藏的精神实质。比如清代笔记中记了一个大雷雨后在庄园里留下大脚印的故事，说某地的一个地主，为富不仁，欺压乡民，有一次下大雨，电闪雷鸣，地主家遭到雷劈，夷为平地，现场留下一个大脚印，而其他村民家却安然无恙。这样一个表面荒诞的志怪故事，却蕴含着当时人们的观念和期许。我们就应该把这些挖掘出来。历史是讲究细节的，往往不是桌面上的事，不是太大的事，起到了关键作用，我们就是要从这些问题中约取、提炼、归纳出精神实质来。

来新夏，浙江萧山人，1923 年出生于浙江省杭州市，1946 年毕业于辅仁大学历史学系。1949 年初在华北大学第二部学习，接受南下工作的培训，后分配在该校历史研究室，为范文澜教授的研究生，攻读中国近代史。1951年奉调至南开大学历史系任教，由助教循阶晋升至教授。先后担任南开大学校务委员、校图书馆馆长、出版社社长兼总编辑、图书馆学系系主任等职。现任教育部古籍整理研究工作委员会所属地方文献研究室主任，兼任中国近现代史史料学会名誉会长、北京大学中国古代文献研究中心兼职教授、文渊阁本《四库全书》学术委员会委员、点校本《二十四史》及《清史稿》修订工程审定委员会委员、天津市地方志编纂委员会顾问，美国俄亥俄大学图书馆顾问等职务。主要从事历史学、方志学、文献学等方面的教学与研究工作，著作丰富：历史学方面有《林则徐年谱新编》《北洋军阀史》《天津近代史》《中国近代史述丛》等；在方志学方面有《方志学概论》《志域探步》《中国地方志》《中日地方史志比较研究》等；在图书文献方面有《近三百年人物年谱知见录》《清人笔记随录》《古典目录学》《中国古代图书事业史》《古籍整理讲义》等。发表论文百余篇，另撰有大量随笔散文，汇编成集的有《冷眼热心》《一苇争流》《且去填词》《出枥集》《学不厌集》《来新夏书话》《邃谷师友》和《皓首学术随笔丛书·来新夏卷》等十余种。

夏柯，时系南开大学历史学院博士生；刁培俊，时系厦门大学历史学系教师，博士。

我对世界通史体系的思考
——访马克垚教授

(🎙️)马克垚　　(🎙️)邹兆辰

邹兆辰：马先生，我们在 2005 年进行过一次访谈，那次访谈主要涉及您个人在世界中世纪史研究和比较史学研究方面的实践和体会；这次访谈希望能够扩展一下领域，比如从您本人扩展到北京大学其他的先生，从您所从事的世界中世纪史的研究扩展到整个世界历史的研究。

马克垚：《历史教学问题》的主编王斯德先生也和我谈了这个问题。我想，关于我个人的治学情况，上次访谈我们都谈过了，当然如果我们转换一个角度还是有许多问题可以谈的。比如说，从我 1952 年开始在北大读书，到 1956 年毕业留校，有许多著名的前辈学者直接教过我，或者在工作中指导和帮助了我，他们的影响潜移默化地影响了我，也可以说影响了我的一生。其中，让我终生难忘的就是齐思和先生。

邹兆辰：那您和我们谈谈齐思和先生给您留下的印象吧！

马克垚：好，我们就从齐先生谈起。我是从大学二年级开始听齐先生讲世界中世纪史的。那时候，没有想到过我这一辈子会从事世界中世纪史的教学和研究，所以对这门课也没有多大的兴趣，好像也没找什么教材以外的书来读，学习不过是应付考试而已。1956 年我毕业留校，开始也没有留在世界中世纪史这里，而是在世界现代史那边。1958 年开始，我随一些教师下乡劳动一年，到 1959 年回校时才调我到世界古代史教研室，跟随齐先生学世界中世纪史。从那时起，一直到齐先生病故，我都跟随齐先生学习和任教。先生对我耳提面命，耳濡目染，使我受益良多。

邹兆辰： 您说齐先生在北大是教世界中世纪史的，但是听说他对中国古代史的造诣也很深，1935年他在哈佛大学写的博士论文是关于春秋时期中国的封建制度的问题。

马克垚： 确实如此。他可以说是我国世界中世纪史学科的开拓者和奠基人。但是他学识渊博，贯通中西古今，特别对中国先秦史、晚清学术思想史、乾嘉考据学有精深的研究。另外，他也研究史学理论和史学史，善于运用历史哲学和历史比较的方法，掌握中西会通、中西互证的学问。

他对于乾嘉之学可以说非常精通，说起段、戴、钱、王这些人简直如数家珍。我初次和他见面的时候，他知道我是山西人，立即就说你有个老乡阎若璩，是个大学问家，写过《古文尚书疏证》。可以说，考据之学就是这些老一辈史学家的看家本领，齐先生也曾指导我进入这个殿堂。他让我先去念皮锡瑞的《经学历史》，先建立一个全面的梗概，再去循序渐进地深入学习。可是我自己总是觉得我是搞世界中世纪史的，它和考据之学相去甚远，所以不肯多下功夫，结果我没有能把先生的本领学到手，不能登堂入室。

邹兆辰： 您说齐先生早年做学问时就进行过中西的比较，您可以具体地说一说吗？

马克垚： 齐先生确实是注重比较研究的方法的。他提倡把古代与近、现代史，中国史与外国史联系起来，进行比较。但他并不认为古今中外人天龙鬼，无一不可取以相比较，而是要作专深的专题研究，掌握严格的方法，才能进行比较。1949年前，他写了《西周锡命礼考》《封建制度与儒家思想》等论著，对中西封建制度作了详细的比较。他研究周代的锡命礼，就首先举西方封建制度中的臣服礼、宣誓效忠礼等来和它进行比较对照，说明二者的相似之处。他在"孟子井田说辩"中，应用西方的庄园制度，说明井田虽然是孟子的理想，但是也是有所依据的，并不是完全凭空杜撰。他在哈佛的博士论文《春秋时期中国的封建制度》，主要分为封土制、国家形态、经济社会状况三大部分，颇有后来布洛赫《封建社会》一书的气势。在这部书中，他对中西封建社会进行了比较，说中西封建制度有其惊人的相似之处，也有不同之处。比如宗教，中国就没有西欧那样强有力的天主教会，不过西方天主教的上帝面前人人平等、在罗马教廷统治下的中央集权组织、永久和平理念等，也与封建制不合，经过多年的调整，教会始得适应于封建。而中国的宗教则并不构成对封建的妨碍，政治统治和宗教祭祀之职，统一于王、公、卿大夫之一身，其权力更为强大。关于再分封的问题，齐先生认为：中国的宗法制度既是一个祖先祭祀制，也是再分封制，如此使整个帝国转化成为一个大家庭；而欧洲的再分封制则领主来源多种多样，因为有长子继承制，其他次子则大多得到修道院生活。所以，中国的封建制比之西欧的，更有系统，组织得更完善。由此可见，齐先生主张会通之学，主张运用历史的比较，并不是把不同的事物做简单的排比，而是要研究其共同的规律，他在《西周锡命礼考》中说过：人类文化之发展，虽迟速不同，质文各异。然所循之途径，则大致相同。齐先生的这些比较研究对西方学者也很有影响。后来美国人柯尔本主编《历史上的封建主义》一书，其中老汉学家卜德论中国的封建部分，即多根据齐先生的说法，征引地方很多。

邹兆辰： 您说齐先生在史学理论和史学史方面也有自己的建树，您可以具体说一说吗？

马克垚： 齐先生在这方面确实有他自己的建树，从这里更能彰显出他的中西会通、中西互证的学问。不知你是否看到了 1936 年齐先生在北平师范大学和北京大学讲授的《史学概论讲义》，这本书不久前已经出版了。

邹兆辰： 还没有看到。

马克垚： 他这是一部融会中西史学的大著，今天我们看它也会有参考价值的。大家都知道梁启超有一部《中国历史研究法》，至今影响很大。但齐先生认为梁启超关于西方史学的知识，不过是依据几本中文或日文的教科书。这些通俗的教科书，不能代表西方史学研究的理论与方法。所以，梁启超不知道近世西洋史学是建立在专题研究的基础上的，而号召天下研究整个的通史。他指出，用这种方法来治史是不会有成绩的。关于这方面的问题，我们只要再重温一下他的《史学概论讲义》就会有更深入的认识。

齐先生对西方历史哲学有自己的认识，并善于用历史哲学的眼光来考察历史。1929年，当时齐先生只有22岁，他写出了《先秦历史哲学管窥》的文章，就是用西方历史哲学的方法，勾勒出中国先秦丰富的历史哲学的内容的。

对了。我们说到历史比较，齐先生还对中国史学和西方史学进行过比较。他比较了中西史学后认为，中国古代史学最发达，广博丰富、包罗万象。二十四史就是知识的海洋、文化的总汇；而欧洲的史学，直到18世纪，仍然是以政治、军事史为主，到19世纪方才有了经济、文化等内容。但是到了现代，中国的史学就落后了，所以要吸收西学之长来改造国史。但中国对世界史书籍的翻译只是翻译了一些教科书，没有翻译一本一流的学术著作，这样使我们只略知西洋的史事，而不知西洋的史学，只有教育作用，没有学术价值。齐先生这些意见很值得我们注意，不过这些年我们翻译的西方史学名著已经大大增加了。

邹兆辰：齐先生运用这种会通之学的理念和中西比较的方法，是否还写了其他具体历史问题的著作呢？

马克垚：齐先生晚年写了一篇《匈奴西迁及其在欧洲的活动》，也就是一大会通之作，他的文章主要在于说明欧洲史上的匈人就是中国历史上的匈奴。后来有人对该文提出意见，主要涉及西迁地点的确切位置的问题，这是可以讨论的具体问题。他计划写一部民族大迁移的历史，从中国匈奴的西迁一直写到日耳曼人的迁徙。这里匈奴人的迁徙最为重要。他认为，北匈奴的活动，中国有许多的记载，而匈奴进入欧洲的活动，也见于罗马历史家的记载，中西文献的记载是可以互相衔接的。可是许多西方学者不承认匈人就是匈奴，这实际上是割断历史。而他的努力，就在于要证明中西记载的连接，证明中西历史的相互影响。可惜齐先生晚年体弱多病，他的这一个宏伟计划没能完成。

邹兆辰：您跟随齐先生那么多年，您对齐先生总的印象是怎样的呢？

马克垚：我的印象他是一位绝对的忠厚长者，他态度和蔼，平易近人。他谈到别人，都是说他们的优点，说他们学问如何如何的好。即使对教研室年轻的讲师、助教，也都是说你如何如何不错，如何如何有进步，对待别人从未疾言厉色。他也很富有幽默感，不论上课、聊天，时常讲一些笑话，令人捧腹不止。可他自己却一本正经，从来不笑。他一生勤奋好学，孜孜以求，除了读书以外，我没有发现他有什么特殊的爱好。

邹兆辰：我们可以从齐先生谈到您自己，我看您也是提倡会通之学，善于进行历史比较的，特别是作了欧洲封建社会的历史比较、中西封建社会的历史比较，您既研究了西欧封建社会的社会经济问题，又重点研究了英国封建社会的社会经济，这种治学的路径是受了齐先生的影响吧？

马克垚：我虽然跟随齐先生学习多年，可是现在回想起来，我不是一个好学生，学习得不好。我虽然也尝试做一些比较研究，但在比较过程中时常感到对比较的双方了解得都不很够，所以所论甚浅，不能使自己满意，没能把齐先生的事业发扬光大。

邹兆辰：但是我觉得您的史学观念、史学实践中，还是有体现这种会通之学的，您总是从整个中西历史、中西史学这样的宏观视野来思考问题的。记得2005年您来首都师范大学参加世界各国的世界通史教育国际学术讨论会，您的发言就是涉及整个世界范围的世界史编撰体系问题，涉及如何克服欧洲中心论的问题的。

马克垚：2005年，你们首师大开了一个世界史的讨论会，我写了文章去参加会议，后来又作了补充修改，交《历史研究》发表了。就是《历史研究》2006年第3期的那篇文章。

邹兆辰：您那篇文章的题目叫《困境与反思："欧洲中心论"的破除与世界史的创立》吧？

马克垚：是的。我认为，我们老是批判"欧洲中心论"，但我们所编的教材，仍然是欧洲中心论，比如说吴、齐本教材，其近代部分就仍然被认为是欧洲中心论。为什么欧洲中心论批不倒呢？因为我们是学人家的。中国史学的基础深厚，但仍然是旧的史学体系，像梁启超、王国维、陈寅恪等大师，他们成就之所以高，就是学习了西学的思想方法用来改造了中国的史学。如果他们没有西学的思想，也就看不出中国史学的问题。但他们所搞的学问在史学方面是中国史的，不搞外国史。陈寅恪在朱延丰《突厥通考序》中说，"年来自审所知，实限于禹域之内，故仅守老氏损之又损之义，捐弃故技。凡塞表殊域之史事，不复敢上下议论于其间"。就反映了那一代学者的心态。那时中国的史学还没有走向世界的要求。

我们有全套的世界史还是 1949 年后学习苏联的结果，那时在各高等院校历史系都设立了世界通史课程，并且编写了许多套世界史教材，几项重大工程我都参加过。"大跃进"时代，是以学生为主编写《世界通史》教材，他们也有自己的"大纲"，说世界史分期要按照中国史的分期来搞。这样的世界通史当然写不成功。后来，周一良、吴于廑主编《世界通史》，我们教研室的同志都参加了，负责编写上古史部分，我写的就是巴比伦。这部书全国通用，影响很大，但体系基本上是苏联的。"文革"后期，根据当时的形势和政策，要求我们编写《简明世界史》，这次参加的人都是我系教师，贯彻的原则当然是以阶级斗争为纲。书编成以后全国都用，因为全国只有这一本，所以发行量很大。

后来 80 年代，我又参加了吴、齐本《世界史》的编写。这套书比 60 年代的《世界通史》有很大进步，但可以说我们仍然缺乏自己的完整的世界史体系，所以仍然被认为是欧洲中心论，特别是其近代部分。前几年我还主编过一套三卷本的《世界文明史》，也不敢说在体系上有什么样的突破。

邹兆辰：您的文章中心意思是说，二战以后出现了许多的世界史编撰体系，出现了一系列的世界史的著作，这些世界史的著述都试图建立新的世界史体系，特别是面临如何克服欧洲中心论的问题，在这方面并没有获得显著的成绩。包括我们中国的世界史学者在内，要建立一个新的世界史体系还有很长的路要走。

马克垚： 是这个意思。我的理由是我们今天的世界史体系是由西方学者建立的，他们是根据欧洲经验得出的认识，其中有客观的一面，也有欧洲中心论的一面，情况是比较复杂的。而我们非西方国家和地区的史学，是学习西方史学后建立的，缺乏从自己的历史出发建立的理论，所以很难彻底摆脱欧洲中心论的影响，这样也就无法写出真正的世界历史。我认为，现在我们写出来的世界史，可以说是一个"准世界史"，还不是真正的世界史。

邹兆辰： 您这个观点很值得关注，它是您长期参与世界通史教材编写过程后的一个非常慎重的思考。对于您的这些观点我还想作一些进一步的探讨。您认为，目前我们的世界史的著作，还没有摆脱欧洲中心论的倾向。那么在您看来究竟什么是欧洲中心论呢？它在历史学的著作中有哪些表现呢？

马克垚： 这个问题很大，不过在我的文章重点要说明的也就是这一个问题，我们可以简要概括为几个方面：

先说属于环境或生态方面的倾向吧。18世纪，孟德斯鸠曾经大力鼓吹地理环境决定论，现在虽然没有人这样讲，但类似的见解，特别是在论述欧、亚洲的对比时还是有的。例如，1985年出版的琼斯的《欧洲的奇迹》，运用了对比的方法，对比了欧洲和非欧洲地区的四种天灾人祸：一是地理的，如地震、火山等；二是气候的，如洪涝灾害等；三是生物的，如人畜疾病等；四是社会的，如战争等。这些情况历史上都是存在的，但是琼斯比较的目的在于说明这些天灾人祸都是非欧洲的比欧洲的危害大，所以使非欧洲积累不出建设所需的资金来。当然，历史上的天灾人祸确实存在，有些地方就是比其他地方严重。例如游牧民族的入侵对亚洲的破坏就要比对欧洲大得多。再比如地震，中国许多地方就是处于地震带上，另一方面中国的地震记录又保存得比较完整，所以看起来地震的损失比欧洲要大得多。但是，水旱洪涝之类的灾害，什么地方较大，那就很难说。琼斯认为，历史上印度和中国的饥荒都比欧洲的要多。他还作了统计，说中国自公元前108年到1911年，共有饥荒1828个，每年差不多都有饥荒。但他不考虑中国这样大，即使是丰收之年，也会在局部地区发生干旱。欧洲的灾害也不一定少。布罗代尔就曾经指出：欧洲15—18世纪的灾荒也是十分可怕的，仅小小的佛罗伦萨一个地方，从 1371 年到 1791 年这四百多年中，丰收年只有 16 个，这是不是比中国还厉害。还有的书说传染病都是来自亚洲或非洲，然后传播到欧洲的。比如，鼠疫来自蒙古，梅毒来自美洲，天花来自印度，我想在古代记载不明的情况下，做出这样的结论，是不是一种带有偏见的猜想？

邹兆辰： 看来环境问题确实是影响社会发展的一个重要的因素，但是把它看作是欧洲所以先进、亚洲所以落后的原因是不正确的。

马克垚： 属于环境方面的因素还有一点值得注意，这就是农业生产差别导致饮食结构的不同，这也被认为是导致欧洲与非欧洲发展上的一个大问题。

邹兆辰： 所谓饮食结构，也就是饮食习惯吧？

马克垚： 是啊！欧洲古代一般被认为实行的是粗耕农业，就是耕作粗放，土地不能连续耕作，所以要实行休耕制，畜牧与种植结合，种植的粮食多为大小麦，同时放牧牛羊，在单位面积土地上投入的劳动力较少，单位面积产量也低。中国、印度被认为是精耕农业，耕作细致，比较早地放弃了休耕，土地可以连续种植，作物品种多为稻米，畜牧业也与种植业分离。我觉得这样的概括并不准确，因为双方的地区都很辽阔，农业习惯千差万别而且历史上的发展也会产生许多不同。比如说中国的精耕细作就有一个长期的发展过程，原来也是粗耕，畜牧业也很兴盛。

由此就产生了欧洲人和印度、中国人的饮食结构不同的问题。欧洲人多吃肉，印度、中国人多吃粮食，尤其说中国人主要吃稻米。这确实是不同的生活习惯，不过由此就推论出吃肉的欧洲人更健康、更强壮，他们拥有更多的畜力作为动力等，却不一定是事实。因为生产肉类比生产粮食需要更多的土地，所以在生产力低下、人口增多的情况下，人们往往也是以吃粮食为主。而且穷人和富人的饮食也是不同的。古代的穷人一般是吃不起肉的，即使是欧洲中古时期的穷人一般来说也吃不起肉。奇波拉主编的经济史估计中古时期欧洲穷人每周只有半磅肉吃。布罗代尔指出，由于人口增加，从

1550 年起欧洲的饮食中，粮食的比例越来越大，19 世纪初，法国的穷人一周只吃一次肉。这种情况直到 19 世纪农业革命以后才发生变化。

邹兆辰： 究竟吃什么食物更健康、更卫生这恐怕也是一个观念的问题，过去人们都认为吃肉多了有益于健康，现在又认为吃肉多了不利于健康了。

马克垚： 欧洲中心论还有一个表现就是在家庭人口方面的观点。这方面的观点在当前也是存在的。例如，1965 年，哈伊纳尔提出欧洲家庭特别是西北欧的家庭模式，是一种晚婚、低生育率的模式，这种模式有利于节制人口。琼斯等人大力宣扬这种模式，把它作为欧洲独特的现象，而且和非欧洲的模式相对立。其实，欧洲的家庭模式也是十分复杂的，并不是只有一种模式，而非欧洲国家的家庭模式也各不相同。1986 年，比尔基埃等主编的《家庭史》就已经指出，中国古代的家庭是一种小家庭，也就是核心家庭，这是有中国历朝历代的统计数字为根据的，而欧洲中古时也有核心家庭，也有扩大的家庭。可是很多欧洲中心论者还是把欧洲与非欧洲的家庭模式对立起来，用以作为中国、印度人口众多的一种由来，并用以说明马尔萨斯主义的正确。

著名的学者伊懋可对中国经济发展的看法其根源可以说就是一种人口论。他一方面肯定了中国宋代经济的巨大进步，甚至看成是达到了现代化的边缘，但他把宋代以后中国经济不能取得突破的原因，称为进入了高技术平衡的陷阱，即当时中国人口过多，耕地开垦殆尽，而农业生产高度集约化，已经达到前近代的最高水平。过多的人口使中国资源严重短缺，不仅土地，而且木材、燃料、畜力均感到不足，如要投资提高生产力，在当时高技术的水平下，必须投巨额资本。而人口增长、资源不足必然使人均收入减少，因而资金筹措相当困难。此外，黄宗智的中国小农经济的过密化学说，也是一种以人口论为基础的看法。特别是他的 17—18 世纪英国和中国农业生产的对比，更把中国和英国置于对立的两极，正像马尔萨斯对立中国和欧洲的人口规律一样。彭慕兰的观点与他们就不同：他承认英国农业比中国农业的资本密集，但他认为这时英国的农业仍然是传统的农业，仍然是劳动密集型的，增加产量也只能依靠投入劳动为主，它和中国的农业在作为传统农业上的基本特征是一样的。以后随着人口的增多，欧洲的农业也面临着和中国一样的劳动力富余，出现了黄宗智所说的过密化现象。主要的问题并不是没有人口和土地的紧张关系，这种关系在前工业社会中是普遍存在的。主要的是不能把中国、印度当作欧洲的对立面，认为中国和欧洲有不同的人口模式，所以中国注定人口众多，不堪重负。

邹兆辰：看来您对这些著名学者的论著研究得是比较深入的，您观察到了他们的学术观点的不同之处。

马克垚：还不仅仅是这些。欧洲中心论也体现在社会和政治方面，最主要的论点就是东方专制主义了。这种观点把西方的民主和东方的专制相对立，而且认为这种对立是从古至今的。到现在为止，相信这种神话的人还不在少数。他们一论说起西方的民主，就要从古希腊说起，而且以雅典为典型，其实雅典的城邦政治体制并不能代表整个希腊的政治体制，不过因为雅典史料较多，影响比较大。西方学者还认为，西方封建时代的民主源于城市，西欧的城市是经济中心，是自由的渊薮，而东方的城市是政治的中心，是受奴役的地方。韦伯归纳了西方城市的特征，特别强调西方古代与中古城市所具有的民主，认为这些特点在东方的城市，包括中国、印度、日本的城市都是没有的。现在我们知道韦伯的说法大部分已经不能成立。西方的城市远不都是自治的，它们往往等同于君主下面的一个封臣，受君主的控制，为君主服役。而日本和印度，在封建时代也有强大的自治城市。可是韦伯的说法依然十分强有力，为许多西方学者所遵循。连布罗代尔也认为西方城市是自由的城市，享有无与伦比的自由，而这种自由的根源，则是西方封建制度的特殊性。

我并不否认中古时代西方的城市组织有其特点，和中国、印度、阿拉伯等的城市不一样，也不能否认它们享有的不同程度的自由与自治；但是要否认的是它似乎具有神奇的力量，东西方发展的分野似乎就是由此而起的。欧洲中心论者的逻辑是这样的：西方的封建主义是分裂割据的，从分裂割据的缝隙中发展出来了独立的城市，城市的居民组成为第三等级，第三等级又发展成为市民，他们就是市民社会的由来，由这些市民建立了现代的国家。民主、自由、平等也就得以建立，并且由此实现了工业化、现代化。而非欧洲国家因为没有封建，所以也不可能有现代国家。只有日本，后来被发现具有和西方十分相似甚至相同的封建制度，所以日本才能走上现代国家的道路，实现了现代化。

再说一下欧洲中心论者对古代亚非国家政体的看法。他们把古代亚非国家的政体概括为东方专制主义。孟德斯鸠就曾把亚非国家的政体看成是专制政体，既无法律又无规章，由单独一个人按照一己的意志与反复无常的性情领导一切。二战以后，魏特夫发表了《东方专制主义》一书，把灌溉农业、水利社会和专制主义统治联系起来，用核心、边缘、次边缘的模式把亚非拉的几乎所有国家，都归之于东方专制主义。今天，像安德森这样的西方学者也是赞成东方专制主义的，他说西方的专制君主并不享有对臣民的不受限制的绝对的权力，不能像亚洲国家那样任意处分资产阶级和贵族的特权和地产，也未能达到完全的中央集权和司法统一。在我看来，专制主义和民主是人类社会发展过程中出现过的政体形式，它们在许多国家以各种不同的形式存在过。东方有专制主义，西方就没有专制主义吗？西方学者谢和纳就认为，中国清朝的专制没有法国路易十四的专制厉害。所以，我不赞成把民主与专制当作西方与东方独有的政权形式，就是说西方就是民主的，东方就是专制的，甚至还把专制看成是东方与生俱来的特点。林志纯先生写了《中西古典学引论》，他钩稽古史，从历史事实中来揭示中国古代的民主传统，但还是不能抵消欧洲中心论的影响。

邹兆辰：看来这种欧洲中心论的观点还是非常强劲的，是不容易打破的。

马克垚：问题还不在这些。欧洲中心论还有一个最强有力的观点，就是说东方各国发展不出资本主义，或者说靠自己实现不了现代化。比如说，欧洲天生有发展能力，可以溯自远古，起码也可以从中古算起。中古西欧不但有希腊、罗马的遗产，还有日耳曼人、凯尔特人的高能源、高消费生活方式和个人主义的偏好。我们知道，这种认为东方发展不起来、发展不出资本主义的最著名的理论，而且在今天还是十分强有力的理论，就是韦伯的理性之说。韦伯把这种理性当作欧洲独有的、使欧洲发展到现代资本主义的东西，而非欧洲由于缺乏理性，所以是传统的、停滞的，由此可以把现代和传统对立起来，把欧洲和东方对立起来。他的理性之说，主要在于说明欧洲发展出合理的资本主义，以同中国的只知追求赢利的资本主义相区别。比如，他在《儒教与道教》一书中谈到，中国所缺乏的正是欧洲合理的资本主义的特点，缺乏中世纪后期的以及完全与科学相结合的欧洲资本主义的工业企业的管理形式，没有欧洲企业组织的理性的管理方法，没有提高商业信息服务的真正的理性的组织，也没有真正的具有价值的商业文书、计算或簿记之类的系统。这种理性的神话还有一种表现就是说，欧洲独有的理性思维创造出了科学和技术，而东方缺乏这种理性思维，所以科学、技术不发达。当然，我们必须承认科学和技术是社会发展的巨大动力，但也必须承认古代时的东方，特别是中国和阿拉伯国家，曾经创造出了辉煌的科学技术。后来中国和阿拉伯等国家的科学技术确实落后了，没有能继续向前发展。这里有复杂的原因，值得详细探讨。

我还觉得有一些学者过分夸大欧洲在 15 世纪的进步，也是一种欧洲中心论的表现。他们把资本主义产生、现代化的启动时代定为 15 世纪，主张15 世纪的欧洲，特别是英国在世界上是最进步的地区。他们说，这时期伊斯兰教帝国和儒家帝国闭关自守，愈来愈僵化，而欧亚大陆的西端正经历着一场空前的彻底的变革，西欧人生活的各个方面都在发生深远的变化。说从军事力量来看，1400 年左右的中国与欧洲，中国也许会占上风，但50 年后，即使在亚洲海域，欧洲也会轻易打败中国的战船。其实从 16 世纪开始，世界上先进的文明区域，如中国、印度、西欧等都在找寻工业化的道路，直到工业革命之前，亚欧大陆和北非的一些文明发达地区，其发展差距还不是很大。布罗代尔曾经引用资料说，按人均收入计算，18 世纪的中国、印度、英国不会相差很大。彭慕兰认为 18 世纪的中国和欧洲处于差不多同一发展水平上。但是，这些主张遭到一些人的反对。

邹兆辰：您所说的这些都是目前还存在的欧洲中心论的各种表现，也可以说目前人们所写的世界史就是以这些理论为基础的世界史。那么您所主张的世界历史体系，是不是应该排除上述观点的世界史呢？

马克垚：我觉得问题还不完全在这里。这些欧洲中心论的表现实际上还是比较容易解决的，但是我们难以解决的是我们没有自己的工业化、现代化的理论。而这方面的理论又构成了世界近代史的主要内容，比如科学技术革命、工业革命、农业革命；政治社会方面则有个人主义、自由竞争、市场经济、合理的企业组织、民主政治、法治社会，等等。这些都是从农业社会向工业社会、传统向现代过渡的标志，因而也可以说是一个进步的系列。我们编写世界史，不可避免地要回答这些问题，就是欧洲，首先是英国是怎样完成这种过渡的，为什么能够完成这种过渡？其他非欧洲国家是否完成了这一过渡，为什么没有完成这一过渡？作为历史研究，它只能从既定的史实出发，所以比较的方法只能是拿完成了工业化的欧洲模式与没有完成工业化的非欧洲来比较，看看我们为什么没有及时完成工业化，究竟和欧洲的道路有什么不同。

对非欧洲国家自己的工业化道路，我们的学者也是作了一些研究的。比如中国学者对于中国的资本主义萌芽的研究是有很大成绩的，但是当时的研究过分遵循马克思资本主义起源的理论，所以没有太大的突破。近年来，许多学者提出了新的见解，如吴承明对近代市场和物价的研究，方行对小农经济的研究，李伯重对明清江南农业经济和手工业经济的研究。李伯重特别指出，中国明、清时期的江南经济，已经实现了早期的工业化，它有着自己独特的工业化道路，是一种"超轻结构"，和英国工业化的模式不同。如果中国其他地区的煤、铁工业能够发展起来，江南也存在着向近代工业化转变的可能性。这些研究都具有重要的意义，但是这些研究还很不够，还没有形成一套完整的理论，所以我们大都是以欧洲的经验来评说亚洲的事实，这些还远不足以写进世界近代史，进行一种全面的解释。

邹兆辰：您的意思是说，现在我们的学术研究还没有形成一种可以取代欧洲中心论的理论体系？

马克垚：是这样的。至今我们还只有一种历史理论，这一理论是来源于西方的，我们亚、非、拉国家，虽然有悠久的历史，但是没有发展出属于自己的历史理论。西方的理论也有它的真理性，但是他们也只是从西方的情况出发来看世界的，也会有它的局限性。这种局限性，有不少就是我们想超越的欧洲中心论。但是，亚、非、拉这么多国家没有自己的历史理论，所以直到今天我们也实现不了这种超越。

邹兆辰：那么您所说的历史理论体系应该是什么样的历史理论呢？

马克垚：我们亚、非、拉国家的历史科学，是在学习西方先进的历史科学的基础上建立起来的，我们使用的是出自西欧的理论与方法。比如像公元纪年，把历史分为古代、中古、近代这样的分期，使用的就是欧洲的标准。我们考察历史上的一些现象，也是用欧洲的标准来考察。比如，印度学者夏尔马写了《印度封建主义》一书，他就是按照西欧的封建主义来考察印度是否有类似的现象。他的学说遭到另外一位印度学者慕克吉的批评，双方展开论战，但争论的是印度有没有农奴制，以此来作为印度有无封建主义的标准，这仍然是西欧的模式。中国也是这样。中国有悠久的历史和历史学，但是我们的现代历史学，还是从梁启超学习西方史学开始的。直到现在，我们既缺乏从本土资源出发、从自己的历史出发建立的历史理论，也缺乏从本身出发来看世界的世界史理论、世界史发展模式。有一位外国学者评价我们的史学说，在 20 世纪 50、60、70 年代，大部分中国史学家是马克思主义者，到了 80、90 年代，中国的史学家也学着读些丹尼尔·贝尔和一星半点的马克斯·韦伯，并且试图把明清时期的徽州商人的企业精神和欧洲的加尔文教徒相比较。可是西方的史学家已经厌倦了现代化的研究，转而走向后现代研究了。这些话说得不一定对。但也说明，我们是没有和西方抗衡的理论的，所以建立不起来自己的世界历史观，所以也写不出自己的非欧洲中心论的历史。

邹兆辰：您是说我们亚、非、拉国家的历史学家必须要有对自己历史的充分研究，从自己的历史出发的历史理论体系，才能与欧洲中心论相抗衡？

马克垚：确实如此。我们之所以写不出真正意义上的世界历史，也是由于我们对非欧洲国家的历史研究得还很不充分。对欧洲的历史研究，包括对古代希腊、罗马，中世纪史以及近现代史进行科学的研究已经有长期的积累了，已经构建起完整的体系，所以可以写进世界历史。亚、非、拉国家的历史也是十分悠久、十分灿烂的，可是对它的研究还没有形成体系，在世界史上是依附于欧洲史的体系的。这在我们编写世界历史的时候是可以深切感受到的。所以说现在世界史上要出现非洲中心论、中国中心论等，还是不现实的，想要按照这样的中心论写出世界史来事实上也是不可能的。

邹兆辰： 那么在您看来，怎样才能写出真正的世界史来呢？

马克垚： 你这个问题问得很好。因为我们现在写出来的世界史还不是真正的世界史，我们可以称它为"准世界史"。现在世界上的许多历史学家，包括欧美的历史学家，都在努力克服世界史编写中的欧洲中心论倾向，甚至可以说欧美的历史学家已经走在了这一运动的前面。

邹兆辰： 您说欧美的历史学家也在克服欧洲中心论的影响编写新的世界史，这里主要的代表性的论著有什么呢？

马克垚： 我认为现在出现的编写新的非欧洲中心论的世界史的动向可以大致分为三种：第一种可以巴勒克拉夫、斯塔夫里阿诺斯、麦克尼尔等为代表，他们致力于编写一部能平等地对待世界各民族、国家的世界史；第二种是世界体系理论，是沃勒斯坦提出的，他的分析是古典政治经济学的，也是从马克思的《资本论》发展来的，后来，弗兰克、吉尔斯等把世界体系理论用来重构世界历史的模式；还有一些著作探索广大亚、非、拉地区和国家的历史在世界历史中的地位，或者是力求用非欧洲中心论的观点来叙述这些地区和国家的历史，像斯塔夫里阿诺斯的《全球分裂：第三世界的历史进程》，阿明的《欧洲中心论》，伍尔福的《欧洲和没有历史的人民》，滨下武志的《近代中国的国际契机》，还有最近王国斌和彭慕兰等的著作，都是如此。

但是只有他们的努力还不够，应该让各个国家、各种背景、各种文化传统的历史学家都来参加这项工作，其中，第三世界的历史学家应该发挥更大的作用。他们应该重新研究自己的文明，自己的历史，也研究世界的历史，并且按照自己的认识、参照世界上已有的史学理论成果，建立自己的史学理论体系。然后还需要世界各地的历史学家共同交流、相互学习，建立一个真正的世界历史体系，我们大概才可以编写出一部真正的世界史。完成这个任务，当然需要一个很长的过程。

> **邹兆辰：** 要完成您所说的任务，建立起真正的世界史体系那就要靠下一代人的努力了？

马克垚： 是啊！在我国，比我老一辈的学者大都已经过世。我们这一代人中，出国留学的比较少，读研究生的也很少。学习条件就不如老一辈的好。像我是在抗战时期、解放战争时期读的中小学，学习条件很不稳定，不像人家老一辈人有那么好的条件。大学毕业后就赶上各种运动，我们最好的年华是在不稳定中度过的。每个人差不多都有几年的劳动经历，差不多都要劳动五六年吧。起初是下乡劳动锻炼，搞"四清"。"文革"时期，我们到江西鄱阳湖劳动了两年，种水稻、盖房子，后来又招生办学。所以我们这一代人整体水平比较差，不如老一代人，无论是在旧学还是对外语工具的掌握方面，真正有成就的是老一辈学者。再有就是现在五十多岁的学者，改革开放后上大学的七七级、七八级学生，他们受的教育是正规的，他们有较多的到国外留学、进修的机会，所以，他们的学习条件好，资料掌握得也比较好，再加上主观的努力，已经做出了很好的成绩，把我国的世界史学科推向前进。因为我国的世界史学科基础薄弱，所以还得继续努力。但我有信心我们可以取得突破，建立起自己的世界史体系。

以上所述，不过是一孔之见。正如前面齐先生所教导的，没有专、精的研究，如何能谈大的会通的世界史体系。我自己就没有多少专、精的研究，今天斗胆一谈体系，可能是些无知妄说，希望得到大家指正。

> **邹兆辰：** 非常感谢您关于编写世界史的体系问题的一系列见解，这是非常重要并且值得大家很好思考的问题。这些看法，不仅对专业的世界史学者非常重要，对于一般的史学工作者、史学爱好者也有很多启示。感谢您对《历史教学问题》刊物的支持！

　　马克垚，1932 年生，山西文水县人。1952 年入北京大学历史系学习，1956 年毕业后留校任教。现任北京大学历史系教授，兼任中国历史学会理事、中国世界中世纪史学会名誉理事长、教育部社会科学委员会委员等，曾任北京大学历史系主任（1986—1992 年）、北京大学学位委员会委员、学术委员会人文学部委员、中国社会科学院世界历史研究所学术委员会委员、中国世界中世纪史研究会副理事长、北京历史学会副会长等。主要著作有《西欧封建经济形态研究》《英国封建社会研究》、*Asian and European Feudalism：Three Studies in Comparative History*、《中西封建社会比较研究》（主编）、《世界文明史》（主编）等以及重要论文数十篇。

　　邹兆辰，时系首都师范大学历史学院教授。

哲史文兼涉，学思写并举
——访田居俭研究员

(🎙)田居俭　　(🎙)邹兆辰

邹兆辰：田先生，我们这是第二次交谈了。上一次访谈是在 1999 年，谈话的内容主要是围绕世纪之交的中国史学发展趋势。这次访谈希望您能把您治史的最主要特点作些梳理。《历史教学问题》的读者对此是十分关注的。

田居俭：好，欢迎你！老朋友。我们第一次见面是 1982 年，在太原举行中国封建经济特点和发展道路的研讨会上。那时我们还是中青年，一转眼四分之一世纪过去了。说到我治史的主要特点，可以用十个字来概括，这就是"哲史文兼涉，学思写并举"。这是我多年遵循的学术信条。

邹兆辰：的确如此。我发现您的这个追求一直没变。上次我来时，您的《李煜传》刚刚由当代中国出版社出版了修订第二版，今天又看到了由国际文化出版公司出版的最新修订版。第三版以后，您是不是还要继续修改啊？

田居俭：还要继续修改。这本书可以说是十年磨一剑啊。最早是 1987—1988 年在中华书局编辑出版的《文史知识》上以《绝代才人，薄命君王》为总题连续刊载。1991 年吉林文史出版社作为"中国历史人物丛书"出版，书名《李后主新传》。1995 年，当代中国出版社按照传记类图书以传主常用名整齐划一书名的成规出版修订本，将书名改为《李煜传》。出版以后，市场脱销，1998 年又重印一次。现在修改、补充，出了第三版。第三版以后我还要修改，还要推出新的版本，直到我改不动的时候为止。

邹兆辰：这就是您一生持续不断的追求啊！我想，《李煜传》的成书过程可以和吴晗先生的《朱元璋传》相媲美了，他那本书也修改了多次。我建议我们关于《李煜传》的谈话暂时停下，先回到您最初走进史学门槛的时光。

一、从高校历史教师到《历史研究》主编

邹兆辰：在我访谈的学者中，东北籍的还不多。您是在东北出生的吧？

田居俭：对，我是土生土长的东北人。1935年1月，我出生在吉林省双辽县白市村一个铁路工人家庭。不知是什么人、根据什么经典，给我起了一个对人生颇有警示意义的名字。我从懂事起，就很喜欢这个不容易跟别人重复的名字。

我出生之日，正是日本帝国主义霸占白山黑水之时。我自幼背井离乡，跟随父辈漂泊他乡，1949年回到双辽。1950年，我开始就读双辽中学。中学时代，求知欲望非常强烈的我，在全神贯注地接受老师的授业解惑的同时，如饥似渴地阅读了校图书馆的几乎所有藏书，为后来深造文史奠定了初步基础。1955年，我作为双辽中学的第一届高中毕业生，考入了东北当时唯一的综合大学东北人民大学（今吉林大学）历史系，校长是著名历史学家吕振羽。1959年毕业后留系任教，跟着历史学家金景芳先生学习。一边听他给学生讲课，一边系统地熟悉先秦的群经诸子和有关史籍。他讲"先秦思想史""史学名著选读"等课程，我作为他的学术助手，给学生辅导答疑。金先生常和我讲：先秦史是中国思想文化的源头，不论你日后研究哪一段，不懂先秦史是很难深入下去的。他常用朱熹的诗《读书有感》（"半亩方塘一鉴开，天光云影共徘徊。问渠哪得清如许，为有源头活水来。"）来启发、教导我攻读先秦史，置身中国学术的"源头活水"，为以后从事历史研究夯实基础。正当我的教学科研工作刚刚起步的时候，遇上了"文化大革命"。当时无法进行正常的教学和写作，我便集中精力研读马克思主义经典著作，主要是同为四卷本的《马克思恩格斯选集》《列宁选集》和《毛泽东选集》。这一时期对经典著作的研读，可以说为我日后继续研究历史磨砺了理论武器。

邹兆辰： 1959年以后，您一直在吉林大学工作，是什么原因使您来到北京呢？

田居俭： 可以说是偶然的一个机遇吧！1974年，中国科学院哲学社会科学学部主管的《历史研究》杂志复刊，从一些高校历史系借调一批教师参与编辑工作，我是其中的一员。1976年，正式调入。1980年，《中国社会科学》杂志创刊，《历史研究》并入中国社会科学杂志社，我从编辑室副主任的岗位先后走上《历史研究》副主编、中国社会科学杂志社副总编辑兼《历史研究》主编的岗位。由于审稿、选稿和编稿的需要，特别是为防止工作中出现遗珠之憾，逼迫自己努力扩大知识面，不仅要熟悉中国古代的各个断代，还要熟悉自鸦片战争到中华人民共和国成立前的中国近代史。

1992年，我调到当代中国研究所，从事我亲历和热爱的中华人民共和国史的研究。进入这个新的研究领域，便意味着研究时段要往后延伸，即要熟悉从1949年中华人民共和国成立到目前的中国当代史。

二、化作春泥更护花

邹兆辰： 您似乎对龚自珍的《乙亥杂诗》情有独钟，特别喜欢"落红不是无情物，化作春泥更护花"两句。您的书斋命名为"春泥斋"，您自命为"春泥斋主"，您的论史文存也命名为《春泥集》，可见您对于"春泥"有特殊感情。可不可以这样理解，您这一生是把您所珍爱的历史科学视为鲜花，而把自己视为春泥，以春泥护花的精神来善待历史科学？

田居俭： 你所说的和我所想的大体是一致的。不过你的思路比我开阔，对我很有启发。我在《春泥集》的自序里说：我是酷爱历史教学和历史编辑职业的。在以往的大半生中，当过15年"燃烧自己，照亮别人"的教师，还当过20年"甘为他人作嫁衣"的编辑。这两种职业实际上都是为国培育英才。时代赋予的使命感和责任感，把我和青年紧紧地连在一起了。我常常为自己的职业选择而自豪，甚至想过倘若生命可以从头再来，我还要继续这种无怨无悔的选择。所以，我长期用"落红不是无情物，化作春泥更护花"

自勉，寓意是即使将来变成"落红"，也要化作"春泥"来"护花"。

邹兆辰：我明白您的意思。但是，对于"将来"和"落红"，可不可以做更为宽泛的理解呢？我认为每一个史学工作者，不论中青年还是老年，在职还是退休，健在还是作古，都是"落红"，都是"春泥"，而这个"花"，就是我们共同珍爱的历史学。从《春泥集》中可以看出，您曾经对公众大声疾呼，要重视历史，特别是各级领导干部更要重视学习历史。这不就是一种"护花"的行动吗？

田居俭：你对"将来"和"落红"当然可以这样理解。我在这方面也试着做了一点工作。1999年2月，我在《光明日报》发表了《论学史》一文；2002年3月，我在《光明日报》上又发表了《再论学史》一文。这两篇文章《新华文摘》都转载了，《论学史》一文还获得了1999年的"五个一工程奖"。此外，还有《治史与治国》《龚自珍的名言与日寇的"灭国去史"》《必须尊重中华民族的历史渊源》等文章。我写这一系列文章的目的，就是呼吁各级领导干部把"生人之急务，国家之要道"的历史列为执政为民的必修课。

中央领导同志多次号召全党，"认真地读一点历史"。并一再指出，在改革开放的新形势下，有些党员和干部放松了自己的学习、修养和改造，头脑里中华民族的优良传统和党的优良传统少了，个人主义的东西多了，受腐朽思想的影响多了。为了保证党和国家的长治久安，要自觉地学习历史，以人为镜，以事为镜，时时处处自重、自省、自警、自立，保持清正廉洁作风，发扬艰苦奋斗精神，经得起执政、改革开放和发展社会主义市场经济的考验。强调一个领导干部不善于从历史中吸取营养，不可能成为高明的领导者；一个政党不善于从总结历史中认识和把握社会发展的规律，不可能成为顺应历史潮流的自觉的政党。我在文章里，也建言各级领导干部牢记中国的一条古训："治天下者以史为鉴，治郡国者以志为鉴。"意思是说，中央和地方的领导干部，都要以史为鉴。古代先哲之所以提出这样的治国主张，就是因为他们从朝代更迭中认识到前车之覆、后车当鉴。我在《论学史》中，不仅论述了各级领导干部为什么要学习历史的理由，而且还向他们提出了如何学习历史的建议。这篇文章《光明日报》加按语在第一版转第二版发表以后，在社会上引起了较大的反响。中央电视台和中央人民广播电台在当天早间新闻节目里播发了消息。三年以后，《光明日报》又约我撰写《再论学史》并加按语在同样版面上发表，进一步阐述了学习历史有利于提高领导干部马克思主义理论素养、有利于丰富治国安邦的政治经验、有利于加强公民思想道德，特别是领导干部思想道德建设，深入论述了学习历史知识、借鉴历史经验、增长历史智慧的重要性。希望各级领导干部以丰富的历史知识为基础，结合工作实际，做到推陈出新，古为今用。

邹兆辰： 这些年您在这方面所做的工作很有意义。我觉得您做"春泥"的另一个重要方面，就是强调唯物史观对于历史学的指导作用，强调马克思主义史学在历史学中的主流地位。我看您对郭沫若史学成就和史学思想的研究，就是明证。

田居俭： 是的。我对郭沫若等老一辈马克思主义史学家运用唯物史观推动中国史学发展的杰出贡献是充分肯定的，为此下了一番功夫进行研究。我除了写有《唯物史观与历史研究》《唯物史观是唯一科学的历史观》等文章外，还专门写了《郭沫若与中国马克思主义史学》《郭沫若史学成就举要》《〈奴隶制时代〉在中国史学发展中的作用》《重温〈甲申三百年祭〉》等文章。

邹兆辰： 您把郭沫若在史学中的地位与意大利诗人但丁相比，对我很有启发。恩格斯说，但丁是中世纪的最后一位诗人，同时又是新时代的最初一位诗人。您则说，在中国近代史学史上，对郭沫若当作如是观。

田居俭： 事实就是这样。郭沫若经历了旧中国的死亡，更迎接了新中国的诞生；他是中国旧史学的批判继承者，更是中国新史学的缔造弘扬者。从一定意义上讲，中国旧史学的终结和新史学的开端，是以郭沫若这位史学大师为标志的。这是 15 年前我在《郭沫若与中国马克思主义史学》中讲的。现在我还是这样看。

我对郭沫若史学研究确实花费了很大的力量。我论证的重点是，其《中国古代社会研究》以其创造性的成就，为中国史学的发展划出了一个崭新的时代。这一点在当时人们就是这样认为的。何干之说：郭沫若是一个天才的史家，他的历史著作在中国社会科学界有划时代的贡献。他的新史料和新见解，的确使无成见的人们叹服，确为中国古史的研究，开一个新纪元。我认为，《中国古代社会研究》虽然存在一些缺点和错误，但是从宏观的角度审视，可以毫不夸张地说，这部里程碑式的巨著为中国马克思主义史学所设计的崭新格局和开创的科学章法，在中国史学发展上的重要意义和深远影响大大超过了作品本身。我还提出，郭沫若不仅因其以《中国古代社会研究》的发凡起例开中国马克思主义史学的先河，被公认为近代史学除旧布新的一代宗师；而且还因为其有一批独领风骚的马克思主义史学力著，而被时人和后人尊为马克思主义史学泰斗。

邹兆辰：您在研究郭沫若在中国史学的地位时，不仅花大气力论证了他是中国马克思主义史学的泰斗，而且花大气力论证了他是"造就队伍的一面旗帜"。

田居俭：不错，实际情况确实如此。在郭沫若的倡导和影响下，吕振羽是最早追随郭沫若用唯物史观研究历史的人之一。吕振羽指出，在当时史学斗争的过程中，郭沫若是起了一定程度的旗手作用的，他是最先应用历史唯物论来系统地研究殷周社会的。我们都是后起者，追随他上去的。范文澜也是继郭沫若之后用唯物史观研究中国历史并取得卓越成就的大家之一。他在1940年写文章指出，郭沫若是世界著名的考证家和历史学家，他用唯物史观的方法来研究中国古代历史，其功甚伟，其影响亦甚大。我想，范文澜所说的"甚大"影响，当包括他自己在内。

侯外庐在《韧的追求》中说，他是在社会史论战的高潮中，受到郭沫若的影响而开始转向史学研究道路的。1930年他从国外回来看到郭沫若的《中国古代社会研究》说，中国的历史几千年，而几千年来的中国史书汗牛充栋，但是从来还没有一本书能像郭沫若的书这样对中国古史做出难能可贵的解释来。这本书虽然有一些不能让人满意的地方，但毕竟是马克思主义史学的拓荒之作，开辟了"科学的中国历史学的前途"。从30年代初开始，我已经把郭沫若看作是指引我学习和研究历史的老师。

我在文章中指出，到20世纪的40年代末，已经形成了一个代表中国史学发展方向和拥有未来的马克思主义史学家群体，这个群体的周围还团结了一大批有志于用唯物史观研究历史的史学工作者。新中国成立以后，马克思主义史学在全国范围内取得了主导地位和绝对优势，当年那些受郭沫若熏陶而走上了史学道路的青年，已经成为著名的马克思主义史学家了。所以，我认为史学工作者过去、现在和未来之所以要学习郭沫若，是因为他以唯物史观为指导研究历史的正确方向和首创精神，已经成为造就马克思主义史学队伍的一面旗帜。白寿彝说得好：史学界的同志们，无论是否同意郭沫若的观点，无论是否有独到的创获，但没有例外，都是随着郭沫若开辟的道路，随着郭沫若首先在史学领域里举起的马克思主义旗帜前进。

邹兆辰：我觉得您作为"春泥"护花的第三个表现，是在主编《历史研究》期间，大力倡导历史学的新学科、新领域、新视角，努力促进历史学的繁荣。

田居俭：我主要是在为复兴和加强社会史研究方面尽了绵薄之力。1986年，史学界召开了新时期第一次社会史研讨会，《历史研究》是发起单位之一。1987年第一期《历史研究》刊发一组社会史研究的文章，我以"本刊评论员"的名义撰文推荐。文章的题目，是借用恩格斯的一句话："把历史的内容还给历史。"《人民日报》和《新华文摘》相继加以转载，在史学界和理论界产生了积极反响。我在文章中引用马克思的话："现代历史著述方面的一切真正进步，都是当历史学家从政治形式的外表深入到社会生活的深处时才取得的。"我认为马克思所说的这种"深入"，也应该包括社会史研究。社会史研究可以促进史学的改革和创新，突破流行半个多世纪的经济、政治、文化三足鼎立的通史、断代史等著述格局，从研究社会生活着手，开拓和填补鼎足之下的边缘地带和空白区域，再以社会生活的历史演变为中介，连接和沟通鼎立的"三足"，复原历史的本来面貌，使之血肉丰满，容光焕发，改变以往史学那种苍白干瘪的形象，使之更加充实和完善。

1989年，我在《光明日报》上发表文章，谈"深入开展社会史研究之我见"，主要强调了马克思主义理论和方法的指导，跨学科研究，以及宏观研究与微观研究的结合问题。这一时期，我还撰文呼吁党史研究者要关注社会史研究。提出党史研究者不仅要以党的活动为核心来研究党的整个发展过程，而且还要以社会生活方方面面为背景来研究整个社会。前者是党史，后者是社会史。二者相辅相成、密不可分。1997年，山西教育出版社出版了八卷本《中国社会通史》，这是到那时为止国内问世的第一部全面、系统、完整的中国社会通史。我为这部书的出版写了推荐文章。

邹兆辰： 1992年您调到当代中国研究所以后，又不断呼吁重视当代中国史研究，并直接参与了当代中国史研究。这也可以说是"护花"的一种表现吧！

田居俭： 作为当代中国研究所的研究人员自觉地研究当代中国史，是责无旁贷的历史使命。我是主动适应形势的需要的。我觉得中华人民共和国的历史是中国悠久历史中划时代的崭新篇章，是中华民族几千年的历史长河中最有光彩的阶段，所以它理所当然是一个亟须开拓并且可以大有作为的研究领域，值得史学工作者用浓笔重彩大书特书。

1994年，《当代中国史研究》创刊，我作为这个杂志的首任主编撰写了《发刊辞》。我在发刊辞中强调，研究当代中国史，不仅是当前形势发展的迫切需要，也是具有深远意义的马克思主义历史科学的重要建树。我觉得从当时的形势看，建立一个以国史为研究对象的新学科条件已经成熟。当代中国史可以作为一个方兴未艾的新学科，在学术领域内大展宏图。我还在《光明日报》上发表了《当代人要治当代史》的文章，提出治当代史的人要聚精会神地研究当代史，不治当代史的当代人也要关注当代史的研究。博古才能通今，通今更能博古，两者优势互补，缺一不可。

邹兆辰： 您还写了一篇《论中华人民共和国的创建》，这是国史研究的具体成果吧？

田居俭：是的。这是我主编《中华人民共和国史编年》1949 年卷的副产品，先是发表在《光明日报》，后又提交第一届当代中国史国际高级论坛进行学术交流。它系统地梳理了中华人民共和国的"来龙"，即中国共产党在 1927 年蒋介石集团发动反革命政变后，领导中国人民开辟农村包围城市、武装夺取政权，在各革命时期、各革命根据地从事政权建设，如土地革命时期在江西瑞金建立的中华苏维埃共和国，抗日战争时期建立的陕甘宁边区政府和晋察冀边区政府，解放战争时期建立的内蒙古自治区人民政府和华北人民政府等。从纵向和横向结合上阐述了从地方到中央再到全国，自下而上又自上而下，全面实践共产党的建国理论、纲领和方案的历史过程。

近几年，我还发表了一些有关国史研究的文章，其中较有影响的是《略论国史与地方史的辩证关系》《把当代社会史提上研究日程》《中国人民站起来了》《共和国初创辉煌的七年》《第一代领导集体关于改进体制的探索》等，在这个研究领域里取得了发言权。

三、呕心沥血打造《李煜传》

邹兆辰：您治史有一个重要特点，就是非常注意文字的表述，追求清新朴实、简洁明快、优美生动的文风，能吸引读者爱不释手。您写的《李煜传》可以说是这方面的典范，这与您强调"良史宜工文"有关系吧？

田居俭：是的。我为此曾多次写文章，强调"良史宜工文"。最近，在当代中国研究所还专门做了一次学术报告，讲"史学工作者要有一副好文笔"。我用大量的例证阐述了学习马克思主义创始人的文笔、学习中国"史学之父"司马迁的文笔、学习现代史学大师翦伯赞的文笔，以及如何磨炼一副博采众长的好文笔的问题。这是我探索和思考已久的问题。我深切感受到历史学界以外的读者，对历史著作有很大的隔膜，他们觉得不合口味，冷落疏远。其中重要原因之一，就是历史著作艰深晦涩，不注意深入浅出；又重质轻文，不讲究篇什文采。

古人说："言之无文，行而不远。"试想，一部佶屈聱牙、殷盘周诰式的"天书"，怎能使读者展卷披读、渐入佳境呢？所以，我极力主张历史学家应该转变文风，把"良史工文"提上研究日程，发扬"史家之绝唱，无韵之《离骚》"的《史记》撰述传统。清代学者章学诚虽然主张文人不宜修史，但是他也认为，"夫史所载者事也，史必藉文而传，良史莫不工文"。他还强调，"史之赖于文也，犹衣之需乎采，食之需乎味也"。这个比喻非常深刻，值得史学界同人重视。

邹兆辰：您能写出《李煜传》这样"良史工文"的佳作，是不是与您的文学素养有关系呢？

田居俭：关系很大。我自从有阅读能力起，就嗜读古今中外文学名著，刻意从中汲取文化和文学营养。青年时代，我曾用笔名"束棘"在《萌芽》《文学青年》《长春》《北方文学》《芒种》《诗刊》《光明日报》《吉林日报》《长春日报》等报刊上发表诗歌和散文诗，影响较大的作品有《来自荒原的笛声》《伐木者的性格》《雷锋，你没有离开我们》《泡桐礼赞》《北疆花果》《故乡的马兰草》《咏史三题》《水兵和海》《绿野彩虹》《闪光的友谊》等。业余文学创作的实践，磨砺了我后来从事学术著述的文笔。

邹兆辰：您从青年时代起就酷爱文学，为什么对李煜那么偏爱以至于要为他作传呢？

田居俭：我决心为李煜作传，可以说是由来已久。早在中学读书的时候，就喜欢背诵李煜妙笔生花的清词丽句。当我熟读了他的全部词作以后，又渴望趁热打铁，详知他的身世生平。可惜我当时就读的中学没有这方面的藏书。因此，我不得不带着弱冠之年读书的遗憾与希冀，进入了大学的门槛。

也许是天从人愿吧。1955年秋天，我入大学不久，国内报刊就对李煜词展开了讨论。于是，我借这个东风，去校图书馆借回了薛居正的《旧五代史》、欧阳修的《新五代史》、彭元瑞的《新五代史补注》、马令的《南唐书》、陆游的《南唐书》和吴任臣《十国春秋》等史籍。借到这些书，我自然很高兴，但是读过以后让我大失所望。因为这些书有关李煜的记言记事过于简单，就像呆板枯燥的墓志铭一样，与我心目中才华横溢的绝代词宗形象大相径庭。出现在上述史籍中的李煜为什么是平庸懦弱的末代君主呢？我带着这一困惑，又去查阅20世纪30年代面世的一批李煜传记，如唐圭璋的《李后主评传》、杨荫深的《李后主》、高兰的《李后主评传》等。这些书虽然部分满足了我的求知欲望，但是我对李煜的全貌还是若明若暗。当时，我以望穿秋水的急切心情，期望能有一部完整、系统、全面的李煜传记问世。可是，盼过了20世纪的六七十年代，仍不见国内出版界提供一本这样的传记，李煜似乎成了被文史两界遗忘了的历史人物。

邹兆辰： 这是不是您动手写李煜传记的动因？

田居俭： 正是。中国有一句谚语："荷锄候雨，不如决渚。"我想，与其长久等待阅读他人作品，不如自己动手来写。于是，我从20世纪80年代初着手为李煜作传。司马光在《家集·答范梦得》中说过："实录、正史未必皆可据，杂史、小说未必皆无凭。"我很赞同他的观点。为此，我用了大约5年的时间泛舟书海，在几百种正史、杂史、类书、方志、年谱、别集、总集、诗话、词话、笔记甚至一些野史中爬罗钩校，筛选和积累了大量可以复活李煜坎坷一生的素材。又通过精心构思，反复斟酌，决定以南唐兴亡为经，以李煜的家世、生平、才艺、诗词、爱情、逸事为纬，再现李煜集词宗与君主、天才与庸才、成功与失败于一身的全貌。同时，我还要通过李煜的荣辱得失、悲欢生死，来透视南唐以及五代十国这个错综复杂、风云变幻的时代，进而揭示李煜命运多舛的悲剧人生，力争推出一个血肉丰满、情感充沛、个性鲜明的人物形象来。

邹兆辰： 我看《李煜传》确实是历史学家写的人物传记，全书从头到尾充溢着厚重的历史感和翔实的信史感。但是，从人物性格的刻画上，又与文学家没有什么两样。可以说是殊途同归，都致力于把一位已经作古千年的人物再复活起来。

田居俭： 我是力争在书中复活李煜。怎样才能复活？首要一点是让李煜在作者心目中复活起来。作者必须以"衣带渐宽终不悔"的韧性追求精神，用全面的辩证眼光，对李煜进行多角度、多侧面的研究，要想方设法超越时空去接近李煜，熟悉他的气质、性格、思想、品格、抱负和作为，做到和他"心有灵犀一点通"，包括小到他对琴棋书画的情趣爱好，大到他对苦乐生死考验的感受。

要复活李煜，不仅要熟悉李煜本人，还要从时代氛围、民族意识、社会心理和传统文化等方面，去探索李煜的人性和人情，包括亲情、爱情、友情和才情，尤其是要注意发现李煜一生中易于为人忽视而确实存在的亮点。主要的方法，是寓论断于叙事，使论断发挥画龙点睛的作用。只有这样做，才能全面揭示出李煜祸福伏倚的人生。使读者明了李煜的遭遇不是他个人的悲剧。正是他深恶痛绝的国破家亡的陵谷之变，以及他薄命君王的悲惨遭遇，才玉成了他彪炳史册的"绝代才人"勋业，使他得以创作出那些融血凝泪、直面人生、视野开阔、警悟深邃的绝妙好词，把一个活生生的李煜送到读者面前。

邹兆辰：我看您是完美地实现了这个目标。

田居俭：完美不敢说。平心而论是"大体"。为了再现李煜，我尽最大努力准确理解和释读他的每一首诗词，这是恰如其分地把握李煜情感脉搏和生命轨迹的关键。因为李煜的每一首诗词，都是特定环境中的真情实感的流露，所以必须特殊重视他的诗词，把它们视为至关重要的史料。

邹兆辰：这些词确实是极其重要的第一手史料。

田居俭：我觉得用李煜的词来入李煜的传（包括各章的标题），更有利于复活李煜的本来面目，更有助于对李煜的词的定位。当然，对同一首诗或词，不同的人可以做出不同的诠释。我对李煜词的定位和诠释，是结合李煜其人其世进行长期研究的结果，是可以言之成理的。

邹兆辰：您在《李煜传》中引用李煜某一首词的时候，都交代了其写作背景，并力求使这首词的意境与当时的环境相统一。可是，李煜只留下了这些词，并没有交代当时的环境，您是如何解析出来的呢？

田居俭：这是我在复活李煜的过程中的一种尝试。我认为，要把李煜写得如见其人，如闻其声，呼之欲出，跃然纸上，材料固然重要，但是，仅有材料还远远不够，没有灵魂，这些材料都是死的。所以，必须依靠对历史的想象（确切地说应是分析）和感知，来激活有关李煜的史料，为这些史料注入灵魂。历史上虽然存在过李煜这样一个活生生的人物，但是由于地老天荒，岁月流逝，有关他生活的遗址、遗迹大都杳不可寻，当年的许多精彩生动的情景，只剩下一些记载模糊的断简残编，形成了一些断裂和空白。要弥补这些缺憾，只好对当时当地的社会生活、人物心理以至语言对话等，参照有关史实进行合乎情理的想象。但是，传记毕竟不同于历史小说，所以不允许虚构，这一分寸把握起来也是很不容易的。

邹兆辰：那么您是如何把握这个分寸的呢？

田居俭：要科学地、辩证地掌握好这个分寸，我的体会是：以史笔为史，以文心写史，使传记以其文献性、艺术性和跨学科性而独具魅力。不具备文献性，传记就会失真；不具备艺术性，传记就会失神；跨学科性则是达到真神兼备、全面完整境界的根本保证。尽管我在书中努力争取良史工文，文华而不失真，但我觉得能收到"法乎其上，仅得其中"的效果，就心满意足了。

邹兆辰：学术界对您的这种努力是否认同呢？

田居俭：我的书出版以后，得到了相识的或不相识的同道和读者的厚爱，特别是史学界一些学者的垂青。他们对我选择的"文史结合，雅俗共赏"的写作路径给予热情的鼓励。福建师范大学历史系主任汪征鲁博士在赠诗中称道"春泥斋主春秋笔，亦歌亦诗亦红楼"。中国社会科学院历史所资深研究员王春瑜先生在《光明日报》上发表评论，肯定拙著是"甚见功力的学术著作"，"但文笔清丽，如行云流水"。图书评论家李乔在《中国图书评论》发表文章，称该书"一是作者识人的功夫好，二是文史结合的笔法精"。

邹兆辰：史学界对您写作路径的认同对您继续研究李煜和进一步写好《李煜传》有何影响？

田居俭：不言而喻，增强了我修改好《李煜传》的信心。后来，我在初版的基础上，重新审视全书，经过四个寒暑的深入探研，反复斟酌笔削，调整充实，形成了修订本，由当代中国出版社于1995年再版。

邹兆辰：再版的《李煜传》显然比初版有明显的提高。这书在市场上很快售光，是吗？

田居俭：修订版问世以来，得到许多知音的认同和关注。江苏人民出版社编辑出版的《畅销书摘》，以《半世情怨的李后主》为题摘编了全书梗概。一些书评家也相继撰文评说。遂使拙著在短期内销售一空，出版社在1998年不得不重印。我在《再版重印絮语》中表示："关于李煜的研究要继续深化，关于李煜的传记要努力充实。'路漫漫其修远兮，吾将上下而求索。'力争尽早献出不使读者失望的拙著增订本。"我恪守"言必信，行必果"的准则，不断审视、反思全书，从立意谋篇、史料订补到文字表述，惨淡经营，精益求精。2006年，在国际文化出版公司鼎力支持下，完成了"最新修订版"。

邹兆辰：您的《李煜传》确实是一部"良史工文"的佳作，作为一部学术著作也无可挑剔。从各章的注释中，可以看出引征史料的广度和深度。书后的附录，包括李煜词并历代学人论李煜，南唐大事编年，征引书目举要等都非常规范。在此，祝贺您的"最新修订版"问世，并期待着您继续推出新的成果！这也是《历史教学问题》广大读者的期待。

田居俭：谢谢你的访谈，也谢谢《历史教学问题》主编和广大读者为我们提供了学术交流的平台。

田居俭，1935 年 1 月生，吉林双辽人。1959 年毕业于吉林大学历史系并留校任教。1976 年 1 月调中国科学院哲学社会科学学部（中国社会科学院前身）工作，曾任中国社会科学杂志社副总编辑兼《历史研究》主编。1992 年调当代中国研究所，任第一研究室主任兼《当代中国史研究》主编。2004 年退休。现任当代中国研究所研究员、学术委员会顾问，中国史学会理事，中华人民共和国国史学会常务理事。研究方向为中国历史和历史人物。主要著作有《李后主新传》（吉林文史出版社 1991 年版）、《李煜传》（当代中国出版社 1995 年版）、《李煜传》（国际文化出版公司 2006 年版）、《春泥集》（当代中国出版社 2004 年版）、《乱世风云——五代十国》（香港中华书局 1992 年版、北京中华书局 2001 年版）、《中华人民共和国史编年·1949 年卷》（主编，当代中国出版社 2004 年版）。

邹兆辰，时系首都师范大学历史学院教授。

不容青史尽成灰
——访张宪文教授

(🎙) 张宪文   (🎙) 董佳

> **董佳：**今年是七七事变七十周年，每当 7 月 7 日到来的时候，我们便无法忘却那段惨烈的历史。十四年全面抗战的暗夜、3500 多万同胞的伤痛和遗骨，已经成为中国人民难以忘却的民族耻辱。明天就是七七事变七十周年的纪念日，我们的采访也从七七事变和中日战争这个话题开始。我的第一个问题是，为什么中日之间的全面战争会爆发在卢沟桥这个地方？

张宪文：这是因为七七事变前，日军在中国的势力已经扩张到了平津一线。这时驻守平津的中国军队是宋哲元第 29 军。1935 年日本成功地通过一系列策动把国民党中央军主力逼出华北。中央军撤出后的权力真空被曾和日军在 1933 年长城抗战中有过交锋的 29 军填补。后来日本试图策动宋哲元成立"自治政府"失败后，1937 年前日军就已经从北、东北、西北三个方向对平津形成合围之势。后来日军又在通县扶持殷汝耕成立一个冀东防共自治政府，基本上把冀东 22 个县划入势力范围。这时候日本军队要再进一步扩大侵略的话，就必须占领平津。日军要为扩大战争寻找借口，挑起事端，于是便有了卢沟桥事变。当然日本也可以不选择卢沟桥，而选择别的地方，比如丰台。但它总要找一个地方，挑起战斗，然后扩大。事实上，日军这一系列的侵略行径几乎都是一个模式：先到中国军队控制范围的深处取得一个"点"的驻兵权，这个"点"一般都在铁路线上，然后自己制造事端反诬中国军队，再通过政治和军事讹诈，达到它扩大占领中国领土的目的。

> **董佳：**看来战争是不可避免的，箭在弦上，一触即发。那么七七事变前国内对日军的侵华有准备么？

张宪文：事实上，国共两党都认为中日必有一战。只是中国共产党在1935 年 12 月的瓦窑堡会议上鲜明提出了明确的全民族抗战路线。而国民党则是在"西安事变"后，才改变"攘外必先安内"的政策，开始转向比较积极的抗战策略。当然这中间有个过程的，一开始国民党是希望把中日冲突作为地方事件处理，就地解决，不希望扩大。主张通过抵抗加谈判的妥协方式解决问题。但是随着日本加快向华北进逼，蒋介石准备抗战部署的决心也越来越大。基本上到了 1935 年华北事变以后，蒋介石开始积极筹备军事防御工作。从九一八事变至七七事变，国民政府在国防建设方面做了许多工作，其中最主要的是划定国防区域、整顿江海防要塞和构筑国防工事。先后修缮了 10 万公里的公路，并接通了很多具有军事意义的战略铁路，还开始在战略后方建立兵工厂、重工业工厂。这些国防设施在抗战时期发挥了积极作用，打破了日军速战速决的战略。七七事变发生后，蒋介石一方面指示宋哲元和日本人进行谈判，力求作为一个地方事件解决。另一方面蒋也加紧了军事部署，密令部队向石家庄、保定集中，组织保定会战，设立石家庄行营。同时电令何应钦马上从四川返回南京，主持战事。并在同年 7 月 17 日的庐山讲话中清晰明确地表述了自己的抗日态度，要求全国军民牺牲到底、抵抗到底，至此中日全面进入战争状态。

董佳：战争是花钱的，进行如此大规模的现代战争。当时中国的经济能否支撑中国进行下去呢？国际社会对中日双方的态度如何？

张宪文：国民政府建立以后，中国的现代经济是有较大发展的。但在1931 年受到了世界经济危机、灾害、内战及日本侵华等不利条件的影响，国内经济发展受到破坏。之后，蒋介石采取一系列政策，特别是财政和币制改革以及国民经济建设运动，经济又上升了。可以说，1936 年是中华民国时期经济最好的一年。但是和日本比还是存在相当大的差距，日本虽然资源不丰富，但是它比较强大，工业比中国发达。当时日本的主要工业品产量均已接近英、美、法等世界强国水平。而中国的工业基础薄弱，很多工业领域甚至还是空白。制造弹药的硫酸、硝酸、酒精等化工原料生产严重不足，制造火炮的特种钢、制造弹壳的铜材、光学仪器、通信设备的生产十分微弱。

政治上，中国虽然结束了军阀分裂割据走向了统一，但这基本上是名义上的。到1935年，蒋介石通过追剿红军，才把势力扩展到贵州、四川，后来又控制了云南。对于西北则因为鞭长莫及而难以控制，不得不对甘宁青的马家集团、新疆的盛世才等采取怀柔政策。西安事变后，国共两党也在抗日旗帜下结束内战，开始走向联合抗战的道路。但蒋介石虽然容许共产党公开活动，却始终没有放弃反共。

从抗战爆发至太平洋战争爆发前，中国的抗战基本上可以用"孤立无援"来形容。七七事变时，中国在国际上没地位，没什么人关注中国战场，到了抗战后期，中国才进入四强。但这个也不能完全反映中国的实力，只意味着在政治上你参加同盟国和战胜国这个行列。1931年至1941年，英美对日都采取绥靖政策，对中日战争基本上不干涉，不愿得罪日本。不但继续与日本保持贸易，还出售很多重要的战略物资给日本。因此在同盟国和轴心国两大阵营没形成之前，中国的抗战可以说是独立的，对世界形势没有太大的影响，一直到了太平洋战争，情况才发生改变。当然国际社会对中国也不是没有援助。如苏联这个时候是中国主要的援助国。苏德战争爆发前，苏联不但给中国贷款、提供军事装备，还派遣军事干部和志愿航空队到中国。当然苏联帮助中国有它自己的目的，即希望中国拖住日本，保持它东部的安全。而德国，1933年希特勒上台以后，也曾和中国有一段蜜月时期。这是因为德国需要中国的战略物资，如钨、锑、锰等，要造枪炮就需要这些物资。而中国也需要德国的枪炮和军事装备。那时两国关系比较友好，还有德国顾问团在中国帮助作战。战争开始的时候，德国在中日之间采取一种两面不得罪的政策，1937年冬德国大使陶德曼甚至还在中间调停中日争端。只是后来在日本的逼迫下，1938年6月才倒向日本一边，中德关系发生逆转。1941年，德国承认汪精卫政权，中国宣布和德国断交。

董佳：目前国内外一些学者，包括中国人民抗日战争纪念馆副馆长齐密云、日本学者井上清、藤原彰等都认为中国的抗日战争应该是十四年，而不是八年。因为抗战早在1931年日本发动后就开始了。从1931年九一八事变到1945年9月2日日本在投降书上签字，中国人民抗日战争长达十四年之久，中国人民的抗日战争是一个整体过程。此外，他们还认为抗战十四年的说法，也有利于揭穿日本右翼分子图谋借用"八年抗战"之说，否认侵略中国东北的阴谋，不为其留下可利用的口实。不知张教授对这种观点是否认同？

张宪文：我比较赞成十四年抗战的观点。毫无疑义，七七事变是日本全面侵华战争的开始，也是中国各民族、各阶级、各政党团结起来共同抗日的起点。这之前国共两党还在对抗，地方军阀还在争地盘。七七事变以后，大家觉醒了，有了一个全民族的抗争，行事更坚决了。我个人认为抗日战争应该从九一八开始才算完整。从九一八到卢沟桥事变，日本采取的步骤是先局部侵略，之后全面侵略。九一八事变后，不论日本帝国主义侵略中国的政策、步骤、范围、手法如何变换，日本灭亡中国的政策却从未放弃，日本侵略军并未撤离中国领土，它始终遵循和坚持田中内阁所制定的企图灭亡中国并征服世界的"大陆政策"，并由此开始了长达十四年的侵略战争。从中国方面来看，政府总的还是希望妥协，不希望战争扩大，因为不管怎么说，战争对中国的发展，对中国的经济总是不利的。而这又涉及战略策略问题，我们是不是一开始就应该跟敌人拼？有没有一个我们力量的准备过程？妥协有两种，一种是超越原则的妥协，那就是投降；而另外一种妥协是出于本国利益的需要。其实七七事变以前，还是有不少抵抗战争的。比如长城抗战、东北义勇军、东北抗联等，这么多的英烈对日军进行抵抗，尽管总体看来是失败的，但是不能以成败论英雄。因此，无论是从日本帝国主义发动侵略战争，还是从中国人民反抗侵略来说，十四年的战争都是一个整体发展过程，它是由局部抗击到全国抗战的变化演变过程。七七事变是八年全国抗战开始的标志。我们不应将七七事变前后割裂为两个不同质的历史发展阶段，而应将十四年的中日战争历史，作为同一场战争的两个阶段加以研究。所以我写抗战史的时候，特别注明了，中国的抗日战争史（1931—1945）。

董佳：大家都知道，研究中国近现代的历史，是扯不断与日本的联系的。中日关系自 1972 年两国邦交正常化以来，虽然取得了长足发展，但也并非一帆风顺。现在又由于日方在历史、海洋资源等问题上接连制造障碍，使两国关系受到损害。我想请问您的是，作为中日历史问题之一的南京大屠杀是从什么时候开始成为日本否认对华侵略、造成中日历史问题争端的焦点？您主编的那套《南京大屠杀史料集》的出发点是什么，是不是为了扭转日方对于历史的错误认识？

张宪文：南京大屠杀逐渐成为影响中日关系的一个焦点应该是从"教科书"问题的产生开始的，在那之前，中日双方一直没有过多地纠缠历史问题。20世纪七八十年代，日本右翼在教科书中否认侵华战争，把"侵略"说成"进入"，曲解战争性质，这其中也包括南京大屠杀。当时引起了中国政府和各界的关注，我记得在南京曾召开了多次座谈会，一些大屠杀的幸存者也发表了谈话，回忆自己和家人受迫害的经历，批判日本歪曲历史的行为。20世纪90年代，日本自民党请来一批右翼学者给自民党的国会议员做了将近20次的报告，出席者达到1000多人次。这批右翼学者在报告中极力歪曲从日俄战争，到九一八事变、七七事变，乃至整个抗日战争历史中的一些重大问题，特别是南京大屠杀。他们说南京大屠杀是中国人捏造的，是一个不存在的谎言，甚至有右翼学者谎称南京当时只有20万人口，怎么可能杀了30万？实际上战前南京人口已经达到100万，战争开始后，人口有所减少。譬如，富裕人家、公务人员、大中学校师生、一些较大的企业，不少人离京西迁。但是，许多下层民众、中小工商业者，仍滞留南京，加上十多万军队，据估算南京人口应在50万—60万人之间，远不止20万，一些不了解中国情况的人听了就盲目相信了。后来他们把这些报告汇编起来出版了《大东亚战争的总结》这本书，主要内容都是对侵华战争的歪曲。

日方对历史问题的错误态度，不能不引起中国政府和民众的不满。尽管他们也说过反省，但仅仅是反省还不够，反省是过程，不是结果。反省之后要真心实意地对历史问题进行正确的认识，而不是口是心非。日方也道过歉，但今天道歉明天就推翻。日本右翼更是极力否定南京大屠杀、否定慰安妇、否定东京审判、不断参拜靖国神社，但我相信多数日本老百姓和年轻人在了解历史真相后，会尊重历史。我们历史学者有责任把历史真相揭示出来，告诉世界，也包括日本人民。所以2000年我接受中国社会科学院中日历史研究中心的建议和支持，联合南京地区历史学界的专家、教授，联系海内外的学者、朋友，合作编辑了一套《南京大屠杀史料集》。当然出版史料集不是想加剧中日之间的紧张关系，而是要让他们对待历史有一个正确的看法，有利于促进中日友好。我相信时间会还历史一个清白。这套史料集的出版，会让不带偏见的正直的日本人民做出正确的判断，也将给右翼势力一个沉重的打击。

董佳： 这套史料集内容丰富，共 28 册、1500 多万字，是近年来我国大屠杀研究资料的集大成。面对如此浩瀚的资料，收集工作是如何完成的，能否给我们简单介绍一下其内容？

张宪文： 好的。《南京大屠杀史料集》首次用史料的形式来展现"大屠杀"那段历史，其中包含政府公文、档案、个人日记、书信、回忆录等珍贵的文献资料。但史料的搜集工作十分不易，全部是由历史学者亲赴日、美、英、德等国及我国台湾、南京等地收集来的第一手史料。这是南京大屠杀研究史上第一次全面、系统的收集和整理工作。其中不仅有受害方中国的资料，还有加害者也就是侵华日军的文件和官兵日记、回忆、证言，还有当时留在南京的欧美人士所写下的所见所闻。有些资料在国内，甚至国际上都是首次公开发表的。如日军首脑冈村宁次大将的"阵中感想录"等。这些原始材料反映了南京大屠杀的真相。为了保证史料的客观与真实，我们甚至保留了原材料中的错字。2005 年年底，这套历时 5 年的大型历史文献工程终于在南京出版了。内容包括中国军队与日军作战材料，幸存者的回忆与日记，美国传教士的日记与书信，日军官兵的日记、书信、回忆和证言，遇难者的尸体掩埋，外国媒体报道与美英德等国的外交文书，幸存者调查口述，远东国际军事法庭和中国国防部军事法庭审判战犯，国民政府所做有关大屠杀的调查统计等共 28 册、1500 多万字。我们希望这套史料集能为广大的海内外历史研究者和众多读者提供尽可能多的、内容丰富全面的历史资料。但是，由于材料来源广泛，有加害方、受害方、第三方的亲身经历、亲见亲闻材料，各种档案文献材料、报刊材料等，对南京大屠杀的记述难免有不一致的地方。对这么一件震惊世界的大惨案，声音也不可能完全一致。因此，我们对史料均照原样收录，不加任何更动，提供给历史研究者，由他们在使用时加以考辨、解析，得出符合历史事实的科学结论。另外，南京大屠杀史料的搜集、整理工作，我们还在继续做。从 2005 年以来，我们又获得一批史料，也有 1000 多万字。到 2007 年年底，在南京大屠杀 70 周年的时候，估计还可以出版 27 卷，总数可达 55 卷。它确实是一项传世的巨大学术工程。

董佳： 南京大学身处大屠杀的发生地，也是当地最重要的科研教学单位。对于大屠杀的研究，南京大学可谓具备得天独厚的优越条件，请问南京大学近年在南京大屠杀研究方面取得那些新的进展？

张宪文： 你说得很对，南大确实在大屠杀史方面很有优势。早在 20 世纪 60 年代，南京大学便开始进行南京大屠杀史的研究。现在我们又将其列为南京大学中国近现代史学科的重点研究项目，多次召开相关的学术研讨会，进行南京大屠杀幸存者调查，在海内外广泛收集资料。为保证南京大屠杀史研究的深入，我们与江苏省委宣传部、南京市委宣传部共建的南京大屠杀史研究所也于 2006 年 4 月 29 日在南京大学成立。南京大屠杀史研究所成立后，继续围绕南京大屠杀史及相关问题收集第一手资料，联合世界各地有良知的学者，在严谨的学术研究的基础上，把南京大屠杀的历史客观地介绍给国际社会，特别是各国知识界和青少年，反思战争带来的灾难，推动世界和平事业。此外，研究所还将致力于南京大屠杀史专门研究人才的培养，从 2006 年秋天起，我们开始招收研究该方向的博士生和硕士生。

董佳： 美国斯坦福大学的胡佛研究所已经于前年正式公开蒋介石 1917 年至 1931 年的日记真迹。此消息一传出，随即在学术界产生了非常大的轰动。两岸三地的学人纷纷前往一睹蒋介石日记的真迹。为什么蒋介石日记会在学术界产生如此大的影响？

张宪文： 蒋介石日记能够在学术界产生那么大的影响，主要是因为蒋本人在 20 世纪中国历史中占有极其重要的地位。蒋介石长期担任中华民国和中国国民党的最高领导人，要研究中国近现代史，他自然是一个不可回避的人物。蒋介石一生留下了五十多年的日记，人们在研究他的时候，自然关注其日记。蒋介石日记和有关国民党的历史档案，是记录中国近代史的极为珍贵的资料。蒋本人几乎参与了国民政府时期所有重要的事件。通过其笔触所记录的历史在很大程度上可以反映当事人内心的真实写照，有助于我们解答许多历史疑案。这次斯坦福大学胡佛研究所公开的蒋介石 1917 年到 1931 年的日记，也是他最早的一批日记手稿，当时他才 30 岁，在孙中山的麾下从事革命活动。世人将从日记中一窥蒋介石从黄埔到北伐那段期间的内心世界，并从这批日记中了解其历经北伐和清党紧张局势的深刻感受。另据斯坦福大学胡佛研究所表示，以后还将再向公众开放蒋介石从 1932 年到 1945 年的日记，并根据对日记整理和保存的进度，陆续公开蒋介石 1946 年以后直到 1975 年逝世为止的日记。所以两岸三地的学者对这一消息都感到非常的兴奋。

董佳：为什么原属于私人收藏的蒋介石日记，现在却要远赴重洋，交给美国斯坦福大学胡佛研究所保存？作为国内民国史重要的研究机构，南京大学中华民国史研究中心是否会组织专人前往研究解读？

张宪文：原本由蒋介石的孙媳妇蒋方智怡保管的蒋介石日记交由美国斯坦福大学胡佛研究所保存，是一件无奈的事情。胡佛研究所之所以有机会入藏两蒋日记手稿和相关国民党其他史料，主要是由于目前台湾政治混乱，民进党当局大肆推行"去中国化""去蒋化"，以及台湾各地发生的大规模摧毁蒋介石铜像和有关文物这样令人遗憾的事情。如此弥足珍贵的历史史料如果遭受破坏，则非常不幸。在此情况下，台湾当局前"总统府"第一局副局长兼发言人、现任胡佛研究所研究员郭岱君居中牵线，加上胡佛研究所资深研究员、多年来与国民党高层多有交往的马若孟的大力推动和运作，胡佛研究所出资 180 万美元，将两蒋日记暂存在那里。

在这里提醒大家的是，对于两蒋日记手稿，蒋方智怡女士已再三声明，胡佛研究所没有所有权，双方约定由蒋家"暂存"胡佛研究所，并由蒋家指派的研究人员入所整理资料。两蒋日记手稿的未来则视两岸互动情况而定。在最无争议且具合适的学术研究环境下，最终将回归中国。当然，南京大学作为国内研究中华民国史的重镇，我们一定会派人前往考察研究。

董佳：去年，美国斯坦福大学胡佛研究所部分开放了蒋介石的日记，引起各国中国近代史研究者的普遍关注，一时成为舆论热点。在这一背景下，北京团结出版社推出了张秀章编著的《蒋介石日记揭秘》，很快吸引了读者关注，各大媒体、网络纷纷报道。不知张教授您对这本《蒋介石日记揭秘》是怎么看的？

张宪文：这本书是北京团结出版社于 2007 年 1 月推出的，仅《蒋介石日记揭秘》这一书名，就吸引读者眼球。该书之称辑录的日记内容，涉及军事、政治、党务、外交以及家事等诸多方面。然而，需要指出的是，此书实在是一本无秘可言的出版物。所谓"揭秘"，则是根据日记文本相关内容进行解析、评注、诠释。该书宣称辑录了蒋介石自 1915 年至 1949 年逐年日记1000 余则，揭露了蒋介石日记的真实面目。但全书许多部分是根据毛思诚《蒋介石年谱初稿》、古屋奎二的《蒋总统秘录》和黄仁宇的《从大历史角度读蒋介石日记》等书编纂而成。这些书确实引用过部分蒋的日记，但这些书都与日记原稿有较大出入，不能完全视为蒋的日记。编著者还说："这本书披露了蒋介石所经历的这段重要时期的历史内幕，使很多历史疑问得到了解答。"但我们并不知道，这本书为我们"披露"了哪些历史内幕、解答了什么历史疑问。

董佳：由您负责的南京大学中华民国史研究中心，是国内外公认的研究民国史的重镇，在学术界中享有非常高的声望，是教育部"百所人文社会科学重点研究基地"之一。您和您的团队取得了令国内外学术界瞩目的成就：1985 年出版的《中华民国史纲》引来美联社记者专访；2001 年《中华民国史大辞典》面世，被称为"十年之内不可能被代替"；2005 年，出版 28 卷、1500 万字的《南京大屠杀史料集》，引起日本官方高度关注，北大老校长吴树青教授称其是"南大继《实践是检验真理的唯一标准》之后，为国家做的第二件影响深远的大事"；2006 年，4 卷本 220 万字的《中华民国史》发行，在民国史研究领域又引起强烈反响。可以说，这些都是在您所主持的中华民国史研究中心完成的。可否请您给我们介绍一下民国史中心的一些情况？

张宪文：好的。中华民国史研究中心的创建不易。南京大学的民国史研究开始于 70 年代初，1984 年在南京大学历史研究所建立中华民国史研究室。单独成立中华民国史研究中心，实际上是 1993 年中国社会科学院近代史研究所李新研究员给我们的建议，并很快获得学校批准。可是，"中心"房子、经费和编制都存在困难。在此情况下，我们不得不自筹资金。幸运的是，很快我们获得了台湾实业家陈清坤先生的资助。有了陈先生的资助，活动经费得到了保障。在开展科研活动的同时，"中心"还办了刊物《民国研究》。后来，学校整体条件得到改善，"中心"也得到了学校的优先关心，拥有了近 400 平方米的研究用房、专职教师 11 人，经费也大大增加。正如你所说，2000 年 9 月份，南京大学中华民国史研究中心又顺利地成为教育部"百所人文社会科学重点研究基地"之一，中心的建设驶上了一条发展的快车道。值得一提的是，在 2003 年，面对教育部 39 个重大课题攻关项目，我们凭借科研实力和学术热情，拿下了其中唯一的史学项目《中华民国史研究》。可以说，"中心"从研究民国人物开始，已经在团队的集体努力下取得了累累硕果。几年来，本基地共承担各类研究项目 40 余项，获得经费总数 740 余万元；出版各类学术专著 102 部、译著 8 部，发表学术论文 400 余篇。南京大学中华民国史研究中心目前正在按照基地的建设标准，努力建成国内领先、国际知名的教育部重点研究基地。如今，"中心"已同英国剑桥大学、布里托斯大学、美国哈佛大学、美国"日本侵华研究基金会"、澳大利亚国立大学、拉筹伯大学等开展了多项深层次合作。去年暑期，中心还在浙江溪口主办了第 5 次中华民国史国际学术讨论会，前来参加的国内外教授、学者共有 120 多人。

董佳：打一个比方，是不是"中心"的发展过程可以用从"零起点"到"国家队"来形容？您作为这支优秀团队的负责人，是如何领导团队的？

张宪文：在长期的摸索中，南京大学一些学科形成了"名家＋团队"的科研协作模式。早在中心成立之初，我们就聘请了著名史学家李文海、章开沅、姜义华、茅家琦等组成学术指导委员会。我们要求"中心"的每一个成员都要对学术热爱和对事业执着。在这个科研模式支撑下，"中心"又逐渐形成了团结奋斗、求真创新、学术奉献和开放合作的精神特质。我认为学术研究一定要紧紧把握"三新"和"三性"。"三新"就是新史料、新方法、新观点;"三性"是现代性、国际性、历史延续性。我一再强调研究要经得起时间检验、历史推敲。没有史料,观点就站不住脚。要求学术成果中第一手史料必须占到70%以上。为此,我们专门制定了《攻关项目实施细则》,不管是哪个子项目,达不到这个标准,就得拿掉。

董佳: 现在有些海外学者已经将以南京大学为中心的南京地区民国史学者誉为中华民国史研究的"南京学派"。您是如何看待这一称呼的?

张宪文: 这种称呼我们有所耳闻。对于"南京学派"这一称谓,我们感到既欣慰又有压力。一方面,这是海外学术界对南京地区一大批民国史研究者学术成就的肯定,南京地区同人对这一厚爱表示非常感谢;另一方面,我们的工作还远未达到尽善尽美,理论研究与对外合作等各方面都需要进一步的深化和开拓。因此,对于"南京学派"这样的赞誉,更多是看作对我们工作的鞭策和鼓励。我相信,南京大学和南京地区的民国史学者,一定会坚持学术奉献精神,求真创新,努力多出成果,使民国史研究步入可持续发展的轨道。

董佳: 时间过得很快!今天同您的访谈使我受益匪浅。您从一个历史学家的角度为我们客观公正地分析了抗战时期的敌我态势,详细介绍了南京大屠杀史的研究现状、蒋介石日记的概况及其利用情况和南京大学中华民国史研究中心的成立发展等。您的介绍使我们丰富了历史知识,开阔了研究的视野,让我们真正地领略到史学大家所特有的睿智与风范。再次感谢您接受我的访谈,祝您愉快!

张宪文, 1934年出生于山东泰安,南京大学中华民国史研究中心主任、教授、博士生导师。曾任南京大学历史系主任、南京大屠杀史研究所所长、历史研究所所长、国家教育部高等学校历史学科指导委员会委员,兼任中国史学会理事、中国现代史学会名誉会长、南京历史学会会长、南京中华民国史研究会会长等职。曾多次应邀在美国哈佛、耶鲁，英国剑桥，日本早稻田、庆应，韩国首尔及中国台湾地区、香港地区等著名大学访问及讲学。

研究方向：中华民国史及中国现代史。曾主持并完成国家社科"六五""七五""九五"规划重点项目及省部级和国际合作项目，是教育部重大课题攻关项目《民国史研究》首席专家。曾出版《中华民国史纲》《蒋介石全传》《中国抗日战争史》《中国现代史史料学》《中华民国史丛书》《南京大屠杀史料集》等著作10余部。先后在《人民日报》《光明日报》《文汇报》《求是》《历史研究》《新华文摘》《历史档案》《民国档案》《历史教学》《史学月刊》《复旦学报》《南京大学学报》等国内外刊物上发表论文，内容涉及民国政治、军事、中外关系、历史人物、史料评述及学科理论体系等各个方面。

访谈时间：2007年7月6日

董佳，时系南京大学历史学系博士生。

从文明交往到文明自觉
——访彭树智教授

(🎙) 彭树智　　(🎙) 韩志斌

一、学术书路的缘起

韩志斌：彭先生，您曾经即兴赋诗"东坡无缘见海市，西人有幸执教鞭"。我认为作为"西人"的您与苏东坡确实有相似之处。您的著作与文章读起来飘逸不群、纵横奔放，具有诗、文、词的突出特点，您具有如此深厚的文字造诣与文学功底，却为什么步入史学这一领域，这与您的家庭背景有关系吗？

彭树智：我在高中时，国文学得较好，而且喜欢小说诗词，所以报考西北大学时，第一志愿报的是中文系。我之所以最终选择历史专业有以下原因：一是参加高考时，我的历史成绩优秀，考了 100 分。于是，西北大学历史系优先录取了我。西北大学学风朴实优良，为我进入历史的学术殿堂创造了条件。二是我青少年时代，中华大地内忧外患不断。我不止一次地问老师："为什么有着那么悠久文明的中国，到今天却一直打败仗，受人欺侮？"老师的回答并不能消除我心中的困惑。这个问题促使我不断思考，这就是我以后学习和研究历史的深层动因。三是家庭环境的影响。1931 年 10 月，我出生在号称关中"白菜心"的陕西泾阳。作为石匠的祖父从河南淅川逃荒至陕西，由商县流转到咸阳，最后定居在泾阳。这种地域环境和移民传统养成了我平实谦和的性格和勤奋努力的气质，促使我有恒心与毅力进行历史研究。

韩志斌：20 世纪 50 年代初的西北大学是与北京大学等高等学府齐名的

教育部直属的全国十大综合院校之一，名师云集，由著名的历史学家侯外庐担任校长。在这种浓厚的学术氛围里，你的大学生涯一定充满很多乐趣吧。

彭树智： 大学确实是人生非常重要的阶段，我曾经写过《大学乐》与《大学忆》，以追忆我大学时的乐趣。

<table>
<tr><td>《大学乐》</td><td>《大学忆》</td></tr>
<tr><td>人生乐</td><td>往事多情趣</td></tr>
<tr><td>最乐是大学</td><td>求是楼中吟"三境"</td></tr>
<tr><td>人文殿堂养人格</td><td>西树林下议"力取"</td></tr>
<tr><td>科学宫觅生长点</td><td>周末常游古书肆</td></tr>
<tr><td>金色年华火红歌</td><td>乐奏骑兵曲！</td></tr>
<tr><td>岁月莫蹉跎！</td><td></td></tr>
</table>

上面两首诗蕴含着的三个典故使我一生受益匪浅。

一是培养科研生长点。大学是科学之宫、学术之殿，有幸步入它，必须选好科研生长点。我记得当时的西北大学校长、马克思主义史学家和教育家侯外庐先生在谈到治学经验时，特别强调在大学时就要选好科研生长点。这对我影响很大，我把印度史确定为自己的生长点。我的大学毕业论文是《印度现代民族解放运动》，长达15万字，被老师评为优秀。经过半个多世纪以后，再回顾这段学史经历，我更加体会到：选择科研生长点是治史的关键一环，是科学工作者安身立命之地。有一个具有时代性和富于开拓性的科研生长点，有利于青年人勤奋而有目标地在这块基地上耕耘，使科学的种子生根、开花、结果。

二是以秦汉史见长的陈直教授曾告诉我关于王国维的"治学三境"。治学一境是"昨夜西风凋碧树，独上高楼，望尽天涯路"；治学二境是"衣带渐宽终不悔，为伊消得人憔悴"；治学三境是"众里寻他千百度，蓦然回首，那人却在灯火阑珊处"。这"三境"使我受用终身，愈老愈体味到它们给我治学上带来的科学和艺术上美的享受。

三是坚持"力取"。有一次读赵翼的诗："少小学语苦难圆，只道功夫半未全。到老方知非力取，三分人事七分天。"我觉得赵翼太轻视人的主观力量，于是在读书笔记上写下了"水滴石穿，绳锯木断，持之以恒，功效乃见"的话。后来，在治学中我才慢慢体验到主观与客观的辩证关系。

韩志斌：北京大学的老师大都是中国极负盛名的史学大家，我想他们对您的治学影响一定很大。请彭先生谈一下您在北京大学读研究生期间的学术心得与体会。

彭树智：北京大学的老师确实对我的影响很大。周一良老师为我打下了亚洲史、中国与亚洲各国关系史的深厚基础，季羡林老师和陈翰笙老师耳提面命，使我对印度近现代史的学习深入了一大步。这种教诲尤其体现在治学态度和方法上。例如周一良先生在看到我的毕业论文时，只是随意地扫了一眼题目，然后直翻最后一页！他说："这是要你学得扎实！我先要看你写论文究竟查了多少资料，谁的资料。资料要是不够的话，论文你写得再好我也不看！"老师的关爱和希望化为我不断努力的动力。我认为，师生情谊是人生最美好的情谊。我在研究生学习期间，我的亚洲史专业老师苏联援华专家瓦·巴·柯切托夫是一个治学严谨的人。他在看了我的第一篇专业论文《1857年印度反英大起义前夜的社会经济与阶级关系》俄文稿后，很是欣赏，鼓励我进一步修改。他用俄罗斯谚语说："奶酪好吃，但烤一下更好吃。"在研究生论文写作过程中，我得到了我的老师周一良、季羡林、陈翰笙诸先生的精心指导，受益良多。此后，我相继探讨了1857年印度起义、1905—1908年的印度独立运动、印度民族主义革命家提拉克、印度大资产阶级的形成，一直到甘地的独特思想体系，在这个有开拓性的生长点上，我完成了一系列的论文和著作，其中一些论文先后在《人民日报》《北京大学学报》和《历史研究》等报刊上发表。

韩志斌：1957年您研究生毕业，回到西大任教，开始了五十多年的执教生涯。那时正值一个政治运动持续不断的年代，特别是"文革"期间，您是如何进行科学研究的？

彭树智：十年"文革"对我真是一段不寻常的经历。"文革"开始后，我这样考虑：业务虽然不能研究，但马列原著还是被鼓励学习的，何不从这些智慧之书中寻找一个新的科研生长点呢？于是自己着手拟定了一个开拓性的课题——研究 10 个国际共运史上有争议的人物。从此，即使是在开批判会或大游行时，在阵阵打倒声中我也不忘在怀里揣上一卷《马克思恩格斯全集》或《列宁全集》。在"文革"中，我系统地读完了 60 多本马列著作，写了大量的读书笔记。而"文革"后期和结束不久，我就连续出版了《叛徒考茨基》（1978）、《修正主义的鼻祖——伯恩斯坦》（1982）和《无政府主义之父巴枯宁》（1985）3 本专著，共计 100 余万字。这几本书从恢复历史人物的本来面目出发，通过系统研究经典作家的直接论述，以及对时代性、创造性、复杂性和阶段性的探讨，锻炼了我寻找科学研究生长点的毅力。

虽然繁忙的政治运动、教学任务和家庭负担给自己带来了重重困难，但我并没有放弃科学研究，而是把教学同研究结合起来，在教学中寻找结合点。亚非拉民族主义思潮是民族解放运动的思想和理论表现，要深入下去，必须从民族觉醒追溯到民族自觉思想。这样，我形成了又一个学术研究生长点——民族解放运动史。20 世纪 80 年代以来我先后完成了两部有关民族主义问题的专著，即《现代民族主义运动史》（1987）、《东方民族主义思潮》（1992）以及合著《第三世界的历史进程》（1999）。《东方民族主义思潮》是我比较满意的一本著作，它在 1995 年荣获教育部的人文社会科学优秀成果二等奖，我认为这是对我研究工作的肯定。

二、学问人生的智慧

韩志斌：彭先生，十一届三中全会后，科学的春天降临祖国大地。您在继续研究印度史的同时，又开拓了民族主义运动思潮及中东史等新领域，您的科研进入创造和收获的高峰期。请您谈一下"现代民族主义运动史的理论体系"。

彭树智：这主要体现在《现代民族主义运动史》（西北大学出版社 1987 年版）和《东方民族主义思潮》（西北大学出版社 1992 年版）两书中。前一部著作摆脱了"民族解放运动史"的模式，创立了民族主义思想体系、政治运动与改革运动三大部分相互联系的新体系。我用类型分析法归纳出民族主义运动的五种领导形态，即除以往肯定的无产阶级外，还有民族资产阶级、小资产阶级、爱国封建王公和部落酋长；并用大量篇幅论述了亚非拉各国的现代化改革运动，拓宽了民族主义运动史的研究领域。该书因方法新颖、内容深刻，受到国内学术界的好评。

我在《东方民族主义思潮》一书中，从东方政治文化的角度，集中探讨了东亚、南亚、东南亚及中东地区的民族主义思潮。我认为，从 1905 年开始，东方像西方一样也走向建立民族国家的历史趋势，最终在 20 世纪 60 年代建立了东方民族主义的国家体系。因此，东方民族主义的兴起是具有世界历史意义的现象。该书深入研究了东方民族主义思想体系的来源、内容和特点及其实践中的经验教训，我对一系列重大问题提出了自己的看法。

韩志斌：彭先生，您取得的显著成就同您所主张的学风是离不开的。您曾经说："从求学治学的角度来看，勤奋是基础，严谨是要求，求实是原则，创新是方向。这种学风贯穿着三种基本精神：献身、科学和进取精神。"您能讲一下它的具体内涵吗？

彭树智：首先是重视理论思维。我觉得从事历史科学的任何一个专业，都必须有历史哲学的修养。只有这样才能具备广博和深远的历史洞察力。这种洞察力表现在选择课题方面，即为科学的鉴赏力，也就是选择值得深入研究、具有发展前途的研究方向，对课题要具有冷静分析与辨别能力。

其次，注重整体分析。我认为历史研究的整体观既可反映近代以来人物历史密不可分的现实，又可避免孤立、片面的错误。我在《从伊斯兰改革主义到阿拉伯民族主义》（《历史研究》1991 年第 3 期）中全局纵览了伊斯兰改革主义与阿拉伯民族主义的关系。阿拉伯民族主义作为一种地区政治文化，在思想渊源上同伊斯兰改革主义相交融而生，在政治背景上应阿拉伯统一运动之运而发，在经济基础上伴同民族经济的成长而成长，在文化上随着现代化与传统的矛盾的发展而发展。近代伊斯兰改革主义构成阿拉伯民族主义的重要源头和出发点。整体的综合分析使该文全面、系统、立论深远。

再次，强调中外历史的结合。在《现代民族主义运动史》等书中，我用大量篇幅论述了中国民族主义与其他东方国家民族主义代表人物的相互联系和影响。我主编的《20世纪中东史》和《阿富汗史》都有专门章节论述与中国的关系。《孙中山与亚洲民族主义思潮》（《西北大学学报》1987年第2期）则把孙中山的民族主义在亚洲这一大环境中予以考察。认为孙中山作为三民主义思想体系的创立者，比之于同一时期亚洲其他民族主义思想家，具有更广阔的视野、更深刻的历史洞察力和"与时共进"的追求真理和服从真理的进取精神。这一结论是在比较研究的基础上做出的，因而更具有说服力。

最后，学习一切有用的理论和方法，包括西方的理论和方法。我在自己的研究工作中多次运用新方法。我用类型分析法按地域特征将两次大战之间的亚非拉改革运动分为中东地域性、北非地域性、拉美墨西哥型三种类型；将亚非拉民族主义思潮分为革命民主型、宗教道德哲学型、世俗改革型、综合型等类型进行了分析。我还用比较研究分析东方各种民族主义思潮的不同特点；用层次分析法揭示了纳赛尔从埃及民族主义到阿拉伯民族主义再到阿拉伯社会主义层层深化的思想历程。在《20世纪中东史》等书中，我借鉴西方社会史的研究方法，增添了社会生活史等新内容。

韩志斌：20世纪90年代初，伴随世界整体化过程的加强和我国新时期改革开放政策的深入发展，您开始综合古代世界文明的发展来思考和研究人类社会的"历史交往"问题。1994年，您先后发表了三篇具有代表性的研究成果：《一个游牧民族的兴亡——古代塞人在中亚和南亚的历史交往》《阿富汗与古代东西方文化交往》和《伊朗和中国古代物质文明的西传》。请您谈谈对历史交往的理解。

彭树智：这些研究成果根据马克思主义的唯物史观，对"历史交往"的内涵、类型、形式、分期及其作用进行新的探索与归纳。我认为，"交往"是一个专门的哲学概念。可谓"交往"是人类主体之间的相互沟通、相互理解、相互交流和相互作用，它是人类存在的基本方式和发展的基本活动。它同人们对客体的物质生产活动共同组成了人类历史不可缺少的两个方面。同时，应把"交往"作为世界史横向发展的联系线索，把交往活动和生产活动的发展结合起来，把交往和交换综合观察，就会更全面地反映人类社会发展的客观面貌。交往既包括物质交往，也包括精神交往。物质交往，首先是人们在生产过程中的交往，这是精神交往的基础。从某种程度上说，人类历史就是一部不断打开闭塞状态，走向世界普遍联系的交往史。

《一个游牧民族的兴亡——古代塞人在中亚和南亚的历史交往》一文，通过远古游牧民族塞人的兴亡过程，分析了人类历史交往的第一时期，即原始交往和自然经济农耕文明的传统交往时期，并进而引申出人类历史交往的五个发展时期。塞人的历史交往使它扮演了双重的历史角色：它既是早期游牧民族对农耕世界的侵袭者和劫掠者；又是这两个世界文化交流的使者和早期东西方交通的开拓者。塞人的活动是古代世界历史交往的缩影。

《阿富汗与古代东西方文化交往》《伊朗和中国古代物质文明的西传》二文，则以阿富汗和伊朗作为具体的模型，从微观上进一步开掘了"历史交往"活动的形式和内容。例如后一篇文章中认为古代历史交往中，商业交往重于战争交往，并分析了中国传统医学是以自己的文化与特点在历史交往过程中走向世界的。

韩志斌：中东在政治地缘史上历来就是较为开放的地区。在人类社会由闭塞、分散走向开放、联系的文明化过程中，中东是变化最快的地区之一。中东地区是 20 世纪以来，特别是第二次世界大战以来国际关系中的一个持续性特征最突出的"热点"。您是如何从南亚研究转入中东研究领域的？请介绍一下您在中东研究方面所取得的代表性成果。

彭树智：早在 1958 年 7 月，伊拉克革命后，我仅用了三天时间，就写成一篇 12000 余字的激情文章——《略论阿拉伯民族解放斗争的新阶段》，发表在《人文杂志》。1979 年，苏联军队入侵阿富汗震惊了世界和中国。作为阿富汗邻邦的中国学者应当对此做出反应，而我过去在印度近现代史方面的积累为此奠定了良好的基础。不久，我就在《百科知识》（1980 年第 3 期）上发表了《1841 年阿富汗人民反对英国侵略者的斗争》一文，由此，步入了中东史研究领域。

1964 年，西北大学成立的中东研究所是我国最早成立的国际问题研究所之一，集中了一批掌握多种外语的人才，积累了大量的外文资料。同时，从 1982 年开始，我就注意培养中东史的硕士研究生，为未来中国的中东研究补充新生力量。经过精心准备，1986 年，经国家学位委员会批准，西北大学设立了"世界地区史、国别史（南亚中东史）"博士点。这是我国第一个中东研究的博士点，对于中国的中东研究和人才培养具有重要意义。

1987 年，我以历史系主任的身份兼任中东研究所所长。我选择有开拓性的课题，组织集体攻关，加强国内外学术联系，取得了明显的成果。二十年来，中东研究所的科研硕果累累，先后出版了由我主编的一系列中东史著作：《阿富汗史》（1993）、《伊斯兰教与中东现代化进程》（1997）、《阿拉伯国家简史》（1991）（注：该书于 2002 年改名为《阿拉伯国家史》），作为教育部确定的全国研究生教学用书第三次修订再版，并于 2000 年获得了国家级优秀教学成果二等奖；在 1990 年海湾危机和海湾战争后，又完成了面对广大青年的《中东国家和中东问题》（1991）；1992 年出版了《二十世纪中东史》，2001 年同样列为教育部确定的全国研究生教学用书修订再版。

2000—2007 年，商务印书馆陆续出版了我主编的《中东国家通史》。这是一部包括 13 卷本的中东地区国别史，共 400 多万字，每卷由一个国家或国家群所组成，包括《阿富汗卷》《沙特阿拉伯卷》《以色列卷》《伊拉克卷》《也门卷》《伊朗卷》《叙利亚和黎巴嫩卷》《土耳其卷》《埃及卷》《约旦卷》《巴勒斯坦卷》《塞浦路斯卷》和《海湾五国卷》。《中东国家通史》依照通史体例来把握中东地区的整体面貌，各卷自成一体，但又互为联系。各卷采用历史叙述方式，由古及今地阐明各国历史变迁的过程、特征和规律。同时，注重历史与现实之间的双向考察与反思，从现实出发，追溯历史，再从历史高度审视现实，从而达到"观照现实"与"反思历史"的一致性。各卷对各国的社会、政治、军事、经济、教育、学术、艺术、科技、地缘环境等方面进行了全方位、多层次的扫描，并以专章探讨了相关国家与中国的关系。本书可以说是我应用文明交往观分析历史的深入探索，尤其是在"卷首叙意"和每卷的"后记"中，着重阐明了这一点。《中东国家通史》是西北大学"211"工程的标志性成果，也是第一部由中国学者撰写的中东各国的通史性著作，具有较高的学术水准，在国内学术界引起了较大反响。

三、从文明交往到文明自觉

韩志斌: 20世纪90年代以来,您以一位史学家的睿智,敏锐地意识到交往理论的前沿性和交叉性,率先探索用文明的纬度思考交往,用交往的视角研究文明,发表了一系列独具见地的论文与专著,创造性地提出了"文明交往"这一概念。您为什么从"历史交往"的思考转向"文明交往"的思考?

彭树智: 吴于廑先生曾把生产力和社会交往称为"世界历史纵向发展和横向发展"。我也是从那时起,较为系统地阅读了《德意志意识形态》《共产党宣言》和经典作家有关生产力和交往的其他论著。我想,从人类文明交往这个理论角度研究世界史,也许更能反映经典作家所说的世界史的"世界历史性"。我之所以强调交往在文明史中的地位,是因为交往在人类文明生成和演进中起着决定性作用。此后,我在世界史、中东史、东西方文明关系史的探讨中,形成并检验了我的文明交往论,也结合当代世界各种文明交往关系,思考文明对话在交往互动规律中的作用问题。我也研究了一些文明、文化理论和文明史著作,感到许多作者对"文明交往"问题有不同程度的忽视。伊朗前总统哈塔米有"不同文明之间对话"的倡议并得到联合国的认同。这也说明了文明对话是消除对抗冲突、破除隔阂壁垒和走向国内和谐、国际和平的必由之路。在《中东国家通史·伊朗卷》编后记中,我用下面的话作为结语:"对话浪潮是大势所趋。21世纪文明交往的新时代曙光已经出现了。"

韩志斌: 文明交往是世界各民族之间最常见和影响最深远的历史交往形式,也是最早、最深层面的历史活动,您曾经写道:"文明的生命在交往,交往的价值在文明。文明的真谛在于文明所包含的人文精神本质。"那么文明交往的具体内容是什么?

彭树智: 人类文明交往的基础是生产实践活动,而生产实践活动的前提是人类的社会交往,这种人同自然的双重交往关系,是建立人类文明社会的根本；人类文明交往由低级向高级演进，由野蛮状态向文明化上升，使人类历史由地域的、民族的、国家的交往，走向世界性的普遍交往，使历史从分散逐步转变为整体的世界或全球历史；人类文明交往的基本内容是物质文明、精神文明、制度文明和生态文明，贯穿于四大文明交往的过程是人与人、人与自然之间的主体—客体—主体多向联系的本质统一；人类文明交往因社会历史状况错综复杂而表现为多种多样，大致而言，和平与暴力是两种基本的交往形式；人类文明交往有以下重要因素：主体和客观、交通和科技、民族和国家、利益和正义；人类文明交往的基本属性是：实践性、互动性、开放性、多样性、迁徙性；人类文明交往的链条为七对环节：挑战与应战、冲突与整合、有序与无序、外化与内化、现代与传统、全球与本土、人类与自然；人类文明交往发展的总特点是：由自发走向自觉，由自在走向自为，由情绪化走向理智化，由必然走向自由，由对立、对抗走向对话、合作；人类文明追求的目标是人与人、人与自然、国家与国家之间和睦、和谐、平等、互利，是对自己文明的自尊、欣赏和对异己文明的尊重、宽容，乃至欣赏，是抱着爱其所同、敬其所异的广阔胸怀和对人类共同美好理想的追求。

韩志斌：彭先生，纵览您的学路人生，我发现您始终处于理论与学术的思考中，可以说您的学术生长点在不断地扩大与延伸，印度民族主义—阿拉伯民族主义—东方民族主义—历史交往—文明交往。您最近又提出"文明自觉"的理念，后者提出的背景是什么，文明交往与文明自觉有什么联系？

彭树智：我从文明交往深化为文明自觉是基于一种信念：我相信人类发展思维逻辑在实践与理论结合中可以自由、自觉地交流各自的文明创造。人类发展思维这一文明自觉理念可以理解为人类文明交往互动规律。具体说在《阿拉伯国家史》的修订过程中，我探讨了20世纪阿拉伯世界与外部文明在交往方面涌现的人文社会科学清新潮流。对文明交往的新现象有如下思考：这是一股和阿拉伯世界内部相映辉的、有深厚文史哲根基并吸取西方文明的侨民文化；它的代表人物是美籍巴勒斯坦裔文化学者爱德华·萨义德，他在《东方学》著作中澄清了欧美式的"东方主义"迷雾，以远见和客观视野评价了阿拉伯和中东问题；它的另外两位代表人物是美籍黎巴嫩裔历史学家菲力普·K.希提和美籍黎巴嫩裔文学家纪伯伦，前者的名著《阿拉伯史》和《叙利亚史》反映了不同文明交往的深度，把史学的通识和通变建立在丰富资料的基础之上，堪称"侨民史学"的代表作；后者融东西方文学思想，并用阿拉伯语与英语写作诗文的"纪伯伦风格"而开创一代新风，其代表作《先知》被冰心赞誉为"满含东方气息的超妙哲理和流丽文词"，可与泰戈尔的名作相媲美。萨义德关心伊斯兰文明的发展，然而他和印度诺贝尔文学奖得主奈保尔一样，对自己本民族文明的前途不持乐观态度。伊斯兰文明的复兴力量，从根本上说，是民族内部的经济发展程度，自然这后面还有深远的历史道理。文明交往的自觉性，是古老文明复兴的精神力量。可见，一种文明的生命力最根本关键在于内在生长"定力"和适应新生存环境变化而复兴和创造新文化的交往力。总之，阿拉伯国家史的修订使我从文明交往的思考进入了文明交往自觉的思考；这种思考也和《二十世纪中东史》《中东国家通史》编写过程结合在一起，使我从中东历史变动中深深感到，文明交往的真谛在于人类人文精神和人文理性的自觉。

在《中东国家通史·卷首叙意》中，我提出了"文明交往论是文明自觉论"的命题。人类文明的自觉，不仅在文明交往过程中提升，而且文明自觉实质上就是文明交往的自觉，是人类交往的文明化。这种自觉，是人类用自身的精神觉醒观察世界历史，是人类用自身的文明开启蒙昧和野蛮，是追寻人类文明交往中的盛衰与复兴，是人类在文明交往中不断摆脱新的枷锁而获得思想解放，是人类在实践中提高社会进步和文明程度的升华。

韩志斌：文明自觉论可称之为文明交往自觉论，文明自觉是以文化思想自觉为核心、以文明交往自觉活动为主线的人类创造历史的实践活动。您将其要点简略概括九个方面，它们具体包括哪些内容？

彭树智：一个中轴律：人类文明交往互动规律。认识和把握交往互动律的自觉性表现为：在深刻的矛盾对立中把握文明交往互动，把对抗、冲突和共处、同进统一于历史选择的相融点上，使之在这个中轴律上自觉运转。

两类经纬线：人类文明交往互动的经线为相同文明之内的相互融合；纬线为不同文明之间的相互交流。人类文明交往互动的内外关系促使研究者在普遍联系中确立用以把握世界历史的理论体系，回答全球文明化的整体性、联系性、依存性与制约性问题，从而获得自觉。

三角形主题：人类文明交往互动围绕着人与自然、人与社会和人与自我身心这三大主题的三角形路线进行。三角形的底线为人与自然之间的交往互动，两边为人与社会和人与自我身心之间的交往互动。

四边形层面：人类文明交往包括物质文明、精神文明、制度文明和生态文明这四个主要层面。人类历史虽然像自然一样运行，其实质都服从交往互动规律，只不过是人类有自觉的意识在起作用，而这正是文明自觉最关键之处。

五种社会文明交往形态：人类文明交往史上有五种社会交往形态：社会结构、社会制度、社会关系、社会意识和社会生活。对社会性考察越细致入微，也就可以从中全面认识文明交往的具体特征，从而取得史学本体的进步和获得学术的自觉。

六条交往力网络：人类文明交往的驱动力是与生产力相互伴随的交往力，二者又是历史传统的积累和现实体躯的创造力。交往力既见之于物质，也体现于精神。这六条交往力是：精神觉醒力、思想启蒙力、信仰穿透力、经贸沟通力、政治权制力、科技推进力。这六种交往力所互动的合力形成了人类文明交往自觉的壮丽风采和恢宏气象。

七对交往概念：即传承与传播、善择与择善、了解与理解、对话与对抗、冲突与和解、包容与排斥、适度与极端。了解与理解属不同的递进阶段，而尊重对方是关键；对话与对抗、冲突与和解、包容与排斥之间，都有对立与转化联系；适度是文明交往自觉性的尺度，而极端为文明交往所应预防的危险倾向。

八项变化：人类文明交往是变动化的实践活动。其变化要义有八：教化、涵化、内化、外化、同化、转化、异化、人化。所有这八项变化是因文明自觉程度而决定其深化程度。

九何而问：人类文明交往的自觉在于问题意识的引导，它引导人们自觉地发现、提出、分析、解决问题。这些问题可归纳为"九何"：何时？何地？何人？何事？何故？何果？何类？何向？何为？

韩志斌： 彭先生，最后请您为我们学界同人提几点希望，作为我们访谈的结束语。谢谢您接受我的访谈。

彭树智： 总之，全球化时代的文明交往和文明自觉，具有十分丰富的内容和宽广的研究空间，有待我们进一步探讨。面临这个新课题，引发我们思考全球交往文明化的新表象、全球化趋势与民族文化建构和交往文明化语境下的历史观等人类文明自觉论的问题。科学不是宗教信仰，它不但允许怀疑，允许质疑，而且认为以求真科学精神所导引的质疑是任何科学理论成熟的必由之路。怀疑精神是科学理论长途跋涉中由一个驿站到另一个驿站的动力。科学理论不讳言问题，因为下一程起步是由问题起步的。问题意识是学术研究的自觉意识，是开放的学术思维方式。由文明交往论到文明自觉论，仅仅是从理论层面讨论的开始。我希望学界同行的更多参与，以提高学术的自觉性。

彭树智， 1931 年生，陕西泾阳人。1954 年西北大学历史系本科毕业，1957 年北京大学历史系研究生毕业。曾任西北大学历史系主任、文博学院院长。现为西北大学中东研究所名誉所长、教授、博士生导师。长期从事中东南亚史、世界近现代史、国际共运史和史学理论研究。先后出版教材 12 部，其中《世界现代史编》获全国优秀教材一等奖，并被列为"十五"国家级教材。主编著作 16 部，其中《二十世纪中东史》《阿拉伯国家史》被列入全国研究生教材用书。13 卷本的《中东国家通史》是西北大学"211"工程的标志性成果，也是第一部由中国学者撰写的中东各国的通史性著作，具有较高的学术水准，在国内学术界引起了较大反响。专著 10 部，其中《东方民族主义思潮》获国家教委人文社科二等奖。自 2002 年以来，他先后出版了专著《文明交往论》《书录鸿踪录》《松榆斋百记》，构成了"文明交往"理论的三部曲；并在《中国社会科学》《历史研究》《世界历史》《史学理论研究》等国内权威、核心期刊发表论文 300 余篇。

韩志斌， 时系西北大学中东研究所副教授。

世界的魏斐德：中国学研究的理论与方法
——访周锡瑞教授

（🎤）[美] 周锡瑞　　　（🎤）王平

王平： 您好，周教授！非常荣幸能有机会对您进行访问，很想从您那里了解魏斐德先生。

周锡瑞： 魏斐德先生 1959 年毕业于哈佛大学，接着去法国深造了一年。1960 年开始研究中国历史，1965 年从加州大学伯克利分校博士毕业。魏斐德先生刚刚开始他教学生涯的时候，我便成了他的学生。本来，列文森（Joseph Levenson）教授是我的导师，但他突然出了事故，去世了。于是，魏斐德先生接替了列文森成了我的导师。在伯克利的岁月里，我们有了些学术和私人的交往，后来也成了同事和朋友。他是一个非常随和谦逊和乐于助人的人。

王平： 我很想知道魏斐德先生的个人经历，与他不断变换的研究课题之间有无直接的逻辑联系？

周锡瑞： 要把这方面的逻辑搞清楚不是件易事。但我认为，魏斐德先生的第一部中国历史作品《大门口的陌生人》就是一个典型的费正清式的关于鸦片战争的课题——太平天国起义是由于西方的冲击才引起的。这是费正清的"冲击 – 反应"理论的一部分。

王平： 在魏斐德先生的这段生涯中，可以说受到了费正清的很大影响吗？

周锡瑞：是的。

王平：他们几乎同一个风格吗？

周锡瑞：不，我不认为是同样的风格。我认为，他研究的课题是受了费正清的影响。那时，列文森是他的导师，列文森是费正清最好的弟子之一。魏斐德先生也曾在哈佛跟费正清学过清史。所以可以说魏斐德先生直接或间接地受到过费正清"冲击－反应"理论的影响。所以，只要你研究一下文章的引言部分，你就知道他为什么写这个题目——他真正的动机是想研究太平天国的起因。

王平：您是说他原来是想研究太平天国起义的原因，不想却写出了《大门口的陌生人》这样一本书？

周锡瑞：是的。太平天国的起因是他博士论文研究的主要目标。但是他在研究过程中，却发现自己在改变——他发现自己在研究的是鸦片战争对社会民众、社会底层的影响。而费正清的研究却很少涉及像你所说的"民众史"或某事件对社会大众、底层人物的影响，他所研究的都是官方史、外交史、精英史。魏斐德教授恰巧是从 20 世纪 60 年代起，在伯克利开始中国历史研究的。他所做的一件里程碑式的事情，就是在美国中国学领域开地方史研究之先河。他认为，任何人要研究社会史的话，必须要限定自己所要研究的范围。你很难写出一部有关全中国范围的社会史。所以你得选定一个具体的、能够深入的、相对较小的范围，如此便可深入理解其框架结构、社会组织和不同阶层的人，从而进一步了解当地的历史。这就是魏斐德教授为何选择广东进行研究的原因。在这本书里，他对"团练""广东的各种各样的商人""各种各样的组织与结社""广东本地士绅的出现以及当地士绅与其他地方的士绅的不同之处"等都作了十分精彩的描述。

王平：您认为《大门口的陌生人》描写的是中国社会的缩影吗？

周锡瑞：不，我不认为那是中国社会的一个缩影。广东有广东的特点，华北有华北的特点。我研究过湖南、湖北，它们有它们自己的特色，各地都有自己地方的特色。他试图寻找和研究这些特色。正因如此，很多学生前往伯克利拜他为师。实际上，他早期对美国中国学界的影响，正在于他强调对地方史研究的重要性。总之，中国各地特色各异，研究地方史，应该将这些不同点进行分类和比较研究。千万不可以说，中国社会不同地区的性质是一样的。用魏斐德先生的话说，如果你要研究社会史，你必须从一个特定的地理范围开始，所以地方史的维度在社会史的研究中是至关重要的。

王平：那么，魏斐德先生是否想通过对广东社会不同阶层以及方方面面探讨，来进一步研究地方官员、政府特派官员甚至中央政府？

周锡瑞：他非常清楚握有实权的政府官员是极其重要的。他们不仅会影响政策的制定，而且会影响历史的进程。所以，任何一个研究地方史的人必须研究当地的官员，包括知县、知府、巡抚、总督，还得研究国家政策及政策的制定者即国家级的官员。另外，还得研究官方以外的各种地方势力，和各种各样结社以及这些结社的运转状况。当地的经济状况也不可忽视。因为所有这些都是地方史研究的重要因素。这种研究方法在法国是非常普遍的。别忘了魏斐德先生曾在哈佛学过一段欧洲历史。他的法语和西班牙语棒极了。他曾博览群书，花了大量的时间去了解如何研究史学，例如，法国革命史学。因为法国的年鉴派所写的很多关于法国革命的文章同样也是地方史。

王平：我想知道魏斐德先生为什么会不断地转换研究的课题。如明清史研究、上海研究、毛泽东哲学思想研究。我还是想继续刚才的问题：这和他的个人经历有无必然的联系？

周锡瑞：没错，他的学术研究和他的个人经历有一定的联系。但我认为主要是个人兴趣，也有一些偶然的因素，并不是说一定有一个逻辑的因果关系。创作于"文革"时期的《历史与意志》就是很重要的一个例子，它就纯属偶然。他原来就想写一篇文章来追念他的导师列文森。但后来越写越多，就成了一本书。而且那本书写得特快，一年之内完成，其中涉及的内容相当复杂：中国哲学、西方哲学、西方史学、中国政治、西方政治等。一般搞中国史的或搞"文革"史的学者，不会考虑到黑格尔、康德，魏斐德先生主要是想探讨毛泽东"继续革命"的理论根源。因此他从早期毛泽东的知识环境一直探讨到当代的思想体系。

王平：据说此书出版后争议很大，魏斐德教授本人也不再提及？

周锡瑞：是的。一般研究中国政治或毛泽东以及"文革"，都要研究中共党史或遵义会议以后的毛泽东。我能够肯定的是，他后来承认，延安时期、整风运动等对于毛泽东思想的分析都非常重要，但他在《历史与意志》一书中却丝毫未作讨论。因此，此书中关于毛泽东思想的研究和分析是非常不完善的。但我认为作为对毛泽东思想的一次严肃的探讨，魏斐德先生无疑也做出了一份贡献。谈到魏斐德先生的想法，我认为有两点非常重要：第一，魏斐德先生写此书时正逢"文革"后期，当时美国研究中国历史的学者们都在谈"文化大革命"，都非常想了解它。魏斐德先生之所以写此书，是因为他想弄清楚毛泽东早期的知识环境、思想意识与这场运动的理论根源间的必然联系；在他看来，意识形态是政治的产物，它能够影响历史的进程，甚至改变历史。不仅如此，它还是人们操纵他人的工具。所以，在论著中，他强调意识形态的作用。这也是很多学术文章热衷探讨的历史话题之一。第二，他的导师列文森刚刚去世。列文森一直是研究思想史的，《历史与意志》所研究的就是典型的思想史。所以，此书的创作也是为了纪念他的导师列文森对美国中国学研究所做的贡献，同时书中也体现了列文森主流意识：强调意识形态、儒家理念以及现代中国转变的重要性。

王平：在多年的史学研究中，魏斐德先生会不断地转换治史的课题，涉及不同明清史、上海研究、毛泽东哲学思想等，那么，从这些不同的课题中，我们可以发现魏斐德先生治史的前提是什么？

周锡瑞：确凿的史料和浓厚的个人兴趣。在创作《历史与意志》时，他在斯坦福大学发现了毛泽东对德国哲学家佛莱德瑞克·帕森（Frederick Paulson）的文章中译本所做的注解，非常兴奋，因为他发现了毛泽东早期对西方哲学的反应和看法。在斯坦福图书馆里他还发现了很多有关中国"文化大革命"的"大字报""小字报""内部参考"。他对这些新发现非常感兴趣，并因此而产生了研究毛泽东意识形态的欲望。可以说，他能够做出卓越的研究成果的原因之一就是因为他能掌握新发现的与研究题目相关的史料。所以，讲究真实确凿的史料来源是魏斐德先生治史的一贯作风。这也是他培养他的弟子的方法。

王平：魏斐德先生一生都在致力于清史研究，您是否同样认为他的清史研究和他个人经历虽然有一定联系，但主要还是个人兴趣所致？

周锡瑞：是的。他研究清史，主要是因为个人兴趣。搞清楚事情发生的来龙去脉是他最感兴趣的。我想他研究清史，除了因为能把握确凿的资料，最主要的，是他想搞清楚明朝是如何灭亡的，而满人又是如何重新构建起一个大清帝国。我认为，60年代当我还是他所教课程的一名助教的时候，他已经在对清史问题深思熟虑了。他的著作如《控制与冲突》《中华帝国的衰落》所探讨的问题，已经是他当时课堂所涉及和讨论的大问题。如果你研究一下早期的美国中国学作品，你就会发现，清朝仅仅被当作一个循环往复的朝代而已，大清王朝满族的特性并没有得到美国中国学界的足够重视。大清王朝——一个由满族人建立起来的王朝，是如何被建立起来的，它与明朝有哪些不同之处？满族的特性是什么？满族的特性和儒家的理念是如何体现在清的国家制度中的？清政府运用何种独特的手段缓解了满汉冲突、使得满汉得到调和？清王朝特有的机构如"军机处"和王朝等级制度、政治制度是怎样的？对这些问题，经过他十多年的探索与研究，才有了后来《洪业》这样的著作。还有一点，也是魏斐德先生一直关注和感兴趣的：我在哈佛跟随费正清学清史的时候，我们都知道，费正清学派一致认为，中国的近代史开始于鸦片战争。而我的观点与魏斐德先生一样，认为中国近代史开始于1644年之前。关于这个问题的研究，早期的美国中国学界也存在着很大的欠缺与不足。我想，魏斐德先生大概已经发现了这里的欠缺和不足，所以才开始这方面的研究的。

周锡瑞：首先，这是他浓厚的个人兴趣；再者，他在美国国会图书馆发现了 1949 年前被带出中国大陆的上海租界警察档案。

周锡瑞：在他的文章《航行》中，他提到了"世界主义"，尤其提到了文化多元的加利福尼亚。《航行》是他任美国历史协会主席时候的就职演说稿，其中他讲到了自己的出身背景以及他对加利福尼亚州的看法。加利福尼亚州是一个文化非常多元的地区。那里有当地美国人、欧洲裔美国人、非洲裔美国人、墨西哥裔美国人、华裔美国人、日本裔美国人等来自世界各地的人。那里浓缩有加利福尼亚、旧金山、洛杉矶、圣地亚哥等各地不同的民俗和风格，有非常多元的文化。同样，那里的住宅小区、百货商店也风格迥异，还用各种语言办新闻报纸。来自世界各地的、讲不同的语言人，虽然有不同的文化背景，却彼此和睦相处，相互包容——这就是加利福尼亚地区的特色。所以，魏斐德先生所思考并希望研究的，就是这样的地区，既是地方性的，又是世界性的——既有自己地方的特性，又有人类的某种共性——都属于这个大大的地球村；他们相互影响、相互依存。他所想阐明的是，上海在某种程度与加州有相似之处。

王平：我特别想知道魏斐德先生的史学理论是什么样的？

周锡瑞：叙事历史。

王平：叙事历史在当时是备受攻击的，但他却独竖此面大旗。这让人如何理解呢？他认为历史跟小说是不冲突的，历史学家与小说家在叙述的王国相遇。历史学家的史料的选择、情节排列都是有一定的主观性的，那么就有人问道：叙事历史的客观性有多少？梁禾曾在《王寅采访梁禾》中作了回答："历史与小说的唯一区别在于，前者是已经发生了的，后者是可能发生的。历史学家的任务便是将二者天衣无缝地结合为一体。因为是历史家，他写作时非常注意虚构和史实之间的平衡，不让虚构'喧宾夺主'，而坚持强调叙述的史实性。虚构反映作者的想象力，史实体现责任心，二者的结合方能突出作者的才能。这种才能是构建宏大叙事的基础，但还需要加上辽远的视野才行。他在声情并茂栩栩如生讲述的同时，罕见地得以保持心理上必要的距离，不让自己的感情左右叙事。沉浸在叙述里的魏斐德则并无明显的好恶褒贬。即使在回忆本人的往事，无论是关于无辜挨父亲的揍，还是童年在古巴时受反美学生的围攻打骂，他的叙述里都没有任何怨气或遗恨。这种心理距离，是一种超然，是他精神上的高大所在。"

周锡瑞：对，基本上可以说这是他的观点。这在《讲述中国历史》中提到过。

王平：这可以算他的历史观和方法论吗？

周锡瑞：《讲述中国历史》一文就在阐述他的历史观和方法论。其中他用了大量笔墨所谈的就是叙事历史。当然像《历史与意志》这一类的文章除外。他的叙事历史包括《大门口的陌生人》《洪业》《上海警察》，等等。这些叙事史都有它们的逻辑。这逻辑就是在你为你的主题和框架结构选择材料的时候，你非常明确你没有主观臆断，没有感情用事，尽最大努力不带个人偏见。

王平：魏斐德先生是在尽量做到客观？

周锡瑞： 在中国，人们通常会谈到"客观""主观"，但在西方，我们很少提及这些。因为我们认为每个人都是主观的，但每个历史学家都尽量想做到客观。我个人认为，那些声称自己很客观的人其实是非常主观的。所以，在美国，近年来，我们很少谈及"主观""客观"。我们只是在选择历史史实的时候尽可能地减少自己的主观因素，尽量做到忠实于历史本来面目。但我们从不叫嚣说我们这样就比别人更加客观。你如何判断你比别人更加客观？是什么使你得出这样的判断？

王平：那么当时在美国对魏斐德先生产生影响的史学思潮是什么？

周锡瑞： 关于这个话题，在他去世后，我和我的师兄、师弟们谈论了很多。60 年代和 70 年代的美国中国学界，社会史、地方史开始变得越来越重要，法国的年鉴派、社会科学派对美国史学界的影响越来越大，"上层人物""精英人物""官方史学""外交史学"不再是史学关注的焦点，广大民众、社会底层开始越来越受到历史学家关注。另外，法国的"全面史"对当时的美国中国学界产生的影响越来越显著。它提倡将"历史、文化、政治、经济"以及"内部""外部"等方面的因素结合起来，而不是只对其中的一个方面孤立地加以分析，因为这些因素是相辅相成、相互影响的。这就是当时美国史学界的学术思潮。所有这些因素对魏斐德先生的影响都体现在他的作品中，如《大门口的陌生人》《洪业》《控制与冲突》《中华帝国的衰落》《上海警察》《上海歹土》，等等。作为在那个时代成长起来的美国中国学家，他开始慢慢地形成自己独特的风格。重要的是，他的风格既不同于以研究"精英人物""官方人物""官方史学""机构学""外交史学"为主的费正清学派，也不同于当时伯克利的史学风格。

王平：有人提出法国的年鉴派、社会科学派太过于注重细节，忽略了整体，缺乏全局性的视野。您认为魏斐德先生有这样的问题吗？

周锡瑞：我认为魏斐德先生的中国历史研究不存在这个问题。例如，在《大门口的陌生人》中，虽然他研究的是地方史，但同时他还具有全局性的大视野，他除了关注广东、珠江三角洲一带以外，他还关注中外贸易、中国社会各阶层人们思想的变化、清朝政府、中外局势，等等。

王平：我们能否说魏斐德先生是个竭力倡导"中国中心观"的美国中国学家？

周锡瑞："中国中心观"的提法源自柯文（Paul Cohen）。我本人对柯文的这种提法持反对意见。我与魏斐德先生曾就此做过多次讨论。魏斐德先生一生都在研究中国历史，但他反对把16、17世纪的欧洲历史当作世界史的模式，以欧洲为核心，认为这个核心的发展是世界文明的基础。他认为不可孤立地、片面地去看待中国历史。"中国历史停滞"说从根本上是错误的。他认为中国的历史是有鲜明的特性的：中国不但有历史，而且中国的历史是环环相扣的、延续发展的，中国的历史从未停滞过、从未断裂过，中国的历史一直是动态的、鲜活的。但同时他认为，外部的因素不可忽视。史学家应该同时从内部和外部去寻找原因加以分析。魏斐德教授一再强调，研究中国历史，特别是近代史，要注意到世界性网络的影响。他认为，中国和欧洲都是世界的一部分，它们与世界紧密联系、相互影响、互相依存，所以根本不存在"中国中心观"或"欧洲中心观"。柯文的史学文章写得不错，但我个人认为他的"中国中心观"的理论走了极端。"中国中心观"理论的不足之处在于，它过分强调中国发展所有动力皆来自中国内部，它与费正清的"冲击－反应"论——西方的入侵才导致了中国发展的论调是两个极端。如果你回过头去看看《洪业》，你会发现魏斐德先生已将中国置于世界历史的背景下进行研究——文中将17世纪中叶世界性的经济危机与中国与中亚的贸易关系、中国发生的货币贬值和粮食匮乏、财政赤字紧密地联系在了一起。《大门口的陌生人》又是明显的一例：广东的秘密结社的规模在不断扩大，与此同时，大门口外来了陌生人。二者共同作用，使中国社会发生了巨大的变化。《上海警察》也一样如此。1930年，作为世界上最好的警察队伍，伯克利警署享有越来越高的声望。加州伯克利警察署为当时蒋介石政府提供了许多的技术支持，培养了大量秘密警察……内外因素共同作用，使得本已腐化的蒋介石"儒家法西斯"政权一步步走向灭亡。

魏斐德教授对美国中国学研究最大的贡献就在于，他一直将中国置于一个世界性网络中、一个比较的框架中去研究，他一直将中国置于世界发展的轨道上。所以，在魏斐德先生的作品中，没有绝对的"中国中心观"或"欧洲中心观"，在他全球化、大视野的研究中，无论是内部的变化还是外部的因素都是十分重要的。

王平： 可否说他研究的一贯主线是控制与反控制吗？

周锡瑞： 我认为那是他治史的一种角度，你可以在《洪业》中找到答案。

王平： 可以说清利用儒学作为满汉调和的工具，使前明的贰臣全力效忠于清朝？

周锡瑞： 是的，儒学是他的作品中经常讨论的一个话题。

王平： 我们可否这样理解魏斐德先生的《洪业》：在魏斐德看来，满人之所以能够成功统治中国，与他们成功地传承了汉人的儒家文化密切相关。清朝统治者正是继承并利用了汉人的儒家观念，才找到了满汉调和的支点，降清的汉族官员和清初统治者们在维护儒家统治的事业中形成了共同的利害关系——无论属于什么民族，都应该忠于儒家的理念。儒家的教义是放之四海而皆准的真理。保卫了儒家思想也就得到了身份的认同。在新儒学的忠君思想不再属于明朝事业而开始与清朝的命运相连之后，清朝政府才能以毫无矛盾的心理倡导这种美德，从而实现自身从一个异族军事政权向一个握有统治天下之"天命"的合法君主转变。

周锡瑞： 我同意这种观点。

王平：魏斐德先生为何会在他的大多数明清史作品中提到"elites""gentry"和"clan and lineage"？

周锡瑞："elites""gentry"就是士绅。这里终究没有一个好译法，一般多译成精英阶层。我认为应该有一个统一的译法。魏斐德先生和我更明显地觉得，明清的精英或士绅阶层，到民国时期就没有了，因为科举制没有了。所以士绅这个概念就变得挺模糊的。因为士绅的头衔不一定是经过科举制的，也可能是买的，也可能是世袭的，比如有功名的家族。所以我们逐渐就开始用"elite"（精英）这个词汇，"gentry"就是有功名的——就是举人、秀才等经过科举选拔的。在清时期很多地方上有势力的人是没有功名的，不过他们对社会的影响却很大。我们必须得给这些人有一个统一的说法，所以就有"elite"这个词。而且我们也试着在分析清时期的精英和民国废除科举后的精英到底有什么关系。从此角度讲，"elite"这个词所指还是比较广泛的，不一定跟科举有关。他们仅是一个阶层而已：有钱、有势、有军权、有大片的土地，或有学问，经常参加学社运动。各地情况不一。这些人在这个崇尚儒家的社会里有权有势、对社会影响很大，在历史上特别重要。这就是魏斐德先生为何在他的明清史研究的大部分作品里都要提到他们的原因。

王平：魏斐德先生与费正清先生，一个在西海岸，一个在美国东部，观点不同，治史的风格迥异。那么他们培养弟子方法和风格也大相径庭吗？

周锡瑞：是的，截然不同。让我来对比说明。在哈佛读本科的时候，我是费正清的学生。当时有很多研究生与费正清探讨他们的博士论文。他的学生们常常会问："我该写什么？我该以什么作为我研究的题目？"费正清手头通常会有许多有待研究解决的课题，他会回答：我认为你该写"20世纪的燕京大学"，他该写"中国的海关"，这里还需有人做如下题目："内务府""曾国藩研究""李鸿章研究""协和医院"……他总有一系列的研究课题，并且他有严格研究计划和时间安排，但所有这些研究都是围绕一个主题来写的："冲击－反应"。其实，我本人非常喜欢费正清，他对我有过非常慷慨的帮助。这里我想说的是，哈佛训练学生的模式非常特殊：费正清期望他的学生们在他已经构思成形的研究框架中选择其中的一个题目去研究，以协助他完善他的"冲击－反应"理论。而魏斐德先生则完全不同。如果你问他同样一个问题，他会回答"我不知道"。接着，他会问你很多问题，直到你有了答案。他首先会问你，你对什么感兴趣？你手头有何种资料？接着他会和学生们探讨他们的各种想法。他总要问问学生自己对研究题目有何构想，将会采取什么方法。他总会鼓励学生"那将会很有趣"。他总是在发掘学生的创造性，他总是让学生自己做最后的决定。他从不会告诉学生该做什么课题、不该做什么课题。他只是作指导和批评。他的学生们研究的领域也是极其的广泛：经济历史、社会史、满族史、毛泽东研究……

王平：这将是一个非常大的范围。那么他对学生所作的指导也涉及各种不同的领域？

周锡瑞：没错。他似乎博览群书，通晓一切。他所涉猎的领域不仅仅是历史，也不仅仅局限于中国，可以说包罗万象。如果说有伯克利学派的话，或者谈到魏斐德先生在伯克利大学创建的学风，那就是多元化和培养、鼓励学生们按照他们自己的想法去为自己设计发展道路。这就是为什么在纪念魏斐德先生退休的会议上，我们这些人发现真的很难去勾画出什么是伯克利学派的原因：因为它太不同了，太多元了。它的学子们对太多的东西感到好奇，它能够包容太多异质的成分。这也许真的就是伯克利的特质。

王平：您的解答让我受益匪浅，周教授，不早了，您也该休息了，在您一只胳膊还吊着绷带的情况下接受我一天的采访，我感到深深的歉意！非常感谢您！

魏斐德生前曾任美国历史学会会长、加州大学伯克利分校东亚研究所所长，中国研究中心主任，他也是美国国际研究委员会会长、中国研究联合委员会会长、美国学术团体联合会主席、国家东亚资源中心主任，还曾在美国亚洲协会、社会科学研究联合会等机构任职。他是加州大学伯克利分校历史系教授兼亚洲研究哈斯（Haas）教授、上海研究中心的创始人。他著述等身，出版论著八部，分别为《控制与冲突》《中华帝国的衰落》《洪业》《上海警察，1927—1937》《上海歹土——战时恐怖活动与城市犯罪，1937—1941》《间谍王——戴笠与中国特工》等。这些有影响的著作中，有的获美国亚洲研究协会颁发的列文森奖，有的获加州大学出版社伯克利奖，以及美国城市历史协会颁发的非北美城市最佳历史书籍奖等。由于他对美国中国学研究和加州大学伯克利分校教育工作的杰出贡献，他还曾被授予"伯克利最高奖章"。

王平，当时系华东师范大学历史学系博士生，华东师范大学外语学院讲师。

通 20 世纪世界百年之奇变　以晓今传后
——访金重远教授

🎙金重远　　🎙李平民

一、出身于书香门第，脱颖于海外名校

李平民：金先生好！见到您很高兴。

金重远：您好！欢迎您！

李平民：《历史教学问题》杂志的主编委托我采访您，并撰写一篇关于您的访谈录，我想，这有助于学界和国人对您渊博学识和道德风范的了解，所以欣然接受了下来。得到访谈先生的机会，我感到很荣幸！复旦是世界名校，而金先生是复旦的名师。人之谓："所谓大学者，非谓有大楼之谓也，有大师之谓也。"金教授一人获两枚外国勋章，实属稀罕。金先生长期从事世界近现代史教学和研究，多次开设国际时政系列讲座，深受学生欢迎。您不仅充分地占有资料和掌握理论，并且不断地思考并提出新的、需要探索的问题。讲授风格深入浅出，并始终保持思想创新的活力。您所开的课程常常吸引许多外系、外校学生慕名而来，教室只好一再换大。学生评价：学术渊博，百听不厌。对先生的访谈也是我向先生学习的机会。

金重远：不敢当！我不过是世界历史这条金光大道上的一颗铺路的石子，为世界史研究做了一些基础性的工作。

李平民：您培养学生，重视言传身教。不光做学问，做人的方面也从严要求，并注意因材施教，决不拘束学生的学术个性。不仅尊重学生的独立思

考和见解，更鼓励学生在学术思维和研究方法上多方探索。虽已古稀之年，您仍然辛勤耕耘在世界史领域，真正是我们后辈的榜样。这次我的访谈主要听金先生的意见。大致从以下三个方面谈起，您看如何？一、辉煌生涯和人生经历（名师名校回忆等）；二、智慧结晶（主要教学成就和学术成果，治学特点和风格）；三、重要学术思想和观点（通20世纪世界历史百年之奇变，以晓今人，以传后人）。

金重远： 谈不上什么辉煌生涯和智慧结晶。如同许多知识分子一样，遇十年"文革"自己也曾"运交华盖"，不得不"破帽遮颜过闹市，漏船载酒泛中流"。回顾往昔，若说取得什么成绩，也不过是因为自己志在以史为鉴，以"俯首甘为孺子牛"的精神教书育人和探索世界各国兴衰成败之理，以求有益于社会文明进步和中华民族的振兴。

李平民：《三字经》中曾写道："昔孟母，择邻处，子不学，断机杼。"一个人之所以成功，除了个人天赋和社会环境外，家庭环境也同样是个很重要的因素。在您奋斗的历程中和成功的背后您的家庭对您的影响很大吧？

金重远： 我的家庭应该属于"书香门第"吧。我原籍江苏江阴，1934年5月12日生于常州。我父亲金慎夫先生解放初任江苏省南菁中学校长、后任江阴县副县长。江苏省南菁高级中学是我的母校，创建于1882年10月，是一所历史悠久的名校。南菁的前身，是江苏学政黄体芳在光绪八年创办的"南菁书院"，书院命名取朱熹名言"南方之学，得其菁华"之意。清末，南菁书院是江苏全省最高学府和教育中心，在中国近代教育史上曾产生过一定影响；辛亥革命后，学校以"忠恕勤俭"为校训，创一时优良学风，名闻大江南北。我父亲的一个学生曾在《高考忆旧》中写到时为校长的我的父亲："1953年夏，我在江阴南菁中学高中毕业。……那些年，江阴不设考区，得按苏南行署规定去苏州赶考。校方考虑大多数学生的经济承受能力，决定这3天考期不住宿旅馆，也不吃饭店，自带简单行李和生活用品。我们毕业班同学共约150人，在教导主任带领下，乘汽车、搭火车奔赴苏州考区。临行前，金校长悄悄塞给我5元钱，他关怀我这名学习勤奋而家庭贫困的学生，令我感激涕零，终生难忘也。……作文命题为《我认识的一位革命干部》，我就将熟悉的金慎夫校长大写而特写。不久前，他当选为江阴县人民政府副县长，岂不是好题材！乐得我下笔如有神，一挥而就。"父亲的学问和人品深深影响了我。我自幼刻苦学习，立志报国。1952 年在南菁高中毕业后，考入上海复旦大学外文系，1953 年被组织上选派去北京准备留学苏联，1954 年赴列宁格勒（今圣彼得堡）大学历史系学习主修法国史。为什么要留苏？回想起来，那时留苏的目的就是要把最先进的文化理论知识学得来，建设先进富强的新中国。

李平民： 您生于 1934 年 5 月，1954 年赴列宁格勒大学学习，年龄应该是刚刚 20 岁。"西出阳关无故人""人在远乡倍思亲"，更何况您当时远离父母到万里之外的异国他乡。谈一谈您在赴苏联学习的情况好吗？

金重远： 身在异国他乡，虽然难免思念家乡，但想到将来要报效国家，所以学习上非常刻苦，每天长达 12 小时。圣彼得堡的冬天不仅极冷而且白昼短，九点才天亮，下午三点就天黑，由于长时间在灯下读书，我的眼睛很快变近视了。当时我们国家还很穷，每个留学生都抱着一个坚定的信念，不能在苏联老师和同学面前丢了中国人的脸。所以，在短短的两年时间里，我就熟练地掌握了俄语、法语，大三开始又学习德语和西班牙语。不单背单词和语法，而且阅读了大量的文学作品。到 1959 年毕业时，我获得了欧美近现代史专业优秀文凭。

李平民： 列宁格勒大学即现在的圣彼得堡国立大学，是世界最著名大学之一，世界排名在二十八位。您在那里读书 5 年，它一定给您留下十分美好的印象吧？

金重远： 列宁格勒大学位于彼得堡市中心的瓦西里岛上，与著名的冬宫、海军部大楼、伊萨大教堂等隔河相望，与著名的列宾美术学院为邻。它在俄罗斯的地位类似我国的清华、北大。建校时称圣彼得堡大学，后改名为国立列宁格勒大学。1991 年 2 月苏联解体后又改为现名，是世界最优秀的大学之一。俄罗斯现任总理普京就毕业于该校法律系，另有大量政府高级官员毕业于该校。圣彼得堡国立大学坐落在涅瓦河北岸与冬宫遥相对应，1724年创建，是俄罗斯最早建立的大学之一，比莫斯科大学早32年，是著名的综合性大学，也是俄罗斯教育、科学和文化中心之一。该校还设有许多著名的博物馆、图书馆、档案馆等文化设施，其中以门捷列夫博物馆及学术档案馆、高尔基图书馆和地质系矿物教研室的矿物陈列馆的藏品最为丰富和富有价值。彼大现有各类在校大学生近两万人，研究生1500多人，外国留学生1000多人。教职工逾万人，其中俄罗斯科学院院士12人，博士400余人，副博士1000多人，教授260余人，副教授接近800人。圣彼得堡大学是群星荟萃的殿堂，圣彼得堡大学的历史又是紧紧与俄罗斯、与原苏联科学和文化的发展联系在一起的。在俄罗斯史册上，圣彼得堡大学曾涌现出了许多杰出人士和科学家，写下了许多光辉篇章，并为世界和人类科技进步，做出了自己的贡献。其中最著名的有发现化学元素周期律并创立了化学元素周期系、恩格斯因此称之为"科学一大贡献"的门捷列夫，有发明了世界第一台无线电接收机、世界无线电通信的物理学家亚斯波波夫，有获诺贝尔生理学医学奖的伊·彼·巴甫洛夫（他创立了高级神经活动的唯物主义学说、现代最大的生理学派和生理学研究新方法）。圣彼得堡大学的许多教师都曾是俄国著名学派的创始人或代表者。如：著名数学家维雅布尼亚科夫斯基和巴尼切比雪夫，是俄国在数学领域创建最早、实力最强、影响最大的彼得堡数学学派创始人。曾任圣彼得堡大学校长的著名物理学家和电工学家艾赫楞次，是俄国最早的彼得堡物理学派创始人。他1883年提出了确定感应电流方向的定律，后来被命名为楞次定律。他还与彼谢雅各比合作研究电磁体，提出了电磁计算法，是电磁现象学说的奠基人之一。曾是门捷列夫业师的亚·阿·沃斯克列先斯基，是独立的俄国化学学派的创始人，被誉为"俄国化学之鼻祖"。俄国伟大的自然科学实验室伊·米·谢切诺夫，是彪炳于科学史的圣彼得堡大学生理学派的创始人。他撰写的《脑的反射》一书，论证了意识与非意识的反射本质，证明用客观方法可以查明的生理过程是心理现象的基础。他的学说奠定了唯物主义心理学、劳动心理学、年龄心理学、比较心理学和进化心理学的基础。被誉为"唯物主义生理之父"。圣彼得堡大学毕业生和曾在该校执教的教授中，有8人曾获得诺贝尔奖。另据1969年出版的《列宁格勒大学历史》一书统计，圣彼得堡大学建校 170 余年历史中，该校毕业生和教师先后当选为彼得堡科学院、原苏联科学院及一些专业科学院院士、通信院士的共有 400 多位。

二、"如切如磋，如琢如磨"，步学术殿堂，铸智慧人生

李平民：金先生您 1953 年被组织上选派去北京准备留学苏联，1954 年赴列宁格勒大学历史系学习，1959 年学成回国，真正是"十年磨一剑"。才华横溢、风华正茂的您回国后事业发展一帆风顺吧？

金重远：我虽然不信仰基督教，但我相信使徒保罗所说的一句哲言："人得救是本乎恩，也因着信。"人生的成败失败，既取决于自己的努力奋斗，也取决于"天时、地利"，即必然受制于时代背景和社会客观条件。苏联的历史变迁不仅极大地影响了中华民族的历史进程，也影响了中国人的命运。中国 50 年代初称苏联为"老大哥"，相信"中苏友谊万古长青"。1953 年斯大林突然逝世，1956 年苏共"二十大"召开，全面执掌苏共政权的赫鲁晓夫在其所谓的"秘密报告"中全盘否定斯大林。之后不久，赫鲁晓夫提出什么"三和两全"（和平过渡、和平竞赛、和平共处，全民国家、全民党），苏联的历史发生转折，在国内进行社会主义改革，在国外开始面向"西方"与资本主义国家寻求缓和。而此时的中国经 1957 年反右斗争之后不久，中苏关系开始出现裂痕，1958 年中苏关系日益紧张。1959 年 10 月我学成回国，25 岁的我虽然雄心勃勃，但此时的中国不仅陷入"经济困难"时期，而且席卷大江南北的政治运动早已如火如荼。从回国直到 1978 年的 19 年间，我虽然也参加了一些书籍的翻译和编写工作，但是由于种种条件的限制，主要精力都花费在翻译上，参加了《第二次鸦片战争》史料的编译和《沙俄侵华史》的编写。十一届三中全会后，迎来了科学的春天，学者们获得了潜心从事科研的机会。1978 年时我已经 44 岁，一生中精力最旺盛的时期已经在阶级斗争的烈火中烟消云散，不免令人感叹不止和惋惜不已。但是我没有消沉，没有彷徨，毅然决然全身心地投入到新时期的史学研究中去，这成了我人生最重要的转折点，进入了自己学术生涯的辉煌时期。

李平民： 即使在十年"文革"的环境中，您仍然"玉在匣中求善价，凤在笼中待时飞"，几时"梦里挑灯看剑"，并最终迎来了大展才学的科学春天。您的研究课题不断推进，学术兴趣日渐博杂，思维与视野变动不拘。除了法国史、第二次世界大战史研究，您还把研究的目光转向了第二次世界大战以后的历史。专著《战后西欧社会党》是我国第一部全面研究战后西欧各国民主社会主义的专著，该书在 2000 年获得上海市第五届哲学社会科学优秀成果奖二等奖。除了历史研究之外，您还从现实出发追溯历史，从历史走向透视现实。冷战结束以后，您开始更多地关注欧洲、俄罗斯、东欧和巴尔干的历史与走向。其中《欧洲均势与世界稳定：回顾与展望》在 1996 年获得了上海哲学社会科学优秀成果奖二等奖。20 世纪是人类取得进步、创造无数奇迹的时代，20 世纪的风风雨雨是值得全人类永远回忆的。从这个意义上说，您对 20 世纪世界史的研究具有重要意义。您能谈谈您治史的重要原则吗？

金重远： 我著史的首要原则是忠于史实，努力做到"如实直书"，在占有大量史料的基础上，经过仔细分析和梳理，去伪存真，还历史原来之面目，通过史实本身来勾画 20 世纪发展的道路。从整体观念出发进行写作则是我著史的另一重要原则。在 20 世纪，世界各个国家、各个地区的发展都是相互影响、紧密联系的。因此，任何一个历史事件都不能孤立起来看，而应该把它放到世界范围内去进行考察。我著史的第三个重要原则是用动态的观点审视历史的发展，也就是把 20 世纪的历史看作是人类社会不断运动、不断变化、不断进步的过程。人类社会绝非死水一潭，在 20 世纪尤其如此，即使是当今最偏远、最落后的地区和国家也在近百年中走出静止状态，加入到历史发展的总的进程中去，而这正是我所追踪研究的。我著史遵循的第四个重要原则是，改变以往把丰富多彩的历史简化为一部政治史的做法，对经济、社会、文化、科技予以高度的重视，使它们在本书中占有相当多的篇幅。

李平民： 金先生您博闻强记，上课除几张资料卡片外从不带任何讲稿。无论讲什么内容您都能做到如数家珍、有条不紊、妙语连珠。您具有极高的语言天赋，熟练掌握了俄语、法语、英语、西班牙语以及其他斯拉夫语系的语种，除了能做一些翻译工作外，改革开放前一直无用武之地。改革开放后您以深厚的学术功底和熟练的语言能力在外事接待和对外交流中大显身手，即使那些外语系的科班人员也相形逊色。在复旦，您接待了一批又一批的外国著名史学家，其中有法国的索布尔、迪比、伏维尔、勒维尔，美国的方纳、斯泰恩，前苏联的齐赫文斯基、布尔拉茨基……此外，您参加了许多上海市政府的外事活动，例如接待法国前总统德斯坦、欧盟前副主席布里坦的来访等。据不完全统计，您共接待外宾 190 余次，而且在许多场合都由您来主持或调节会场的气氛。1983 年 9 月至 1984 年 7 月，应法国人文科学之家邀请，对巴黎一大、四大、巴黎高师、高等社会科学研究所、戴高乐研究所进行学术访问。1989 年 5 月在华盛顿参加了法国大革命两百周年国际学术讨论会。您以一口漂亮的俄语和深厚的学术文化素养在中俄文化交流中大放异彩，令来访的俄罗斯人士惊诧不已。2004 年 5 月 12 日俄罗斯联邦总统普京在卫国战争胜利 59 周年之际，签署命令授予上海 4 位杰出人士"圣彼得堡 300 周年荣誉勋章"及证书，表彰你们为促进中俄友谊，特别是上海与圣彼得堡姐妹城市友好关系做出的贡献，您获此殊荣且位列第一。请您谈一下学习语言的经验和方法。

金重远：人们都知道"天道酬勤"的道理，相信"苦心人天不负，卧薪尝胆，三千越甲可吞吴；有志者事竟成，破釜沉舟，百二秦关终属楚"的格言。学习语言主要依靠勤奋。在苏联学习的短短两年时间里，我所以熟练地掌握了俄语、法语，大三就又开始学习德语和西班牙语，靠的就是自强不息的拼搏精神。学习外语我不单背单词和语法，而是阅读了大量的文学作品。到 1959 年毕业时，我获得了欧美近现代史专业优秀文凭。五年的外语苦读，延续了我五十年的外语学习，直到如今。我把学习外语当作人生一大乐趣，融入到我的日常生活中。每天早晨七点准时收听各种外语新闻，从不间断。听、说、读、写四者密切结合，持之以恒。我把学习外语的精神常常介绍给研究生，让他们看我记单词的笔记本，介绍我阅读过的外文著作，鼓励他们努力学习。

李平民：您的研究眼光长远而宽广，在史学方法上强调在历史研究中必须做到微观研究与宏观认识相结合。在历史学科中，微观研究一般是指对具体过程的来龙去脉和特点等的研究；宏观认识则是指整体观察，包括纵向与横向的贯彻，从中揭示出内在的联系。您既在微观的具体的个案研究中推陈出新，提出了许多发人深省的见解，又在宏观的史学理论的层面构建了世界史学科体系，形成了"一家之言"。您所创建的分散与整体的分合世界史体系独树一帜，为人们认识和研究纷纭芜杂的世界史构建了一种新的视角和方法。您主编的《战后世界史》是对分合世界史体系的初步探索，该书在 1997 年获得上海市高校优秀教学成果奖一等奖。在您主编的《20 世纪的世界：百年历史回溯》中对分合世界史体系做了更深入的探索。该书一经出版，便在学界内外引起了巨大反响，复旦出版社两次重印，2001 年 2 月香港三联书店还特意出版了繁体字版。其论断之精辟、功底之深厚，所编教材反映出来的科学性、先进性和超前性，都已经走到了这个学科的前沿。请您就分散与整体的分合世界史体系谈谈看法。

金重远：所谓分散是指世界史的视野在内容上从传统的政治史、经济史、国际关系史扩展到了科学技术与思想文化史，使得世界史成为社会、文化、文明的历史；在地理范围上从欧美扩展到了广大亚非拉国家，使得世界史真正成为全世界的历史、全球的历史。所谓整体，在宏观内容上是指在历史现象的本质上精心编排，归纳出各个历史阶段的总体特性，各个分散的历史事件在历史主题的统领下成为具有内在联系的有机整体；在事件跨度上强调历史长河发展的阶段性和整体性，对战后世界历史的通盘审视和 20 世纪百年历史的整体考察都体现了历史发展的整体性研究视角。

李平民：虽然关于第二次世界大战的政治、军事、外交、经济等方面的著作不断问世，但是第二次世界大战期间的文化却仍是学术界的盲点。您独辟蹊径，从文化的角度来审视并剖析"二战"，专著《炮火中的文化：文化和第二次世界大战》是我国学者撰写的第一部全面介绍"二战"文化史的著作，填补了"二战"史研究的一项空白。多年来您一直在探索一种著述历史的方法，在准确翔实的基础上力求生动活泼，尝试用一种文学化的历史叙述手法来展现历史的真实。这种著述方法的第一次探索体现在您的专著《墨西哥之梦：小拿破仑美洲覆师记》中，该书以人物为线索勾勒出了丰富多彩的历史画面。第二次探索体现在历经十八年的资料积累和仔细考辨的学术专著《半岛战争：大拿破仑伊比利亚覆师记》中。这两本专著大量引用英、法、俄等语种的历史文献，写作中遵循三个原则，即资料的准确性、叙述的连贯性和文字的流畅性。这两本书既有厚实的学术底蕴，又不乏文笔讲究的风致，堪称探索历史叙述方法的上乘之作。

金重远：学科性质属于人文领域的历史，在传统的文史哲学科之中，处于中庸的状态，前进一步是哲学，后退一步是文学。比如，黑格尔的历史哲学是哲学而不是历史，只是以历史说事。汤因比的历史研究也近似哲学，以文明形态的变迁来说明其哲学观点。历史学里头有文学因素存在，同样文学中也有历史事实。《红楼梦》反映了清代前期的历史现实这是众所公认的，从"三言二拍"里头可以看到晚明市井生活的真实面貌，这对于研究社会史的人几乎是一个常识。文学中有历史，这一点现在似乎不成为问题，所以毋庸多说。从文学作品里去钩稽历史资料，或如陈寅恪先生以诗证史，也是大家所熟悉的，不必细言。我经常鼓励我的学生把读小说看作是研究和了解历史的一种方法。如法国的小说，诸如司汤达、雨果、莫泊桑，特别是巴尔扎克等人的作品，都有很重要的史料价值。马克思和恩格斯曾对巴尔扎克的《人间喜剧》给予很高评价。马克思和恩格斯都曾讲过，为什么要读法国的历史？读那些枯燥的历史学家写的历史呢？你们不妨读一读巴尔扎克的《人间喜剧》，它里面就描写了法国的社会，从 1815 年至 1849 年法国人经历过怎样一个痛苦的过程，描写了法国是如何从封建社会向资本主义过渡的。在历史书上我们看到，在整个 19 世纪，法国革命频繁地进行着：1830 年 7 月革命、1848 年 2 月革命、1870 年 9 月革命、1871 年巴黎起义等。但有一次起义在历史书中却找不到，雨果在他的小说《悲惨世界》里却写到了，即 1832 年的那次革命。有一位共和主义者将军叫拉马克，他的葬礼举行的时候，巴黎人民举行了起义，当时那个主人翁马里乌斯在一个酒吧间里给大家叙谈着，突然间听到有人叫："街上革命了！"然后他们就跑到街上开始革命了。这反映了法国革命非常容易地就开始爆发了，而且革命进行的时间相当短暂。譬如说 1830 年的 7 月革命，仅 3 天，3 天就完成了一场革命，推翻了一个王朝，历史上叫光荣的 3 天。到后来 1870 年 9 月革命时，9 月 4 日一天就完成了革命。法国的革命后来就成为一个规律，一般都是在市政厅里举行的。革命群众在街头上建立街垒，取得优势之后，就到市政厅里宣布成立一个新的什么王朝或什么新的共和国。革命变成了家常便饭，对这种现象，雨果的《悲惨世界》很有参考价值。

李平民：您曾为本科生、研究生开设过十多门史学课程和专题。您长期活跃在大学教学第一线，教学独具风格，不仅以高屋建瓴的视野、睿智深刻的辩证逻辑、风趣幽默的语言赢得了学生的普遍赞誉，而且尤为重视教学内容的学术水平，不断地将学术创新成果融入课堂教学，编写学术水平高的教材，由此影响了莘莘学子。多年来一直担任历史系主干课程的教学工作。为本科生、研究生和博士生开设了《世界近现代史专题研讨》《世界当代史专题研讨》《战后世界史》《20 世纪世界史》等课程。教学态度极其认真负责，学生论文您都仔细批阅，一字一句修改。您有时甚至亲自到研究生宿舍授课，一边了解学生的读书情况，一边指导学生如何读书和研究。除了认真抓好课堂教学，在开展第二课堂方面您是如何做的呢？

金重远：除了自己讲述外，我还每年邀请大量的外国专家、外交官员到系里做报告，大大开拓了学生们的视野。随着教学手段的多样化，我除了向学生提供一些书目、外文资料供其阅读外，还有目的地播放一些影像资料，使学生可以从多种视角学习本门课程，学校还专门为我制作了多媒体教材《20 世纪的世界》，已由复旦大学现代教育技术中心出版。该多媒体教材已经挂到复旦大学的教学网页，校内外的学生都可以通过互联网来观看这部多媒体教材。

三、以史为鉴，促社会文明进步

李平民：据我所知，您的研究重点是法国近现代史，这是您留学苏联时的主要研究方向。从 80 年代起，您陆续撰写了一系列有关法国大革命和法兰西第五共和国的学术论文。您还曾担任《法国通史》的副主编，首次系统地向我国读者介绍了法国自古至今的历史，获得了史学界的好评。新著《20 世纪的法兰西》长达 50 余万字，也于 2004 年秋问世。40 多年执着研究法国近现代史，使您成为世界史和法国近现代史的权威专家。在 1989 年纪念法国大革命 200 周年之际，您应邀去美国参加国际讨论会。咱们现在谈谈法国史吧。法国文化的主要特点是什么？应该如何看法国文化对世界文化的影响？

金重远： 在留苏期间，我就开始学习法语，并对法国的历史和文化产生了浓厚的兴趣。法国人以追求自由、浪漫而著名，法国文化的重要特点是包罗万象，各种东西它都能接受。法国文化的特点叫 souplesse（法语：很灵活），就是很灵活。对外面很多东西它都能接受下来。至少在第二次世界大战前，巴黎即以世界文化中心而著名，我们国家的徐悲鸿、刘海粟、冼星海、巴金等，都到法国学习过。它这个文化极具创新性。在创新的前提下，它所有的东西都不排斥的，什么东西都不排斥。最近我们国家的很多人已经有机会有可能到巴黎去旅游了，很值得一游，因为巴黎确实是世界文化名城。表面看起来，巴黎并不比上海繁荣，甚至给人的感觉是：房子破旧，街道不宽。但巴黎是一个文化底蕴很深厚的城市。您住上十几天，您就会爱上这个城市，因为它把古今内外文化全部融合在一起了，所有的文化类型都能进去找到自己的位置和市场，都能参与竞争。这种文化有很大优越性，就是能吸收世界各地的文化，而且能够在那个大熔炉里为全世界培养出很多人才。西班牙的毕加索，他大部分时间都是在法国度过的。有人讲，如果不在法国度过，可能毕加索就没有那么多灵感。

李平民： 1789 年爆发的法国大革命，揭开了法国现代化进程的序幕，两个帝国、两个王朝和五个共和国先后粉墨登场，然后又随风而逝。法国的现代化进程不仅对欧洲，而且对世界历史产生深远影响。法国现代化进程留下的重要经验教训是什么？

金重远： 我们首先谈谈关于对"现代化"一词的理解吧。现代化，英语叫"Modernization"。该词常被用来描述现代发生的社会和文化变迁的现象，现代化问题是一个广泛触及到社会方方面面的问题。一般而言，现代化包括了学术知识上的科学化，政治上的民主化，经济上的工业化，思想文化领域的自由化、个人化、世俗化等。它包括政治现代化、经济现代化、文化现代化、社会现代化等。从历史上来讲，它主要指近代以来，世界各国一种以西欧及北美地区等国家近现代以来形成的价值为目标，寻求新的出路的过程，因此常与西方化的内涵相近。现代化的一个方面是技术的大爆炸，它使人类思想以惊人的速度和数量增长和传递。尽管各国国情、国史的不同和对"现代"理解的不同，导致各国现代化进程和模式具有极大差异，但法国现代进程无疑为人类社会留下非常宝贵的遗产，其中最重要的有两大遗产，一是小农经济，它是法国经济落后的一个重要原因；另一个是法国左右两翼政治势力坚持不断革命，它使法国人历经剧烈社会动荡的痛苦后，最终学会了宽容和理解，从街垒走进议会寻求共治。

李平民：众所周知，现代化的大工业发展使大批农民破产涌进城市，变成大工业发展需要的廉价劳动力。这个过程的实现一般有两种途径，一种是激烈经济变动所导致的经济方面的残酷强制，如英国的"羊吃人"运动，一种是政治解放和经济政策调整，如美国南北战争和黑人奴隶获得解放。而法国的小农经济的主要特点和影响是什么呢？

金重远：在雅各宾专政的时候，当时执政的资产阶级民主派把土地分成小块分给了法国农民。从此以后，农民在一块属于自己的很小的土地上耕作，形成了小农经济，并长期存在着。在这之前，法国的农民是没有土地的。从小农经济中获得利益最大者应该是拿破仑。他通过分配土地赢得了广大小农的支持，他的主要由农民组成的军队几乎是百战百胜。然而随着时代的发展，小农经济逐渐地变成了法国社会的一个包袱，因为农民千方百计地要把土地保留在自己手里。等到 19 世纪中的时候，农民已经被迫把自己的土地作为典当物当给银行了，然而农民仍然认为，土地是他自己的，拼命地要死死地抱住它不放。这样一来，就给法国社会带来两个后果，一个就是经济上的迟缓发展，因为农民不肯离开农村，法国的工业、法国的城市就长期得不到廉价劳动力。要使农民离开农村就要花很大气力。一直等到 1958 年戴高乐上台之后，认识到小农经济对法国经济发展的阻碍作用，就采取每年使得 10 万户小农破产的办法，迫使农民离开农村进入城市，这给法国带来很大的震动。应该说农民问题，对我们中国今天同样存在着。我们要怎样使我们中国 7 亿或者 8 亿农民离开农村进入城市的现代化生活呢？这不仅需要相当长的时间，更需要我们思考采取什么措施，以避免农民承受现代化所带来的巨大冲击。巴尔扎克的《人间喜剧》就描写了从 1815 年到 1849 年法国农民所经历过的一个痛苦的过程。农民不肯离开自己的土地到城市里，这不仅使经济得不到发展，另外，他们政治上的保守性也对法国政治的发展起了消极的作用。如在 1848 年的选举，农民是法兰西第二帝国得以建立的重要因素，他们因为崇拜拿破仑一世而把选票投给了拿破仑一世的侄子，就是后来建立法兰西第二帝国的拿破仑三世。

李平民：左右两翼共治的根本前提是相互宽容和妥协。在西方文化中，中世纪的经院哲学曾有关于唯实论与唯名论的长期争论，近现代曾有理性主义和非理性主义、现代主义与后现代主义、结构主义和解构主义的长期争论，在西方人理念中似乎力量和无奈、善良和邪恶、智慧和狡诈、亲情和仇恨、理性和非理性等，正如拉奥孔雕塑所启示的那样，难以分离。西方文化中宽容、妥协思想源于基督教，确信人的眼睛和上帝一样明亮的想法是一种"原罪"，相信人的眼睛不可能像上帝一样明亮看清和认识"绝对真实"，因而宽容、悔改是耶稣教导的核心。尽管耶稣被蔑视和受尽磨难被钉上十字架后因忧虑人类深重的"原罪"而呼喊："我的上帝，我的上帝，你为什么舍弃我！"但他并没有要求上帝灭绝人类，他在十字架上说出："饶恕他们吧，他们不知道自己在做什么。"耶稣关于宽容的最著名教导还有："有人告诉你，爱你的邻居，但我告诉你，要爱你的敌人。"爱"你的敌人"并不意味着爱代表邪恶的"上帝的敌人"。爱"你的敌人"的目的是感召和转化敌人，而并不是对邪恶的逆来顺受。耶稣认为仇恨不能解除我们的痛苦，只有爱自己的仇敌才能获得喜乐平安。近代宽容、妥协理论的集大成者当推英国的洛克，他认为人类通过经验获得的知识都是相对的真实，而不可能获得绝对的真实，因此人类必须学习相互妥协和宽容。在法国现代化进程中，法国人反复走上街头建立街垒、进行革命，似乎是背离了西方传统文化中提倡的宽容、妥协精神的一种反常现象。

金重远：历史事实告诉我们，正是宽容、妥协、分而治之、均衡外交等英国才得以成为最早工业革命的国家和"日不落帝国"；正是由于南北战争后的"妥协和不彻底"，美国才最终成为世界超级大国。法国革命正因为左右两翼长期不妥协、不宽容，法国人才以"最爱革命"而著名，1789—1958年的近 200 年间，出现五个共和国、两个帝国、两个王朝，经历长期的动荡、灾难和痛苦后最终选择了左右派的相互妥协和宽容。

李平民：中国古代智慧中有"马上得之，马下治之"，西方古代智慧中有"弯下您的脖子，崇拜您曾烧毁的一切，烧毁您曾崇拜的一切"。[第一个皈依基督教的日耳曼国王克洛维（481—511）在受洗时从主教那里听到的。]这些智慧所强调的"复兴"或"复活"都强调了历史发展进程的渐进性和继承性，认识到了矛盾对立面的相互作用。但在法国现代化进程中，左右两翼斗得死去活来，法国人的革命"彻底"性和"不断革命"性给法国带来的是社会剧烈动荡和痛苦。请先生谈谈法国左右两翼的形成和法国的"不断革命"给法国人民和给世界人民留下的宝贵遗产和启示。

金重远：1789 年爆发的法国大革命，很多教科书上都写到，它开辟了人类历史的新纪元，也就是资本主义的新纪元。虽然我们现在经常把 17 世纪中期的英国资产阶级革命作为资本主义的开端，但 1789 年法国大革命确实是一次典型的政治革命，它对全世界，特别对欧洲资本主义的发展，起过相当大的作用。一般认为，这场革命从 1789 年爆发至 1799 年拿破仑上台，前后持续了 10 年的时间。这场革命给法国社会留下了深刻的印象和深刻的烙印，它其中有两大重要遗产，一个是经济方面的遗产，就是最终形成和发展的小农经济；另一个是政治方面的遗产，就是左右两派的形成。在大革命爆发前夕法国就成立了一个制宪会议，这个制宪会议开会时，坐在主席台左边的就叫左派，坐在主席台右边的就叫右派。从此，左右两翼就进入法国政治文化。左右两翼都相信自己是绝对真理的代表者而互不宽容和妥协，导致法国在拿破仑帝国垮台后的整个 19 世纪革命浪潮一个接着一个。长期的革命革来革去，就是政体变更和政局动荡。资产阶级政体无非两种：君主立宪或共和国。二者的基本原则是一致的，即分权制衡、法律至上、人权保障等。法国人在这两种政体中选来选去，花了漫长的时间，对法国讲起来是一种难以弥补的损失。伴随着政体的不断选择是宪法的不断更替和修改。我算了一下，从 1791 年通过第一部宪法，一直到 1958 年法国第五共和国建立，它大概已经有 14 部宪法。我看了法国的《历史百科辞典》，它说有 11 部，这大概是因为统计的标准不一样。这种来来去去，各种各样政体的变动，宪法方面的制定，使法国失去了许多优势，到最后有两个不好的后果，非常糟糕的后果，一是经济方面的发展迟缓。19 世纪中的时候，法国的工业生产居世界上第二位，仅次于英国。到了 19 世纪末的时候，法国的工业生产退居世界第四位，低于美国、德国。二是对外战争的不断失败。在拿破仑时代法国的战争是显赫的。当时法国几乎征服了整个欧洲。然而政局动荡、经济发展迟缓之后，法国的国力就逐渐衰弱下来。具体表现在 1870 年普法战争中，一个老牌的法兰西帝国，号称当时大陆上最强大的陆军大国，居然很快就被普鲁士打败了。这个战争在 7 月份开始，到 9 月份的时候实际上败局已定。在这样的情况下，通过长期的各种各样的教训，法国的各种政治力量就逐渐地懂得了一个道理，只有宽容、妥协、和平共处才是双赢的最好办法，才能更好地管理国家。从 1986 年到 1997 年三次出现了法国历史上左右两翼的共治，就是左右两翼找到办法，不再在街垒上进行斗争，而是到议会里寻求妥协。经过议会里的斗争、妥协，实现左右两翼共治的办法，受到了法国社会各方面的欢迎。

李平民：盛唐时期史学家刘知几说："史之为用，其利实博，乃生人之急务，为国家之要道。"晚清时期思想家龚自珍说："出乎史，入乎道。欲知道者，必先为史。"但治史也必须与时俱进。全球化时代是信息时代、网络时代、知识大爆炸时代，人们对知识的渴求不再单纯重于知识的积累、史料的考证，更重于掌握分析问题、解读问题的方法。金先生您从小农经济和左右两翼政治势力的形成和发展对法国现代化进程进行分析和解读，不仅见解独特、新颖，而且很具有启发性。在此，祝贺您"满目清山夕照明"，也期待您有新作不断问世！这也是《历史教学问题》广大读者的祝愿和期待。谢谢您对《历史教学问题》杂志的关爱和支持。

金重远：谢谢您的访谈，也谢谢《历史教学问题》主编和广大读者为我们提供了学术交流的平台。

金重远，1934年生，江苏江阴人，著名历史学家，复旦大学资深教授，世界近现代史博士生导师，首席教授。1959年毕业于苏联列宁格勒大学历史系，后至复旦历史系任教。1991年获全国优秀教师称号，1995年获上海市优秀教育工作者称号，多次获校级和上海市的优秀教学成果奖，享受政府特殊津贴。由于长期致力于将俄、法历史与政治、经济、文化的现状全面地、客观地介绍给中国人民，2004年俄罗斯联邦总统普京签署命令，授予他"圣彼得堡300周年荣誉勋章"及证书，以表彰他为促进俄中友谊，特别是在圣彼得堡与上海姐妹城市友好关系及两国在文化领域的合作所做出的贡献。两年后，2006年法国政府又授予他"法国教育骑士勋章"，表彰他为增进法中两国人民的友谊所做的杰出贡献。是中国法国史研究会理事，上海市世界史学会副会长，上海市社科联常委。长期从事世界近现代史、法国近现代史和第二次世界大战史教学和研究。除有译著、编译之外，主要著作有《战后西欧社会党》（获上海社会科学奖）、《20世纪的法兰西》（国内首例）、《20世纪的世界》（教育部项目）。参与编写《辞海》一、二版和《中国大百科全书》（外国史卷），和上海的世界史专家通力合作，主编出版了迄今为止我国唯一一部《第二次世界大战百科辞典》，该书1995年获得全国首届辞书奖三等奖。

李平民，时系上海财经大学人文学院副教授。

共同记忆的形成：德法合编历史教科书
——访爱蒂安·弗朗索瓦教授

[法] 爱蒂安·弗朗索瓦　　　　孟钟捷

> **孟钟捷：**爱蒂安·弗朗索瓦教授，您好！感谢您接受我的访问。您是德法历史学家合编历史教科书项目的负责人之一。这个项目首次在两国寻求建立一种共同记忆。因此，您能为我们简单介绍一下这项工作的情况吗？例如：为什么两国历史学家愿意从事这项工作？谁是合编历史教科书的倡导者？这项工作何时开始？这个项目得到了政府部门还是基金会的资助？

爱蒂安·弗朗索瓦：首先，简要来说，我并非这个项目的负责人，而只是众多参与者之一。事实上，德法历史教科书项目由众多人和众多机构共同承担，而我仅仅是学术咨询委员会成员之一。

这项工作的最初动议可追溯到所谓的德法"青年人议会"（Jungendparlament）。2003年1月，为纪念法德和平协议（即《爱丽舍协议》）签订40周年，两国组织召开了这个会议。与会青年人提出了一系列建议，以改善并更新德法关系。其中一个建议便是为两国中学生编写具有一致内容的共同历史教科书，以逐步消除偏见，促进欧洲建设。很快，此项建议得到了时任法国总统的雅克·希拉克（Jacques Chirac）与德国总理格哈德·施罗德（Gerhard Schröder）的重视。他们委托两国的教育部门（法国的国家教育部官员；在德国，则是由16个州的文化部长组成的文化部长联席会议）负责实施该建议。为此，两国成立了一个由历史学家代表和教育部门代表组成的德法咨询委员会。该委员会大约有20人，其中8名代表是熟知两国历史的学者。它首先针对两国高中生（德国的文法高中和法国的公立中等学校），起草了三卷本教材的大纲。然后，我们找到了两家教科书出版社（法德各一家）。它们愿意冒风险，在没有国家补贴的情况下，共同出版三卷本教材。它们是教科书出版领域中的佼佼者：德国莱比锡的克莱特出版社（Klett）与法国巴黎的南希出版社（Nathan）。每一家出版社随后挑选作者（一般而言是经验丰富的文科中学教师），来共同撰写正文，寻找教学资料（地图、图片、史料、统计数据等）——这些资料十分重要，因为它们占据了教科书内容的3/4。所有作者都是独立完成撰述工作的。我们的咨询委员会起到了咨询作用：亦即同作者一起，讨论他们撰写的正文和挑选的资料。最后，经过协商，我们决定首先出版第三册（1945年后）。该书在2006年初同时在法德两国上市。在该书的法德两种版本中，封面、正文、教学材料和页码完全一致。第二册（从1815年到1945年）也已经在2008年夏出版。第三册（从古代到1815年）将在2010年出版。

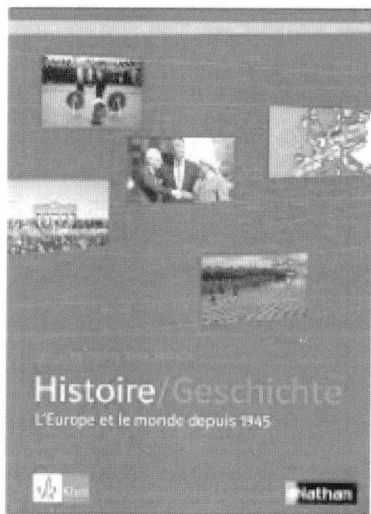

左图：德法合编教科书第2册（德文版）；右图：德法合编教科书第3册（法文版）

换言之，这套三卷本教科书的最初动议不是来自政府，而是来自市民社会。德法两国政府为实现这一动议创造了外部条件，例如授权教育部门为咨询委员会提供财政帮助等。但是，最终这项特别工作是由两家出版社在没有国家补贴的情况下，会同它们独立聘请的作者完成的。

孟钟捷：到目前为止，该项目已完成了两册教科书的出版工作，第三册也将在明年问世。我们知道，两国有超过 20 名历史学家参与了编写工作。那么，是否有其他组织参与了挑选咨询委员会成员和作者的工作？是否存在挑选程序和原则？

爱蒂安·弗朗索瓦：咨询委员会成员名单是由法国的教育部和德国的文化部长联席会议协商决定的。咨询委员会包括了两国部门的代表（一般是负责历史课程并参与确定教学大纲的官员）、负责国际联络的官员和 8 名专业学者（4 名法国人和 4 名德国人）。我属于专业学者之一。与我的其他同事一样，我在该咨询委员会中负责提供建议。这是因为近十年来，我主要从事在欧洲背景下研究两国历史的工作。

至于挑选作者这一最重要的工作环节，则是由出版社负责。出版社挑选了经验丰富并被他们高度评价的作者，其中很多人熟知邻国的历史和文化，并且愿意参加这项尝试。两国教育部门和我们的咨询委员会都没有对挑选工作施加任何影响。

孟钟捷：现在，对于欧洲人而言，到其他国家工作，已是一件稀疏平常之事。例如，您是法国人，却在柏林工作。这是共同合作的一种象征。另一方面，人们也可以想象，在编写共同教科书中，也必然存在关于大纲、用词、评价等方面的争论，因为对于来自不同国度与不同文化的历史学家而言，撰写一部共同历史并非易事。因此，作为旁观者，我们十分感兴趣的是，你们是如何来解决这些争议的？您能为我们举一些具体例子吗？

爱蒂安·弗朗索瓦：毫无疑问，当然存在分歧。而且这些分歧存在很多，也很重要。法国人不同于德国人，德国人也不同于法国人，即便是同一国家的学者也有许多分歧。这些分歧是一种现实。我们努力用富有创造力和想象力的办法去解决它们。例如，我们在关于法德历史的各自章节末尾，向中学生们提出一些问题，以便让他们相互讨论两国之间的相似性与差异性。但是，我们这样做的出发点是把这些差异仅仅视作真相的一部分。在这些差异之外，我们还拥有着对于欧洲和世界的归属感——因此，我们也安排了关于欧洲发展和全球发展基本特征的章节，以便把法德历史置于更宏大的背景中予以考察。最后，我们也安排了系统比较两国的章节，这种比较不仅针对差异性，也针对相似性和相互影响。

关于大纲问题，我们在编写已经出版的两册教科书中，并没有遇到困难。首先，我们比较了两国的教学大纲，以确定双方可以达成一致的地方。例如两国的教学大纲中都包括了：工业化史、1848年革命史、殖民扩张与帝国主义史、第一次和第二次世界大战史、"冷战"史、欧洲重建史，以及1945年后经济、社会与文化全球转型史。根据这些一致性，我们确立了自己的目标。这是大纲的基础。我们所增添的内容是关于邻国历史的比较章节——以便让法国中学生们更多学习德国历史，德国中学生们更多学习法国历史——和两国关系史。

至于用词和概念问题，我们也寻求在双方语言中找到最好的同义词。事实上，翻译问题的确扮演着重要角色。为了解决这一问题，我们经常探讨两国语言中的各种概念。在大章节的结尾，我们都提供了最重要概念的法语、德语和英语的译词。

我们在评价方面根本没有困难。在我们估计会引起争议的地方，如关于一战的起因问题，或者战时合作问题等，都没有出现争议。对于这些问题，两国的历史学家长期以来已经达成一致。近十年来，德法历史学家又共同致力于那些针对历史的具有争议的观点。现在，两国已经不存在任何关于历史的"公开问题"。只有在第三册（1945年后）中，德法历史学家存在着观点分歧。这种分歧一方面围绕美国的角色展开，另一方面涉及社会主义国家的历史。我们已经注意到这种分歧，并且在书中把它表达出来。我们指出，为什么法国人和德国人在美国和社会主义国家的评价方面具有不同的立场。这正是我们特别重要的使命。通过这种方式，我们为中学生们提供了必要信息，以便让他们理解，为什么两国对于历史采取了相异的立场，以及这种相异立场导致了怎样的结果。

无论如何，我们没有回避或消弭差异性。相反，我们的目标不是撰写一种在统一历史意义上的共同历史，而是更多追求共同撰写一段严肃接纳这种差异性、公开讨论历史争议的历史。由此，我们在大章节的结尾也增加了双面内容，冠之以"德国－法国的观点交流"的副标题。在那里，我们表明，如何有助于更好地理解邻国历史和欧洲历史。

孟钟捷：在共同教科书中，只有少量正文，却有大量图片和文件。这是否是解决争议的一种方法？教师们是如何在实践中运用这套教科书的？现在是否已经进行过调查，例如两国师生是如何看待这套教科书的？究竟有多少高中运用了这套教科书？

爱蒂安·弗朗索瓦：事实上，我们的教科书确实把更多的空间留给了文件，而不是正文。这是有意识的决定。对此，我们有两个理由：一方面，让学生们有可能对历史形成个人观点；另一方面，也让历史课变得更生动。至于通过许多文件的方式更好解决现实争议的想法虽然不错，但在我们的操作中却没有影响。

关于运用的问题很重要。因为这取决于这套教科书是否为师生们所接受。可惜，至今未止，我们还没有得到更多的相关信息——这一点，我必须承认。我们知道销售量。第一册书销售了8万册，这是一个鼓舞人心的数据。但是第二册书至今为止才销售了1.5万册，这个数字少得可怜。我们获悉两国的一些学校把这套教科书作为历史课程的正式课本，但是它们的数量不多。借助交谈等方式，我们也了解到，许多教师把这套教科书作为他们个人备课的工具——特别是这套教科书中包含了大量新文件。事实上，对于历史课程而言，这套教科书是教学资料的宝库。这不仅是因为它们包含了大量文件，而且也因为它们提供了许多人们在个别国家中所无法找到的文件。由此，我们的教科书也间接地扩大了历史课程的视野和多样性。总之，我的印象是，这套教科书的间接影响比直接影响更大。

孟钟捷：这套教科书经过审定吗？谁负责审定，是历史学家还是政府？他们有什么评价或建议吗？

爱蒂安·弗朗索瓦：根本不存在任何审定。当然，作为咨询委员会的专业历史学家，我们首先进行了仔细审读，也提出了一些建议，并同作者一起深入探讨。但是这些工作建立在信任基础上，并且是彼此完全平等的。最终，作者们自行做出决定，他们是否愿意接受我们的建议。从法国教育部的角度而言，它也不要求任何审定。在德国，却是另一种情况：在那里，已经完成的教科书原稿需上交不同的州文化部门申请许可证，以便付梓和出版。教育部官员们和教育学家对原稿进行了评定。不过，这套德法教科书是例外，作为三卷本教科书，它在所有州中接受了共同审定，而不是一般情况下接受个别州的分别审定。正因如此，这一程序并没有拖延很长时间，仅在几周内便完成了。而且他们提出的修改意见很少：第一册是最少的，只有一些技术性意见，如两张图片的更换；第二册则根本没有任何更换意见。具体而言，我们不需要任何政治性与管理性的审定。咨询委员会和作者们完全自由地工作。当然这并不表明，我们没有竭力地用完全负责的态度工作。

孟钟捷：在随后几年中，你们有计划对这套教科书进行修改吗？有什么修改重点吗？

爱蒂安·弗朗索瓦：至今为止，我们只发现了少量需要修正的地方，但是内容无须更改。至于未来是否有可能修改的问题，则取决于这些教科书的成功程度。假如更多学校接受了这套教科书，那么我们肯定会更新它。而且在未来，法德两国都肯定会修改教学大纲。这也会导致教科书的修改工作。但是我无法预测这件事会在什么时候以何种方式进行。

孟钟捷："史如明镜"，但记忆却并非如此。记忆是一种主观行为。因此，作为一种记忆模式，教科书通常是民族精神的承载者。但是现在，你们的工作却有着另一种目标，亦即寻找一种共同精神，从而为未来的欧洲奠定基础。对于亚洲而言，这种努力值得模仿吗？中国人、韩国人和日本人是否也有机会在教科书中建立一种共同记忆？其中的障碍又是什么？您能为我们提出一些建议吗？

爱蒂安·弗朗索瓦：实际上，德法教科书的确想努力为共同欧洲记忆的产生而努力。不过，这种努力并非等同于否认历史争议问题，抹杀各自民族文化间的差异性。这些争议和战争都被提及，并且得到详尽论述。之所以如此，是因为人们希望赋予中学生们一种分析的手段，以帮助他们理解，为什么在大多数情况下战争的双方都认为自己进行的是一场正义之战——例如在第一次世界大战期间，法国和德国一样，都坚定地认为，自己发动的是一场合法的保卫战。我们也清楚地表明，德法两国对第二次世界大战拥有完全不同的记忆——这种记忆文化的差异性同两国的不同发展密切相关。除了一致性记忆外，我们也提到了记忆的差异性。例如，在1945年后的一册中，我们既指出了德法两个社会之间的接近一面，也提到了两国之间明显的区别（政治文化、教会的角色、同移民之间的交往等）。此外，我们还努力把德法历史（不仅仅是政治史，还包括经济史、社会史和文化史）置于更宏大的背景中，尤其是欧洲历史背景中进行考察。因此，我们的许多章节都描述了整个欧洲、有时也是世界范围内的基本趋向和发展。

我们的教科书是否可以成为其他洲（尤其是亚洲）的范本呢？坦率地说，我并不这样认为。我们的教科书最多是一种有趣的例证，一种有趣的经验而已，而不具有其他更多的意义。因为，从客观上来看，我们的编写工作相对简单。在德法之间，很长时间以来，已经不再有任何争议。相反，两国之间已经缔结了十分友好的关系，它们都是对方的重要伙伴。无论在政治领域，还是经济和文化领域，情况都是如此。两国相互之间十分紧密地纠结在一起。因此，十多年以来，两国的历史学家才能够深入地相互合作。在两国中，也有不少从事比较研究的历史学家。

亚洲的情况却复杂得多：在这里，人们必须考虑到三个国家的问题（而不仅仅是两个国家）；国家之间的差异性也很大；对于历史的许多观念都存在争议；历史——首先是对于历史的解释，成为引发争议的导火索。在目前情况下，对于我而言，撰写一部能够同时在中日韩三国使用的中学历史教科书等同于乌托邦式的理想。

若要完成这一目标，首要条件在于，这三个国家的历史学家能够经常性地会面，彼此讨论和工作。特别在关于历史上存在争议的观点上，更应如此。他们应该学会彼此发现对方，倾听对方的意见，彼此理解同一段历史为何在对方国家中采取了完全不同的立场……具有决定性意义的是，这种工作应该是开诚布公的、充满信任的、彼此接受的、充满耐心的。大家应该有愿望去共同工作，以实现一个更美好的未来。因此，我认为，在这一进程中，假如三个国家的历史学家愿意承担这一使命，那么一项重要的工作就是，科学地对待历史，避免把历史作为政治工具——无论是内政或是外交——从而最终改变民族主义的偏见。

假如人们愿意共同工作，达到共同目标，那么他们会进展顺利。从特别的经历出发，我可以说，这样做是值得称赞的。当然，这通常是一种十分棘手的要求。但是它更是一种意义非凡的工作，一种对于未来的最佳投资。

孟钟捷： 感谢您接受我的访问。

爱蒂安·弗朗索瓦（ÉtienneFrançois），法国人，德国柏林自由大学法国研究中心历史学教授，德法合编历史教科书项目咨询委员会专家。1974 年在法国巴黎十大获得历史学博士学位，1986 年在斯特拉斯堡大学晋升为历史学教授。先后在法国纳坦二大、巴黎一大、德国柏林工业大学和洪堡大学法国中心任教。2003 年荣退。目前在法国和德国多个历史学研究中心担任顾问，并被选为柏林欧洲比较史协会主席。主要研究中世纪末期以来的德法两国及欧洲的社会与文化史、历史与记忆文化等。从 1975 年到 2007 年，用法语、德语和英语发表与主编著作 18 部、论文 187 篇，其中重要的著作有：《18 世纪的科布伦茨，一个德国人驻守城市的社会和人口结构》（德语，1982）、《西欧的移民和城市社会，16—20 世纪》（法语，1985）、《法国、德国和瑞士的社交性、一致性及其市民社会，1750—1850》（法语和德语，1987）、《法国大革命期间的德国和法国》（德语和法语，1989）、《不可预见的边界：奥古斯堡的基督教徒和天主教徒，1648—1806》（德语，1991；法语，1993）、《民族与情感，德法比较，19 与 20 世纪》（德语，1995）、《启蒙与政治：德国和法国启蒙运动中的政治文化》（德语，1996）、《记忆的地点》（德语和法语，1996）、《德国的回忆地点》（德语，2001）、《作为空间的局限：经验与建构，17—20 世纪的德国、法国和波兰》（德语，2007）等。因其在德法历史研究领域中的突出贡献，他被德法两国政府先后授予联邦德国的联邦服务一等十字勋章、法兰西骑士荣誉军团勋章和法兰西国家功勋奖章。

孟钟捷，时系华东师范大学历史系副教授。

以外庐师的治学精神研撰中国思想史
——访步近智、张安奇先生

(🎙)步近智　张安奇　(🎙)邹兆辰

一、踏入中国思想史研究的殿堂

邹兆辰：步先生、张先生，二位好！早就想来看望您二位活跃在中国思想史研究领域的学者。步先生身体一直不好，今天才见到您们。我们知道步先生是侯外庐先生的学生，长期在侯先生指导下学习和研究中国思想史。侯先生是马克思主义史学大家，他有他自己的史学理念和治史的风格，这些就形成了人们称为"侯门学派"的治学传统。步先生是侯先生的弟子，是这些传统的继承者、发扬者。我希望能够从步先生这里找到一些线索。

张安奇：首先，我们欢迎你来我们家里，一起谈一谈我们，尤其是步近智在中国思想史方面所做的一些事情，这也是一次交流吧！不过因为步先生身体不好，刚刚出院不久，长时间谈话对他身体的恢复不利，有些事情我可以帮助他回顾一下。

邹兆辰：步先生，从您的名字中就能够体现出国学的味道啊！这体现了家庭对您的影响吧？

步近智：是的。我是江苏丹阳人。1933年我出生的时候，我的叔祖父用《中庸》中孔子所说的话"好学近乎知（智）"为我取了名，这里寄托着他对我这个步家长孙的期望。我的这位叔祖父是丹阳县较有名望的一位农村教书先生，他悉心地培养了我的父亲。我的父亲也成为丹阳县里的一位小学教师，我的母亲是一位勤劳朴实的农民。可以说，家里面从小就培养了我好学上进的品质。

步近智：这一点应该说我是很幸运的。我出生后不久，就遭遇到日本的侵略，我随父亲逃难，先后在重庆、昆明、曲靖读的小学。抗战胜利以后回乡，先后在镇江师范附中、丹阳正则中学和县立中学就读。这期间，在进步教师和进步同学的影响下，开始阅读进步书籍。1949 年 5 月，我参加了中国人民解放军，先后在镇江军分区教导大队、三野特纵特科学校学习，后担任了华东第二坦克编练基地通联干事、三野第三政治干校理论教员等职。1955 年，我复员回乡，同年考入了山东大学历史系。1959 年，山大毕业，我分配到中国科学院哲学社会科学学部历史研究所中国思想史研究室。我有幸能在杰出的马克思主义史学家侯外庐先生的门下学习和工作，侯先生亲自作指导，张岂之、杨超两位师兄协助辅导。

步近智：是的。当时的系主任是杨向奎教授，副主任是童书业教授。杨向奎先生和童书业先生都是史学大师顾颉刚的弟子，都是杰出的史学家和教育家，对 20 世纪的历史科学做出了独特的贡献。向奎先生毕生著作宏富，显示出他治学领域的广博精深，其中涉及文字学、训诂学、经学、史学、古典哲学以及自然科学的许多学科。我们在山大读书时，他就曾经教导我们：文史哲不分家，要注意培养和积累自己在这方面的学问。他还说：做学问就如同筑金字塔那样，塔基越宽，塔身才能越高，所以要多读书。除杨先生以外，童书业先生是副主任，他在诸多学科的研究中都很有成就。此外，当时的山东大学历史系还云集着一批著名的学者和教授，如吴大琨、王仲荦、赵俪生、张维华、华山等。他们在学术上都有很高的造诣，在讲课的同时，也向学生们传授丰富的读书经验。像王仲荦先生就要求我们，首先要通，要全面地了解和熟悉古今中外的历史。

张安奇： 你看，这就是我们保留的与杨向奎、蔡尚思等几位老师的合影。

步近智： 我到历史所以后，一直到"文革"前，共有七年的时间，这七年就是直接在侯外庐先生和邱汉生先生的直接指导下学习和工作的。当时和我一同分配来研究室的共有四位大学生。外庐先生对我们这批刚进室的青年的读书问题特别重视，认为刚毕业的大学生无论马列主义理论、史学理论还是中国思想史专业的基础都很薄弱，必须集中一年或更长的时间认真读书，不要忙于撰写论文。当时我们这几个学生一听还要"面壁"读书，都有点犯嘀咕，有的甚至背后还有点发牢骚，但是不得不勉强安下心来读书。

为了指导我们读书，外庐先生亲自制订了一批书目，从马列著作到他主编和撰写的 5 卷本《中国思想通史》和《中国古代社会史》。在这几年，我精读了马列经典著作中有关意识形态和上层建筑的理论和对历史事件、历史人物评价标准等方面的书籍和文章，同时读了外庐先生指定的专业著作，结合着重点阅读《诸子集成》的有关篇章兼及其他史学家的有关论著。外庐师还要求我们认真写好读书笔记，有时他还在星期日上午带着孙儿到办公室来检查我们的读书笔记，指出问题，循循善诱地加以启发诱导。一年多的专心读书，为我们以后的长期研究打下了坚实基础，养成了认真读书的习惯。从这里我也深深地体会到外庐师教育后辈的良苦用心。

步近智： 确实是这样，我就结合参加《宋明理学史》的研撰过程来谈一谈。侯外庐先生是马克思主义史学家，他创建的侯门学派遵循唯物史观的原则，并且创造性地提出应该把思想史的研究与社会史的研究相结合，要求每个学者用这一科学的研究方法来揭示历史的本来面目。外庐先生这个研究历史的方法，在他主编和研撰《中国思想通史》的时候，已经为众多的史学家所赞同，有多位学者还参与了研撰，如白寿彝先生就是其中一位。侯门学派的第一批弟子，在当年曾以"诸青"的名义参加了《中国思想通史》部分章节的研撰。

邹兆辰：您这里所说的"诸青"都是指哪几位学者呢？

步近智："诸青"就是指张岂之、杨超、李学勤同志和当时还比较年轻的何兆武先生。

到 20 世纪 80 年代研撰《宋明理学史》的时候，外庐先生本人由于"文革"的磨难与摧残已经卧病在床，所以委托他的合作者邱汉生先生和大弟子张岂之先生负责组织编撰，这时，参加撰写的主要是侯门的第二批弟子，当时他们已经是中青年学者了。作为外庐先生和汉生先生的学生，我曾经长期受教于他们门下，因此有幸参与了《宋明理学史》的研撰工作。

早在 1959 年编著《中国思想通史》第四卷的时候，外庐先生就开始了对宋明理学的研究，并酝酿编写《宋明理学史》。因为形势的变化，致使这部书的研撰整整推迟了 20 年。外庐先生把编著《宋明理学史》的计划委托给多年的合作者邱汉生先生和自己的得力助手、大弟子张岂之先生。汉生先生在恶劣的环境下，以花甲之年，承担了这一繁重的任务。他自己也患有多种疾病，还是在"文革"期间，他就悄悄地阅读和搜集了关于宋明理学的许多原始资料，并对理学思想的产生和演变积累了不少宝贵的见解，这些都为日后的研究做了准备。

1980 年，当外庐先生主编的《中国思想史纲》下册完成以后，汉生先生已经将《宋明理学史》的体例和章节目录编成了。于是，侯先生、邱先生和张岂之三位主编召开研撰会议，组织社科院历史所思想史室和西北大学思想文化研究所的中青年学者进行讨论，明确分工，开始了长达六年的撰写。为了形成全书统一的理论观念和风格，主编责成冒怀辛和我分别担任上下卷的具体组织联络工作。这样，我除了承担撰写工作之外，就有机会更多地接触到外老和汉生先生，更为深切地体验二位先生对《宋明理学史》的深厚感情和在学术研究中培养中青年学人的良苦用心。外庐先生为了了解研撰的进度和存在的疑难问题，曾经要我去见他。当时，先生已经长期病卧，语言表达也有一些障碍，但是他的思维一直很清晰，他很注意地听了我的汇报，并且对我所反映的关于如何把握对于宋明理学的总的评价以及理学的特点等问题做了指示。他要求撰写者在阅读和占有史料的基础上，运用马克思主义的观点、方法，加以辩证的、历史的剖析和鉴别，实事求是地对理学家们作出思想评价，切忌简单化和绝对化，努力写成一部科学的理学思想史。

张安奇：你看这就是侯先生和我们的合影（指书柜里的照片），当时他身体已经很不好了。

步近智：在外庐先生病故以后，汉生先生在年老体弱、视力严重衰退的情况下，为《宋明理学史》的组织和研撰进行艰苦的工作，团结和凝聚着侯门学派的众弟子和作者们，最后完成了外庐先生 20 年前就向往的宏伟计划，写出了一部既和《中国思想通史》有联系又有区别的专史《宋明理学史》。这是汉生先生和张岂之先生一起，带领大家实现了外庐先生的这一夙愿。

这部书从 1980 年动笔，1985 年完成，全书 130 万字，被列为国家社会科学"六五"规划的重点项目。1997 年，获得中国社会科学院学术著作一等奖，1999 年获国家社会科学著作二等奖。学术界普遍认为，这部书是外庐先生在 1944—1959 年主编的《中国思想通史》后，侯门学派的又一部重要著作，对于中国学术文化史做出了重要的贡献。

邹兆辰：刚才您谈到侯外庐和邱汉生两位先生，他们晚年的一个共同的学术目标就是要写成一部科学的《宋明理学史》，怎样理解这种科学的理学史呢？

步近智：您这个问题问得很好，两位先生对此确有他们的考虑。首先，他们认为要写一部科学的理学史，既要继承前人的优秀思想遗产，又必须有所创新和发展。如果以理学思想为指导，以理学写理学，那就不能揭示历史发展的真实面貌，甚至还会歪曲历史的真实。如果只是停留在明清时代进步学者的思想水平上，像黄宗羲、全祖望那样，那就只能编写出《宋元学案》《清儒学案》那样的思想史著作，虽然在清代已经是很了不起的学术成就，但今天看来它只是历史编纂学著作，而远不是科学的理学史。我们进行宋明理学史的研究和撰写，就要在掌握和考订大量材料的基础上，运用马克思主义的历史唯物主义的观点去分析、判断、演绎，并且能总体地研究这一体系，才能作出科学的论断。

两位先生还认为，科学的《宋明理学史》是一部与中国思想通史有联系又有区别的独立的学术著作。它是以"性与天道"为中心内容的理学作为研究对象的，这是哲学范畴的问题，但它同时也涉及政治、伦理道德、教育、宗教等许多领域。它不同于中国思想史、哲学史著作中只叙述个别理学家代表人物思想的写法，而是对理学思想的产生和演变过程做全面系统的论述。也就是说，要揭示出理学与其他学术思想不同的特征。

邹兆辰：您在参与《宋明理学史》的研撰过程中，都研究了哪些专题呢？

步近智：我从 1980 年起开始投入《宋明理学史》的研撰，1981 年起就进入了我所分担的具体人物的研究。我首先研究的人物是杨万里。这年 10 月，中国社会科学院哲学所和浙江省社科院在杭州举行了一次宋明理学学术研讨会，我提交的论文是《杨万里反唯心主义理学的进步思想》，1982 年文章在《哲学研究》上发表。同年，还在辛冠洁主编的《中国古代哲学家评传》续编三上发表《杨万里》一文。1983 年，又在《中国史研究》上发表了《略论杨万里的社会政治思想》。这些就是我在《宋明理学史》中撰写第十五章《杨万里与理学唯心论对峙的思想》的前期成果。我所研究的另一个人物是吕祖谦。1983 年，在《中国哲学史研究》上发表了《论吕祖谦的"婺学"特征》一文；而在《宋明理学史》中我写的就是第十一章《吕祖谦的理学思想及其后学》。

1984 年，《宋明理学史》上卷出版了，同时开始了下卷的研撰工作。我分工研撰的人物有陈建、顾宪成、高攀龙、刘宗周、黄道周等人物。和上卷的撰写过程一样，我在研撰过程中也发表了一些前期成果。到 1987 年《宋明理学史》下卷出版，我在这里撰写了第二十二章《陈建与〈学蔀通辨〉》、第二十一章《顾宪成的理学思想》、第二十二章《高攀龙的理学思想和"致用"学说》、第二十三章《刘宗周的思想特征及其"慎独""敬诚"理论》、

第二十四章《黄道周的理学思想》。

二、对东林学派和明清实学思潮的研究

邹兆辰： 我看到您关于中国思想史研究的学术文章中，有一部分是对明代的东林学派的研究以及明清实学思潮的研究，这两个问题是您中国思想史研究中用力最勤也是最有成果的部分。我想先提一个问题。学习历史的人都知道明代后期有一个与宦官集团斗争的东林党，那么这个东林学派与东林党有什么关系呢？

步近智： 东林学派是明神宗万历年间，以顾宪成、高攀龙为首建立起来的一个学派。黄宗羲曾经在《明儒学案》中称赞他们是"一堂师友，冷风热血，洗涤乾坤"，可以说给予了很高的评价。东林党的形成是明代后期社会危机发展的结果，是在农民起义和新兴市民反封建斗争的震荡中产生的。在当时的形势下，统治阶级内部发生分化。一部分在朝的官吏和在野的地主士绅及其知识分子，敏锐地感到危机四伏，所以指责朝政腐败，要求改革。顾宪成、高攀龙这些官吏都曾经对朝政进行过抨击、要求改革，因而被贬斥回乡。他们回乡后，并没有消极隐居、放逸山林，也不像王学末流的一些人弃儒入禅、空谈心性。万历三十二年，他们修复了东林书院，聚众讲学，把读书讲学和关心国事紧密结合。也就像这副对联形容的"风声、雨声、读书声，声声入耳；家事、国事、天下事，事事关心"。这样，以顾宪成、高攀龙为首，以东林书院为主体的东林学派，就在这读书、讲学、救国的呼声中诞生了。一些在朝任职的正直的官员也与东林书院的讽议朝政遥相应和，这就使东林书院成为一个社会舆论中心。因此，作为一个学术团体的东林学派就逐渐扩大成一个政治派别，被当时的腐朽势力斥为"东林党"。所以，"东林党"本是一些"小人"给起的名目，后来习惯也称为东林党了。

作为学术团体的东林学派和作为独立的政治派别的东林党，两者有一致性，但也有区别。在和阉党及其爪牙的斗争中，主张改革朝政、反对矿监税使横征暴敛、重视工商业的发展等方面是一致的。但是，作为"东林党"人，只是指当时政治见解大致相投，经常进行共同的政治活动的一些成员，

而东林学派的成员，不仅在政治见解上基本一致，还要求学术倾向上基本一致。有的赫赫有名的东林党人，但在学术上并不属于东林学派。

邹兆辰： 东林学派的主要人物您着重研究的是顾宪成和高攀龙，这两个人在学术思想上有什么特点呢？

步近智： 顾宪成是一个理学家，从师承上说他是王守仁的三传弟子，但从他对周敦颐、二程到朱熹的赞颂，可以明显地看出他的理学派别倾向，他是"恪遵洛闽""以朱为尊"的。我曾经在《顾宪成理学思想述论》一文中，从"理是主宰"的本体论、"道性善"的人性论、辟佛论、知行观和修养论等四个方面，对他的理学思想进行过阐述。

高攀龙一生正直敢言，著述丰富，有二十余种。他学宗程朱，把朱熹的学术地位抬到与孔子相等的高度，这表明了他的理学倾向。同时，他又以朱熹的学说来指斥王阳明的心学，驳斥王学末流的儒学禅化乃至倡导"三教统一"的弊端。同时，他也敢于对朱熹和顾宪成的某些论点表示异议，提出了具有朴素唯物主义因素的观点。更为可贵的是在高攀龙的思想中，有务实致用的思想。他从"治国平天下"的政治纲领出发，提倡"有用之学"，就是把学问和"百姓日用"相联系，提倡"躬行实践""贵实行"的务实、致用思想。这是和程朱理学相背离的，具有进步的思想倾向。1986年，我在《学术月刊》发表的《论高攀龙的理学思想和务实致用学说》，着重从以"理"为本的理气观、"复性"说和对"三教统一"说的驳难、"格物穷理"的认识论、"治国平天下"的"有用之学"几个方面，对高攀龙的理学思想进行了论述。

邹兆辰： 您还曾经对整个东林学派的政治、经济思想的时代特征和他们在理学上的特征进行了分析？

步近智： 是的。1985年，我在《文史哲》上发表了《明末东林学派的思想特征》一文，这里对东林学派的政治、经济思想的时代特征和他们的理学思想的特征进行了分析。在政治、经济思想方面，他们反对封建独裁专制，极力抨击和反对大宦官、大官僚的专权乱政，提出了带有民主思想萌芽色彩的口号；他们抨击科举弊端，提倡不分等级贵贱破格用人；他们反对矿监税使的掠夺，提倡惠商恤民。他们的主张反映了地主阶级反对派和商人、市民的利益，同当时中国社会已经出现的资本主义生产关系的萌芽有关。他们以这种读书、讲学、议政的方式，力图唤起民心，解救社会危机以达到治国平天下的目标，以及他们在和封建顽固势力的斗争中所反映出来的政治、经济思想，是具有进步意义的。

在理学思想方面，他们也具备独有的新特征。首先，他们提倡"治国平天下"的"有用之学"，以能否治世、有用作为评价、衡量一切思想学说的标准尺度，在一定程度上打破了传统经院的不良风气。其次，在理学正宗形式下，表露出他们对自由讲学和自由结社的要求，他们通过"一堂师友"聚集一起的讲学活动，看到了"群"的作用。其三，在知行观上，他们在一定程度上突破了理学固有的传统观念，提倡本体与工夫的"合一"，提出"贵实行"，赋予了知行观以唯物主义的内涵。其四，东林学派还反对学术上的门户之见，从理学发展史的角度，给予不同学派以应有的地位，对宋明理学进行了总结。尽管东林学派的理学思想还不能突破封建纲常和程朱理学的束缚，但是就整个东林学派的思想特征看来，他们在思想上的某些进步因素，是后来早期启蒙思想家的某些先驱。

邹兆辰：您曾经对中国古代的实学思潮进行过梳理，同时重点探讨了东林学派与明清之际的实学思潮的关系问题。这里我想先向您请教一下什么是实学思潮呢？

步近智：实学是我国明代中期出现的一股进步的思想潮流，历经明清之际的高潮阶段，到清代道光、咸丰年间的龚自珍、魏源时才告结束。它最初主要是针对宋明理学的日趋空疏、衰败而提出的，其后发展为对封建君主专制主义和封建蒙昧主义的批判，具有早期启蒙思想的性质。明神宗万历中期在江南崛起的东林学派，在昏暗颓败的王权专制统治下，对于谈空说玄、虚渺迷茫的学风笼罩之时，以"济世""救民"的"实念"为其主旨，"不贵空谈"而"贵实用"，倡导"治国平天下"的"有用之学"，开了晚明实学思潮的端绪，而到明清之际这种实学思潮达到鼎盛阶段。这种进步思潮，遍及政治、经济、科学和文学艺术等领域。基本特点是尚实学、重实证、讲求经世致用，反对空谈心性，力倡"务实"之风。

邹兆辰： 那么明清之际就是这种实学思潮高涨的时期吧？

步近智： 实学思潮虽然出现较晚，但是就实学的主要特点"经世致用"这一点来说，实学是源远流长的。孔子创建的儒学就具有经世的风格，后来儒学虽然有变化，但是经世的传统还是或明或暗地流传下来。即使是讲求"格物穷理""明心见性"的道德性命之学的宋明理学，也没有抛弃经世传统，只是到了晚明时期的王学末流才完全背离儒学的经世宗旨。但是明中、后期的实学思潮大大发扬了儒学的经世传统，并且赋予了新的时代内容。

明朝中期，当程朱理学陷入寻章摘句、迂腐无用的歧途时，一批有识之士为了解救社会危机，提倡经世之学，兴起了一股讲求经世致用的实学思潮，遍及政治、哲学、文学艺术和自然科学等思想文化领域。例如，在哲学上出现了以罗钦顺、王廷相为代表的唯物主义思想家，以后还从王学中分化出以王艮、何心隐、李贽等人为代表的"异端"学说。在政治上，出现了以高拱、张居正为代表的政治改革家；在文学艺术上，出现了以徐渭、汤显祖、袁宏道为代表的文学革新派。

从万历中后期的晚明至清初康熙中期，是我国历史上的明清之际"天崩地陷"的大动荡时代。这一时期，除了封建统治阶级和广大农民之间的矛盾外，国内民族矛盾也空前激化，在江南各地还爆发了市民阶层的反抗运动。明王朝的灭亡，对士大夫来说也促使他们进行深刻的自我反思和自我批判，寻找明亡的原因，所以一批地主阶级革新派力主社会改革、破除旧的传统。许多进步的思想家在痛苦的反思中提出"救弊之道在实学，不在空言"，必须以有用之"实学"取代"明心见性"的空谈，把实学思潮推向高潮阶段。

邹兆辰： 您曾经谈到明清时期的实学思潮是有现实意义的，您能具体说一说吗？

步近智：我和安奇同志为出席 1998 年 10 月在开封大学举办的第五届东亚实学国际学术研讨会，提交了一篇《略论明清实学思潮及其现实意义》的文章，其中谈到明清实学思潮的现实意义。首先，爱国"经世"是中国儒学的优良传统，同时也是明清实学思潮处于高潮时期的主要特征，应该得到继承和发扬。其次，借鉴"正德""利用""厚生"三者关系的正确处理，以利于为现实服务。这是颜元所推崇的，重视使"三事"互相结合而又互相促进的提法，它对于建设社会主义的功利观，对于正确处理物质文明和精神文明建设的关系，对于推进社会主义事业是有积极意义的。再次，继承和发扬"实证求是"的科学精神，为科教兴国事业服务。明清实学低潮时期，崇尚汉代的"修学好古，实事求是"的风尚，他们的科学精神，为近代科学思想提供了启迪，也可以为当代的科教兴国事业有所助益。

邹兆辰：《顾宪成高攀龙评传》署名是您二位合著，您们是怎样开始这项工作的呢？

张安奇：这部书是 1998 年出版的，但是步先生对顾宪成、高攀龙学术思想的研究从 80 年代中就开始了。早在 1984 年 8 月，侯外庐、邱汉生、张岂之主编的《宋明理学史》下卷的编撰会议决定由步近智撰写陈建、顾宪成、高攀龙、刘宗周、黄道周等人物，这时候他就已经开始了对顾、高二人的研究。1985 年出版的《宋明理学史》下卷的二十一、二十二章就是关于二人的理学思想的撰述。以后，围绕二人的理学思想他又发表了一系列文章。

90 年代初，著名学者匡亚明主编的《中国思想家评传丛书》约步先生写《顾宪成高攀龙评传》，由于步先生的健康原因，一直没能动手，从 1996 年开始，我就帮助步先生来完成这个撰写任务，虽然步先生已经有了这方面的研究基础，但为了更好地完成这本书，我们又仔细地阅读了顾、高两人的全部著作和其他有关的史料，全面系统地进行了新的探讨和研究，可以说在以往研究的基础上有了新的发现和突破。1997 年对全书进行统稿润饰、输入电脑。这本书在 1998 年由南京大学出版社出版，总算是完成了匡亚明先生交付给我们的这项任务。

邹兆辰：这本书出版后学术界反应怎样啊？

张安奇：学术界对这本书反应是很不错的，我们这本书还获得了中国社会科学院首届离退休人员优秀科研成果二等奖呢！北京大学张岱年教授写的评语正好在这里，我念给你听一下："步近智同志和张安奇同志合著的《顾宪成高攀龙评传》内容精确，达到了很高的学术水平。作者详细考察了顾宪成、高攀龙的学术著作及东林学派的历史事迹，对于顾、高的学术思想与历史贡献进行深入的钻研，论述详明，是一部成功的评传。"除了总的评价之外，张先生还对这本书的一些基本观点提出了自己的看法。他说："作者指出'顾宪成、高攀龙以其开明的思想成为由理学思潮转向实学思潮的开启者'，这一判断是正确的，深刻的。""作者认为'顾宪成、高攀龙所代表的是中小地主阶层的利益……他们的斗争又在客观上比较符合社会发展的要求，符合新兴市民阶层和更多百姓的利益'。这一判断也是正确的、深刻的。"张先生还指出："作者认为'顾宪成、高攀龙等东林人士亟亟于救世的人生态度，应该给予肯定'。这一结论也是正确的、深刻的。"张先生最后指出："这部《顾宪成高攀龙评传》是对于明代思想史研究的一项重要贡献。"

邹兆辰：您觉得这本书的主要的学术成就在哪里呢？

张安奇：我觉得主要有两点值得说一下：首先，是把历来关于"党争"的概念颠覆了。有人攻击东林学者为"东林党"特别突出这个"党"字。高攀龙说得好："欲天下无党必无君子、小人之类。而后可如之何讳言党也。夫君子者，何党之有？"可以说东林派学人不讳言"党"，而且他们看到了在未来的政治中"群"的重要性。他们提出自古未有关闭门户独立做成的圣贤。自古圣贤未有离群绝类、孤立无与的学问。用顾宪成的话来说，就是"天下之是非，自当听之天下"。我觉得我们这本书在澄清这个问题上是下了一些功夫的。其次，我们这本书可以说把东林学派在学术史上的地位给予一个明确的说明。我们不仅对顾宪成、高攀龙的理学思想进行一般的阐述，更主要是强调了顾高的思想所体现的民主思想的萌芽。我在协助步先生整理这部书稿时，特别补了第四章"反对封建专制与早期民主思想的萌芽"。这里主要讲了他们"乾乾于救世"的"经世"宗旨;"是非当听之于天下"的政治主张,也写了他们反对内阁、宦官专权,整肃吏治、以法治国的主张;特别是强调了他们的民本思想的发展和早期民主思想的萌芽的内容。我想,可能也就是在这些方面,引起了学者们的注意吧!

三、携手奋进学术思想史研究

邹兆辰: 张先生,近几年您与步先生合作推出了不少学术成果。您和步先生又是同学,你们两个人走的是不是一样的路呢?

张安奇: 我的人生经历与步先生是有所不同。我与步先生都是 1933 年出生的,我出生在上海老城的南仓街,少年时代就是在上海度过的。父亲去世早,我和妹妹就依靠母亲做女红为生,当时家里生活十分贫困,还当过一年布厂童工。上海解放以后,我就参加了人民解放军华东随军服务团,南下进军福建。我是一个非常活跃的女孩子,说实话也有一些才华,我担任过福建省委文工团戏剧队员,也担任过创作组员,以后就转到福州市工人文化宫做宣传工作。1954 年,调回上海。1955 年考入山东大学历史系,当时已经是"妈妈学生"了。

邹兆辰: 那么您与步先生应该是在 1955 年同时考入山东大学历史系读书时认识的了?

张安奇: 是这样的,我们两个人都是调干生,而且都在学习上显露了头角。但由于我的家庭和儿女的关系,同学三个学期后就转学到复旦大学历史系。到 1958 年,因家庭的关系被迫休学回原单位工作。先后在上海人民淮剧团任宣传干事,上海市戏曲学校任语文、历史教师。同时,还在上海教师进修学院、上海戏剧学院进修古代汉语、中国戏剧史等课程。长期以来,我在报纸上发表了一些说唱、剧评等文章。"文革"当中遭受迫害,被下放到上海京华化工厂。1976 年粉碎"四人帮"以后,调到上海博物馆工作,先后在考古部、陈列部从事上海地方史和文物考古研究工作。同时发表了一系列相关的文章。

1984 年，我调到人民出版社历史编辑室。先后担任了《中国古代货币思想史》《朱载堉——明代的科学和艺术巨星》《侯外庐史学论文选》（上、下）、《史料与史学》《中国农民战争史》秦汉卷和隋唐五代卷的责任编辑。编辑工作一直干到 1989 年我离休。这期间我也发表了一些论文、书评和文物研究方面的文章。

邹兆辰： 那么您是什么时候开始涉足中国思想史的呢？

张安奇： 那是因步先生和我双方丧偶重组家庭后，1984 年我由上海博物馆调到北京进入人民出版社就开始了。首先就是研读侯外庐先生等著的《中国思想通史》。同时，我也协助步先生做一些思想史的研撰工作。开始的工作就是撰写顾宪成、高攀龙的理学思想的文章，我主要根据他所撰写的《宋明理学史》中的相关部分进行提炼和压缩。

邹兆辰： 那就是说，从 1984 年您调入北京开始，您就已经开始与步先生合作进行思想史的研撰了？

张安奇： 是这样的。1985 年，我就开始参加中国孔子基金会的学术和组织工作以及有关活动，还出席了《明清实学思潮史》研撰的学术讨论会。1986 年，和步先生一起发表学术论文《论黄道周复杂而矛盾的思想学说》；1989 年，共同发表《略论汉代的科学思想》；1990 年，发表《略论朱子"格物穷理"说的认识论意义》。

邹兆辰： 您与步先生合作完成的最大的工程是不是《中华文明史》"学术思想"学科的研撰？

张安奇： 正是这部十卷本的《中华文明史》的研撰。我和步先生合作撰写各卷"学术思想"部分的内容，同时担任第八卷（明代卷）的总纂，兼任全书的编委。我们是从 1989 年开始投入这项工作，1990 年撰写第五卷（隋唐五代）的部分节目，如柳宗元、刘禹锡的唯物主义和无神论体系；同年，还参加了第三卷（秦汉卷）的统稿。1991 年，我们撰写了第六卷（宋代卷）"学术思想"的有关章节，如陈亮、叶适、杨万里、吕祖谦的学术思想，以及第八卷（明代卷）"学术思想"的有关章节，如罗钦顺、王廷相、陈建、顾宪成、高攀龙、刘宗周、黄道周等人的学术思想。1992 年，撰写了第九卷（清代上卷）的部分章节主要涉及实学高潮、孙奇逢、方以智、颜李学派的学术思想等。《中华文明史》的"学术思想"部分总计在 54 万字，步近智撰写了其中的 42 万字，我写了 12 万字。你看这十大本书都在这个柜子里。

1998 年，我们二人合作撰写的《顾宪成高攀龙评传》出版，它是南京大学出版社出版的总共二百本的《中国思想家评传丛书》的第 134 号。2003 年，中国社会科学出版社出版了我们的论文集《好学集——中国思想史学术论文选》，收入了我们在这个领域中的学术成果，共 47 篇文章。

关于这本《好学集》我还要补充一点。首先，这本书我们是作为对我们的老师侯外庐先生诞辰一百周年的一份献礼。其次，这本论文集收入的主要是步先生的学术成果。在这 47 篇中，有 34 篇是从他历年发表的 50 多篇有关中国思想史的学术论文中精选出来的，有 2 篇是纪念老师侯外庐、杨向奎、邱汉生的文章，1 篇是研究东林学派的体会；我的文章收入了 10 篇，其中关于明稿本《玉华堂兴居记》的研究包括戏曲史、农业资本主义萌芽的经济史资料的研究还是属于开创性的。在书中还附了我们二人的学术年表。在《光明日报》的《光明论坛》上有学者评论说这本文集是"反映了新中国建立后成长的一代学人的学术成就、学术轨迹的历史书籍"。我感到这一点说得很到位。

邹兆辰： 从目前的出版市场情况看，出版论文集是很困难的事，出版社要求资金资助。你们遇到了这个情况了吗？

张安奇： 当然遇到了。我们这本论文集是中国社会科学出版社出版的，尽管步先生是社科院离休的学者，照样也要自己拿钱来出版。我们为什么一定要出这个文集呢？因为步先生这几十年来在中国思想史研究的领域中是继承了侯外庐先生所开辟的中国思想史研究的路径，体现了这个学派的独立的治学风格。况且，从继承侯先生的学术道路来说又是非常重要的事。所以，我们就宁可自己花钱来资助出版。当时，按政策规定社科院准备给我们现在的3居室调成4居室的房子，我们没要那间房子，单位给我们补了4.5万元，我们拿了4万元给出版社，论文集才得以出版。

邹兆辰：如果按照现在的市场情况，一间房的房价就不是4.5万了。这是2003年的事情啊！你们知道出书这么难，为什么后来又搞了《中国学术思想史稿》？

张安奇：我们当然知道出书的困难，特别是我们已经离退休的人，困难就更大。但是，长期以来我们有一个共同的愿望，就是希望能够在我们有生之年，在我们这些研撰的基础上，撰写一本系统、完整的中国学术思想史。这样的书主要是为文科或理工科的大学生、研究生以及更多的对中国思想史感兴趣的读者提供自先秦到辛亥革命时期的一本科学系统、文字畅达的专著。我们的目的，是要阐明历代思想家和学者在他们的学术著作中所显示的理论建树和思维模式的演变、发展过程，以及学术意义和历史贡献，并能昭示出优秀的传统思想和辉煌的人文精神。

步近智：由于我本人长期患病，这项工作拖延了十年之久。也由于安奇同志的介入，使我们这个愿望终于得以实现。书中的很多部分是她直接撰写的，另外她还担任了全书的补阙、校订和润色的工作。

邹兆辰：您二位合作撰写的《中国学术思想史稿》是你们长期进行思想史研究的一部带总结性的成果。撰写这部书要从先秦一直写到近代，这样一部思想史的"通史"你们是怎样完成的呢？

步近智：我从1959年山东大学历史系毕业来到社科院历史所以后，就在侯外庐先生亲自创建的中国思想史研究室开始了终身从事中国思想史学习和研究的生涯。外庐师要求我们集中精力坐下来读书，要求我们从事思想史的研究要"通"而后"专"，"博"而后"深"。我就是按照老师的要求循序前进、广泛读书的。我从近代思想史的研究实践开始，先撰写了有关辛亥革命和义和团运动的学术论文。进入先秦思想史研究时，参与了《中国史稿》先秦思想文化的研撰。"文化大革命"以后，以何兆武先生为首撰写的《中国思想发展史》一书中，我研撰了秦汉魏晋南北朝隋唐五代的思想文化这部分。到 80 年代以后，在《宋明理学史》《明清实学思潮史》的研撰过程中，又涉及宋、明、清各代的学术思想。这样使我对整个中国思想史有了一个初步的但是又是系统的认识和理解。1989 年以后，我受邀参加十卷本文化史巨著《中华文明史》中"学术思想"学科的主编和研撰工作。安奇同志还担任全书编委和部分研撰工作，还是明代卷的总纂。这样，就使我们有机会更加系统和深入地研究自先秦到辛亥革命的学术思想史，同时也能够吸取当代学术研究的新成果。《中华文明史》的学术思想部分，让我们从 1990 年到 1993 年，整整投入了四个寒暑，我们的研究成果也得到了学术界的首肯。《中国学术思想史稿》就是在对《中华文明史》的学术思想部分的总结、提炼和补充。从 54 万字补充到 67 万字，成为一部独立的著作。

邹兆辰： 出版这部书没有自己花钱吧？

张安奇： 没有。这部书被列为 2006 年国家社科基金后期资助项目，2007 年由中国社会科学出版社出版。国家社科基金后期资助项目的评审是非常严格的，是从接近完成的优秀科研成果中遴选出来的。先在各地进行评审，然后拿到北京来，由几位专家进行评审。有的学者建议是否不叫"中国学术思想史"就直接称为"中国思想史"，我们认为这个提法太泛，与我们书的内容是不一致的，所以我们没有改书名。由于我们享受了国家的资助，所以我们还要把我们的成果返还给社会。我们用得到的稿费买了五百多本书，把它寄给学界同人以求指正。本书得到学界和多位中央领导同志的肯定和祝贺，我们深受鼓舞。

邹兆辰： 学术界对这本书也是很重视的吧？

张安奇： 确实如此。当时的评审专家们认为：本成果立论平稳、踏实，其研究态度和思想导向值得肯定。认为它在综合有关中国思想史的论著中有所创新，以简明、通俗、清新的语言文风表述相关内容，以为大众提供一部简明扼要的中国思想史著作的读本。《新华文摘》2007年第13期转载《中国文化报》2007年4月14日的一篇文章，题目就叫《一卷在握，得悉国学精要》。文章指出：作者师从马克思主义史学家、思想家、教育家侯外庐，沿着梁启超、侯外庐等研究中国思想史的前辈大家的学术轨迹，博览群书、潜心苦学，以科学严谨态度治学，综合前人研究成果并有所发展创新。其他的评论还有许多，就不一一说了。但我觉得，这部书的主要学术价值，就在于它充分体现了侯外庐学派的治学风格，对于"通"与"博"的关系掌握得比较好，把思想史的研究与社会史的研究紧密结合。比如在对东林学派的研究上，就充分体现了学术思想的研究与社会形态变化的密切结合。这里可以说是学术创新的一个"亮点"吧！

邹兆辰： 你们二位在学术上的这种合作，是否也经历过生活上的艰难历程呢？

张安奇： 当然是这样了。我们两个人并不是在山东大学历史系同学以后就相识并结合的。我们两个人一个在北京，一个在上海，各有各的家庭。他在北京有三个孩子，我在上海有五个孩子。我是1984年到北京的，那时我们都是51岁。那时候，我们住在东四那边的一所小平房里，在那里如何度过那冰冷的冬天，今天是很难想象的。我们的工资都很低，而且有那么多的孩子，生活的艰苦可想而知。但是，我们就是在这样的条件下，苦读苦研、甘于清贫、甘坐冷板凳，发愤为国家、为学术做出自己的贡献。令人欣慰的是，我们抚育的八个孩子都得到了健康的成长，他们个个都上了大学，而且有博士、有专家，有的在国外工作，每个人都有自己的成就。

这些年，步先生身体不好，患有多种疾病，经常要去医院。你来以前，他住院两个多月刚刚从医院出来几天，还要继续治疗，还要有个恢复的过程。前几年，我们共同完成了几项研撰的任务，结项以后我们已经把所用的资料和书籍大部分捐赠给南京大学中国思想史研究中心，把稿费也全都买了书赠送。这里留下的一些书，除了我们的著作外，都是有关中国思想史的学习和参考书籍，还有值得我们永远怀念的老师们的学术著作和一批照片。

邹兆辰： 我看到张先生在《中国学术思想史稿》的后记中说："近智同志一生没有机会带研究生，而我则成为他的同龄的'研究生'、助手和合作者。"你们夫妻之间这种互相尊重、互相支持、相互合作的精神，正体现了中华民族的传统美德，非常令人感动。你们在学术事业和家庭生活上的成功，正是二人互敬互爱的结果。我从你们的经历中学到了不少东西。祝你们二位新年快乐，万事如意！

步近智，男，1933 年生，江苏丹阳人，1949 年参加中国人民解放军，1955 年考入山东大学历史系，1959 年山东大学历史系毕业，分配到中国科学院哲学社会科学学部历史研究所，在侯外庐先生指导下从事中国思想史研究。"文革"后，任中国社会科学院历史研究所研究员、中国文化史研究室主任。合著有《中国思想发展史》《宋明理学史》《明清实学思潮史》《中华文明史》（十卷本），"学术思想"学科主编和撰稿人。与张安奇合作撰写《中国学术思想史稿》《顾宪成高攀龙评传》《好学集》等著作。

张安奇，女，1933 年生，上海市人。步近智夫人。上海解放后参加人民解放军，南下福建。1955 年后先后就读于山东大学、复旦大学历史系。曾在上海博物馆从事上海史和文物研究，1984 年调人民出版社。著有《论明后期自然科学中的近代因素》《略论中国古代儒家经济思想的演变》等论文。与步近智先生共同完成《中华文明史》（十卷本）学术思想部分的撰写，共同完成《顾宪成高攀龙评传》《中国学术思想史稿》《好学集》等著作。

邹兆辰，时系首都师范大学历史学院教授。

全球化时代的历史教育
——访苏珊·波普教授与尤塔·舒曼博士

(🎙)[德] 苏珊·波普　　[德] 尤塔·舒曼　　(🎙)孟钟捷

孟钟捷: 尊敬的苏珊·波普教授, 尊敬的尤塔·舒曼博士, 热烈欢迎二位访问华东师范大学历史系。十分感谢二位接受本刊访谈。苏珊·波普教授, 您既是国际历史教育协会 (Internationale Gesellschaft für Geschichtsdidaktik, IGG) 主席团成员, 又是德国历史教育学会 (Konferenz für Geschichtsdidaktik Deutschlands, KGD) 主席。您可以为中国历史学家们简单介绍一下上述两个学术团体吗?

苏珊·波普　尤塔·舒曼: 国际历史教育协会 (http：//www.int-soc-hist-didact.org/) 是由德国历史教育学家卡尔·佩伦斯 (Karl Pellens) 于 1980 年成立的。迄今为止, 它是历史教育领域中唯一的国际性学术联合会。今天, 它拥有 275 名成员, 分别来自 4 大洲 42 个国家的大中院校。它在原则上使用 3 种语言 (德语、英语、法语)。它还出版唯一的历史教育国际学术杂志《年鉴》(*yearbook - annales - jahrbuch*)。

该学术联合会的主要使命在于: 依据我们的学科特点, 为国际理解与友好起见, 促进国际交流; 推动历史研究方面的全球观与跨民族观的发展; 尤其为了历史教师的培训和进修起见, 增强研究与教学的统一性。该学术团体视自己为各大洲历史教育学家的交流平台与研究共同体。

它组织国际会议。除了专业期刊外, 它还发行书籍, 并同地区性、民族性与国际性研究团体合作。它不仅愿意在中学教学领域中 (教学大纲、教参、教育理念、实证性教学研究、教师培训) 推动历史教育学的发展, 而且也愿意在历史文化领域中 (如博物馆教育和档案教育、对于历史文化进行实证性与理论性的研究、公共历史) 推动历史教育学的发展。

它尤其重视去推动和实现国际研究项目的发展，并由此为学术新人和研究者提供机会，使之得到资助，得以在国际背景中实现其研究计划、担当客座讲师、进行学术性研究访问。在未来，硕士领域中的共同研究方案甚或博士生教育合作也可能获得更多重视。

人们可以从期刊、出版物与大会的主题中看到该协会的研究重点。一般而言，每年都会举行一次国际会议。最近几年的国际会议如下：

2004 年在摩洛哥的拉巴特（Rabat），承办方是穆罕默德第五大学（Université MohammedV‐Souissi），主题是"作为跨文化对话的历史课程"。

2005 年在澳大利亚的悉尼（Sydney），当时作为第十九届历史学国际大会的分会场，其中包括："从民族叙事到公民叙事的教科书"（主持人是日本的 Masao Nishikawa）；"世界史的教和学——全球挑战"（主持人是意大利的 Luigi Cajani）；"历史教学（教科书 / 教师）中的他者观"（主持人是德国的 Elisabeth Erdmann）。

2006 年在爱沙尼亚的塔林（Tallinn），主题是"历史意识与历史文化"。

2008 年在德国的图青（Tutzing），主题是"关于历史学习的实证性研究"。

2009 年在德国的不伦瑞克（Braunschweig），与格奥尔格‐埃克特国际历史教科书研究所（Georg‐Eckert–Institut für Internationale Schulbuchforschung）合作，主题是"教科书研究中的方法论问题"。

2010 年在荷兰的阿姆斯特丹（Amsterdam），当时作为第二十届历史学国际大会的分会场，其中包括："民族历史的全球化"（主持人是德国的 Susanne Popp）。

最近几年的《年鉴》包括以下主题：《关于历史学系的实证性研究》（2010 年）、《在政治利益交错中的历史教学》（2008/2009 年）、《历史意识–历史文化》（2006/2007 年）。

最后，还出版了下列著作：《历史课程：国际评述与视野 + 世界范围内的历史教学：现状与未来》（汉诺威，2006 年）、《认同、记忆、历史意识》（圣爱蒂纳大学出版社，2003 年）、《全球化社会中的历史意识与历史教学》（美因河畔的法兰克福、2001 年）。

德国历史教育学会（http：//www.kgd–geschichtsdidaktik.rub.de/media/Der–

Fachverband）由德国学术联合会中擅长于历史教育的学者们成立于 1973 年。其目的是代表历史教育的研究兴趣，促进该研究学科的学术发展——其中包括中学与成人教育中进行历史教育的条件、方法与目标，社会中历史意识与历史文化的状态与变迁。

为了实现上述目标，该学会组织会议，出版学术著作与期刊，有目的地扶持学术新人，关注历史教师后备力量的教育与培训问题、教学大纲与中学历史教科书的构思、中学历史课程问题等。

它同德国历史学家联合会（Verband der Historikerinnen und Historiker Deutschlands）、德国历史教师联合会（Deutsche Geschichtslehrerverbänden）和国际历史教育协会保持着紧密联系。该学会致力于各民族之间的相互理解，最终追寻公共福利之目标，并持独立于政治和党派、高于信仰教派之立场。

该学会目前的研究重点也体现在最近的出版著作中，例如：《当代史 – 媒体 – 历史教育》（哥廷根，2010 年）、《隐性知识与权威行动：在呈现历史中对权威性历史理解的实证性重构》（哥廷根，2010 年）、《历史认同与历史课程：对文化归属感、中学要求与个人加工之间关系的个案研究》（伊德斯泰因，2009 年）、《历史能力与博物馆》（伊德斯泰因，2009 年）、《在真实地点上的访问者：国会墓地文件中心的实证性研究》（伊德斯泰因，2009 年）、《在信念教育和专业教育之间：1945 年以来巴伐利亚国民中学课程与教师教育中家乡概念的重要性》（伊德斯泰因，2008 年）。

德国历史教育学会编辑出版《历史教育期刊》（*Zeitschrift für Geschichts-didaktik, ZfGD*）。这是德语地区权威性的历史教育学术期刊。该期刊的以下主题也反映了现实中的研究趋势：《在一般中学、实用中学和综合中学里的历史教学（初中）》（2010 年）、《历史双语课程》（2009 年）、《作为历史教育重大纬度的时代》（2008 年）、《历史教育的实证性研究》（2007 年）、《博物馆与历史教学》（2006 年）。

孟钟捷：迄今为止，这些学术团体做过哪些研究？其目前与未来的研究重点是什么？国际学术共同体与德国学术共同体是否有机会同中国学术团体一起进行研究？如果有，您认为，应该在哪些主题上？

　　苏珊·波普　尤塔·舒曼：我认为，这两个协会特别关注以下问题与研究视角：（1）在社会发生引人注目的快速变迁中，关注历史课程与历史意识之未来；（2）在社会不断上升的移民数量和流动性中，关注多元社会的历史课程与历史意识之未来；（3）在全球化与地区化的张力中，关注历史课程与历史认同之未来；（4）世界史与全球史的新构想。

　　当然，实证性研究仍然必须进一步得到加强，例如在以下领域中：（1）教师发展与教师培训之成功条件的研究（如对于教师能力的发展与培训，哪些策略特别有效？）；（2）历史课程中持久学习的成功因素与条件之研究（如哪些教学类型与传授方式特别起作用？）；（3）公共历史文化对中学师生历史意识的影响之研究；（4）有助于历史课程中大纲改革以及其他改革的成功持久确立之学术方式的构思；（5）公共历史文化对中学师生历史意识的影响。

　　不过，在这样一个全球化的世界中，我们认为，国际性的比较大纲研究与教科书研究拥有更为特殊的意义，例如以下主题：（1）共同发展关于（世界）历史教学大纲与教学培训比较分析的类别与方法，共同发展关于教师发展与培训体系的共时性与历时性比较的类别与方法；（2）比较研究各国与各文化在彼此教学中的相互呈现（例如中国历史在德国历史课程中的呈现，反之亦然）；（3）比较研究关于各国在其各自社会背景中新课程大纲的构思、加工、试验、实践与评估的过程；（4）在历史教学计划、教科书与课程中带有国家意义的历史主题呈现之变迁；（5）比较不同国家与历史文化中针对相同主题（如冷战）的不同思维方式；（6）比较回忆文化中的争议：国家比较中的动机、结构与解决视角。

　　我们特别重视国际项目。在这些国际项目中，合作者共同为（世界）历史课程提出并检验一种新的多元视角方法，使之用不同的角度去看待共同史料。在这种背景下，我们致力于用不同立场去研究20世纪末以来深度发展的全球变化（例如冷战的结束、南非种族隔离制度的终结、拉美独裁政权的衰亡、欧洲一体化的持久发展），并且共同致力于推动国家历史图景被世界史立场所取代。这也是2011年秋天即将在上海华东师范大学所召开的中德会议之主题。

> **孟钟捷：**冷战结束以来，历史教育的形式与内容都发生了许多变化。例如，国家教科书被跨国教科书所取代。其目的或许是为了塑造共同的回忆文化。此外，学生们在书本之外也受到大众媒体的影响，以至于历史的真实性与整体性可能遭到了破坏。作为一位历史教育学家和历史学家，您是如此看待这些现象的？我们为什么会面对这两种极具争议的现象？我们有可能为下一代展现一幅共同的回忆图景吗？如果是，那么我们又该如何行动？

苏珊·波普 尤塔·舒曼：在德国，国家历史教科书的跨国化进程才刚刚开始。即便欧盟一体化的跨国进程已经迅速发展，但是德国的历史教学计划与历史教科书仍然距离跨国构想很远。作为学科的历史教育学和德国历史教育学会都认为自己的使命是在国际研究与合作的基础上，进一步推动上述发展。在德国，我们既没有把世界史作为大学学科的传统，也没有提供世界史课程的传统，因而我们必须学习国际构想，以便推动德国历史课程的发展。在这一过程中，我们还必须承认，在德国，绝大多数公民仍然在意识中坚定地抱有民族国家的想法，强调社会归属感，使之成为政治认同与历史认同的重要支柱。例如，许多德国人为此担忧，在欧洲一体化与全球流动的进程中，他们的认同感会受到负面影响。

您对德法合编教科书提出了问题。它实际上关系到德法历史文化的绝佳成功与基石的问题。然而下列问题仍然未曾得到解决：双方合编教科书的方式——亦即两个民族国家编撰共同教科书，正如德法合编教科书那样——是否有可能为克服国家思想与国家历史文化的界限提供一种合适的道路？或许，这类教科书的出现是一种指示器，表明开启了一种松弛进程，从而使两国之间的争执被长久"冷却"。

当然，双边教科书的使用受到局限，而且也未保证推动跨国课程的开展。许多国家拥有不少邻国，不得不同它们编撰众多双边教科书。此外，双边教科书并不一定需要一种跨国构思，因为它有可能仅仅聚焦于两个国家的国家历史中，强调共同点，而有意无意地忽略现实中的争议问题。

德国历史教育学的根本想法是，世界上并不存在全球性的"宏大叙事"，换言之，根本不存在可以联系所有国家的、可进行有效呈现的世界史。历史体验与视角的区别是如此之大。尽管如此，我们仍然可以努力去认识和理解某种特殊立场的局限性以及其他观点。这些应该是历史课程交给学生们的东西：他们不仅应该认识到跨国联系，而且还应该把自己的独特历史置于更为宏大的背景之中。尤为重要的是，他们还应该忍耐与尊重历史文化、立场与历史认同的相异性，由此他们才能坚定人道的价值观。在这里，假如两个或更多的国家可以共同致力于跨国主题与资料编纂，使得学习者不仅被联系起来，而且还能够清楚地知晓体验与立场之间的差别，那会更有帮助。这项工作将在加强中学生的历史认同感之外，致力于让他们理解其他人的认同感。

的确，大众媒体中的历史对中学生施加了越来越大的影响力，无论这些历史出现在电视、电脑游戏、杂志还是历史小说之中。由此，历史课程的前提、历史意识与历史文化的基础都发生了转变。现在，针对这些变化对于青少年产生之影响的实证性研究越来越少。尽管如此，我们仍然可以确定的是，20世纪70年代以来的德国历史教育已经把历史意识与历史文化的类别置于其研究与教学模型的中心地位，并由此取得了较好的领先地位。历史意识意味着个人的历史想象，是由每个个体发展的。与此不同，历史文化则是社会的历史意识的清晰表达。历史文化不仅包括博物馆、档案馆与其他回忆文化机构（如周年纪念、庆祝日或纪念碑），而且还包括在媒体中同历史打交道的流行方式。在德国，由英美学界提出的"公众史学"（Public History）构想也已经产生。

因此，您所提到的大众媒体已日益进入教师教育与培训领域中。我们在奥格斯堡大学已经建立了一个新的硕士研究项目，要求学生掌握下述能力：能够高品位地、恰如其分地在公共领域中传播历史。这项研究项目不仅对于未来教师的吸引力很大，而且也吸引着年轻的历史学家们——他们稍后或许愿意在博物馆、档案馆、历史杂志、历史旅游等领域中工作。

孟钟捷： 在当下，世界范围内出现了不少跨国历史教科书编纂项目，如德法之间的合作，或德波之间的合作。此外，却仍然存在许多关于国家教科书的争议，如中、日、韩之间。为什么在欧洲与亚洲存在两种不同的回忆构建之路？究竟是观念还是写作策略——如德法合编教科书提供了大量档案材料，却很少进行评述——能够避免这种争议？

385

苏珊·波普　尤塔·舒曼：您的问题是一个极大挑战，我们不确定是否能够回答这一问题。首先，我们想指出的是，您在德国、法国或其他欧洲历史教科书中所发现的强调历史资料与史料解读的现象，首先源自民主与批判的历史课程之设想中。20世纪，历史在欧洲时常被意识形态化，被错误地视作操纵民众的工具。这不仅体现在德国纳粹主义中，而且还出现在意大利法西斯主义和其他欧洲独裁政权中。从历史课程曾被滥用的体验出发，人们认为，必须让青年一代有能力自主地、批判性地处理历史内容与解释——无论这些内容和解释出现在学校、家庭，还是朋友圈子或媒体之中。只有当中学生们理解历史知识是如何产生的、它们拥有哪些局限时，他们才能拥有这种批判性的评价能力。这意味着，中学生们不仅应该接受历史内容，而且还应该学习自行处理各种史料的方法。这种教育原则（民主与史料解读）的统一性在某种程度上减轻了德法合编历史教科书中的困难。减少评论文字并非为了避免争议，而是为了更高层次上对于史料解释的教学评价所需。我们当然必须反思，两国之间的争议不仅会超越文本，而且还会超越被选取的那些史料，继续存在。

对于德法合编教科书的成功，我们不应该过高估价，因为德法矛盾早在欧洲一体化的进程中已经得到克服。我们也许可以这样认为，假如同许多新的欧盟成员国相比，德法之间在扩大欧盟问题上比此前的态度更为回缩，以保证老欧盟成员国的利益。因此，我们可以质疑的是，德波合编教科书项目是否同样会迅速取得成功？因为这两个国家之间的双边关系比德法关系受到更大历史负担的影响，在争议问题上的协调一致则更为困难。

此外，我们愿意补充指出的是，当下不仅在欧洲，而且在世界范围内，出现了比以往更多的历史文化争议。这些争议经常针对国家历史教科书的内容和教学大纲（可参见2008/2009年的《年鉴》）。即便我们不能够十分全面地说明其中存在的缘由，但许多专家至少可以提出两点原因：一方面，各地公民都比以前更关注他们在社会与历史认同中的地位；另一方面，关于历史的社会争议越来越脱离了大学里学术化历史学家们的掌控。

或许，把欧洲与亚洲的不同情况进行比较研究是一种十分重要的任务。也许，我们可以在10月上海会议上将之作为首要重点。欧洲与中日韩历史教科书争议不同的重要区别在于，欧洲国家已经在跨国融合的进程中紧密地团结起来。这使关于历史教科书的争议得到了积极处理。

尽管如此，我们也不能忽略的次要现象是：在日本，所有历史教科书每隔 4 年都会重新编纂或遭到更替。这便意味着，整个政治公共领域都可以在这种时刻集中关注它被如何政治工具化。与此不同，在德国，我们有 16 个联邦州，它们比较独立地推动教科书的更新工作。尽管这种漫无边际性存在缺点，却很好地阻止了历史教科书成为一种政治话题。

孟钟捷： *在当今历史教育研究领域中，德国扮演了一种十分有趣或者说极为重要的角色。德国历史学家曾经是推动国家史向跨国史转变的支持者，而现在您又提倡历史教育中的全球史。在您看来，为什么德国人愿意实现这种转变？除了实证性研究的结果外，是否还存在其他因素——如世界公民与民族国家之间争议的历史回忆文化，或者作为欧陆中间国家的特殊地理位置，或者是对于德国在世界上的未来构想？*

苏珊·波普　尤塔·舒曼： 假如我们是从历史课程出发，那么德国的确面对着极为特殊的情况：与世界上的绝大多数国家不同，我们在中学里从不提供任何关于世界史的课程。德国的历史教学大纲十分典型地从人类产生开始，然后是新石器时代、古老的埃及文化、希腊民主以及罗马帝国，再接着是基督教中世纪、欧洲近代早期、专制主义、启蒙运动和法国大革命，最后是德意志国家构建，这是同两次世界大战、纳粹主义和犹太大屠杀联系在一起的。1945 年后的时代大部分是在冷战和欧洲一体化的框架中展开。所有这一切意味着德国的历史课程更多地仅仅被理解为德意志国家史，而不是一段世界史。也许德国中学生所知道的关于中国历史的知识远远不如中国中学生所知道的德国史和欧洲史。因此，一些德国历史教育学家（如 Hanna Schissler、Urte Kocka、Susanne Popp）努力加强历史课程中的世界史纬度。在此过程中，他们不仅必须在德国模式之外思考专业教育方式，而且还必须在专业学术领域中进行反思（如 Jürgen Osterhammel、Matthias Middell），转变专家们用地区史而非全球史思考非欧洲历史的方式。在德国的一些研究中心，如莱比锡大学的研究中心，历史学家已经致力于提出世界史与全球史的问题意识。不过，总体而言，德国的历史学家——也许是由于资料用语的缘故——仍然十分强烈地同国家史联系在一起。假如他们超越了这一立场，他们也会首先对欧洲史与双边关系感兴趣。

确实如您所言，德国对世界史与全球史的兴趣是同其在欧洲一体化进程中的核心地位密切相关，而且也暗示了德国学术传统的一种复兴——这种传统与"世界主义"存在着某种争议。我们认为，以上两个因素在本质上推动学术界与教育界产生新的发展，并使这种发展逐步稳定下来。

孟钟捷： 您曾经把"以全球为导向的历史意识"视作历史教育学的未来挑战。对于我们而言，这是一个十分有趣的观念，尤其在全球化时代。因此，您可以向我们更为细致地介绍一下您的想法吗？如果可能，你可以用德国的历史教育为例进一步解释这一想法吗？

苏珊·波普 尤塔·舒曼： "以全球为导向的历史意识"这一构想意味着——简言之——一种历史思考形式，它根据全球史纬度或全球史意义，来对历史主题进行系统化的提问。我愿意举出两例：德国历史课程在呈现1919年《凡尔赛和约》时，将之隶属于一种国家观中。人们认为，对于德意志国家而言，该和约过于严苛，并且同纳粹党人的崛起紧密联系在一起。如此一来，对于中学生而言，《凡尔赛和约》看上去是纳粹党人成功的一个原因。毫无疑问，这种国家历史观是重要的；但是，同样，学生们应该知道《凡尔赛和约》的全球意义。人们仅仅思考"国家建立"（许多新的民族国家之诞生）、非殖民化之开始，或者日本建立条约体系以致对中韩两国产生了负面影响。在全球化时代，中学生们至少应该知道，自我局限在国家史观中存在着哪些局限。

第二个例证是公元732年法兰克军队在查理·马特（Karl Martell）的带领下战胜阿拉伯军队。德国教科书将这一结果描述为"西方国家"在阿拉伯人面前"得到拯救"。如此一来，大部分中学生们都不会真正知道伊斯兰教的扩张范围，而仅仅把都尔战役错误地视作伊斯兰教扩张进程中的重要结果。假如他们在全球思维的意义上愿意提出如下问题：是否所有国家都在阿拉伯人的胜利后被伊斯兰化——那么，他们就会去认识公元751年阿拉伯人与中国人的怛逻斯战役，也会知道，中国人输给阿拉伯人的结果并未让中国文化被伊斯兰化。再进一步而言，战俘也扮演着影响深远的文化交流角色，他们成为中国文化的见证者，将之带到了地中海区域。

"以全球为导向的历史意识"意味着传授给中学生们一种方法工具，让他们有能力自主地认识全球联系。例如，他们应该提出这样的问题：一段历史进程是否只发生在特殊的国家中，还是属于包括许多国家在内的更大联系中的组成部分？他们应该区分哪些是具有民族特殊性的标志，哪些是普遍特征。进一步而言，他们应该推动这样一种意识的发展，即历史性的伟大事件在不同国家和社会意味着极为殊异的体验和回忆。尤为重要的是，中学生们可以正确地评价传播、文化交流、遭遇、迁徙等对于国家史和普遍史的意义。

人们还可以举出更多例证。但是我自己愿意指出，把世界史与全球史的观念引入国家历史课程中，首先是为了避免一种缺憾，因为德国从未在中学层面上存在过世界史。尽管如此，这种观点还可以延伸到当今全球化提出的挑战。因为在全球化中，人们把地球视作地区的一个部分，反之亦然。对"国家史"（"我们"）与"世界史"（所有他者）的区分还没有完全实现。我们不可放弃的理念是，中学生们应该把独特的国家史感知为包罗万象的世界史与全球史的不可分割的组成部分。假如他们可以从不同的视角（地区史、国家史与全球史）出发学习自己的国家史，那么这将是最好的结果。

孟钟捷：自20世纪末以来，中国也开始启动历史教育方面的改革，其中包括教科书、课程大纲与考试方法。您可以用德国历史教育改革的体验和教训为我们提供一些建议吗？

苏珊·波普　尤塔·舒曼：我们必须承认，我们对中国的改革进程知之甚少，无法评价中国的教育改革。但是我们希望能够借助同中国专家们的深入讨论，使得我们的知识储备为中国教育改革而服务。假如您关注德国历史课程改革的发展，那么您会看到，在历史中形成了一种特殊的内容：德国与两次世界大战、纳粹主义与犹太大屠杀进行的斗争。这些内容对1970年后的德国历史教育学之发展产生了极大影响。人们强调历史传授的主要原则是：以史料为导向、多元视角、当下联系、民主的历史意识、理解他者与容忍。这些原则的出发点是一种更为基本的认识，即德国土壤上再也不能爆发战争，再也不能允许任何违背人性的暴行出现。因此，历史课程必须促进自主和成熟的思想，可以经受批判性的检验，并拒绝任何反对其他民族的负面举动。

但是，从根本上而言，我们认为，历史课程必须比此前更多地从青少年当下与未来的生活场景中出发。这特别意味着，历史课程必须认真地对待日常生活全球化与媒体化的挑战。青少年必定不仅要求获得渊博的媒介能力，而且还要学习用包罗万象的、全球联系的多元观来观察自己国家的历史。

最后，我们想强调的是，从迄今为止的德国历史课程改革与持续发展中，我们可以学习的地方是，对于成功的革新而言，基础性比较、合乎实际的问题描述与广泛试验是不可或缺的步骤。为此，人们需要更为清晰的目标设定，以及更为坚定的实证性研究。此外，人们还必须更多关注实践阶段：一个好改革的持久性并非来自改革自身，而必定在教师教育和教师培训的进程中得到更大程度的推广。

孟钟捷：十分感谢二位的回答。

苏珊·波普（Susanne Popp）：德国奥格斯堡大学人文－历史学系历史教育首席教授、国际历史教育协会主席团成员、德国历史教育学会主席。研究领域包括：世界史、全球史与欧洲史观融入国家历史课程中；"为儿童写作世界史"的历史；认同与争论，关于中学教科书的国家辩论；欧洲现行教科书中图片使用的结构与变化；"视觉文学"的构想；大众学术杂志历史的构建；国际比较中的大众学术杂志等。她负责主编国际历史教育协会的学术刊物《年鉴》，并主编《奥古斯特·路德维希·冯·施勒策：为儿童撰写世界史的准备，一本为儿童教师的书》（2011年）、《当代史－媒体－历史教育》（2010年）、《历史能力与博物馆》（2009年）等。

尤塔·舒曼（Jutta Schumann）：德国奥格斯堡大学哲学－历史学系历史教育学术助理，历史学博士，主要从事大众媒体与历史教育方面的研究。

2010年10月8日，苏珊·波普教授与尤塔·舒曼博士访问华东师范大学历史系，并接受采访。

孟钟捷，时系华东师范大学历史系副教授。

矢志不渝上下求索
——访陈诗启先生

陈诗启　　🎙️ 水海刚　郭崇江

> **水海刚　郭崇江**：陈先生，您好！您是著名的学界前辈，同时也是诸多青年学子及学者仰慕和学习的榜样，在您的身上，有着中国知识分子认定目标、不畏艰难、努力奋斗的精神。在从事学术研究的四十余年里，您取得了极高的成就。我们能不能先从您的人生经历开始谈呢？您能不能给我们谈谈您是如何走上学术研究道路的？

　　陈诗启：首先说一点，称我是著名的学界前辈、许多青年学者们仰慕的榜样，这几句话我觉得太过誉了，我绝不敢当。我只是一个长期从事研究工作的老年人，一个平凡的老年人，说不上有名。还有，说我取得了"极高的学术成就"，我发表的论文在学术界只是一般的著作，没有什么特殊的贡献。

　　我是怎么样走上学术研究这条路的？这大概要从我自厦门大学毕业后讲起。1941年夏天，我大学毕业，先后在国立中山大学附属中学、国立第一侨民师范任教。1942年秋天，在时任厦大校长萨本栋教授的推荐下，我担任了闽西长汀县立中学校长。后来，因疲于应付人际关系，再加上对于机械的行政工作日益失去兴趣，便萌生转变就业方向的念头。1945年5月，我有幸进入母校厦门大学工作，但当时因并不具备从事大学教研工作的资格，便担任校总务处庶务主任。在任职期间，我便争取时间，全力充实知识，开始从事系外中国通史的教学。1953年，厦大进行大规模的教学改革，历史系课程激增，教学人员不足，我便被组织上委任为历史系讲师，专门从事教研工作，这是我企盼多年的愿望，自此，我便一心一意地在大学从事教研工作。

水海刚　郭崇江：我们知道，您刚从事学术研究时，是主攻明清史研究的，请问当时您是有意识地做这样的选择吗？

陈诗启：这实际上是和我的教学相关。我当时到历史系来，系领导就分配我教两门课，一门是中国通史里面的明清史，另外一门是中国近代史。我教明清史，就去查明代教材和材料，查到些明代很多工场的材料。从那个时候起，对工场、工人问题很重视。我们新中国是以工人阶级为领导的，我也就有意识地选做这个题目。我的第一篇正规的史学研究论文《明代的工匠制度》，是和当时的研究主流有关系的。

水海刚　郭崇江：大学里的教学和研究如何相辅相成、互相促进而相得益彰，是一个让许多年轻教师为之头疼的问题，请问，您在从事学术研究生涯中是如何处理这两个方面的关系呢？

陈诗启：这个问题确实不太好平衡。我一进到历史系来，没有很多的历史知识，又需要教明清史、近代史这两门基础课程，任务很重，还要搞研究工作，当时也没有办法。所以，我第一年就完全做教学工作。教学的工作，我很注意三个方面：一个是理论，我们旧社会来的人，都没有系统念过马列主义，为了提高理论的修养，我就去听经济系的课。当时有很多老师都去听这门课，而且我还听了王亚南先生的课。理论很重要，学习马列主义，这个是基础和根本。第二个就是把全国各个大学有关明清史的教材都搜集来，自己整理一下，做自己的教材。第三个就是有新的看法就吸收，这样做对自己以后的研究很有利。我就是从这三方面着手开始明清史教学的，并参考其他的书，同时，资料也搜集了不少，在教学的基础上搞明代工匠制度研究。在研究工匠制度时，开始我是学习列宁的《俄国资本主义的发展》，这本书对雇工是怎么样一步一步发展起来的，都写得非常清楚。所以，我就根据这本书的理论来写。这些研究工作在教学当中，用写教材的方式来练习，教材有系统性、科学性，对论文写作的思维又有很大帮助，可以起到教学相长的作用。几年后，对教学的内容相对熟悉后，科研的时间也就相对充裕了。但是，既要教书又要研究，其实是非常困难的。我没有什么特别的方法，就是在时间方面拼命抓。周末、公休、寒暑假等所有的时间，都不让它飞过去，都用来搞研究工作。真的没有什么方法，就是非常勤，非常用功，一点时间都不浪费。所以，我比别人搞的多一点，就是尽量利用时间，一分钟都不浪费。经过了两三年的刻苦努力，我的《明史讲义》被教务处作为交流教材，在各大学进行交流和使用。同时，在研究方面，我研究明代官办手工业也取得了一点微薄成果。

水海刚　郭崇江： 在明清史的研究中，您从明代的工匠制度入手考察明代的官办手工业，并在 1958 年出版您的第一本学术专著《明代官手工业的研究》。请问，这一时期的研究为您之后从事中国近代经济史、中国近代海关史的研究奠定了什么样的基础呢？

陈诗启： 我在 1959 年后专任中国近代史教学。跟着教学方向的转变，我的科研也向中国近代经济史方向转变。经济史专题研究中有个问题就是海关的问题。我就很奇怪，海关是中国管理进出口贸易的机构，为什么被外国人管？发现这个问题，对我影响很大。我研究海关史，就是从这里开始的。但是，研究海关史同其他的课题是完全两样的，并不是在官手工业基础上搞出来的，官手工业是我们中国自己的，海关是外国人把外国东西搬到中国来的，但之前教学、研究方面的经验还是对我后来的海关史研究有相当的帮助。在这一时期，由于我对于中国近代经济史研究的指导理论了解得不够深刻，因此研究成果并不多，可以说，只是为中国近代经济史研究添了一些砖瓦。

水海刚　郭崇江： 您是在一个极其困难的处境下展开中国近代海关史研究的，在当时，究竟是怎么样的一种心态促使您去开拓一个崭新的学术研究领域呢？

陈诗启： 我之所以走这条路（指研究中国近代海关史），一个是"文革"中学校都关门了，我的工作也被停止了，工资只发生活费，我的家庭因为我的关系都受连累。开头三四年是劳动，纯粹的体力劳动，比如拉车、养猪、种菜。到后来（1972 年），我被定性为"内部反革命"，红卫兵觉得我已经定性了，他们就不大管了，不叫我再劳动了，把我关在我们历史系的资料室。资料室当时的负责同志同情我的遭遇，从不歧视我，每次都叫我提前下班去吃饭，甚至不分配我任何工作，我因此有了完整的空闲时间。与此同时，我的家人都在家里赋闲，这时我想，我们是读书人，待在那边没有事做是不行的，心里不甘心时间白白浪费，因此，决定开始我的研究工作，这是一个（原因）。还有一个（原因），"四人帮"搞的那些文章，当时我们都要看，都要学习。"四人帮"的目的是适合的就拿起来，不适合的他就去掉，不是按照史料来做研究。这一点，我们做历史研究的人就很不赞成把史料乱改。我就因为这两条，下定决心，利用时间，写出实事求是的历史。那么，我为什么会研究海关史？因为当时，也不知道要管制到什么时候，"文化大革命"也不晓得什么时候才结束。认为选海关史这样一个比较大的题目，包含的问题很多，你关我多久，我就可以做多久。再就是海关长期为外籍税务司把持，它的所有档案长时间都不得为外人翻阅或研究，造成百年来学术界没有一部完整、系统的中国近代海关史。我决定利用空闲时间，填补这个空白点，把撰写一部比较完整的中国近代海关史，作为持久的奋斗目标。

水海刚　郭崇江：我们知道，在长达八年的时间里，您在一个艰苦的条件下开始为研究中国近代海关史做准备，八年里，您和您的家人一共搜集、整理了多达三百万字的资料。我们很想知道，您是如何做到这一点的？

陈诗启：当时，我被关在资料室，得以以资料员的名义，到学校图书馆各书库去查阅资料。当时学校教师阅览室的管理员同志对我很优待，让我进书库，什么书我都可以看，可以借出来摘录。所以，资料方面的问题就解决了。后来，由于不能进到书库里去了，恰好我有一个表弟在师范学院做老师，师范学院的书比我们这边的多，我要什么书，就写信给他，他借了书就寄给我。这样一来，这个问题就解决了。但我一个人怎么能够抄这么多呢？后来想，家里的人都被划作黑五类，但都没有被管制，又都没有事做，家中生活清苦，被人歧视，受人监视，心里也都很苦闷，我就想叫他们做一些辅助的工作，他们的心里就不会那么痛苦。我就回家去告诉我的爱人：我们与其这样天天艰难痛苦，还不如来做一些工作，使大家比较痛快一点。我打算搞海关史，你们来帮我抄资料，将来假定做出成就来，大家都高兴。我的爱人同意这样做，就叫我的四个小孩子，两个男的，两个女的，全家一起抄写。我在资料室的时候，每个周六可以让我回家，我就把借的书偷偷地带回家去，让他们分工去抄。抄完了，第二礼拜我又再去借一批书，把这批抄完的书带回来，还给图书馆，一直这样做，做了六七年。

水海刚　郭崇江：1985 年，由厦门大学与中国海关学会合办的中国海关史研究中心成立，这标志着中国近代海关史的研究已获学术界广泛承认，成为一门"显学"。我们知道，先生您在这期间做了大量的工作，您能为我们谈谈这个过程吗？

陈诗启：1979 年，我一被平反，就开始利用整理的资料写文章。我的第一篇文章，叫《中国海关行政组织》。这篇文章写完，就寄给《历史研究》。《历史研究》看到我这篇文章，非常高兴。杂志的研究室主任就写信给我，认为我的研究没有人做过，希望以后多发表此类文章，请我再写一些关于海关行政组织的和赫德的评论的文章。后来，我写了第二篇文章，论述清朝政府已不满外国人掌握中国海关，想要把海关改组，设立一个税务处，用税务处的官员来管海关。这篇文章也在《历史研究》上发表了，我当时很高兴，对海关史的研究更有信心了，我觉得我的研究对了路了，所以，从此以后，我就专心研究海关史。之后，看到许多文字资料，觉得中国近代海关很复杂，内容太多，我一个人没有办法研究清楚，还是组织一个机构，培养更多人来一起研究。1985 年，我就想组织海关史研究中心。在学校的支持下，设法同福州、北京海关总署取得联系，在当时刚成立的海关学会的同意与支持下，于 1985 年 11 月，成立了中国海关史研究中心，我被推为研究中心的主任。我那时候年纪还轻，也有干劲，就接受了这个职务。成立大会开后，开头做什么？就是要巩固这个组织。组织怎么样巩固呢？就是要编一部系统的中国近代海关史，还有就是要准备召开国际研讨会，拓展学术视野并扩大学术交流。

水海刚　郭崇江：中国海关史研究中心在成立后，厦门大学成为中国近代海关史的研究重镇。多年来，凡提海关史研究必提厦门大学中国海关史研究中心，陈先生不仅自己身体力行，同时也在人才培养、学科建设方面为中心的发展、壮大做了许多贡献，在成立之初，它的人员构成及工作重心是什么呢？

陈诗启：当时没有人搞海关史，我就邀请跟我志同道合又有学术水平的一些同事合作研究。有两个是我们系的教员，一个是林仁川教授，还有一个是傅宗文教授。还有当时经济学院的院长，以及现在在厦门大学出版社工作的薛鹏志同志（他当时是专职到中心来的工作人员），这样一来，有三四个人了。中国海关学会不仅派两个人来，还出有经费两万元支持，研究中心就这样组织起来了。我自己当时对海关史研究最后会搞成什么样，也没有太多把握，我就招研究生跟我共同研究。现在的中心主任戴一峰教授就是当时的第一届研究生，前后一共招了七八个研究生。

中国海关史中心成立后，我们当时就在想，中国基本上没有人研究海关，少部分研究海关史的那些学者因为不能看到原始档案，所以研究也不系统。也就是说，中国近代没有海关史，没有一个系统、全面的海关史，所以，我就决心写一部集中、全面的海关史。我们搞了一段时间以后，别人也慢慢起来了。现在复旦大学也在搞，他们也成立海关研究机构了；在外国也有一些机构。除了集中精力编写海关史外，当时中心成立后的工作重心就是想要巩固和发展中心的组织，收集海关档案资料，编辑一部海关常用词语的英汉对照，翻译出版外国的著作，举办中国海关史国际学术讨论会，和外单位合作编译出版海关档案，出版《中国海关史研究中心动态》，报道研究中心活动情况，定期派员巡视各海关，协助各关关志的编写等。

水海刚　郭崇江：中国海关史研究中心成立后，在您的倡议和主持下，先后主办或参与筹办了三次国际学术讨论会，扩大了国际交流，请问，您如何看待国际交流对中国近代海关史研究的影响？

陈诗启：国际交流是很重要的。但说起中国海关史中心参与或主办的国际会议，也算是机缘巧合。我从前是研究明史的，1958年出版的官手工业这本书，虽然只有11万字，但这本书发行到香港去，香港大学校长、中文系的主任，看到这两本书，觉得很好，结论不错。天津南开大学郑天挺先生举办第一次全国明清史国际会议，邀请我去参加。香港大学校长王赓武教授，他也去参加。在会上，他与我交谈，提起看过我的这本书。后来，我就写信给他，我说我现在搞了个中国海关史研究中心，想举办一个国际会议。我们在世界上没有名气、没有地位，香港大学在世界上有名气有地位，我说是不是请你们带头来举行这个海关史第一次国际会议。他回信给我说可以，他已经同研究历史的两位老师（谈过），请他们负责筹备。我就各个学校去查，看世界上有哪几个人研究海关史，就请他来。王教授也认识一些人，这样一来，我们同他合起来，举行了第一次的国际会议。这次会议，由中山大学、《历史研究》社、《近代史研究》社、我们厦门大学海关史研究中心，以及香港大学，五个单位联合合办，由我们研究中心牵头。来参会的有二十多人，并来了两个美国学者。在这个会后，中山大学等四五个单位同我们联系，要举办第二次会议。第二次会议在我们学校召开，由我们研究中心做主人。这次来的人就比较多了，有三四十个。第二次以后，我就计划在美国、日本、中国台湾继续开下去。我同美国来参加会议的学者商量，第三次在哪里开好？他建议还是在香港，在中文大学开。于是，在香港中文大学王赓武教授以及当时在中文大学任教的许倬云教授、我们学校的副校长郑学檬教授的帮助下，我们申请到台湾的蒋经国学术基金的资助，1995年，便在香港中文大学召开了第三次的国际会议。来参加会议的，大概有日本、加拿大、我们大陆，还有香港地区以及香港附近的大学，有四五个国家和地区的学者参加。这是我们海关史研究最盛的时候，一下子就召开了三次国际会议。三次国际会议都出了一个动态，中国海关史的研究就传到外国去了，扩大了国际交流与影响。另外，通过三次国际学术会议的召开，海关史的基本问题，慢慢都清晰起来，经过反复讨论，大家深受启发，获益良多，这是关起门来做学问所不能获得的东西。

水海刚　郭崇江：您先后在78岁和84岁高龄完成《中国近代海关史（晚清部分）》和《中国近代海关史（民国部分）》两部巨著（计91万字），

填补了历史学领域长期遗存的一大空白，为中国近代海关史研究留下了传世之作。请问，您自己是如何看待、评价这两部著作的？

陈诗启：我对自己写的这两本海关史，都不满意。因为我后来看到中华书局的那个《密档》（指《中国海关密档》），觉得差得太多了，所以，对出版的《中国近代海关史》觉得不满意。教育部把这本书列作研究生、博士生的教材，我心里是很惶恐的。因为我看了《密档》以后，觉得里面每一句话都是实在的，这个是最好的、第一手的资料，我这（两）本书相较《密档》差得太多了，需要作进一步的补充和修订。

水海刚　郭崇江：我们都知道，中国近代海关是列强控制下的"国际官厅"，陈先生您能不能给我们谈谈该如何看待海关在中国近代所产生的影响？

陈诗启：海关总税务司，相当于现在的海关总署署长。总税务司赫德，他自己讲海关是国际性的。为什么是国际性的？因为在当时中国是半殖民地，这个国家可以来，那个国家也可以来做生意、开工厂。我们现在一般叫作国际官厅。这个国际官厅对中国近代有什么影响？现在辩论很多，还没有最后的结论。我的看法是这样的，做研究不能根据你自己想象，一定要有资料作根据，没有资料，只有理论是不行的。海关是由二十几个国家职员组成的，它不是由一个国家（的人员构成的），所以，赫德叫它作国际性。（海关职员数量的分配）大概是按照当时各国对中国的贸易额，贸易额多的，海关就用这个国家的人比较多；贸易少的，人就用的少。（海关）虽然是国际性的，但主要是由英国掌握，因为英国最早来中国，中国的语言、风俗、习惯它都比较清楚，英国在中国的势力是最大的。所以，海关虽然是国际性的，但是，它的领导者是英国的，近代海关从成立到新中国成立，主要被英国人掌握。英国人为什么要掌握海关？这不是赫德搞出来的，最先是第二次鸦片战争后，英国人来同中国打交道以后，对中国的情况了解得很多，觉得要把中国吃下去很难，中国这样大，人这样多，你要怎么吃？你发兵来打，也不一定吃得了。他们当时就想出一个办法，仍然由清朝统治中国，但要由英国来操控，这个以英国为首的国际官厅就是从这里来的。各个国家怎么样听命于英国呢？这一点，英国人赫德很厉害，管得非常好。赫德管这么多国家，他单个人也没有办法，他就同清朝统治者结合起来，叫清朝来管全中国，他自己做太上皇。海关由英国人来管，我们中国是半殖民地，其他国家也要来抢这个海关的控制权，也要想做总税务司，他要弄得很圆滑，不然大家就不听话。他能弄成这样，平衡各方的势力，让海关维持正常的运作，是很厉害的。因为里面做事的都是外国人，什么科长、署长都是外国人，所以叫作国际官厅。

这个国际官厅是英国人做总税务司。既然是总税务司，大权由他掌握。总理衙门是清朝最要紧的一个要害部门，海关在外国都是财政部管的，但是，清朝海关是属于总理衙门管的。但总理衙门也是保守的，对新的东西它都不懂，也不太愿意同外国人来往，它怕外国人来找清朝麻烦。海关是属于总理衙门的，赫德拉拢总理衙门拉拢得很紧。当时，恭亲王是洋务派，他主张要学外国的，同其他人不同。洋务派掌握总理衙门，要学外国，自己不懂的，只好向赫德学习，要赫德出来主持。1874 年，赫德在英国成立了一个办事处，这个办事处等于第二个总税务司。赫德要做什么，都是通过这个办事处。赫德有个他最亲信的金登干，这是最服从他的人，金登干的活动，都是根据赫德的方针政策去搞的。清朝洋务派要搞军事，提倡建海军，但清朝的官员根本不懂得海军、军舰、军队。这些都要问赫德，赫德就借机打进总理衙门，它要买军舰，这个舰队要配什么舰，清朝总理衙门都不懂的；要多少钱，也不懂的，什么东西都要请问赫德。赫德同第一任总税务司李泰国不同，李泰国才 28 岁就做总税务司了，他年轻，火气很大，野心也很大，但没有眼光。赫德看得很远，他对清朝官员比较客气，能够使清朝得到一点利益的，他就尽量去替它办。所以，清朝看到他能替自己办事，就慢慢相信他了。最后，赫德就慢慢能影响到清朝的要人，比如恭亲王，同赫德最好了。他建海军，都是问赫德。赫德就叫伦敦办事处、他的亲信金登干去执行。他非常相信金登干，连他的家庭（赫德是在中国，他的家庭在英国）都交代金登干替他照顾。赫德工资非常高，在我们中国，一千两（白银）一个月。还有，因为他掌管海关，当时中国要买什么东西，要通过他，他就让金登干在伦敦买，还可以赚到佣金。那个时期，清政府建设海军，他协助买军舰、大炮，光佣金就可以赚得很多。他又把钱都汇到伦敦去，叫金登干替他买股票。这样一来，清朝同赫德搞在一起，海关力量慢慢变大。赫德叫中国要修铁路，要开矿，要建邮政局，这些当时中国没有的、外国有的，他都尽量介绍来，所以，海关管很多事务。而且海关有钱，关税是由它管的。因此海关职责就慢慢扩大，比如航运、邮政等，后来还建了一个大学——同文馆，包括英文、俄文，培养这些可以同外国人接触的人才。赫德也提倡派中国的孩童，到外国去留学，这样海关就可以慢慢用中国人，不必全用外国人。这一套洋务，都是赫德先搞起来的。所以，赫德把外国海关的制度搬到中国来，海关的制度是比较严密的，比中国的关税制度好得多了。海关关税征收对清朝十分重要，清朝很看重它，可以替它还赔款，第二次鸦片战争，赔英法的钱都是由赫德从关税里面拨付的，所以清朝对他很信任。

还有一个问题，就是海关由外国人来搞，对中国是不是很有利？外国学者，包括美国学者他们都是这样看的，清朝之所以能够维持那么久，同赫德的海关的支持是分不开的。如攻打太平军，各海关都支持清朝的军队。清军都是用洋枪洋炮，太平军都是用刀枪，怎么打得过呢，太平天国运动结束后，清朝同海关结合得更密切了，也更加相信赫德。以后，赫德就借这个机会来发展他的势力，发展英国在中国的势力。所以，它的权力很大，它的情报通到伦敦办事处，办事处就通到英国的外交部，外交部就按照英国对中国的方针政策来办，这个方针政策就是要把中国沦为英国的殖民地。它怕其他的国家来抢夺它的地位，所以它就利用海关，因而海关等于清朝上司。

当然，这个问题现在辩论很激烈。一方面认为中国的海关变成英国对中国的统治机关；另外一方面，认为中国这些新的东西，比如铁路、开矿，都是通过海关传进来的，对中国是有利的。但是，这些引进来的东西，都由海关和赫德及英国指派的人做头，赫德是海关总税务司，还是总邮政司，下面邮政局，县里面的邮政也是海关管的，叫作邮政司。其他凡是赫德引进来的机构，领导人都是海关委任的。虽然是他引进来的事项，客观上对中国是有利的，但是各种新的东西都归总税务司管，整个中国就变成海关管辖的了。英国政府也用这个办法来管中国，要把中国变成半殖民地，赫德这样管，这样拿，清朝的官员就慢慢发觉了，后来张之洞、刘坤一两个都反对赫德，联合起来写了报告给总理衙门，说中国假定是这样一点一点被他拿去，中国以后就变成英国人管了。他们非常厉害地攻击赫德，以后清朝也慢慢发觉了。

要评价英国如何侵略和控制中国，我看最要紧的就是评价赫德，因为海关在晚清时代基本上是赫德管的。现在已经把海关里面最秘密的东西、最关键的问题揭开了，就是中华书局出版的那九本密函（指《中国海关密档》）。这九本是很重要的，要研究海关史，这一部书我看是最好的。包括亲信的人来往的通信，另外，赫德也讲了些真话，他跟金登干讲，我就是利用我的地位把中国的东西搞出来。所以，我主张就用这部书，才能真正表现出海关的本质。海关自己写的文字，对中国有利的才讲，不利的它都不讲，它都删掉。赫德也很怕其他国家抢总税务司的职务。怎么抢，它里面都讲得很清楚。赫德也非常自私，他的儿子有点精神病，不能做什么事情，所有的事情都交给伦敦办事处。如金登干去外国，就请金登干的儿子来代理办事处，甚至还想让他的弟弟赫政（根据《密档》，赫政是一个酒鬼，整日到处游玩）接替他做总税务司。

水海刚 郭崇江：先生您现在以 94 岁高龄仍孜孜不倦地每天阅读、笔耕，这种勤奋、刻苦、几十年如一日的治学精神值得我们每一位青年学者学习。请问先生，在完成上述两大巨著后，目前仍然在从事哪些方面的研究呢？

陈诗启：刚才我提过，我现在这几年来，都是在研究《密档》。《密档》九本，一共六千多页。因为资料太多，人家没有时间看，很少人引用，我想我既然关注海关史，这九本《密档》无论如何一定要去翻。所以，我用六年的时间把这九本《密档》每一行、每一字地看，看了以后，做出卡片来。先是把重要的东西都复印下来，然后叫我的女儿替我把重要的剪下来。你们看到的都是剪下来的，这个不会漏的，也不会错的。现在卡片一大堆，已经在分类了，大约进行了一半，大概一类可以编成一本书，估计可以编成十本。我自己现在已经94岁了，一本书假定用一年时间编写完，十本就要十年。我希望我能够再活五年，或者六年，把这个《密档》主要的东西编出来。我这样的年龄，编齐十本，恐怕没有办法。以前浪费了许多时间，现在年纪已经大了，动作太慢，但是，我还是遵照我们学校的校训——自强不息、止于至善。我就这样做下去，能做多少就做多少，一直这样做下去，做到眼睛闭上为止。同时，我还想组织一个编辑委员会，把我的卡片资料贡献出来，希望你们后来的人，能结合这九本通信密函，写一部准确的、完整的近代海关史。

水海刚　郭崇江：最后，想请先生以自身经验来谈谈给学界后辈的告诫和勉励吧。

陈诗启：我有几条建议。我们研究历史，一定要正确理解资料，不要歪曲，不能自己要讲什么就按照自己的意思去研究，一定要按照资料的本意，一点都不能歪曲。"四人帮"搞的那些文章都是假的，我是反对的。所以，我搞海关史，要提倡正确的史料，不能歪曲，这是一点。第二点，要有正确的作风。现在有些人写书，要人家对他的评论都讲好的，不讲坏的，这是他自己要提高自己的地位。还有一点，就是研究海关史是比较难的，一定要坚持下去，海关管的东西太多，范围太大。还有一点，要勤奋，海关的东西太多，档案、文件太多。武汉的章开沅先生，我生日的时候他写一篇文章，他说海关总署要每个海关都要写关史，武汉这个海关也要请章开沅先生写关史，结果资料一拿出来，一袋一袋，几十袋，他说我看了就怕了，就退了，意思是讲我不怕，还可以写那一本（《中国近代海关史》）。我现在还是抓紧一点点的时间，晚上睡觉睡不了，我还是想海关史。前两三年，有时候我失眠，十二点开始不能睡，到两三点钟就爬起来。糖尿病影响眼睛，眼睛不大能看，我还是坚持看一两个钟头，看到想睡了再去睡，我还是思思念念地想去搞海关史。我想你们两位也一定有这个决心搞下去，你们能搞下去，比我好得多喽，你们年轻，我已经是人生最后的阶段了……

后记

因陈诗启老先生身体不能支撑过长时间的谈话，故我们的访谈分为几次进行。每次访谈，老先生都要克服身体不适的痛苦，正襟端坐来面对我们两个后辈的访问，印象深刻，如镌字入石。几次访谈结束之后，从陈老先生家走出来，都是夜晚华灯初上时分，抬头望见一片星空，星空下，天水辉映之间的芙蓉湖畔，闪烁着老先生所秉持的厦门大学 1921 年初创以来的校训——"自强不息、止于至善"。先生以一生之力，秉坚持、勤奋之道，筚路蓝缕，锲而不舍，披荆斩棘，开启了中国近代海关史研究一片新领域，为后来者奠定了坚实的研究基础，确实值得后学者敬仰。在学术研究日益失去其昔日神圣光环的今天，这种困境中的持守，实应是学人心中那片神圣的星空。唯有此，方上不负先辈学者开创之功，下以之为继往开来之望，谨此以与所有后学者共勉。

陈诗启，男，1915 年生，福建德化人，文学学士。中国当代著名历史学家、中国海关史研究专家、厦门大学历史系教授。1937—1941 年就读于厦门大学历史系，历任中小学教员、中学校长、厦门大学历史系中国近代史教研室主任、厦门大学历史系主任、中国海关史研究中心主任和名誉主任，曾任厦门市政协委员、中国海关学会理事等。著有《明代官手工业的研究》《中国近代海关史问题初探》《中国近代海关名词及常用语：试用本》《中国近代海关史》（晚清及民国部分）、《中国近代海关常用词语英汉对照》（与第二历史档案馆孙修福合著）、《从明代官手工业到中国近代海关史研究》等专著。其中《中国近代海关史》（晚清部分），1995 年被国家教委评为全国高校首届人文社会科学优秀成果二等奖，1999 年再获全国哲学社会科学规划领导小组颁发的"国家社会科学基金项目优秀成果二等奖"。2002 年，《中国近代海关史》（全一册出版）分别荣获第四届吴玉章奖优秀奖、第二届郭沫若中国历史学奖二等奖，并入选"教育部研究生工作办公室推荐的研究生教学用书"。

水海刚，时系厦门大学历史学系助理教授；**郭崇江**，时系厦门大学历史学系博士研究生。

传承中的开创
——访杨国桢教授

（🎙）杨国桢　　　（🎙）吕小琴　马婉

吕小琴　马婉： 杨老师，您在一篇回忆傅衣凌先生的文章中曾说，毕业留校后，傅先生对您提出了三个要求，其中之一就是写好林则徐的传记。他为什么这样说呢？

杨国桢： 我1957年考上厦门大学历史系，那时候，傅先生是我们的系主任。第一次见面，是在开学式上听他讲话，他的普通话福州腔很重，当时说些什么，没有留下什么印象。1958年"除四害"运动，他和我们同学一起站在校园后面的那条田间小道上，戴个草帽，敲面盆驱赶麻雀，这样不知不觉地，师生的距离拉近了。"8·23"炮轰金门后，他又和我们一起到龙岩马坑同劳动，"大炼钢铁"，进驻东肖中学开展"教育革命"，一起到白土墟上的小吃店吃一角钱一碗的龙岩清汤米粉。在"大跃进"声中，傅先生代表厦大历史系提出"北上燕京，南下广州"的口号，即赶超北京大学、中山大学历史系，大家十分感奋。1959年3月，我们班被派到漳州调查实习，编写《闽南人民革命史》。当时同学少年，意气风发，用一个多月时间集体写出10万言的《闽南人民革命史》，我参加总纂，不畏艰苦，挑灯夜战。"成果"是：我因劳累病倒住进龙溪专区医院；在《厦门日报》上发表《五四运动对闽南的影响》等文章。1960年6—7月，我们班又被派到泉州调查实习，编写《古代泉州海外交通史》。这次我仍参加总纂。那时，北京中华书局约厦门大学历史系编写《林则徐评传》，系领导决定由我们班同学承担，以集体编书代替毕业论文，要我来组织。后来听系领导说，是把我当助教来使用。所以，傅先生亲自带我到福州访查林则徐遗稿，同住一室，面授机宜，在他耳提面命下，我受到难得的治史基本功的训练。我们访问文史机构、耆老名宿、林氏后裔，搜得手札、日记、诗词、杂录多种。有的收藏者只许在家中阅看，当场抄录，傅先生就让我抄。第一次抄录古人手书手稿，由于没有学过书法，遇到不少字不认识，抄不下去，急得冒出一身冷汗。幸得傅先生和收藏者从旁辨析指点填补，才解了围。类似这样的实践不少，让我学到了许多课本上没有的知识。遵照傅先生的嘱咐，我把这次搜集到的林则徐道光十四年五月至七月、九月至年底，道光二十二年七月至年底的日记稿件抄本提供给中华书局，收入《林则徐集·日记》出版。由于傅先生的推荐，由我执笔的《林则徐的早年》在《厦门大学学报》（哲学社会科学版）1961 年第 1 期上发表。1961 年 6 月，我提前毕业，分配在中国近现代史教研室当助教，因为中华书局对学生编写《林则徐评传》不满意，建议重起炉灶，由一位老师独立研究另写。福建省文史馆组织一批老馆员审读，提了一百多条意见。系里遂决定由我重写，并免除一年的教学任务。这一年，是我的读书年和写作年。我补读了大学时代因政治运动未读之书，查了不少清代文集，征集了林则徐手札一百多件，我写的一部分《林则徐传》草稿，在中国近现代史教研室主任陈诗启先生主持的教研室会议上讨论，听取意见，然后继续修改。1962 年 3 月，周恩来总理在广州会议上为知识分子脱掉"资产阶级分子"的帽子。学校贯彻会议精神，决定为著名专家配备助手，我于是被调到中国古代史教研室，兼当傅先生的学术助手。傅先生对我研究林则徐的来龙去脉一清二楚，他要我不要因当他的助手而放弃。他的宽容，表现了大家的气度，对我是最大的爱护和保护。我因此有机会做后续研究，写完全部书稿。

吕小琴 马婉： 您当助手做些什么工作呢？

杨国桢： 在调去当傅先生助手前，系领导找我谈话，说任务是协助傅先生整理文稿、讲义之类的学术事务，在工作中学习，特别交代要把他的"绝活"学到手。这个助手是组织任命的，但不是专职编制，不算工作量，没有岗位津贴，我还要完成自己的教学科研工作量。这样的安排，是为我"开小灶"，在工作中培养。赢得随时向名师当面请益的机会，不是谁想要就能够得到的，我当然很乐意地接受。在"文化大革命"爆发前的 4 年间，除下乡参加农村社会主义教育工作队离校一年外，我随堂听课，根据他交给我的大纲和听课笔记补充整理成《明清经济史》讲义，油印发给同学，当时因为政治运动的影响，印完明代部分就中止了。《明清封建土地所有制论纲》是1965年写的，1966年上半年油印发给中国经济史专门化学生作为讲义，我记得有一部分专题是以1956年以前的《中国经济史专题》（讲义）、《中国资本主义萌芽史》（讲义）为基础改编的。（1971年，傅先生从"牛棚""解放"出来后，修改成书，由夫人及儿子抗声抄正。1973年4月，我和柯友根先生陪他把这部抄正稿交给上海人民出版社。）他写的论文和主编的《明史参考资料》抄正本，让我作为第一读者学习，提意见，并协助修改。此外，傅先生受命筹备成立福建省历史学会，也派我对外联系。我留心观察、揣摩傅先生解读契约文书的方法，随时向傅先生请教，也注意搜集这方面的资料，德化土地契约文书、簿册，就是这个时期以福建省历史学会名义从德化县委宣传部那里抄录来的。"文革"爆发，傅先生被打成福建的"三家村"，关进"牛棚"，这些工作就中断了。

吕小琴　马婉：《林则徐传》是您的成名作，以后又陆续写作《林则徐论考》，选编《林则徐书简》《林则徐选集》，主编《林则徐全集》《林则徐》大型画册等。学界公认您用力最勤，造诣最深。读研究生以前，我们一直以为您是专门研究中国近代史的。不是吗？

杨国桢：这样说，虽不对但也有一定的道理。从编制上看，我在中国近现代史教研室只待了一年，之后是中国古代史教研室的人，但我和中国近代史还是蛮有缘分的。"文化大革命"开始，学校的教学瘫痪了，红卫兵武斗，我不甘愿把苦心搜集的林则徐资料和林则徐传稿当作"四旧"付之一炬，偷偷地把它转移到龙岩老家。等我重返学校时，我住的集体宿舍成了某战斗队的司令部，红卫兵随便进出，书架上的书物不翼而飞。我暗自庆幸出手及时，否则"一失足成千古恨"了。复课闹革命后，历史系和中文系合并为文史系，我没有被下放，1970年招收试点班工农兵学员，不设古代史课，我上"第二次国内战争时期党内两条路线斗争史"，带领学员到闽西调查，编写《毛主席七次到闽西》。1971年，恢复历史系，我和刚刚"解放"的傅衣凌、韩国磐先生三人组成中国古代史组，上古代史课，我任组长，还一起下乡到海沧公社石塘大队，编写石塘村村史，我写近现代部分。那时历史系厚今薄古，古代史课分量很少，所以从 1974 年到 1978 年，名分上属古代史组的我，还承担了鸦片战争史、太平天国史的近代史课程，指导这领域的毕业论文。曾带学员到广州、东莞等地搜集史料，调查三元里、虎门炮台等遗迹，编写《鸦片战争时期的林则徐》。带学员到福州调查林则徐遗迹，到闽西、粤东调查太平军余部活动的史迹。"文革"前中华书局的约稿失效，粉碎"四人帮"后，人民出版社约我将《林则徐传》交给他们出版，我于是在 1977 年 12 月至 1978 年 8 月间重写了一遍。当我将书稿寄往人民出版社的时候，傅先生要我协助他筹办厦门大学历史研究所，才和近现代史"脱钩"。

一个人年轻时立下的学术志向，很难因职位的变动而改变。我的主业是中国古代史（明清史）、专门史（社会经济史），到历史所后，我的单位是中国社会经济史研究室。但这不妨碍我对林则徐研究的爱好。后者带给我成就感，带给我乐趣，但在实际生活中也曾给我带来麻烦。还好有贵人相助，帮我排忧解难。《林则徐传》从开始写到出版，花了二十年。但毕竟是早年之作，当时一些资料还未发现，有不少需要改进的地方。1994 年增订过一次，自己还不满意。去年，我在旧作的基础上，改写成《林则徐大传》（插图本），字数比初版翻了一番，近 75 万字。现在由中国人民大学出版社出版了，希望能了结一个心愿，做到比较令人满意，留下一个漂亮的背影。

吕小琴 马婉：《明清土地契约文书研究》是您继《林则徐传》之后又一重大成果，也是您继承弘扬傅先生"绝活"的一份答卷。您的心得和体会是什么？

杨国桢：民间契约文书，在传统史学、传统文献学上没有地位，被不屑一顾。是傅先生"化腐朽为神奇"，让它进入史学的殿堂，改变了中国历史学，特别是经济史学忽视民间文献的风气。这是最激动人心和吸引我的地方。

中国没有西方那种明确地规范所有权范畴的罗马法传统，不存在与西方法律制度相对应的私法体系。但不能说，中国人自古以来就没有分辨"权利"与"义务"的意识，只是表达的方式不一样。中国所有权制度的变动运作，自有一套"规则"，而且不同地域有不同的专门用语和习惯。民间契约文书依照一定的"样文"一年一年地反复订立，只言片语的更换隐藏着中国农村社会的秘密，许多话语只可意会不可言传。历史上社会生活中司空见惯的"潜规则"，古书上没记载，不等于不存在。研究契约文书遇到的第一个难题，是文书的分类与格式。分类后，才能分析文书的结构、进行具体的研究。买卖、典当、租佃等门类，各地有不同的称呼或异名，弄明白了才能进行全国性的比较研究和综合研究。现在的通行做法，是按发现的文书群来整理，这是懒惰的做法。按门类、时序、地点来重新排列，才方便学者的利用，也方便计算机处理。但要正确地分类，就要弄懂地方的俗名，解读它是个大学问，不能全照字面上、词典上的意思去理解。这就需要多看契约文书，结合契约之外的内容如乡例、俗例进行解读。这又使很多研究功夫在于契约文书之外。比如"送契"，字面上看是赠予契约，但有相当一部分是家族房头或成员之间、亲朋好友之间的买卖契约，在传统社会温情脉脉的面纱下用"送"来表达。只有仔细考察契文具体约定中隐含的限制，才可以看出来。学问是靠长时期悟出来的，不可能是两三年就能悟出来。没有捷径可走，只有一个笨办法，读透了足够多的契约文书，与档案和地方文献、风俗习惯的材料互证，同一话语前后相似的语境反复出现，不断重复，您自然可以慢慢悟出它的真实意思表示。傅先生对"赔""皮""骨"之类俗名的解说，就是用笨功夫悟出来的。我照他的办法读契约，做了许多笔记，终于有所斩获，并试用现代法学观念用语去梳理出一个"契约秩序"，提出自己的解释。土地产权是传统社会最重要的产权，完稿于1984年4月的《明清土地契约文书研究》，说到底是土地所有权史的考察，意在说明中国传统土地所有权的多重性，不仅土地所有权可以与使用权分离，所有权本身也是可以分割的。乡土的名词如"永佃""一田二主"等赋予法文化的意涵，要做到精细、准确，难度很高，但又不能不做，只好在试错中完善。你们看现在出版的《明清土地契约文书研究》（修订版），增补了一章，其实也是我在20世纪80年代写的。这是我当年阅读和思考的一部分。现在看来，虽然不是从法律的角度去研究明清时代的"习惯法"，但发凡起例，还是有一点价值的。那时我自不量力，想把学界和自己已经感悟到的俗名真意归纳成裘，进一步做成"中国契约学",为此穷搜海内外庋藏,1985—1986年,潜心一年,既拼脑力又拼体力,写了几十万字的笔记,因为资料多寡不均,有些门类缺证太多,甚至于空白,难于系统化、条理化而停了下来。

吕小琴 马婉:"中国契约学"的概念是您的原创。现在民间契约文书的价值得到学界的认同,文书的搜集也有了很大的发展。但研究成果似乎还没有出现重大的突破。您如何看待"中国契约学"的发展前景?

杨国桢:"中国契约学"的提法,我是始作俑者。我估计散藏在国内与海外、农村与城市、公共机关与私人的契约古文书不下一千万件,现代又不断地以"合同"等形式制造出来,其数量更多,是一种实用的经济文书、法律文书和私家档案,在古今社会现实生活中发挥着重要的作用。从学术发展上看,面对这样一大笔文化遗产,我们不能没有"中国契约学"。从学术的现实服务上看,建设现代中国特色社会主义的私法体系,需要借鉴和利用传统中有利于现代化的因素,从原本的语汇和意义世界中感悟出权利、义务的法文化要素,我们也不能没有"中国契约学"。我很高兴地看到一些年轻学者朋友致力于契约文书研究。我对"中国契约学"的发展前景充满信心。问题在于许多人只是利用契约文书资料做社会史、法制史、经济史、生活史、地方史的文章,缺乏学理探讨与关注现实的问题意识。所谓难于突破,实际上与学术评价制度功利化有关。要求在短期内出成果,只好把新发现的材料套用现有的研究模式介绍一番。真正要形成新的理论概念,需要长期冷静的思考,所以我说这是"贵族的学问",衣食住行不愁,不求名利地位,断了"孽根",才能坐得住。这是大多数人做不到的。有人批评现代中国出不了大师,道理是一样的。但这种情况终究要改变的。"中国契约学"由附庸而成大国,是留给那些有准备的人的。

吕小琴 马婉:后人对傅先生学术思想的认识和理解,从某种程度上讲,得益于您的诠释。您写的《〈傅衣凌治史五十年文编〉序言》《傅衣凌先生的明史情缘》等文章,热情洋溢,气势磅礴,感人至深。许多人提起傅先生,都沿用您的评价。《吸收与互动:西方经济社会史学与中国社会经济史学派》一文对傅衣凌学说的演进作了权威性的解说，具有学术史的价值。您为什么选择傅先生的《明清农村社会经济》作为中国史学名著加以评介呢？

杨国桢：我推崇《明清农村社会经济》，出于我对傅先生学术思想的了解。从 1962 年到 1988 年，我在傅先生身旁工作了 25 年。1962 年到 1984 年罹病手术之前，是傅先生学术研究向理论提升的发展阶段，也是他学术生涯的高峰。1963 年，他在《历史研究》上发表的论文，在反思明清社会经济史学术大讨论的基础上，对中国封建社会后期经济发展规律及其他有关问题作了进一步的综合阐述。1981 年，他撰写《明清社会经济变迁论》，在反思"文化大革命"的大批判基础上，完善了他对明清社会经济变迁的总体理论。在我看来，他的理论发展的逻辑起点，就是这本《明清农村社会经济》。

我在为仓修良主编《中国史学名著评介》第五卷写的文章里指出过，《明清农村社会经济》的前身和主干是傅先生的开山之作《福建佃农经济史丛考》。把社会经济构成和阶级构成、阶级斗争联系起来考察，是傅先生研究中国社会经济史的基本架构，而他利用民间契约文书资料，用中国的历史语境表述，具有浓郁的乡土特色，代表了中国学术界追求社会经济史学中国化的努力。这本书在傅先生学术生涯中具有里程碑的意义，学习傅先生的著作，研究傅先生史学思想的演变，不能不从这本书开始。

老一辈学者都很看重这本书。1981 年，郑天挺先生参加厦门大学六十周年校庆时，送给傅先生的礼物，是一本原版的《福建佃农经济史丛考》，作者的名字被用黑墨水抹去。郑先生解释说，这是当年教育部交给他评审教授的材料，因为是匿名评审，所以收到时作者名字就已被抹去了。我觉得这本书运用契约研究经济史很有创意，就把它留下来了，现在完璧归赵。这是我在现场听到的。1982 年，我与傅先生到中山大学开会，人类学家梁钊韬教授特地请傅先生为他的研究生讲当年到永安黄历乡田野调查，发现一箱契约文书，进行研究的故事。我在旁帮助解释。这些是我亲身的见闻。后来我参加国际合作研究，人类学家如美国斯坦福大学武雅士教授、中国台湾"中研院"李亦园院士等，都多次推崇傅先生《明清农村社会经济》以民间文书证史，以遗俗、遗制证史的研究方法，说和人类学田野调查方法相通。所以我又说，这本书也是中国历史人类学的先驱著作。

《明清农村社会经济》的校样寄到厦门时，厦门大学历史系开展明清社会经济史学术大讨论（实际上是批判傅先生的学术观点）正在持续进行中。为让这本书能够出版，傅先生做了许多修改，因此拖了一年多的时间。在"阶级斗争要年年讲，月月讲，天天讲"的政治气氛下做的修改，局限性也是明显的。尽管如此，并不能动摇这本书在20世纪中叶中国史学界研究明清农村社会经济史上的开创性和学术领导地位，21世纪的学者仍须把它作为入门的指南。当然，对照《福建佃农经济史丛考》来读，更有意义。

吕小琴　马婉：我们知道自20世纪90年代初开始，您全力投入到中国海洋史学理论的创建和海洋史学队伍的培养中，经过二十年的筚路蓝缕，继林则徐、明清土地契约文书之后，再攀学术生涯的第三个高峰。那么，是什么机缘促使您决定投身海洋历史文化的研究中呢？

杨国桢：我长于海边，学习工作于海边，与海洋历史文化的接触也早在大学时代。但亲近海洋，不一定有海洋的文化自觉。中国是一个大陆国家，也是一个海洋国家。但是，在漫长的历史岁月里，中华民族生存和发展的重心在黄河流域、长江流域，开拓生存空间的主要方向在欧亚大草原，我们讲灿烂辉煌的五千年文明史，主要讲农业文明和游牧文明，一直忽视在沿海、岛屿和海域中发源、发展的海洋文明，甚至认为中国海洋文明是不存在的。海洋因素在中国传统学术中的长期"缺席"，妨碍了新史学建构上的偏颇，虽有一些先见学者努力探索，振臂高呼，但应者寥寥，不成共识。

刺激我关注海洋的是《河殇》。这部电视片的本意是推动思想解放，进一步改革开放的，但它采用西方观点，把蓝色文明等同于资本主义文明，把中国传统文明视为黄土地文明，已经孕育不了新的文化，立论有些偏颇，而且容易使人产生移植资本主义、全盘西化的联想，因此招致社会上的批判。我当时是全国政协委员，听到了来自不同方面的声音，不能不从历史与现实的关联上去思考。我不同意中国没有海洋文明、海洋文化的说法，也不赞成把中国传统海洋文化说成是海洋农业文化，向海洋发展只是陆地农业文明的延伸而已。如何给海洋经济、海洋社会、海洋文化重新定位，是一个全新的课题。根据我的学科背景，同时也为了避开不必要的争论，有学术空间进行比较长时间的探讨，我把这个问题转换为"中国海洋社会经济史"，提出一个宏大的研究计划，指导博士生分别选择一个专题撰写博士学位论文，进行学术积累。就这样，我的学术方向从陆地走向海洋。

我指导的1991级博士刘淼写的《明清沿海荡地开发研究》，是第一本出版的中国海洋社会经济史博士学位论文。我在《序》中说明了我那时的思考："纵观世界历史，15、16世纪是西方兴起，欧洲由中世纪向近代资本主义社会转型的关键时期。西方兴起的强大动力是大力发展海洋经济。荷兰被誉为'海上马车夫'，和后来英国被称为'世界工场'，都是通过夺取海洋霸权，扩展海洋经济取得的。在某种意义上，西方资本主义发展史，也就是一部海洋社会经济发展史。马克思指出：资本主义这一运动的'历史必然性'明确地限于西欧各国。在这个意义上，我们又不可以把海洋社会经济完全等同于资本主义。同样是海洋国家，面对不同的环境和时代条件，走着不同的海洋发展道路，有自己的海洋社会经济发展史。只是到了资本主义成为一种世界体系，一种强势文化，才使其他海洋社会经济模式的发展成为不可能，或被改造为资本主义的附庸。到了20世纪，资本主义世界体系在薄弱环节上被打破，社会主义国家的出现和全球性的非殖民地化，东方'四小龙'的崛起，海洋社会经济更不是资本主义的专属品了。面向21世纪，人们把目光注视在东方，注视亚洲太平洋地区，中国面对发展海洋社会经济的历史机遇和重大的挑战。中国如何向海洋发展，走向世界，是摆在我们面前的重要课题。"我认准了这个道理，就一直坚持下去，直到今天。

吕小琴　马婉：不满足于解释历史现象，而是预见中国海洋未来发展的需求，现在越来越多的人认同您的预见了。《海洋与中国丛书》与《海洋中国与世界丛书》20本是一次集中的成果展示，领中国海洋史学风气之先。您为什么选择在"国际海洋年"推出来？

杨国桢：1996年，是中国海洋事业发展具有划时代意义的一年。《联合国海洋法公约》从这年起在中国生效，标志着中国现代海洋国家地位的确立。在新一轮"圈海运动"中，根据《联合国海洋法公约》，有300万平方公里的海洋划归中国的管辖海域，即俗称的"海洋国土"，中国在领海、毗邻区、大陆架、专属经济区内，行使海洋主权或不同层次的主权权利，由此大大拓展了中华民族生存发展的空间。这是中国重大的国家利益所在，但当时没有引起社会上的强烈反应和学术界的重视。我认为这是"中国现代化这一传统与变革连续性的进程与现代社会意识的脱位，不能不令人感到一场新的'意识危机'"。所以，相继发表了《中国需要自己的海洋社会经济史》和《关于中国海洋社会经济史的思考》，公开提出这样的问题："21世纪中国的振兴，将以西太平洋沿岸海洋大国的身份在亚太经济区域占有重要的位置，历史学，尤其是社会经济史学已经做出和应该做出什么样的回应？"当时，江西高校出版社独具慧眼，支持我挑选一些博士学位论文加以修改，编成海洋与中国丛书，申请列入"九五"国家重点图书出版规划。选择在"国际海洋年"出版，是希望在这种氛围下能够引起人文社会科学界和海洋界的较多关注。

吕小琴　马婉：在这以后，海洋历史文化的图书逐渐多起来了，您对海洋史学的发展有什么样的建议？

杨国桢：进入21世纪，海洋与中国的关系愈加密切，中国的主权利益、安全利害、发展利益在海洋方向上日趋重合。海洋的重要性与社会关注度提高了，海洋历史文化的图书受到欢迎。但是要清醒地看到，从社会精英到广大民众，重陆轻海的社会心理还没有得到根本性的扭转。来自传统思维的阻力还是很大的，前些年就有人公开宣称"中国从来就不是海洋国家"，"尽管濒海地区生活着众多的人口，但这仍应视为大陆的边缘地区而不是海洋的组成部分"。提倡发展陆权，限制海权发展。在国际上，世界史教材的海洋历史事件，基本上不涉及中国，近年来有的教科书才有了郑和下西洋等项内容。改变几千年来占据主流的传统社会心理和思维定式，需要长期的努力，实施海洋强国战略，发展海洋国力，尤其需要观念的更新、理论的创新。但时下的某些海洋历史文化的图书，或复制前人和时贤涉海研究的知识成果，用先导的概念加以综合和拔高解释，就得出"颠覆"传统观念的结论，诸如有人说，中华民族的海洋文明从史前的开拓到近代西方的崛起前一直引领世界，可以说，近代以前的人类海洋史，基本上说就是中华海洋史。又如有人说，"近千年来，人类在亚洲的太平洋洋面上演绎了两次波澜壮阔的'全球化'，一次发生在 7—14 世纪，欧亚大陆上的两个国家是其主体：阿拉伯与中国"。"在第一次全球化过程中，中国主流社会是积极呼应且与阿拉伯等其他民族共同创造了中古时代的辉煌。"等等。如果确是这样，中国海洋史"一片光明"，其实，一些局部的现象被夸大了，古代王朝统治者并没有把海洋看得那么重要，沿海民众也没有这样的历史使命感。所以，这些看法并没有被学术界主流所接受。在海洋文化的理论研究上，对于海洋文化的定义、内涵、外延、本质、特征、研究对象和运作规律的分析，大多数是广义文化的一般泛论，作为文化学的一个分支学科来思考的很少，作为中国独有的特色来分析的更少。比如文化学下的中国海洋文化史，本应有本学科的规范和架构，一些研究者却把其他学科的海洋学史、海洋科技史、海洋经济史、海外交通史的叠加等同于海洋文化史，或直接当作自己的分支。理论与史证的先天不足，是中国海洋史学起步阶段必然产生的现象，是不足责的。允许试错，是学术发展的动力，是我国史学界长期忽视海洋历史文化应该付出的代价。

我说过：自己的研究从陆地走向海洋，"脱离原有的学科主流，漂泊在多学科的边缘，付出了惨重的代价，有过何处是岸的迷惘"。这是因为，首先学术界没有提供足够的理论准备，海洋史学在史学理论和学科分类上都没有地位。其次，前期的研究硕果累累，但大多是涉海的研究，而不是以海洋为本位的研究，归属于不同的分支学科，服务于不同的研究目标，不能简单地统合在一起。其三，在传统历史文本中，虽有海洋环境、生态的事象和先人海洋活动的记载，却是零散的、不成系统的，而且都是从陆地的视野观察记录下来的，海洋活动群体本身缺乏记录，有之也大多散佚，或遗存民间和海外，既需要对现有史料重新诠释，更要另辟史料资源。由此可见，中国海洋史学的发展需要理论体系的重新建构，也需要史料的新发现与实证研究的夯实。我的建议是：无论理论建构或实证研究还是从专题做起为好。有几家出版社约我组织编写《中国海洋通史》之类的著作，我自知还没有把中国海洋史的疑难问题研究通彻，证实或证伪的工作十分繁重，匆促动手是不适宜的，所以婉言谢绝了。现在我主持教育部哲学社会科学重大课题攻关项目《中国海洋文明史研究》，把研究的方向主要转到理论体系建构的创新上，希望经过几年的努力，有个比较完善的论述。能不能做到，还很难说。

海洋与中国的主题跨越历史与现实，涉及所有的人文社会科学与海洋科学，立于历史学，又要走出历史学，吸纳其他人文社会科学与海洋科学的知识和理论方法来研究。在探讨"科际整合"的方法中，我的理论思考又从海洋史学走向海洋人文社会科学。这是我近年投入最多，直到现在和今后仍要继续做的事情。至于未来的计划，"天机不可泄露"，我们暂且不谈这个话题。时间不早了，就此打住吧！

杨国桢，1940年3月生于福建龙岩，1961年毕业于厦门大学历史系，留校任教至今。1985年晋升教授，1986年被国务院评为全国第三批博士生导师。1984—1986年，任厦门大学历史研究所副所长，1987—2006年任所长；1988年起，为国家重点学科专门史（经济史）学术带头人之一；1985年至今，任《中国社会经济史研究》杂志主编。全国政协第七、八、九、十届委员，国务院学位委员会第四、五届学科评议组成员。中国史学会理事、福建省历史学会会长、林则徐研究会会长和顾问、厦门市郑成功研究会会长等。现任厦门大学人文学院教授、博士生导师，兼中国海洋发展研究中心学术委员会主任、"985工程"海洋发展哲学社会科学创新基地首席专家、首都师范大学历史学院讲座教授。长期从事中国古代史、社会经济史和海洋历史文化研究，先后应邀赴京都大学、斯坦福大学、牛津大学等国际名校研究和讲学。著有《林则徐传》《明清土地契约文书研究》《闽在海中——追寻福建海洋发展史》《东溟水土——东南中国的海洋环境与经济开发》《瀛海方程——中国海洋发展理论和历史文化》等，主编《明清福建社会与乡村经济》、《林则徐全集》、"九五"国家重点图书出版规划项目"海洋与中国丛书"、"十五"国家重点图书出版规划项目"海洋中国与世界丛书"。

吕小琴，时系河南师范大学社会发展学院讲师；**马婉**，时系台州职业技术学院讲师。

人人都应学习世界文化史

——访庄锡昌教授

(🎙)庄锡昌　　(🎙)李腾

李腾： 庄老师，您好，非常感谢您能接受我们的访谈。您长期以来致力于世界文化史的教学与研究，对于推动我国世界文化史的教学、研究和普及做了大量的工作。您主编的《西方文化史》（高等教育出版社 1999 年第一版，2010 年修订版）多年以来一直是我国各大高等院校，尤其是师范院校的经典教材，许多学生都是从您这本书开始接触西方文化史的相关知识的，您能谈谈您当初研究文化史的初衷吗？

庄锡昌： 我在 1952 年进入复旦大学历史系，1956 年毕业后就留校担任世界现代史的助教。我们历史系当时有周谷城、谭其骧、周予同、蔡尚思、杨宽、耿淡如、田汝康、金冲及八大名教授。我留校后在复旦大学历史系讲授"世界现代史"，并应约在现在的上海外国语大学教授"欧美历史文化概况"。

"文革"后，从 1981 年到 1983 年，我有幸通过英语选拔考试被派到美国纽约州立大学进修了两年半的时间。当时我注意到，美国大学历史系大多都开设世界文明史或者文化史的课程，而当时这些课程对于中国的学生来讲还是比较陌生的。回国后，我于 1985 年在复旦大学历史系开设了"世界文化史"的课程，这在全国来说也算是比较早的。后来应浙江人民出版社的邀请，我在这几年讲课时使用的讲稿的基础上加以修改写成了《世界文化史通论》（浙江人民出版社，1989 年）。就我所见，这大概也是全国第一部以"世界文化史"来命名的书。

后来我还写过或主编过其他的一些世界文化史的书，包括你提到的高教版《西方文化史》，主要都是一些关于世界文化史以及相关理论的书。

李腾：我知道您除了从事大学的世界文化史教学之外，还作为常务编委具体负责了周谷城先生主编的"世界文化史丛书"的编辑出版工作，主持编写过高中的相关教材。那么，在您看来世界文化史应当是怎样的一门学问呢？

庄锡昌：我认为，全国初中、高中及以上程度的学生以及群众都应当来学习世界文化史，这是时代的呼唤与需要。在古代，中国有中央帝国的称号，在亚洲地区与东北亚、东南亚、南亚地区都有很广泛的联系。但是这种文化交流有一个特点，就是都以向外传播为主流。当然佛教的传入也给中国文化增添了新鲜的血液，并促进了中国文化的更新与发展，但其主流还是中国文化教化周边国家、民族。所以在历史上，中国长期以来自视为天朝上国，缺乏一种虚心向外国学习的心态。鸦片战争之后，我们被迫打开国门，才发现自己落后了。在这种压力下，我们开眼看世界，而在日益全球化的今天，这种对于世界其他文化的了解还是有必要的，而这就需要对世界文化史有一种全面的了解。改革开放之后，周谷城、日知（林志纯）等老一辈学者倡导更深入地研究外国历史和文化也是出于这方面的考虑。

为了推动中国学术界的文化史研究，周谷城先生在20世纪80年代中期同时主编了"中国文化史丛书"和"世界文化史丛书"两套丛书。我受周谷城先生的委托，作为常务编委参加了"世界文化史丛书"的策划、组稿、编辑和出版的工作，该套丛书仍然由浙江人民出版社负责出版。在这套丛书中，我们既翻译介绍了一些外国的优秀文化史和文化理论作品，也组织一批中国的外国史学者撰写了一些专题的文化史著作。该丛书自20世纪80年代中期到90年代中期共出版了40部。作为国内第一套世界文化史丛书，它在当时的中国学术界引起了较大的反响，对于推动中国学术界的世界文化史教学与研究发挥了积极的作用。该丛书还引起了海外同人的关注，后来台湾的出版社也挑选了其中的一些著作在海峡对岸出版。到了2003年，上海社会科学院出版社和四川人民出版社又挑选了其中一些由中国学者撰写的著作再次出版，反映了该套丛书的影响一直延续至今。我除了主持丛书的常务编辑工作外，还与其他同事翻译或编译了一些文化理论方面的著作，并独自撰写了《二十世纪的美国文化》。可以说，编辑该丛书的10多年也是我从事世界文化史研究最为活跃和收获最丰的一段时间。

与此同时，复旦大学历史系世界史专业的世界文化史教学和研究也随之水涨船高。我们系的许多世界史同人不仅将自己相关的翻译作品和研究成果放到"世界文化史丛书"中出版，而且我们也致力于相关人才的培养，将世界文化史作为硕士和博士研究生的一个重要的研究方向，这在当时中国各大学中也是比较早的。迄今为止，我们培养出的相关人才已经在国内一些大学中成为世界文化史研究的主力。后来，为了检阅这些年来我们的研究成果，在我的主持下，本系世界史专业的老师和一些相关研究方向的研究生共同编写了三卷本的《世界文化史》（包括古代卷、近代卷和现代卷，浙江人民出版社 1999 年），这算是对我们这 10 多年世界文化史教学和科研的一个总结吧。

我们的研究和宣传还引起了中等教育机构的关注。前些年，我们应江西人民出版社的邀请，编写了一部适用于高中学生的《世界文化史》，在书的扉页上我们提出了一个理念，那就是学习这本书，要记住你的想法，而不单只是书里讲的知识，我们所追求的是给学习者带来探索的兴味和思想的启迪。由此，我希望世界文化史教学能够进入高中课堂的愿望也部分地得以实现。

李腾：那您认为世界文化史研究的主要目的，或者说其学术价值在于何处呢？

庄锡昌：我记得《二十年目睹之怪现状》里记载着一个很有意思的故事，说是当时一个官员与外国人交涉，找来一个英文翻译，但是对方是意大利人。那个县官还很纳闷，怎么外国人说话还不一样吗？这个小故事实际上就体现出中国对于外部世界了解得太少。包括后来，美国的一个州与台湾地区签署了一个经济协议，中国政府向美国政府提出交涉，美国政府就说那是各州的权力，联邦政府无法干涉。虽然现在可能不会出这样的笑话了，但是我们普通大众的世界文化史知识都还应当有所提高。对国外风俗习惯或制度上的无知很容易造成各种误会。现在国际交流增多，各种接触的机会也在增多，我们要勇于和外面的世界打交道，融入到世界主流文化当中去。

李腾：有的时候人们会觉得这种外国文化的研究仿佛是很学院派的工作，您是怎么看的呢？

庄锡昌：研究历史也要有现实的关怀，世界各国的文化都要加以研究。其实，我们所做工作很重要的一点就是，外国好的东西我们要借鉴，不好的东西要引以为戒，不要重蹈覆辙。80年代的时候，有位加拿大学者来复旦开会，说到中国现在这种经济发展模式对于环境的破坏力太大了，这是西方曾经走过的岔路，应当及时纠正，否则一定会后悔。后来就被他言中了。这些东西都是我们在学习和研究世界文化史时应当看到的。但是我们得强调，学习世界文化绝不是全盘西化，不能以过度激进的、机会主义的态度来对待本民族的传统文化，这一点列宁在《青年团的任务》中讲得很好，他主要针对的就是当时要扫荡一切的无产阶级文化派。你们现在有条件了，国家的硬件上去了，软件也要提高。应当更努力学习和推广世界文化史，学以致用。比如举办一些世界文化史的讲座，出版一些相关的书籍等，从而促进大众相关素养的提高。我在多种场合都提到"人人都应该学习世界文化史"，其实就是为了达到这样的目的。

李腾：现在似乎有种文化史、文明史热，并且近年来还逐渐兴起了全球史，在您看来这些概念之间应该如何区分呢？

庄锡昌：现在我们所用的"文化"一词是从日本传进来的，中文里面原本的意涵是"观乎人文，以化成天下"。在拉丁文中，"文化"这个词的本义是"耕作、耕地"的意思，用西塞罗的解释就是"启发你的灵魂"。现在我们通常采用泰勒在《原始文化》中的解释，主要强调文化是人的智力开发与运用。我认为，有了人就有了人类文化，而有了文字就可以说有了文明，这时人类就可以过一种有规则的生活了，形成了有秩序的社会。在我看来，文化史与一般通史的重要区别在于，文化史关注的是意识形态的进步，或者说人的精神发展。因此，文化史应当以人类的智力发展为线索，关注的是最核心的意识形态。当然，意识形态这个词要做广义的理解。或者说，它就是一种时代精神，是当时一个群体的共同心理状态和价值观念。比如斯宾格勒和汤因比，都曾进行过宏观的文化史研究，提出了许多著名的范式。但是我注意到，现在对于欧美的研究也存在着简单化的倾向。历史、文化本身是丰富多彩的，但同时也有一个时代的核心，两者不可偏废。

李腾： 其实我们现在关注世界文化史，主要的就是关注欧美的近现代文化史，在这个问题上您怎么看？

庄锡昌： 欧美在近代以来一直走在世界的前端，我们应当要好好学习他们的经验教训。我们常常讲欧洲是从文艺复兴开始进入近代时期的，但是同时也应注意到，中世纪时期积累了很多的文化思想上的力量，这些积累对于整个西方的转型发展都是十分重要的。我们常常将西方近代以来的历史放在文艺复兴—宗教改革—启蒙运动这样的一个框架里面。这种框架确实有助于我们一般的理解和记忆，但是也得注意到其中丰富的内涵。比如在 12 世纪时期，欧洲社会就开始了转变，包括一直为人所诟病的经院哲学，其实在相当程度上也为欧洲后来的发展奠定了思维的基础，美国学者哈斯金斯在 20 世纪初期就曾提出过"12 世纪文艺复兴"，这些都是我们以前不大注意到的事情。现在随着学术研究的深入，过去不知道或者研究不深的东西得到了深化。欧洲当初强调要摆脱中世纪的束缚，究其实质，也是在继承基础之上的创新发展，我们之所以关注这一段，也是要强调我们当今所存在的一些问题。现在社会上还有很多传统糟粕思想，并且又增添了很多新的错误引导，在这种纷繁复杂的现象中，我们可以并且很有必要借鉴西方社会走出中世纪的经验教训。

我曾经专门写过一篇论文，名为《不同文明之间的冲突与融合：对 21 世纪世界和平的展望》，其中我对之进行过较为系统的评述。我认为，引发历史上矛盾的主要原因还是经济和政治的因素，并且在文化冲撞中都会产生某种程度的文化交流与融合。我相信 21 世纪必然是一个多元文化的世纪，还会有不同文明、文化之间的冲突乃至会爆发战争，但是其主流的发展趋势将是全世界各种文化的汇合，是各种文化中优秀因素的汇合过程。随着不同文化圈人群的交往，促使一种文化或文明的演变就增加了一个重要因素，这就会使相异的文化碰撞出斑斓多彩的火花，从而加大文化演进的速度。并且从世界文化史的角度来看，其实各种文明都是在交往、融汇中不断更新的，没有什么"纯种"未变的文明。两次世界大战的教训非常深刻。虽然黑格尔曾经说过，历史给人最大的教训就是人类从来不吸取历史的教训，我们也可以看到当代世界还存在着许多痛苦与纷争，但从总体上看，融合还是作为不同文化之间的交流的主要方面。从人类的历史进程来看，人类的发展每一步都充满了矛盾，而各种文化也是以承认历史悖论为前提的。

李腾：您作为世界文化史的倡导者与推广者，也是深有精研的学者，对于当今中国青年学者有什么样的寄望呢？

庄锡昌：我诚挚地希望各位努力学习和做研究。作为学术研究，应当专精于一门，在一些问题上提出自己独到的见解，但与此同时，也要重视普及性的工作。这有两方面的内容，一方面是将世界其他地区文化的优秀因素介绍到中国来，再一个方面就是要将中国的文化推广到世界上去。我们常常讲经济全球化，但是却很少讲到文化全球化。这在一定程度上还是因为我们在文化软实力方面没有掌握话语权，也就是我们没有在世界文化之林中发出我们应有的声音。另外，作为世界文化史研究工作者，我们更要关注外国文化的研究。最近世界史重新被列为一级学科，这是件好事情，说明国家对于世界史的重视。你们现在年轻的一辈研究条件好得多，应当重视外语的学习，也要多利用各种机会到外面的世界去看看，与外国学者多交流。世界文化是丰富多彩的，我们作为中国人有我们自己的一些观念和看法，应当通过深入的研究发表我们的看法。个人视角不同，所得到的结论必然有所不同，这也是我所说的相互促进与不同文化间融汇的一种形式。

李腾：庄老师，时间已经过去 2 个半小时了，十分感谢您接受我们这么长时间的访谈，并耐心地细致地回答了我们所感兴趣的问题，同时也感谢您对于推动中国世界文化史教学和研究作出的巨大努力。

庄锡昌：我也非常高兴与你们这些青年学子进行交谈，虽然我已经退休，但是我仍然在关注国内世界文化史研究的发展，并继续发挥余热，最近我与袁传伟老师等合作编写的《世界文化史》将由复旦大学出版社出版。同时也深切地希望你们青年人能够在世界文化史的研究中青出于蓝而胜于蓝。

庄锡昌，男，1933年9月生，1956年毕业于复旦大学历史系并留校任教。1981—1983年在美国纽约州立大学做访问学者。复旦大学历史系教授、博士生导师，曾担任复旦大学历史系主任、文博学院院长、复旦大学副校长。多年来从事世界近现代史、欧美文化史的教学与研究工作。作为常务编委具体负责《世界文化史丛书》的组稿和编辑工作；主编《外国历史名人辞典》；撰写《二十世纪美国文化》；编著（包括与人合作）《西线战争》《多维视野中的文化理论》《文化人类学的理论构架》等；编著或主编《世界文化史通论》《西方文化史》《世界文化史》（3卷本）等多部著作和教材。

李腾，时系上海大学历史学系硕士生。

辛亥首义的历史意义和开创性贡献
——访冯天瑜教授

(🎙)冯天瑜　　(🎙)李小花

李小花：冯先生，您好！今年是辛亥革命一百周年，您和张笃勤研究员合著的《辛亥首义史》于今年4月由湖北人民出版社出版。在这样一个时机问世，可谓意义重大。作为您的晚辈和同事，我曾目睹了您在搜集、整理资料时的细致与艰辛，斟酌、锤炼词句时的认真与执着，并有幸聆听了您在工作之余向我们娓娓道来的一些关于辛亥革命的史事与见解，我深切地感到，《辛亥首义史》真是您秉着求真求新求美的原则，呕心沥血精益求精的一部著作。对于辛亥首义，我们都知道它在中国历史上有着十分重大的意义，但其意义究竟何在，恐怕还有很多人不能说得明白，您能就此问题简单地谈一下吗？

冯天瑜：可以。其实中国历史上曾发生多次改朝换代的"革命"，但并未改变宗法专制的社会形态，唯由辛亥首义开其端绪的近代革命，才发生国体、政体变更，社会形态有所兴革。辛亥首义不同凡响的意义，不仅在于推翻清王朝，更在于结束了沿袭两千余年的专制帝制，成为中国历史划时代的界标。与推翻专制帝制互为表里，辛亥首义的另一空前的历史业绩，是建立民主共和政体，将共和国的理论与实践（包括其种种不完善的状态）呈现给了中国人民，中国人民也从此认定共和制为正统。尽管共和制的内容有待充实与提升，然其前程无疑是光明壮丽的。

李小花：那"辛亥首义"是不是也可以称为"辛亥武昌首义"呢？这个提法的由来又是怎样的？

冯天瑜：辛亥秋季的武昌新军起事，其实曾有多种提法，如武昌举义、武昌起义、民军起义、鄂军起义、武昌发难、鄂省举义等，史称"辛亥武昌首义"或"辛亥首义"。

"首义"一词由东汉哲人王充（27—97）创用，其意为首先揭示宗旨。以后，"首义"引申为首举义帜、率先发难，唐人杜甫、韩愈有此用例。"武汉首义"或"武昌首义"的正式提法，较早见于孙中山1912年1月1日发布的《中华民国临时大总统宣言书》，书云："武汉首义，十数行省先后独立。所谓独立，对于清廷为脱离，对于各省为联合。"此后孙中山又多次议及此题，如1912年1月12日在《复参议会论国旗函》中称："武汉首义，则用内外十八省之徽志。""武汉之旗，以之为全国之首义尚矣。"1912年2月8日《令内务部筹划兴复汉口市场文》称"此次武汉首义，汉口受祸最酷"。1912年4月1日在《批马伯援等呈》及《令财政部拨给武汉死义烈士遗孤教养所经费文》均称"民国开创，武汉实为首功"。

1912年4月孙中山访问武汉，屡次谈到武汉或武昌"首义"。4月11日，在汉口熙泰昌茶栈武汉欢迎团欢迎会议上讲话时说："武汉首义，阳夏鏖兵，诸君子惨淡经营，既已推倒满清，达平时种族、政治均待革命之目的。"4月12日，在同盟会湖北支部欢迎大会上说："去秋武昌首建义旗，各省响应，不数月而满清已覆，民国以成。"4月12日，孙中山离汉之际，留函《答谢武汉各团体布告》与《致武汉报界联合会函》，两次提到武汉首义。前者说："文此次薄游武汉，得与我首义诸君子暨父老昆弟相见，无任感幸！"后者亦称："文于武汉首义之地，心驰已久。"仅从孙中山言论可见，"武汉首义"（或"武昌首义"）自民初已成定说，而并非首义诸人的自诩。而以10月10日为民国国庆日，是1912年9月以蔡济民为首的武昌起义将士赴北京请愿的结果，北京参议院1912年9月28日全票通过决议：以武昌起义日定为国庆日（俗称"双十节"）。该年10月10日在武昌举行首义周年纪念。

本来，武昌新军起义并非清末首次发生的反清武装暴动，称其"首义"别有深意。自1895年10月孙中山率郑士良（1863—1901）、陆皓东（1867—1895）等举行第一次广州起义以来，兴中会、光复会及后来的同盟会于十余年间发动十多次反清武装暴动，皆称悲歌慷慨，然而起义者与当地社会并无多少联系，势单力薄，星星之火皆被清方迅速扑灭下去。相形之下，辛亥秋季的武昌起义则顿成灭亡清廷的燎原之势。故"辛亥武昌首义"之"首义"，第一层含意是首次举义成功。"首义"的第二层含意是，经武昌新军暴动的沉重打击，沿袭268年的清王朝及两千余年的专制帝制之倾覆成为定局。

李小花：原来如此。你我都是湖北人，所以我还特别想知道，辛亥起义为何发生在武昌，湖北何以成为辛亥首义之区呢？

冯天瑜：湖北之所以成为辛亥首义之区，首先与湖北成为后期洋务建设的中心地区相关。从19世纪60年代开始，湖北逐渐由深处堂奥、风气古朴的内地省份，演为"商贾辐辏，白皙人种联翩并集"的列强势力圈竞争之中心点。19世纪末、20世纪初，湖北不仅是帝国主义列强渗透的重点，而且也成为清朝洋务建设的一个新中心，这使得湖北跻入"开风气之先"省份的行列。

其次，湖北之所以成为辛亥首义之区还与湖北民族资本的形成有着内在联系。19世纪末开始形成起来的湖北民族资产阶级，由于经济实力的差异及同帝国主义、封建主义关系的不同，又区分为上层和中下层这样两个阶层。武汉民族资产阶级的中下层与上层相比，人数较多，其社会基础也比较广泛。他们与帝国主义、封建政权的联系不太密切，在发展资本主义经济的道路上，受到帝国主义、封建势力的多方面的阻挠和压制。为了维护自己的生存，他们一方面不得不努力与帝国主义、封建势力建立联系，以期获得"保护"，另一方面，又本能地反抗帝国主义、封建主义的压迫。因此，比起民族资产阶级上层来，中下层资产阶级较富于革命性。

再次，湖北之所以成为辛亥首义之区又与湖北革命党人艰苦卓绝的发动工作有关。19、20世纪之交，湖北出现了近代大机器工业，形成了新的阶级和新的知识阶层，建立了具有近代色彩的军队。这一切，都为资产阶级革命准备了必不可缺的前提和基础。然而，这种先决条件并不能自发地变成对帝国主义走狗清王朝的打击力量。使上述物质基础活跃起来、沸腾起来，并朝着反满革命的方向运行，必须有催化剂起作用。而湖北党人比较自觉地担负了这个"催化剂"的职责。在以后的岁月里，湖北党人实践了自己的豪言壮语，用长期不懈的艰苦努力，为武昌首义铺平了道路，演出了一幕又一幕悲壮剧。

辛亥武昌首义的金字，是由湖北党人的胆略、献身精神和脚踏实地的活动铸造出来的。革命的爆发地，往往既是革命力量的聚集点，又是旧制度链条的薄弱环节。而辛亥前夕的湖北，不仅是党人惨淡经营的基地，也是清廷统治特别脆弱的一环。张之洞治鄂以来聚积的物质力量——近代工业、新军、新阶级和新知识阶层，在湖北党人辛勤不懈的努力下，一并转变为向清朝的薄弱环节猛然打击的铁锤，清廷整个统治链条随之解体，中国最后一个封建王朝的大厦终于轰然崩坍。

李小花： 据我所知，您最近与张笃勤研究员一起合作出版了《辛亥首义史》一书。书中提出了许多具有重要学术价值的创见，学术界和社会各界对该书给予了很高的评价。您是否能结合《辛亥首义史》的写作，谈谈您在哪几个方面对辛亥革命进行了重新解读？

冯天瑜： 好的。《辛亥首义史》的学术创新主要体现在三个方面。

其一，首次提出辛亥首义的全新意义在于它是中国历史上第一次成功的城市革命。辛亥首义有别于之前的历次反清暴动，此前起义皆称悲歌慷慨，然而起义者与当地社会并无多少联系，势单力薄，星星之火皆被清方迅速扑灭下去，"屡起屡蹶"，而辛亥秋季的武昌起义则顿成灭亡清廷燎原之势。辛亥首义又有别于秦汉以来的多次农民起义及贵胄夺权，它们皆取乡村暴动或宫廷政变形式，以改朝换代为目标，新的王者黄袍加身，国体、政体却全无变更，君主专制一仍其旧；而辛亥年秋季的新军起义，发生在近代文明（机器工业、铁路枢纽、航运中心、近代文教、洋操军队、新式传媒）及近代人群（工商资本家、产业工人和手工业者、知识分子、自由职业者、新军官兵）聚集的大都会，是一次大规模的近代城市起义，中国历史上第一个民主政权方有建立的基础，并能以共和宪政号召天下。故而，辛亥首义是中国历史上首次成功的城市革命。

其二，以历史合力论考析革命派、立宪派、清廷汉官在辛亥革命酝酿、爆发、演化中的作用。恩格斯认为历史的发展不是由一种力量推动的单向、直线式进程，而是由各种力量共同作用的结果。辛亥首义作为中国近代史上的划时代历史事变，正是由无数个力的平行四边形相互作用，造成的"一个合力，即历史结果"。辛亥首义当然是同盟会及其下属地区性团体共进会、文学社组织领导的，然而，辛亥首义爆发以及之后的走势，又绝非单由革命党人所左右。通观辛亥首义及其演进与终局，是革命党人与立宪派、从清朝离析出来的汉官、袁世凯集团、清廷满洲亲贵、西方列强等几种力量相互博弈的产物，背后更受国内、国际局势所左右。《辛亥首义史》不仅将立宪派发动的保路风潮，湖北及长江流域各地民众的反抗斗争，纳入辛亥首义史的视野，还将以往史书少有论及的人物，如曾任湖广总督张之洞幕僚的赵凤昌及其密友庄蕴宽等江苏常州系人士的活动做了交代。

其三，运用长时段理论探讨辛亥首义发生、发展的历史必然性或偶然性。以往多将辛亥革命视作一个短期内发生的政治事件，视野失之狭窄。近20年来研究领域有所拓展，在研究时段上仍然不过10年左右时间。法国年鉴学派第二代的代表学者布罗代尔提出的历史研究"时段"理论，即区分地理时间（长时段）、社会时间（中时段）、个体时间（短时段），又将三者分别称为"结构"（structures）、"局势"（conjunctures）和"事件"（events），主张重视地理时间（"结构"）、社会时间（"局势"）对历史进程的深远影响。《辛亥首义史》运用"时段"理论，认为辛亥革命史研究，必须超越狭隘的政治史观，将视野投射到近代社会转型全貌，从结构、局势、事件的辩证关系探索这一历史事变的生成机制。不但要细致入微地梳理事件"短时段"剧变，还须追究其背后的社会结构演化。研究辛亥首义史，要考察19世纪60年代汉口"开埠"以来，尤其是1889年张之洞总督两湖、主持"湖北新政"以来二十年间的社会变动，考察其兴实业、办文教、练新军等诸多近代化事业引起的经济、社会及观念形态的深刻演化；还要考察辛亥首义之后错综复杂的政情演绎与社会变迁，从而在既宏阔又精微的历史视野下，辨析辛亥首义史的起承转合。是故，该书在全面观照"结构"（structures）、"局势"（conjunctures）制约"事件"（events）的同时，特别注意社会时间（中时段）对个体时间（短时段）的影响力，注意这种影响的复杂性。

李小花： 您从宏观的学术视野上所做的这些深度思考，可谓对历史进行了合情入理的诠释，为辛亥首义研究开拓了全新的视角，引人思索。与此同时，我也注意到，您对辛亥革命的具体历史细节也有非常精确的考订，对于读者重新认识辛亥革命有重要意义。

冯天瑜： 是的。以我的理解，"历史"略分二义：历史实际过程，可谓之"历史1"；对历史过程的记述与诠释，可谓之"历史2"。该书当属"历史2"，但意在逼近"历史1"，故以载记、考证为主务。我在该书导言中写下了如下警策性的话语："如果说，新闻摄影师的座右铭是：'假若你拍摄得不够真切，是因为你靠得不够近。'那么，历史学者也应当这样自励：'如果历史真相还模糊不清，是因为你考证不够翔实。'"所以，《辛亥首义史》在把握辛亥首义的基本走势的同时，对切关宏旨的历史细节，于钩沉史料间用心辨析，以求去伪存真。

李小花： 这种态度真是令人敬佩。但是关于辛亥首义的种种细节问题，其考订是无法穷尽的，不仅当事人的回忆莫衷一是，史籍记述也多有歧义。这一定为您的著述增加了很大的难度吧？您能具体给我们讲一个史事考订的例子吗？

冯天瑜： 难度倍增的同时，乐趣也自在其中，会激励人不断地去探索。那好，我就讲讲"辛亥武昌首义第一枪法由谁打响"这个问题吧。关于辛亥武昌首义第一枪由谁打响，长期以来的流行说法是：辛亥武昌首义第一枪由湖北新军工程第八营革命党代表熊秉坤打响。此说有孙中山《建国方略》的相关论述为权威根据，并得到熊秉坤本人20世纪20年代至60年代多篇回忆录佐证，因而各种辛亥革命史论著均依此说。但是我通过长期的研究，却发现此说情形颇有可疑之处。《辛亥首义史》遂将此事作为考据学的一个案例，采用内证与外证相结合的方法，仔细推演两个源头史料记载（作者称为"兄弟证"）及熊秉坤本人前后记载的不同，进行专题考证。认为熊秉坤于辛亥首义后一年间所提供的四份材料，关于工八营发难过程的记述完全一致：金兆龙与排长扭打，程正瀛开枪击毙陶启胜，此即10月10日傍晚打响的

"第一枪"。另外工八营正目朱思武10月11日凌晨对胡石庵陈述的工八营发难经过，提到最先与清方军官扭打并枪击者，是金兆龙、程正瀛等，没有提及熊秉坤，这与熊氏本人早年的文字记载相一致。从史源学角度论之，熊秉坤撰于早年的材料真实性昭著，又有工八营发难参与者朱思武当时的陈述与之相佐证，故应当肯定，打响首义第一枪的是共进会员、士兵程定国（正瀛）而不是熊秉坤。然而熊秉坤是工八营革命党人代表，是发难过程的重要组织者，第一枪虽非由他打响，然对首义贡献甚大，理应认作辛亥武昌起义发难单位代表人物，堪称辛亥首义功臣。

李小花：经您这样一分析，我想对于辛亥首义第一枪的问题，应该算是有定论了。此外，我还注意到，您的这部《辛亥首义史》似乎不同于一般的历史著作，在文笔方面显得格外的生动传神，许多章节不乏精彩传神的过程刻画，例如导论对首义前夕气候、氛围的渲染，以及对首义爆发情景的描绘，第四章对武昌首义过程的记述，文字简明扼要，跌宕起伏，前后呼应，读来引人入胜。能否就此谈谈您的感想？

冯天瑜：历史著作纪事载物讲究规整严谨，不似历史小说及报告文学可以通过合理想象，将史籍缺载的故事情节描写得完整具体，生动传神。但历史著作绝不是呆板枯燥的代名词。司马迁《史记》既有"太史公曰"一类历史评论，也有如鸿门宴一类生动传神的情节描述，被誉为"史家之绝唱，无韵之离骚"，成为历史著作的千古典范。所以，《辛亥首义史》追踪前贤，力戒文字枯燥呆滞，有意将纪事状物故事化、生动化。

在十多年前，《中国大趋势》的作者、美国人约翰·奈斯比特曾经俏皮地对中国人发话"你们有很了不起的故事，但你们没有讲"。新出版的这部《辛亥首义史》，则用事实回答了奈斯比特的挑战性说法——"包括辛亥首义在内的中国故事很了不起；中国人对故事的讲述也是精彩的，希望你们倾听"。

李小花：说得真好！我希望您在《辛亥首义史》中的这番讲述，能得到更多人的倾听和更深刻的理解。冯先生，这次谈话让我获益匪浅啊，谢谢您！最后，我代表武汉大学中国传统文化研究中心的各位老师衷心地祝愿您身体健康，再创佳作！

冯天瑜，男，1942年3月生，湖北红安人、武汉大学历史学院教授。2000年至今任教育部人文社会科学重点研究基地——武汉大学中国传统文化研究中心主任，兼任教育部社会科学委员会委员、湖北省中国史学会会长、湖北省地方志副总纂，1986年被授予"国家有突出贡献中青年专家"称号。长期从事中国文化史研究，对明清文化史研究犹有建树。已出版《中华文化史》《中华元典精神》《明清文化史散论》《张之洞评传》《月华集》《"千岁丸"上海行——日本人1862年的中国观察》《新语探源》《"封建"考论》等专著。

作为湖北籍的知名历史学家，武汉大学资深教授冯天瑜先生三十余年来一直倾力于辛亥武昌首义史及张之洞研究。1985年，与人合著《辛亥武昌首义史》，广采文献，详考史实，厘清了不少历史误识。2011年4月，冯教授又与武汉市社科院张笃勤研究员合作出版了《辛亥首义史》。该书洋洋80余万字，主要内容是冯教授近三十年来在辛亥首义研究方面的心得。今年恰逢辛亥革命一百周年，日前就辛亥革命的有关问题采访了冯教授。

李小花，时系武汉大学中国传统文化研究中心秘书，武汉大学哲学学院硕士生。

从社会史到文化史：
当代美国中国学的典范转移
——访周锡瑞教授

(🎙) ［美］ 周锡瑞　　　(🎙) 周武

> **周武：** 我看过你的简历，在美国中国学的学者中，你的求学经历和师承很特别。你刚才讲，您跟过费正清，听过列文森的课，最后从魏斐德教授那里取得博士学位。我们一般将费正清与列文森算作一代，魏斐德教授是第二代。

周锡瑞： 我算第三代，我可以算费正清的学生。费正清是首先让我对中国感兴趣的人，而且后来虽然我和他有相当激烈的辩论，但他一直对我特别好，作为学者，我越来越佩服他。我特别记得有一次在哈佛开会，由一个可以算第二代的人主持会议，费正清前来旁听，那个人很严厉地批评一个第三代的年轻学生。第二代的人比较右，那个学生比较左，批评得相当厉害，费正清从此没有参加会议。后来叫我上去跟他谈一下，我们谈到了这个问题，他说我四十年前也那样地批评过一个学生，我再也不会那样做了。意思是他要是不同意谁的观点，他也会说，但绝不会伤害到自尊心。费正清是一个中国通，列文森是一个纯粹的知识分子，他老是要把中国史放在世界史的范围之内，我虽然只跟他学了两年，但觉得他的知识特别渊博。魏斐德跟我年纪差得不远，不过他也是跟列文森学的，我每一次新学期要选课时，都问问魏斐德该怎么做。我们都觉应该以魏斐德为标准，他特别聪明，特别用功，特别严肃，非常豪爽。所以我能够有这三位老师觉得十分荣幸，我现在有了自己的学生，我也觉得这些好老师们给自己作了榜样。

周武：心向往之。

周锡瑞：就是。当然，我们之间也有争执，有时甚至是非常激烈的争执。我写博士论文时，魏斐德曾在一封信中指出："你的立论（thesis）有问题。"在英文中，thesis 又是论文的意思。我误以为后者，勃然大怒，写了封长信痛斥老师。魏过五十岁生日时，我曾专门为此向他道歉。至今一想到在自己档案中这样一封信，就无地自容。

周武：你的博士论文研究两湖地区辛亥革命，这篇论文经过修改于 1976 年由加州大学出版社出版。这本书不但在你的学术生涯中具有里程碑的意义，而且超越了美国乃至整个西方既有的辛亥革命研究格局。据我所知，此前美国乃至西方学术界有关辛亥革命的研究多半集中在孙中山及其领导的同盟会上，把孙中山"作为整个辛亥革命的中心，并主要通过他的经历来描述革命的发展"。你的这本著作则把历史在社会和经济生活中的发展，以及政治生活中的发展联系起来研究，执着地从社会经济的根本变化中寻找辛亥革命的根源，"从经济利益得失的角度来分析当时社会各个集团政治情绪的变化，以及它们相互之间的关系"。你的这一研究和论述的方法，受到中国学者的欢迎，在纪念辛亥革命七十周年之际，杨慎之先生受"辛亥革命研究会"的委托，将你的这本书翻译成中文出版，章开沅先生还特别为中译本撰写代序，对此书中译本的出版表达"由衷的高兴"，并在许多方面予以肯定。在美国，你的这本书同样受到关注和重视，柯文在他那本极具影响的著作《在中国发现历史——中国中心观在美国的兴起》一书中，就至少六次提到你的研究，肯定你的研究不再简单地把中国近代的历史视作对外部冲击的回应和解释，主张并实践从中国社会内部矛盾的展开来探讨中国历史的根本性变化。

周锡瑞：其实，《改良与革命：辛亥革命在两湖》并不是我出版的第一本书。在这本专著出版之前，我已出版过两本书：一本是我和一位朋友合写的《现代中国：一部革命的历史》（*Moder China：The Story of a Revolution*），出版于 1972 年；另一本是关于谢伟思和中美关系的书，书名叫 *Lost Chance in China：The World War II Despatches of John S .Service*，1974 年由兰登书屋出版。谢伟思是一个外交官，抗战时期先在国民党地区，后来到了延安。他经过调查、研究后主张，国民党没有希望，而共产党有组织、纪律，得到老百姓的支持，美国应该考虑到这些情况。谢伟思因此而受到打击，我认识这个人，也研究过他的著作，可以由此考虑到为什么中共和美国在40年代没有建立起关系的可能。出于感性的认识，我认为此人可以担任驻华大使。当然，这两本书尽管也表达了我对中国革命的一些看法，但都算不上学术专著。你上面提到的《改良与革命：辛亥革命在两湖》（*Reform and revolution In China：The 1911 Revolution in Hunan and Hubei*）才是我的第一本真正意义上的专著。我认为关于辛亥革命的全面理解，必须对这样一个问题作出回答：革命为什么发生，它又为什么失败？那个矛盾的、复杂的一致性，是理解革命本质的关键，是许多分歧和争论的根源。要回答这个问题，从一些关键性的地方或区域入手，也许更重要，而且更有效。我的这本书就是从两湖地区的社会经济、政治、文化的实际状况出发，综合考察改良与革命之间错综复杂的关系。与当年学术界的一般看法不同，我的基本观点是，辛亥革命是由一个西方化的、城市的、改良派的上流阶层——即城市改良精英所领导的。我认为革命是改良的结果，而不是它的反面，你看革命党人哪个不是从新学、新军、强学会这样一些改良的产物里出来的。对历史上的革命，我们可以重新解释、评价，但不能无视它和反对它，那样的话，就不是把历史当作过程来理解的态度。

周武：《改良与革命：辛亥革命在两湖》出版迄今已将近30年，如果让你修订，你会在哪些方面重新考虑？

周锡瑞：直到现在，我对书中关于革命的阐述部分仍然感到满意，书中的基本观点，以及贯串全书的研究和论述的方法，无须也不会改变。但这本书毕竟写于20世纪70年代，书中的一些部分带有那个年代学术研究的"时代烙印"。譬如，书中关于"辛亥革命是政治的进步、社会的倒退"这个对立提法，现在看来是有问题的，这个对立提法，在"进步"这方面与辛亥革命时期的话语与价值观相关联，而在"倒退"这方面又和社会结构及社会行为相关联。在分析过程中，我有意把话语和价值观排除在外，除非它们有

"明确的行为后果"。在当前许多历史学家转向"语言"研究，并且认为话语本身能够产生权力的时候，我的这一观点非常容易被看成过时和狭隘的唯物主义观点。虽然我并不认同福柯主义关于话语能产生权力的论断，我相信一般来说，话语的权力来源于它的倡导者的地位和权力，但我在结语中的唯物主义分析似乎太多地集中在阶级问题上。这种集中分析导致了我对青年和妇女地位在辛亥革命期间重要变化的忽视或者低估，以及文化和社会生活在以下方面的变化：戏剧的转变，体育的普及，新的公共空间如图书馆、公园、博物馆的创建，以及随着报刊、新兴的电报、铁路和轮船而产生的对新型中华民国的设想。这些普遍而且重要的社会现象不应该看作是"社会的倒退"。假如我现在能够重写这本书，我也期望，对于革命党人和同盟会的贡献，现在有可能较原书略高地给予评价。这主要不是因为他们在辛亥革命中的贡献，而是因为，革命运动在推动知识分子向着接受中国问题根本解决之途中所起的作用。

周武： 你完成两湖地区辛亥革命的研究之后，又走进山东，开始探讨义和团运动的起源，并于 1987 年出版了《义和团运动的起源》(*The Origins of the Boxer Uprising*)。这本书出版后，立即受到学界的高度重视，当年就获得了美国历史学会费正清奖，两年后又获得了美国亚洲协会列文森奖和加州大学出版社伯克利奖。可以说，这本书为你赢得了极高的学术声誉。你是怎么想到要研究这个题目的？

周锡瑞： 确切地说，我对义和团运动起源的研究始于 1979 年。我认为，要对这场波及华北的民众运动的起源做出令人信服的解释，单靠文字资料是不够的，如果条件许可，还需要进行深入的实地调查。我在做前一个课题时，就想到两湖地区做实地调查，但那个时候中美之间既没有外交关系，也没有文化交流，我的这个想法当然没办法实现。但当我转到义和团运动起源的研究时，一切已发生变化。随着两国外交关系的正常化，中断已久的中美文化和学术交流得以恢复并稳步发展。借助这样的大背景，1979 年至 1980 年，我在美中学术交流委员会的支持下，幸运地到山东大学进行访问研究。山东大学的路遥教授及其他同行给予我许多帮助，他们慷慨地给我提供了

20世纪60年代山东大学历史系师生们所做的口头历史调查的原始采访记录，这些手稿是他们在1960年和1965—1966年间深入鲁西，在这一闹过义和团运动的地区内遍访当地老农的成果。这些历史调查已有一卷选编出版。但我得以查阅这些调查的最原始手稿记录，在这些手稿中，访问者记下了当年的义和团成员以及旁观者对义和团运动最初阶段的回忆。山东大学历史系向我慷慨提供的这些记录稿，比公开发表的资料选编更为完整，它对我重新探索和构建义和团的早期历史成了不可缺少的材料。正是从这些资料中，我们第一次得以从农民的角度了解这次大规模的中国农民运动。另外，山东大学还两次安排我去闹过义和团的乡村地区旅行。在原先的口述历史调查的基础上，我又做了进一步的采访。再加上对这一地区的自然气候和社会生态环境的观察，使得原先那些材料对我有了更丰富的内涵。这些访问价值无量，它帮助我理解了社会经济条件的地区差异（常常在同一县域之内也大有差异）的重要性，它是义和团运动兴起的因素之一。所有这些新的资料，包括新公开的档案和口述历史，不仅使我们能够更为详尽地观察义和团兴起地区的地方社会和民间文化，还使我们重新检验那些为人接受已久的有关义和团的观念成为可能。例如，珀塞尔的《义和团运动：背景研究》力图说明的一个中心问题是义和团由反清到扶清立场的转变，后来的大多数教科书和二手论著在描述义和团思想转变时皆追随珀塞尔。但是，最新的证据，尤其是口述历史，无可置疑地说明，义和团运动从一开始就是一场勤王运动，它从未经历过反朝廷阶段。除了上述具体的帮助外，山东大学同行们的研究直接影响了我对义和团运动发展阶段的看法。关于鲁西南大刀会、直鲁边界的义和拳以及鲁西北神拳是义和团运动的重要组成部分的观点，就是直接接受了他们的分类方法。所以，我对路遥教授和其他同行一直心存感激。如果没有他们的慷慨帮助，我看不到这本书所需的重要资料，对鲁西的地区差别也不会有那么直观而深切的感受与认识。

周武：我注意到你在这本书的结语"打破'起源偶像'"中有一段话很耐人寻味，你说："历史学家常常将目光盯在他们所发现的'最遥远的过去'上，把白莲教、拳会这些名称巧合的组织与1889—1900年间的义和团联系起来，然而，它们在实质上却大不相同。"这段话实际上也表明你的研究重点不在义和团的组织源流。在你看来，不是组织源流，而是仪式，在义和团运动的兴起和传播过程中起了更关键的作用，而诸如"降神附体""刀枪不入"等仪式则来源于民间文化习俗，民间文化习俗又显然与区域政治、经济、社会密切相关，因此，你放弃了传统的、由组织源流入手的研究方法，转向研究义和团的仪式，以及蕴育它的华北农村的文化习俗、社会经济环境、自然生态及政治背景。

周锡瑞： 是的，我不认为义和团的起源与白莲教及先前出现的其他采用类似名称的宗教、武术团体之间有什么直接关系，义和团之源起与鲁西地区的自然环境、社会经济结构、民间文化有关，与西方列强入侵，特别是基督教大肆扩张有关。在探讨义和团运动起源的问题上，有几个最基本的问题是无法回避的，即义和团运动为什么首先出现在鲁西？为什么在 19 世纪 90 年代发生？为什么这次反洋排外运动采取义和团这种形式？要回答这些问题，必须深入研究鲁西地区的自然环境、社会经济状况以及当时山东一带的局势。鲁西地区客观的社会经济状况不但给义和团运动提供了先决条件，同时也限制了它所能采取的形式和规模。我在书中对 19 世纪末山东地方的社会经济和社会结构做了比较详细的研究分析，发现鲁西地区是一个贫穷的农业区，人口稠密，商业化程度低，对自然灾害反应敏感，士绅阶层弱小，习武之风盛行。进一步分析发现鲁西南与鲁西北之间又存在着重要差别。鲁西南是"大刀会"的故乡，社会结构中存在着一个牢固的乡村地主阶层，村社内部凝聚力强，不易接受外来人口。这一社会结构的形成与抵御当地猖狂的盗匪活动有紧密联系。相比之下，鲁西北社会比较开放，相对平均，这与该地区经常遭受自然灾害造成的人口流动有密切关系。这种区域性差别有助于解释在义和团起源过程中扮演重要角色的鲁西南大刀会与鲁西北神拳的不同。鲁西南大刀会由乡村财主把持，其组织严密，活动不公开，与其所在地区存在的牢固地主阶层及比较封闭的社会形态极相吻合。而鲁西北神拳则表现了相反的性格，他们的仪式公开，易学易练，教拳的师傅常见从外村请来，说明拳众对其领导并不苛求。而在山东半岛和北部地区，尚武风气薄弱，文人士绅力量强大，也不可能产生神拳、大刀会之类的组织。所以，义和团运动只能起源于鲁西北。

周武： 你非常关注区域性差异，不仅关注区域与区域之间的差异，而且关注区域内部的差异。你的《改良与革命：辛亥革命在两湖》讲湖南与湖北的区别，《义和团运动的起源》则讲鲁西地区与山东其他地区的差异，而且还深入鲁西地区内部，找出鲁西南与鲁西北的差异。

周锡瑞： 我还有一个比较大的研究计划尚未完成，是关于西北、陕甘一带的。我 1988 年、1989 年曾在西安的陕西档案馆和一些地方档案馆收集了不少资料，希望研究陕甘宁内部各个县的区别。我主要选了三个地方，当时就有人进行过调查，我则重新进行调查，写了几篇文章。现在能开放的档案，主要是地方上，县和省一级的，中央的档案很难看到。在陕西省档案馆可以看到边区政府的档案，但党的档案还不容易看到。现在还是看不到。我的一个研究生现在正搞城市史的研究，我自己现在进行的是我妻子的家族史的研究，正在写一本书，主要是给大学生读的，内容是从一个家族的历史看晚清以来中国社会的巨大变迁，以及家族与国家的关系。

周武： 我曾经看过一份资料，说您在进行陕甘宁研究时，对江南农村也做过调查。

周锡瑞： 对，那是在 1983 年至 1985 年间，和黄宗智、裴宜理他们一块在当年的松江县华阳桥乡搞的。通过做这个研究，我也学到不少东西，虽然后来什么也没出版。当时我负责调查、研究工业一块，最初是想出一本有关乡镇企业研究方面的书。在黄宗智那本有关江南的书（即《长江三角洲小农家庭与乡村发展》）中，已经提到乡镇企业的作用，但是他的说法和我的差别很大。这方面我可以补充一点研究方法和具体做法的内容，这可能是我的性格所致，我很难在一个地方蹲点持续做下去。所以，我的第一本书研究湖南、湖北，第二本书研究山东，接下来就是陕甘宁，中间也研究过江南农村社会。因为这几个地方都做过，所以对上述地区的差异也有一定的认识，觉得这些区域的差异很大，而且重要。不过，我也认为，如果在一个地方持续进行深入研究的话，可能会有新的突破，只是自己对转而研究另一个地方更感兴趣罢了。在城市史方面，我就特别佩服一些学者，一辈子都在从事一个地方的研究，比如出了三四本书，都是关于浙江的。我和他们不同，我在培养研究生方面，也是着重于培养他们对于广泛地区的特殊性的兴趣，比如在经济上、文化上、社会上等。

周武：你一直在寻找区域与区域之间，以及区域内部的差别，从两湖到山东到陕甘宁边区，是不是在做了这些个案研究之后，有一个整体上的想法？

周锡瑞：这可能没有。

周武：不可能。因为我觉得您在寻找区域之间的差别时，实际上背后存在着一个意图。

周锡瑞：如果有意图的话，就是想把历史搞清楚。

周武：我觉得你在研究中比较侧重或比较多地使用了社会结构分析方法，这与你老师辈的学人，如费正清、列文森甚至魏斐德等人的路径不太一样。

周锡瑞：这倒是，这可能是我们从 20 世纪 60 年代开始踏上史学之路的学者的特点。20 世纪 60 年代是搞社会史的时代，就如同 20 世纪 90 年代、21 世纪是研究文化史的时代一样。我们比较注重社会史，不只关注上层、精英，也关注普通老百姓。比如在我关于辛亥革命的那本书中，我最喜欢的一章是"长沙的抢米风潮"，也是我认为写得最好的一章，将群众运动的起源、过程描写得十分兴致、清楚。所以搞社会史研究就是分析一般老百姓对历史的影响，虽然我并不认为只有人民才是历史发展的动力，但是人民确实对历史的进程有影响，是重要因素之一。

周武：在史学研究中，你非常注重研究差别，区域的差别，阶层的差别，差别的本然之义也就是特殊性，这样的研究当然有必要，有意义，但与特殊性相对的是共性，你怎么看待共性的研究？

周锡瑞：你说得对，我老是注重差别，而且我老是从差别入手。再举个例子，我和再玫烁合编过一本书，书名叫《中国地方精英与主导模式》，是一次会议的论文集。孔飞力教授和我都参加了这个会议，等会开完了做总结时，他就出来批评，说你们这些人老是看重一个地方的特殊性，某一个地方和某一个地方的差别，应该认识中国地方精英的总体性，将它和西方的地方精英进行对比，这一点你们就做不到。因为没有了中国精英，只有湖南精英、浙江精英、陕北精英，等等。他这个批评也并非没有道理。我们该如何做到对中国整体历史的过程进行认识？我倒觉得这是应该思考的问题。我往往觉得自己在这方面注意不够，不大做整体性的解释，对地方性的兴趣更强。但在讲课时，我也讲整体的、通史方面的内容。

周武：从农村走向城市是很有意思的过程，因为中国往往被区分为"乡土中国"和"城市中国"，你对"乡土中国"当然是非常重视了，而对"城市中国"也不轻视。我知道你曾发起组织过一次有关中国近代城市史的学术讨论会，还给这个会议取了一个意味深长的名字，叫"Beyond Shanghai"（上海之外）。我想请问你为什么会想到要开这么一次会议，你组织这么一个会议，一定想说些什么。

周锡瑞：我对城市史从来没做过专题研究。如前所述，我的主要研究课题是辛亥革命与义和团运动，我长期关心的是农村社会和民众运动，也写过专著。我关注城市史，主要是因为我的一些研究生选了中国近代城市史和城市文化作为博士论文的题目，我是通过他们才开始注意到这个问题。你提到的"Beyond Shanghai"这个会议是在1996年召开的，其实也没有什么特别的深意，就是感到大家都把目光集中到上海，仿佛上海就代表中国近代城市，对上海之外的中国城市关注得太少。我发起组织这个会议，一是为我的学生们与城市史学界提供一个深入交流的机会，另外也想借助这个机会呼吁有更多的人来关注上海之外的中国城市。会后，我主编了一本《重塑中国城市》，也就是这次会议的论文集。我对中国城市史的了解，多半是从这些学生或者其他海外学者（如王笛教授、卢汉超教授）那里得到的。他们有各种各样新的看法，我从他们那里学了很多。作为他们的导师，我觉得我得负起责任，必须理解城市史。

在城市史这个领域，我个人最感兴趣的议题是现代城市物质空间的变化与现代城市居民文化之间的关系。我特别关注城市改造——即从清朝末（新政时期）到 1949 年这一段时间。在此期间，中国城市的改造体现在许多方面：城墙被拆掉；街道被拓宽拉直，并铺设了柏油路；开辟了许多新的公共空间如公园、广场和体育场；新式的建筑物如博物馆、图书馆、礼堂、电影院，百货公司也出现了。我们现在对这一类城市空间的物质改造了解得比较清楚。不过，我觉得更重要而且更有趣的是这些新的空间如何促进了新形式的人际交往和新型的社会关系的出现，从而形成了各种新形式的城市文化。

近代城市和古代城市的城市规范，两者间有很明显的差异。传统的、古代的城市是挺有规律的，四四方方，外有城墙、城壕包围，城墙之内街巷、文庙、鼓楼等，差不多一个模式。与同时期的西方城市相比，显得特别规范。到了近代，情况就不同了。随着外国租界的陆续辟设，一种与中国传统城市截然不同的新的市政设施、新的城市空间和新的市政管理制度开始出现了。当时中国精英谈到中国城市的时候，多持激烈的批评态度，骂中国城市多烂、多脏、多不卫生、多臭，等等。而到租界一看，往往惊叹马路多整齐、干净、卫生。与这种议论相对应，中国的精英们开始效仿外国租界的市政，重塑中国城市。最明显的变化包括拆城墙，铺柏油路，马路拓宽和拉直，修下水道、自来水系统，安电灯，辟公园、广场和体育场，建博物馆、图书馆、礼堂、百货大楼，等等。新的市政设施，新的城市空间又带来了新形式的社会交往关系、市政管理制度和城市文化。我有个学生以体育为题写过博士论文，也特别注意到新的城市中必须有体育场，体育场变得相当重要，因为 20 世纪 30 年代开比较大的政治集会、举行示威游行等，经常在体育场举行，所以体育场不只是用于体育。公园也不仅仅是聊天、闲游的场所，往往带有教育性。近代城市对空间（space）的认识、安排，产生了新的空间。在中国的传统城市，很少有 downtown，也就是商业中心，人们的购物范围除了街坊的菜市或小商店，就是分散在几条主要的街道上的书店、丝绸店、茶叶店、古董或家具店。而便利的现代交通和城市商业中心区的形成，使市民可以在商业中心里的各种各样的商店和新式百货公司里购物。其中最著名的商业中心是上海的南京路和北京的王府井。我们这本书主要是强调空间的改造。对城市史，我自己的愿望是研究新的场所、新的空间导致了哪一类新的行为、新的活动、新的人际关系。以前，城市居民主要能接触到的人就是他们的邻居，商业中心的产生，使陌生人之间的接触频繁起来，这当然要导致另一种人际关系的形成，对这种人际关系应该如何理解？当然这些都是现代化的一些最基本的概念，中国城市的这一切是如何形成的？在这方面，我觉得卢汉超最近出的那本书写得很好，尽管我完全不赞成他的一些论点，我跟他辩论了好几次，他觉得好多人际关系都是传统的人际关系，而我觉得是新的关系，有好些新的东西。比如石库门，住在上海石库门里的往往不是一个地方的人，有苏北人、无锡人、宁波人等，都杂居在石库门里面。一个楼也被分开，住着好几户人家，这些都导致了人际关系发生变化。怎么理解这些人际关系是特别重要的，城市空间的改造比较容易解释，困难在于如何解释这种改造对城市社会生活和城市文化的影响。2001 年夏天在天津开了一个华北城市的近代化国际学术会议，我做了一个发言，指出值得特别注意的是城乡关系。因为我搞过乡村、城市的研究，现在搞城市史，必须得考虑城市与乡村的关系。但是城市史有它的特殊性，城市生活与农村生活有区别，这个区别在哪儿？我们必须弄清楚。在传统中国，城市和农村没有太明显的差别，精英也都是士绅，念一样的四书五经，考一样的科举，当然城市里头，尤其是江南，有一些特殊性，不过总的来说，差别根本看不出来。当 20 世纪来临时，城市里有电影院、咖啡馆、百货商场、电车、洋车，衣食住行，好多方面，跟农村的差别比以前要大得多。这就是说城乡关系拉开了。另一方面，城市人口发展得很快，比如上海从鸦片战争到抗战，人口增加了大约 10 倍。北京、天津、汉口、南京等城市的人口在民国时期也增长得很快，显然这不是自然增长，主要是农民涌入城市。这意味着城市居民中有越来越多的农民。所以，从人口移动的角度来说，城市与农村越来越接近，城乡关系拉近了。但在文化上却拉开了，产生了矛盾。当人们远离农村庞大的宗族来到城市，家庭生活是如何演变的？当妻子工作，而又没有父母帮忙，抚养孩子的方式又是怎么变化的呢？人们的饮食习惯是怎么改变的？家庭团聚吃饭的方式有什么变化呢？友谊是如何形成的：在工作场所？同乡之间？邻居之间？种种的日常人际交往方式和我们今天都有很大的不同，大概也同传统的中国有所区别。但是，准确地说，不同在哪里呢？所有这些问题都需要做更细致的分析研究。我希望看到更多的研究来分析城市空间的改造对人际关系的影响。很显然，这些新的城市空间提供了更多的机会，使得素不相识的人们能够聚集在一起；同时，关于陌生人应当如何互动的社会规范也应运而生。这样的关注显然和前些年流行的市民社会和公共领域的讨论相关。但是，我建议从城市空间的角度来分析问题，研究城市空间的变化是如何鼓励和促进新形式的人际交往的。今天，大家都很清楚新技术已根本地改变了人们交流互动的方式——手机和互联网就是最明显的例子。然而，这个问题很值得我们思考：早期的科学技术是如何改变当时人们的生活的？比如我们刚才已经提到的人力车、有轨电车是如何改变了人们的空间观念，增强了社会流动性？

周武：从城市空间的变化看它们是如何鼓励和促进新形式的人际交往，的确是城市史研究中非常值得关注的课题。这里，我还想问一个问题，你和冉玫烁主编过一本书，叫《中国地方精英与主导模式》，中国学者现在也很重视地方精英（士绅、绅商）的研究，在你看来，与传统精英相比，近代精英究竟发生了哪些重大的变化？

周锡瑞：我和冉玫烁主编的《中国地方精英与主导模式》的主旨就是讨论晚清和民国地方精英性质的转化。在那本书中，我们没有集中探讨精英如何定义。相反，我们集中考察他们获得和维持其精英地位的资源，包括经济、政治、社会，以及文化等方面的资源。相当明显的是，与以前相比，地方精英在清末和民国时期有了更为多样的经济、政治和职业的资源，他们明显地增强了他们的政治活动和社团活动，成为许多新的组织（如商会、教育会、职业法团和慈善机构，以及地方咨议局、县议会等）的发起者和主导者。在此以前，土地财产、家族背景、科举功名，特别是官位对精英身份的确立有着主导性的作用。其实，我正在研究的叶家"家史"也牵涉到这个问题，而且我觉得跟这本书的成果也比较类似。总的来说，我觉得比较有意思的是，中国的地方精英往往在明清、民国时代还是同一大家族，代代相传，这在某些方面可以说与西方社会不大一样。中国地方精英的延续性比西方国家长，比如上海工商业者从前往往是在无锡搞丝绸、钱庄的，体现了延续性，不过重要的是，以前的士绅是否现在是工商会的会员或矿山的矿主，家族的事业已经改变了，法国的贵族不大会改变。中国的士绅与欧洲的相比，拥有的土地较少，所以士绅要代代维持他们的地位便不能完全依靠土地，得靠其他办法。归根到底，我觉得有两个方面：一方面是讲求学问，这是科举制度造成的；另一方面是着重搞好社会关系，子子孙孙都看到上一辈是如何处理好人际关系的。能够维持家族的地位，是离不开上述两方面因素的。在欧洲一些国家，贵族的地位是世袭的，比较难改变。

周武：前面你曾谈到 20 世纪 60 年代是社会史的时代，20 世纪 90 年代以来则是文化史的时代，在关于中国史，特别是中国近现代史的研究中，从社会史到文化史这种转变现在看来是越来越明显了，有一种势不可当之势。你怎么看这种转变或趋势？

周锡瑞：20 世纪 90 年代以来，文化史研究的流行不只是历史学科，实际上是所有的人文学科的一个总体趋势。就历史学科而言，这种趋势在 20 世纪中国史研究中表现得尤为突出！中国革命已被撤离中心舞台，探求革命的社会起源对于那些想理解过去的人仿佛也就不那么重要了。取而代之的是，有关城市、现代性和认同的研究——都是研究中国的青年学者们特别关心的有重要意义的问题——已经兴盛起来。据我的观察，近年来社会史研究是越来越失宠了。社会史的失宠，当然是有原因的，就学科本身而言，社会史的一个显著特点是关注塑造和限制人类行为的社会制度。无论是马克思主义者还是韦伯学说的信奉者，按照这种模式取得的最好成果都提出了有力的比较模型，其中社会经济和政治结构都被用来解释社会实践和集体行为。但这些模型倾向于否认行动者的力量，而新的文化史研究则在很大程度上给予了历史行动者以声音和主体性，帮助他们成为历史过程的动因，不光是历史过程的人质。这确实是文化史研究的引人之处，也是它区别于社会史的所在。所以，我并不像有的学者那样反对文化史研究，也不认为文化史研究前景没有吸引力。实际上，我所有的研究生几乎都在进行文化史研究——从电影审查制度，到杭州的旅游业，老北京传统的再生，重构京剧成为国剧的过程，到运动和体育的作用。他们的工作已经极大地丰富了我对现代中国的认识。最使我着迷的是改变了现代中国的这些新的文化现象和当时社会、经济与政治进程之间的联系。但是，近些年有些文化史研究成果却不免让我感到担忧，他们强调现实由文化或符号构成，有意无意地把社会、经济和政治排斥在外，把纷繁复杂的历史过程简化为文化或符号的展开过程。他们轻易把变革的力量归诸权威话语自身——或者是想象国家或资本主义企业中一些含混的"殖民地"的或现代主义的精英促进了权威话语并赋予其权力。但是这个过程怎样发生的和为什么发生，以及为什么某些文化实践兴盛而其他的衰亡，他们却一直没有彻底讲清楚，或者压根儿拒绝就此作出分析。这是文化史研究最不能令我感到满意的地方。我认为仅仅文化史是不能解答为什么现代中国会走它的一条独特历史道路这样的重要问题。除非历史学家对其原因作出解释，否则，我们将会逐渐地被愿意（甚至渴望）解答这些问题的社会科学家们排除在关于中国的公共话语之外。即使在对特殊文化现象进行严谨的经验调查时，我们也必须牢记蒂利（Charles Tily）所说的"大结构，长过程，大比较"。正因为如此，我认为应该把社会、经济、政治放回20世纪中国史。也因为这样，我虽不反对我的学生们做文化史研究，但一直提醒他们：不要光看文化，要把文化与社会结合起来。

周武： 我注意到你在《把社会、经济、政治放回20世纪中国史》这篇文章中，曾表达了复兴社会史的愿望，并提出了"新社会史"这样一个概念，这是否也暗含着你对当前文化史研究的不满与担忧？另外，你期望中的"新社会史"与20世纪60年代以来的社会史有何不同？

周锡瑞： 我在那篇文章中的确表达过复兴社会史的愿望，在中国近代史领域中复兴社会史研究，肯定不会返回到从前所做的工作上去。新的社会史将不得不与已完成的文化史成果相联系，并建立在后者的基础之上，并希望为它在经济与社会方面提供基础。新的研究就其论题而言将以文化史为基础，但从分析角度来看，它又为文化史在社会与经济方面提供了基础。我认为，新的社会史假如与某些文化史领域如城市、大众娱乐（电影和戏剧）、体育、新的教育场所（博物馆、报告厅、图书馆）和色情业等相联系，那它将会呈现出更加诱人的前景。

> **周武：** 最后想请你谈一谈何伟亚事件，你从史料、翻译等细微之处入手，对何伟亚的《怀柔远人》一书及其后现代式研究进行了毫不客气的批判，以及由此引发的一系列激烈辩论，已成为学术史上一个引人注目的事件。是什么原因让你如此大动干戈？

周锡瑞： 怎么说呢，我一开始研究中国、写东西，在 20 世纪 60 年代、70 年代，我当时算"造反派"，第一篇文章就是批评费正清，批评哈佛学派，认为他们为帝国主义进行辩护，完全从美国左翼学者的角度进行批评。早期在辛亥革命研究方面，也到处批评人，我年轻的时候，特别爱批评人。自己当时年轻，没有什么地位，而那些人却高高在上。后来年纪越来越大，也有了些地位，看到一些自己不太满意的书时，我也不怎么愿意进行批评。所以在很长一段时间内，对比自己年纪大的人，我敢批评；对于比自己小的人，就不大愿意批评了。对何伟亚及其《怀柔远人》的批判是一个例外。这样一本有问题的书居然获得了列文森奖，由于这一奖项具有的广泛影响力，授予列文森奖无疑是对何伟亚及其后现代式研究的一次重要肯定，我就多少有些忍不住了。我以前跟何伟亚有些认识，我就觉得他没有仔细地研究问题，研究方法不太认真。他对理论进行了研究，学了很多，我也知道他是从芝加哥出来的，他的学校就特别强调理论。不过这也无所谓，后来开完会回来时，我得知他的书得了奖，我就很惊讶。我买过那本书，翻了一下。我平时阅读的习惯是先看前后，再读中间。我发现注释中有不少错字，越看越多。我曾在中国与作者会过面，我认为他的中文可能也不太好，他阅读中国的文件也有些困难。他在书中一开始就有成见，以一贯的成见套在理论上。原来已经约定我在洛杉矶开会时要做个报告，讲最近的研究趋势。于是我讲了这本著作在研究方法上的缺陷。一些年轻学者往往关注新的理论、新的名词，而不大注重原始资料的意义，硬把他们的看法套在原始资料上。我觉得这种倾向有愈演愈烈之势，所以就发表了那篇演讲。艾尔曼也在，他很不高兴，提出各种各样的反驳意见。我自己觉得他的说法无法说服我，现在依然如此。因为这本书的一些部分，无论哪个中国人，或者会中文的，都会看出破绽。后来有几个人也参加了讨论，在资料翻译的正确性上都同意了我的看法。而艾尔曼在每一点上都要为作者辩护，这使我觉得很奇怪。如果他能公允一些的话，我也不会这样了。我对何伟亚这个人倒没有什么异议，后来也有来往，一起开过会，进行过学术交流，我们就是意见不同而已。我觉得史学研究必须忠实于资料，不能按照自己的意图进行硬套，这不是应该有的学术态度，我可能有些保守了吧。

> **周武**：在这一点上，我觉得无所谓保守与进步之分，因为史学研究必须注重史料，你不能离开史料或说一些与史料无关的东西。

周锡瑞：不过，对于"后派"那些人来说，文学理论的基础也是很重要的。史料没有固定的意义，在于读者怎么看，由此而确定。他们从这个角度得到了启发，因此他们重视史料的意义与我是不相同的。我也不能肯定史料原作者的本意是什么，我不能无中生有地妄加推测。因为文学作品，特别是中文的诗，好些往往有不同的意思。但是有些文件史料，比如清朝文件的客观性是不应加以怀疑的。所以，一般而言，历史学家都比较重视史料，但有些"后派"太随意，想怎么看就怎么看。可能我对有些人批评得太严厉了。

周锡瑞（Joseph W. Esherick），现为加州大学圣地亚哥分校中国学教授。曾师从美国中国学泰斗费正清、列文森和魏斐德教授，是当今美国中国近代史研究领域中最有成就的学者之一，著有《改良与革命：辛亥革命在两湖》《义和团运动的起源》《现代中国：一部革命的历史》《叶家》等，其中《义和团运动的起源》曾获费正清奖和列文森奖。另编有《中国地方精英与主导模式》《重塑中国城市》等多部论文集。兼任华东师范大学、上海社会科学院双聘教授。

周武，时系上海社会科学院历史研究所研究员。

历史·非洲·音乐
——张象教授谈治学经历与体会

(🎙️)张象　　(🎙️)本刊记者

> **本刊记者：** 张老师，您擅长世界现代史的教学和研究，参与了中国世界现代史研究会的创建活动，据说在历届年会上都有你的重点发言，颇有影响，能否谈谈你在该学科里的耕耘情况？

张象：好的，我从事世界现代史的教学与研究已 50 余年了。没有什么成就，只有一些经历性的体会，说给年轻学者，也许会有点用处。世界史是新中国成立后才发展起来的新学科，世界现代史又是新学科中的最年轻学科。1949 年前大中学校的外国历史课只有"西洋史"，它不讲现代史部分。1953 年教育部正式将世界现代史列为历史系基础课之一。50 年代末、60 年代初各校才有专职教师任教。1961 年我研究生毕业后，按规定必须任助教工作，我便师从梁卓生先生，进行世界现代史的教学。他是新中国成立后从美国归来的进步学者。他在美国攻读政治学，又学了俄文，能接受苏联的历史研究成果，学术功底深厚。当时我们遇到了一个"大肚子班"的教学难题。因为 1958 年"大跃进"，历史系扩招了 100 多人大班，其中不少是工农速中毕业学员，基础较差，全班学员程度不齐，这使主讲教师很难授课，也对我的助教工作出了难题。经过调查研究，我要在主讲教师的大课之后开设小班辅导课，对个别学习更困难的同学还进行学习能力的全面帮助。因教学辅导工作效果显著，我受到各方面表扬，成为校级先进工作者。1962 年 12 月 8 日《光明日报》长篇报道了我的工作，题为《当好"配角"——记南开大学历史系辅导教师张象》，这使我更加积极地投入这门课的教学，同年便成了主讲教师。当时正遇中苏大论战，这给教学带来冲击，但也迫使我们系统大量地阅读马、恩、列、斯、毛的经典著作，提高了史论结合的能力。

当时世界史课程的基本建设十分薄弱，没有像样的教材和教学资料及工具书。翻译来的苏联教科书不合中国实际，解决不了问题。于是在中央宣传部周扬同志的关怀下，由周一良、吴于廑主编的《世界通史》四卷，1962年出版。这是我国学者编写的第一部世界史专著。不过因国际形势的干扰，现代史卷未能编写。我曾随我的研究生导师吴廷璆先生和教研室主任杨生茂先生间接地参与了编写工作，为其收集资料和参与一些研讨会。这使我对世界史体系问题的认识和学习编教材的原则与方法有不少收获。接着我们也想在世界现代史的学科建设方面做一些工作，但这一计划后来中断了。

不过有一个特殊情况还值得一提，最近中共党史界提出要将"文革"与"文革10年"区别开来，这有一定道理。"文革10年"中的科技、外交工作必须肯定，毛主席提出"划分三个世界"和"中国永不称霸"的理论，是正确的。"文革"后期1971年大学招收工农兵学员，我有了部分恢复教学工作机会。我们学习研究中央新的外交方针，进行国际共运史与民族解放运动史的教学。这些工作不能全然否定，随着工农兵学员的继续招收，我们还试编了世界现代史教材，这种探索为我们后来能迅速投入教学的拨乱反正做了准备。

本刊记者：改革开放迎来了科学的春天，你在世界现代史领域中的探索也该有新的大发展吧？

张象：是的，1979年在我国，不论是自然科学还是社会科学都是大转折的一年，世界现代史学科也不例外。这一年我赴芜湖安徽师大出席筹建世界现代史研究会的会议，接着又赴兰州参加研究会的正式成立大会。由我主笔与教研室同人写了一篇论文：《试论世界现代史的体系问题》，受到与会同人们的关注，被排在学会文集的显著位置。论文对学科中的"极左思潮"影响进行清理。还对使用苏联教科书中的教条主义和大国主义也进行了清理。在此基础上，1980年7月我们在《历史教学》期刊上发表了《世界现代史教学大纲与说明》。它被誉为"及时雨"受到全国许多院校的欢迎，认为这份大纲有助于他们教学的拨乱反正，从而开始新的世界现代史教学。

当时还遇到一个难题，就是如何讲授现代史后半部分，即第二次世界大战后的历史问题。由于与国际政治问题难分开，许多问题不好处理。高考的世界史下限定在 1945 年，中学课便终止了战后历史教学，高等院校，特别是师范校也削弱甚至取消这部分教学。如果长此以往，这将影响整个世界现代史学科的进步。于是 1981 年初我在《世界史研究动态》上发表文章：《应该从后面开始——谈当代史研究与教学"危机"》。文章根据马、恩对历史研究"应该从后面开始""必须要赶上事件发展"的论述和国内外史学发展的新趋势，论述了不能忽视当代史教研的问题，同时也提出了建议。我在天津社联组织了一个"世界当代史研究会"，多次讨论这方面问题。我认为历史学和政治学虽然都是研究人类的社会活动，但历史学研究人类凝结了的稳定的社会经历，而政治学是侧重于研究正在进行的人类社会活动。"二战"后历史已有半个多世纪，许多事件已成为"真正历史"，不应排除在史学之外。我与黄若迟在《历史教学》上连载《当代世界史专题讲座》，又与人民教育出版社的严志梁同志主编了《新编世界当代史》(1987 年版)。我还称赞武汉大学、华东师大、山东师大等校的世界现代史教师对当代世界史的探索工作。

1986 年吴于廑、齐世荣先生在国家教委支持下，主编六卷本的世界史高校教材，第五卷是现代史部分，第六卷是当代史部分，这种安排是历史首创。他们根据马克思、恩格斯关于从分散到整体的世界历史观，策划通史构架，指导具体编写。这是我国世界史研究的一大突破，具有十分重要的学术意义。我有幸被邀参加当代卷的提纲起草和编写工作，协助分册主编彭树智先生策划并承担了 40% 的写作工作量，该书后获国家教委优秀教材一等奖。为了迎接新世纪到来，齐世荣先生又主编四卷本《世界史》作为"十五"国家级规划教材。我承担了当代卷的约 50% 的工作量。我退休后在全国 30 多所院校讲学，继续弘扬教材编写中强调的世界整体化历史观。为了响应中央领导同志关于提高干部素质、多读一点世界史的指示，在齐世荣先生主持下，我与马克垚、朱龙华、刘宗绪合编了两卷本的《人类文明的演进》，由中国青年出版社 2001 年出版。最近为适应中国崛起、世界全球化与多极化的新形势，满足读者了解世界的新需要，我又在帮助山西师大中青年教师牵头编写的《现代全球史》。打算要以新的视野、新的框架，增添新的内容来展现 20 世纪以来的世界历史的整体化进程。

本刊记者：你这样多次参加世界现代史学科的建设工作，感到很有兴趣吧！你认为在当前形势下从事这门学科的教研工作有何意义？

张象：兴趣是与勤奋联结在一起的，如果你对某学科用功了自然就会有兴趣，有了兴趣也就会有积极性。我 50 多年的教学，时间不仅使我对这门学科有了浓厚的兴趣，而且认识到它对一个民族能自立于世界民族之林，对一个国家的振兴富强，以至对个人的发展都有着重要的作用。一个强国的崛起不仅靠经济军事实力的增强，还需要有先进文化理念的软实力来支撑。为此，弘扬国学仅仅是一个方面，大量吸收世界先进文化的营养更有必要。世界近现代史能集中地介绍世界最先进的文明给国人。这里有各国的治国之道，实现现代化的举措和外交战略及文化建设方针等诸多丰富内容。该学科对于增强国家意识形态的软实力有着不能低估的作用。

再者，从教育和提高国民素质而言，世界近现代史学科也有特别的作用。随着中国崛起，中国人更多地面向世界，走向世界，这就要求更多地了解世界。而我国国民的"世界观"是有缺陷的。毛主席早在 20 世纪 40 年代就批评当时的知识精英"言必称希腊"了解世界不全面。新中国成立后一度的封闭状态影响广大干部和民众树立全面的"世界观"。改革开放后的学西方有其必要性，但在某些人的潜意识中出现了盲目性，这是应该警惕的。世界近现代史教研的提高和普及能有助于这些问题的解决，世界近现代史教学要打通，任何削弱世界近现代史教研的举措都是错误的。

本刊记者：你认为加强世界现代史的学习与研究要注重哪些方面的努力？

张象：学好马克思主义基本理论，掌握好外语工具，这当然是必备的。如果就专业学习而论，要注意资料的收集和世界知识的积累。讲历史要靠史实说话，不能凭空胡说。世界史的研究思维是建立在大量世界知识基础上的，不是靠灵感而想象的。齐世荣教授是我国世界现代史学科的权威学者，他从事该学科研究就首先从资料翻译入手，早在"文革"前他就编译了 1945 年前的《世界现代史资料》。他在研究战后历史时，也从编译《当代世界史资料选辑》入手。1984 年 9 月我应邀参加了这项工作，主编第三册亚非拉部分资料（1945—1970 年），我组织几十位同志，从 20 多种文字中翻译原始资料，然后由我来精选编排，加注加按语，以便让读者从第一手资料中认识历史，该套书后由首都师大出版社出版。

正是受老一代学者治学作风的影响，1986 年 1 月我作为主编和主要作者编写了世界当代史教学与研究工具书——《当代世界知识新辞典》，全书 120 万字 3000 余条目，与一般辞书不同的是按分类、年代编排，每条附有资料来源和有关书目，内容广泛，包含科技文化。1993 年由南开大学出版社出版。1996 年 5 月天津市组织读书节，300 余万读者参与评选，该书被评为"天津市民最喜爱的 10 本书"之一，排名第二位。

第三世界的崛起，发展中国家体系纳入国际关系体系，这是阅读现当代史时最令人兴奋的事。但对这方面的研究，特别是对世界南方发展中国家复兴的讲述一直是教学中薄弱环节，是需要着重研究的课题。再者，历史发展是靠生产力推动的，在现代历史中科学技术是第一生产力，而我们的教学在这方面十分欠缺。在世界史中讲科技问题，应当区别于理工各专业的科技史。我们要将其通俗化、系统化，着重讲科技与社会的关系，对此要下苦功夫。此外关于现代文化交流问题更应关注，这是全球化潮流的重要动力之一，也应该努力整理研究纳入世界史体系之中。环境问题在 20 世纪后期越来越严重，这也是世界现代史的新内容。为了学习上述问题我曾主动承担历次教材编写的这些章节。我曾组织天津世界当代史研究会多次讨论上述问题，特别是 1991 年 10 月我们与《历史研究》编辑部联合举办了"科技发展与现代历史"学术讨论会，吸收非历史专业包括理工科专业的学者参加，颇有收获。为了落实这方面的研究，1993 年我还组织华北地区高校的一些教师撰写了包括科技文化内容在内的《20 世纪世界文化》（四川人民出版社 1994 年出版）一书，已发表的书评称此书为"拓荒之作"，说其可贵之处在于作者们"敢于知难而进"。90 年代末我参与了北京世界史研究所承担的国家委托研究的重点项目：《20 世纪的历史巨变》。我的长文《20 世纪的科技腾飞与人类物质文明的巨变》被收入文集，2000 年 11 月由人民出版社出版。我希望我对这些新领域的初步探索能有更多青年学人继续将其推向前进。

世界现代史是对现代人类社会的整体化研究，不是国别史的简单组合，更不是少数大国活动的历史。对于大量有世界意义的历史事件要进行选择、综合、分析、安排。这方面的研究课题很多很多，也需很长时段来工作。要在微观研究基础上进行宏观总结研究。1999 年我在《世界历史》刊物上发表论文《20 世纪历史巨变的综览》就是这种工作的尝试，我也希望能有青年教师们继续这方面的工作。

本刊记者： 张老师，请再谈谈您对非洲的研究，您为什么研究现代世界史的同时又要研究非洲史？

张象： 这里有一个从不自觉到自觉的认识过程。起初是服从导师和领导的安排，后来觉得这样也很好。马克思主义经典作家不是都点面结合进行研究工作吗！马恩从总体上研究资本主义，同时又选英国为典型进行深入探索。我们搞世界史是全球研究，也需要用一个国家和地区进行个案分析。我的研究生专业是亚非史，导师吴廷璆先生不同于一般教授，他有与时俱进的特点。他年轻时是北大学生运动领袖，从日本东京帝大留学归来后曾在八路军总部工作过。1949 年后主讲亚洲各国史课程，1955 年亚非会议后他便要改称为亚非史课。他是当时国内唯一的学术组织亚非学会理事，他常让我代替他参加会议。他把我的专业方向从日本古代史转到非洲史。我的毕业论文是关于美国侵略非洲问题。在他支持下 1961 年我就开设了一门选修课《非洲史专题》。"文革"后我参与了中国非洲史研究会的创建工作，又加入了非洲问题研究会，在研究会的鼓励下，1980 年我再次开设非洲史选修课，自编教材、教学资料和教学幻灯片。这在当时国内高校中算是领先的。我也成为中国非洲研究先行者行列中的一员。1986 年我参加了中国非洲问题研究会组织编写的《非洲经济社会发展战略问题研究》。承担了关于非洲历史与社会状况专题（1992 年人民出版社出版）。同时我还承担中国非洲史研究会组织编写的三卷本《非洲通史》（1995 年出版），我承担现代卷的部分写作，这两部著作都属于国内首创性的巨著，均获国家级的奖励。

1994 年新南非的诞生标志着数世纪以来殖民主义、种族主义统治非洲大陆的最后终结。长期的世界史教学使我很快意识到这一事件的重大历史意义。于是我决定主编和主笔一本书，能从现状回顾南非历史，再从历史论述到现状。我邀请国内在南非研究方面的绩学之士和一流专家一起投入编写。我让大家从各个方面介绍南非。该书取名《彩虹之邦新南非》，由当代世界出版社出版（1998年）。1999年5月6日曼德拉来华访问，要在北大发表演说。该书被有关人员放在显眼位置作为礼品呈献给曼德拉。当他看到该书封面的新南非国旗时十分激动。他拉着中方献书人员的手说了许多友好的话。他没想到新南非刚刚建立，中国学者就写出了介绍他们国家的书，他说一定要回去拜读这本书。我作为研究非洲的学者，能为增强中非友谊做一点实实在在的事感到十分欣慰。

本刊记者： 非洲国家多数贫穷落后，在世界史中能讲到非洲的地方也很少，你认为花大力量研究值吗？非洲研究又要注意哪些问题呢？

张象： 你的看法可以理解，在国内也有普遍性，我曾写过多篇文章解释此问题。特别是我在世界现代史研究会2009年编辑出版的论文集中（由中国文史出版社出版）写了一篇《怎样看待发展中的非洲》的论文，主张要全面地、历史地看非洲。它的落后是殖民主义造成的，也是不合理的国际经济秩序导致的结果。非洲各国的发展极不平衡，有穷有富，对其贫穷不能简单而论，要看到非洲国家争取复兴的努力和希望。

非洲在世界历史的地位越来越重要，它是世界第二大陆，人口有9亿多，有着丰富的资源宝藏。中国崛起需要两种资源，两种市场，非洲是必选对象。非洲已有54个独立国，是国际事务中不可忽视的政治力量，我国要争取和谐世界，不能不注重联合这支同盟军。非洲战略地位十分重要，索马里海盗十几个人一条小船，凭借地理位置的优势就能使世界不得安宁。在世界的南北关系中包括非洲在内的南方国家越来越有不可忽视的国际地位，我们讲世界现代史不能不注意这种新的历史趋向。

非洲学很年轻薄弱，研究非洲的难度很大，也正因如此研究非洲是大有作为的。目前研究非洲的著作，西方人写的多于非洲人写的，更多于中国人写的。但西方人的著作，观点上有片面性，所以我们研究非洲必须要走进非洲获取第一手材料，然后进行去伪存真的研究。1987年11月我赴美国丹佛参加 ASA 组织的非洲学国际研讨会。我带去《论恩克鲁玛政治理论的几个问题》的论文。与我讨论的外国学者当得知我并没有去过非洲时就不愿与我谈下去了。这对我刺激很大，下决心要到非洲去。1993 年 9 月机遇来了，我作为公派访问学者到阿克拉的加纳大学，对方考虑到生活待遇问题，把我的身份改为客座教授，要我承担教学任务。经研究我决定为研究生和教师们开设关于中非历史比较的 Semher 专题课。我提交了教学大纲和 Paper，被汇编成一本讲义，起名：*A General Survey of Chinese History and a comparison of certain Historical Facts between Africa and China from Prehistoric Age to Cen-temporary Time*（《中国历史概要与中国非洲某些历史的比较，从史前到当代》）。我的教学效果很好，加纳社科院非洲研究所所长 Kwame Arhin 为这本讲义写了序。他称赞该书"对于错综复杂的中国人民历史给予了清晰的解释""应受到我们的欢迎"。我还以《中非关系要回溯到古代》（*Sino-African relations : Dake back to ancient times*）为题在该国 *Daily Graphic*（《写真报》，相当于我国的《人民日报》）上整版发表论文，也收到良好的反映。这启发了我，研究非洲要从中非关系入手，这是我们的强项，可以将研究引向深入。近年来我在《西亚非洲》刊物上发表《论中非关系的演变：历史意义、经验与教训》等论文，很快便被在华的留学生翻译到国外去。

为了让我国的人民更多了解非洲，必须大力做普及工作，这也是我们研究者入门非洲学的捷径。中国社科院策划编《世界列国志》作为该院重大研究课题。我承担了非洲的《刚果》和《塞内加尔·冈比亚》两本书的编写。我与过去的学生一起完成，由中国社科文献出版社 2005 年、2007 年分别出版。我希望要入门非洲学的年轻学者不要忽视这方面工作。

本刊记者：张老师请再谈谈你的音乐创作，将历史与音乐搞在一起十分罕见，这样做有何启示？

张象：历史发展总是十分复杂的，充满了偶然性，而必然性主要表现在历史的大趋势方面。个人历史也是这样常常是不可预料。我的童年是在山西南部的河东大地上度过的。这里自古以来就是戏曲之乡，至今到处保留着元明以来的各种戏台。乡亲们不需要买票就能在台下听戏。我小时受到了这种民间音乐的熏陶。后来为迎接解放和新中国成立初期的改革运动,我参与各种宣传活动,成为文艺骨干。后在山西省音协专家的帮助下,成为中学里的音乐骨干,于是准备报考中央音乐学院作曲系。结果没如愿,而是凭文化课成绩录取到南开大学历史系。1952年院系调整后因为过去西南联大的关系,从北大、清华来了多位教师到南开历史系,师资力量很强。这种条件鼓励我下决心要学好历史专业。没料到任何学问都有相通的地方,过去学音乐下的功夫,也有助于学习历史。例如搞作曲有 A–B–A 三段式,有主题再现的手法,搞历史也要能将背景—经过—意义三者联系起来。过去学习音乐的思维方式对学历史还是有用的,加上勤奋,我的考试成绩全优,成为甲级优等生。我被选为校学生会干部,在分工时考虑到我过去的背景,便主管文艺部工作,后又成为歌舞团团长兼指挥。当时天津文艺界十分重视群众文艺骨干的培养,人们常说:"海河水是养金嗓子的",天津出了许多业余出身的歌唱家。其实没有如此神秘,而是当时音乐部门的领导和专家注重从工农兵学商群众中培养人才。例如《歌唱祖国》作者、音协主席王莘同志,后任音乐学院院长的杨今豪同志,《天津歌声》主编高鲁生同志为培养学生界的群众音乐骨干,都对我有很大帮助。我有机会参加各种作曲学习班,并进入音乐学院听郑小瑛先生的指挥课,使自己的音乐专业水平大大提高。20 世纪 50 年代末、60 年代初我在各种音乐刊物上发表歌曲,我选择与历史专业有关的题材写歌,例如当时中东危机,非洲动荡,我发表了《高举起民族独立的火炬》等歌曲,支持中东非洲的民族独立运动。同时也写《校园静悄悄》等校园歌曲,被同学们传唱。当时的教育方针强调到实践中去,到工农中去。我参加过天津地区义和团活动的调查,收集当时民歌,后来为历史歌舞剧《红灯照》配写了音乐。退休后为了"老有所乐,老有所为"我重操旧业,深入社区体验生活进行创作,先后出版《夕阳情歌》《南开园里的历史歌声》《社区歌声》等 CD 和 VCD、DVD 光碟,被有关方面评为"社区音乐家""感动社区人物""天津十佳文化老人"等称号,这些活动使我能保持积极向上的精神状态。近期我又尽量将历史专业与音乐创作结合起来。我称赞中非合作论坛,将《中非合作花盛开》一歌发表在中非友协主办的《非洲》刊物上,并编创《中国—非洲友好歌曲集》受到外交部门的称赞。我还用历史知识发表音乐评论,写了《时代呼唤大众歌咏的振兴》论文,引用巴黎公社和十月革命的史实加以论述。我还指出"猫王"普莱斯利和迈克尔·杰克逊都从非洲黑人音乐中吸取营养，而我国的流行歌手却只知道向西方流行音乐学习，强调不应该淡漠与非洲的音乐文化交流，文化部主办的《中国文化报》发表了我这篇评论文章并得到音乐界报纸的转载。《人民日报》也发表我的音乐评论，谈"论流行歌曲为何不流行"等问题。

我的体会是无论自然科学还是社会科学工作，都需要艺术的形象思维相辅助。钱学森先生说他的科学发明得益于他学过绘画和夫人是钢琴家。郭沫若、鲁迅是历史学家和文学史专家也都是文学家。我国世界史研究的先驱、中国第一位世界史女教授陈衡哲先生 20 世纪 20 年代就是著名散文作家，他编写的世界史教科书常用优美的文学语言叙述而能引人入胜。

本刊记者： 张老师，在您的漫长学术生涯中有没有曲折和不顺心的地方？你怎样对待？

张象： 当然有，而且不少。不过这常常是我们一代人的共同问题。譬如，我们的中年时期正要在学术上出成果时，受到各种政治运动的干扰，浪费了许多时间。我的助教生涯长达 18 年之久，长期低工资难以养家糊口。我从非洲考察归来，领了国家课题正准备大干一场时，却到点退休了。课题虽结项而未能出版成果，十分遗憾。我曾考虑到自己的年岁难以在非洲研究方面有大作为，便把精力放在人才培养上，指望能培养出中国的"非洲通"。但是我们的新兴学科起初很难成为博士点招收博士生，我等只能遗憾。不过随着中非关系的全面快速发展，不少学子要搞非洲学，他们找上门来要尊我们为"导师"。于是我有机会培养指导不是自己招来的博士生。他们中有的已显示出才华，令人欣慰。这说明人生道路虽然曲折，但只要坚持不懈地耕耘，前途总是光明的。所以我将放歌未来，永远拥抱我热爱的专业。

张象，1934 年生，男，汉族，籍贯山西省临猗县，1954 年毕业于太原五中，原名山西省立一中，曾是彭真等革命家的母校。同年考入南开大学历史系，读本科和研究生，1961 年留校任教，从助教到教授，1978—1996 年任该系世界近现代史教研室主任和南开大学非洲研究中心主任职务，是享受国务院特殊津贴的专家。在校外应聘北京大学非洲研究中心研究员，非洲加纳大学客座教授，曾任中国世界现代史研究会副会长、华北分会会长（现为名誉理事）、中国非洲问题研究会副会长（现为顾问）、中国非洲史研究会理事、天津世界当代史研究会会长等职。早年接受过音乐的专业培训，曾从事业余音乐创作，退休后重操旧业，其创作歌曲多次在全国评比中获奖。现为中国音乐文学学会、音乐家协会、音乐著作权协会、世界华人音乐家协会等组织会员。

饮水思源　潜心治史
——南炳文教授访谈录

(🎙️) 南炳文　　(🎙️) 胡宝亮　杜水莲

胡宝亮　杜水莲： 南先生，非常高兴有机会采访您。我们知道，您在 1961 年以优异的成绩考入南开大学，请您谈一下您是如何选择历史学作为您的专业的？并请略谈一下您大学期间的求学经历。

南炳文： 高考中取得了理想的成绩，俄语离满分只差 0.5 分，其他科目也只扣了很少的分数。我所在的中学基础不太好，我们班是这个中学的第一届高中班。能考成这样，确实不容易。

我选择报考历史专业就像笑话一样，父亲是兽医，希望我也做一名兽医，但是我实在没有这方面的兴趣，最初只知道努力读书。在初中的时候已经自学完高中的数学知识，进入高中开始思考在文科与理科中选择哪一个。而根据自己的身体条件，最终选择了读文科。选择文科后，又首先把目标定在文学上，所以涉猎了不少文学作品，也读了一些中国古代的经典著作，如《论语》《孟子》等，还读了南开大学中文系编写的《古代汉语读本》。毕业时，看到招生广告，发现第一类高校中有南开大学，自己姓南，对它不由得有了特别的感觉。我们班既是所在中学的第一届高中毕业生，也是全县第一届，县政府很重视，县教育科科长亲自到校与毕业生交谈，他问我准备如何填报志愿，我刚说了"南开大学"四个字，他马上就说："南开大学好，南开大学历史系是保密系，你应该报南开大学历史系。"对大学情况一无所知的我，就这样决定下来，结果是被南开大学历史系录取了。刚进入南开大学时，对历史专业还不了解，但很快就发生了改变。当时南开大学有一大批国内外著名的历史学家，如郑天挺、雷海宗、吴廷璆、杨生茂、杨志玖、杨翼骧等先生。系里的党政领导对学生也非常关心。系主任郑天挺专门与新生见面并讲话，他的讲话很鼓舞人心。当时，得知郑先生长年在教育部编教材，身为南开人都很自豪。开始上课后，我对大学的讲课形式感到十分新奇，与高中极不相同，老师们以卡片讲课，没有现成的课本，讲的都是老师们最新的独到见解。还经常邀请国内的知名学者来讲课、作报告，诸如裴文中、吴于廑、吴晗等先生都来讲过。这样的学习生活渐渐地使我悟出，学习历史在大学阶段已与高中完全不同，再也不是死记硬背时间、地点、人物、事件、性质、影响等，而是要通过研究原始文献资料，得出自己的见解和结论。这种探索性的学习，使我兴趣大增，真正从心底爱上了历史专业。

当时南开大学历史系本科实行的是五年制。我们班除大四、大五时下乡搞了八个月"四清"外，其余都在校学习。前三年半以中国通史、世界通史为主，还学有关理论课、工具课和必要的专业知识课。剩下的一年半分成中国史和世界史两个专门组，学生可以自由选学，我选的是中国史专门组，学习了《史记》选读课（王玉哲先生讲授）、《资治通鉴》选读课（杨志玖先生讲授）、《中国唯心主义史学批判》（杨翼骧先生讲授）、《西方史学史》（吴廷璆先生讲授）等。通过专门组学习，历史知识更加厚实，且明确了每个人的主攻方向。临近毕业，"文革"爆发，当时我们班有十个留校指标，我、张绍祥、林和坤都是内定留校的，而五月份河北省委突然调我们三个人去其秘书处报到。去后的工作是查旧报纸，找所谓"资产阶级学术权威"的"毒草"文章。由于认识"跟不上形势"，待了三个月没有写出一个字。后来"十六条"出来了，又被派到大学当观察员，我被派到河北大学，具体是负责北院外文、生物、教育三系，在那里待了两个月，同样因为思想"跟不上形势"，什么工作也没干。10月，河北省委瘫痪，我乘机自作主张撤回母校。这时我已经看出了"文革"并非"革命"运动，对之产生反感，很快就变成"逍遥派"，进图书馆看自己能看到的书。1968年5月，我们班进行了毕业分配，内定留校名单作废，根据原来的分配方案，大家一起讨论、共同决定每个人的去向。我被分到了中国社科院哲学社会科学部近代史研究所。在这个位于北京王府井大街东厂胡同的研究所里，我住了两个月，就被下放到杭州郊区的浙江省军区下沙农场进行劳动锻炼。两年后又因哲学社会科学部的军代表假传周总理的指示，我又被转给杭州铁路分局车辆段五七学校（实即铁路子弟中学）。不久，骗局被揭穿，在周总理的关怀下，得以重新分配，于 1971 年初回到母校南开大学历史系工作。

回到母校第一天，恰逢中国革命历史博物馆（即今天的国家博物馆）因上级指示修改中国通史陈列的内容，而本馆业务骨干多在干校下放劳动，因此向南开大学历史系求援。系领导考虑到我已离校数年，与校内的政治运动脱了节，决定派我应邀赴援。到馆后，我被委派负责明代部分的内容设计。由于我在那里是"客卿"，所以只管业务工作，不参加所有的政治会议，这给了我一个很好的钻研业务的机会。当时各大学业务研究都停顿了，中国革命历史博物馆因任务特殊，变成了中国史研究和交流中心。在那里我见到了明史的许多大牌专家，加上那里文献资料与实物资料都很丰富，使我受益极大。在那里共住了三年，1974 年被要求回校上课。

胡宝亮　杜水莲：您是什么时候确定明史为主要研究方向的？原因何在？

南炳文：大学读书时，年龄还很小，而内心充满了报效祖国，并为之奋斗的想法。刚刚上学，正赶上贯彻高校"六十条"，强调"又红又专"，不可搞空头政治，系领导与老师们对业务学习抓得很紧，提倡每个同学都要打好"三基"。所谓"三基"是指基本理论（哲学与史学理论）、基本知识（以两大通史为骨干的各种历史基础知识）、基本工具（古汉语、外语和工具书等）。那时我学的是俄文，我常从书店买些俄国民间故事之类的书在课外读。后来随着我主攻中国历史的想法越来越强烈，感到俄文不如日文用处大，又改学日语。学校没为我们班开设日语课程，我就自己设法自学。除了学好"三基"外，我还很快地把主攻明史当成自己的奋斗目标。这是因为当时南开大学历史系唯一的研究机构是明清史研究室，明清史是南开大学历史学科中最有优势的研究方向。我清楚地了解这一情况是在 1962 年，即大二的时候。我之所以在明史与清史中又选中明史作为主攻方向，是因为了解到研究明史的资料在南开大学图书馆与天津图书馆已经比较富足，而研究清史要大量地阅读档案史料，但档案多藏于北京，如果主攻清史在天津不占地理优势。另外，从郑天挺先生和明清史研究室诸老师那里还得知，清史已有萧一山的《清代通史》，而明史方面尚无大部头今人断代史专著，努力的空间较大，同时已有的明史研究多集中在明初与明末两个阶段，而对中期的研究较少，空白点多。那时就下定决心，如果有可能将来一定争取写一部部头较大的明朝断代史。

胡宝亮 杜水莲：1978 年，您担任南开大学明清史研究室副主任，成为郑天挺先生的助手。请问郑先生对您治学有哪些影响？

南炳文：郑先生是世界著名的大学者，但没有一点架子，为人十分谦和。我读本科时接触郑先生的机会是听他作学术公开演讲，以及旁听他的讲课。他给我的印象是学问渊博，几乎无所不知，而且有问必答，十分耐心。1974 年后，我与郑先生在一个集体中工作，相互接触的机会更多了，特别是 1978 年以后，每隔一两天就会到他家中与他会面，或交谈工作方面的事情，或向他请教学问。郑先生对我特别关怀，带我接见前来访问的客人，以使我开阔眼界，增加阅历。密切的接触，使我对郑先生的为人治学体会加深起来。其中感受最深的是他的做人与治学是分不开的。他做人品格高尚，治学则眼光深远；他的论著含金量高，不仅有很高的学术价值，而且紧密联系现实，关心国家的命运与前途。他之所以注重清史，就与 20 世纪 30 年代日本加剧侵华有关。日本在明代之后就有一批人一直欲以朝鲜半岛为跳板进而侵略中国。20 世纪 30 年代，日本发动九一八事变、制造伪满洲国，意图分裂中国。面对这一现实，郑先生花了很大力气，尤其是清前期史，研究满族的源流、风俗，用大量史实雄辩地证明了满族自古就是中华民族中不可分割的一分子，这有力地打击了日本的侵略阴谋。郑先生后来的历史研究也同样与国家命运息息相关，并非只是对历史的嗜好。比如他关注钓鱼岛问题、努儿干都司等，都是他关心国家和民族利益、命运与前途的表现。他是一位高尚的爱国的历史学家。他的言传身教，使我懂得了研究历史应该是为了什么。

1980 年在天津召开的第一届明清史国际学术研讨会是由南开大学牵头进行的，而会议的倡导者和主持者正是郑先生。当时我国正处在改革开放的初始阶段，郑先生倡导、主持这一次会议，就是为了推动改革开放，并非只单单为加强海内外学术交流，更重要的是要配合我国改革开放的大局。由于当时与国外学术界的交流很少，在会前对会议能否成功，心里是没底的，郑先生本人也惴惴不安，有时自问"这些人能不能来呀"。如果外国人不来，国际会议没开成，那将是很丢面子的事情。然而时已82岁高龄的郑先生，不计较个人得失，唯以国家利益为准绳，将祖国命运与发展学术放在第一位，毅然坚持筹备，直至会议胜利召开。这次会议成功召开，不仅反映了郑先生的威望和号召力之大，更表现了郑先生的高风亮节。

郑先生是政协委员、人大代表，也是中国史学会的执行主席，外出考察、开会的机会甚多。每逢外出有所感想，便会给我写信进行沟通。考察、开会结束回津，我几乎每次都到车站迎接，而由车站到学校的途中郑先生也总是非常兴奋地讲述在外地的所见所闻，与我分享。郑先生在信中写的和路上说的，无不将古与今、国家与个人、学术研究与国家的方针政策等联系在一起。

胡宝亮　杜水莲：您与汤纲先生合作的《明史》（上下），是您中年时期的一部重要著作，至今很多学习明史的研究生将其作为必读书之一。您能介绍一下该书的写作缘起、章节设置与史料使用的特点吗？

南炳文：前面我已经说过，早在20世纪60年代初，我就有意写一部有关明代历史的大部头断代史专著。后来便一直为此做准备。除了读现代人的论著外，对于清代官修《明史》《明史纪事本末》《明通鉴》等主要明代史籍都比较仔细地阅读过，以便了解明代历史的基本状况。此外，还阅读了前四史、《资治通鉴》等历代主要史籍，以提高史学素养。到1979年我37岁时，终于遇到了一个难得的机会。当时我为南开大学历史系古代史教研室集体著作的《中国古代史》下册的出版事宜，住在北京朝阳门内的人民出版社，同时上海人民出版社一位编辑为其著作的出版事宜也住在人民出版社，晚饭后常在一起散步交谈。有一天他告诉我，上海人民出版社从20世纪50年代初开始计划组织编写中国断代史专著，每朝的断代史都要求选用非常合适的作者，根据最近与我的接触，他认为我对明代历史相当熟悉，是一个合适的作者，如果我有意接受，希望我写一提纲，由他寄回社里，向社里推荐，若社里审核批准，就可以正式开始这一合作。我听后很兴奋，那时流行合作写书，我就想和当时一同住在人民出版社的同事汤纲先生一起完成这一任务，向汤先生提出后，他也很感兴趣。于是我用两三天的时间写了一份提纲提交给上海人民出版社。不久，获得上海人民出版社的正式批准，紧张的撰写于是开始。当时的分工是明朝前期由汤先生起草，中后期由我起草，最后由我统稿。总字数设想五六十万字，后来接受责任编辑刘伯涵先生的建议，增加了一倍，这是因为考虑到明朝长达二百多年，计南明超过三百年，要想写得有深度，必须多些篇幅。

在章节设置方面，郑先生提了很多可贵的意见，指导得很仔细。在史料使用方面，郑先生提出稀见孤本史料无疑是可贵的，但一般读者不容易找到，不便核对与进一步研究。因而在同样情况下，要尽量选用一般的常见史料。对于更能系统全面反映历史真相的常见一般史料，更要如此。绝不能借孤本显示自己的高深。对于郑先生的主张，我与汤先生都很赞成，在写作中努力贯彻，只是不知道贯彻得是否到位。郑先生在我们写的《明史》出版前就写了序言，遗憾的是此书上册出版时他老人家已经仙归道山，没能看到。20世纪90年代初，此书下册出版。读者对这部书总的反映还算不错。1985年，上册获天津市社科优秀成果专著一等奖。1995年，全书获全国高校第二届社会科学优秀成果二等奖。蔡美彪学部委员还主要以此书为底本，改写成人民出版社的十卷本《中国通史》的第八册（明代部分），郑先生倘在另一个世界得知这些消息，一定非常高兴。

胡宝亮　杜水莲：南明史是您研究的课题之一，1992年出版了您的《南明史》，这是国内学者较早的一部系统论述南明史的专题著作。请问您如何评价南明在中国历史上的地位？南明各政权的覆灭对后人有何经验和教训？

南炳文：南明史地位重要，它是明史不可或缺的一部分。只有将明史与南明史连接起来看，才能了解有明一代。另外，在现实生活中，南明一直是受关注的对象，在清初，怀念明朝的遗民对南明史很重视，大量私写有关南明的史书，以融进个人的感情。在清中期，有关南明的书籍大量出版，这得到了清政府的允许，清政府要借此肯定的是南明臣子的忠君思想，以使广大民众忠于自己。在清末，革命派又从反满、反清的角度大量编写，以为其革命活动服务。抗日时期存在国共两党的斗争，为此而使南明史之撰写继续热下去。在以上种种目的影响下的南明史研究，往往使历史的真相被歪曲与掩盖。这就使历史学家面临着还原历史真面貌的艰巨任务。所以南明史还应再研究。

南明史给后人留下的最重要的经验和教训，是一个国家、一个民族内部的团结很重要。清兵入关后，在夺取全国统治权的过程中，大搞民族压迫，迷信武力，给汉族民众带来了很大的灾难，造成扬州十日、嘉定三屠等，强令剪发，民族矛盾被激化，于是汉族人民纷纷起来反抗民族压迫，很多人心向南明政权，应该说当时南明政权的存在，是有其正义性与合理性的。南明有大批支持者，实力谈不上弱，但最终却失败了，这是为什么？根本原因是其内部不团结，派别斗争导致其失败。像隆武政权和鲁监国之间有叔侄斗争，隆武政权内部有郑氏家族与其他大臣的斗争，永历政权中有吴党楚党之争，等等。朝廷内部党派林立，内耗太大，岂能不败！大敌当前时，国家与民族内部的团结很重要。这一点永远不可忘记。

胡宝亮 杜水莲：您曾经多次提出要将明史研究与世界史研究联系起来，可谓高屋建瓴，体现了您的开阔眼界与全局思维。您认为怎样才能做到两者的有机联系？

南炳文：本来中国就是世界的一部分，明朝之前就与世界有若干联系，但那时主要是与周边的国家和地区，至于对远隔大洋的其他国家与地区，因多种条件的制约，联系甚少。到了 15、16 世纪，随着世界大航海时代的到来，整个世界走向一体，中国与欧美等远隔大洋的国家与地区的联系发生了大变，由偶尔到经常再到不可分割。这种新状态使研究明朝时就不能离开世界，否则既不易理解明朝的地位，又不易理解明后期的变化。所以应将明朝与世界联系起来进行研究，在全世界的大视野下研究明朝。怎么联系呢？重要的是要了解世界大势，了解时局变化，特别是要了解亚洲之外的情况。在这样的前提下，评价明代中国有三个重要角度：一是过去的角度，即将明代的中国与过去的中国比，要看一看明代有没有新进步；二是明代当时的角度，即看一看明代中国的发展状况如何，看一看与明代中国同时的世界各国发展状况如何，将二者在政治、经济、科技、军事诸方面加以对比，从而弄清明代的中国在世界上处于什么地位；三是明代以后的未来角度，即看一看明代中国正以什么道路走向未来，看一看世界各国，特别是先进国家正以什么道路走向未来。若能很好地掌握以上三个角度，就可以使我们发现明代中国以前的中国取得了不少新进步，从而产生自豪感；就可以使我们发现明代的中国在世界上有许多方面仍处于先进地位，从而感到欣慰；就可以使我们发现明代的中国虽然仍是开放大度的，但对地球村逐渐形成的大势缺乏清晰的认识，与西方先进国家相比，在大力走向世界、积极地活跃于世界舞台方面逊色不少，这正是清代以后中国逐渐落后的重要原因。这样的发现无疑会使炎黄子孙一方面有极大的自信心，另一方面则取得宝贵的经验教训。

胡宝亮　杜水莲：您写过很多考据文章，在这些文章中，您综合利用了版本学、校勘学、目录学等方面的知识，考辨缜密、论证充分，结论令人信服。您是如何认识考据与当今历史研究的关系的？

南炳文：考据学是历史研究非常重要的一部分。历史研究有两个基本内容：一、弄清历史真相，要求真，这就需要考据。二、搞清历史事实还不是最终目的，在搞清大量事实之后，还要通过现象探讨本质、规律，并力争预见未来，为国家、为人类谋利益，以上两个方面互不可缺，既要有微观上的事实考察，又要有宏观上的规律与理论探讨与总结。没有考据，宏观研究缺少基本事实作支撑，得出的认识和规律仅仅是想象的和逻辑推理的，往往靠不住。只有以考据为前提，宏观探讨才能有坚实的基础，而反过来如果没有宏观考察，只有微观事实的探求，就会只掌握表象，难有本质的认识，即使对真相把握极其到位，历史研究服务实际生活的功能也不能充分发挥，所以规律把握、理论研究、宏观研究十分重要。南开大学历史学科在先辈的带领下，形成了既重史实考证，又重理论研究的好传统，本人受此传统影响，受益甚大。所写论文，更多的是考察历史事实真相，然而尽管没有说明，实际上往往其中力求表达个人的理论认识。如研究"马政"的文章，写在改革开放初期，表面看来，是在研究叙述明代"马政"前前后后的演变事实，这占了主要篇幅，但揭示经济效益在其演变中的推动作用，却是其重点所在，尽管所用文字并不太多。如关于郑和下西洋的文章，写于七八年前，讲当时中国对海外小国的政策和欧洲殖民者在其所到之处的政策，分析了明朝在经济上的厚往薄来，造成了经济负担过大，难以为继。而欧洲的殖民政策虽使之在当时获得了利益，推动了其资本主义文明的发展，但残酷地掠夺殖民地，引起民族仇恨，最终导致了 20 世纪中期的民族解放潮流。当时写这篇文章，在叙述历史事实上花了不少力气，而其最主要的指导思想只有一点，那就是主张国与国之间应实行互利的政策。

胡宝亮　杜水莲： 您在研究张居正改革时，对其改革的不足之处做了重点探讨，可谓见解独到。您是如何关注到这一点的？这些不足之处对明朝的影响是什么？其对后世的教训又是什么？

南炳文： 张居正及其政治活动，学界看法不一，近期主流看法是肯定其改革活动，本人认为张居正做了好事，其改革在一定程度上解决了当时社会存在的弊端，使社会问题得到改善，应该肯定。通过张居正改革，明中叶以来的统治危机由此得到了暂时的缓解。"江陵秉政"时间虽短，但确属封建"盛世"时期。但本人又感觉张居正改革在某些方面解决得不是很好，即有不足之处。张居正死后半个世纪多一点，明朝就灭亡了，而明朝灭亡的直接原因是农民起义与满族兴起。当时为什么会发生农民起义呢？是因为社会保障没有做好，一旦遇到灾害发生，农民的生活就陷入绝境，这使之不得不起义。假设张居正在改革时注意到社会保障问题，把救荒问题抓好，说不定就不会发生明末农民起义，即使发生，规模也不会太大。而实际上张居正对这个方面没花什么力气。张居正改革很重视加强北方的军事防御，但主要是应对蒙古，对女真沟通等解决得不是很好，这显然成为满族能够兴起并与明朝作对的一个客观原因。不可否认，在任何时代，无论是衰世和盛世，执政者不可能将一切问题都考虑周全，我们不应苛求古人。人的认识总是有局限的，存在没有考虑到的问题是情有可原的。但我们应重视这一局限性会引起严重后果的问题，力争从古人的教训中提高自己的认识。当国家处于盛世时，人们最容易忘记忧患，不重视研究处于苗头阶段的问题。本人特别对张居正改革时期的不足之处提出评论，就是要以张居正改革为例，对处于盛世时期的掌权者与群众提出警示，作为提醒。在这里，本人绝不是因存在某些不足而否定张居正改革。从大的方面看，这次改革解决了当时最迫切的问题，当时确实可称盛世。

> **胡宝亮　杜水莲：** 2007 年起，您主持点校中华本《明史》修订工程，此次修订《明史》原因何在？有利条件有哪些？遇到了哪些困难？目前已经取得了哪些成果？您作为主持者，是如何领导、协调修订工作的？

南炳文： 修订是由国家提出的，二十四史是我国古代最重要的历史典籍。历来都有不少书籍随着时光的流逝而被淘汰，将来也会如此。但是二十四史绝不会被淘汰，几千年中华文明未断就是因为二十四史的存在，其意义重大。所以国家很重视二十四史。新中国成立初期，毛主席、周总理亲自倡议整理二十四史，加标点、作校勘记纠正错误，进一步提高其质量，取得很大成就。但是经过 50 年逐渐发现，那次修订主持者虽为全国最著名的专家，但受到时代的局限，仍留有较多问题需要纠正，于是现在又决定作第二次修订。由郑天挺先生主持第一次修订《明史》取得了巨大的成绩。其中重要的一条是完美地解决了对《明史》怎样进行修订的问题。其他二十三史与《明史》不同，有不同的版本，而《明史》只有一个版本，即《明史》版本没有问题，但是内容有错误，该如何修订呢？郑先生带领的团队确定了以纠错为主的方针。这次修订的另一个贡献是在艰难的条件下，取得了丰硕的成果。20 世纪 50 年代到 60 年代初，出版业尚不发达，许多有关明代历史的史料书籍没有刊行，查阅极其不便，存放于国外者更难找到。但是在郑先生的主持下，修订人员兢兢业业，在有限的条件下，仍然发现并纠正了《明史》中的大量错误，受到了广泛的赞扬。

现在的第二次修订是在郑先生等人开创的道路上继续前进。这次修订的客观条件比上次大为改善。现在是信息时代，许多分藏国内外的书都能通过网络查得到，出版业大发展，现已出版的几大丛书如"四库"系列、北大明清史丛书等，其中多为关于明代历史的书籍，原来看不到的大多变得能被看得到了，将这些资料仔细查阅、对比，就可以发现《明史》记载的许多错误。资料多，为修订工作的开展提供了条件，但同时增加了工作量。《明史》

作为二十四史中部头较大者，再加上有数量很多的各种资料，对这些资料不读不放心，读的话要花大量时间，这使大家真希望每天的时间能变成48个小时。在修订中，每逢发现《明史》的一个记载错误并加以纠正，我们就非常有成就感，但是压力也是巨大的，非常担心会遗留下《明史》的若干错误没能发现，工作没有做到位。

参加这次《明史》修订工作的，有来自社科研究机构和大学的十几位专家。我本人作为主持人，先调查了各种情况，而后提出修订计划，包括工作阶段划分、修订要求等，同时拟定修订细则，写出本纪、志书与列传的校订样稿，然后与参加的专家协商，以此为基础，把撰写修订样稿的具体任务分配给大家。对于初稿的撰写，我要求每个人都要做四个方面的工作：1. 对初校的成果进行复核，在尊重前贤成就的前提下，做必要的取舍与修订；2. 搜集初校本之外的前人已经取得的相关成果，复核后作取舍修订；3. 将自己以前已经取得的相关成果，复核后吸收进来；4. 仔细阅读《明史》全文，并与相关资料做比对，以尽可能多地发现《明史》记载中的失误，扩大修订成果。一年半以前（2010年夏），我已把自己承担的初稿起草任务完成，其他专家也开始陆续交初稿。我作为主持人，又开始了审改作者初稿的工作。在审改的过程中，我所遵循的程序与大家写初稿几乎完全一样，只是基本略去了仔细阅读《明史》全文一环，改为重点阅读。这使我不得不耗去大量时间，把初稿撰写者走过的路再通通走一遍，而且还要走不少初稿撰写者没有走过的路。这是必要的，不这样做，就不可能判断初稿的正误，从而不可能将其提高一步。从目前的状况看，原定计划的完成时间会有所推迟，我心里很着急。但尽管如此，我也只能这样认真仔细地看下去，力争达到现有条件可以达到的最好结果，否则就会辜负了国家与人民的期望。

胡宝亮　杜水莲：2010年1月，由您整理、点校的《辑校万历起居注》出版了。您耗时十余年，通过比勘《万历起居注》十余种版本的文字和若干有关史书，辑残补缺，纠正误字，整理的结果近于足本，并对起居注全文进行了标点。该书体现了您在古籍整理方面的功力，其一经问世，即受到史学界的关注与好评。那么，您是如何注意到起居注这种史料的呢？起居注较之实录、文集等传统史料有何独特的价值呢？

南炳文：该书在 20 世纪七八十年代之交，我与汤纲先生写章节体断代史专著《明史》的时候，我就已经注意到了，当时只知道天津图书馆收藏的一种，很想读，但是因为是孤本，不让读原书，只让读胶卷，而读了一周，机器坏了，就没法读下去了。我在读的时候发现该书很有用，但是因为没能把全书读完，只读了很少一部分，写那本《明史》的时候就没能采用它。20 世纪 80 年代后期，北大出版了影印《万历起居注》，这再次引起了我的兴趣，天津图书馆也允许我读原书了。读来读去，有关该书的情形了解得多起来，得知台湾、日本也有该书，共有十几个版本，而主要的可称为祖本的有两个，一是天津图书馆本，一是日本本。天津图书馆本为残本，日本本也是残本。两者的分量都较多，除共有者外，都有不少独有的部分。另外，还有一个仅记万历元年内容的本子，藏于北大。我搞的《辑校万历起居注》是将上述三个版本合到一起而形成的。理论上计算，万历起居注最多有 596 个月，《辑校万历起居注》收有 570 多个月，距 596 个月只差了约 20 个月，它已可说接近足本了。也有一种可能，那 20 多个月本来就没记载，若此为真实的，那么《辑校万历起居注》就是足本了。

起居注的史料价值非常大，它是修实录的重要依据之一，是为修实录做准备而撰写的。实录的资料并非只来自起居注，也来自其他部门的有关记载，所以实录所载的内容更全面。但是起居注写得更详细，它所记载的内容有许多在实录中没有收进来。另外一般来讲，实录对起居注的记载进行过摘录、重编，这就容易出现错误，所以与实录相比，起居注的准确性要更高。明代废除了宰相制度，以内阁大学士帮助皇帝处理政务，内阁成为皇帝的秘书处。而万历帝很少见大学士，大学士通常是靠写奏本、题本而与皇帝交流的。这些奏本、题本成为《万历起居注》的重要记载对象。这些奏本、题本一旦交上去，很快就被写进起居注中，从而不可能再加修改，这一点很值得注意。因为大学士在编印自己的文集的时候，出于各种因素的考虑，往往要修改文章初稿中某些事件的记载，从而掩盖或歪曲了历史的真相。这就使起居注比文集的史料价值更高一些。

胡宝亮　杜水莲：您与日本明史学界来往颇多，在您看来，日本学者在明史研究方面有哪些值得借鉴的地方？

南炳文：我是在 80 年代与日本明史学界开始交往的，与山根幸夫、小野和子、森正夫、滨岛敦俊、寺田隆信、川胜守、岩见宏、岸本美绪、夫马进、吉尾宽、浅井纪、川越泰博、佐藤文俊、荷见守义等先生都交往颇多，与年轻学者也有一些交往。日本学者重视专题研究，有的一辈子着重研究一两个专题，要将有关资料淘尽，年复一年地搞下去，因而搞得很精、很深，从而成为真正的专家。日本学者在重视文献资料的同时，非常看重实地调查，这也是一个明显的特点。此外，还重视学者间的交流，如在东京地区有个明史研究会，本世纪初以前由山根幸夫先生主持，每两个星期集会一次，届时明史学者都来参加，既有八九十岁的老专家，也有二十几岁的青年学者。在一段时间，大家共同研究一本书，细嚼慢咽，既有宏观角度的讨论，也有具体史实的交流，甚至包括细细体味原始资料的含义。这种集会使大家都能有所收获。日本明史学者的以上几点很值得我们学习。

胡宝亮　杜水莲：熟悉您的人都知道，您一年之中的 90% 以上的时间都在范孙楼 424 室研究历史，风雨不辍，孜孜不倦，您的这种治学精神在当今尤为可贵。请问您是如何做到这点的，后学们应该如何学习您的这种精神？

南炳文：说实在的，想做研究自然就要用功了。研究历史就像法官断案一样，法官要把案子断准，就要沉下心来听原被告双方的陈述，不可只听一面之词，要做深入的调查，要使有关的证据形成链条。研究也须收集详尽的资料，找到充分的证据，还要掌握有关的知识与理论，才能做出正确的判断。在这种情况下，不下功夫哪里能行。在下苦功夫上，南开大学历史学科非我一人如此，南开很多学人都是这样的，在家或者在研究室苦读，如我的老师杨志玖先生过春节时也读书不缀。20 世纪 70 年代末、80 年代初，我经常去郑天挺先生的家中，而每次见到郑先生无不是聚精会神地读或写。历史想要做出成果，就必须下苦功，我周围人都这样，都受到郑先生的影响，受到杨先生的影响，都以老前辈为榜样，如果说我在时间利用上做得还可以的话，那也是受到了老前辈的影响，同时也受了同辈的影响。在做研究的过程中，一旦一个课题做完了，就会有一种说不出的愉快之感，在研究之初往往存在疑点，而疑点会成为悬念，它吸引着我们的注意力，使我们想放也放不下，吃着饭会想着它，回家的路上骑着车也仍然在想着它。而最后想通、找到答案，就会异常兴奋，是一种无法形容的愉快与享受。

胡宝亮 杜水莲：您能谈谈今后的研究计划吗？

南炳文：1962 年，我觉得明史研究成果中缺少大部头的断代史专著，因而自此在为写明代断代史专著做准备，准备到一定程度后又开始了实际的写作。现在的志趣仍在明朝，且仍在整体把握。在 20 世纪 80 年代与汤先生合写《明史》上下册，是力争对之前的有关研究做个总结。现在学术界在专题研究上做得更多，且更加深入，有必要进一步加以总结，自己在这方面的研究也有一些心得，也很想回头看看，总结一下。因此几年前就有重写明史断代专著的想法。其篇幅也想大加扩充，计划搞个多卷本、章节体明史专著，而自 2007 年承担了中华点校本《明史》的任务，使重写多卷本章节体明史的工作未能着手。而从整体上与长远的角度来看，并不妨碍这一计划的实施，搞中华点校本《明史》的修订，会对撰写多卷本章节体明史更有利、基础会更牢固。我年已近古稀，学界友人多，学生也多，准备在他们的支持与合作下，来进行这项工作量很大的工作。为使准备工作更充分，在正式撰写前还计划先搞一部分量较大的《明史编年》。在以上工作进行的过程中，时刻离不开原始资料，如有条件，也计划趁时顺便选择重要的原始资料进行整理。

胡宝亮 杜水莲：最后请您谈一下对明史研究现状的看法和对未来的展望。

南炳文：改革开放以来，学术环境宽松，思想活跃，从事研究的学者大为增加，成果不少，从总体上说，是感到欣慰，但仍感到须进一步改进，重复性的工作做得太多，效率打了折扣，甚至有人写书写文章是为职称谋、学位谋，其质量可想而知，不能不受到影响。有关学会的作用也有待进一步加强。

清史没有全国性的学会，但是由于有国家级的纂修清史项目，搞得相当活跃，可以组织大家共同做一件大事。明史研究方面似也应组织大家搞一件或几件重大的工作。明史研究迫切需要国家、社会对其进行大力支持。明朝是中国历史上的一个重要朝代，贡献甚大，有许多经验应当深入总结。当然也有教训，需要深入探讨，以取得教益。希望大家能都对明史研究重视起来。我们的国家，当前处在历史上最好的时期，各项事业都已经取得并将继续取得重大的进步，明史研究也是如此。我是满怀信心地准备迎接明史研究更加辉煌时期的到来。

南炳文，1942年1月生于河北广宗，1966年毕业于南开大学历史系，先后在中国科学院中国近代史研究所、南开大学历史系、历史研究所工作。现为南开大学历史研究所所长、教授、博士生导师，兼任中国明史学会会长、故宫博物院宫廷史研究中心客座研究员、中国社会科学院明史研究室客座研究员等，曾任日本东北学院大学、立命馆大学、东洋文库等院校学术机构客座教授、外国人研究员等。享受国务院特殊津贴。长期致力于明清史研究，在《历史研究》《社会科学辑刊》《史学集刊》发表论文数十篇。主要著作有《明史》(合著)、《南明史》《佛道秘密宗教与明代社会》(合著)、《二十世纪中国明史研究回顾》《明代文化研究》(合著)等，主编有《清史纪事本末》，整理有《辑校万历起居注》。其所著《明史》曾获天津市社科优秀成果一等奖和首届全国高等学校人文社科优秀成果二等奖。2007年以来主持中华书局点校本《明史》修订工程。

国家转轨与史学转型：
从 2012 年俄罗斯历史年谈起
——访彼得罗夫教授

(🎤) [俄] 彼得罗夫　　(🎤) 张建华

张建华：无论是帝俄时代的俄罗斯，还是苏联时代，抑或当今的俄罗斯，都是世界上的史学大国。作为对苏联与俄罗斯的历史和史学有着特殊感情的中国学者，我非常关心为什么把 2012 年作为俄罗斯的历史年？其目的何在？

　　彼得罗夫：2011 年夏天俄罗斯前总统德米特里·梅德韦杰夫会见了一些俄罗斯历史学家、科学院院士、科学院研究所所长和知名大学的校长。根据学者们的建议，梅德韦杰夫宣布 2012 年为俄罗斯历史年，并筹备建立俄罗斯历史学家协会。俄罗斯历史学家、学者们之所以要提出将 2012 年定为俄罗斯的历史年，是因为 2012 年的确是充满历史纪念的一年，其中有 4 个非常重要的历史事件的纪念活动将在这一年庆祝，它们是：1. 俄罗斯国家成立 1150 年；2. 莫斯科摆脱波兰侵略者获得解放 400 周年；3. 反抗拿破仑的卫国战争胜利 200 周年；4. 彼得·斯托雷平诞辰 150 周年。除了上述主要 4 个纪念日活动以外，还有其他一些纪念日，例如：苏联成立 90 周年、反抗法西斯德国的斯大林格勒保卫战开始 70 周年，等等。但是上述提到的 4 个纪念日是由政府系统庆祝的主要纪念日。

　　在有关举办历史年的总统令当中，梅德韦杰夫指出，举办俄罗斯历史年的目的就是为了唤起社会对俄罗斯历史和俄罗斯在世界历史进程当中作用的关注。

　　张建华：俄罗斯国家成立 1150 周年从何谈起？

彼得罗夫：这个纪念日要追溯到公元 862 年。根据编年史记载，住在诺夫哥罗德区域的斯拉夫族和芬兰族人民邀请了瓦良格人留里克来诺夫哥罗德执政，由此开始了留里克王朝的统治。862 年，留里克王朝的建立在十月革命前的俄罗斯是被看作一件非常重要的事情来纪念的，因为它象征着俄罗斯国家的成立。尤其是在 1862 年，俄罗斯国家成立 1000 年之际，当时的沙皇亚历山大二世下令，在诺夫哥罗德市的索菲亚大教堂旁修建一座宏伟的纪念碑，以纪念俄罗斯国家建立 1000 年。在这块纪念碑上刻有 1000 年来俄罗斯的杰出历史人物，从留里克大公到叶卡捷琳娜二世。苏联时期是不庆祝类似俄罗斯国家建立这样的纪念日的。如今是第一次在亚历山大二世宣布庆祝俄罗斯国家建立这个纪念日 150 年后，由俄罗斯前总统梅德韦杰夫宣布再次庆祝这个纪念日，即俄罗斯国家建立 1150 周年。

张建华：庆祝俄罗斯国家建立 1150 周年的主旨是什么？

彼得罗夫：要举办这个庆祝的想法也是在去年总统和历史学家们的见面会上被正式提出来的，这也正是总统召见学者们的主要原因之一。会上还讨论了后续庆祝方式。总体来说，庆祝俄罗斯国家建立 1150 周年纪念日的主旨，在于强调俄罗斯国家的多民族性。俄罗斯国家从建立伊始就是一个多民族的国家，在俄罗斯的国家民族构成中，不仅有斯拉夫族，还包括波兰族、芬兰族等其他少数民族。俄罗斯国家多民族性的传统延续至今，并对于维护俄罗斯社会稳定起着至关重要的作用。俄罗斯现今十分尖锐的社会问题之一就是民族关系问题，这是困扰俄罗斯很久的问题，也是国家全力以赴想解决好的问题。

张建华：莫斯科击退波兰侵略者获得解放 400 周年有何重大意义？

彼得罗夫：俄罗斯历史上曾经有过一段政治危机频发的"混乱时期"，政权更迭，国家处于一片混乱之中，而结束这个混乱时代的是下诺夫哥罗德的大公波扎尔斯基和商人米宁。1612 年，他们组织的军队击退了波兰侵略者，将莫斯科从波兰侵略者手中解放出来。因此，俄罗斯总统宣布废除每年 11 月 7 日的十月革命纪念日，代之以 11 月 4 日的人民团结纪念日。莫斯科获得解放，标志着古老的俄罗斯国家结束了长久的政治混乱走向国家的复兴。

张建华： 2012 年俄罗斯历史年中最重要的事件是什么？

彼得罗夫： 1812 年反抗拿破仑战争胜利 200 周年纪念。这场战争体现了俄罗斯人民渴望自由，同侵略者作斗争的坚强决心。反抗拿破仑的战争在很多俄罗斯作家笔下都得到了再现，俄国著名作家列夫·托尔斯泰的《战争与和平》的背景就是这场战争。俄罗斯政府对这个纪念日的庆祝活动非常重视，成立了专门的庆祝委员会，由俄罗斯总统办公厅主任谢尔盖·伊万诺夫亲自领导，其中一个庆祝活动就是再现当年俄国哥萨克军队进军巴黎时的情景。

张建华： 您怎样评价斯托雷平及其改革？

彼得罗夫： 斯托雷平在俄罗斯历史上是位大名鼎鼎的人物，他是俄国著名的政治活动家、改革家、沙皇尼古拉二世政府的内务大臣。面对 20 世纪初期俄国严峻的政治危机，革命的浪潮此起彼伏，斯托雷平不仅残酷镇压了革命，同时也在全国实行了改革，最为著名的是成功推行了土地改革，可惜的是"一战"的爆发，终止了这场改革。我个人认为斯托雷平的这场土地改革在俄国推行为时过晚，否则俄国农民不仅会获得人身自由，还将会得到土地和财产，更重要的是，国家的社会冲突会随之减少。斯托雷平不仅是俄罗斯学术界炙手可热的人物，也是现代政坛的楷模。关于他的一系列纪念庆祝活动都将由俄罗斯现任总统普京亲自主持，计划将在俄罗斯联邦政府大楼前树立一座斯托雷平的纪念碑。

张建华： 哪些因素在俄罗斯历史学的创新中起着非常重要的作用？

彼得罗夫： 首先是大量档案文件的解密，尤其是涉及 20 世纪的苏联时期的历史档案的解密。以前绝大多数这段时期的历史档案都是处于严格保密的状态。如今，研究者们可以看到其中很大部分的档案，这不能不说是极大地推动了我们历史研究的发展。另外一个重要因素就是俄罗斯的历史学家有了更多同国外同行，主要是西方历史学家自由交往的机会，我们可以自由地参加各种国际学术会议、参与各类项目的研究。这样的交流极大促进了俄罗斯的历史学研究，刺激了历史学的新发现。

张建华：同苏联时期相比，俄罗斯时期政府与学术界的关系有何不用？

彼得罗夫：俄罗斯联邦政府不直接干预历史的学术讨论，政府与学术界的关系是建立在另一种模式之上的。我本人作为俄罗斯历史研究所所长也曾多次为政府和俄罗斯总统办公厅提供咨询，政府主要是向我们咨询对各种事件的看法，或是对某些历史过程的论述，也就是说，政府通过这样的方式向学术界寻求建议，建议政府该如何处理类似的问题。

我认为，现在的政府和学术界之间所建立的关系模式非常好。既保持了政府对学术界的兴趣，同时，学术界再也不用准备政府预定的答案。这样，政府同历史学术界的利益关系找到了一个均衡点，要建立一个统一的形式，强调历史学科对于全社会的重要性。这样就有了 2012 年俄罗斯历史年的想法及成立俄罗斯历史学家协会的想法。

张建华：最近一段时间"帝国"主题总是从报纸、电子传媒中挥之不去，在"圆桌会议"、学术会议和国际会议上被广泛讨论，在杂志和学术著作集的文章中都有涉及。

彼得罗夫：对"帝国"主题的关注度日益提高的原因，当然主要是政治层面的，确切地说是政治学层面的，是对历史事件全盘政治化的结果。这种政治化首先是当前的政治要求，国家、社会和意识形态取向的转变。这在总体上说，是有规律可循的。在安定的年代很稳定，在混乱时期和国家动荡的年代就经常激烈地迸发出来。最近十年来的全球突变就有力地证明了这一点。

已经过去的百年是"帝国崩溃的世纪"。任何国家的垮台都不由地让我们去思考它产生、发展的历史，弄清它垮台的原因。如果这个国家还涉及其他许多国家和民族的利益，那么对它的研究兴趣就会增加好几倍。

经常被称为"世界上最后一个帝国"的苏联的崩溃，给我们提出了一个非常尖锐的问题：为什么会发生这样的迅速崩溃，而且往往都是大国。探索这个问题的答案，就要让我们走进"世纪深处"，重新审视俄罗斯帝国作为"苏联前身"的发展历史，把它同其他世界强国做一个比较，预测"苏联的继承人"当代俄罗斯的未来。这就是国外学者们对于这个问题的兴趣与日俱增的原因。

张建华："帝国"是国家发展过程中的一个合乎规律和逻辑的发展阶段吗？

彼得罗夫：一些研究者不认为类似"帝国""帝国的"这样的词只具有贬意，甚至转而批评大多数所持的传统观点。他们认为帝国是国家发展过程中的一个合乎规律和逻辑的发展阶段，且远不是最坏的阶段。相反，我们还记得，在步入现代社会之前，主要是在帝国时期，人类在科学技术方面、物质和精神文化方面都取得了举世瞩目的成就，落后地区迎来了新科技和新知识。帝国"不是用来骂人的贬义词，而是历史法则……它是复杂的社会心理的和民族地域体系，所有支持或反对帝国的言论无非都是出于感情"。文学中会出现对这种思想更加详细的阐释："世界的中央和边疆的存在，导致随后向帝国的趋势发展，这完全是合乎发展规律的现象，和人类发展的总进程密切相关，和它存在的自然条件，人口分布，地下资源的分布、良好的交通状况，以及人口学的发展过程，人的生物特性和其他一些人类历史的因素相关联。"他们的观点部分上是说得通的。

张建华：帝国的特点是什么？

彼得罗夫：我们认为，帝国是一个中央集权的强大国家，它的特点是民族多样性、宗教信仰多样性和自身领土的各个单独部分的社会经济发展的不均衡性。它将从前独立的国家并入到自己的国家组成中，并积极推行帝国政策。

所有的帝国几乎都是通过武力征服的方式建立的。帝国的发展不仅是通过慢慢扩大国家最初的领土，也不仅是靠一个民族对其他民族的征服，而是在一个主权国家慢慢吞并其他主权国家的过程中得到发展的。因此，东方的"沙皇的沙皇"（或者"可汗的可汗"）就更加类似于西方的"皇帝"。这样看来，专制制度的统治形式不一定就是帝国存在的必要条件。但是与之不可分割的，就是帝国专注于巩固和扩大帝国的政策。

"帝国"这个概念本身被不同的作者赋予了不同的内容，经常和历史现实少有共同之处，要么不完整，要么对于俄罗斯来说不适用，有时甚至没有划清殖民帝国和非殖民帝国的界限。但是，我们有必要给出自己的定义，比较这些国家类型的特征。

张建华： 俄罗斯是不是殖民帝国？

彼得罗夫： 历史可以被分为殖民帝国（英国、法国）的历史和非殖民帝国（奥斯曼帝国、哈布斯堡王朝）的历史。当然，俄罗斯不是殖民帝国。"殖民地"一词的社会政治含义是处于外国政府（宗主国）管辖下的领土，不仅丧失了政治独立性，而且受到一定特殊制度的管理，充当了宗主国的经济附庸的角色。宗主国——是帝国的一部分，这种帝国完全地或者在很大程度上依靠自己的殖民地生存，其生存环境比殖民地要好得多，具有和殖民地不同的行政管理制度形式。但在俄罗斯很难找到这样的领土。

俄罗斯之所以没有成为殖民强国，既是因为它相对于西欧发达国家来说还是比较弱的国家，也是由于它自身的地缘政治状况所决定的。它位于欧亚交界处，处于天主教和基督教占统治地位的西方和穆斯林为主的东方之间，同双方进行了长期不断的斗争。这需要持续地集中强大力量，使得俄罗斯失去了走"经典"殖民帝国发展道路的可能性。

至19世纪初，俄罗斯帝国是个中央集权的强大国家，但原则上不属于殖民帝国。俄罗斯帝国在自己的社会发展过程中结合了东方的专制制度和欧洲的专制主义的特征。俄罗斯帝国将从前独立的民族并入到自己的国家组成中，其特点是各个单独领土部分的社会经济发展不均衡性。国家被专制制度现象结合在一起，在俄罗斯民族和东正教占主导地位的情况下，从帝国形式的民族方面和统治集团方面，都保持了民族的多样性，宗教的多样性，民族和宗教的宽容性。

张建华： 要理解俄罗斯帝国的起源，首先需要了解俄罗斯国家体制的发展。俄罗斯国家体制有何独特性？

彼得罗夫： 俄罗斯的历史是全人类社会发展历程中不可分割的一部分。同时，它也是世界上独一无二的一种文明。它的形成不仅受到世界性的规律影响，也受到区域性的规律影响，这种区域性的影响，起初是来自东欧，后来源于欧亚。俄罗斯国家体制的独特历史在于中央和地方之间经常的相互作用，国家统治和教会统治的结合，改革和反改革的不断交替。但是最主要的是在土地财产的不断扩大和重新分配的基础上，俄罗斯的国家体制才得以发展。自然—地理因素在很大程度上确定了其主要特征是俄罗斯的"国家封建主义"，即在俄罗斯只有一个君主，其他人都是一群仆从。

张建华： 对外扩张在俄罗斯帝国历史上的重要作用是什么？

彼得罗夫： 对外扩张对于俄罗斯来说不仅是符合规律性的，而且是不可避免的过程，是它自身生存必不可少的条件。而在这条道路上的花费和牺牲完全是俄罗斯民族在保卫本民族特征和文化的斗争中取得胜利所要付出的代价。从 16—17 世纪东欧地缘政治形势的现实中抽象出来看，我们甚至有理由相信，对于俄罗斯的利益来说，最好是不要再扩展莫斯科大公国的边界。国家机构也是根据自己的客观规律发展，如果不能保证人口众多的重要地区免于毁灭性的侵袭，俄罗斯永远也不会成为世界上的先进国家，哪怕是个名副其实的独立国家，更不可能获得日渐成为国家粮仓的肥沃土地和海洋。

张建华： 除了共同特征之外，各帝国还有一些重要的、相互区别的个性特征：地理的和地缘政治的状况、优等民族和精英的智力特征，等等。俄罗斯帝国的特点是什么？

彼得罗夫：帝国的民族状况是真正独一无二的。俄罗斯人同帝国其他民族相比没有什么特殊权利。另外，俄罗斯社会底层（首先是农民阶层）通常要承受比其他民族相同等级的阶层多得多的赋税和徭役。非俄罗斯族的精英很有可能进入俄罗斯帝国的统治阶层。俄罗斯从来没有压制过人权，没有歧视过俄罗斯族同外族通婚所生的孩子。民族和宗教的忍耐性氛围在国家上下居于主导地位，俄罗斯帝国不仅得益于政府非常实用、灵活的政策，而且得益于俄罗斯民族心理，它使国家政策的实施变得更加简单。正如许多研究者（包括外国研究者）所指出的那样，俄罗斯人通常是很容易和使用其他语言、信仰其他宗教的不同种族的人和睦相处的，俄罗斯人没有那种民族自大性。

张建华：那么，学界关于对被俄罗斯征服的民族"悲剧性"的批判是站不住脚的？

彼得罗夫：应该强调的是，他们中的绝大部分人已经成为俄罗斯帝国的成员，已经适应了当时占主导地位的伦理道义和法律规范。当然，俄罗斯帝国各民族也遭受着不同形式的剥削，忍受着行政专横。但是，首先，非俄罗斯民族的民众人数少于俄罗斯民族，其次，俄罗斯帝国的绝大多数民族并不是呈现出缩小和逐步恶化的趋势，而是在人数上不断增加，社会经济和文化加速发展。

当然，也不能将俄罗斯帝国的民族政策和生活在帝国内各民族的文化间相互作用的过程简单化。在现代化进程中，帝国开始摈弃"中世纪的君主与异教徒"臣民之间的古老关系，这不仅是因为实施了目标明确的政策，而且由于在完善行政机制的过程中，俄罗斯族人散居于各个边疆区，各民族在社会文化方面相互融合，逐渐在归附的各民族间达到了新的一致。自诞生的那一刻起，俄罗斯国家就是多民族的。在辽阔的欧亚大陆延伸扩展，成为帝国之后，积累了相当多管理多民族和多文化国家的独到经验。这些经验很值得细心研究和在实践中运用。

张建华：在史学和哲学的刊物中，18世纪的俄罗斯有时亦被称为"欧亚帝国"？

彼得罗夫：罗曼诺夫王朝被称为此，也许不光有着地缘政治的含义。它在自己的社会发展中不仅结合了东方专制国家的特征，也有欧洲的专制的特征。

俄罗斯一直以国家在社会生活中发挥的特殊突出作用区别于其他国家。尽管在强大的国家政权下，国家仍能夺取并守护好自己的领土，可以有效地防御敌人并获得发展。俄罗斯历史上发展较好的时期恰好都是国家结构得到进一步完善和加强的时期，而国家制度的弱化导致国家同邻国的领土纠纷、政治危机以及国家各方面的混乱，甚至面临垮台和丧失国家独立性的威胁。

张建华：东正教是组成俄罗斯帝国的重要因素？

彼得罗夫：专制制度的法律特权和皇帝的最高权力被作为国教的东正教教会所笼罩。在一定程度上，东正教会企图占据帝国的主导地位，有时导致宗教政策上的激进。但是，历史事实培植而成的专制制度和东正教的共生，最终显示出非同寻常的宗教和民族的忍耐性，为同一个国家中不同民族的共同生存和发展提供了可能。

张建华：彼得一世采取的东方政策是否具有帝国性质？

彼得罗夫：在波尔塔瓦的胜利使得彼得一世有机会在东方开始采取积极政策。这毫无疑问是帝国性质的。它有三个方向：里海沿岸方向、远东方向和大洋方向。政策的目的是为了夺取新的土地和扩大对外贸易。

里海沿岸方向可以理解为俄罗斯具体的军事、政治和经济的利益。大洋方向并没有实现。19 世纪帝国政策的表现是亚历山大一世时期将芬兰和波兰并入俄罗斯帝国，以及亚历山大二世时期争夺中亚。20 世纪，帝国政策导致日俄战争的失败。

张建华：把"俄罗斯帝国"这个主题作为历史学家研究客体很有意思也很重要？

彼得罗夫：正是在帝国时期，我们国家成为横跨欧亚大陆的最大国家，设定好了国家在过去几个世纪中所有发展前提，以及至今尚未解决的许多问题。这不能不促使研究者们重新审视不同时期的帝国经验。尤其重要的是，总结过去几代人的经验及其发展的主要规律，就像是接力棒传到下辈手中。他们将在人类历史新文明阶段中使用这个接力棒。

这个主题的一部分是欧亚特征问题。在世界历史上，俄罗斯不是唯一一个横跨欧亚的国家，但是它实际上是最后一个至今还存在着的名副其实的欧亚大国。当然，它的特殊性还不只这一点。俄罗斯地理和地缘政治位置的独特性，首先决定了它在几个世纪中发挥作用的独特性。它同时扮演了欧洲和亚洲之间的障碍和桥梁的角色，有限度地吸收欧洲因素和亚洲因素。俄罗斯帝国明白广袤的中央欧亚区正好实际上是欧亚地区的"古老"欧亚人所想的那一部分。在他们的理解中，这块土地就是世界政治的核心区。我们的国家在帝国时期获得了特殊机会，去完成作为东西方之间的"平衡掌握者"的使命。因此，帝国的建立完全是合乎规律、有组织的。

尤里·亚历山大罗维奇·彼得罗夫教授，1955 年出生于莫斯科，1978 年毕业于莫斯科大学，1999 年获历史学博士学位。自 1985 年起在苏联国家博物馆、苏联科学院苏联历史研究所、俄罗斯联邦中央银行对外社会联系局工作。1990 年至 2003 年，担任《祖国历史》杂志（现《俄罗斯历史》杂志）编辑工作。2010 年 12 月起，任俄罗斯科学院俄罗斯历史研究所所长。他是俄罗斯联邦总统委员会下属的国家历史委员会成员，俄罗斯科学院历史语言学学部成员。自 2010 年起，任俄联邦人文学术基金会 20 世纪至 21 世纪初的俄国史专家委员会主席。彼得罗夫教授的学术专长和研究方向为俄国经济史、俄罗斯国家现代化问题、俄罗斯史学思潮。出版十余部学术专著，发表论文 100 多篇。

张建华，北京师范大学历史学院世界史研究中心主任，教授。
本文的整理者为时任北京师范大学历史学院博士生高龙彬。

领舵史学远航
——访章开沅先生

(🎙)章开沅　　　(🎙)詹娜

> **詹娜：**章先生，您在长达半个多世纪的学术生涯中，涉猎了很多领域，从辛亥革命到资产阶级群体研究，从教会大学到南京大屠杀研究等，构建了独特的史学体系和史观，成就卓著，影响深远。请问您是如何驾驭这些领域的研究，如何掌握其跨度的？

章开沅：这恐怕只是事后总结，因为一开始我并没有事前的计划或预期，主要有两个原因：一是我本不想学历史，年轻时期喜欢文学，后来因为革命需要而从事历史教学。其实，在读历史系时，我的主要精力也没有放在历史方面，当时好高骛远，很想研究印第安文学，浪费很多时间。二是，我是喜新厌旧，喜欢做一些过去不大了解的，或者别人不大注意的东西。由于这两个原因，决定了我人生带有某些漫游的性质，没有一个总体史学规划。但我是有人生规划的，想当高尔基、想当鲁迅，结果都没有当成（笑），就当了一个历史教师，这个是没有想到的。我不像其他人，一开始就有个史学规划。直至进入解放区，一切服从组织分配，才从事党史、近代史的教学，时间久了才慢慢开始喜欢近代史。20 世纪 50 年代初，太平天国研究很热，因为重视工农的历史，所谓"农民革命"，把太平天国拔得很高，我也做过一段时间太平天国研究。直到 1954 年，我受到刺激，有一个叫贝喜发的民主德国学者研究辛亥革命，亲自到武汉来做实地调查，对我触动很大，才令我慢慢转向一个目标——辛亥革命研究。我做学问，没有很异常执着、几十年如一日，像罗尔纲先生对太平天国研究那样。我往往是随遇而安，从此岸到彼岸，从已知到未知，转化未知为已知，因此所做的研究大多是浅尝辄止。就辛亥革命做得久一些，其他都不是做得很久；但对当代青年来讲，又算是久的了，每个领域都至少是十几年。比如现代化，我前后花了不少时间，做了大量准备，还到现代化研究大本营普林斯顿待了整整一年来查阅资料。但跟老一辈或是同一辈学者，甚至与当代一些很有成就的青年学者相比，我一个很大的毛病就是漫游，我以此为乐，所以现在来讲研究各个领域之间的联系，都是事后总结的。

但是，我在漫游中也有一些体会，从我的研究来讲，之间还是有关系的，即"放"与"收"的关系。"放"就是放得开，我是很放得开的，我可以说是在高龄、到快退休的年龄时，在1987年才正式动手研究教会史，一般人都很难想象，我曾到普林斯顿神学院、耶鲁神学院认真访学两年，以后也不断和教会、基督教学者保持联系。光阴荏苒，一下子就老了，但那时候还没有觉得自己老，觉得很有兴趣，很想研究。现在是真正没有这个勇气了，因为眼疾而受限制了。我从研究中得到了快乐，甚至有幸福感，这也算是个经验吧。一定要有兴趣，光靠现在的刚性指标体系来约束，不一定有作用。我就是这么漫游出来的，但千万要注意适度，放得开也要收得住。我们这里有个立足点，即辛亥革命，在一个主体范围内，还没有跑出中国近现代史，以晚清到当代为限，从没有把精力过于分散。事后来看，我还是有一个"放"与"收"的适度结合。因此，我的这些研究领域都还是互相关联的，首先就是以学科建设为中心，哪里有空白，我就去填补。比如教会大学史，宗教史也是很重要的，按照费正清的说法，不了解外国传教士就不了解完整的中国近现代史。我的老师贝德士也是这个意见，所以我为这项研究花费不少时间，这也是我老师的遗愿，虽然我已经很难再做进一步研究，但接班有人，我们中心至少有两位年轻学者在继续研究，特别是中心副主任——刘家峰，真正进入研究角色了。之前，他们已协助我做了很多资料整理工作，但没有定下心来深入研究，跟着眼前课题跑。现在他发现这1100多卷的贝德士档案真正是个宝库。贝德士档案是在华传教士的历史记录，他懂很多国家语言：英文、中文、拉丁文、德文、法文、俄文、日文等七种语言，但他很谦虚，说自己缺少足够的神学训练，不够资格做神学研究。所以我始终认为自己还是"基督教的门外汉"，这个领域太深、太广，不仅仅是几十年就可以研究透的，需要几代人不断地探索。现在，我的同事和学生们已经开始组织力量来着手长期研究。贝德士老师很喜欢帮助人，而且花很多功夫在收集资料上，所以他真正的著作并不多，唯一一本大著作也没有最后完成；但他给我们留下了一笔很丰厚的遗产，到现在为止，这个遗产还没人充分利用。贝德士老师于 1978 年去世，我 1979 年才第一次到美国，很遗憾没有与他重晤，如果能在贝德士老师直接指导下做研究就太幸运了。接受过贝德士老师的帮助的美国学者很多，包括现在还健在的、一流的大学者都直接受益过。贝德士总是无私地帮助他人，有时候某人给他写封信，只有 1 页纸求教，他却回答 14 页纸，这本身就可以成为一篇文章了。不过值得欣慰的是，他没做完的工作还有人接着做，因此我的毛病就变成好处了。其实，我的工作都不是自己做完的，很多论著，话好像没讲完，但正是这样才有好处，没讲完必然有人接着讲嘛，有进一步发展的空间。我往往点到为止，聪明的人就知道如何继续研究，帮着总结一下，通过我的研究再发现很多新东西。贝德士就留下很多东西，我也算是个小小的聪明人吧，发现了这些东西，进行收集整理，还写了一些鼓动性的文章（如《贝德士文献述略》载于《澳门理工学报（人文社会科学版）》2013 年第一期），我希望人们重视、研究贝德士文献。

有时候我也觉得很惭愧，一些很好的学者有既定的计划，四五十年如一日，有个相对稳定的领域，形成了独特的体系和思维，而我现在还说不上，所以我定位自己为"史学的流浪者"。史学是远航，我不知疲倦，也没有确定的路线，时不时有个小小的岛屿或一个浅浅的海湾，就把我留住了，当然也并非流连忘返，还在继续往前走，不过工作效率并非很高。但客观上我觉得自己还对得起学生，给他们留下一些空间，这比完全自己摸索可能会好些。我从来不约束他们，不勉强他们一定做哪个领域。总之，我看起来是漫游，但还是有内在联系的，从一开始研究辛亥革命，扩大为辛亥前后的社会史研究。法国的白吉尔教授就曾说我讲的孙中山好像都是社会背景的研究，确实，我提倡社会史研究，把辛亥革命从人物、事件等，扩大到整个社会运动。这和日本的辛亥革命研究相近，他们不叫辛亥革命史研究，而称为辛亥革命研究，也是将辛亥革命作为社会运动来探讨。也正因为如此，从辛亥革命社会环境研究又衍生为社会经济史的研究，后来则自然延伸出商会研究。对资产阶级的研究则提升为群体研究。从教会大学史研究到南京大屠杀文献研究，这好像是偶然的，但也有必然性，因为它本来就是教会大学史的一部分。接着也进入群体研究，即"南京帮"研究（对在金陵大学和金陵女子文理学院教书的传教士及其家人们的研究）。总而言之，我的研究有个主轴，万变不离其宗，好像是到处闲逛，但心中总有个中国近代史，大方向没有变。

我们这代人有个很沉重的任务，就是学科建设；当代年轻人可能感受不到这点，也不再承受这样的压力。我们这个学科先前是不被承认的，1949年前早先只有李剑农的《中国近百年政治史》《最近三十年中国政治史》等，他是利用太平洋书店里收藏的一大批旧报刊写成的。因此过去哪有什么中国近代史，无非就是新闻札记。中国传统史学很丰富，时间既久，而且相当成熟，其著作经过了千百年的筛炼，每本都几乎是经典，所以厚古薄今是必然的。后来提倡厚今薄古，反其道而行之，要求重视现当代史。但我们自己觉得，和古代史相比，确实功力要差多了。同基督教史研究一样，我们不敢在天主教研究面前说我们研究基督教，因为前者已有上千年历史了，一些耶稣会士都是很有学问的人。后起的新教世俗化较多，分门别类的，有教育传教士、医学传教士等，都有专业，有时专业还超过了神学主业。天主教士则一门心思研究神学，功夫下得很深，在中国也有很多好学者，如陈垣、方豪等。在基督新教研究上，有卓新平、王晓朝、彭小瑜等，新教研究队伍现在已经很不错了，但相比起来，天主教研究还是占上风，与我们近现代史研究之于古代史一样。

现在总结的这些可能都是"事后诸葛亮"，做研究时并没有太多规划。比如南京大屠杀研究，当我看到那么多资料时，就觉得作为一个历史学家，这是义不容辞的责任，也没想太多。后来在研究过程中，自然就冒出了"南京帮"的问题。不过，现在讲讲其间的有机联系，可能对后来的研究者们有所帮助。

但现在最重要的是教育改革，你们年轻人应该体会很深，一整套刚性指标体系对高校教师有很多要求，教课很多，研究任务也很重，且规定时间内要完成，不容许"十年磨一剑"的慢工出细活，这就破坏了人才成长的自然规律。我们这一代人始终追求学术自由，比如复旦大学的周振鹤就是个自由派，最爱看书，到国外或是哪个地方去，一头就钻进书店，看的书很多，写的文章也很活泼，不能不承认他是有学问，但他并不完全跟着课题跑。再如桑兵以前也没有什么大课题，也不申报奖项，对此看得很淡薄。我的课题和奖项也都是别人替我报的，我有一摞非正式的书稿，有的部分仅仅有一张纸，甚至是一张海报，编辑慧目识珠，帮我梳理整合出版了《从耶鲁到东京：为南京大屠杀取证》。这本书竟然得到全国高校人文社会科学研究一等奖，我自己都没想到。但是，我们真正有点思想的好成果又没有得到应有的理解，如《中国近代史上的官绅商学》。现在外国学者一谈这个道理就成宝贝了，其实这层道理最早还是张謇提出的，即"产学研"三者之间的关系，只不过我把它发展为"官绅商学"。

詹娜： 20世纪80年代，法国学者弗朗索瓦·多斯写了《碎片化的历史学》一书，对年鉴学派和"新史学"提出了挑战，他认为年鉴学派第三代学者放弃了第一代马克·布洛赫、费弗尔等人所倡导的"整体史"，也不像第二代代表人物——布罗代尔那样关注"地中海世界"的"大历史"，而较多地进行系列史、微观史、心态史等研究，这样史学逐渐失去了整体认知功能，被分解成一堆碎片。当前国内史学研究也出现了"碎片化"的问题，研究对象逐渐多样化，领域狭窄化，缺乏整体的历史观等。您如何看待这些问题，如何处理好史学的细化与整合、宏观史学与微观史学之间的关系？

章开沅： 碎片与整体的问题，就同我刚才讲的"放"与"收"一样，"碎"与"整"之间也应该是辩证的关系。历史本来就是碎片组成的，历史能够遗留的东西，包括文字、文物、记忆等都是碎片，所以看历史就好像"瞎子摸象"，或者摸到鼻子，或者摸到尾巴，而要把握整体就很难了。不过确实还有个"象"的整体，不能只摸到象的部分就说没有整体。现在有些人不承认整体，认为碎片就是碎片，但如果没有整体，又哪来碎片呢？社会是个有机体，人与人之间、群体与群体之间、社会的各种结构之间都有关系，这是客观存在，不是马克思主义教条，西方社会学也是这样看法，所以否定整体是不对的。有些持不同意见的人可能也知道这层道理，但有意讲得过头，特别是在如今热衷创新、喜爱颠覆的潮流下，就像后现代派一样。后现代颠覆现代、颠覆权威，要把过去很多东西都撕碎，这也有好处，可以重新审视，但问题是他们所讲的历史是不是就是真正的历史呢？有的学者看到了一些新材料，或是时人日记等一些很宝贵的资料，过去没有人发现的，透露了一些历史的真相，但这难道就是最客观、最全面的历史吗？也不是。所以我经常想，虽然我不想为既有的学问辩护，但既有的学问能够存在，也有一定的道理。费正清的谱系之所以长期兴旺，就是因为学生可以反对老师。我们所也提倡反对老师、颠覆老师，这不是说把老师打倒，而是说在学术上学生可以颠覆老师。如果没有这种胸怀，就不是真正的学术自由。老师应该有这种胸怀，不然就不够资格、不够学养。现在有些人过于自我膨胀，才做了一点工作，看了一点资料就要重写历史，否定原来的历史，太稚嫩了。费正清曾提出一种范式——刺激反应，刺激是外因，反应是内在的。后来柯文（Paul Cohen）说费老师是西方中心论，应该采用中国中心，这当然是一个前进，是个进步。但我一直认为柯文还是取代不了费正清的范式，因为柯文的主张也不过是一种模式，一种新的视角。刺激反应是客观存在的，不是说有刺激没反应，或没有刺激的反应，这都是不可能的。费正清从这个角度切入来展示历史，是有客观依据的。再比如日本最近成立了"东西文化交涉学"，即东西文化交流研究会，就非常强调互动关系，我们研究教会大学史也是这样强调的，这是一个双向过程。所以尽管强调中国因素，以中国为出发点是一个进步，但不能全盘推翻刺激反应。现在有的人唯恐别人不承认自己的创新，就把自己看的一些新东西、做的一点发挥来重写全部历史，我觉得这不是一种严肃的学术态度。

历史的整合很难，特别是像我们这些新学科更难，古代史相对要好些，明史、清史等相对来说已经比较定型、比较成熟了。过去，武汉大学的唐长孺老先生曾对我说："你们难啊！我们有两架书就够啦，你们的档案文献太多了！"当然，后来吐鲁番文书一出来，古代史资料也多起来了，但我们这个领域的文献资料更多得没法说。中国近现代史、当代史非常复杂，包括党史、三代领导人等敏感问题往往随着政治形势变化而不断变化，所以我不轻言体系，也不标榜主义，这不是那么简单的。但总还是要有整合的意向，承认有整体。就如那个"象"一样，毕竟还有一个整象存在。此时我们和瞎子毕竟不完全一样，客观上还有个当代社会可供参考。

我最初接触"碎片化"问题是在三十多年前，1979年第一次访问美国，与哈佛的本杰明·史华兹教授长谈，他问我对美国研究生的学位论文有什么看法。我说感觉他们报的论文题目太窄了点，史华兹老先生听了很高兴，他说他早就批评这种现象了，但也无力改变。学生们要在较短的时间里完成论文，要早点毕业，所以报的题目都较小。当然也有人甘于寂寞，有的读了五六年，七八年的也有，大器晚成。比如罗伯特·斯卡拉平诺教授（加州大学伯克利分校知名政治学家、国际关系学院院长）的一个韩国学生，一边打工做厨师，一边读博士，读了很长时间，曾有人讥笑他太笨，因为他憨厚，反应较慢。但没想到的是，过了近十年，当我再次到美国加州大学伯克利分校时，斯卡拉平诺已经退休了，接任国际关系研究院院长的就是当时那位韩国留学生，这就是大器晚成的典型。

当年史华兹忧虑的问题，现在在中国变成了现实，而且比美国那时候更加严重，美国有些学者虽然做的题目偏小，但有时可以小题大做，像孔飞力写的《叫魂》，通过一个案例将整个社会生活都写出来了。所以，还是要注重细节，相对于大而空、以论代史的整体，细节研究更可贵，至少可以留下一些具体的史实。但我反对"碎片化"，因为历史总要有个整体，社会不是单个的人组成，而是人与人之间的关系、群体与群体的关系等网络组成，所以我承认有整体。但是把握整体很难，不能有偏见，不能把自己掌握的东西以偏概全，因此整合的过程是非常艰苦的。但如果整合没有难度，那就没有历史学了。前人之所以留下那么多问题，那么多可以商榷的东西，这就是学术前进的动力。

詹娜： 您如何看待中外近代化的比较史学研究？中国史学如何走向世界？

章开沅： 这是一个大问题。我在"文革"后期有一年多在北京《历史研究》编辑部，人民出版社约写辛亥革命史，我常去北京图书馆查找资料，就发现有很多外文有关辛亥革命的新书。我们写的《辛亥革命史》三卷本，当然现在看有很多历史局限，但不管怎样，海内外学者还是承认其学术价值，因为书中的内容毕竟还不落后，当时海外一些新的研究成果，我们都尽量写进去了。所以，这说明一个问题，做研究不能自我封闭。

现在提供了很好的国内外文献资料检索条件，中外交流已经成为常态。特别是在现代化研究领域，必须要做比较研究，布莱克就把自己的《现代化动力》一书的副标题叫作"比较史学的研究"。不过，我们大陆的现代化研究如同晚来的宾客，入席太迟，人家的宴会早就散了，我是这场景的见证者。1990年，我在号称是现代化研究重镇的普林斯顿大学访学一年，当时布莱克已经病逝，我一方面在神学院做基督教研究，一方面还参加了社会学教授吉尔伯特·罗兹曼（Gilbert Rozman）主持的研讨班（seminar），主要研究日本和俄国的现代化，是他邀请我去的。但那时美国的现代化研究已经衰退了，许多学者视现代化为一种凝固的、陈旧的意识形态，开始批判它了。现在，我和罗荣渠成为中国现代化研究的前驱者，但我们早就发现了这个落差。罗荣渠是个很好的学者，中西贯通，有世界视野，只可惜去世太早，不然他会对这个问题发表许多新看法的。我活得长一点，看到这个现状，我承认落后，也不认为这是一个新开辟的领域，但中国还是要补这一课，因为过去研究太少。我也不盲目崇拜后现代，它只是个客观的思潮，是必然的潮流。它反对现代化，也是现代化自身的严重的弊病才造成了后现代，但后现代纠偏又过了头。所以，我是在这个基础上来从事现代化研究的，包括前人的研究，以及我自己的切身感受等。如今，我们政府决策早已把这项研究借鉴过去了，如"中西部后发优势"的提法等等。其实，孙中山最早提出来，"后来居上"就是这个意思，西方只是用社会学话语做了一些新的诠释而已。

现代化比较研究，对我来说又是一次思想解放，但我确实没有要用现代化范式重新构建中国近代史学科体系的雄心壮志。至少我主观上没有这个愿望，因为现代化已经不是西方最新的研究领域了，我们何必要借用呢，但"现代化"这个概念可以用，比"工业化"更全面，是指整个社会的转型。这种研究必须要比较，知己知彼，只有在知彼的情况下才能更深刻地知己。过去老是提中国要走向世界，如钟叔河先生编了一套800万字的"走向世界丛书"，写得很好，但我希望能再编一套书，叫"走进中国"如果能转换个视角，从世界的眼光来看中国。现在已经有好几位学者（如葛兆光等）在做这项研究了，比如从日本、朝鲜、越南等周边国家的视角看中国，还有广义上的从西方看中国等，我觉得这是个很好的途径，但对外语要求很高，要看很多外文资料，再加上我国学制博士攻读时间较短等一些很现实的问题。从事比较史学是非常艰难的，除了外语问题，还有各国的政治、经济、文化等，想要知己知彼非常不易。但是，决不能以此为借口而故步自封。就中国看中国，或者光从中国看世界都是不行的，还是要从世界看中国，这不仅是一个学术问题，还影响着政府许多重要决策。

了解一个国家的历史和文化确实很难。比如美国的历史虽然很短，但是想了解美国也不容易，唐德刚在美国住了一辈子，1947年就到美国留学，一直在那边教书，在那边成家立业。他写的文章，包括对胡适口述历史做的注释，很多都是根据他在美国的亲身体验所写，我们都觉得很新鲜、很深刻，但他常对我说，虽然在美国居住四五十年，还是不大了解美国。我曾在美国连续住了三年多，也有这样的感觉。现在有些人只是到美国走马观花，回来后就大谈旅美观感，我们都觉得可笑。

我最近看了一本小说应该向你们推荐：《江城》，是一个美国志愿者彼得·海斯勒（Peter Hessler）写的，让我学到很多东西。他写出了外国人怎么看中国，并且把自己与中国人的关系如何从相互猜疑到逐渐融入，以及当地各种人对他态度的转变过程写得历历在目。他把江城涪陵写活了，他原本怕自己写了太多涪陵落后的东西，会被当地人骂，但结果不是这样，他再次访问涪陵受到热烈欢迎，《江城》在中国早已成为畅销书。他的写作力求用一种平等眼光看待中国人。书中各种细节、人物性格都如实写出来，栩栩如生。他还把中国学生的作业、日记、信件等都保留下来，这都是极为宝贵的一手材料，既不夸张，也不美化，就是这么一个真实的涪陵。这本书在美国连年高居畅销书排行榜的前列，他自己也成为《国家地理》等报刊的知名撰稿人，并曾得到大奖。我已经将此书推荐给我的同事和学生作为东西文化交流研究的参考书。我们现在就缺乏这种视野，需要从世界看中国，如果只以中国中心来看世界就是偏见，不管大国、小国，先进、落后，都要平等对待，以正常的心态来面对。还有一点非常重要，就是回归学术本体，学者应该有自己的追求，不能今天这么说，明天那么说，顺着潮流走。我研究辛亥革命，努力把海外的研究引进来，把国内的研究推出去，基本上是这样做的。我想各种学术研究都应该这样，进行双向的、平等的、客观的交往。为了创造前提条件，必须做到两条：1.外语；2.较为丰厚的学术积累，这样才能在国际论坛上发出自己的声音，并且得到承认。现在许多人都有这个条件了，研究者们的外语水平不断提高，自身的学术素养也不断改善，要大胆走上国际舞台。

詹娜： 在目前市场经济发展的大潮下，历史学被逐渐边缘化，作为史学工作者应有怎样的现实关怀，您怎么看待这个问题？

章开沅： 其实边缘化问题已经是个长期存在的事实，我从来不指望历史学能成为显学，当然，从客观上讲，不应将历史太边缘化，但主观上讲，史学工作者要甘于寂寞，史学不是一个很赚钱、很热门的行业，它只是个守望者，对古代遗存和无形文化遗产的守望，并从中发现很多"真善美"的东西、智慧的东西，守望者中也有参差，较高层次的守望者则善于从历史中寻求智慧。

我较早就提出"参与史学"，有的人害怕这会不会变成翻版的隐射史学。但我的文章已经讲得很清楚，"参与史学"不是简单地比附什么，而是从历史中寻求智慧，将智慧写成优秀的著作，并在其中体现一种先进的理念来影响社会，我称之为"干预社会"，当然是指正面影响，促进社会进步。

史学不能迎合某种政策或利益，不能因此影响自己的判断，我在这点上几乎达到坚定不移的地步。有些话可能当时不一定被接受，但立此存照。比如台湾问题，我从 1979 年开始关注对台政策，在美国各地与许多台湾学者交往。因为我不是官员，讲话也比较随便，他们都比较相信我，给我提供的都是一手材料，即最直接、最真实的感言，所以我知道他们内心怎么想的。有时候，我参加宴会到很晚才回宾馆，但卧室的板凳和地毯上还坐满了人等着，有个母亲抱着已经入睡的孩子等，这些对我来说都是教育。我知道一些台湾人真实的想法，那个抱着孩子的母亲，虽然现在已忘记她的名字，但留给我很深的印象。他们都很关心两岸统一问题。通过他们的感言，我形成了"渐进、积累"的见解，即顺其自然，要先做交流，包括经济、文化、科技等方面，然后再逐步地增进互相理解，最后再来谈统一的问题，统一是个结果，是水到渠成。这个思想是那些台湾人们的零散建议形成，并不都是我想的，我只是把它归纳起来。后来真正了解台湾是在 1993 年，我从美国应邀到台北政治大学做研究教授。历史学家的职业特点就是求实，寻找最真实的东西，虽然我不能说很了解台湾社会，但我当时是作为台湾政治大学的正式教员，在那里工作、生活过，从台北等大城市到台南的小农村我都走过，与台湾的民众、社会都有亲身接触，所以我比较了解他们的想法。到 1994 年春，在我回大陆前，《联合报》系的基金会邀请我做报告，对象是想到大陆投资的中小企业家们，当然这是公开的、面向社会的报告，主题是两岸关系的走向和前景。当时我觉得这是个难题，离开中国大陆都快 4 年了，对国内政策变化情况不是很了解。但《联合报》系的负责人对我说"我们不是要你讲政府政策，而是讲你作为一个独立的历史学者，谈谈自己个人的看法"。这一下触动了我，所以我就从两岸乃至国际的四个变数来分析两岸关系走势。报告后提问非常踊跃，其内容已由《经济日报》摘要发表，标题是《欲速则不达，夜长而梦多》，大体上囊括了我的想法。而最近这十年，政府与台湾的会谈也确实在明显改变，从首先就谈政治统一到首先着力推动两岸经济交流、文化与科技交流，乃至各种民间友好交往，等等。其实台湾许多人不是不想统一，但目前大陆的现状让他们还没有太多认同感。

我所说的参与史学不单单是发表文章，我是用我的精神世界、我的全部生活、我的人生来这么做。可以归结为两条：1. 作为一个历史学者，不能离开本业，你的武器就是你的史学，你要用自己最好的著作来参与社会、影响社会；2. 历史需要转换角度去看，即为他者设身处地去看，用陈寅恪的话讲叫"同情的理解"，这非常重要。比如《江城》作者从异国他乡到涪陵与当地人从相敬如宾到产生矛盾冲突，终于渐渐相互理解、相互融入。这些都不是一帆风顺，彼此都有个相互调适的过程，经过千辛万苦，最后才能成为知心朋友。历史就是要与古人深入交流，用内心去对话，设身处地地从对方来想，不光只是考虑自己，这点我们过去做得很不够。研究历史如此，面对现实更应如此。台湾有识之士经常大谈"以小事大"与"以大事小"的关系。而我们大陆的知识精英却很少考虑这个问题。为什么？值得深思。

史学边缘化虽然是客观存在，但还是要采取积极的应对措施：一是政府有关部门不要让这种边缘化太过度，必须大力扶持基础学科，如果没有这些人文基础学科，一个民族就没有灵魂。前人曾说过："不怕亡国，就怕亡史"，便是这个道理。亡国只是一个政府的垮台，但亡史的话，一个民族就完了，永世难以翻身。我想借这个机会公开呼吁一下。日本的能乐、歌舞伎等传统艺术都是靠政府扶持，社会也非常重视，歌舞伎的门票非常贵，但还是场场爆满，这都体现了政府与社会支持的正能量。当然，另一方面还得靠自己，这非常关键，自己不要把自己边缘化。在人类共同面临的问题、文明的前景、民族的前途、国家的命运等方面，历史学家应该更有发言权，知古才能通今。

> **詹娜：** 章先生，您不仅仅是一位著名的历史学家，也是成功的教育家，如今您已桃李满天下，章门弟子在各个战线上都取得了很大成绩，您能谈谈如何培养学生的吗？

章开沅： 哪里，对这个问题我也不够资格多讲（笑）。但在客观上是有些鼓励性的评价，《近代史研究》的主编徐秀丽曾做过一次数字统计：在该刊发表的论文中，被引用率最高的前十人，至少有四位是从我们近代史所里毕业的，包括桑兵、马敏、朱英、虞和平等。此外，也有人写文章分析我们近代史所为什么能长盛不衰等。

我自己不知从何说起，只能概括为以下几点：一是我们立足于自强。原来很长一段时间里中国近代史是不受重视的，只是作为党史的一个陪衬，为了讲好中国现代史，也就是党史，将近代史作为铺垫。同时，上一辈的老先生们以前大多是不认近现代史学科的，但他们对我很关心，可能是出于对年轻学者的关爱，也可能是因为我的学术背景。我也是旧大学出来的，可能与他们有些臭味相投，共同语言多一点。我尊重他们，他们也爱护我。我也没有什么了不起的背景，所以也没有出外进修的机会，只能靠自己。后来因为我发表一些文章，还倡议并办成了一个盛会——辛亥革命50周年学术会议。这是全国性的，也是首创的，新中国成立前没有开过这种会议，新中国成立初期也不提倡举办跨校、跨地区的会。所以我原先也没有过高期望，只要能开个会就行。结果没想到，正好中央要借一个会来公开纠正以论带史的浮夸风，范文澜为此还发表了《反对放空炮》一文。因为中央的重视，会议云集了很多重要的学者，在当时成为一件盛事，从那以后辛亥革命史就越来越走红了。这次会议对我帮助很大，原来我只是一个默默无闻的、大学没有毕业、不称职的大学老师，通过这次会议出头露面，居然成为该领域一个小小的学者，我真是受宠若惊。别人常感慨大材小用，我却感到自己是小材大用了（笑）。

我就是这么走过来的，好处是没什么包袱，就像郭沫若的题词："但问耕耘，不问收获"，或许可以作为当今培育青年学者的一个参考。在这里我想着重总结的是，"文革"前那十几年我也培养了几个青年教师，但没有成大器，这是我们教育的失误，客观制约甚多；"文革"以后，可以说是第二次解放，主要是思想的解放，我们的较好经验都是"文革"后取得的。其次，是学位制度，我们非常幸运，因为学位授予权的批准越到后来就越难，而初期却比较容易，我们这里硕士、博士点的授予权都是第一批取得。当时，中国近现代史全国博士点只有两个：中国社会科学院近代史研究所和我们，但社科院的刘大年、黎澍、李新等前辈要求太高，招生稍迟，所以第一个中国近代史的博士赵军就是我们所培养的。后来生源慢慢好起来了，有桑兵、马敏、朱英等都很不错，所以我们的优势就是动手早。这和国内的总形势有很大关系，不是说我有多大能耐。

谈到我的培养方法，首先是非常注重学术自由，不断解放思想，抓住良好时机，扩大学术自由首先从方法论突破，我在一次全国研讨会上提出《关于改进研究中国资产阶级方法的若干意见》，在当时算是具有一定世界视野的。通过辛亥革命研究、资产阶级研究把世界各国相关情况进行总结，提出从方法论上恢复马克思原旨，涉及整个研究方法和研究路径的改造。马敏那一届四个博士生，我下功夫最多，常常在自家客厅里和学生们一起讨论文本，一个月有2—3次，主要探讨马列原著，并指导他们写一些文章。

其次，我们这里还有一个优势，就是较早开始国际合作。我们在所里第一个博士——赵军身上下了很大功夫，将他作为交流学者派到日本去学习日语，实际上是与京都大学人文科学研究所共同培养，为他后来做研究打下坚实的基础。现在赵军在日本大陆浪人和大亚细亚主义研究方面也算是较有成就了。后来的生源慢慢变好，招的学生年纪不大，都是可塑之才，聪明勤奋，关键还是他们自己。我们这里也给了很多机会，比如马敏和朱英还没有毕业，就去苏州档案馆整理商会档案，这段经历对他们一辈子的治学都很有好处。他们都非常重视一手资料、对文本的考订等，基础打得较牢，他们的学位论文也是在这个基础上做成的。

所以，不是自己有多高明，我只是营造了一个学术环境：我很重视讨论，不是各自分散研究，要定期讨论；同时，我也不一味提倡创新，因为创新确实很难，还是要从基础做起，但我一贯提倡解放思想，不要教条主义。

所以，我们的立足点比较踏实，从资料开始，偏重实证研究，宏观理论研究对我们至今还是一个软肋。20世纪90年代，我和桑兵在日本火车站曾长谈一次。那时史学理论的讨论很热闹，他说想做史学理论研究，但我劝他，与其过早进入史学理论，不如多做些史事本身的探讨，在历史研究与编纂的实践中求得领悟，然后再总结，提升成为理论或许会好很多，因为就理论谈理论往往会流于空疏。中国既往的大史学家，从刘知几的《史通》到章学诚的《文史通义》，都是从大量的史学实践提升到理论高度的，这更有意义。桑兵此后大体上是这样做的，目前史学理论方面已有很多深刻的见解，桑兵能够坚持，沉潜治学，心无旁骛，有一整套周密规划，不像我"跑野马"（笑），颇有大家气象。所以，学生自身努力最重要。记得有一年，广东省评"十佳"青年社会科学工作者，十个人里有六个是我们所里毕业的，所以有些年轻学生对我很崇拜（笑）。其实，教学相长是一个相互促进并相互受益的过程，别人是"名师出高徒"，我却是沾学生的光，"名徒出高师"（笑）。

同时，老师也要把自己的位置放正，老话说，学生是老师的衣食父母，学生老师相互依存，没有学生哪来老师，所以老师首先要看重学生，与学生关系融洽。我对学生甚至有"追踪教育"，就像费正清那样，学生离校后还定期向老师汇报。费正清的"追踪教育"也出了个笑话，一个做乾隆皇帝研究的学生，毕业后在斯坦福大学教书，成名后有些倦怠，没有出什么新成果，没办法向老师汇报，于是就交了一本业余写的《汽车修理法》（笑），当然费老师也不会生气。我这也有一个毕业生博学多才，居然写武侠小说，开始不敢给我，我说没关系，于是他就交了一本60多万字的大书《苗疆剑侠传》，很有趣（笑）。我很注重"追踪教育"，经常通过电话了解学生近况，师生关系堪称异常融洽。

再就是提倡学者之间相互尊重。我们近代史学科中有很多"终身伴侣"，如"林章配"——林增平和章开沅，还有金冲及和胡绳武、胡滨与李时岳等，在不同单位之间也有很多要好朋友，互相尊重，比如人民大学的戴逸、李文海，北师大的龚书铎等，都是我最亲密的朋友，我们相互关系、相互支持，道义之交，终生不渝，留下了很好的学界风气。

最后，我想强调的是，作为学科带头人，首先要把自己的学问做好，还要有战略眼光。做研究不是三五年的"一锤子买卖"，而是要着眼于学科的长远建设与发展，步伐要稳，工作要实，就像高楼大厦的基础一样，必须要牢固。其次，要注意处理好人际关系，不要文人相轻，互相讥诮，避免出现"一山难养二虎"的情况。不是我们自夸，应该向我们老一辈学习，相互做生死不渝的道义朋友。我们不仅在国内，在国际上也是这样，而且这样的友谊已经延续到下一代，这是非常值得欣慰的。

章开沅，1926 年 7 月生，浙江吴兴人。早年，在华中师范大学任教至今，系中国辛亥革命史研究会、华中师范大学历史研究所（现改名为中国近代史研究所）和中国教会大学史研究中心的创办人。曾任华中师范大学校长（1984—1990 年），国务院学位委员会历史学科第一、二届评议组成员、召集人，并先后受聘担任耶鲁大学、普林斯顿大学等多家学术机构的研究教授或客座教授。目前任华中师范大学中国近代史研究所教授、名誉所长，华中师范大学东西方文化交流中心主任和池田大作研究所名誉所长。其研究主要涉及辛亥革命史、中国资产阶级群体研究、中国商会史、中国教会大学史、南京大屠杀历史文献研究等领域。代表著作有：《辛亥革命史》（三卷本）、《辛亥革命与近代社会》《辛亥学派世代绵延：章开沅自选集》《南京大屠杀的历史见证》《离异与回归——传统文化与近代化关系试析》等，主编了《辛亥革命辞典》《中国近代史上的官绅商学》《湖北通史》《清通鉴》等大型史著项目。

詹娜，时系华中师范大学历史系教师。

一位重新发现的大师级学者：阎宗临
——访阎守诚教授

(🎙) 阎守诚　　(🎙) 邹兆辰

邹兆辰：阎老师，您好！我刚刚读完您的新作《阎宗临传》，我觉得这本书写得很好，您以对父亲真挚的尊崇与深情，生动朴实的语言，写出了阎先生具有传奇色彩的人生经历，对祖国的深沉热爱，对学术事业的奋斗追求，以及为人处世的真诚质朴。在阎先生身上体现了 20 世纪中国知识分子高尚的精神境界与道德情操，值得我们今天的年轻学人很好地学习与思考。传主是自己的父亲，自然有一种旁人无法具有的亲情在内。但是，您作为一个史学工作者，本着对历史负责、对读者负责的精神，根据资料来说话，没有任何的矫饰造作、凭空虚夸，写出了一部跨越新旧两个社会的知识分子命运多舛的真实人生。我觉得这本书和您较早整理出版的《阎宗临史学文集》《传教士与法国早期汉学》以及《阎宗临作品》三卷：《中西交通史》《欧洲文化史论》和《世界古代及中世纪史》，把阎宗临先生的为人、为师及其学问完整地再现给当今社会，使这位大师级的学者重新被发现，得到了他应该享有的学术地位。这是改革开放以来，中国史坛令人欣喜的一件事。应该首先对您的这些成果表示祝贺！读了《阎宗临传》以后，还有一些问题想和您一起探讨。

阎守诚：谢谢您对我整理父亲遗著和为父亲写传记的评价。我很愿意回答您的问题，我们一起讨论。

邹兆辰：1924 年，一个刚刚高中毕业的 20 岁的农村"穷学生"来到北京，在国内连大学都上不起，经过 12 年的奋斗，居然获得瑞士国家博士学位，成为瑞士弗里堡大学的教授，这个经历太神奇了。他是如何走过这段路程的，请您再给我们梳理一下。

阎守诚：说来话长。简单说：父亲的中学学业，由于经济困难，是靠给学校做杂工，半工半读完成的，他艰苦求学的精神深得老师们的好评，毕业时，教化学的乔老师问他有什么打算，父亲说：想当教师。乔老师建议他到北京考大学，给了他 10 元钱，并且鼓励他说，只要你肯吃苦，天无绝人之路。到北京后，在《国风日报》当校对，住在报社，这时，遇到了从上海来的华林，华林常给报纸写稿，是老勤工俭学学生，在法国多年，也住在报社。华林和父亲相处一段时间后，很喜欢父亲的勤奋好学、诚实谦虚，就问他："将来想做什么？"父亲说："想考师范大学，做教师。"华林说："既然想读书，为什么不去法国勤工俭学呢？"父亲说："我也想去，但我不懂法文，不知道怎么办出国手续，出去找不到工作怎么办？"华林说："做事总要有点冒险精神，只要你能找到 200 元钱，其余的事我都能帮你办。"对父亲这样的"穷学生"，到哪能找到这笔"巨款"呢？几经周折，还是《国风日报》社社长、辛亥革命元老景梅九帮助解决了经费问题，在华林的细心安排下，父亲于 1926 年 1 月到达法国。先在巴黎等地做了一年多劳力工，后来到里昂人造丝厂实验室做清洁工、助理实验员。1928 年的一个秋天，父亲到邮局存钱，遇到工厂总工程师莱旦先生，莱旦问他："存钱是想在法国安家吗？"父亲说："不是，是想去上学读书。"莱旦说："很好！很好！我一定帮助你"。过了几天，莱旦告诉父亲，已经给他联系好瑞士的弗里堡大学，那里的住宿可以优惠，父亲的存款大概够上学用，就这样父亲进入弗里堡大学文学哲学院学习，1933 年以优异成绩获硕士学位，并且在做中国文化课教授的同时，于 1936 年获博士学位。

父亲在走出山村、艰苦求学的过程中，曾经得到过不少人的帮助。父亲是幸运的，往往有很好的机遇，机遇是可遇而不可求的，《周易》说："天行健，君子以自强不息。"我理解，是在说：老天爷是帮助强者的，强者不是有权、有钱的人，而是自强不息的人。所以，父亲创造的人生奇迹，是许多老师、朋友帮助的结果，也是他不断努力、艰苦奋斗的结果，两者缺一而不可。

邹兆辰：从您的书中我看到刚刚到瑞士以后，阎先生就有一个与法国著名文学大师、诺贝尔文学奖获得者罗曼·罗兰接触的机会，对于一个中国人来说获得这样的机会是难以想象的，他是怎样获得的呢？

阎守诚： 当时，敬隐渔把鲁迅的《阿Q正传》译成法文，寄给罗曼·罗兰，希望罗兰能帮助在巴黎发表。罗兰读了鲁迅的作品后，产生了通过鲁迅来了解中国的愿望，于是他请弗里堡大学的米南克教授推荐行家帮助他了解中国哲学。米南克是父亲的哲学老师，父亲就得到了这个机会，恰巧父亲在北京时，参加了高长虹组织的文学社团"狂飙社"，长虹曾多次带父亲去鲁迅那里，父亲到欧洲也受鲁迅思想的影响，出国后还和鲁迅有联系。这些在《鲁迅日记》里都有记载。1929年11月，罗兰初次和父亲见面时，详细询问了父亲的履历，当得知父亲认识鲁迅，他非常高兴，想不到自己有这样好的运气，找到一个来自鲁迅身边的青年为自己讲鲁迅的作品。罗兰当即告知父亲被录用了。罗兰要父亲做的第一次工作是讲解《阿Q正传》的题目，就这个题目罗兰提了四个问题，如鲁迅为什么给小说的主人起名"阿Q"？父亲回答后，罗兰再问：中国人起名的原则是什么？欧洲人起名多来自《圣经》，中国人起名是不是多来自佛经？由此，罗兰告诉父亲，从起名就可以看出宗教在中国和欧洲两种社会有不同的影响。罗兰总是从父亲的回答中引申出他自己对中国文化的理解，从而给父亲以教益，所以巴塞尔大学教授梅兰博士说：对阎宗临而言，罗兰成了一种类型的学生家长和导师，因为罗兰以按时间付报酬的形式资助父亲完成学业。父亲和罗兰的来往，一直延续到1937年回国，期间，罗兰还指导父亲翻译了他写的《米开朗琪罗传》，并为这个译本写了个序言。可惜，父亲回国时，将自己的书籍和这份珍贵的译稿寄到上海后，毁于战火了，造成了父亲的终身遗憾。

如您所说，父亲能长期接触罗兰这样的大师并接受教海是难以想象的，父亲在青年时代能拜会鲁迅和罗兰这两位东西方的文化巨人，亲聆教诲，并在他们之间起了一点沟通的作用，这种奇遇是非常幸运的。罗兰待人的亲切平和，思维的活跃敏锐、缜密深邃，以及对文化的关注，都给父亲以深刻的影响，父亲也给罗兰留下了很好的印象，罗兰在《日记》中写道：阎宗临这样的年轻人让我和我的姐姐都很感动，我爱这样的年轻人。

邹兆辰： 阎先生1933年在瑞士获得国家文学硕士，1936年获得国家文学博士学位，阎先生在瑞士是从事文学研究还是史学研究？

阎守诚：父亲注册的文学哲学院，没有历史专业，按学校规定，要取得硕士学位必须通过严格的考试，考试分高级与初级两种，获得学位要有两个高级考试通过证书，或一个高级证书、两个初级证书。每个证书分笔试和口试两部分，成绩分特优、优、良、合格四个等级。父亲选择的是两个高级合格证书：一个是法国文学；另一个是古代及中世纪史，父亲取得这两个证书的六次考试（其中包括提交两篇论文）的成绩全部是特优。在瑞士学习是文、史、哲不分的，至于回国后，以教授世界史为专业，父亲说，是一种职业上的选择。

邹兆辰：阎先生博士论文的题目是《杜赫德的著作及其研究》，这位杜赫德是什么人？对他的研究有什么价值？

阎守诚：杜赫德是法国国王路易十四的忏悔神父泰利埃的秘书，编辑过《耶稣会士书简集》，他撰写的四卷本的《中华帝国志》被西方学者誉为"18世纪最全面论述中国的史料""法国乃至欧洲汉学奠基之作"，有很大的影响。父亲这篇十万字的博士论文分六章，从内容看大体可分为三个部分：一是介绍17世纪末18世纪初耶稣会士与中国的关系；二是分析杜赫德的著作；三是论述以杜赫德的著作为主的耶稣会士的作品对法国18世纪的影响。论文不仅肯定了传教士带来的科学知识、西方文明对中国传统文化的影响，同时，更着重论述了传教士向欧洲介绍中国情况和中国传统文化后，对法国18世纪启蒙思想的影响，以及因此而成为法国大革命产生的因素之一。这篇论文不仅受到论文评议教授的好评，而且1937年在瑞士出版后，常为欧洲汉学家引用。但直到2003年我编的《传教士与法国早期汉学》收入了这篇论文，论文的中译本才正式面世，如今关于传教士的研究已经是学术界的热门话题，父亲六十多年前的旧作，由于他的原创性、开拓性，依然受到学者们的重视。

邹兆辰：在弗里堡大学学习时，阎先生拿下了拉丁文这一拦路虎，并且加入了天主教，他还多次去梵蒂冈查阅资料，这些和他写博士论文有什么关系呢？

阎守诚：弗里堡大学是一所天主教大学，拉丁文是必修课，它不仅是天主教内部的通用语言，而且也是欧洲中世纪文献的通用文字。但拉丁文是一种"死文字"，深奥难学。父亲经过三年的刻苦学习，熟练地掌握了这种语言。拉丁文的考试是严格的，包括笔试，把一段法文或德文翻译成拉丁文，口试是翻译和解释一段主考官指定的拉丁文作品，对父亲而言，法文并不是他的母语，考试的难度就更大了。然而，父亲的考试成绩很好，文学院院长为父亲出具的成绩证明，认为父亲的拉丁文"造诣高深，获得优秀资格"。拉丁文教授对父亲的成绩感到惊讶，问他："你从哪里来的这股毅力？"父亲说："我为了了解西方文化的灵魂。"1931年冬，父亲加入了天主教。他之所以信教，是因为一个人长期在国外艰苦奋斗，内心有寂寞、孤独、悲观的感觉，这和宗教的情感非常契合。父亲加入天主教，使他对教会的理论、文献、教义、教规都很熟悉，传教士在沟通中西文化交流中起过重要的作用，自然会引起父亲的关注，他在硕士考试古代中世纪笔试中提交的论文是《13世纪到14世纪中国与欧洲的关系》。这个时期，是中国的元代，也是罗马教廷与中国最早接触的时代，为了论文的写作，他到梵蒂冈档案馆查阅材料，直到1937年回国前，父亲曾七次到罗马，在这样的情况下，父亲的博士论文选题就不难确定了。

邹兆辰：1937年7月，您的父母在弗里堡的教堂举行了婚礼。这个婚礼得到了当时的教皇庇护十一世的祝福，这是一件很有意思的事情。他们的婚礼为什么会得到教皇的祝福呢？

阎守诚：事情是这样的：父亲常去梵蒂冈，和管档案的老神父很熟悉，有一次，他到一个小教堂看资料，这个小教堂每年开放几次，每次只开一天。老神父把父亲送进去以后，因为有事就走了，临走时，顺手把门锁了，直到快傍晚时，老神父才想起教堂里有人，赶忙去把门打开。父亲被关在里面整整一天，正在着急，不知道该怎么出去，这是在梵蒂冈的一次历险，第二天，老神父把这件事告诉了庇护十一世，因为出任教皇前，他长期任梵蒂冈图书馆的馆长，和老神父很熟悉。庇护十一世是位很有学问的神学者和古抄本专家，也很重视海外的传教工作。当他听说有位中国留学生多次来查阅传教士档案，进行研究，几乎被关在教堂里，就留下了深刻而良好的印象，让老神父带父亲去见他。教皇详细地询问了父亲的研究内容，并给予亲切的鼓励。父亲在结婚之前，告知了老神父，老神父告诉了教皇，于是就有了教皇的祝福电报，在当时的报刊上有所报道，这件事在中国的天主教史上也应该是一个小小的佳话吧！

> **邹兆辰**：1937 年 7 月，您的父母亲在瑞士举行了婚礼，婚后他们原本可以在那里开始一个平静、安逸的美好生活，这是今天很多年轻人求之不得的机会。但是他们新婚蜜月未满，就辞去了待遇优厚的工作，谢绝了校长和师友的一再挽留，毅然选择了回到多灾多难的祖国，参加抗战，他们是怎么想的呢？回国以后，等待着他们的又是什么呢？

阎守诚：这个问题我也问过父亲："当时你们为什么一定要回来？"父亲的回答是一句简单的反问："国家有难，你能不回来吗？"我无言以对，这句质朴的反问，饱含着何等厚重的来自传统文化积淀的家国情怀。父亲这一代知识分子，深感近百年来民族与国家所受的屈辱，他们最大的诉求就是民族兴旺，国家富强。在他们心中，民族与国家的兴衰存亡远远重于个人的荣辱安危。因此，抗战爆发，不仅是我的父母亲，许多海外游子和学人，都抱着同样的信念，纷纷回国，参加抗战。

回国后的生活是艰难困苦、动荡不安的。我父母亲 1937 年 9 月回到山西太原，年底又转到武汉，第二年 9 月到桂林，抗战八年是在广西度过的，除 1944 年在桂东逃难一年，一直住在桂林，在这期间，父母亲先后有了我们兄弟姐妹五个孩子，母亲原在无锡国专任讲师，由于家庭经济困难，只好辞去教职，自己带孩子，操持家务，全家七口人，仅靠父亲的工资为生，生活过得很拮据，有时还要靠朋友们接济，但父亲对生活的困难还是很达观的。有次和一位朋友谈到米价高涨，家里孩子多，生活困苦时，父亲说："怕什么？人家囤积米，我们囤积人，看将来是人吃米还是米吃人？"父亲的回答一时在朋友间传为佳话。

邹兆辰：您在书中说，在桂林期间是阎先生学术成果最多的时期，请简单谈谈他有些什么成果呢？

阎守诚：当时父亲刚从国外回来，年富力强，桂林环境相对安定，他也想好好做点研究工作，写了约 60 万字的论著，主要是三方面：一是对欧洲各国和地区文化特点的研究，包括英国、德国、法国、俄国、意大利、西班牙、巴尔干等，这些研究既是对第二次世界大战出现的问题的分析，也是父亲多年来对这些国家文化和民族性的思考。其中部分文章集结成《近代欧洲文化之研究》一书出版。二是对欧洲文化形成和发展的论述，集中反映在专著《欧洲文化史论要》一书中。三是关于清初中西交通的研究，主要是利用在欧洲各地收集的有关档案材料，写了不少传教士与清初清廷关系的文章，父亲在《抗战与文化》等文章中，从文化史观出发，坚定地认为：抗战必胜！

父亲这些论著 1949 年后，没有再版过，但进入新时代再版，震撼了史学界，受到广泛的好评和高度的赞扬。像父亲这一代的爱国知识分子，把文化视为一个民族的灵魂。他们认为：国土沦丧，可以收复；文化沦丧，民族就会灭亡。所以，在国家与民族遭受危亡的时刻，在极其艰难困苦的条件下，他们仍然坚持着教书育人，坚持科学研究工作，这就是为什么西南联大能培养出那么多优秀人才，四川李庄中央研究院能做出那么多优秀成果的原因。在桂林时，是父亲出研究成果最多的时期也就不足为怪了。可惜我们对抗战时期的文化总结研究得还不够。

邹兆辰：抗战时期桂林是著名的文化城，聚集了很多文化人，给他们的交往创造了条件。您在书中提到阎先生这时期与一些文人的交往，甚至成为终身的挚友，您可以举点例子吗？

阎守诚：是的，父亲在桂林时，有许多旧友新朋。过去就认识的，如梁漱溟、夏敬农、徐悲鸿、焦菊隐等，新认识的有欧阳予倩、万仲文、巨赞法师、梁岵庐等。

我想先说一下和梁漱溟的交往。父亲初到北京时，曾以第一名的成绩考取梁漱溟主办的在山东曹州的重华书院，梁漱溟答应免去他的学费和食宿费。父亲去了以后，上了一个多月课，对梁漱溟讲的儒学等内容不感兴趣，提出退学回北京，梁漱溟深为理解，欣然同意。他的学问博大精深，为人善良宽厚，成为父亲终身敬重的老师。在桂林时，我们家住在无锡国专提供的宿舍，1942 年冬梁漱溟来到桂林，借住在国专，和我家邻居，他单身一人，父母亲很自然地负责起照顾他的生活，一日三餐都和我们在一起。当时他在写《中国文化要义》，父亲在写《欧洲文化史论要》，师徒二人常在一起讨论问题，1944 年桂林大疏散时才分开。父亲再见梁漱溟是解放以后了，父亲每到北京，总会去看梁漱溟。在"文革"中，1970 年，父亲处境稍微好一点，就写信问候老师，恢复了联系。

再说巨赞法师。法师是位很有学问的高僧，懂得梵文、英文、德文、俄文多种文字，还能写诗填词，他在桂林月牙山的寺院做主持，离我们住的地方不远，父亲常去那里躲警报。法师知道我们家孩子多，生活困难，常将别人送他的食品转赠给我们。母亲开玩笑说："法师吃四方的，我们吃法师的。"1949 年后，法师任中国佛教协会副会长，北京广济寺主持，和父亲的联系依然很密切，父亲逝世后，他还赋诗悼念。法师对我们兄弟姐妹也很好，在我心目中，他不仅是位得道的高僧，也是位亲切的长辈。

邹兆辰：书中有一章回顾 1944 年在广西蒙山、昭平等地逃难的经历，描述十分生动。特别是 1997 年您还有一次寻访逃难踪迹的活动，对于当时的情景，您有什么感受？

阎守诚：我的深切感受主要有两点：一是父母把我们抚育长大真不容易。逃难时，我们五个孩子加起来还不到 20 岁。父亲背着刚两岁多一点的我，母亲抱着出生不久的妹妹，三个五六岁的哥哥、姐姐自己走着，家里的日用杂物丢失殆尽，只有一点简单的行李。从桂林到荔浦，再到蒙山、昭平，沿途虽有学生关照，但也难免饥寒交迫。重走逃难的路线，使我真切地感受到父母带我们四处奔波的艰难困苦，我想：父母赋予我们生命，在经历苦难中，呵护着我们成长，这些都是应该倍加珍惜而永志不忘的。二是中国的知识分子真优秀。无锡国专的师生在逃难中，只要环境相对安定，就坚持上课。在蒙山县城时，饶宗颐带了四个学生深入金秀瑶区进行考察，他平易近人、联系实际进行科学研究的精神给随从的学生极大的启迪和鼓舞。在考察中，饶宗颐还写了不少诗，后来汇集成《瑶山诗草》。在蒙山文尔村，有两个月相对安定的时间，国专继续上课，教师认真授课，学生刻苦学习，完全不受艰难环境的影响。父亲在村里还写完了《罗马史》。在艰苦的岁月和动荡的环境中，依然坚守和发扬着中国的文化，这就是优秀知识分子的风范。

邹兆辰： 阎先生是 1946 年离开桂林，应聘到中山大学任历史系教授兼任系主任的。如您在书中所说，解放前的广州时局动荡，物价飞涨，生活十分困难，在那样的条件下，阎先生还写出了《欧洲史稿》和《希腊罗马史稿》等讲稿。您说这两部手稿十分珍贵，它反映了阎先生对欧洲史的宏观的、体系性的认识。您能简要地谈谈它们的特点吗？

阎守诚： 我在写《阎宗临传》时，为了全面反映父亲的一生，也为了增强传记的学术性、知识性，用相当的篇幅，根据我的理解，介绍了父亲各个时期的研究成果。父亲对欧洲史的认识，主要是认为欧洲是亚洲的半岛，它之所以取得洲的资格不是天然的，而是人为的。欧洲的民族问题很复杂，虽然有过两次统一，一次是罗马帝国的统一，一次是罗马教皇的统一，但并不是民族合作或地理环境造成，而是人为的，因而可以说欧洲没有统一过，只是"组织"过。父亲还认为，从历史和文化着眼，我们看到两个欧洲，一个是海洋的欧洲，一个是大陆的欧洲，两个欧洲的连接线在法国。我们论欧洲文化，常指前者，而忘记了后者。父亲非常重视地中海在欧洲历史文化发展中的作用，因为地中海代表一种向心力，有甬道作用、刺激作用和发酵作用。西方历史，最初无所谓欧洲，它以地中海为中心，受埃及与中亚的激荡与启导，逐渐演进，构成希腊与罗马的文明。欧洲历史的特点不是自然的发展，而是欧人意志的努力。因此父亲讲欧洲史并不是按五种社会形态的发展来讲的，而是讲欧洲人怎样"创造"了欧洲，这就是特点。由于时间关系，我只能简单讲这些，如果有人感兴趣去读我写的传记或读父亲的原著，并且发表评论，我将很感谢！

邹兆辰：中山大学是很有名的学校，校园环境好，名教授很多，为什么解放后阎先生要回山西呢？是不是对故乡更有感情呢？

阎守诚：1949 年前，钱穆曾邀请父亲去台湾，父亲谢绝了。1949 年后，陆侃如邀请父亲去山东大学，焦菊隐邀请父亲到北京师范大学，张友渔、赵宗复邀请父亲回山西大学。父亲决定回山西，有对故乡感情的因素，在两广十二年，生活不习惯，语言也不通，很自然地想回故乡，但更重要的是和阎锡山的关系，在两广，人们总认为父亲和阎锡山"沾亲"，逢到问这个问题，父亲会说，与阎锡山"同姓不同宗，同县不同村"。父亲虽然和阎锡山不"沾亲"，却带点"故"。父亲读的中学是阎锡山任校长的川至中学，算是他的学生。1949 年，阎锡山在广州出任行政院长兼国防部长，他手下的两位亲信秘书是父亲的中学同学，他们带父亲去见过阎锡山两次，一次是为在中山大学的四位山西籍的学生要了点资助，因为他们都很贫穷；一次是为制止国民党军队到中山大学砍树，因为中大的树品种繁多，都是林学院教学所用。但刚解放，中大的军管会就扣发了父亲的聘书，要他交代和阎锡山的关系，好在当事人都在，很快搞清楚了。中大发了聘书，并一再挽留父亲，父亲想：自己和阎锡山的关系走到哪都很难说清楚，只有回山西能说清楚。因此，决定回山西。现在看来，这个决定是明智的。

邹兆辰：看来情况还是很复杂的。来到山西大学，阎先生除了在历史系教课外，还担任着繁重的教学行政工作，但他依然坚持学术研究，您在《阎宗临传》里写了"史学之难"一章，读起来令人十分感动，请您介绍一下这方面的情况。

阎守诚：1949 年后，父亲的研究方向依然是中西交通史，他主要是关注中亚与西亚地区，他认为这些地区在古代世界曾发挥过重要的作用，是中国和世界衔接的重要地方，值得很好研究，为此，他写了《古代波斯及其与中国的关系》《匈奴西迁与西罗马帝国的灭亡》等文章。父亲还做了一些与中西交通史有关的古籍笺注，他重新修订了樊守义的《身见录》校注，新做了《北使记》《西使记》和《佛国记》的笺注，这些古籍的作者都是山西人，从而把自己的学术专长和对故乡的热爱结合起来，为山西地方史的研究开辟了新的领域。父亲也对一些旧作进行了改写，例如，应商务印书馆的约请，1962 年出版了《巴斯加尔传略》，出版后不久就受到批判。在"文化大革命"中，无法搞研究，父亲想，亚非拉是正在兴起的第三世界，可以用自己的外文特长翻译一些非洲的资料，帮助青年学者研究非洲，他拖着病体，翻译了四本关于非洲的法文书，翻译工作直至病重不能执笔才停止。总的来看，父亲的论著以《阎宗临作品》3 卷统计，以 1949 年为界，之前占 70%，之后占 30%，1949 年后的论著中又有 65% 是未刊稿，发表的仅有 10 多万字。父亲从没有向外投稿的习惯，一般是约稿，他的文章都发表在山西的刊物上，有些还是内部刊物。所以父亲变得"寂寂无名"也就可以理解了，尽管 1949 年后，在"左"的思潮影响下，治学之路是艰难的，父亲却从没有停止前行的脚步，也没有改变一个真正学者以学术为生命、不断追求真理的情怀。

邹兆辰：您父亲最后的 28 年是在山西大学度过的，他和那一代知识分子一样，经历了一系列的政治运动，一直到"文化大革命"的浩劫。您作为他的亲人，最能了解他的心情。他是怎样承受这一切的呢？

阎守诚：您提的这个问题回答起来有一定的难度，因为父亲很少向我们讲他过去的经历和自己的思想变化。我觉得，由于父亲出生于普通农民家庭，又有过艰苦求学的经历，他在欧洲生活时间很长，了解西方社会，也经历了中国的新、旧社会，看到新中国改变了过去贫穷的面貌，在国际上有重要的地位，因此，他的基本政治态度是真诚地拥护共产党，热爱社会主义制度的。在历次政治运动中，抱着认真改造自己的态度，因此，基本是有惊无险，安然无恙的。但"文革"未能幸免，作为"反动学术权威"被揪出，拖着病体挨批斗，劳动改造，他很不理解这样的运动，也很痛苦。母亲怕他想不开，出什么意外，让弟弟、妹妹把家里房门的插销都卸掉，妹妹有事外出时，父亲对她说："你放心地去吧！为了你妈妈和你们六个孩子，我不会去死的。"这大概就是父亲承受痛苦的心理底线吧！

邹兆辰： 您的书中涉及很多阎先生对子女培养的情节，是很感人的，人的生命总是有限的，是不是阎先生的理想和追求，在他的下一代中传承下来了呢？

阎守诚： 我们兄弟姐妹，除弟弟还在工作岗位，其余都已退休，步入老年。我们中没有富豪，没有高官，也没有院士，有的是五个教授、博士生导师，一个高级工程师，一个家庭能走出这样多的教授，实属不易，这里饱含着父母的艰辛和奉献。在父母亲的言传身教、潜移默化下，我们都能够做事认真严谨，淡泊名利，为人善良真诚，仁爱宽厚，学有专攻，业有所成，对社会做出了积极的贡献。这是可以告慰父母在天之灵的，我们没有父母亲那样优秀，但他们的理想和追求我们一直在努力传承。

邹兆辰： 读了您的《阎宗临传》，联想到您为阎先生的学术成果做了那么多的整理工作，觉得这是对社会，对中国的学术事业做了件很好的事情。阎先生那一代人，背井离乡、远渡重洋，认真地了解和学习西方的历史和文化，抗战开始又毅然回到多灾多难的祖国，他们何曾没有自己的"中国梦"。只是到了今天，他们的梦想才有了实现的可能。您的工作，让阎先生回到了20世纪中国史坛上他应有的位置，这也是对学术事业的一个贡献。谢谢您接受我的访谈！

阎守诚： 谢谢您的访谈。

阎守诚： 阎宗临之子，1942年6月出生于广西桂林。1965年毕业于山西大学历史系，现已退休。退休前任首都师范大学历史学院教授、博士生导师。专业为中国古代史，研究方向为隋唐史、中国古代社会经济史。

阎宗临： 1904年6月，生于山西五台县一个普通农民家庭，1924年中学毕业后来到北京，曾在《国风日报·学汇》当校对。1925年，赴法国勤工俭学。1929 年入瑞士弗里堡大学文学哲学院，学习欧洲古代文化和历史，1933 年，获瑞士国家文学硕士。同年回到北平，任中法大学教授，讲授法国文学。1935 年，返回瑞士弗里堡大学，任中国文化课教授，同时在大学研究院攻读博士学位。1936 年，获瑞士国家文学博士学位。1937 年，抗战爆发，携夫人回国，共赴国难。先在山西大学历史系任教授兼系主任。1938 年，经武汉、长沙到桂林，任广西大学教授。1943 年，转入桂林师范学院任教，并在无锡国学专科学校兼课。1946 年，赴广州，在中山大学历史系任教授兼系主任。1950 年，回到山西大学，先后任历史系主任、副教务长、研究部主任等职，1978 年 10 月逝世于山西太原。

阎宗临一生都在高等学校任教，专业是欧洲史、世界古代中世纪史，研究方向为文化史、中西交通史。

邹兆辰，时系首都师范大学历史学院教授。

明代中国：一个迷人和易变的世界
——卜正民教授访谈录

(🎙)[加] 卜正民　　(🎙)周武

周武：下面的访谈，我想主要围绕你的著述生涯展开，先从你的博士论文开始如何？

卜正民：好的。我的博士论文是关于佛教与晚明士绅社会的关系，很难写。这个题目既与佛教有关，又不是纯粹的佛教史；既与士绅有关，又不是单纯的乡绅学（*Gentle Studies*）。基本上可以说，一部分是佛教，一部分是乡绅，一部分是社会史，一部分是思想史。我开始的时候都不知道要怎么写这个题目。我本来的题目叫"佛教寺庙在明朝的历史经验"，原准备写八章。第一章就是"乡绅与佛教寺院的关系"，后来这一章就变成我的博士学位论文，其他的七章都没写。当然，将来还准备回到那个题目去，继续研究佛教寺院在明朝的经济和社会的地位，这个题目很有价值。我在哈佛的最后两年，参加过一个社会研究的项目，这个项目是戴维·兰德斯主持的，他当时是哈佛大学社会研究学位委员会主席，一位很有名的欧洲历史的学者。我不同意他的看法，但是他人很好。这个 *Social Study Program* 是一个跨学科项目，专门为二年级三年级四年级的学生而设，给他们讲历史学、社会学、哲学等方面的理论和方法，不知道这个项目现在还在不在。参加这个 *Program*，并在这个项目教书，使我有机会置身于一个跨学科的学术语境中，这对如何观察历史产生了经久的影响。我的博士论文最初就借鉴了社会学的网络理论，当然，我后来在修改成书的时候，感到不需要利用这种理论，又把它舍弃了，但当时我对这些理论是比较感兴趣的。博士论文写完以后，修订工作极其缓慢，因为我不愿意把时间全部投到修订工作中去，我要做别的东西，所以，我那本 *Praying for Power* 是在毕业八年以后才完成并出版的。在这个过程中，我跟李约瑟合作研究过一个题目，即"中国科学发展的社会背景"。他本来的安排是，《中国科技史》第七册讲社会因素，所以他邀请我去研究中国社会背景对中国科学发展的影响。回到博士论文，其实最初我并不清楚自己要写什么题目。我在上大学的时候修过佛教哲学方面的课，到北京大学留学时看过《高僧传》和汤用彤先生关于佛教方面的著作。到复旦后，受李庆甲教授的影响，我又接触了一些晚明思想家的著作，我觉得我应当选社会史或者思想史方面的题目。但究竟搞社会史还是搞思想史，实际上我上哈佛以后还不十分清楚。我个人的兴趣偏于社会史的问题，那时我觉得思想史特别难学，年纪大以后写思想史也许可以，年轻学者要写思想史是很困难的，因此，我考虑写社会史方面的题目。但要找一个适合自己的题目并不容易，我想干脆把对佛教的兴趣和社会史的兴趣合在一起。这个决定有一个困难，我不知道中国的情况怎样，我们这里你要学习宗教的东西你就得跑到宗教系去，历史系不怎么做宗教的东西，没有一个很清楚的方法。所以，我选了这个题目以后，我的老师并不是十分赞成，他们说"你一定想做你就做，你做的话就是你的事，我们不负责"，我说"好，没关系"。所以，我那篇博士论文基本上是我个人在摸索，没有得到很多的辅导。开始做的时候没有一个模式，也没有一个很清楚的办法。我就看了一些欧洲关于宗教方面的书，关于中国佛教史方面的书不多，对我而言，比较有用的主要就是我前面一再提到的霍姆斯·威尔奇教授写的三本有关20世纪中国佛教史的著作。我当然不是简单的模仿，但我确实是采取他的一些看法来写16、17世纪中国佛教史。当我进入晚明乡绅与佛教寺院关系的研究以后，我发现这其实是很复杂的一个问题，搞清这个问题，对理解明朝历史有很大帮助。因为它有助于我们更仔细地分析乡绅阶层，他们的一些社会活动和一些政治活动。我的论文实际上是利用寺院的资料来更好地了解乡绅，所以，到最后我对明朝佛教没有做出多少新的东西，可是对乡绅、缙绅却取得了一些成果。

周武：就是说，你的佛教史跟一般的佛教史不一样，你的研究是跟社会史相结合？

卜正民：对，对佛教的信仰或者宗教性的活动，对佛教本身的教义我不研究，我感兴趣的是缙绅跟佛教到底是怎样的一种关系。当然，我的题目是士绅与寺院的关系，就必须要研究寺院的田产、寺院的建筑等，它们看上去都是比较具体的一些东西，而不是抽象的东西。

周武：你说这篇博士论文只是最初计划当中的一章，很想了解你计划中的其他部分的具体构想？

卜正民：具体，现在还说不上。其他部分主要就是研究寺院的经济、寺院的劳动关系、寺院和缙绅的很多关系，这些题目我还继续在写，都是跟寺院有关系的，我本来的意思就是要从各种的角度来看寺院，看寺院在明朝社会里面有什么样的作用，什么样的地位。

周武：那么，在你看来，寺院在晚明的时候，对当时的社会起到什么样的作用？

卜正民：很难说，这些寺院一般都在某一个县，当地最大的建筑，最老的公共活动场所往往就是佛教的寺院，佛教寺院在那个时候的作用很大，既是进行宗教活动的场所，又是进行一些社会性活动的地方。在那时还不可能有公民社会的概念，寺院好像是一个另类的地方，上层人物要开一个会，常到寺院去；老百姓要做一些社会性活动，也常到寺院里面去办。寺院好像就是一个公共的活动空间。

周武：你认为寺院基本上是一个民间性的公共活动空间？

卜正民：可是一些最大的寺庙，最有钱的寺庙，好像不是专供上层人物活动的场所，但就文化而言，上层人物的文化或者说士绅的文化，跟佛教寺院的文化是比较融合的，比较高级的 *Folkway*（习俗）。

周武：你的研究特别有意思，寺院的研究中国也有一些学者在做，但是从社会史的角度去做比较少，据你的观察，寺院跟士绅社会之间的交往互动，总是比较和谐融洽的吗？二者之间难道就没有矛盾冲突吗？

卜正民：一般来说，晚明士绅多半是信佛教的，有的士绅家里男的不信，可是女的却非常信仰佛教，而且她们对男的影响特别大，虽然有的士绅说我只信孔子不信别的，可是他们实际上多半也是信佛的，晚明，特别是万历中后期士绅基本上都是信佛教的。

周武：你这本书名叫 *Praying for Power* 特别有意思？你怎么会想到用这样一个书名，有特别的寓意吗？

卜正民：士绅们总是要寻求权力，问题就是你不能在你自己的家乡当"国家的代表"，这个和欧洲是最根本的一个区别，因为在英国你如果在地方是最有钱最有权威的人，你当然要当那个县的长官，可是在中国你即使是最有钱和有地位的人，你也不可能在自己的家乡当一个有政治性权威的人。所以，士绅就利用他们跟佛教的关系来表达他们自己在本地的权威，*Praying for Power* 就是利用宗教的活动来彰显他们自己的权威。

周武：你的博士论文做完以后，你有很长的时间在做其他的事？

卜正民：论文写完以后，我觉得自己写得还可以，但是在思路上还不是十分清楚。所以，我想暂时把它搁到一边，先搞其他的题目，让它沉淀一下，以后可以再回来修改。我参加了李约瑟的中国科技史项目，花了不少时间，最终的成果就是我和布鲁共同主编的《中国和历史资本主义》那本书。① 另外，我做博士论文研究的时候，还费了两年左右的时间，搞了一个比较大的资料目录，是关于明清时期史地志类的专题性资料目录，主要是"寺志""寺院志"和其他一些地方性的资料，但不包括县志或乡镇志。这个目录后来变成了一本书，1988 年由密歇根大学中国研究中心出版。这本书等

---

① Timothy Brook ed. / Gregory Blue ed. *China and Historical Capitalism: Genealogies of Sinological Knowledge*, Cambridge University Press, 2002。

于是我博士论文的副产品，对希望了解这些资料的人带来很大的帮助。但这本书的资料主要来自日本、北美和欧洲所藏，中国的比较少，因为我写博士论文的时候没有机会到中国去利用中国的图书馆。2001年秋我到上海，就花了一段时间找中国方面的相关馆藏资料，然后增补进去。2002年密歇根大学出了这本书的第二版。①

周武：请你讲讲跟李约瑟合作的那个计划。

卜正民：李约瑟那个人非常好，当时有不少年轻的学者来帮他的忙。

周武：他当时是怎么找到你的？

卜正民：1976年我到哈佛，开始参加波士顿地区的中美友好协会的一些活动，这个协会邀请了一位欧洲拍电影的人来讲演，他叫费利克斯·格林，他拍过五六部关于中国的纪录片，所以友好协会邀请他到美国来讲演。在波士顿的活动结束后，他要到纽黑兰去，所以我骑自行车带他到纽黑兰去，我们谈了半天谈了各种各样的东西。他是李约瑟的朋友，正好那时李约瑟给他写了一封信，说他还是要了解亚细亚生产方式这个概念。格林问我，你知道这个概念吗？我说我对生产方式一些理论是比较感兴趣的，他说那好，你给李约瑟写一封信，因此我就给李约瑟写了一封信，谈关于亚细亚生产方式的一些想法。李约瑟回信说非常有意思，并问我愿不愿意到他那边，给他帮忙做一些研究。所以，1978年夏天我考完博士考试以后，我决定到李约瑟那边去待半年，帮他的忙。在他那边，我看了一些英文资料、中文资料和日文资料，都是关于亚细亚生产方式、资本主义萌芽方面问题。这些问题李约瑟都很感兴趣，可是他自己没有时间去找这些资料，所以他要我替他做这项研究。做完后，我已经在英国待了半年，需要回到哈佛去，因为要选择一个博士论文的题目，不能继续留在英国。可是待了那段时间以后，李

---

① 这本书即《明清史地志类资料》(*Geographical Sources of Ming-qing History*)，密歇根大学中国研究中心1988年版，2002年第二版。

约瑟还是希望我继续给他做一些项目，所以 1979 年夏天我又去了英国一两个月，然后到我博士论文写完以后，在 1985 年或 1986 年我又一次到英国待了一两个月，写了一篇《资本主义与中国近代史的书写》，这篇长文论述了 1900 年以后中国历史学家是怎么分析自己的历史，我发现马克思主义对中国史学的影响很深，我还发现 20 世纪 40 年代韦伯在中国也很有影响，可是后来被中国历史学家遗忘了，直到 20 世纪七八十年代才被"再发现"。我替他做了这个题目，最后因为他的中国科技史丛书可能不会收我写的论文，还有其他一些相关的论文，所以我才和布鲁共同主编出版了《中国和历史资本主义》这本书。

周武：但是，昨天我曾听你讲李约瑟当时要你研究的是中国科技发展的社会环境。

卜正民：对，这是原来的题目。在这个题目里面，李约瑟先要我了解中国学者是怎么样的，对中国历史有什么样的概念，这些概念搞清楚了以后，他要把这些概念跟中国的科学发展联系起来。可是，我对中国的科学技术是什么都不懂的，原初的想法就是帮助他编辑一些资料，我的任务就是搜集中国社会学的看法和历史学看法，然后提供给他，供他参考。李约瑟认为，中国科学史不是一个思想史的问题，而是一个实际的东西，中国科学是从中国的社会中出来的，所以需要考虑中国社会结构、社会环境的一些因素，哪些因素是最重要的，以及这些因素对中国科学技术发展的影响。

周武：对中国科学技术的发展跟社会环境的关系，中国学者有一种看法认为，中国比较偏向技术，所谓科技，中国更偏向技术，强调实用性，对科学本身则比较忽视。另外，还有一个比较普遍的看法就是，中国的社会环境跟文化传统事实上对科学发展是有害的，不利于科学发展的。你对此怎么看？

卜正民：李约瑟的想法相反，他认为中国社会环境不是一个障碍，你要多了解中国社会以后才能作出判断，因为中国有很强的技术的历史，这个技术的历史应该从社会中来，所以李约瑟觉得不存在什么障碍。可能中国古代学者不大谈科学理论方面的问题，可是李约瑟的目的之一就是想让人知道中国的技术还是有它的理论基础，他要把这个基础找出来，他说的对不对很难说。欧洲学者对科学理论比中国人可能是要强一点，特别是在15、16、17世纪那个时代。

周武：你自己怎么看科技跟社会的关系这个问题？

卜正民：我没有很仔细地考虑过这个问题，但我觉得科学没什么特别的，在生活里，你要吃饭、你要穿衣服、你要走路，这些都需要一些具体的条件，可以说科学就是比较具体的条件。我看中国的历史，我觉得中国人跟欧洲人没有什么区别，你需要解决一些具体的事情，你要想办法怎么解决。欧洲16世纪并没有科学的这个概念，这个概念可能是17、18世纪产生的，是比较晚出来的一个概念。这也可能是李约瑟的一个看法。你若回到15、16世纪，中国跟欧洲差不多，到了17世纪，欧洲科学思想的抽象化很强，这时中国跟欧洲就分开了。意大利百科全书要出一本关于比较厚的中国科学史，他们请我写两篇文章，一篇就是明朝的学者和科学的关系怎么样？我在一篇文章中说，在他们生活里面有一些具体的问题，这些问题还是要解决的，即使他们做官也是要完成一些任务，比如你要算田赋，就得对田地进行丈量，这就碰到了一个数学的问题。你看海瑞，在他的集子里边，就有不少文章提到怎样丈量田地的问题，从某个角度说是很科学的。我觉得明朝的思想家，即使按我们现在所谓的科学去衡量，他们还是比较有成就的。我们好像以为科学就是某一个什么东西，他们没有我们所想的那个东西，就说他们不科学或不重视科学，这是我们的问题而不是他们的问题，是我们自己的偏见。

周武：你给意大利的百科全书关于中国的科学史写过两篇文章，另外一篇呢？

卜正民：另外一篇是关于明朝地图史，写地图史一直是我比较感兴趣的，我看了明代能够找到的各种各样的地图，从明朝的全世界地图到很小很小的人家里的地图，我觉得这些形状、样式各异的地图，非常有意思。

周武：你在看的过程当中，在各式各样的地图背后发现了什么？

卜正民：还是我刚才说的，我们看明朝的地图感觉怎么画得那么粗糙、那么不科学，问题是他们觉得这些地图可以，是按照他们的需要画的，这就很好。只是我们觉得他们显然没有现代化的地图，所以他们的地图水平很低，我不认为是这样，他们的水平没有想象的那么低，我们需要想象他们的环境是什么样的环境，他们把他们的环境画在纸上，这些地图就满足他们的要求。而且从我们的角度来看，当时比较科学成功的地图也有，特别在 16 世纪末江西人罗洪先，以及他的一些弟子，绘制的中国大地图。意大利的百科全书邀请我撰稿的原因，是因为他们有一个编辑，他本来就是我在李约瑟研究所里面的另外一个朋友。他说你了解明代的历史，你就写明代的情况吧。我就写了两个题目，我不搞中国科技史，所以选择从社会史、思想史的角度来看。

周武：你觉得明朝的地图勾勒的那个世界，他们画出来的那个世界跟中国的文化有什么关系？

卜正民：他们的世界基本上是中国，中国以外的一些地方知道得比较少，我估计开船的那些人知道得很多，可是史上没有记载。他们有一些航海图，跟我们现在的地图当然不一样，他们的航海图仅标明船开到这个地方，开到那个地方，我估计他们有他们自己的一些资料（地图），只是现在已不存在。因为是一般劳动人民的东西，图书馆极少收藏。

周武：还是回到你的晚明史研究，从你的简历中，我看到你还有另外一本著作，即《纵乐的困惑：明代中国的商业与文化》，这本书跟你前面一本书似乎关系不太大，你怎么会想到要写一本关于明代商业与文化方面的书？

卜正民：我写这本书有几个基础，一个基础就是中国资本主义萌芽问题的讨论，那个讨论很有意思，也很火爆，而且讨论中，一大批很好的历史资料被发掘整理出来，最有名的就是傅衣凌先生，他的那几本书写得非常好。我那时候是一个研究生，对资本主义萌芽问题的讨论非常感兴趣，对明朝的经济、明朝的贸易有一点认识，也比较感兴趣，可是我对经济学不大了解，写一部精确的明代经济史还不可能，因此，在《纵乐的困惑》中，我把经济的问题与文化的问题结合在一起。我的想法是写一部描述正在发生巨大商业变化的国度的文化史，一部关于商业在明代社会所起作用的书，揭示财富所带来的快乐和这一快乐所触发的困惑。在我看来，"资本主义萌芽"基本上是一个充满内在冲突的概念，萌芽不是一个概念，明代中国有资本主义还是没有资本主义其实很简单，并不存在所谓的萌芽问题，中国有没有资本主义，这是一个没有意思的问题，或者说它根本就不是一个问题。真正的问题就是中国有什么东西，而且我觉得中国的经济结构跟它的文化结构应该有很密切的关系。明初那时候贸易不是那么发达，到 15 世纪末，贸易才比较兴旺。贸易发达以后，剩余价值积累就比较多，然后才出现城市化，这对中国的文化有很大的影响。明末出现一个很特殊的文化界，就是由于经济发达而形成的。我写这本书的另一个基础是，前面我已提到，在写博士论文的同时，我曾编过一本明清史地志类的资料目录，还有一篇是关于明朝交通历史资料的介绍，所以牟复礼（Frederick Mote）和杜希德（Denis Twitchett）邀请我为《剑桥中国史》第 8 卷撰写明代交通的一章，我觉得光写交通没意思，我想谈交通跟商业是什么样的一种关系，所以我告诉他们我最好写交通和经济，他们说可以，就这样我给《剑桥中国史》第 8 卷写了明代交通与商业这一章。但我发现资料太多，我根本无法将自己想写的全部内容放进那一章，杜希德鼓励我继续写成专著，所以我就写了这本书。

周武：你大致从什么时候开始写？

卜正民：记得不太清楚，大约是 20 世纪 90 年代初吧。写了那本 *Quelling the People* 以后，我开始修改 *Praying for Power*，修改完就开始写这本书。这本书的构造比较有意思。明后期有个地方官叫张涛，他在万历末年被奉派到歙县当知县，歙县那时是中国商人很活跃的一个地方，可是张涛是很儒家的一个人，他对商业没有好感，很讨厌商人，认为商业不好，没有什么伦理，很奇怪，朝廷把这么一个人送到歙县去当知县！反正张涛的观念跟歙县的重商风气有抵触、冲突，所以他到任后，即与当地士绅商议修纂《歙县志》，在这部1609年出版的县志里面，有很多被冠以"张子曰"的编者按语，表达了张涛对商业的反对意见。他说：明初跟冬天一样，静谧和谐，家给人足；到明代中叶，就跟春天一样，活泼喧闹，也已有些不稳定；到万历时期就像夏天一样，很热，商业竞争非常厉害，他认为这对中国传统的伦理有着很不好的影响，以至于人心不古，世风日下；最后就快要进入秋天，社会奢靡拜金，"金令司天，钱神卓地"。我写这本书，其实就是我跟张涛的一个对话，他提他的意见，他说商业对文化、社会造成很坏的影响；我的看法当然跟他不一样，我说：不！商业使中国变成一个比较有钱比较有机会的社会，对待一些新生事物，要看它们对一般中国人是好的还是不好的，不要动辄反对。我的这本书就是这样的一个对话。可是我不知道张涛的看法最后对不对，我想他是不对的。当然明朝最后崩溃了，可是我觉得明朝不是因为中国伦理传统遭受损坏就崩溃了，而是因为传染病和满洲人入关等各种各样很具体的因素把明朝打碎了，不是什么伦理什么名教造成的。

周武：你的这本书出版不久，就获得了列文森奖，耶鲁大学的史景迁教授说：你的这本书赏心悦目，充满动感和细节。你把明朝迷人和易变的世界镶嵌在一个清晰的概念和编年框架上，使每一位专家以外的人都可以领会。他认为这是一本有关明人及其所遇问题和所处世界的基本情况的宝库。可见他对你这本书的赞赏。这里，我想请教另外一个问题，就是我有一位朋友写过一篇文章，题目叫作《道德的灾变》，道德的灾变是什么意思呢？就是他认为晚明以来朝野——官僚也好，士绅也好——都好像沉溺于无谓的道德争辩，这种争辩越来越玄虚，越来越空谈，许多更急迫的国计民生却没有人关心，于是这种玄虚的空谈最终导致灾变，明之亡与这种士林风气不无关系。你对这种意见有何看法？

卜正民：这个问题恐怕没那么简单，不能一概而论。有人讲道德，你肯定知道他要保卫一个什么东西；儒家讲道德，就是他们怕自己要丢掉一个原来应该有的东西；商人讲道德，就是说我们是对的，你们是不对的。但有社会变化，就会有这样的道德辩论，是肯定的。

> **周武：**但是，这种道德辩论会发生灾变吗？

卜正民：当然。我在写《纵乐的困惑》的时候，在序言中曾提到这一点。我还要继续做，我明年可能还要出一本论文集，就是把我以前写的一些关于明朝的论文变成一本书。[1] 我还想写关于明朝的灾害、传染病、价值的崩溃等各种各样的题目。另外，就是我尚未完成的一些关于明朝佛教的研究。从20世纪80年代末开始，还有一个题目也是我特别感兴趣的，就是明朝崩溃以后，士绅跟满人之间是什么关系？可是我开始研究之后，发现这个题目很难写，相关资料有限。也就是说，谁要跟满人合作，谁不要合作，没有具体、丰富的资料，要进行一种社会分析是很困难的。所以，我转向研究20世纪30年代末江南地方精英与日本侵略者之间的关系，看地方上有地位的人对日本侵略者是什么样的态度，谁跟他们合作，谁反对。这个题目我从20世纪80年代末开始搜集资料，20世纪90年代写了两三篇文章，现在正在写这本书，今年夏天希望能够把它写完。[2]

> **周武：**虽然你现在在做战时中国的 Collaboration 问题的研究，接着还要做关于梁鸿志的研究，但我想你最主要的研究还是明代。

卜正民：是的，关于 Collaboration 的研究很快就要结束了，我还是要回到明代，明代有太多的题目等着我去研究。

---

① 这本书即 *The Chinese State in Ming Society*，该书中文版《明代的社会与国家》（陈时龙译）已于2009年6月由时代出版传媒股份有限公司黄山书社出版。

② 这本书指 *Collaboration: Japanese Agents and Local Elites in Wartime China*，该书已于2005年由哈佛大学出版社出版。

周武： 还是先问一个小问题，听你的学生孙竟昊说，你的 *The Confusions of Pleasure: Commerce and Culture in Ming China* 这本书正在翻译成中文，我觉得这个书名很难译，你自己认为应译成什么才是最合适的？

卜正民： 中文版最后决定用什么书名，我也不知道。我曾和译者讨论了半天，还是想不到一个合适的主意。北京三联书店要出中文版，不知道书名最后怎么定。*The Confusions of Pleasure* 这个书名，用英语来说，是比较有意思的一个书名，因为 Confusion 这个词跟儒家的英文 Confucian 那个词有点类似，有点接近，Confusion 就是讲儒家怎么对待经济和文化的发展，可是译成中文时，根本找不到一个合适的词，最好找一个跟英文完全没有什么关系的书名。

周武： 你的专业是搞明史，特别是晚明的历史，我发现你的著作，还有论文当中都比较重视晚明时代的社会环境。

卜正民： 有的是，有的则不完全是。我的论著中也有不少是讨论明朝的国家和官僚系统是怎么组织的，以及它们对社会有什么样的影响。

周武： 你特别强调晚明的特殊性，据你的研究，晚明的特殊性主要表现在哪些方面？

卜正民： 在文化方面表现得最清楚，思想上是比较自由的。耶稣教会士这个时候开始在中国传教，中国的思想家王夫之、李贽他们开始反思他们的传统是怎么样的，思考传统对中国的价值。不仅如此，文化上还出现了很多新的东西，小说大盛，中国最有名的小说都是 16 世纪末、17 世纪初创作并出版的。那个时候中国人的思想能够看到的和接受的很宽，比清朝初期的宽，比明朝初期的宽，社会环境比较宽松比较自由。我认为晚明是一个比较有创造性的时代，大家可以想以前没有想到的东西，这是经济发达的一个表现。我想对中国而言，最好的传统是一个很宽的传统，很窄的传统你只能做这个只能做那个，到明末你可以做这个也可以做那个，无须顾忌，无论做这个还是做那个，都是可以的。我觉得明末这个传统比较开放包容，这一点对明末的文化以及后来的文化都有深刻的影响。很有意思的是，后来青年毛泽东对王船山的思想和学问也很痴迷，他们那时候对顾炎武、黄宗羲也比较感兴趣。他们看到了明末那个时代，并把它看作是传统中很重要的一部分。

周武：关于晚明社会，有的学者认为它是一个多元化的社会，但也有一些学者不同意这种看法，认为晚明尽管出现了比较宽松、比较自由的氛围，但是事实上从社会构造这个角度来讲，晚明并没有实质性的突破，如果说它在社会构造上没有实质性的突破，那么我们该怎样来认识这个所谓的多元的时代？我看你的文章中也提到，那个时代董其昌可以信佛教，徐光启可以接受基督教，从信仰方面说，他们似乎获得了更多的自由，但实际上这个时代很短暂，你所说的那个"比较宽的传统"并没有得到延续，中国很快又坠入了那个"窄的传统"之中。

卜正民：这个可能跟满族人的统治有关系，他们"入主中原"以后有点害怕，毕竟那个时候汉族有一亿多人，是很大的一个国家，满族人不到十万，怎么来有效地统治这么多汉人，他们很着急，所以他们要进行比较强的控制，这对一般的思想家影响很大，他们可能要到17世纪八九十年代，才有宽松一点的环境。这将近半世纪的控制，对中国人的思想和中国人的社会活动产生了巨大的影响。到18世纪，中国才又回到一个跟16世纪末比较接近的社会。

周武：现在有不少学者研究18世纪，认为18世纪表面上是很宽松的，但是你看乾隆，其实他的心理有问题，无端的猜忌和联想很多，你做过那个时候的国家检查和图书贸易的研究，自然了解那个时候的思想氛围。还有像孔飞力先生研究的"叫魂"案，都足以说明乾隆时代的思想氛围其实很压抑，根本不存在思想家自由思考的空间，因为你根本无法预知什么时候又触"逆鳞"了。所以，即使是乾隆时代，跟晚明的时候也有着显著的差异。是不是可以说1644年以后，晚明那个比较宽松或者说比较多元化的时代已被终结？

卜正民：可是，清初有不少学者却认为，晚明并不算什么好的时代，如果没有晚明的那个环境，明朝还可以存在。所以，明朝灭亡以后，他们很后悔。他们领教了满族人的高压统治之后，更觉得自己做错了，要是自己能够做得好一些，明朝也许就不会灭亡。他们对满族的统治特别不高兴，可是他们又没有任何办法。从思想环境看，18 世纪的确是比较压抑的；但从经济方面看，应当说 18 世纪前半世纪的经济是比较健康的，只是到 18 世纪末，人口增长得很厉害，中国的经济才开始走下坡路。所以，我认为，19 世纪，中国有那么糟糕的一个世纪，西方人东来当然是一个因素，可是我想更主要的因素还在于中国经济自身的结构。外来因素是次要的，不过那是另外的一个问题。

周武：你一直在研究明代的士绅社会，换句话说，士绅是关注和研究的一项极其重要的课题。可是，士绅研究势必涉及一个更大的题目，就是国家与社会。这是一个备受瞩目的题目，你怎么看这个问题？

卜正民：这个问题很复杂，我还没有什么结论。要看士绅活动的范围是什么地方？比如某一个县，知县一个人就是代表国家、代表朝廷，一个知县对应有一百甚至几百个士绅，你看宁波，地方上可能有五百个比较有地位的人，表面上知县是他们的领导，可是实际上那些士绅对知县的影响很大，知县要做什么事，如果地方上的精英分子（士绅）反对，他就完全没有办法。尽管如此，但那些士绅在表面上是没有政治的力量，这是很有意思的一个情况。从欧洲的角度来看，地方上这样一种权力结构是很奇怪的。士绅们当然有地位有钱，他们能够制约地方的政治权力，但在皇朝体制下他们却没有政治的权力，因此他们又必须依靠政治的权力。如果没有那个国家系统，他们也没办法给国家工作，这是一个相悖的关系：一方面是要维护地方的权力，另一方面要找机会给国家做事，由此形成地方社会的一种特殊的平衡。最有意思的就是，你看某一个县的历史，国家当然有它的权威，有它的作用，可是那个县却有它自己的历史，它有自己的资源条件，有自己的经济、社会和文化，每一个地方都有它们自己的社会，没有国家你照样可以写它的历史。所以，如果你要了解某个地方的历史，最好要从当地的精英分子开始。当然，这里头也有一个"文献"的问题，因为地方上的文献，大多出自地方士绅或精英之手，我们能够看到的多半是他们的文献，极少一般人的文献。

> 周武：我认为把官与绅、国家与社会截然分开并不妥当，地方精英，或者说地方的士绅社会，其构成当然比较复杂，但是，他们之所以能够成为地方的精英，之所以能够成为地方社会的领袖，不可否认，最重要的原因是他们拥有不同级别的功名身份，而功名身份则是通过科举考试获得的。这也就是说，他们在地方社会上的影响力的真正来源还是国家。

卜正民：你说得对，这个直接的关系是存在的，可是你如果没有钱，没有一些经济基础，你怎么能够得到考试教育的机会，无法得到教育的机会，你怎么参加科举考试！功名是一种权力，但获取功名是需要条件的。也就是说，要成为士绅，成为地方精英，下面要看你的经济情况，上面要看国家的一些机会。我估计明清时期地方上的想法其实很简单，没有那么复杂。他们知道当官就要考试，他们也知道考上的人很少，到万历时期，可能300个人参加考试，只有一个人才能考上，一般的士绅当然知道他们没有办法考上、做官，多半是完全不可能考上的。在这种情况下，他们若要对本地方有所影响，就必须另谋出路。万历以后，地方士绅之所以热衷于佛教活动或寺院捐赠，或者修路造桥，或者要做一些其他的地方公益，多半是因为从这些事业中他们可以得到一些面子一些名誉，百分之九十九都不会走考试做官的那条路。

> 周武：也难怪，国家行政系统当中就那么一些位子，而士绅又那么多，而且还在不断地扩大，僧多粥少，是一对难以克服的矛盾。

卜正民：明朝的人口又增长得很快，这对矛盾也在不断激化。如果你能够做官，具体数字我不太清楚，百分之七十左右只能够做一次官，做一次官以后就完了，可能征税征得不够或者有其他什么问题，做了一次就不能再做了。可见，连做官的人的前途也不是那么光明。

> **周武**：关于官权和绅权，中国有一些学者认为，二者当然有差别，但西方学者把它们之间的差别强调得太过头了！这种看法认为绅权跟官权实际上是同构的，是官权的延伸，或者说是官权的必要补充。二者并不是异质的东西。士绅为了地方的利益跟国家的政权之间免不了有一些矛盾，甚至是冲突，但更多的是合作，因为只有合作，绅权才有发挥的空间。

卜正民：我知道中国学者有这个看法，而且这个看法可能是对的。我知道我自己的看法也是强调冲突的可能性。为什么我是这个立场，可能是因为你说的共同的利益或者其他什么东西，好像没有一个可以进入的"孔"，不容易看清楚。所以，你要看系统里面有一些小孔，就得看这些孔里面有没有冲突，有些冲突可能一时半刻没有凸显出来，可是一旦爆发出来，地方社会上潜伏的矛盾，包括官绅之间的矛盾，就可以看得比较清楚。透过这些冲突，你可以找到地方社会的这些矛盾。而找到这些矛盾，你就可以更深入地了解地方社会的整个状况。我当然知道官权与绅权之间的同构性，可是我们研究历史如果仅关注官权和绅权的同构性，似乎官与绅差不多，没多大的差别，那就没什么可谈！这是我为什么比较多地考虑官绅差异的原因所在。我认为，一个地方社会里面什么地方有矛盾，什么地方就比较有活力，这一点特别值得重视。

> **周武**：你的著作中，在谈到士绅社会的时候，还涉及对公共空间、市民社会这些概念的理解。但是，如果士绅跟国家的权力是一体的，绅权只是国家权力的延伸和必要补充的话，那么这种所谓的公共空间或市民社会恐怕就很难成立，对不对？

卜正民：我的论著中的确有提到这些概念，我觉得到 20 世纪二三十年代，市民社会是可以谈到的，是有的，但它的形式肯定是不同于欧洲的形式。我现在的这个想法可能跟我以前做的研究有冲突，因为我觉得比较严格意义上的公共空间或市民社会要到 20 世纪二三十年代才出现，受教育的人才觉得中国城市里面应该有一个市民社会。但是，这个思想是哪里来的？我觉得可能跟明清时代的士绅社会还是有关系的，只是这种关系不是直接的，而是一种非常间接的关系。

卜正民： 这个问题我还在考虑，天主教到中国来的时候，一般的中国人觉得它不一定是一种宗教，他们并不知道天主教是怎么回事，反正是欧洲人传来的，这些欧洲人很奇怪，他们的样子很奇怪，他们的话说得很奇怪，天主教的思想也很奇怪。我想，天主教是什么东西，一般的中国人不清楚，连徐光启也未必清楚。徐光启知道这些传教士有一些新的知识、新的主义，他更感兴趣的就是这些新的东西，他也了解传教士的思想系统跟天主教有关系，所以他对他们的思想比较感兴趣。反正天主教在晚明士绅和普通民众心目中是比较奇怪的东西。我写过董其昌和徐光启宗教信仰比较的文章，我的意思就是在晚明儒家可以信教，他们一般来说不反对信教，要信佛可以信佛，要信天主教也可以信，那个时候对宗教信仰比较宽松。可是问题就是为什么要信教，为什么那个时候要信教，我想可能就是因为晚明的思想传统那么宽，很难知道做人应该怎么做，这个问题没有一个很简单的答案。可能在明初你可以想到什么儒家的一些信条就知道做人应该是怎么做，到明末，做一个好人，做善的东西，怎么做善，怎么做人，就不那么清楚了！因为他们可以选择各种各样的宗教，信这个信那个有各种各样的可能性。所以，明末的人对宗教比较感兴趣。

卜正民： 你可以用天主教来补充，它只是一个补充。一些儒家也说，佛教可以补充我们的看法，天主教也可以补充我们的看法。从这个角度来看，你当然不会推翻儒教，可是佛教和天主教还是可以补充儒家的一些看法，这是明末的一个看法。到清初就不同了，谁反对佛教谁支持佛教，这个问题也有点复杂，我想比较上层的人物比较接受佛教，下层的人就不是那么欢迎。天主教的情况更奇怪，只有很少人觉得天主教是有价值的。很有意思的是，上海人似乎特别能够接受天主教，可能是因为上海是一个海边的城市，上海在明朝也受到国外的一些影响。因此，明清时代，上海相对而言是比较开放的，比较世界化的。上海的历史不是从 19 世纪中叶开始的，它的历史在明朝已经很重要了。也许我将来会写一本关于明末传教士和徐光启他们的历史，而且很可能会从上海这个角度来写。为什么徐光启是上海人？我已经说过历史没有必然性，但我想他是上海人不是偶然的，可以肯定跟他各种各样的背景有关系。他的历史跟上海文化有很大关系，上海文化比较多元一点。

周武：据我在海外的观察，现在西方的中国研究学界似乎很喜欢"帝国晚期"或"前近代"这样的概念，你研究明史，自然属于他们所说的"帝国晚期"或"前近代"的范围，不知道你对这样的概念有何看法？

卜正民：我好像不用这类词，我不知道中国学者是否也使用这样的概念，西方确实有一些学者比较喜欢用"帝国晚期"或"前近代"这类词。我觉得这类词有毛病，它是按照结果来说，跟资本主义萌芽这个概念有内在的冲突一样，要么是近代，要么不是近代，不会有什么前近代。问题是用这类词有什么好处，用这类概念，是不是可以帮我们更好地了解中国在明末清初的情况，我觉得不一定。如果要做一些比较的话，比较前近代欧洲和前近代中国，也可能有一点意思，可是这类概念是欧洲的概念，对中国不一定合适。

周武：现在西方，当然也包括美国，有一些研究中国的学者，试图在"帝国晚期"或"前近代"中国的历史中发现早期现代性，并希望从这个角度去诠释进入近代之前的那个中国。

卜正民：有一点道理，可是我还是比较传统的，我比较喜欢用朝代的名字，我更愿意说明朝或者清朝，而不用近代或者前近代这类概念。可是，我写《纵乐的困惑》这本书的时候，我有一个朋友曾提出类似的批评，说按照朝代写历史，这是很古老很保守的一个办法，但我觉得不一定。如果你生在明朝，你就知道自己的认同就是：我是明朝的一个人，而不会在16世纪末说"我是前近代时期的人"，他们只会说"我们是明朝的人"。我喜欢按照他们的时代观念来分析，不会将现代人的概念强加给他们。当然，我也认为这并不是什么严重的分歧，将来我也可能会使用"前近代"这类概念。

周武：晚清民国时期中国有不少学者，譬如梁启超、胡适等，他们认为那个时候的中国正经历一个类似欧洲文艺复兴那样的时期，不知道你对此怎么看？

卜正民：我没有做过这方面的研究，我想他们的说法很有意思。但是，这个说法是从事实出发的，还是从比较出发的？我估计是从比较出发的。他们看到欧洲经过这些变化，中国也不是一个停止的社会。依我看，他们的贡献在于，指出了中国并不是一个什么没有变迁的文明，中国有它自己的历史，甚至有像欧洲那样的历史。不过，我认为这种看法把历史过于简单化了。

周武：前面你提到"帝国晚期"或"前近代"这类概念是按照结果来推论的，从结果来推论先前的历史，也就是所谓的逆向考察，实际上会有意无意地简化历史，简化历史走向的各种各样的可能性，简化历史的多样性和复杂性。

卜正民：对，你当然不会不知道那个结果是怎么样的，可是任何一个结果都是由各种各样的因素综合作用而成的，其中并没有所谓的必然性，我不相信历史有必然性，可能历史是半必然性半偶然性，很难说。可是这个结果也不一定是这些过程唯一的结果。我是加拿大人，中国对我而言只是一个他者，我们的立场跟中国学者的立场自然是不一样的。一般来说，中国历史学界有的写党史、有的写国史，很少人能够写历史，因为中国是中国人的中国，中国对中国人的概念很强，所以他们无法想象一个没有中国人的中国。可是我不是中国人，所以中国是一个什么国家一个什么民族一个什么地方，对我来说并没有太大的意义，它的意义在于中国是世界的一个地方，这个地方的历史很复杂很丰富很有意思，你要看中国这个地方有过什么样的历史，研究以后，你就可以拥有更广泛的相关世界史的一些资料，从而更深入地了解世界的多样性、丰富性和复杂性。如果我是学加拿大史，可能我对加拿大的看法，要阻碍我对加拿大历史比较客观的一个看法。以前我跟朱维铮讨论过这个问题，记得有一次我跟他说，因为我是外国人，我有现存的资料，就像是窗户一样，用这个窗户看中国里面有什么样的东西。我说我从这个窗户看进去，我不可能看到窗户里面的所有东西，因为我是外国人，我是从外面来看中国。他说对，可是我们中国人在这个屋子里面，什么地方都可以知道，但我们不知道我们外面是什么样子的，我们只知道我们里面是什么样子的，所以，他说中国最好有从里面看中国的历史学家，也需要从外面看中国的历史学家，两个角度才可以看得比较完整。

> **周武：** 我比较赞成你的看法，如果我们从现在去看过去的话（知道了这个结果再去看过去），那么我们看到的只能是线性的过去，而不是存在多种可能性的过去，因为任何一个结果都只是一种可能，一种已变成现实的可能，而历史展开的过程中，往往充满各种各样的可能性，如果有别的因素介入，它可能就不是我们看到的那种结果。我认为历史研究应从历史的自身来看它整个的过程，而不应从事后（已经知道结果）来推测它前面是怎么回事。

卜正民：我给大学一年级的学生教世界史时，比较强调这个办法。每一次讲一个很重要的历史事件（Event），比如什么著名人物被杀或者什么东西，这个 Event 很容易让人想一想，如果没有这个 Event，那历史会怎么样，有各种各样的可能性，可是走过这个 Event 以后，这些可能性也就消失了。所以，历史就是这样一个从多到一的过程。

卜正民（Timothy Brook），哈佛大学博士，曾任多伦多大学、斯坦福大学、牛津大学邵氏讲座教授，现为加拿大英属哥伦比亚大学历史系教授，兼任圣约翰学院院长，是加拿大最活跃最具影响力的中国学家，治学博涉古今中外，尤以明史研究著称，著有《为权力祈祷：佛教与晚明中国士绅社会的形成》《纵乐的困惑：明代中国的商业与文化》《明代的社会与国家》等，另编有《亚细亚生产方式在中国》《中国公民社会》《中国与历史资本主义》《鸦片政权》《民族行为：亚洲精英与民族身份认同》等著作。卜教授视野广阔，主张从全球比较的角度而不是孤立地研究中国历史。

周武，时任上海社会科学院历史研究所研究员。

教学科研与为社会服务
——访美国艾奥瓦州立大学"农业史与乡村研究中心"主任

(🎙️)［美］帕梅拉·里尼-凯尔贝格　　　(🎙️)李国庆

李国庆： 里尼-凯尔贝格教授，您好！我们在中国时就得知贵校的"农业史与乡村研究中心"，从成立至今已有 25 年以上的历史。请您谈谈这个研究中心成立的背景和目的。

帕梅拉·里尼－凯尔贝格： 艾奥瓦州立大学"农业史与乡村研究中心"成立于 20 世纪 80 年代。这个研究中心的成立，依托于当时的"乡村与农业史研究"项目。该中心成立初期，主要负责向学生传授与农业和乡村史相关的农业知识和资料，并向大众媒体提供这方面的资料。这些媒体包括《美国广播公司新闻》《全国公共广播电台》《国家公共电视台》《日本公共电视台》和《纽约时报》等。应这些媒体的要求，研究中心向它们提供农业与乡村史的资料。该中心也向博物馆、当地的学校和公众提供这方面的服务。随着这个研究中心的发展，它已成为一个致力于全球农业与乡村生活相关历史问题的研究、分析与教育的独特学术组织。在美国，艾奥瓦州立大学"农业史与乡村研究中心"独树一帜，向大众媒体、学生和公众传播农业与乡村史相关的新知识。目的是通过历史角度来提升对当代农业问题的学术研究、讨论与感悟。该中心承担着艾奥瓦州立大学历史系博士的教学与研究任务，由历史系主任委派一名该中心的负责人。

李国庆： 教授，请您介绍一下"农业史与乡村研究中心"的领导和目前的人员组成情况。

帕梅拉·里尼－凯尔贝格： 道格拉斯·赫特博士（Dr. Douglas Hurt）

是"农业史与乡村研究中心"的第一任主任。他的代表性著作有《丰盛的问题：20 世纪的美国农民》《1763—1846 年的印第安人边疆》《美国农业简史》《二战以来的南部乡村》和《20 世纪的农业科技》等。赫特博士于2003 年离开艾奥瓦州立大学前往普渡大学任教。继他之后，我成为"农业史与乡村研究中心"的主任（2010 年，里尼－凯尔贝格教授成为艾奥瓦州立大学历史系主任兼研究中心主任——笔者注）。目前，研究中心有两名教授和七名助理教授。两名教授是汉密尔顿·克雷文斯（Hamilton Cravens）和我。研究中心的所有成员都从事教学和科研工作。他们都有各自的研究领域。

李国庆： 教授，我们知道您主持的艾奥瓦州立大学"农业史与乡村研究中心"在美国是唯一具有"农业史与乡村史"方向博士学位授予资格的机构。您能谈谈这一项目的特点、近期完成的研究论文成果和在研情况吗？

帕梅拉·里尼－凯尔贝格： 正如你们已了解的，我们的"农业史与乡村研究中心"在美国是唯一具有在这个方向博士学位授予资格的机构。"乡村与农业史研究"项目具有很强的学科交叉性，有很广阔的研究范围。该项目鼓励来自不同学科的学生来申请攻读"农业史与乡村史"的博士学位。录取的博士生的研究领域有很大的跨度。近期完成的博士论文的研究领域包括：加利福尼亚州的农业社区发展研究、20 世纪中叶农产品安全计划、20 世纪中期中西部农民的技术和科学创新以及乡村生活中的工作、家庭和社区等。该项目毕业生的去向大多是高校和科研院所，从事教学和科研工作。目前有一批研究生在我们研究中心攻读博士学位。他们的在研项目如下：《资源探索和美国的废物发电系统》《美国生活物质知识产权政策的经济与道德基础》《谢尔曼"向海洋进军"的农业史考察》《美国中西部乡村妇女及其选举史》《19 世纪晚期和 20 世纪早期艾奥瓦乡村的天主教罗马教皇的通谕和社会行动》《芝加哥腹地的农业地理（1860—1900）：空间领域中的种族、性别和市场关系》和《运河、河流和 19 世纪国家形成》等。

李国庆： 听了您对近期完成的博士论文和在研博士生选题的介绍，我们很感兴趣也深受启发。这些已完成和在研的选题确实体现了您主持的"农业史与乡村史"博士项目研究范围广阔、研究领域跨度大和学科交叉性强的特点。请您继续谈一下艾奥瓦州立大学"农业史与乡村研究中心"的特点。

帕梅拉·里尼－凯尔贝格： 我们的"农业史与乡村研究中心"的特点概括起来有三个方面：第一，研究视野宽广，学科交叉明显；第二，理论结合实际，研究直接贡献于生产；第三，我们研究中心与外界联系广泛。

李国庆： 请您就第一个特点"研究视野宽广，学科交叉明显"展开介绍一下。

帕梅拉·里尼－凯尔贝格： 我上面谈到的博士生研究项目，是我们研究中心"研究视野广，学科交叉明显"的一方面体现，就不再展开说了。我们中心所有研究人员的研究，也体现了这一特点。卡尔文斯教授（我们2009年听他课时他已75岁，他于2011年退休——笔者注）的研究领域与教学兴趣集中在美国文化与思想史，长期致力于美国学的研究。卡尔文斯教授在"农业史与乡村史"的研究兴趣主要在公共政策领域及公共政策对农村居民的影响。其他几位助理教授也都有各自的教学和研究领域。他们有从文化、认同与经济发展研究美国农业与乡村史的，有侧重经济史与农业史研究领域的，有在农村社区、产权与经济发展、农村申诉与诉讼和社会史方面进行研究的，有的研究妇女史，有的从事美国政治、思想和文化史方面的研究，还有两位教师进行南美农业史的研究。我们研究中心的教学和研究领域体现了"视野宽广和学科交叉明显"的特点。

李国庆： 听了您刚才的介绍，我们感觉到贵中心的研究主要集中在美国和南美的农业史。研究中心对欧洲和大洋洲的农业史是否有人研究？或者说将来有没有这方面的研究计划？

帕梅拉·里尼－凯尔贝格： 是的，从我们研究中心的人员构成和研究领域来看，我们的研究重点主要集中在美国和南美的农业史，但我们系也有三位教授在研究欧洲的农业史。目前，我们还无法增加亚洲和大洋洲农业史的研究人员。

李国庆： 教授，请您谈一谈你们的研究"理论结合实际和研究直接贡献于生产"的情况。

帕梅拉·里尼－凯尔贝格： 我在前面谈及博士研究项目中介绍了我们开发跨学科领域的理论结合实际的研究。已有的研究项目既有历史的问题又有现实的问题。很多研究力图把理论研究与实际结合起来，为解决现代农业发展中的问题提供历史借鉴和理论探讨。我们中心的每位成员也都结合各自研究领域，进行理论与实际相结合的研究，推出创新的研究成果。这一方面的情况你们可以从他们已发表的论著中和目前正在研究的项目去做进一步的了解。至于我们的研究为农服务，直接贡献于生产主要表现在我们的专业知识非常吃香，尤其在农业出版领域更为突出。我在前面谈到，我们研究中心从成立以来，就为多家媒体和博物馆提供"农业史与乡村史"的资料，为这些媒体和博物馆提供咨询服务，并通过这些平台向广大公众宣传、普及相关知识，解答农业生产中的问题。现在，我们也接收到邀请，为农业新闻工作者提供知识援助。除此之外，我们也尝试通过我们的毕业生把研究成果应用于实践。我们尤其重视通过毕业后就职于实践岗位的学生来做这方面的工作。最近，我们有一位毕业生就职于迈克尔·菲尔德农业研究院（Michael Fields Agricultural Institute）。他的研究就与为农服务紧密结合，研究成果直接贡献于农业生产。我们的另一位毕业生期望从事教授博物馆研究的工作。在我们的研究生培养中，也注意传授通过博物馆为农服务的知识和锻炼他们从事这方面研究和教学的能力。尤其是对那些将来从事农业博物馆工作的学生，我们更注重传授相关知识，提高他们的研究水平和能力。

李国庆： 您的介绍使我们对贵研究中心在研究与实际相结合和为农服务方面有了较多的了解。通过听您讲授的美国史，我们感到你们不仅把理论结合实际和为农服务的原则运用在研究生的培养中，而且在本科生的教学中也努力贯彻这一原则。我们听了您四周的美国史课，内容是 20 世纪 30 年代的经济大萧条和罗斯福新政。您从我们开始听课就给学生布置了写论文的工作，发给他们阅读的资料。您对作业提出了具体要求，要他们认真阅读资料，并利用春假回家了解当地 30 年代经济大萧条的情况，结合自己家乡的历史状况和阅读资料，写出带自己感受、有家乡特点和有自己见解的作业。此后，每次上课都要向学生重复您对作业的要求和交作业的时间，直到学生交上作业为止。您这样做是否是在锻炼培养本科生的实地访谈能力、资料阅读和分析综合能力以及独立思考并提出自己见解的创新能力？

帕梅拉·里尼–凯尔贝格：你们听得很认真仔细。我们确实在这方面做努力。我们不想让学生不做实地调查、不独立思考而只是把阅读资料简单地缩写成一篇没有自己见解的东西。这样的作业引不起他们的兴趣，对他们的成长也没有什么帮助。本科生写论文实际也是一种研究的锻炼。如果把这种锻炼过程使理论和实际结合起来，就会使学生养成独立思考的习惯，逐渐提高这方面的能力。这样会为他们读研究生课程和从事研究打下较好的基础。

李国庆：您对"农业史与乡村研究中心"的两个特点介绍了很多内容。我们想请您谈谈该中心对外联系广泛的特点。

帕梅拉·里尼–凯尔贝格：对外联系广泛一方面表现在我们的成员个人对外交往上。另一方面表现在我们中心对外联系上。关于成员个人的对外交往我举几个例子。卡尔文斯教授是《美国学杂志》编委。我自己是国立自然博物馆顾问、北美草原展览会顾问、"PBS"纪录片《尘暴中幸存》顾问、《堪萨斯史》编委以及"农业史学会""乡村妇女研究会""社会科学史协会"和"西部史协会"的会员。我们研究中心的其他成员也都有各自对外交流的领域。关于我们研究中心的对外联系，前面谈的向新闻媒体和博物馆提供咨询服务是一个主要的方面。我们中心也为国际学术界探讨农业史和乡村史提供了一个主要的平台。我们中心已资助两位来自澳大利亚和新西兰的学者到艾奥瓦州立大学进行讲学。2004 年 4 月，我们中心举办了"农村史新方向"会议，吸引了该领域的顶级学者与会。这次会议得到了艾奥瓦州立大学人文与科学学院的慷慨资助。更重要的是从 1993 年至 2003 年我们研究中心成为权威杂志《农业史》编委总部。 2007 年，我们中心在艾奥瓦埃姆斯承办了"农业史协会"年会。

李国庆： 您的介绍使我们对贵中心的研究特点和为农服务有了深刻印象。请您再谈谈你们是如何把研究与教学相结合的。

帕梅拉·里尼－凯尔贝格： 我们研究中心承担了大量科研工作，但我们也非常重视教学工作。我们不但承担硕士生、博士生的教学工作，而且每位研究人员都承担本科教学任务。在我们的研究生项目中，教学和科研是紧密地结合在一起的，已经出了不少成果，并有一些新的课题探研方向。在本科教学中，我们每位成员都教授通识课，也结合各自的研究领域开设大量选修课。通识课有美国史、拉美史和欧洲史等，选修课每人都开设数门课，并各具特色。通识课面向全校各专业的学生，学生们思想活跃，提出各种问题，有时对教师也有启发，可以促进我们的研究工作。我们结合各自的研究领域开设的多门选修课可以丰富、深化本科的教学内容，引起学生们学习的兴趣。特别是我们开设的多门与"农业史与乡村史"相关的选修课可以使学生关注这方面的问题，培养本科生对农业史的兴趣。我们研究中心的教学和科研是紧密相连、互相促进的。

李国庆： 通过您以上的介绍，我们对贵校的"农业史与乡村研究中心"已有了较全的了解。您们的研究中心特点非常突出，确实把"教学、科研与为农服务"结合得很好，并有了丰硕的研究成果。我们到贵校历史系后，听了您和其他几位教授讲的课，但听您的课最多。我们对您的教学和科研都很感兴趣。下面我们想请您做些介绍。

帕梅拉·里尼－凯尔贝格： 我很乐意回答任何你们感兴趣的问题。

李国庆： 我们对您的研究和教学都很感兴趣，请您谈谈您的研究和教学关注的主要领域。

帕梅拉·里尼－凯尔贝格： 我的研究和教学兴趣集中在《美国农业和乡

村史》《儿童和家庭》和《美国西部环境史》等。目前我正在潜心研究《美国儿童史（1865—2005）》。我承担的课程包括《乡村史》《农业史》和《乡村生活中的妇女》等。

李国庆：谢谢您赠送给我们您的三本著作。我们知道除这三本书之外您还出版了多部著作。您能介绍一下您的代表作吗？

帕梅拉·里尼–凯尔贝格：我的代表作有《农场上的儿童：劳作、玩耍和中西部时代的到来》《等候恩赐：玛丽·戴克的尘暴日记》和《游尘弥漫：存活于堪萨斯西南部的干旱和萧条中》等。这三本书我已赠送给了你们，希望你们读后能感兴趣并予以指正。

李国庆：我们从网上查到了您发表的大量论文，可我们难以在短期内把它们全部读完，请您介绍几篇您的代表作好吗？

帕梅拉·里尼–凯尔贝格：我建议你们先读《地理与20世纪儿童环境》《她的故事与历史：与劳拉·英格尔斯·怀尔德同行》《20世纪中期美国中西部家庭耕作》《乡村史研究的新方向》《成长于堪萨斯》《政策的局限：美国和新西兰乡村儿童与劳作（1870—1920）》《各司其职：世纪之交新西兰农场上的儿童》《帮助父母：世纪之交艾奥瓦农场的儿童》《小麦产区的女性》《伊利诺伊州农业的历史发展》《不幸中的万幸：堪萨斯及其1933年龙卷风》《玛丽·戴克的电台日记（1936—1955）：一位堪萨斯妇女的收听习惯》《女性、科技与乡村生活：一些新研究》《养家糊口：大萧条时期的角色扮演》《分离与伤痛：一个农场妇女的生活（1935—1941）》《艰难时世与饥肠辘辘之时：堪萨斯济贫失败（1929—1933）》和《当事人的历史：尘暴中的农民及其应付干旱的措施》等。你们可以从中选读一些文章。如果这些文章能引起你们的兴趣，你们有时间时再读我的其他论文。我也很想知道你们读了这些文章后的感受和看法。

李国庆：教授，听了您推荐的您的代表性论文，我们感到涉及的范围很广，有儿童史、妇女史、环境史和罗斯福新政时期的济贫政策等。儿童史既有美国的研究又有新西兰的研究。仅是论文的题目就很有促动我们拜读的吸引力，我们会认真读这些文章。我们想请您谈谈您近期正在进行什么课题的研究。

帕梅拉·里尼－凯尔贝格：我目前正在着手写一本儿童环境史的书。这本书沿着美国农村到城市转变的脉络，并审视这一转变对儿童生活的影响。

李国庆：您把您的三本代表作都赠给了我们，我们再次向您表示感谢。我们很想了解这三本著作的重要性。特别是关于儿童史的研究，在您之前也有人做过。您的研究与他们有何不同？

帕梅拉·里尼－凯尔贝格：目前，美国很少有学者研究农村儿童。就如同美国妇女史，学者们一般首选城市区域而忽视农村地区。我却把研究中心放在农村。另外，除了从公共政策和成人对事物本来面貌的观点的视角，我尽量把关注重心放在儿童和他们的观点上。

李国庆：您的介绍使我们对您的科研情况有了较全面的了解。我们对您的教学也很感兴趣，所以我们连续一个月听了您讲的美国史课。我们感觉您的美国史通识课教学讲授了更多的"农业史与乡村史"的内容，我们想了解您是怎么考虑的。在您给本科生布置作业时，我们感到您很重视对本科生科研能力的培养。您要求学生做作业时要独立思考、要有自己的见解。我们很想了解您在这方面是怎样做的。我们也很想知道您是怎样通过教学培养本科生对"农业史与乡村史"的兴趣的。

帕梅拉·里尼－凯尔贝格：我确实比大多数教授美国史导论的教师更多地讲授了"农业史与乡村史"。我试图激起他们对农业史的兴趣。因为在美国历史的大多数阶段，农村人口都属于多数。另外，我还借助于一些农村主题的阅读资料去启发学生。在本科的初级教学课上，我把更多的时间花在讲课上，而对于研究生，我更多的是引导学生进行讨论。我一直试图通过一门新的课程来培养本科生对农业史的兴趣。课程名称是《美国农业史研讨：美国人的食物》。通过集中研究食物这个人人都感兴趣的话题，我希望以此来培养他们对食物耕种、收获和加工方面的兴趣。在指导本科生做作业方面，我尽量给他们进行独立阅读和写作的机会。我希望他们在完成这些材料的基础上，会自己产生对农业史的兴趣。

李国庆：我们在您的课上，见到选课学生很多，他们对您讲授的问题很感兴趣，课堂气氛也很活跃。他们提的问题有与讲授内容有关的，也有与讲课内容无关的，有的甚至是关于美国次贷危机后家庭发生的变化。我们记得有两个学生讲到他们的父亲失业了，其中有一个黑人学生告诉您，他家在过去的几十年中，状况有所变化，在往好的方向发展，但在次贷危机后，他父亲又失业了。他问您为什么，应当怎样应付。您回答说"你们家过去的变化只是在往上发展的梯子底部上去了一些，现在又降下了一点"。您经过讲授美国20世纪30年代经济大萧条的历史告诉他，既然过去的困难能克服，他家目前的困难只要努力克服也可以过去，还鼓励他要有信心。这位学生听后看起来好了很多，凝重的脸色也有所放松。您前面讲到，在上本科生美国史课时，主要放在讲课上，但我们也感到您经常鼓励学生不拘形式地提问。您觉得这样做的好处是什么？

帕梅拉·里尼－凯尔贝格：你们听课很认真，观察得也很仔细。在我的课堂上，我鼓励学生多发言，多提问。我认为，课堂是师生交流互动的场所，不单单是教师传授知识，学生被动地接受知识。通过学生提问，我可以了解哪些学生听懂了，哪些听得不太明白。学生对哪些问题感兴趣，又对哪些问题不感兴趣。有些学生虽然不感兴趣但又很重要的问题，通过学生的提问，我可以设计教学方案，去引起他们的兴趣。有些问题虽然与授课问题无关，但这些可能是影响他们专心学习的问题，帮他们解除这些干扰，有助于他们把精力用到学习上。学生的提问有助于教师改进教学，促进教师的科研。这一点我前面已谈过了。

540

> **李国庆：**教授，谢谢您接受我们的两次访谈和几次网上交流。通过您的介绍我们不但对你们的"农业史与乡村研究中心"有了全面的了解。我们也认识到，一个研究中心怎样做才能长期坚持下去，并不断开拓新的研究领域，出更多的创新成果和为社会服务。

帕梅拉·里尼－凯尔贝格：我也很高兴你们对我们的"农业史与乡村研究中心"感兴趣并多次对我访谈。如果你们以后还想了解什么问题，我将尽力予以答复。

帕梅拉·里尼－凯尔贝格（Pamela Riney–Kehrberg），女，博士，教授，博士生导师，美国艾奥瓦州立大学人文学院历史系主任兼"农业史与乡村研究中心"主任。主要研究领域为农业史和乡村史、儿童和家庭史以及美国西部环境史。著有《游尘弥漫：存活于堪萨斯西南部的干旱和萧条中》（*Rooted in Dust：Surviving Drought and Depression in Southwestern Kansas*）、《农场上的儿童：劳作、玩耍和中西部时代的到来》（*Childhood on the Farm：Work，Play and Coming Age in the Midwest*）；编有《等候恩赐：玛丽·戴克的尘暴日记》（*Waiting on the Bounty：the Dust Bowl Diary of Mary Kanckstedt Dyck*）等，发表主要论文 27 篇。

李国庆，时系北京第二外国语学院英语学院跨文化系讲师，历史学博士。

历史叙事、历史研究与历史伦理
——访约恩·吕森

(🎙)[德] 约恩·吕森　　(🎙)尉佩云

一、对史学理论基本概念的跨文化思考

尉佩云：Sinnbildung 是德国史学理论传统中一个非常特殊的德文词语，[①] 并且它是作为您史学理论体系的中心概念，您是把它翻译成英文的 sense generation 吗？

约恩·吕森：是的，但是 sense generation 在普通的日常英语中，这个词语并不能表现我的意图。我与很多学者讨论过 Sinnbildung 的英文翻译，包括我最近的书 *Historik* 的英文译者，[②] 最后我们称之为 make meaning 或者是 Meaning construction。Meaning construction 所具有的含义更窄，但 Sinn 所含的意义远不止是"meaning"那么多，我以前读过关于 Sinn 的语义学文章，其中共有关于 Sinn 的十二种含义。

---

① 吕森教授组织了一个德、英、中文不同语境中史学理论基本概念的互译和互通工作的研究项目，在该项目中不同语言的学者提出各自语言中的基本的历史概念，并由不同语境中的历史学家对这些概念进行讨论并提交自己的翻译，笔者有幸作为其中一员。该项目力图将这三种语言中史学理论的主要概念进行跨文化的诠释和沟通，形成定译。Sinnbildung 目前还没有确定的中文译法，该项目中的台湾学者提议为"史意义建构"，但并不符合大陆汉语表达习惯，Sinnbildung 指的是历史过程中历史意义的生成和形成，但前提是必须承认历史过程中有一个普遍的历史统一体的存在。

② *Historik. Theorie der Geschichtswissenschaft.* Köln：Böhlau 2013. Historik 是近代以来德国史学理论的传统，一般认为开始于德罗伊森，并被吕森继承，英文译为 Theory of history（史学理论）。

Sinnbildung 是所有历史思考原则的核心问题。在历史思考中，意义生成问题是居于核心地位的，它统领着所有的历史思考的原则和定位。从德罗伊森到我自己的理论体系中，特别是职业化以后的研究中，从兴趣、概念、方法论，再回到历史学的实践功能和导向都是以意义生成为核心的。因为在这个意义生成的过程中，不仅是基础性的历史研究的问题需要处理，同时需要关注历史伦理和历史道德问题，而伦理和道德以及历史责任问题是历史研究的基础，我们一切的历史思考必须而且应该以此为根基进一步深入。这也是我为什么一再强调要将后现代主义的叙事思考和现代主义的伦理原则结合在一起的原因，历史研究所有的这些技术性思考在一个更广的维度上应当要有所观照，这就是我们共同作为"人"的维度。

尉佩云： 有学者把 Bildung 翻译成英文的"教育"（education），但 Bildung 的含义应该更加丰富，并具有不同的维度取向。

约恩·吕森： 你是对的。Bildung 我认为的英文翻译是 self-cultivation，是自我教养和教化的意思，这在德国的哲学体系中是非常具有思想内涵的。在中文里面有一个很好的词语来自孔子——"教化"，人们必须进行自我教化和"教养"。我的文章和著作要被翻译为德语以外的语言时，我总是要和译者进行沟通，对特定概念和名词进行解释。比如 Sinnbildung 在英语、中文、日语中的翻译和理解问题，比如德语的 Wissenshaft 指历史研究作为一门"科学"，但在英语和中文学界的翻译可能会比较困难。因为在英语中 historical science 是非常让人误解的一个词，science 在日常英语中指的是自然科学，而德文 Geistwissenschaft 指的是人文科学（humanity）。早几年我的文章要被译为波兰文时，我在柏林的波兰历史研究所进行了一天的讨论，并简要解释我书中的德语名词，而这是非常困难的。

尉佩云： 在德国近代的史学思想史中，历史研究作为 Wissenschaft（系统的知识论研究）是一个绕不开的问题，德罗伊森在他的名著 *Historik* 中就在处理这个问题，您的"学科范型"构架也是基于此。那么这个问题在当代的史学理论研究中是如何呈现的？

约恩·吕森： 怀特对非常专业的实践历史研究是比较批判的，他认为这些研究是非常无趣的，从中并没有习得"意义的能力"（power of meaning）。但是一般持有后现代史学观的学者忽略的一点是历史学习作为一门"研究"时，脚注、材料批判检视和文本是非常必要的。丹图（Arthur Danto）感兴趣的并不是历史研究作为一门学科性的问题，而是历史思考的逻辑问题。他的《分析的历史哲学》在 60 年代面世，在分析历史哲学中关于历史解释时在波普尔、亨佩尔和德雷之间有一个关于普遍规律（general laws）的非常大的论争。而这时丹图提出历史解释的逻辑是通过解释故事叙述形成的逻辑，从而终结了这个争论。通过鲍姆加特勒的介绍，我接受了丹图的观点从而成为了一个叙事主义者。

历史研究的叙事结构这是新的理论突破且在 19 世纪经典的史学著作中是找不到的，你可以看德罗伊森的著作，他也讲到了叙事，但他并没有意识到叙事后面的逻辑。作为事后之言我们可以说他是很优秀的学者甚至能够意识到讲述一个故事的重要性，但讲述一个故事则不属于科学，而是属于文学。怀特的贡献是，他通过复杂的理论建构说明了通过讲述一个故事是怎样使得过往经验获得意义的，但怀特没有解决的问题是他并没有告诉读者什么是历史。与此同时，安克斯密特写了一本有关历史叙事的书，[1] 这就一直引领着史学理论的讨论直到今天。而我的态度是，我接受叙事主义，但我坚持把它置于方法论与理性研究主导之下，因为纯粹的叙事主义者把方法、知识、认知与真理边缘化，他们认为这些是过时的东西。我认为历史思考的逻辑是一个叙事逻辑，这是对的，但是在学术研究上是以一个特定的方式体现出来的。在我的学术研究中，从一开始就试图证明这一点，直到今天。

而今天的状况是，方法论的要求、知识性、研究性以及认知性与真理是非常重要的一方面，而叙事主义也是很重要的另一方面，但它们两者是相互排斥、相互分离的。我认为我们必须要将两者合并处之，我可以给你一个很好的例子，最近瑞典史学家沃尔夫·托森达尔出版了一本关于"Historik"

---

① 指 *Narrative logic. A semantic analysis of the historian's language*, Den Haag: Nijhoff, 1983。

在 19 世纪研究的著作，① 但其中心点并不是德罗伊森而是伯伦汉等人，他像我一样坚持着这个学术传统，我们也是老朋友了。在有一次讨论中他说："你是一个很聪明的家伙，你什么都能说服我，但你说历史研究遵循着叙事逻辑时，我完全不相信你。"这就是我说的这种分裂的很典型的例子，而像安克斯密特和怀特等人又完全忽略了另一个方面。我认为历史研究是分两点，一点是历史解释的过程我们称之为诠释，在此历史学家都会或隐或显地运用理论；第二点是给予历史解释以叙事结构和叙事形式，这就是再现，我坚持认为应该要区分诠释和再现。

尉佩云： 历史永远是一门关于时间的艺术。您认为历史研究的核心概念是历史意义的话，时间与意义之间是什么关系，或者说时间怎么达致历史意义？

约恩·吕森： 我们从时间这个概念开始。在我的理论体系中，我对历史研究的思考是远离职业历史研究的，并把它放置在日常生活和大众情境之下去思考它，只有这样你才能真正理解历史作为一门研究学科在历史文化中的地位。在我看来，这是一种特殊的历史思考方式，但是它对我而言是基础性的。我们有合适的德文词来表达这个意思"Lebenswelt"——指日常普通民众的生活世界。我不从历史开始，因为历史是更加职业化的研究，而比历史更加基础性的，是时间。

每一个人都生活在时间之中，在我的理论体系中，时间分为自然时间和人类时间。自然时间意味着改变，而最为激烈和极端的自然时间的改变就是死亡。死亡是自然时间中一个很显著的例子，我们每一个人都会经历死亡，但只有人类对此存有疑问，因为动物们的死亡只是结束。人面对死亡时是自知的，并对此厌恶不已。自然时间的改变，在最基本的层面上，我们有白天和黑夜，冬天和夏天，而小溪的干枯，本该收获时节的匮乏等，我们称之为偶然性。这种偶然性激发了人类的感觉，事情发生了，但我们不知道背后的

---

① 指 *The Rise and Propagation of Historical Professionalism*（Routledge Approaches to History）Sept.2, 2014。

动因和应对的策略。例如一个老人的死亡，我们认为是他本来就属于世界的正常序列，而如果一个婴孩的死亡对人的认知会是一种挑战，这种挑战是无言的，但我们必须去回应，去应对它。大部分的这种改变是挑战性的，还有一部分改变是具有积极意义的，比如圣诞节对基督教徒而言是一个特别的日子，意味着基督的降生和信仰的源泉。所有的这些，我称之为自然时间是因为它们是来自外部的，发生以后迫使人类对其做出回应。

而人类对此最基本的回应就是赋予这些时间改变中的事件以意义，具有意义的时间就是人类时间，赋予事件以意义使得自然时间转化为人类时间。但这种区分是一种人为的区分，因为我们已经生活在一个人类世界中，我们已经对这些改变赋予了基本的意义。但对我而言这是非常重要的，因为这关乎历史是什么的问题——历史的开始就是人类对时间的经历并对自然时间做出回应的过程，历史和历史思考是将自然时间转化为人类时间的形式之一。

尉佩云： 您曾讲到的历史研究就是一个 Reconstructing the Constructedness 的过程，该作何理解？

约恩·吕森： 德罗伊森曾对此做了一个非常好的区分和解释，他说历史思考（historical thinking）来源不是"历史"本体而是来自"历史化过去，造就现在"。[①] 意思是发生于过去的事情并不全是"历史"，而是这个过程"造就"了历史，获得了历史意义。非常简单，如果你做某事，但你并不知道结果，但是你知道这个结果的意义是什么，这就是人们常说的"历史事件"。例如，当 1989 年柏林墙倒下的时候，世界上所有的人都说这将会是一个历史事件。我的意思是他们是对的，但为什么他们能说"历史的"？因为人们都知道这件事改变了很多，在当时和后来历史过程中产生了影响。所以，当你回顾历史，你将发生的事件置于一个时间序列之中和其他的事件发生联系，通过历史叙述实现了（历史意识使得）事件获得历史意义的能力，而这个使之获得历史意义的历史意识来源于后来的人们，这就是今天我们所称的

---

① "Aus Geschäften wird Geschichte." "历史化过去，造就现在"［Die der Vergangenheit werden（im historischen Denken）Geschichte für die Gegenwart］。

"建构"（construction）。到目前为止，这是没问题的，但"建构"已经长时间被弃置了，我非常不喜欢这个词。因为当我们用这个词的时候，我们以为我们在事件发生之后所做的让其成为了"历史"，而过去本身则陷入了沉默，没有声音，没有语言，历史学家像艺术家一样，构建并制造了历史意义。如果我承认这是对的，但是过去本身已经以现在的结果的方式呈现出来。在历史学家的语境中，过去已经在那里存在，并且，以其对现在产生影响的方式塑造着历史思考的结果。所以你可以说过去"构建了可构建性"（Constructs the Construction）。

我给你一个另外的例子。我这一代的德国历史学家共同面对着一个非常特殊的问题，面对纳粹时期的统治，我们怎么面对并理解和给出回应，怎么看待这段历史在德国历史中的定位。如果你读我这一代历史学家的作品，比如蒙森、云客乐、韦勒、科卡等，你都会发现置于其中的道德准则和道德批判。因为我是这一代历史学家中的一员，所以我想说我们必须重新审视那些在纳粹体制中曾经工作过的人以及他们的动机。1945 年以后这些曾经在纳粹体制中工作过的人从战场上回来后，他们开始建设新德国即联邦共和国。我们就是这一代人后来的一代德国人，而我当时只有七八岁，我们是无辜的，因而没有人会要求我们对这个纳粹体制和大屠杀负责。现在很有意思的事情是，我们这一代人对纳粹屠杀感到愧疚和罪过而我们的父辈并不会。对纳粹罪责的愧疚感就是过去对现在塑造的结果并以这种形式呈现在我们生活中。在这个愧疚感之下，你是没有办法正常地生活的。我们和过去纳粹历史是保持距离的，但在我们的生活中，我们是被过去所塑造的。在我们这一代人和我们的父辈之间，我们并不会讨论关于纳粹罪责的问题，这是虽沉默不言但大家都知道的问题。所以，过去的纳粹历史以这样的方式成为我们精神世界的一部分，我称之为"Being Constructed"。我们这代人对此的反馈就是道德主义（moralism），因而我们说纳粹是反人性的，反人类的，等等。这也是历史道德化建构的一个例证，在我的著作《打破时间之链》（*Zerbrechende Zeit*）中你可以看到详细的论证。

因而，从哲学上看，在"被建构"和"建构"之间的复杂关系就是历史意义的产生过程。

> **尉佩云：**同时我认为这种被建构与建构之间的历史关系在后现代主义之后获得了一个新的维度和内涵。您对此怎么看？

约恩·吕森：后现代主义是一种激进的建构主义。过去本身不再具有历史性的意义，这是一种非常激进的对抗所有现代历史思考形式的思想。18世纪结束时的历史学家相信历史中是有些东西能够获得超时间的价值，这就是历史意义。从18世纪到19世纪的大多数时间，在经典的现代历史思考形式中，历史学家坚信过去本身内部是具有历史意义的成分的，而马克思主义在这一点上是非常激进的。我们都知道兰克的名言"如实记述"这句话非常有名，但几乎没人真正理解这句话，当然，这是另一回事。兰克说的是我们不能赋予过去以意义，我们只能回看过去发生了什么。后现代主义则认为过去本身是不具有意义的，而是我们赋予了过去以意义，这就是海登·怀特的观点——我们通过故事的叙述和讲述从而赋予过去以意义。而我认为客观主义是错误的，同时主观主义也是错误的，因为它们只是一孔之见，事实上，这是两者兼顾的问题：我们赋予过去以意义；同时，这个意义赋予的过程是被已经过去的本身所激发和塑造的。例如，杰斐逊的美国《独立宣言》等西方的这些有名的文件，我们赋予它们意义了吗？美国的小学生必须努力学习这些，同时你们也有类似的文件章程。在我们学习之前，它已经给你意义并激发了你，我们必须接受这些意义，同时赋予它们意义。英国的《大宪章》和法国的《人权宣言》等都是如此，宣称人类为了等待这一时刻而努力了千百年。但是，今天来看，假如我们是一个优秀的历史学家的话，我们应该批判它们，因为我们能够看到它们的缺点和不足以及一些成问题的结论。当然这是属于历史的阳光面和阴暗面的问题，这也是我工作所在，我们甚至可以来"反击"过去。在人类历史中，不管是中国的还是西方的，或者是阿拉伯世界的文献，都是男人高于女人，男人都是统领者，而女人必须服从——甚至孔子从来也没真正论及女人，她们似乎是不存在的。今天我们认为这是错误的，必须去修正这些认识，这就是今天语境中这两者之间的关系。

二、"二战"后的一代德国学者

尉佩云：我一直认为，您和科卡、韦勒等人作为德国"二战"后成长起来的一代学者，所呈现的思想特质和学术倾向是具有非常鲜明的时代性的，这就是"二战"后德国在民族国家层面面对纳粹在"二战"中所犯下的罪责的清算和反思，甚至这个问题深刻地影响了此后德国的人文学术研究的走向和思路。同时大屠杀问题也成为现今西方史学理论研究的焦点之一，像鲁尼亚的新书《反思过去：历史中的断裂和突变》，[①] 也是以此为核心并对发生在欧洲的历次人类受难事件进行了理论层次的阐释。您是战后德国历史学界代表人物之一，所以我想请您回顾一下战后德国的学术研究和您个人的学术经历，以此让学术同行有更加直观的感受和了解。

约恩·吕森：我先说一下我个人的当时经历吧。我是我们家里第一个进入大学并接受学术训练的人，原本20世纪50年代德国的社会状况使我无法接受大学教育，因为我必须要付学费，但是我的父亲在"二战"中去世后，家里经济状况并不是很好。我的祖父是一个自由工人，我的外祖父是一个初级学校的社会和历史专业的老师。我的父亲是一个很成功的商人，他去世之后我的母亲抚养着我和两个哥哥，我们的房子也被战火毁坏了。那是一段很艰难的时期，战后一切都被摧毁，而上大学是一件超出我们想象的事情。战后新联邦建立后，政府部门设立了一个扶持项目来帮助那些想上大学的人，但即使这样，高级中学的课程费用也是一笔巨额的支出，这对当时的我们来讲是无能为力的。长我四岁的哥哥是一名非常优秀的学生，但由于我的母亲难以支付学费，在中学的最后阶段他辍学并去公司找了一份工作。当我上中学的时候，政府的扶持项目已经设立了，因而使得像我这样在战火中失去父亲的年轻人有机会接受教育，而当时我的目标是像我外祖父一样成为一名中学的教师，因为这样更符合当时的实际情况。我当时的兴趣很广泛，比如对印度哲学的兴趣，但现实迫使我思考生

---

① Eelco Runia, *Moved by the Past*, Discontinuity and Historical Mutation, NewYork: Columbia University Press, 2014.

活的问题，在当时的德国从事人文学习研究最可能最实际的出路是成为一名中学教师。

当时德国中学教师要求两个专业，我开始的兴趣在于生物学和德国文学，因为德国文学总是关注意义、真理和人类生活等我感兴趣的主题，但实际上很难将这两者结合起来，因而我放弃了生物学，所以我需要另一个专业，于是我选择了历史。当时我的历史课程成绩很优秀，因为我读了大量的历史著作和历史小说，这给我的老师留下了很深的印象并给予我很高的评价。

尉佩云： 那您开始正式进入学术研究时，德国的学术界状况是怎样的？

约恩·吕森： 1958 年我开始在科隆大学从事历史研究，在我最初步入学术界的时候，我的老师是特奥道尔·希德尔，他是 20 世纪 50 年代和 60 年代西德非常著名且有影响力的历史学家，而且他是一个对理论问题感兴趣的人，我开始跟他学习历史理论。60 年代早期的时候，当时年轻的哲学家根特·沃默尔来到科隆大学，他成为我在哲学领域主要的老师，他对我有极为重要的学术影响。沃默尔是当时科隆非常有魅力且受学生欢迎的学者，他的课程总是在科隆大学最大的教室里。当他离开科隆的时候，已经是一个成熟的思想家，但他的政治取向从我认识他时的社会民主倾向走向了极端保守右派（但绝不是新纳粹）。因政见不合我与他后来渐行渐远。

战后的德国哲学界基本分为三大阵营，一方是海德格尔和胡塞尔的现象学；另一方是以约海姆·瑞塔为首的"瑞塔学派"；还有就是以慕尼黑为中心的天主教哲学派。沃默尔是"瑞塔学派"的重要代表人物，而"瑞塔学派"专注于新黑格尔主义的研究。沃默尔所诠释的新黑格尔主义对我在学术思考上也颇有影响力。在沃默尔来科隆之前，我跟随另一个研究海德格尔哲学的教授学习，沃默尔是批判海德格尔哲学的，当他来到科隆以后，我受他的影响，开始从海德格尔哲学转向黑格尔和新康德哲学。由此，我意识到我要将历史思考和哲学研究结合起来，而德罗伊森的研究正是这两者之间很好的契合点，所以我选择了德罗伊森作为我的学术方向。在此之前，我想在黑格尔哲学背景下研究宗教思维，但 17 世纪的德语以其生僻古怪而又刁钻的文法让我不悦。由此我开始了德罗伊森的研究。在当时的科隆，以海德格尔、胡塞尔的现象学、诠释学，黑格尔、康德以及德国的理念论传统构成了当时的思想背景。

> **尉佩云**：20世纪70年代是一个风起云涌的时代，在欧洲各处兴起的学生运动和社会运动要求"创立新世界"，此时德国的学术界，特别是历史教育对此有什么反馈？因为历史教育一直是和公民的历史意识和国家的历史认同紧密联系在一起的，"创立新世界"就意味着向传统挑战和断裂。

约恩·吕森：的确，在60年代末到70年代初的德国历史研究陷入了危机之中，在教育体系中受到了很大的冲击。因为这个时候正是学生运动的大潮风起云涌之时，在学术领域内这些新一代富有批判性的学生开始挑战传统。在这个背景下，德国传统的历史研究意识到自己严峻的处境——过时、保守而又与现实问题脱节，并且不能满足公民教育的需求。此时几乎所有德国的领袖级的历史学家如希德尔等人认为，我们必须在公共话语中和学术论争中有所作为，从而来维护我们的学科性。当时这些优秀的史学家都认为我们需要理论，需要有人站出来以理论的方式反思历史研究在基础层面的规范和合法性。

就我个人而言，完成博士论文以后，我在德国优秀学者研究奖学金机构工作了差不多三年。在那期间，我认识了很多在各自领域卓越而富有天资的学者。随后我得到一个机会来到布伦瑞克大学作为哲学助理教授工作了三年（1969—1972年），然后转到了柏林自由大学的历史系从事历史哲学和史学理论的研究（1972—1974年）。此后不久，柏林自由大学设立了史学理论的教席，我申请并得到这个机会从而真正开始了我的史学理论领域的职业研究。此时我进入柏林自由大学历史系的梅尼克研究中心。在当时，于尔根·哈贝马斯（Jürgen Habermas）是对年青一代的学者非常有影响力的哲学家，当然也包括对我。我开始设立有关马克斯·韦伯和卡尔·马克思的讨论班。在当时70年代的时候，马克思对左翼青年学生来说绝对是超级英雄。对我个人而言，他当然是一个伟大的思想家，但对经历东、西德分离的我们这一代人来说，东德开始时的政治体制就是斯大林体系，所以我们更多的是学术研究。

尉佩云： 应该讲 70 年代是德国史学理论研究的一个高潮时期，那么此时的史学理论研究有什么新趋势吗？您当时主要的工作是什么？

约恩·吕森： 此时，在柏林我开始以德罗伊森的理论体系为背景阐释我自己的理论架构并诠释自己的史学理论概念。柏林科技大学的人文学部有一位杰出的史学家恩斯特·舒林邀请我在他的讨论班上宣读了我当时并不是特别成熟透彻的论文，这是一次非常积极的学术交流，他对我的研究很感兴趣并积极地鼓励了我。因为在 70 年代初，和他相比我还是一个默默无闻的年轻学者，同时，以德罗伊森的路径进行史学理论的研究并不是一般常用的路数，而是一个更宽泛的研究领域。

在 70 年代早期的时候，这些一流的史学家和一些哲学家聚在一起成立了一个研究项目小组，对历史研究和历史思考在本质层面上进行合法化研究以捍卫其学科性。主要的成员有莱因哈特·科泽勒克、克里斯蒂安·梅耶、于尔根·科卡、沃尔夫冈·蒙森、赫尔曼·吕波、汉斯·鲍姆伽特勒、卡尔·阿赫姆等，这些学者给了我很多思想灵感，同时也成为我后来长期的合作同事。我作为其中一员完整地参加了这个研究项目，最后我们出版了一系列关于史学理论的著作。70 年代正是史学理论研究的一个全面辉煌的时期，而且在 70 年代，我这一代的史学家像韦勒、科卡等作为希德尔的学生一代已经成长起来成为教授，并且力图开创一个史学研究的新时代。韦勒和科卡等年青一代非常热衷于马克斯·韦伯和自由主义马克思的理论。那时还有一个比较关注的问题即客观性的问题，我在柏林组织了一系列的关于历史客观性的讲座，并出版了相关著作，然而在今天，客观性在史学理论研究中俨然已经不是一个可资讨论的问题了。

在 70 年代的历史研究和人文研究的新趋势中，还有一个方面是历史教学法（Didaktik）研究的兴起，关注的主要是在大学和社会大众之间历史知识功用的问题。历史教授实际功用的研究在德国历史学术研究的传统中一直以来并不扮演重要的角色，而彼时的兴起要求我们将历史教授放到一个新的理论语境中来讨论，因而史学理论被置于一个非常重要的位置。由此我和一些教授开始合作，并力图将历史教育放到现代化的模式和语境之中，其核心问题是要回答历史教授、历史学习背后的意涵问题。随后在鲁尔的波鸿大学（1974—1989 年）得到了我的第一个全职教授头衔。我从在舒林的讨论班上提交的第一篇论文开始一直到 80 年代早期，一直都在致力于史学理论的研究，80 年代我出版了我的系统研究的三部著作从而构建了我的理论框架。

> **尉佩云：** 时间再往后到 80 年代，我认为您个人的学术研究是有一个转向的，从早期的理论建构到走向跨文化研究和新人文主义的研究，同时开始将历史伦理问题明确地提出来并寻求全球化语境下的普世伦理和意义的可能性。您能简单勾勒一下后期的主要研究吗？

约恩·吕森： 在 80 年代早期的时候，我的第一个来自台湾的中国学生胡昌智来到波鸿鲁尔大学，而这成为我和中国学术交流的肇始。也是在这个时候，我开始对历史意识和历史文化等概念进行深层次的思考和研究。在波鸿期间，我得到邀请前往美国，结识了海登·怀特并成为长期的朋友和同事。当时怀特在学术领域已经是超级明星，在学术会议上，很多人抨击怀特的研究，但怀特并不回应，因为他们并不能在一个理论层面上讨论问题。当然怀特对他的理论的拓展修正也是从那时一直到今天。

离开波鸿以后，我作为科泽勒克的继任者前往比勒菲尔德大学接管历史系的工作。我去后不久，担任比勒菲尔德大学跨学科研究中心的主席。这开辟了我跨文化研究的视野，我开始邀请并组织跨文化的历史思考的研究，比如中国的、印度的和阿拉伯世界的历史思考和历史思维。正是在这种跨文化研究的背景下，我认识了法国哲学家保罗·利科并请他作关于历史意义和时间的研究论题的报告。我曾先后两次问他愿不愿意来中国进行学术访问，起先一次因事务未能成行；后来一次我问他，他乐意前往，我随之写信给我的中国朋友陈启能教授对他进行学术邀请，但很不幸他去世了，所以他毕生没有去过中国。这就是我在比勒菲尔德的故事。

1997 年的时候，北威州埃森高等人文学科研究所邀请我去主持工作，于是我离开了工作快十年的比勒菲尔德，开始了我在埃森研究所的十年。这对我是一个很好的选择，在埃森我成立了跨文化史学理论和新人文主义的研究项目，并邀请中国大陆、台湾，印度，拉丁美洲和世界其他地方的学者共同合作。这大概就是我的个人和时代的学术史。

我们这一代德国学者是战后六七十年代开始步入学术界的，而这一代在人文研究领域的代表性学者都具有一个非常特殊的精神倾向——尽管我们是清白的，但我们仍然觉得我们该对纳粹所犯下的罪行负责。我们上一代的人是从纳粹体制中走出来的人，他们并不为战争负责，因为他们是推动那个体制运作的人，而作为个人，他们不愿故意将自己与那个犯下罪责的政府联系在一起，反之，是割裂和保持距离。上述的这种精神倾向在我们这一代历史学家的精神体系中占有非常重要的位置，这也就是我为什么写《打破时间之链》(*Zerbrechende Zeit*)的原因，[①]并将创伤、屠杀放在了该书的中心位置。当然这对我的史学理论研究工作也是非常重要的，因为我的部分研究并不是通常的史学理论研究的路数，比如创伤、人类受难以及历史有无意义等。由此我接触到了一些犹太人学者，如扫罗·弗里德兰德，他是最为优秀的犹太历史学家之一，他的《纳粹德国和犹太人》对人类受难的历史经验研究非常有价值。[②]

> **尉佩云：**在德国近现代的历史中，除了纳粹德国这段特殊的历史时期，还有另一个非常特殊的时期即东西德分裂时期。东德和西德在当时秉持着不同的意识形态和施政纲领沿着两条线路向前，在此期间您所经历的历史研究的状况如何？

约恩·吕森：我从苏联说起，在当时的苏联他们有自成一体的史学理论传统，但史学理论与历史意识研究并不是一个开放的领域。苏联和东德的历史学家当时对叙事主义是异常紧张不安的，因为这和相信规律的意识形态是相互背离的，他们认为自己已经具有高度理性化的历史规律和认识论。事实上，在当时的苏联和波兰、罗马尼亚以及东德等共产主义国家，理论其实是一个非常重要也是被重视的问题。

---

① *Zerbrechende Zeit. über den Sinn der Geschichte.* Köln：Böhlau 2001.

② *Nazi Germany and the Jews: The Years of Persecution*, 1933—1939, New York：HarperCollins, 1997.

在 1989 年之前，我和东柏林的一些学者保持合作关系，当时东德柏林学术委员会下属的史学理论研究机构的主席是沃尔夫冈·科特乐，每两年我就会被邀请去和他们进行学术讨论。科特乐是一个优秀的学者，他将马克斯·韦伯介绍给了东德马克思主义体系中的学者，这是值得称道的。但马克斯·韦伯对东德来说是"永恒的敌人"，所以我们的讨论并不能充分展开。后来我将他们邀请到波鸿，我将永远不会忘记我将科特乐成功邀请到波鸿时的情景，因为东德政府非常惧怕并且限制东德学者和西德学者有任何的接触。之所以能成功邀请东德学者来是一个"诡计"，由于单独的西德和东德的学者见面是不可能的，而我宣称这是一个国际会议，同时我从奥地利邀请了我的朋友卡尔·阿赫姆及其他国家的学者。而东德政府当时自信满满并视之为一种得到国际承认的方式，所以我们才能成功。

1989 年 11 月 9 日柏林墙开放，非常有意思的是当时我们正和一些东德的历史学家和哲学家在举行学术会议。晚上会议结束之后大家都在看电视，忽然，柏林墙倒下并开放了，会议的主办方搬来了一个新电视并告诉大家，这是我们所能做的了。当时我们的反应是非常高兴，但问题是接下来我们该怎么办？紧接着我接到科特乐的电话，说想要前来拜访。在不久的一个周末，科特乐来到我的办公室并对我说，现在我的机构和学者们能生存下去的唯一机会就是和西德进行学术合作，因为东德的大学和学制难以为继并且是没有未来的。当时我是比勒菲尔德大学跨学科研究中心的主任，我觉得我有责任和他合作，因为在我的认同中，东、西德一直都是并应该是一个国家，直到今天也是如此。

西德的学者对东德的学术同行在柏林墙倒了之后还是深具敌意的，因为分离促成的各种原因，西德历史学家担心东德历史学家占据德国历史学会并成为多数。但是我们现在共同面对着一个新德国，这些东德的学者在这个新德国中都找到了一席之地，然而对他们的下一代来说是个悲剧，因为他们没有机会开展他们的学术生涯。新的联邦德国有很多职位空缺，但在研究机构和大学里几乎全被西德的年轻学者所占据，东德的这些优秀的年轻人却没有机会。

尉佩云： 在你们这一代历史学家中，"历史作为启蒙"是什么意思？因为我看到您写过这个题目，于尔根·科卡也写过，"历史作为启蒙"应该是具有非常独特的时代意涵的。

约恩·吕森："启蒙"指的是西方 17 世纪和 18 世纪思想史的发展特征，但在我近来出版的《时间与意义》中，[①] 我用这个概念来讨论历史思考。"历史作为启蒙"在德国是具有鲜明的时代背景的，在 20 世纪 70 年代的德国政治文化中基本分为传统主义和根深蒂固的保守主义以及我和我的学术同盟属于的左派自由主义。相对来讲，我们这一代是想要"新事物"的自我意识非常强烈的一代，想要改变德国的联邦体制使之更加民主化。对当时的左派来说，寄托了他们所有的希望、目的、理念、梦想的词语是"解放"（emancipation），解放意味着摆脱主导，他们认为西德过于保守和传统，甚至他们用一个特定的政治术语"复辟"（restoration）来形容 1945 年以后的德国政治环境，因为 1933 年纳粹改变了所有的体制，而战争结束后，大家认为古老的魏玛民主制又回来了。1945 年战争结束后，美国人调查显示绝大多数的德国人非常抵触民主制，因为他们在魏玛时期有非常糟糕的生活经历。同时，美、英、法这些民主体制国家在"一战"和"二战"中都是德国的敌人，所以德国人在此之前对民主并不具有好感。

而这种状况在我们这一代人的时候发生了戏剧性的改变，我们想要更加开放和民主的环境，比我们更年轻的一代很多人在此时都转向马克思主义，我们想要消解主导的政治秩序，但我们从没走到 1968 年那样的地步。赫尔曼·吕波和托马斯·尼颇德等学者坚持认为不能让这些学生运动中起来的人引领德国政治文化，否则会毁掉民主制度，但这只是一种幻想，这些年轻学生是没有机会进入政权的。因而，"启蒙"是我们用来表现我们的"解放"诉求的一个时代用语，这和德国当时的时代背景是紧密相连的。

---

① *Zeit und Sinn*. Strategien historischen Denkens. Frankfurt am Main：Fischer Taschenbuch 1990；2. Aufl. Frankfurt am Main：Humanities Online 2012.

三、历史学家的伦理和信仰

尉佩云：在中国《孟子》中有一句话说"行有不得者皆反求诸己"，在历史学家作为职业化以后的研究中，一直存在着一个问题，就是历史学家自身的伦理性和价值问题。因为现今传统意义上的历史学者所担负的一些伦理和道德责任逐渐被消解，中国传统称之为"为天地立心，为生民立命，为往圣继绝学，为万世开太平"，这种目标在现代史学家中是基本被忽略的，因为现代史学家更加讲究一整套学科规范体系。但问题是，如果没有这种形而上的价值取向，作为历史学家的我们，其终极价值和伦理合理性究竟是什么？我们该如何处理这个悖论？

约恩·吕森：历史研究是一门远远要比"真相"复杂的学科，德罗伊森在历史研究的"正确性"和"真理性"之间作了区分：正确性指的是历史知识的正确和可靠性，可靠的、客观的、可资证明的历史知识就是历史的"正确性"；真理性指的是一个和自己现实生活有关的历史诠释和历史解释，我能从这个历史叙事或历史故事中得到什么，这就是历史的"真理性"。正确性是外在于我的，而真理性是我的实践生活的一部分，从正确性到真理性是意义的增长，是一个从"意思"（meaning, bedeutung）到"意义"（sense, sinn）的过程。而当代历史哲学家说"说某事是真的很容易，但要说其是正确的却很难"，他们所用的概念表述和德罗伊森是相反的，但本质是一样的。

在具体的研究中，历史研究的局限就是我们能提出问题的界限，主导历史研究的问题一直都是"作为人的我们究竟是谁？"局限是历史思考过程中的构成成分，这些问题引导我们开始史学理论（或历史哲学）的研究，但在理论研究层面依然会有局限性，这就是历史意义的局限，就像大屠杀这样我们无法赋予历史意义的历史的黑洞。人类是一种能够提出的问题总多于能够提供答案的动物，所以当你"成为一个人"（Be a human being）的时候，你不断涌现的问题一旦得到答案，下一个问题马上就会出现，这在我们历史研究领域尤为明显。然而，有时候研究并不能解决一切意义的问题，这才有了宗教。在宗教对这个世界的核心理解中，总有一些事情的发生使我们对它的感觉超越了一切语言、经验、问题和时间感，在这一点上东西方是一样的，就像《道德经》开篇讲到的"道可道，非常道"一样。

当然这是神秘主义的领域，我们作为历史学家的研究是世俗的研究，我们的工作就是勾画出知识的界限，在这个界限之外就是宗教。我们的研究给予宗教提供了某些必要的条件，同时我们必须要清楚地意识到自己研究的界限，而一旦你意识到自己研究的界限和局限，你就已经突破了局限。

尉佩云：那么如何看待宗教和历史（研究）的关系？

约恩·吕森：所有的历史学家都会这么说：历史研究是世俗的，你可以没有宗教信仰，但可以成为一个很好的历史学家；但是如果你是一个基督徒又是历史学家，像德罗伊森和兰克那样，意味着历史中发生的一切都是在"上帝之手"中的。对一个职业历史学家来说，宗教在逻辑上其实是没有意义的，你所能相信的是历史是有意义的，你只有相信了历史是存在意义并造就意义的，你才能成为一个好的历史学家。同时，你可以成为一个信徒但你必须谨慎，不能将宗教元素带入学术研究和学术话语中。

19 世纪末以来，宗教渐渐在历史研究中褪色，这就要求我们必须重新思考是什么赋予了历史以意义。德罗伊森和兰克是不存在这个问题的，因为意义在他们那里是不证自明的。逻辑上宗教和历史研究是区别鲜明的，但我认为，在认知中历史研究和宗教是有关系的，这样才能解决世俗的职业历史研究和意义寻求之间的矛盾。深层的意义问题的寻求是需要反思宗教原则的，因为作为历史学家来讲，如果你不相信你所从事的工作后面有更深层的伦理意义的话，这会成为荒谬，成为无意义，而无意义则无生活。

约恩·吕森（Jörn Rüsen），1938 年生于德国杜伊斯堡，是当今国际史学理论界、历史教育界以及历史文化研究的代表性人物之一，他的著作已经被译成英文、中文、法文、俄语、西班牙语、葡萄牙语、意大利语等全世界二十多种语言。吕森 1966 年在德国科隆大学通过研究历史、哲学、德国文学和历史教育获得博士学位。1969—1972 年任德国布伦瑞克大学哲学助理教授，1972—1974 年任德国柏林自由大学史学理论研究副教授，1974—1989 年任德国波鸿大学历史系教授、主任，1989—1997 年任德国比勒菲尔德大学教授、跨学科研究中心主任，1997—2007 年任德国北威州埃森高等人文学科研究所主席。由于他在史学理论、历史教育和德国历史文化研究领域的杰出贡献，于 2008 年获得德国北威州联邦颁发的荣誉勋章。吕森教授在继承德罗伊森史学理论研究的基础上确立了自己完整的历史哲学（史学理论）体系，从时间概念到历史文化都有逻辑清晰的诠释。现在他的主要研究方向为跨文化的史学理论研究和新人文主义研究，力图探讨在全球化语境中历史研究的伦理问题和普世价值关怀的可能性。

尉佩云，时系首都师范大学历史学院博士研究生。

责任编辑:贺 畅

图书在版编目(CIP)数据

历史与公共记忆:历史学者访谈录/《历史教学问题》编辑部 编. —北京:
  人民出版社,2022.4
ISBN 978－7－01－024548－5

Ⅰ.①历… Ⅱ.①历… Ⅲ.①史学-文集 Ⅳ.①K0-53

中国版本图书馆 CIP 数据核字(2022)第 026485 号

历史与公共记忆:历史学者访谈录
LISHI YU GONGGONG JIYI LISHI XUEZHE FANGTANLU

《历史教学问题》编辑部 编

人民出版社 出版发行
(100706 北京市东城区隆福寺街 99 号)

北京中科印刷有限公司印刷 新华书店经销

2022 年 4 月第 1 版 2022 年 4 月北京第 1 次印刷
开本:710 毫米×1000 毫米 1/16 印张:35.5
字数:425 千字

ISBN 978－7－01－024548－5 定价:197.00 元

邮购地址 100706 北京市东城区隆福寺街 99 号
人民东方图书销售中心 电话 (010)65250042 65289539